Igl · Welti | Gesundheitsrecht

Gesundheitsrecht

Eine systematische Einführung

Herausgegeben von
Prof. Dr. Gerhard Igl und Prof. Dr. Felix Welti

Mitautoren:
Prof. Dr. Andreas Hoyer, Kiel
Prof. Dr. Gerhard Igl, Kiel
Rechtsanwalt und Notar Prof. Dr. Mathias Nebendahl, Kiel
Prof. Dr. Frank L. Schäfer, Kiel
Prof. Dr. Edzard Schmidt-Jortzig, Kiel
Prof. Dr. Felix Welti, Kassel

Verlag Franz Vahlen München 2012

Verlag Franz Vahlen im Internet:
vahlen.de

ISBN 978 3 8006 4166 6

Wilhelmstraße 9, 80801 München

Druck: Druckhaus Nomos, In den Lissen 12, 76547 Sinzheim
Satz: Druckerei C. H. Beck, Nördlingen (Adresse wie Verlag)
Umschlagkonzeption: Martina Busch, Grafikdesign, Fürstenfeldbruck

Gedruckt auf säurefreiem, alterungsbeständigem Papier
(hergestellt aus chlorfrei gebleichtem Zellstoff)

Übersicht über die Kapitel und die Autoren

Vorwort

Ein Lehrbuch des Gesundheitsrechts hat bisher nicht existiert. Die Notwendigkeit, ein solches Lehrbuch zu verfassen, ist im Zusammenhang mit den in jüngerer Zeit an einigen juristischen Fakultäten neu eingerichteten Schwerpunktbereichen auf diesem Rechtsgebiet zu sehen. Auch die Rechtswissenschaftliche Fakultät der Christian-Albrechts-Universität zu Kiel, der die meisten Verfasser dieses Lehrbuchs angehören, hat ab dem Wintersemester 2008/2009 einen solchen Schwerpunktbereich eingerichtet. Aus der Lehre in diesem Schwerpunktbereich ist dieses Lehrbuch entstanden. Es spiegelt damit die spezielle Konzeption des Schwerpunktbereichs Gesundheitsrecht an der Universität Kiel. Trotzdem erhebt es mit seiner Konzeption auch den Anspruch, den Weg für eine wissenschaftliche Lehre auf diesem Rechtsgebiet zu weisen. Es ist auch geeignet für Studierende, die sich in Masterstudiengängen der Gesundheitswissenschaften und des Gesundheitsmanagements sowie in der beruflichen Fortbildung vertieft mit rechtlichen Fragen befassen. Auch solche Studiengänge sind in letzter Zeit verstärkt eingerichtet worden. Die Entwicklung zeigt insgesamt ein Bedürfnis der Praxis nach vertiefter Ausbildung in den gesundheitsrechtlichen Fragen.

Die Autoren gehen davon aus, dass das Anliegen jeder Wissenschaft, die methodische und dogmatische Durchdringung des Stoffes, nur dann realisierbar ist, wenn das gesamte Feld des Gesundheitswesens rechtlich in den Blick genommen wird. An dieser methodischen und dogmatischen Aufarbeitung des Gebietes des Gesundheitsrechts fehlt es bisher. Mit diesem Lehrbuch soll ein erster Schritt in diese Richtung gegangen werden. Dabei ist auch hier – wie bei jedem Lehrbuch – klar, dass die gesamte Stofffülle nicht dargeboten und aufgearbeitet werden kann. Was jedoch geleistet werden kann, ist ein Beitrag zur (gesundheits-)rechtlichen Bewusstseinsbildung. Diese soll darin gesehen werden, dass das menschliche Grundbedürfnis der Gesundheit von einer Vielzahl von Akteuren und Institutionen in rechtlichen Dimensionen ganz unterschiedlicher Art zu gewährleisten ist.

Wenn schon jetzt von einem Stilmerkmal des Gesundheitsrechts gesprochen werden kann, dann ist es das Zusammenspiel der verschiedenen juristischen Disziplinen und das Zusammenwirken unterschiedlicher Rechtsquellen, das dieses Rechtsgebiet auszeichnet. Ebenso ist ein Grundverständnis für die Arbeitsweise anderer Wissenschaften und Professionen wie Medizin, Pflege und Gesundheitsökonomie hilfreich. Für die Studierenden, aber auch für die Lehrenden stellt diese Komplexität eine besondere Herausforderung dar.

In diesem Lehrbuch wird ein besonderer Akzent gelegt auf die Akteure des Gesundheitswesens und die Rechtsräume, in denen sie handeln. Nach der letzten Juristenausbildungsreform soll mit den Schwerpunktbereichen auch ein Beitrag für eine spätere berufliche Orientierung geleistet werden. Für die anwaltliche Tätigkeit auf dem Gebiet des Gesundheitsrechts ist die akteursspezifische Sicht von besonderer Bedeutung. Rechtsanwälte und Rechtsanwältinnen vertreten die Akteure, zurzeit vor allem den Arzt, das Krankenhaus, aber auch den Patienten. Mit diesem Lehrbuch wird versucht, neben den Rechtsschutzfragen auch eine rechtssystematische Dimension zu vermitteln.

Die Herausgeber dieses Lehrbuchs haben den Mitautoren für ihre spontane Bereitschaft zur Mitarbeit an diesem Band zu danken. Diese rechtsinterdisziplinäre Mitarbeit ist Voraussetzung für das Konzept dieses Lehrbuchs.

Zum Schluss ein technischer Hinweis: Dieser Band zum Gesundheitsrecht ist im Zusammenhang mit dem Studienbuch zum Sozialrecht von *Igl/Welti* (8. Aufl., Neuwied 2007) zu sehen. In diesem Studienbuch ist auch das gesamte Gesundheitssozialrecht, insbesondere das Sozialleistungsrecht, enthalten.

Die Gesetzgebung ist bis zum 10. August 2011 berücksichtigt. Der Entwurf eines Gesetzes zur Verbesserung der Versorgungsstrukturen in der gesetzlichen Krankenversicherung (GKV-Versorgungsstrukturgesetz – GKV-VStG) konnte nicht mehr eingearbeitet werden.

Kiel/Kassel, im Sommer 2011 *Gerhard Igl / Felix Welti*

Inhaltsübersicht

Inhaltsverzeichnis

Abkürzungsverzeichnis

ABl. .... Amtsblatt
Abs. .... Absatz, Absätze
aE .... am Ende
AEUV .... Vertrag über die Arbeitsweise der Europäischen Union.
aF .... alte Fassung
AGB .... Allgemeine Geschäftsbedingungen
AGG .... Allgemeines Gleichbehandlungsgesetz
AltPflAPrV .... Ausbildungs- und Prüfungsverordnung für den Beruf der Altenpflegerin und des Altenpflegers (Altenpflege- Ausbildungs- und Prüfungsverordnung)
AltPflG .... Altenpflegegesetz
Anm. .... Anmerkung
AMG .... Gesetz über den Verkehr mit Arzneimitteln (Arzneimittelgesetz)
AMNOG .... Arzneimittelmarktneuordnungsgesetz
AMPreisV .... Arzneimittelpreisverordnung
AMVerkRV .... Verordnung über apothekenpflichtige und freiverkäufliche Arzneimittel
AMVV .... Arzneimittelverschreibungsverordnung
AOP-Vertrag .... Vertrag nach § 115 b Abs. 1 SGB V – ambulantes Operieren und stationsersetzende Eingriffe im Krankenhaus – zwischen den Spitzenverbänden der gesetzlichen Krankenversicherung (GKV), der Deutschen Krankenhausgesellschaft e.V (DKG) und der Kassenärztlichen Bundesvereinigung
ApBetrO .... Apothekenbetriebsordnung
ApoG .... Apothekengesetz
ARGE .... Arbeitsgemeinschaft
Art. .... Artikel
ÄApprO .... Approbationsordnung für Ärzte
AQUA-Institut .... Institut für angewandte Qualitätsförderung und Forschung im Gesundheitswesen
Ärzte-ZV .... Zulassungsverordnung für Vertragsärzte
ARSP .... Archiv für Rechts- und Sozialphilosophie
Art. .... Artikel
ArtzR .... Arztrecht
ASB .... Arbeiter-Samariter-Bund
AsylbLG .... Asylbewerberleistungsgesetz
AT .... Allgemeiner Teil
Aufl. .... Auflage
AVB .... Allgemeine Versicherungsbedingungen
AWMF .... Arbeitsgemeinschaft der Wissenschaftlichen Medizinischen Fachgesellschaften

BaFin .... Bundesanstalt für Finanzdienstleistungsaufsicht
BAnz .... Bundesanzeiger
BApO .... Bundes-Apothekerordnung
BAR .... Bundesarbeitsgemeinschaft für Rehabilitation
BÄO .... Bundesärzteordnung
BBG .... Behindertengleichstellungsgesetz
BbgGDG .... Gesetz über den Öffentlichen Gesundheitsdienst im Land Brandenburg
BBhV .... Verordnung über Beihilfe in Krankheits-, Pflege- und Geburtsfällen (Bundesbeihilfeverordnung)
BBiG .... Berufsbildungsgesetz
BBW .... Berufsbildungswerke
BDSG .... Bundesdatenschutzgesetz
BearbThG .... Gesetz über den Beruf des Beschäftigungs- und Arbeitstherapeuten (Beschäftigungs- und Arbeitstherapeutengesetz)
BeckRS .... Beck-Rechtsprechung
Bek. .... Bekanntmachung

Bema .... Bewertungsmaßstab
Beschl. .... Beschluss
BfARM .... Bundesinstitut für Arzneimittel und Medizinprodukte
BFW .... Berufsförderungswerke
BGB .... Bürgerliches Gesetzbuch
BGBl. .... Bundesgesetzblatt
BGG .... Behindertengleichstellungsgesetz
BGH .... Bundesgerichtshof
BGHSt .... Entscheidungen des Bundesgerichtshofs in Strafsachen
BGHZ .... Entscheidungen des Bundesgerichtshofs in Zivilsachen
BKartA .... Bundeskartellamt
BMA .... Bundesministerium für Arbeit und Soziales
BMF .... Bundesministerium der Finanzen
BMG .... Bundesministerium für Gesundheit
BMV-Ä .... Bundesmantelvertrag Ärzte
BPflV .... Verordnung zur Regelung der Krankenhauspflegesätze (Bundespflegesatzverordnung)
BRAO .... Bundesrechtsanwaltsverordnung
Brem. Gbl. .... Bremer Gesetzesblatt
BR-Drs. .... Bundesratsdrucksache
BRK .... Behindertenrechtekonvention
BSG .... Bundessozialgericht
BSGE .... Entscheidungen des Bundessozialgerichts
BSHG .... Bundessozialhilfegesetz
bspw. .... beispielsweise
BT .... Besonderer Teil
BT-Drucks. .... Bundestagsdrucksache
BVerfG .... Bundesverfassungsgericht
BverfGE .... Entscheidungen des Bundesverfassungsgerichts
BberfGK .... Kammmerentscheidungen des Bundesverfassungsgerichts
BverwG .... Bundesverwaltungsgericht
BverwGE .... Entscheidungen des Bundesverwaltungsgerichts
BVL .... Bundesamt für Verbraucherschutz und Lebensmittelsicherheit
BzgA .... Bundeszentrale für gesundheitliche Aufklärung
bzw. .... beziehungsweise

DAV .... Deutscher Anwaltverein
DÄBl .... Deutsches Ärzteblatt
ders. .... derselbe
dh .... das heißt
DiätAssG .... Gesetz über den Beruf der Diätassistentin und des Diätassistenten (Diätassistentengesetz)
DMP .... Disease Management Programme
DNQP .... Deutsches Netzwerk für Qualität in der Pflege
DÖV .... Die öffentliche Verwaltung
DRG .... Diagnosis Related Groups
DRiZ .... Deutsche Reichterzeitung
DRK .... Deutsches Rotes Kreuz
Dt. .... Deutsch(es)
DtÄrztBl. .... Deutsches Ärzteblatt

EBM .... Einheitlicher Bewertungsmaßstab
EG .... EG-Vertrag
EGBGB .... Einführungsgesetz zum Bürgerlichen Gesetzbuch
EKV .... Ärzte-Ersatzkassenvertrag
EKV-Ä .... Bundesmantelvertrag Ärzte/ Ersatzkassen
EL .... Ergänzungslieferung
EMA .... European Medicines Agency

EMRK .... Europäische Menschenrechtskonvention
EschG .... Gesetz zum Schutz von Embryonen (Embryonenschutzgesetz)
EU .... Europäische Union
EuGH .... Gerichtshof der Europäischen Union
EuGHE .... Entscheidungen des EuGH
EUGRCharta ...... Europäische Grundrechte Charta
ESC .... Europäische Sozialcharta
EStG .... Einkommenssteuergesetz
ETAG .... European Technology Assessment Group
etc. .... Et cetera
EthikMed .... Ethik in der Medizin
EthRG .... (Gesetz zur Einrichtung des Deutschen Ethikrats) Ethikratsgesetz
EUR .... Euro
EUV .... Vertrag über die Europäische Union
e. V. .... Eingetragener Verein
EWG .... Europäische Wirtschaftsgemeinschaft
EWR .... Europäischer Wirtschaftsraum

f./ff. .... folgende/fortfolgende
FAZ .... Frankfurter Allgemeine Zeitung
Fn. .... Fußnote
FS .... Festschrift

GA .... Goldammer's Archiv
G-BA .... Gemeinsamer Bundesausschuss
GDG .... Berliner Gesetz über den öffentlichen Gesundheitsdienst
GDG LSA .... Gesetz über den Öffentlichen Gesundheitsdienst und die Berufsausübung im Gesundheitswesen im Land Sachsen-Anhalt
GDG SH .... Schleswig-Holsteinisches Gesetz über den Öffentlichen Gesundheitsdienst
GDVG .... Bayerisches Gesetz über den öffentlichen Gesundheits- und Veterinärdienst, die Ernährung und den Verbraucherschutz sowie die Lebensmittelüberwachung
gem. .... gemäß
GenDG .... Gesetz über genetische Untersuchungen bei Menschen (Gendiagnostikgesetz)
GesR .... GesundheitsRecht (Zeitschrift)
GewO .... Gewerbeverordnung
GG .... Grundgesetz
ggf. .... gegebenenfalls
GKV .... Gesetzliche Krankenversicherung
GKV-WSG .... Gesetz zur Stärkung des Wettbewerbs in der gesetzlichen Krankenversicherung
GmbH .... Gemeinschaft mit beschränkter Haftung
GoA .... Geschäftsführung ohne Auftrag
GOÄ .... Gebührenordnung für Ärzte
GO-BT .... Geschäftsordnung des Bundes Tages
GOZ .... Gebührenordnung für Zahnärzte
GuP .... Gesundheit und Pflege
GVOBl .... Gesetz und Verordnungsblatt

HebG .... Gesetz über den Beruf der Hebamme und des Entbindungspflegers (Hebammengesetz)
HeilprG .... Heilpraktikergesetz
HeimG .... Heimgesetz
HeimmwV .... Verordnung über die Mitwirkung der Bewohnerinnen und Bewohner in Angelegenheiten des Heimbetriebes (Heimmitwirkungsverordnung)
HeimPersV .... Verordnung über personelle Anforderungen für Heime (Heimpersonalverordnung)
HeimsicherungsV . Verordnung über die Pflichten der Träger von Altenheimen, Altenwohnheimen und Pflegeheimen für Volljährige im Fall der Entgegennahme von Leistungen

zum Zweck der Unterbringung eines Bewohners oder Bewerbers (Heimsicherungsverordnung)
HGB .... Handelsgesetzbuch
HGöDG .... Hessisches Gesetz über den öffentlichen Gesundheitsdienst
HIV .... Humanes Immundefizienz-Virus
hM .... herrschende Meinung
HmbgGDG .... Gesetz über den Öffentlichen Gesundheitsdienst in Hamburg
HmbGVBl. .... Hamburger Gesetzes- und Verordnungsblatt
Hrsg. .... Herausgeber
Hs. .... Halbsatz
HStR .... Handbuch des Staatsrechts, herausgegeben von

idF .... in der Fassung
IFD .... Integrationsfachdienst
IfSG .... Infektionsschutzgesetz
iHv .... in Höhe von
IPWSK .... Pakt über die wirtschaftlichen, sozialen und kulturellen Rechte
IQWiG .... Institut für Qualität und Wirtschaftlichkeit im Gesundheitswesen
iSd .... im Sinne der/des/dieser
iSe .... im Sinne eines/einer
iSv .... Im Sinne von
IVF .... In-Vitro-Fertilisation
iVm .... In Verbindung mit

JA .... Juristische Arbeitsblätter
JR .... Juristische Rundschau
Jura .... Juristische Ausbildung
JuS .... Juristische Schulung
juris .... Juristisches Informationssystem für die Bundesrepublik Deutschland
JZ .... Juristen-Zeitung

KalV .... Verordnung über die versicherungsmathematischen Methoden zur Prämienkalkulation und zur Berechnung der Altersrückstellung in der privaten Krankenversicherung (Kalkulationsverordnung)
KE .... Entwurf eines Gesetzes zur Reform des Versicherungsvertragsrechts, in: Abschlussbericht der Kommission zur Reform des Versicherungsvertragsrechts vom 19. 4. 2004, 195 ff.
KG .... Kammergericht
KHEntG .... Gesetz über die Entgelte für voll- und teilstationäre Krankenhausleistungen (Krankenhausentgeltgesetz)
KHG .... Gesetz zur wirtschaftlichen Sicherung der Krankenhäuser und zur Regelung der Krankenhauspflegesätze (Krankenhausfinanzierungsgesetz)
KritV .... Kritische Vierteljahresschrift für Gesetzgebung und Rechtswissenschaft
KrpflAPrV .... Ausbildungs- und Prüfungsverordnung für die Berufe in der Krankenpflege
KrpflG .... Gesetz über die Berufe in der Krankenpflege (Krankenpflegegesetz)
KV .... Kassenärztliche Vereinigung (KBV: Kassenärztliche Bundesvereinigung)
KZV .... Kassenzahnärztliche Vereinigung (KZBV: Kassenzahnärztliche Bundesvereinigung)

LAG .... Landesarbeitsgemeinschaft
LFGB .... Lebensmittel-, Bedarfsgegenstände- und Futtermittelgesetz
LG .... Landgericht
lit. .... littera
LK .... Leipziger Kommentar zum Strafgesetzbuch, Großkommentar. 11. Aufl. 1992 ff. (Hrsg.)
LogopG .... Gesetz über den Beruf des Logopäden
LSG .... Landessozialgericht

MB/BT .... Allgemeine Versicherungsbedingungen Basistarif
MB/KK .... Musterbedingungen für die Krankheitskosten- und Krankenhaustagegeldversicherung
MB/KK .... Musterbedingungen Krankheitskosten- und Krankenhaustagegeldversicherung
MB/KT .... Musterbedingungen Krankentagegeldversicherung
MBO .... Musterberufsordnung der deutschen Ärzteschaft
MBO-Ä .... (Muster-) Berufsordnung für die deutschen Ärztinnen und Ärzte
MB/PPV .... Allgemeine Versicherungsbedingungen private Pflegepflichtversicherung
MB/PSKV .... Allgemeine Versicherungsbedingungen Private Studentische Krankenversicherung
MB/ST .... Allgemeine Versicherungsbedingungen Standardtarif
MDK .... Medizinischer Dienst der Krankenversicherung
MDR .... Monatsschrift für Deutsches Recht
MDS .... Medizinischer Dienst des Spitzenverbandes Bund der Krankenkassen
MedFAngAusbV .. Verordnung über die Berufsausbildung zum Medizinischen Fachangestellten/zur Medizinischen Fachangestellten
MedR .... Medizinrecht
Med Klinik .... Medizinische Klinik
MedSach .... Der Medizinische Sachverständige
MPBetreibO ...... Medizinprodukte-Vertreiberverordnung
MPG .... Medizinproduktegesetz
MpHG .... Gesetz über die Berufe in der Physiotherapie (Masseur- und Physiotherapeutengesetz)
MTAG .... Gesetz über technische Assistenten in der Medizin (MTA-Gesetz)
MüKoBGB .... Münchener Kommentar zum BGB
MüKoStGB .... Münchener Kommentar zum Strafgesetzbuch, (Hrsg. Joecks/Miebach), Bd. 3 (§§ 185–262) 2003
MWBO .... Muster-Weiterbildungsverordnung
mwN .... mit weiteren Nachweisen

NachfG .... Nachfolgegesetz
naturgem. .... naturgemäß
NBÜ .... Neue Untersuchungs- und Behandlungsmethoden
NDV .... Nachrichtendienst des Deutschen Vereins für Öffentliche und Private Fürsorge
NGöDG .... Niedersächsisches Gesetz über den öffentlichen Gesundheitsdienst
NJOZ .... Neue Juristische Online-Zeitschrift
NJW .... Neue Juristische Wochenschrift
NJW-RR .... Neue Juristische Wochenzeitschrift – Rechtsprechungsreport
NK-StGB .... Nomos Kommentar zum Strafgesetzbuch,
Nr. .... Nummer/Nummern
NStZ .... Neue Zeitschrift für Strafrecht
NversZ .... Neue Zeitschrift für Versicherung und Recht
NVwZ .... Neue Zeitschrift für Verwaltungsrecht
NVwZ-RR .... Neue Zeitschrift für Verwaltungsrecht - Rechtsprechungsreport
NZS .... Neue Zeitschrift für Sozialrecht

OLG .... Oberlandesgericht
OrthoptG .... Gesetz über den Beruf der Orthoptistin und des Orthoptisten (Orthoptistengesetz)
OVG .... Oberverwaltungsgericht
OVGE .... Entscheidungen des Oberverwaltungsgerichts
ÖGDG BW .... Baden-Württembergisches Gesetz über den öffentlichen Gesundheitsdienst
ÖGDG HB .... Gesetz über den Öffentlichen Gesundheitsdienst im Lande Bremen
ÖGDG M-V ...... Gesetz über den öffentlichen Gesundheitsdienst im Land Mecklenburg-Vorpommern
ÖGDG NRW ...... Nordrhein-Westfälisches Gesetz über den öffentlichen Gesundheitsdienst
ÖGdG R-P .... Rheinland-Pfälzisches Landesgesetz über den öffentlichen Gesundheitsdienst
ÖGDG SL .... Saarländisches Gesetz über den öffentlichen Gesundheitsdienst

pass.	passim
PartGG	Gesetz über Partnerschaftsgesellschaften Angehöriger freier Berufe (Partnerschaftsgesellschaftsgesetz)
PBV	Verordnung über die Rechnungs- und Buchführungspflichten der Pflegeeinrichtungen (Pflege- und Buchführungsverordnung)
PEI	Paul-Ehrlich-Institut
PflegeWEG	Gesetz zur strukturellen Weiterentwicklung der Pflegeversicherung (Pflegeweiterentwicklungsgesetz)
PflR	PflegeRecht
PharmR	Pharmarecht (Zeitschrift)
PharmTAG	Gesetz über den Beruf des pharmazeutisch-technischen Assistenten
PID	Präimplantationsdiagnostik
PND	Pränataldiagnostik
PodG	Gesetz über den Beruf der Podologin und des Podologen (Podologengesetz)
PKV	Private Krankenversicherung; Verband der privaten Krankenversicherung e. V.
ProdHaftG	Produkthaftungsgesetz
Psych-PV	Verordnung über Maßstäbe und Grundsätze für den Personalbedarf in der stationären Psychiatrie (Psychiatrie-Personalverordnung)
PsychThG	Gesetz über die Berufe des Psychologischen Psychotherapeuten und des Kinder- und Jugendlichenpsychotherapeuten (Psychotherapeutengesetz)
Quaas/Zuck	Medizinrecht, 2. Aufl. 2008
Qb-R	Regelungen zum Qualitätsbericht der Krankenhäuser
QB-RL Radiologie	Qualitätsbeurteilungs-Richtlinie Radiologie
Quesü-RL	Richtlinie zur einrichtungs- und sektorenübergreifenden Qualitätssicherung
r+s	recht und schaden
RE	Referentenentwurf des Bundesministeriums der Justiz: Entwurf eines Gesetzes zur Reform des Versicherungsvertragsrechts vom 13. 3. 2006
Reformkommission	Abschlussbericht der Kommission zur Reform des Versicherungsvertragsrechts vom 19. 4. 2004
RettAssG	Gesetz über den Beruf der Rettungsassistentin und des Rettungsassistenten (Rettungsassistentengesetz)
RGSt	Entscheidungen des Reichsgerichtshofs in Strafsachen
RL	Richtlinie
Rn.	Randnummer
RöV	Verordnung über den Schutz vor Schäden durch Röntgenstrahlen
Rs.	Rechtssache
RSAV	Verordnung über das Verfahren zum Risikostrukturausgleich in der gesetzlichen Krankenversicherung (Risikostruktur-Ausgleichsverordnung
RsDE	Beiträge zum Recht der sozialen Dienste und Einrichtungen
Rspr.	Rechtsprechung
s.	siehe
SAPV-RL	Richtlinie des Gemeinsamen Bundesausschusses zur Verordnung von spezialisierter ambulanter Palliativversorgung (Spezialisierte Ambulante Palliativversorgungs-Richtlinie)
SächsGDG	Gesetz über den öffentlichen Gesundheitsdienst im Freistaat Sachsen
SchiedsAmtsO	Schiedsamtsverordnung
SchKG	Gesetz zur Vermeidung und Bewältigung von Schwangerschaftskonflikten (Schwangerschaftskonfliktsgesetz)
SchlH	Schleswig-Holstein
sc.	Scire licet (das heißt; nämlich)
SGB	Sozialgesetzbuch
SGb	Die Sozialgerichtsbarkeit
SGG	Sozialgerichtsgesetz
singem.	sinngemäß

SK-StGB .... Systematischer Kommentar zum Strafgesetzbuch (zit. SK-StGB/*Bearbeiter*)
Slg. .... Sammlung
Sog. .... So genannt
SovD .... Sozialverband Deutschland
SozR .... Sozialrecht
Spickhoff .... Medizinrecht, 2011 (zit. Spickhoff/*Bearbeiter*)
st. Rspr. .... ständige Rechtsprechung
StGB .... Strafgesetzbuch
StrlSchV .... Verordnung über den Schutz vor Schäden durch ionisierende Strahlen
StZG .... Gesetz zur Sicherstellung des Embryonenschutzes im Zusammenhang mit Einfuhr und Verwendung menschlicher embryonaler Stammzellen
SZ .... Süddeutsche Zeitung

TAB .... B Büro für Technikfolgen-Abschätzung beim Deutschen Bundestag
TB/ST .... Tarifbedingungen Standardtarif
TFG .... Gesetz zur Regelung des Tranfusionswesens (Transfusionsgesetz)
TierSchG .... Tierschutzgesetz
TPG .... Gesetz über die Spende, Entnahme und Übertragung von Organen und Geweben (Transplantationsgesetz)

ua .... unter anderem
ÜbschV .... Verordnung zur Ermittlung und Verteilung von Überzins und Überschuss in der Krankenversicherung (Überschussverordnung)
Urt. .... Urteil

v. .... von/vom
VAG .... Gesetz über die Beaufsichtigung von Versicherungsunternehmen (Versicherungsaufsichtsgesetz)
VerfG .... Verfassungsgericht
VersR .... Versicherungsrecht (Zeitschrift)
VersWissStud ...... Versicherungswissenschaftliche Studien
VG .... Verwaltungsgericht
VGH .... Verwaltungsgerichtshof
vgl. .... vergleiche
VO .... Verordnung
Vol. .... Volume
VR .... Verwaltungsrundschau
VuR .... Verbraucher und Recht
VVaG .... Versicherungsverein auf Gegenseitigkeit
VVG .... Gesetz über den Versicherungsvertrag (Versicherungsvertragsgesetz)
VVG-InfoV .... Verordnung über Informationspflichten bei Versicherungsverträgen (VVG-Informationspflichtenverdordnung)
VW .... Versicherungswirtschaft (Zeitschrift)
VwVfG .... Verwaltungsverfahrensgesetz

WBVG .... Gesetz zur Regelung von Verträgen über Wohnraum mit Pflege- oder Betreuungsleistungen (Wohn- und Betreuungsvertragsgesetz)
WfbM .... Werkstätten für behinderte Menschen
WHO .... World Health Organisation
WVO .... Werkstattverordnung
WzS .... Wege zur Sozialversicherung

zB .... zum Beispiel
ZEE .... Zeitschrift für evangelische Ethik
ZESAR .... Zeitschrift für europäisches Sozial- und Arbeitsrecht
ZfSch .... Zeitschrift für Schadensrecht
ZMGR .... Zeitschrift für das gesamte Medizin- und Gesundheitsrecht

ZögU .... Zeitschrift für öffentliche und gemeinwirtschaftliche Unternehmen
ZRP .... Zeitschrift für Rechtspolitik
ZSR .... Zeitschrift für Sozialreform
ZStW .... Zeitschrift für die gesamte Strafrechtswissenschaft
ZV .... Zulassungsverordnung
ZVersWiss .... Zeitschrift für die gesamte Versicherungswissenschaft

Hinweise zu den Lern- und Arbeitsmaterialien

Der akademische Unterricht auf dem Gebiet des Gesundheitsrechts hat noch keine lange Tradition. Daraus resultiert insbesondere ein Mangel an juristischer Ausbildungsliteratur bei den Lehrbüchern und Fachzeitschriften. Jedoch existieren auf dem Gebiet des Gesundheitsrechts zahlreiche Handbücher für die juristische, insbesondere die rechtsberatende Praxis. Diese Handbücher, von denen die meisten über 1000 Seiten haben, enthalten, soweit sie sich nicht als Kommentierungssammlungen verstehen, zu den einzelnen Fachgebieten des Gesundheitsrechts thematisch aufgearbeitete Beiträge, die auch Studierenden zur Vertiefung auf diesen Gebieten dienen können.

Lehrbücher:

Obwohl nicht als Lehrbuch bezeichnet, kann man das Werk von *Quaas/Zuck*, Medizinrecht, 2. Aufl. 2008 (958 S.) wohl als das medizinrechtliche Standardwerk bezeichnen, das allen, die auf diesem unübersichtlichen Gebiet kundigen Rat und vor allem Überblick suchen, uneingeschränkt zu empfehlen ist. Dieses Werk profitiert von der weitreichenden praktischen fachlichen Erfahrung der beiden Autoren, und verzichtet trotzdem nicht auf wissenschaftlichen Anspruch. Die Autoren konzentrieren sich auf die Bereiche, die bisher zum Medizinrecht gezählt worden sind, greifen aber etwa mit dem Einbezug des Pflegeversicherungsrechts schon weiter aus. Auch das Arztstrafrecht kommt nicht zu kurz.

Vor kurzem erschienen ist das aus der Lehre des Medizinrechts entstandene Lehrbuch von *Constanze Janda* (Medizinrecht, 2010, 400 S.). Dieses Lehrbuch ist thematisch eng auf Arzt, Krankenhaus, Krankenversicherungsrecht, Arznei-, Heil- und Hilfsmittel zugeschnitten und deckt insofern das traditionelle Spektrum dessen ab, was unter Medizinrecht verstanden wird. Das Krankenversicherungsrecht (SGB V) ist hingegen in seiner ganzen Breite unter Einschluss von Mitgliedschafts-, Finanzierungs- und Organisationsrecht dargestellt. Der Lehrbuchcharakter wird durch didaktische Momente (Orientierungs- und Kontrollfragen) unterstrichen.

An der Hauptfigur des Arztes als Leistungserbringer im Gesundheitswesen knüpft das Werk von *Laufs/Katzenmeier/Lipp* (Arztrecht, 6. Aufl. 2009, 531 S.) an. Es kann als das Standardwerk auf diesem Gebiet gelten. Das Vertragsarztrecht wird in diesem Buch nicht behandelt.

Handbücher:

Bei den Handbüchern ist wie schon bei den Lehrbüchern zu unterschieden zwischen den medizinrechtlichen Handbüchern und den Handbüchern die sich auf bestimmte Fachgebiete, zB Arzt- oder Krankenhausrecht, beziehen.

Die beiden lang eingeführten Standardwerke bei den Handbüchern stammen von den Mentoren des deutschen Medizinrechts, *Erwin Deutsch* und *Adolf Laufs*. Zu diesen Handbüchern kann nur gesagt werden, dass sie von ebenso so hohem wissenschaftlichem Anspruch wie von minutiöser Detailtreue geprägt sind (*Deutsch/Spickhoff*, Medizinrecht, 6. Aufl. 2008, 1033 S.; *Laufs/Kern*, Handbuch des Arztrechts, 4. Aufl. 2010, 1928 S.). Dabei greift, den Titeln der Werke entsprechend, das Werk von *Deutsch/Spickhoff* thematisch weiter aus als das Handbuch von *Laufs/Kern*. Obwohl ebenfalls als Handbuch zum Medizinrecht firmierend, ist das Werk der beiden renommierten Medizinrechtsanwälte *Ratzel* und *Luxenburger* (*Ratzel/Luxenburger*, Handbuch Medizinrecht, 2. Aufl. 2011, 1872 S.) sehr viel breiter angelegt und enthält auch das Pflege- und Rehabilitationswesen sowie das Steuerrecht.

Das ebenfalls jüngst erschienene Praxishandbuch zum Recht des Krankenhauswesens (*Huster/Kaltenborn*, Krankenhausrecht, 2010, 606 S.) enthält neben einem für das Verständnis gerade dieses Versorgungssektors wichtigen Beitrag zu den ökonomischen Grundlagen der Krankenhausversorgung *(Wasem/Walendzik/Rotter)* rechtliche Abhandlungen, die sich thematisch nicht nur im Kern dieses Versorgungszweigs, sondern um diesen herum ansiedeln, so zB das Recht der Krankenbehandlung als Leistung der privaten Krankenversicherung *(Patt/Wilde)*, das Recht des Krankenhauspersonalwesens *(Ricken)*, der Krankenhausprivatisierung *(Lambrecht/Vollmöller)* und der Public-Private-Partnership *(Kaltenborn/Weiner)*. Mit diesem Werk ist ein ebenbürtiges Pendant zu den arztrechtlichen Handbüchern geschaffen worden.

Für das Rehabilitationsrecht sind zu nennen das umfassend angelegte, arbeits- und sozialrechtliche Regelungen umfassende Handbuch SGB IX – Rehabilitation und Teilhabe behinderter Menschen (*Deinert/Neumann*, Handbuch SGB IX, 2. Aufl. 2009). Die medizinische Rehabilitation wird hier ausführlich von *Bieritz-Harder* behandelt. Auf das sozialrechtliche Rehabilitationsrecht beschränkt ist das Handbuch von *Luthe* (Rehabilitationsrecht, 2009), in dem die medizinische Rehabilitation von *Oppermann* bearbeitet wurde.

Kommentare:

Aus den Kommentaren zu den einzelnen für das Gesundheitsrecht einschlägigen Fachgebieten, die hier nicht aufgeführt werden können, ragt ein konzeptionell neuartiges Werk heraus. Es handelt sich um eine Sammlung von Kommentaren zu medizinrechtlich einschlägigen Gesetzen (*Spickhoff*, Medizinrecht, 2011, 2554 S.). Diese Kommentarsammlung hat, gerade neu erschienen, einen großen Vorteil. Wer sich, im Gesundheitsrecht arbeitend, nicht den Schreibtisch mit Kommentaren zu den verschiedenen Gesetzen voll stellen will, ist mit diesem Werk gut bedient. Das Spektrum der über 40 kommentierten Gesetze bzw. Auszüge von Gesetzen ist sehr breit.

Zeitschriften:

Die einschlägigen juristischen Fachzeitschriften sind sowohl fachwissenschaftlich wie praxisorientiert ausgerichtet. Eine spezielle juristische Ausbildungszeitschrift ist nicht vorhanden.

Für die Praxis wie für die Lehre sehr hilfreich sind die Überblicksartikel über die Rechts- und Rechtsprechungsentwicklung. Diese Überblicksartikel finden sich in den allgemeinen juristischen Fachzeitschriften (so zB zum Gesundheitsrecht *Kingreen* NJW 2010, 3408, zum Vertragsarztrecht *Maaß* NZS 2010, 73, zum Krankenhausrecht *Stollmann/Hermanns* DVBl.2011, 599,

Medizin-/gesundheitsrechtliche Zeitschriften:

- Medizinrecht (MedR)
- Gesundheitsrecht (GesR)

- Gesundheit und Pflege (GuP), Rechtszeitschrift für das gesamte Gesundheitswesen (2011 neu erschienen)
- Zeitschrift für das gesamte Medizin- und Gesundheitsrecht (ZMGR), (hrsg. vom Geschäftsführenden Ausschuss der Arbeitsgemeinschaft Medizinrecht im Deutschen Anwaltverein)

Zeitschriften für Fachgebiete:

- Behindertenrecht (br), Fachzeitschrift für Fragen der Rehabilitation
- Krankenhausrecht (KHR) (Zeitschrift für das gesamte Krankenhausrecht)
- PflegeRecht (PflR) (Zeitschrift für Rechtsfragen in der stationären und ambulanten Pflege)

Sozialrechtliche Lehrbücher, Handbücher und Kommentare:

Das Sozialrecht hat in vielen seiner Leistungsbereiche die gesundheitliche Versorgung zum Gegenstand. Hier sind nicht nur das Krankenversicherungsrecht (SGB V), sondern auch das Pflegeversicherungsrecht (SGB XI), das Unfallversicherungsrecht (SGB VII), das Rehabilitationsrecht (SGB IX), das Sozialhilferecht (SGB XII) und das Versorgungsrecht (BVG) einschlägig. Aus diesem Grund wird in dem hier vorliegenden Lehrbuch zum Gesundheitsrecht für diese Gebiete auf die einschlägigen **Lehrbücher** verwiesen.[1]

Bei den sozialrechtlichen **Handbüchern** ist insbesondere auf das Sozialrechtshandbuch zu verweisen, das auch Einzelübersichten über die verschiedenen Sozialleistungsbereiche enthält (*von Maydell/Ruland/Becker,* Sozialrechtshandbuch – SRH, demnächst in 5. Aufl., Baden-Baden 2011).

Die sozialrechtliche **Kommentarliteratur** ist mittlerweile sehr stark angewachsen. Bei den Loseblattsammlungen ragen heraus die verschiedenen Bände zum SGB, herausgegeben von *Hauck/Noftz* (*Hauck/Noftz,* SGB), sowie der *Kasseler Kommentar Sozialversicherungsrecht* (München). Bei den gebundenen Werken sind vor allem zu nennen *Becker/Kingreen,* SGB V, 2. Aufl. 2010, *Udsching,* SGB XI, 3. Aufl. 2010, *Grube/Wahrendorf,* SGB XII, 3. Aufl. 2010, sowie *Kruse/Hänlein,* LPK-SGB V, 3. Aufl. 2009, *Klie/Krahmer,* LPK-SGB XI, 3. Aufl. 2009, *Münder/Armborst,* LPK-SGB XII, 8. Aufl. 2008; *Lachwitz/Schellhorn/Welti,* HK-SGB IX, 3. Aufl. 2010.

1 S. vor allem *Eichenhofer,* Sozialrecht, 7. Aufl. 2010, *Fuchs/Preis,* Sozialversicherungsrecht, 2. Aufl. 2009; *Igl/Welti,* Sozialrecht, 8. Aufl. 2007, *Kokemoor,* Sozialrecht, 3. Aufl. 2009; *Muckel,* Sozialrecht, 3. Aufl. 2009; *Waltermann,* Sozialrecht, 9. Aufl. 2011.

1. Kapitel. Begriff und System des Gesundheitsrechts

Zur Vertiefung: *Deutsch/Spickhoff,* Medizinrecht, 2008, 3–11; *Deutsch, Einleitung* in: Spickhoff, Medizinrecht, 2011, 1; *Kingreen,* Governance im Gesundheitsrecht, Die Verwaltung 2009, 339; *ders.,* Medizinrecht und Gesundheitsrecht, FS Deutsch, 2009, 283; *Laufs,* Medizinrecht – eine neue juristische Disziplin? in: Lilie/Bernat/Rosenau (Hrsg.), Standardisierung in der Medizin als Rechtsproblem, 2008, 19.

Kommentare und Handbücher: *Deutsch/Spickhoff,* Medizinrecht, 2008; *Spickhoff,* Medizinrecht, 2011.

§ 1 Das Rechtsgebiet Gesundheitsrecht

Gegenstand des Rechtsgebietes Gesundheitsrecht ist das **Recht, das sich mit der menschlichen Gesundheit** befasst. Die menschliche Gesundheit wird in der **Präambel der Verfassung der Weltgesundheitsorganisation** (World Health Organization - WHO) wie folgt definiert: »Gesundheit ist der Zustand völligen körperlichen, geistigen, seelischen und sozialen Wohlbefindens.« Dieser Begriff steht für ein zu erreichendes Ziel. Gesundheitsrecht wäre demnach das Rechtsgebiet, das sich mit dieser Zielerreichung befasst.[1] 1

Gesundheit kann in verschiedener Weise Gegenstand von Rechtsnormen sein. Als Schutzgut ist Gesundheit in vielen Rechtsbereichen zu beachten, deren Regulierungen entscheiden, ob Lebensverhältnisse, Produkte und Dienstleistungen der Gesundheit förderlich oder zumindest nicht abträglich oder gar diese gefährdend sind. In diesem Sinne ist Gesundheitsrecht eine Querschnittsmaterie. So verstanden könnten beispielsweise auch die direkt und indirekt die Gesundheit schützenden Vorschriften des Lebensmittelrechts zum Gesundheitsrecht zählen. Gleiches gilt für die immissionsvermeidenden Vorschriften des Immissionsschutzrechtes. 2

In diesem **Lehrbuch** sollen vor allem diejenigen **Rechtsbereiche** näher betrachtet werden, die sich **spezifisch mit dem Schutz der Gesundheit, der Herstellung von Gesundheit und dem Umgang mit beeinträchtigter Gesundheit** befassen. In der Sprache des Gesundheitswesens sind hier vor allem die Prävention, Kuration, Rehabilitation und Teilhabe sowie die Pflege[2] betroffen. 3

Zur Förderung, Erhaltung und Wiederherstellung der Gesundheit bedarf es in einem Gemeinwesen auch bestimmter Akteure, die entsprechende Qualifikationen aufweisen. Solche Akteure sind im Hinblick auf die Kuration im deutschen Gesundheitswesen vor allem die Ärzte, also Angehörige eines die Heilkunde ausübenden Berufes. Aus dieser **Sicht der personellen Akteure** heraus ist das Rechtsgebiet des **Arztrechts** zu verstehen. Die Qualifikation, die die Ärzte aufweisen müssen, erlangen sie durch das Studium der Medizin, also der Wissenschaft von der Heilkunde. Das **Medizin-** 4

---

1 Kritisch zu dieser weiten begrifflichen Fassung *Quaas/Zuck,* Medizinrecht, 2008, 1.
2 *Quaas/Zuck* (Fn. 1) bezeichnen das Pflegeversicherungsrecht als nur »fiktives Medizinrecht« (Vorwort zur 2. Aufl.).

recht steht aber nicht für das Recht der Wissenschaft von der Heilkunde, sondern für das **Recht der praktischen Ausübung der Heilkunde**. Damit verweist das Medizinrecht auf die **handlungsbezogene Sicht**. Da Handlungen ohne Akteure nicht vorstellbar sind, **umschließt das Medizinrecht auch das Arztrecht,** ist aber von den erfassten Gegenständen her gesehen sehr viel weiter als dieses. So gehört zum Medizinrecht zB auch das Recht der Medizinprodukte. In der Bundesrepublik hat sich der Begriff des Medizinrechts seit längerem eingebürgert. Fachzeitschriften tragen den Begriff im Titel; es gibt den Fachanwalt für Medizinrecht und mittlerweile auch eine wissenschaftliche Vereinigung der Medizinrechtslehrerinnen und -lehrer.[3]

5 Der **Begriff des Gesundheitsrechts** umfasst zwar auch das Gebiet des Medizinrechts, ist aber wesentlich weiter gespannt. Er trägt insbesondere der Tatsache Rechnung, dass in den entwickelten Staaten die gesundheitliche Versorgung der Bevölkerung in einem institutionalisierten Rahmen stattfindet. Dazu gehört zB ein öffentlicher Gesundheitsdienst, der wichtige Aufgaben des Gesundheitsschutzes wahrnimmt. In vielen Staaten, so auch in der Bundesrepublik Deutschland, ist das Gesundheitssystem noch breiter institutionalisiert, wenn eine öffentliche Verantwortung für die Bereitstellung bestimmter Vorkehrungen wie Krankenhäuser, Rehabilitationseinrichtungen, Pflegeeinrichtungen, eine ausreichende Anzahl an Ärzten etc. gegeben ist.[4] Unter diesem Blickwinkel kann man von einem **Recht der gesundheitlichen Versorgung der Bevölkerung** sprechen. Dazu kommt, dass das Recht auf gesundheitliche Einschränkungen reagiert, indem es etwa im Betreuungsrecht die Rechtssubjektivität gesundheitlich eingeschränkter Menschen sichert und im Behindertenrecht ihre Gleichbehandlung und besondere Berücksichtigung zu erreichen sucht.

6 Das **Gesundheitsrecht** umfasst also die Bereiche des Medizinrechts, das Recht der gesundheitlichen Versorgung der Bevölkerung sowie weitere Aspekte des rechtlichen Umgangs mit gesundheitlicher Beeinträchtigung wie insbesondere das Betreuungsrecht und das Behindertenrecht. Diese sehr breite Konfiguration des Rechtsgebiets kommt der in der WHO-Verfassung aufgestellten Zielsetzung am nächsten.

7 Der in diesem Lehrbuch verwendete **Begriff des Gesundheitsrechts** weist **zwei Besonderheiten** auf: Er wird in der rechtswissenschaftlichen Literatur bisher nirgendwo so weit verstanden wie hier und er umfasst auch die Gegenstände, die unter das Medizinrecht und unter das Arztrecht fallen. Im Übrigen ist zu vermerken, dass selbst der engere Begriff des Medizinrechts nicht einheitlich verwendet wird. Aufschlussreich ist insofern der Blick auf einschlägige Fachveranstaltungen und Fachpublikationen unter dem Titel Medizinrecht. Hier zeigt sich, dass in der Praxis der Begriff des Medizinrechts schon heute sehr viel weiter und nicht nur auf die Medizin beschränkt verwendet wird.[5]

---

3 Gegründet im Jahr 2008 anlässlich der 1. Tagung der Medizinrechtslehrerinnen und Medizinrechtslehrer in Halle an der Saale, s. den Tagungsband *Lilie/Bernat/Rosenau* (Hrsg.), Standardisierung in der Medizin als Rechtsproblem. Beiträge der 1. Tagung der Medizinrechtslehrerinnen und Medizinrechtslehrer 2008 in Halle an der Saale, 2009.

4 S. dazu 3. Kapitel dieses Lehrbuchs.

5 So werden in der Festschrift der *Arbeitsgemeinschaft Medizinrecht im Deutschen Anwaltverein* Medizinrecht heute: Erfahrungen, Analysen, Entwicklungen, FS 10 Jahre Arbeitsgemeinschaft Medizinrecht im DAV, 2008, das Recht der medizinischen Behandlung, das Haftungsrecht, das Vertragsarztrecht, das Krankenhausrecht, das Vertragsrecht, das Berufsrecht, das Strafrecht und das Arzneimittel-, Medizinprodukte- und Apothekenrecht behandelt. Noch breiter ist der Praktikerkommentar

Für das rechtliche Verständnis sind solche begrifflichen Unklarheiten dann unschädlich, wenn im jeweiligen Kontext das jeweilige Begriffsverständnis dargelegt wird. 8
Trotz des in diesem Lehrbuch zugrunde gelegten weiten Begriffsverständnisses können die zahlreichen Teilbereiche des Gesundheitsrechts nicht vollständig dargestellt werden. Es wird auch von Studierenden dieses Fachs nicht erwartet werden können, dass sie das Gesundheitsrecht gemäß einem sehr weit ausgreifenden Verständnis beherrschen. Es ist aber schon im Studium von Bedeutung, sich den Problemen der **Rechtsinterdisziplinarität des Gesundheitsrechts** zu stellen. So ist es eine der besonderen Herausforderungen des Studiums des Gesundheitsrechts, sich mit Rechtsfragen vom EU-Recht über das Verfassungsrecht bis hin zum Verwaltungs-, Straf- und Privatrecht befassen und das Zusammenspiel von Rechtsvorschriften aus mehreren Rechtsgebiete rechtsinterdisziplinär bewältigen zu müssen.

§ 2 Bereiche der gesundheitlichen Versorgung

A. Überblick über die Bereiche der gesundheitlichen Versorgung

Das Gesundheitsversorgungssystem kann auf verschiedene Weise untergliedert werden. Die nachstehende Untergliederung orientiert sich an den wichtigsten Bereichen gesundheitlicher Interventionen. Als die vier wichtigsten Bereiche sind allgemein anerkannt die Prävention, die Kuration, die Rehabilitation und die Pflege im Sinne von Langzeitpflege. In jüngerer Zeit haben auch die Bereiche der Gesundheitsförderung und der Palliation eine immer stärker werdende Bedeutung erlangt. 9

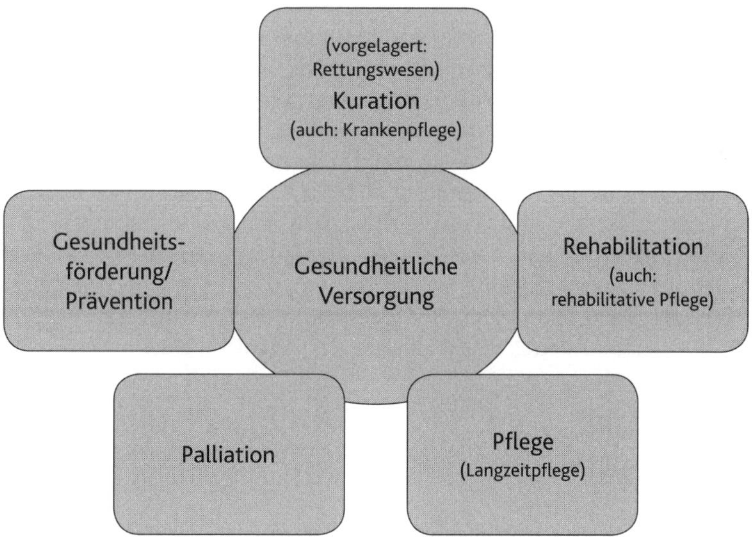

von *Spickhoff*, Medizinrecht, 2011, angelegt, in dem zB neben dem Recht der Gesetzlichen Krankenversicherung auch das Recht der privaten Krankenversicherung behandelt wird.

B. Gesundheitsförderung – Prävention

10 Zur **Gesundheitsförderung** gehören nach der WHO (Ottawa Charta)[6] alle Maßnahmen, die sowohl auf die Veränderung und Förderung des individuellen Verhaltens als auch der Lebensverhältnisse im positiven Sinne abzielen. Ziel der Gesundheitsförderung ist es, bestehende Ungleichheiten bezüglich des Gesundheitszustandes und der Lebenserwartung unterschiedlicher sozialer Gruppen zu reduzieren. Die Gesundheitsförderung und die gesundheitliche Prävention sind zum Teil in das Recht wichtiger Lebensbereiche integriert, etwa im Arbeitsschutzrecht. Eine zentrale Institution oder ein Hauptakteur für die Gesundheitsförderung und die gesundheitliche Prävention ist nicht auszumachen. Vielmehr sind diese Bereiche verschiedenen Akteuren und Institutionen im Gesundheitswesen zugewiesen.[7]

11 Der Bereich der Gesundheitsförderung überschneidet sich zum Teil mit der Primärprävention. Seit Anfang 2000 ist die **primäre gesundheitliche Prävention Satzungsleistung der gesetzlichen Krankenkassen** (vgl. § 20 I SGB V).

C. Kuration

12 Die Kuration, also das Heilen, ist der zentrale Bereich des deutschen Gesundheitswesens. Rechtsterminologisch wird das Heilen als Bestandteil der Krankenbehandlung betrachtet (vgl. § 27 I 1 SGB V). In Deutschland ist der Bereich der Kuration institutionell und systemisch von der **Gesetzlichen Krankenversicherung** (SGB V: Gesetzliche Krankenversicherung) geprägt, in der knapp 90% der Bevölkerung versichert sind. Die Gestalt des deutschen Gesundheitswesens ist auf dem Gebiet der Kuration bzw. der Krankenbehandlung in sehr hohem Maße von den Bedingungen geprägt, die das gesetzliche Krankenversicherungssystem setzt. Das gilt für das Leistungsrecht ebenso wie für die Leistungserbringung und damit für die leistungserbringenden Akteure. Aus diesem Grund kann gesagt werden, dass das deutsche Gesundheitswesen auf dem Gebiet der Krankenbehandlung sozialversicherungsdominiert ist. Allerdings handelt es sich beim Leistungserbringungssystem der Gesetzlichen Krankenversicherung nicht um ein System, in dem die Leistungserbringer Bedienstete der Sozialversicherungskassen sind. Vielmehr vollzieht sich die Beschaffung von Gesundheitsdienstleistungen auf dem Vertragsweg. Daraus folgt, dass die Leistungserbringer sich den Beschaffungsweisen unterwerfen müssen, die in der Gesetzlichen Krankenversicherung vorgesehen sind. Dies ist **Gegenstand des Leistungserbringungsrechts des SGB V** (Viertes Kapitel. Beziehungen der Krankenkassen zu den Leistungserbringern).

D. Langzeitpflege

13 Die Pflege im Sinne der **Langzeitpflege (long-term care),** nicht im Sinne der Krankenpflege, die dem Bereich der Krankenbehandlung zuzurechnen ist, ist erst seit 1995

6 Die Ottawa Charta zur Gesundheitsförderung ist am 21. 11. 1986 im Gefolge der Ersten Internationalen Konferenz für Gesundheitsförderung verabschiedet worden.

7 S. den Überblick bei *Rosenbrock,* Prävention und Gesundheitsförderung als Elemente des Gesundheitswesen in: Igl/Welti (Hrsg.) Gesundheitliche Prävention im Sozialrecht, 2003, 6 ff.

sozialversicherungsrechtlich (im **SGB XI: Soziale Pflegeversicherung**) ausgestaltet worden. Anders als auf dem Gebiet der Gesetzlichen Krankenversicherung ist hier auch die private Pflegeversicherung für Personen, die für das Risiko der Krankheit Versicherungsschutz bei einem Privatversicherungsunternehmen haben, dem Leistungsrecht der gesetzlichen Versicherung unterworfen worden (vgl. § 110 I SGB XI). Die Einführung einer gesetzlichen Pflegeversicherung hat für die Leistungserbringer Ähnliches bewirkt wie die Gesetzliche Krankenversicherung: Die Leistungen definieren sich nach den gesetzlich vorgegebenen Inhalten; die Zulassung zur Leistungserbringung folgt einem Vertragssystem. Allerdings sind die Pflegeleistungen nach dem SGB XI begrenzt (»gedeckelt«), sodass sich jenseits des Leistungskataloges des SGB XI Leistungsspielräume ergeben können.

E. Rehabilitation

Die **Leistungen zur Teilhabe für behinderte Menschen (SGB IX: Rehabilitation und Teilhabe behinderter Menschen)** haben das Ziel, Behinderung durch das Ansetzen am Gesundheitszustand und seinen Kontextfaktoren zu verhindern oder behinderten Menschen ein möglichst selbstbestimmtes Leben mit gleichwertiger Teilhabe zu ermöglichen.[8] Die dazu erforderlichen Leistungen sind gegliedert in medizinische Rehabilitation, Leistungen zur Teilhabe am Arbeitsleben (berufliche Rehabilitation) und Leistungen zur Teilhabe am Leben in der Gemeinschaft (soziale Rehabilitation), bei denen Institutionen und Berufe des Sozial- und Gesundheitswesens zusammenwirken. Sie sind durch einen gemeinsamen Rahmen verbunden (§§ 1–25 SGB IX). 14

Die im engeren Sinne gesundheitsbezogene Rehabilitation, in der rechtlichen Terminologie als **medizinische Rehabilitation** bezeichnet (vgl. § 5 Nr. 1 SGB IX), ist Bestandteil insbesondere des Leistungskataloges der Gesetzlichen Krankenversicherung (SGB V), der Gesetzlichen Rentenversicherung (SGB VI), der Gesetzlichen Unfallversicherung (SGB VII) und der Sozialhilfe (SGB XII). Ein einheitlicher Rehabilitationsträger existiert nicht. Mit dem SGB IX ist es aber immerhin gelungen, für alle Sozialleistungsbereiche, in denen medizinische Rehabilitation stattfindet, **gemeinsame Regelungen** zu finden (§§ 26–32 SGB IX). 15

F. Palliation

Der Bereich der Palliation stellt sich noch nicht als eigenständiger Systembereich des Gesundheitswesens dar. Seine Bedeutung nimmt aber zu, was sich auch an den seit 2007 vorgesehenen Leistungen der Gesetzlichen Krankenversicherung ablesen lässt (vgl. § 37 b SGB V). 16

8 Grundlegend *Welti*, Behinderung und Rehabilitation im sozialen Rechtsstaat, 2005.

§ 3 Überblick über die systematische Ordnung des Gesundheitsrechts

A. Gesamtüberblick

17 Im Folgenden soll ein Überblick über eine mögliche systematische Ordnung des Gesundheitsrechts gegeben werden. Dieser Überblick setzt an dem ökonomischen Vorgang einer **Güterbeschaffung** an und nimmt die an dieser Güterbeschaffung beteiligten öffentlichen und privaten Akteure samt der dazu gehörigen **rechtlichen Ordnung** in den Blick. Dabei ist zu berücksichtigen, dass das deutsche Gesundheitsrecht auch durch **internationale und europäische Rechtsakte** beeinflusst wird.[9]

18 Das menschliche Handeln auf dem Gebiet der gesundheitlichen Versorgung wird seit jeher von besonderen ethischen Ansprüchen getragen. Über das Handeln im konkreten Behandlungsverhältnis zwischen Arzt und Patienten hinaus sind **ethische Maßstäbe** aber auch schon in der Forschung zu berücksichtigen.[10]

B. Güter der gesundheitlichen Versorgung

19 Die Güter der gesundheitlichen Versorgung sind **Waren**, wie zB pharmazeutische Produkte, Medizinprodukte, Hilfsmittel, und **Dienstleistungen**, die von Personen und Institutionen produziert werden. Bei den Personen in professioneller Funktion sind es insbesondere die Angehörigen der Heilberufe, aber auch die der sonstigen

9 Auf die europäischen Rechtsakte wird im 2. Kapitel eingegangen.
10 Auf die ethischen Fragen wird im 12. Kapitel eingegangen.

Gesundheitsberufe, die solche Dienstleistungen erstellen. Nicht zu vergessen sind die Personen, die im Gesundheitsbereich als bürgerschaftlich Engagierte oder in der Selbsthilfe teilnehmen. Im Sozialrecht wird auf diese Personengruppe mittlerweile besonders abgestellt.[11] Bei den Institutionen sind es die Krankenhäuser und sonstige medizinische und rehabilitative Dienste und Einrichtungen, weiter Pflegeeinrichtungen und Hospize. Auch in den Apotheken werden beim Verkauf von Produkten gesundheitliche Dienstleistungen in Form von Beratung angeboten.

Im Bereich der **Dienstleistungen** siedeln sich rechtlich vor allem das **Berufsrecht** 20
und das **Recht der Gesundheitsinstitutionen** an.[12] Zu diesem Gebiet rechnet auch die zivil- und strafrechtliche Haftung beim dienstleistenden Handeln.[13] Bei den **Waren** geht es vor allem um das **Pharmazierecht** (zB Apothekenrecht) und das **Produkterecht** (Medizinprodukterecht).[14]

Dienstleistungen

- Personen mit professioneller Funktion
  - Heilberufe
    - Ärzte
    - Pflegeberufe
    - Apotheker (beratende Funktion)
  - Sonstige Gesundheitsberufe
- Personen im bürgerschaftlichen Engagement
  - Selbsthilfegruppen
  - Freiwillige
- Institutionen
  - Krankenhaus
  - Rehabilitationseinrichtungen
  - Pflegeeinrichtungen
  - Hospize
  - Apotheken (Funktion als Verkaufsstellen)
- Besondere Settings
  - Arbeit/Betrieb
  - Schule

Waren

- Pharmazeutische Produkte
- Medizinprodukte
- Hilfsmittel

C. Beschaffung der Güter

Die Beschaffung von Gesundheitsgütern kann auf sehr unterschiedliche Weise statt- 21
finden. In Deutschland kommt dem Staat eine verfassungsrechtlich verankerte Verantwortung für die **allgemeine Gewährleistung eines Gesundheitssystems** zu.[15] Daneben bleibt ein Bereich **individueller Leistungsbeschaffung**, der wiederum ganz überwiegend rechtsförmig gestaltet, dh vor allem mit Leistungsansprüchen in der Gesetzlichen Krankenversicherung versehen worden ist. Auch das Privatversiche-

11 Vgl. etwa § 20 c SGB V, § 29 SGB IX, § 45 d SGB XI.
12 S. hierzu 4. und 5. Kapitel.
13 S. hierzu 10. und 11. Kapitel.
14 S. hierzu 6. Kapitel.
15 S. hierzu 3. Kapitel.

rungsrecht (private Krankenversicherung) trägt zur Sicherung der Leistungsansprüche von Patienten bei.[16]

Allgemeine Gewährleistungen

- Vorgelagerte: Bereithaltung eines Gesundheitssystems in staatlicher Verantwortung (Sozialstaatsauftrag; kein reines Einkaufsmodell)
- Infrastukturelle Vorhaltungen durch Planung und Förderung
  - Krankenhausplanung und Investitionsförderung
  - Förderung von Pflegeeinrichtungen
- Verantwortung für die Sicherung der individuellen Leistungsbeschaffung
  - Rationierung von Gesundheitsleistungen
  - Speziell: Transplantationen

Individuelle Leistungsbeschaffung

- Verpflichtend mit Rechtsanspruch
  - Sozialversicherung
  - Zum Teil: PKV (Pflegepflichtversicherung; Basistarif)
- Freiwillig mit Rechtsanspruch:
  - PKV
  - Zum Teil: Sozialversicherung (freiwillige Versicherung in GKV)
- Freiwillig (Selbstzahler)
- Subsidiär mit Rechtsanspruch:
  - Sozialhilfe

D. Position und Rechte der Nutzer von Gesundheitsgütern

22 Die Position und die Rechte der Nutzer von Gesundheitsgütern stellen einen Bereich des Gesundheitsrechts dar, der in letzter Zeit immer stärker in den Vordergrund gerückt worden ist. Hier wirkt auch noch der traditionelle **Verbraucherschutz** herein. Die Entwicklung in den einzelnen Bereichen verläuft sehr unterschiedlich. So sind im **Sozialrecht** wichtige Vorkehrungen getroffen worden, die von der Einrichtung von Wunsch- und Wahlrechten bis hin zur Patienten- und Pflegeberatung und der Beratung bei Haftungsfällen reichen.[17]

23 Für das Gesundheitsrecht einschlägig sind auch die Schutzgesetze für Bewohner von Pflegeeinrichtungen. Hier hat sich in jüngster Zeit seit der Föderalisierung der Gesetzgebung zum Heimrecht (vgl. Art. 74 I Nr. 7 GG) in den auf das **Heimgesetz** folgenden Landesgesetzen eine Entwicklung weg von nur ordnungsrechtlich orientierten Schutzanliegen und hin zur Realisierung des Teilhabegedankens ergeben. Traditionelle Instrumente im gesundheitlichen Nutzerschutz im Sinne der Gewährleistung der Selbstbestimmung finden sich im **Betreuungsrecht.** Die viel diskutierte **Patientenverfügung** ist ebenfalls zu erwähnen.[18]

---

16 S. speziell zum Privatversicherungsrecht 7. Kapitel. Zum Sozialversicherungsrecht muss auf die Vielzahl der vorhandenen Lehrbücher verwiesen werden, s. die einschlägigen Kapitel etwa bei *Eichenhofer,* Sozialrecht, 7. Aufl. 2010, *Fuchs/Preis,* Sozialversicherungsrecht, 2. Aufl. 2009, *Igl/Welti,* Sozialrecht, 8. Aufl. 2007, *Kokemoor,* Sozialrecht, 3. Aufl. 2009, *Muckel,* Sozialrecht, 3. Aufl. 2009, *Waltermann,* Sozialrecht, 9. Aufl. 2011.

17 S. hierzu die Beiträge in *Igl* (Hrsg.) Verbraucherschutz im Sozialrecht, 2011.

18 S. etwa *Meier/Deinert/Neumann* Handbuch Betreuungsrecht, 2. Aufl. 2011; *Bauer/Klie* Patientenverfügungen und Vorsorgevollmachten, 3. Aufl. 2011.

Verbraucherschutz

- In öffentlicher und privater Verantwortung organisierte Beratung
- Institutionell:
  - Ombudsman (Bürgerbeauftragte)
  - Patientenbeauftragte
  - Behindertenbeauftragte
- Zivilrechtlich:
  - Patientenrechte
  - Unterstützung in Haftungsfällen
  - Wohn- und Betreuungsvertragsrecht (früher: Heimvertrag im Heimgesetz

Schutz in Abhängikeits- und Gefährdungssituationen

- Ärztliche und medizinische Beratung
- Produktberatung (zB Apotheker)
- Pflegeberatung
- Patientenverfügung
- Besondere Wohn- und Pflegesituationen (HeimG; Nachfolgegesetze Länder)

E. Öffentlicher Gesundheitsschutz – Öffentlicher Gesundheitsdienst

Der **öffentliche Gesundheitsschutz** versteht sich zum einen als rein ordnungsrecht- 24
liche Materie, wenn es zB um den **Infektionsschutz,**[19] früher Seuchenschutz genannt, geht. Zum anderen wirkt der öffentliche Gesundheitsschutz vor allem auf dem Gebiet der Gesundheitsförderung und der Prävention. Auch die **gesundheitliche Aufklärung der Bevölkerung**, wahrgenommen durch das Bundesamt für gesundheitliche Aufklärung, rechnet hierher. In einem weiteren Sinn kann man hier auch die **Gesundheitsberichterstattung** als Voraussetzung für gesundheitspolitische Maßnahmen einordnen.

Zwei begriffliche Klärungen sind angebracht: **Öffentlicher Gesundheitsschutz** ent- 25
spricht nicht dem Begriff **Public Health.**[20] Der Öffentliche Gesundheitsschutz entspricht auch nicht vollständig dem Begriff des **Öffentlichen Gesundheitsdienstes.** Unter diesem werden vor allem die von Landesbehörden (Gesundheitsämtern) wahrgenommenen Aufgaben des öffentlichen Gesundheitsschutzes verstanden.

Auch wenn der **öffentliche Gesundheitsschutz** zumeist mit dem öffentlichen Ge- 26
sundheitsdienst assoziiert wird, würde mit dieser Beschränkung das Bild des öffentlichen Gesundheitsschutzes nicht vollständig sein. So kann öffentlicher Gesundheitsschutz auch darin bestehen, auf Lebensmittelverpackungen die Zusammensetzung, die Kalorienzahl und sonstige für die gesunde Ernährung wichtige Hinweise zu geben.[21] Gleiches gilt für die drastischen **Warnhinweise** auf den Verpackungen der Tabakerzeugnisse, die durch eine EG-Richtlinie[22] erforderlich geworden sind. Neben

19 Gesetz zur Verhütung und Bekämpfung von Infektionskrankheiten beim Menschen (Infektionsschutzgesetz - IfSG) v. 20. 7. 2000 (BGBl. I 1045).

20 Rn. 28.

21 Hierzu der Vorschlag für eine Verordnung des Europäischen Parlamentes und des Rates betreffend die Information der Verbraucher über Lebensmittel, KOM (2008) 40.

22 RL 2001/37/EG v. 5. 6. 2001 zur Angleichung der Rechts- und Verwaltungsvorschriften der Mitgliedstaaten über die Herstellung, die Aufmachung und den Verkauf von Tabakerzeugnissen, ABl. EG 2001 L 194, 26.

den **allgemeinen Warnungen vor Gesundheitsgefahren**, für die vor allem die seit 1967 bestehende **Bundeszentrale für gesundheitliche Aufklärung** (BZgA) zuständig ist, gibt es auch **anlassbezogene Warnungen**, zB bei befürchteten Epidemien (etwa Vogelseuche oder Schweinegrippe). Hierfür ist auf Bundesebene die Bundesregierung, dh das Bundesministerium für Gesundheit, zuständig.

27 Das **Rechtsgebiet des öffentlichen Gesundheitsschutzes** ist, soweit es als besondere ordnungsrechtliche Materie zum Ordnungsrecht zählt, für den juristischen Unterricht im Gesundheitsrecht nicht von besonderem Belang. Soweit öffentlicher Gesundheitsschutz durch oder aufgrund von Rechtsakten der EU betrieben wird, stellt sich vor allem die Frage nach der entsprechenden Kompetenzgrundlage im EUV und im AEUV.[23] Bei öffentlichen Warnhinweisen durch die Bundesregierung oder durch eine Landesregierung hat in der Vergangenheit vor allem die Frage nach der Kompetenz[24] und ggf. nach Schadensersatz bei Fehlinformationen eine Rolle gespielt. Das Infektionsschutzrecht enthält neben den gesundheitspolitischen Materien auch sozialrechtliche Vorschriften, so bei der Entschädigung von Impfopfern (§§ 56–65 IfSG). Ansonsten weist das Recht des öffentlichen Gesundheitsschutzes keine rechtlichen Besonderheiten auf. Die gesundheitspolitische Bedeutung des öffentlichen Gesundheitsschutzes wird damit nicht in Frage gestellt.

F. Public Health

28 Der Begriff Public Health ist ziemlich unscharf. Zunächst sollte er im angelsächsischen Sprachgebrauch nur für das wissenschaftliche Fach der **Gesundheitswissenschaften** stehen, wobei das Verständnis der Gesundheitswissenschaften ein interdisziplinäres war. Mittlerweile wird der Begriff auch im Sinne von **politischen Programmen und praktischer gesundheitspolitischer, insbesondere gesundheitsfördernder und präventiver Maßnahmen** verwendet.

29 Unter **rechtlichen Aspekten** verbindet sich mit dem Begriff Public Health nichts, was nicht schon unter die bisherigen rechtlichen Gebietsbezeichnungen gefasst werden könnte. Für das inhaltliche korrespondierende Rechtsgebiet wäre mit dem Gesundheitsrecht eine zumindest zum Teil adäquate Entsprechung gegeben. Trotzdem bliebe das hier zugrunde gelegte Verständnis des Gesundheitsrechts sehr viel weiter als die inhaltliche Erstreckung des Begriffs Public Health.

23 S. dazu 2. Kapitel, § 3 A.
24 S. etwa BVerfGE 105, 252 (»Glykolwarnung«).

2. Kapitel. Europarechtlicher Rahmen

Zur Vertiefung: *Frenz,* Soziale Grundlagen in EUV und AEUV, NZS 2011, 81; *Kingreen,* Der Vorschlag der Europäischen Kommission für eine Patienten-Richtlinie, ZESAR 2009, 109; *Kopetzki,* Die EG als Normsetzer vor dem Hintergrund des Art. 152 EGV? in: Lilie/Bernat/Rosenau (Hrsg.), Standardisierung in der Medizin als Rechtsproblem, 2008, 139; *Lenze,* Koordinationsrechtliche Probleme bei Pflegebedürftigkeit - aus deutscher Sicht, ZESAR 2008, 371.

Health Systems Governance in Europe.The Role of European Union Law and Policy. Edited by Elias Mossialos, Govin Permanand, Rita Baeten and Tamara K. Hervey. Cambridge University Press 2010 (kostenloser Download unter http://www.euro.who.int/en/home/projects/observatory/news/news/2012/04/eu-law-and-health-systems-book-now-free-to-download)

Kommentare und Handbücher: *Callies/Ruffert,* Das Verfassungsrecht der Europäischen Union mit Europäischer Grundrechtecharta, 3. Aufl. 2007; *Fuchs, M.* (Hrsg.), Europäisches Sozialrecht, 5. Aufl. 2010.

§ 4 Rechtsgrundlagen

A. Europarat – Europäische Union

Wenn von Europa gesprochen wird, ist in der Regel das Europa der **Europäischen Union** gemeint. Der **Europarat**, die sehr viel ältere europäische Einrichtung,[1] wird deswegen oft übersehen. Es sind aber die im Rahmen des Europarates zustande gekommenen Verträge wie die **Europäische Menschenrechtskonvention (EMRK)**[2] und die **Europäische Sozialcharta (ESC)**, die wichtige Aussagen enthalten, die direkt oder indirekt auf den Bereich Gesundheit Einfluss haben. Auch in seiner sonstigen Tätigkeit befasst sich der Europarat mit Gesundheitsthemen. So hat die ESC (Art. 11 der revidierten ESC) auch die **Charta der Grundrechte der Europäischen Union** beeinflusst, die ein Recht auf Gesundheitsschutz vorsieht (Art. 35 EUGRCharta). 30

Trotz dieser nicht zu vernachlässigenden Aktivitäten des Europarates steht im Zentrum der Befassung mit den europäischen Aspekten des Gesundheitsrechts das **Recht der Europäischen Union (Unionsrecht),** wie es im **Vertrag über die Europäische Union (EUV)** und im **Vertrag über die Arbeitsweise der Europäischen Union (AEUV)** niedergelegt ist. Beide Verträge sind gleichrangig (Art. 1 III 2 EUV). Da der EUV aber eher für die allgemeinen Ziele und der AEUV mehr für das konkrete Programm steht, ist letzterer Vertrag für die Belange des Gesundheitsrechts vorrangig heranzuziehen. 31

Das Unionsrecht spielt mittlerweile eine wesentliche Rolle in der Gestaltung des nationalen Gesundheitsrechts. Neben dem Primärrecht in Gestalt des EUV und des AEUV ist dies das Sekundärrecht, das auf dem Gebiet des Gesundheitsrechts vor allem mit Richtlinien wirkt. Nicht zu unterschätzen sind auf dem Gebiet des Gesundheitsrechts, hier vor allem des Gesundheitssozialrechts, aber auch auf dem Gebiet des Apothekenrechts, die an den Marktfreiheiten ausgerichteten Entscheidungen des 32

1 Gegründet am 5. 5. 1949.
2 S. auch Art. 6 III EUV.

Gerichtshofs der Europäischen Union (EuGH),[3] die wiederum gestaltende Wirkungen im nationalen Recht haben.

B. Allgemeines zum EUV und zum AEUV

I. Zuständigkeiten

33 Der EUV und der AEUV bringen einige Neuerungen mit sich, die auch für das Verständnis der Behandlung des Gesundheitsrechts auf EU-Ebene von Bedeutung sind. Dazu gehören als erstes die Arten und Bereiche der Zuständigkeit der Union. Das aus dem EG-Vertrag (EG) bekannte **Prinzip der begrenzten Einzelermächtigung** (ex-Art. 5 I EG, jetzt Art. 5 EUV, Art. 7 AEUV) bleibt erhalten. In Art. 2 AEUV findet sich hierzu eine differenzierte **Ordnung der Zuständigkeiten**. Neben der Unterscheidung zwischen **ausschließlichen**, dh nur der Union zustehenden Zuständigkeiten, und zwischen der Union und den Mitgliedstaaten **geteilten Zuständigkeiten**, ist es vor allem die Regelung über die **Unterstützungs-, Koordinierungs- und Ergänzungstätigkeit**, die für den Gesundheitsbereich einschlägig ist (Art. 2 V, Art. 6 lit. a AEUV). Der Gesundheitsbereich ist im Dritten Teil des AEUV über die internen Politiken und Maßnahmen der Union unter dem **Titel XIV »Gesundheitswesen«** erfasst (Art. 168 AEUV). In Art. 2 V AEUV ist klargestellt, dass die verbindlichen Rechtsakte auf diesem Gebiet keine Harmonisierung von Rechtsvorschriften der Mitgliedstaaten beinhalten dürfen.

II. Rechtsquellen

34 Bei den Rechtsakten sind es die **Verordnung** und vor allem die **Richtlinie**, die für den Bereich des Gesundheitsrechts maßgeblich sind (Art. 288 AEUV). Verordnungen, Richtlinien und Beschlüsse stellen **Gesetzgebungsakte** dar, die in einem bestimmten Gesetzgebungsverfahren zustande kommen (Art. 289 I AEUV).

III. Rechtliche Kontrolle

35 Unter dem Gesichtspunkte der rechtlichen Kontrolle wird unterschieden zwischen Gesetzgebungsakten und anderen Handlungen der Organe, Einrichtungen und sonstigen europäischen Institutionen. Diese Handlungen werden vom Gerichtshof der Europäischen Union (EuGH) überwacht (Art. 263 AEUV).

§ 5 Bereiche und Arten der Zuständigkeiten der Union auf dem Gebiet der Gesundheit

36 Im AEUV wird zwischen dem **öffentlichen Gesundheitsschutz**, dem **Schutz der menschlichen Gesundheit** und dem **Gesundheitswesen** unterschieden:

- Für **gemeinsame Sicherheitsanliegen im Bereiche des öffentlichen Gesundheitsschutzes** ist eine **geteilte Zuständigkeit** zwischen der Union und den Mitgliedstaaten eingerichtet (Art. 4 II lit. k AEUV). Der Begriff des öffentlichen Gesundheitsschutzes ist im Vertrag nicht näher erläutert.

3 S. dazu unten § 9.

- Auf dem Gebiet des **Schutzes und der Verbesserung der menschlichen Gesundheit** ist die Union für die Durchführung von Maßnahmen mit europäischer Zielsetzung zur **Unterstützung, Koordinierung oder Ergänzung der Maßnahmen der Mitgliedstaaten** zuständig (Art. 6 lit. a AEUV).
- Unter den **allgemeinen Bestimmungen** ist die **Erreichung eines hohen Gesundheitsschutzniveaus** geregelt. Diesem hat die Union bei der Festlegung und Durchführung ihrer Politik und ihrer Maßnahmen Rechnung zu tragen (Art. 9 AEUV). Die Kommission hat bei Vorschlägen zur Angleichung von Rechtsvorschriften von einem hohen Gesundheitsschutzniveau auszugehen (Art. 114 III AEUV).
- Speziell der **Schutz der Gesundheit der Arbeitnehmer** spielt im Rahmen der **Maßnahmen zur Verbesserung des Arbeitsumfeldes** eine Rolle (Art. 153 AEUV). Diese Kompetenz ist aber nicht auf dem Gebiet des Gesundheitswesens, sondern auf dem **Gebiet der Sozialpolitik** angesiedelt (Dritter Teil - Titel X AEUV). Hierzu zählt auch die Förderkompetenz für den Gesundheitsschutz bei der Arbeit (Art. 156 AEUV).
- Eine längere Vorschrift ist dem **Gesundheitswesen** gewidmet (Art. 168 AEUV). Hier geht es um die **fördernde, ergänzende und unterstützende Tätigkeit der Union.** Mit dieser Vorschrift ist der Kern der Tätigkeit der Union auf dem Gebiet des Gesundheitswesens angesprochen.

Im AEUV wird der Sozialpolitikbereich[4] deutlich von dem Bereich des Gesundheitswesens getrennt. Allerdings muss man sich bewusst sein, dass die **sozialen Sicherungssysteme** und dort die Gesundheitsdienst- oder Krankenversicherungssysteme ganz wesentlichen Einfluss auf die Gestaltung des Gesundheitswesens haben können. Das ist besonders in der Bundesrepublik Deutschland der Fall, wo die Gesetzliche Krankenversicherung eine prägende Rolle bei der Ausgestaltung auch des Gesundheitsversorgungssystems hat. In dem im AEUV angesprochenen Sozialpolitikbereich wird allerdings der Blick verengt auf die soziale Sicherheit, verstanden als System von Sozialleistungen, und auf den sozialen Schutz des Arbeitnehmers (vgl. Art. 153 I lit. c AEUV). 37

Das **Gesundheitswesen** bildet einen eigenen Titel in dem den »**Politiken der Gemeinschaft**« gewidmeten Dritten Teil der AEUV (Titel XIV). Die der Union eingeräumten Kompetenzen sind begrenzt. Die Union kann **keine autonome Gesundheitspolitik** nicht betreiben; sie soll sich auf einen **Beitrag zur Erreichung eines hohen Gesundheitsschutzniveaus** beschränken (Art. 9 AEUV). Im Rahmen des Art. 168 AEUV wird dieser Beitrag »**vertikal**« zu den Gesundheitspolitiken der Mitgliedstaaten geleistet. Außerhalb von Art. 168 AEUV geschieht dies im Zusammenhang mit anderen Gemeinschaftspolitiken (»**horizontal**«).[5] 38

Die **Marktfreiheiten** können insofern einen **indirekten Einfluss auf die mitgliedstaatliche Gestaltung** auch des **Gesundheitswesens** haben, als es die Gewährleistung der Marktfreiheiten erforderlich machen kann, die nationale Gesetzgebung anzupassen. Dies gilt besonders für die **Dienstleistungsfreiheit** (Art. 56 AEUV), dort die **grenzüberschreitende Inanspruchnahme von Gesundheitsleistungen** und die **Warenverkehrsfreiheit,** dort insbesondere für die medizinischen und pharmazeutischen 39

4 Hierzu *Frenz* NZS 2011, 81.
5 *Wichard* in: Callies/Ruffert, Das Verfassungsrecht der Europäischen Union mit Europäischer Grundrechtecharta, 2007, EGV zu Art. 152 Rn. 2.

Produkte.[6] Einen solchen mittelbaren Einfluss kann auch das den Markt gestaltende Europäische Wettbewerbsrecht (Art. 101 ff. AEUV) haben. **Gesundheitsleistungen** in öffentlicher Verantwortung können im Verhältnis zum Europäischen Marktrecht häufig als **Dienste von allgemeinem wirtschaftlichem Interesse** (Art. 14 AEUV) gelten, die besonders zu respektieren sind (vgl. Art. 106 II AEUV).

40 Schließlich ist die **Nichtdiskriminierung**, auch wegen einer Behinderung, als Querschnittsmaterie Gegenstand europäischer Normsetzung (Art. 10, 19 AEUV).

§ 6 Gesundheitswesen (Art. 168 AEUV)

A. Übersicht über die Handlungsbereiche und die Handlungsinstrumente

41 Die zentrale **Zuständigkeitsvorschrift für das Gesundheitswesen** beginnt mit der auch an anderen Stellen des AEUV aufgeführten Zielsetzung der **Sicherstellung eines hohen Gesundheitsschutzniveaus** (Art. 168 I AEUV).

42 Zum besseren Verständnis der ziemlich unübersichtlichen Zuständigkeitsvorschrift empfiehlt es sich, zwischen **Handlungsbereichen** und **Handlungsinstrumenten** sowie dort wieder zwischen den **allgemeinen und besonderen Bereichen und Instrumenten** zu unterscheiden:

43 **Allgemeiner Handlungsrahmen für alle Handlungsbereiche (Art. 168 I 2 und 3 AEUV):**

Verbesserung der Gesundheit der Bevölkerung, Verhütung von Humankrankheiten und Beseitigung von Ursachen für die Gefährdung der körperlichen und geistigen Gesundheit. Davon sind umfasst:

- Bekämpfung der weit verbreiteten schweren Krankheiten, wobei die Erforschung der Ursachen, der Übertragung und der Verhütung dieser Krankheiten sowie Gesundheitsinformation und -erziehung gefördert werden;
- Beobachtung, frühzeitige Meldung und Bekämpfung schwerwiegender grenzüberschreitender Gesundheitsgefahren.

Allgemeine Handlungsinstrumente:

- Die Union **fördert** die Zusammenarbeit zwischen den Mitgliedstaaten in den in Art. 168 genannten Bereichen und **unterstützt** erforderlichenfalls deren Tätigkeit (Art. 168 II 1 AEUV).
- Die Tätigkeit der Union **ergänzt** die Politik der Mitgliedstaaten (Art. 168 I 2 AEUV).
- Die Mitgliedstaaten **koordinieren** untereinander im Benehmen mit der Kommission ihre Politiken und Programme in den in Art. 168 I AEUV genannten Bereichen. Die Kommission kann in enger Verbindung mit den Mitgliedstaaten alle Initiativen ergreifen, die dieser Koordinierung förderlich sind, insbesondere Initiativen, die darauf abzielen, Leitlinien und Indikatoren festzulegen, den Austausch bewährter Verfahren durchzuführen und die erforderlichen Elemente für eine regelmäßige Überwachung und Bewertung auszuarbeiten. Das Europäische Parlament wird in vollem Umfang unterrichtet (Art. 168 II 3 -5 AEUV).

6 S. dazu unten § 9.

- Der Rat kann ferner auf Vorschlag der Kommission für die in diesem Artikel genannten Zwecke **Empfehlungen** erlassen (Art. 168 VI AEUV).
- Bei der Tätigkeit der Union wird die **Verantwortung der Mitgliedstaaten** für die Festlegung ihrer Gesundheitspolitik sowie für die Organisation des Gesundheitswesens und die medizinische Versorgung **gewahrt**. Die Verantwortung der Mitgliedstaaten umfasst die Verwaltung des Gesundheitswesens und der medizinischen Versorgung sowie die Zuweisung der dafür bereitgestellten Mittel (Art. 168 VII 2 u. 3 AEUV).

Besondere Handlungsbereiche /-instrumente: 44

- Verringerung drogenkonsumbedingter Gesundheitsschäden einschließlich der Informations- und Vorbeugungsmaßnahmen: Die Union **ergänzt** die Maßnahmen der Mitgliedstaaten (Art. 168 I 4 AEUV).
- Verbesserung der Komplementarität der Gesundheitsdienste der Mitgliedstaaten in den Grenzgebieten: Die Union **fördert** die Zusammenarbeit zwischen den Mitgliedstaaten und **unterstützt** erforderlichenfalls deren Tätigkeit (Art. 168 II AEUV).
- **Zusammenarbeit** mit dritten Ländern und den für das Gesundheitswesen zuständigen internationalen Organisationen: Förderung durch Union und Mitgliedstaaten (Art. 168 III AEUV).
- Gesundheitsproduktesschutz (im ordentlichen Gesetzgebungsverfahren) (Art. 168 IV AEUV):
  - Maßnahmen zur Festlegung hoher Qualitäts- und Sicherheitsstandards für Organe und Substanzen menschlichen Ursprungs sowie für Blut und Blutderivate; diese Maßnahmen hindern die Mitgliedstaaten nicht daran, strengere Schutzmaßnahmen beizubehalten oder einzuführen;
  - Maßnahmen in den Bereichen Veterinärwesen und Pflanzenschutz, die unmittelbar den Schutz der Gesundheit der Bevölkerung zum Ziel haben;
  - Maßnahmen zur Festlegung hoher Qualitäts- und Sicherheitsstandards für Arzneimittel und Medizinprodukte.
- Gesundheitsschutz (im ordentlichen Gesetzgebungsverfahren, auch Fördermaßnahmen zum Gesundheitsschutz und Maßnahmen zur Gefahrenbekämpfung) (Art. 168 V AEUV):
  - Maßnahmen zum Schutz und zur Verbesserung der menschlichen Gesundheit, insbesondere zur Bekämpfung der weit verbreiteten schweren grenzüberschreitenden Krankheiten,
  - Maßnahmen zur Beobachtung, frühzeitigen Meldung und Bekämpfung schwerwiegender grenzüberschreitender Gesundheitsgefahren,
  - Maßnahmen, die unmittelbar den Schutz der Gesundheit der Bevölkerung vor Tabakkonsum und Alkoholmissbrauch zum Ziel haben.

B. Handlungsbereiche

Die **besonderen Handlungsbereiche der Union** auf dem Gebiet des Gesundheitswesens konzentrieren sich auf Felder, die in Deutschland dem **öffentlichen Gesundheitsschutz** zugeordnet sind. Es sind dies die Bereiche der **Prävention** und der **Warnung vor Gesundheitsgefahren**. Für den Teilbereich der Maßnahmen gegen gemeingefährliche oder übertragbare Krankheiten sowie das Recht der Arzneien, der 45

Medizinprodukte, Betäubungsmittel ist in der Bundesrepublik eine konkurrierende Gesetzgebungszuständigkeit des Bundes gegeben (Art. 74 I Nr. 19 GG). Ansonsten liegt der öffentliche Gesundheitsschutz in der Zuständigkeit der Länder. Die weiteren Handlungsbereiche betreffen grenzüberschreitende Gesundheitsprobleme bzw. die grenzüberschreitende Zusammenarbeit und die Zusammenarbeit mit Drittländern und internationalen Organisationen.

46 Diese besonderen Handlungsbereiche sind in der Vorschrift, in der der allgemeine Rahmen für alle Handlungsbereiche auf dem Gebiet des Gesundheitswesens festgelegt wird, unter den Titeln »**Verhütung von Humankrankheiten**« und »**Beseitigung von Ursachen für die Gefährdung der körperlichen und geistigen Gesundheit**« einzuordnen (Art. 168 I 2 AEUV). Der weitere, und in dieser Vorschrift an erster Stelle genannte Titel »**Verbesserung der Gesundheit der Bevölkerung**« umfasst auch die beiden vorgenannten Titel, den es wird kaum zu bezweifeln sein, dass Prävention und Beseitigung gesundheitsgefährdender Ursachen der Verbesserung der Gesundheit dienen.

47 Es erhebt sich daher die Frage, ob über diese beiden Handlungsbereiche hinaus auch **weitere Handlungsbereiche auf dem Gebiet der Verbesserung der Gesundheit** erfasst sind, die in dieser Vorschrift aber nicht besonders erwähnt sind. Ausdrücklich festgestellt wird, dass die Bereiche der **Organisation des Gesundheitswesens und der medizinischen Versorgung nicht erfasst** sind (Art. 168 VII 1 u. 2 AEUV). Insgesamt wird man aber den Handlungsbereich auf die Prävention und den öffentlichen Gesundheitsschutz beschränken müssen, da dies der Zielrichtung des Art. 168 AEUV am ehesten gerecht wird.

C. Handlungsinstrumente

48 Instrumentell wird der **Schwerpunkt** auf die die **Politik der Mitgliedstaaten ergänzenden Maßnahmen** der Union gelegt. In einigen Bereichen kann die Union gesetzgeberisch tätig werden (Art. 168 IV und V AEUV). Für alle Bereiche kann der Rat Empfehlungen erlassen (Art. 168 VI AEUV).

§ 7 Andere Bereiche im Zusammenhang mit dem Gesundheitsschutz

49 Die in Art. 168 I 1 AEUV aufgeführte **Querschnittsklausel** verpflichtet dazu, bei der Festlegung und Durchführung aller Unionspolitiken und -maßnahmen ein **hohes Gesundheitsschutzniveau** sicherzustellen.

50 **Beschränkungen der Grundfreiheiten,** die sich aus den einzelstaatlichen Gesundheitsschutzpolitiken ergeben, können durch die Schaffung gemeinschaftlicher Schutzstandards auf einem hohen Schutzniveau ausgeräumt werden (Art. 114 III AEUV). Allerdings ist diese Möglichkeit durch die Harmonisierungsverbote in Art. 168 AEUV beschränkt.

§ 8 Richtlinien

A. Heilberuferecht

51 Auf Grundlage der **Richtlinie 2005/36/EG des Europäischen Parlaments und des Rates über die Anerkennung von Berufsqualifikationen der Heilberufe**[7] hat der deutsche Gesetzgeber das Gesetz zur Umsetzung dieser Richtlinie erlassen.[8] Damit wird der **Freizügigkeit** der Arbeitnehmer, der **Niederlassungsfreiheit** der Selbstständigen (vgl. Art. 49, 53 AEUV) und der **Dienstleistungsfreiheit** (Art. 56 ff. AEUV) für die Angehörigen der Heilberufe Rechnung getragen.

52 Die Richtlinie 2005/36/EG enthält auch **Anforderungen an die Ausbildung von Heilberufen,** so für die Ärzte (Art. 24 ff.), Zahnärzte (Art. 34 ff.), Krankenschwestern und Krankenpflegern für allgemeine Pflege (Art. 31 ff.), Hebammen (Art. 40 ff.), Apotheker (Art. 44 ff.)

B. Patientenrechterichtlinie

53 Die **grenzüberschreitende Gesundheitsversorgung von Patienten** ist seit der Rechtsprechung des EuGH in den Rechtssachen *Kohll* und *Decker* aus dem Jahr 1998 und der darauffolgenden Reihe von Judikaten zur Inanspruchnahme von Krankenhausleistungen im Ausland und zur Exportierbarkeit des Pflegegeldes[9] ein fortdauerndes europasozial- und gesundheitspolitisches Thema geworden. Die Kommission hat dann im Jahr 2008 einen Vorschlag für eine Richtlinie des Europäischen Parlaments und des Rates über die Ausübung der Patientenrechte in der grenzüberschreitenden Gesundheitsversorgung vorgelegt.[10] Die Richtlinie liegt jetzt als **Richtlinie 2011/24/EU des Europäischen Parlaments und des Rates vom 9. 3. 2011 über die Ausübung der Patientenrechte in der grenzüberschreitenden Gesundheitsversorgung** verabschiedet worden.[11] In Deutschland ist geplant, hierzu ein Patientenrechtegesetz zu erlassen.[12]

54 Die **unionsrechtliche Rechtsgrundlage** für die Richtlinie wird in den Erwägungsgründen zur Richtlinie (Nr. 2) in Art. 114 AEUV gesehen.

55 Der **Anwendungsbereich** der Richtlinie ist für **jede Gesundheitsversorgung von Patienten** unabhängig von ihrer Organisations-, Erbringungs- und Finanzierungsweise eröffnet (Art. 1 II RL). Sie gilt **nicht** für Leistungen der **Langzeitpflege,** für Zuteilung und Zugang zu Organen zum Zweck der **Organtransplantation** und für **öffentliche Impfprogramme** (Art. 2 III RL). Auch in den Erwägungsgründen zur Richtlinie (Nr. 14) wird klargestellt, dass Pflegeleistungen nicht erfasst werden. Damit fallen die Pflegeleistungen nach dem SGB XI nicht in den Anwendungsbereich der Richtlinie.

---

7 ABl. EU 2005 L 255, 22, 2007 L 271, 18.
8 vom 2. 9. 2007, BGBl. I 2686.
9 S. dazu unten § 9.
10 KOM (2008) 414 endgültig.
11 ABl. EU 2011 L 88, 45.
12 S. hierzu die Eckpunkte des Patientenbeauftragten, des Bundesministeriums für Gesundheit und des Bundesministeriums für Justiz zu einem Patientenrechtegesetz, www.patientenbeauftragter.de.

56 Die Richtlinie zeigt, wie aus dem Bedarf an Regelung des zunächst vordringlichen Problems, nämlich der Herstellung von Rechtssicherheit für Patienten bei der grenzüberschreitenden Gesundheitsversorgung, eine Erweiterung der Anliegen in Richtung auf die Einhaltung von gemeinsamen Grundsätzen in allen EU-Gesundheitssystemen und in Richtung auf eine europäische Zusammenarbeit bei der Gesundheitsversorgung geworden ist. In der Richtlinie wird klargestellt, welche **Ansprüche die Patienten auf gesundheitliche Versorgung in einem anderen Mitgliedstaat** haben, einschließlich der Beschränkungen, welche die Mitgliedstaaten für eine solche Versorgung im Ausland festlegen können, und bis zu welcher Höhe die Kosten für grenzüberschreitende Gesundheitsversorgung erstattet werden (Art. 7 bis 9 RL). Letzteres stützt sich auf den Grundsatz, dass die Patienten einen Anspruch auf Kostenerstattung in Höhe der Kosten haben, die für die betreffende Behandlung in ihrem Land erstattet würden (Art. 7 IV RL).

57 Die Richtlinie enthält darüber hinaus sehr weit gehende Aussagen zur **europäischen Zusammenarbeit bei der Gesundheitsversorgung**. So soll ein Rahmen für die europäische Zusammenarbeit festgelegt werden, zB Zusammenarbeit in Grenzregionen (Art. 10 RL), Anerkennung von Verschreibungen aus dem Ausland (Art. 11 RL), europäische Referenznetzwerke (Art. 12 RL), Gesundheitstechnologiefolgenabschätzung (Art. 15 RL), Netzwerke für elektronische Gesundheitsdienste (Art. 14 RL).

C. Sonstige Richtlinien

58 Insbesondere der Bereich des Arzneimittel- und des Medizinprodukterechts ist sehr stark von Richtlinien und zum Teil auch von Verordnungen der Union geprägt. Die Ermächtigungsgrundlage für das Tätigwerden der Union auf diesem Gebiet beruht vor allem auf den gesundheitsschützenden Kompetenzen, zB in Art. 168 IV AEUV.[13]

§ 9 Einfluss der Rechtsprechung des EuGH auf das Gesundheitswesen und das Gesundheitsrecht

59 Auch wenn **mangels einer Harmonisierung** auf Unionsebene jeder Mitgliedstaat das Recht hat, sein nationales System der sozialen Sicherheit ebenso wie sein System der Gesundheitsversorgung selbst zu bestimmen (Art. 153 IV AEUV), so sind doch bei der Ausübung dieser Befugnis das Unionsrecht, insbesondere die **Marktfreiheiten** zu beachten. Im Folgenden soll nur auf die Rechtsprechung eingegangen werden, die direkt auf die Auslegung und Gestaltung des deutschen Gesundheitsrechts Wirkung hatte. Die sonstige koordinierungsrechtliche Rechtsprechung des EuGH ist an dieser Stelle nicht zu thematisieren.

60 Die das Gesundheitssozialrecht, hier das **Recht der gesetzlichen Krankenversicherung** beeinflussende Rechtsprechung des EuGH begann 1998 mit einer Entscheidung über die Inanspruchnahme von **Sachleistungen der Krankenversicherung im Ausland**.[14] In der Rechtssache *Decker* ging es um die Versagung des Kaufs einer Brille in einem anderen Mitgliedstaat als dem Staat, in dem der Versicherte leistungsberechtigt

13 S. dazu oben § 6 B.

14 EuGH C-120/95 Slg. 1998 I-1831 – Decker; C-158/96 Slg. 1998 I-1931 - Kohll.

ist. In der Rechtssache *Kohll* war die Erstattung von Kosten einer Zahnbehandlung in einem anderen EG-Staat streitig. In beiden Fällen bestand eine Genehmigungspflicht seitens des luxemburgischen Krankenversicherungsträgers. Die Genehmigung wurde jeweils versagt. In der Rechtssache *Kohll* ging es damit um die Frage, ob der freie Dienstleistungsverkehr aus Gründen der Kontrolle der Gesundheitskosten eingeschränkt werden könne. Der Gerichtshof sah in rein wirtschaftlichen Gründen keine Möglichkeit, den Grundsatz des **freien Dienstleistungsverkehrs** einzuschränken. Jedoch könne »eine erhebliche Gefährdung des finanziellen Gleichgewichts des Systems der sozialen Sicherheit einen zwingenden Grund des Allgemeininteresses darstellen, der eine solche Beschränkung rechtfertigen kann«. Während in der Rechtssache *Kohll* die Dienstleistungsfreiheit berührt war, ging es in der Rechtssache *Decker* um die Grundfreiheit des **freien Warenverkehrs**. Der Gerichtshof bedient sich in dieser Rechtssache der gleichen Argumentation wie in der Rechtssache *Kohll*.

In einer weiteren Rechtssache (*Smits/Peerbooms*) ging es um die nach mitgliedstaatlichem Recht genehmigungspflichtige Inanspruchnahme von **Krankenhausleistungen im Ausland.**[15] Der Gerichtshof sah in der Rechtssache *Smits/Peerbooms* eine solche Genehmigungspflicht nicht als der **Dienstleistungsfreiheit** widersprechend an, sofern sie bestimmten Anforderungen genügt, insbesondere der Erreichbarkeit einer ebenso wirksamen Behandlung in einer Vertragseinrichtung der Krankenkasse, der der Versicherte angehört. Mit dieser Anforderung will der EuGH der Sorge begegnen, dass Versicherte die Krankenhausversorgung in anderen Mitgliedstaaten in Anspruch nehmen und damit die Planungs- und Rationalisierungsanstrengungen der Krankenkassen in seinem Wohnsitzstaat in Frage stellen. 61

Den Abschluss dieser Entscheidungsreihe bildete die Rechtssache *Müller-Fauré.*[16] Hier ging es wiederum um die Inanspruchnahme von **Krankenhausleistungen im Ausland** und um die nationale Genehmigungspflichtigkeit dieser Inanspruchnahme. 62

Die besondere koordinierungsrechtliche Problematik, die der Rechtssache *Vanbraekel*[17] zugrunde liegt – **Erstattung der höheren Kosten,** wenn die Kosten für eine Krankenbehandlung im Wohnmitgliedstaat höher sind als im Aufenthaltsmitgliedstaat, in dem die Krankenbehandlung stattfindet –, ist mittlerweile durch Art. 25 VIII der Durchführungsverordnung zur VO (EG) Nr. 883/2004[18] dergestalt geklärt, dass die Erstattung an den Versicherten in keinem Fall den Betrag der ihm tatsächlich entstandenen Kosten überschreitet.[19] 63

Die Rechtsprechung des EuGH zu den **grenzüberschreitenden Gesundheitsdienstleistungen** hatte direkte Auswirkungen auf den deutschen Gesetzgeber, der sich veranlasst sah, Abweichungen vom Sachleistungsprinzip (§ 2 II 1 SGB V) zuzulassen und für die Auslandsfälle besondere Regelungen zu treffen (vgl. § 13 IV und V SGB V). Damit haben die fraglichen Entscheidungen des EuGH auch zu einer Veränderung eines bisher sehr hoch gehaltenen Prinzips der deutschen gesetzlichen Krankenversicherung geführt. 64

15 EuGH C-157/99, Slg. 2001 I-5473.
16 EuGH C-385/99, Slg. 2003 I-4509.
17 EuGH C-368/98, Slg. 2001 I-5363.
18 VO (EG) Nr. 987/2009.
19 S. in diesem Sinn EuGH C-211/08 noch zur Rechtslage unter der VO (EWG) 1408/71 ZESAR 2010, 479.

65 Auf dem Gebiet der **Pflegeleistungen** sind auch mit der Reform des Koordinierungsrechts durch die VO (EG) Nr. 883/2004 keine Änderungen im Verhältnis zum bisherigen Rechtszustand vorgenommen worden, obwohl einige Entscheidungen des EuGH hierzu Anlass gegeben hätten. **Pflegeleistungen** gelten nach der Auffassung des EuGH als **Leistungen bei Krankheit**. Damit sind sie dem Koordinierungsrecht in der bisherigen Fassung nach der VO (EWG) Nr. 1408/71 wie in der jetzigen Fassung nach der VO (EG) Nr. 883/2004 zugänglich. Die erste Entscheidung des EuGH zu den Leistungen bei Pflegebedürftigkeit nach dem SGB XI hat dazu geführt, dass das Pflegegeld zu exportieren ist.[20] Auch die Übernahme der Rentenversicherungsbeiträge einer Pflegeperson (vgl. § 44 SGB XI), die in einem anderen Mitgliedstaat wohnt und eine in Deutschland wohnhafte pflegebedürftige Person versorgt, musste vom EuGH ebenso geklärt werden[21] wie in weiteren Entscheidungen[22] sonstige koordinierungsrechtliche Fragen bei Pflegebedürftigkeit. Inzwischen scheint festzustehen, dass **Pflegesachleistungen nicht exportfähig** sind, wenn der Wohnmitgliedstaat solche Sachleistungen nicht vorsieht und damit auch keine Sachleistungsaushilfe geleistet werden kann. Der EuGH hat auch in einer jüngeren Entscheidung zu dieser Frage darauf verzichtet, unter Heranziehung primärrechtlicher Erwägungen zu einer Änderung seiner Rechtsprechung zu kommen.[23]

66 Andere Entscheidungen betreffen die **Berufsausübung im Gesundheitsrecht**. In der – populär so genannten - DocMorris-Entscheidung[24] hatte sich der EuGH mit der Frage zu befassen, ob das nach deutschem Recht bestehende **»Fremdbesitzverbot«**, dh, dass nur Apotheker Eigentümer und Betreiber von Apotheken sein dürfen (vgl. § 2 I Nr. 3 iVm §§ 7, 8 ApoG), die Niederlassungsfreiheit verletze. Hier sah der EuGH **keine Verletzung der Niederlassungsfreiheit**. Die fragliche Regelung im ApoG sei geeignet, die Erreichung des mit ihr verfolgten Ziels zu gewährleisten, und gehe nicht über dasjenige hinaus, was zur Erreichung dieses Ziels erforderlich ist.[25]

67 Deutsches Recht der Gesundheitsberufe betraf auch eine Entscheidung des EuGH zur Frage der Zulässigkeit von – im deutschen Recht mittlerweile aufgehobenen[26] - **Altersgrenzen für die Tätigkeit als Vertrags(zahn)arzt**. Die damals geltende Altersgrenze von 68 Jahren hielt der EuGH[27] - wie übrigens auch das Bundesverfassungsgericht[28] - für möglich. Gesichtspunkte einer Altersdiskriminierung spielten dabei keine Rolle. Vielmehr wurde darauf abgestellt, dass die Regelung Ziele des Gesundheitsschutzes unter dem Aspekt des finanziellen Gleichgewichts der gesetzlichen Krankenkasse verfolge.

20 EuGH C-160/96, Slg. 1998 I-843 - Molenaar.

21 EuGH C-502/01, Slg. 2004 I-6483 - Gaumain-Cerri und Barth, abgedruckt in: EAS, VO (EWG) 1408/71, Art. 4 Nr. 29.

22 S. die Rechtsprechungsübersicht bei *Lenze* ZESAR 2008, 371.

23 EuGH C-208/07 Slg. 2009 I-06095 = NZS 2010, 479 mAnm. *Bassen*.

24 Nicht zu verwechseln mit dem Urteil des EuGH C-322/01 Slg. 2003 I-14887 - Deutscher Apothekerverband.

25 EuGH Rs. C-171/07 Slg. 2009 I-4171 - Apothekerkammer des Saarlandes.

26 S. § 97 VII 3 SGB V aF.

27 EuGH Rs. C-341/08 - *Petersen* NJW 2010, 587.

28 Zuletzt im Nichtannahmebeschluss v. 7. 8. 2007, 1 BvR 1941/07, BVerfGK 12, 26, BVerfG NZS 2008, 311.

3. Kapitel. Öffentliche Verantwortung für das Gesundheitswesen

§ 10 Öffentliche Verantwortung für Gesundheit

Ob und wieweit es eine öffentliche Verantwortung für Gesundheit gibt, geben darf und geben muss, ist zuerst eine **Grundentscheidung**, die aus dem **Verfassungsrecht** folgt und dann im einfachen Recht konkretisiert wird. Das Forum dafür bleibt bis auf weiteres vor allem das nationalstaatliche Recht, auch wenn zunehmend das Europäische Recht[1] und das Völkerrecht Einfluss haben. **68**

A. Verfassungsrechtliche Vorgaben

Das Verfassungsrecht steht im Rang über dem einfachen Recht. Das Grundgesetz und die Verfassungen der Länder bestimmen in Deutschland Staatsgrundsätze, Regeln und Prinzipien, an denen das einfache Recht zu messen ist. Die effektive Kontrolle liegt beim Bundesverfassungsgericht und bei den Verfassungsgerichten der Länder, die dem Verfassungsrecht vielfach seine konkrete Gestalt geben. Viele Regelungsbereiche des Verfassungsrechts beeinflussen das Gesundheitsrecht. **69**

I. Sozialer Rechts- und Bundesstaat

Die Bundesrepublik Deutschland ist ein **sozialer Rechts- und Bundesstaat** (Art. 20 I GG). Diese Staatsgrundsätze sind unabänderbar (Art. 79 III GG); sie binden auch die Länder (Art. 28 I GG) und sie sind Voraussetzung der Europäischen Integration (Art. 23 I GG).[2] Der Grundsatz sozialer Staatlichkeit begründet eine Verantwortung des Staates für die Gesellschaft, ihre Individuen und Interessen. Der soziale Staat ist der **Achtung und dem Schutz der Menschenwürde** verpflichtet (Art. 1 I GG) und hat entsprechend jeden Menschen als Person im Recht zu achten und als Persönlichkeit in der Gesellschaft zu schützen. Konkret hat er das **Existenzminimum** zu garantieren,[3] zu dem auch die **gesundheitliche Versorgung** gehört.[4] Diese Ziele verlangen vom Staat, auf die ganz unterschiedliche gesundheitliche Lage der Menschen Rücksicht zu nehmen, sie in Bezug auf ihre Gesundheit rechtlich handlungsfähig zu machen und das gesellschaftliche Streben nach Schutz und Wiederherstellung der Gesundheit, nach Teilhabe trotz gesundheitlicher Beeinträchtigung und nach allgemeinem Zugang zu Gesundheitsleistungen in den Formen des Rechts zu unterstützen. 70

Der soziale Staat ist in der Verantwortung, durch **Daseinsvorsorge** die Gesellschaft zu ordnen, stabilisieren und integrieren. Dabei ist der **Schutz der Gesundheit** ein häufiges Motiv, sei es beim Schutz vor Gewalt, bei der Durchsetzung 71

---

1 S. 2. Kapitel.
2 Vgl. BVerfGE 123, 267 - Vertrag von Lissabon.
3 BVerfGE 125, 175 - Regelsätze SGB II.
4 BVerfGE 120, 125 - notwendige Krankenversicherungsbeiträge als Teil des Existenzminimums. Vgl. *V. Neumann* RsDE 68 (2009), 1.

allgemeiner Abwasserentsorgung, Trinkwasserversorgung und Müllabfuhr zur Seuchenabwehr oder bei der **öffentlichen Finanzierung von Gesundheitseinrichtungen**, der **Ausbildung von Gesundheitsberufen** oder der **medizinischen Forschung**.

72 **Soziale Staatsziele** sind in den **Verfassungen** der meisten **(Bundes-)Länder** konkretisiert. Dabei sind auch die soziale Sicherung bei Krankheit[5] und der Schutz behinderter und pflegebedürftiger Menschen[6] in den Verfassungen mehrerer Länder ausdrücklich genannt.

II. Grund- und Menschenrechte

1. Schutz der Bürger

73 Die **Grundrechte** bezeichnen Freiheitsbereiche der Bürgerinnen und Bürger, die der Staat zu respektieren, zu schützen und zum Teil auch zu gewährleisten hat. Weiterhin beinhalten sie Ansprüche der Bürgerinnen und Bürger auf Gleichbehandlung, zum Teil auch auf Gleichstellung durch den Staat.

74 Im sozialen Rechtsstaat haben die **Schutz- und Gewährleistungsfunktionen der Grundrechte** neben den Abwehrfunktionen an Bedeutung gewonnen. Grundrechte sind meist auch Menschenrechte, die in internationalen Pakten völkerrechtlich garantiert sind. Entsprechend müssen die **internationalen Menschenrechte** immer stärker zur Auslegung und Konkretisierung des Grundrechtsschutzes in Deutschland herangezogen, auch der **Pakt über die wirtschaftlichen, sozialen und kulturellen Rechte** (IPWSK)[7] und die **Behindertenrechtskonvention** (BRK),[8] die das Recht auf gesundheitliche Versorgung ansprechen. In Art. 12 IPWSK erkennen die Vertragsstaaten das Recht eines jeden auf das für ihn erreichbare Höchstmaß an körperlicher und geistiger Gesundheit an. In Art. 25 BRK wird dies für behinderte Menschen bekräftigt und konkretisiert, insbesondere was die Zugänglichkeit des Gesundheitswesens betrifft.

75 Das **Recht auf Leben und körperliche Unversehrtheit** (Art. 2 II 1 GG) steht der Menschenwürde nahe. Dies wird systematisch etwa in der **Charta der Grundrechte der Europäischen Union** deutlich, die in Art. 2 - 4 der Menschenwürde das Recht auf Leben, die körperliche und geistige Unversehrtheit, die freie Einwilligung im Rahmen von Medizin und Biologie, das Verbot eugenischer Praktiken, das Verbot, den menschlichen Körper und Teile davon zur Erzielung von Gewinnen zu nutzen, das Verbot des reproduktiven Klonens, das Verbot der Folter und unmenschlicher oder erniedrigender Strafe oder Behandlung zuordnet. In diesen grundrechtlichen Garantien kann ein Kernbereich des grundrechtlichen Gesundheitsschutzes erkannt werden. Staatliche Eingriffe in die Unversehrtheit sind unter

---

5 Art. 22 II Verfassung von Berlin; Art. 35 Hessische Verfassung; Art. 45 Verfassung des Landes Brandenburg; Art. 57 Landesverfassung der Freien Hansestadt Bremen; Art. 53 Verfassung von Rheinland-Pfalz; Art. 46 Verfassung des Saarlandes.

6 Art. 10 III Verfassung von Berlin; Art. 12 IV Verfassung des Landes Brandenburg; Art. 2 III Landesverfassung der Freien Hansestadt Bremen; Art. 17 a Verfassung von Mecklenburg-Vorpommern; Art. 7 II Verfassung des Freistaates Sachsen; Art. 38 Verfassung des Landes Sachsen-Anhalt; Art. 5 a Verfassung des Landes Schleswig-Holstein; Art. 2 IV Verfassung des Freistaats Thüringen.

7 BGBl. II 1973, 1570. Vgl. *Ramm* VSSR 2008, 203.

8 BGBl. II 2008, 1419. Vgl. *Degener*, Behindertenrecht 2009, 34.

dem Vorbehalt des Gesetzes zulässig, so etwa Blutentnahmen zur Strafverfolgung, unterliegen aber strengen Anforderungen an ihre Verhältnismäßigkeit. Art. 2 II 1 GG wird als **Schutzpflicht** verstanden.[9] Diese kann auch zur Begründung von Freiheitseingriffen herangezogen werden, wenn diese Leben und Gesundheit schützen sollen.[10]

Auch in Bezug auf gesundheitsrechtliche Regelungen haben die Bürgerinnen und Bürger den Anspruch vor dem Gesetz und durch das Gesetz **gleich behandelt** zu werden (Art. 3 I GG). Differenzierungen bedürfen einer Rechtfertigung. Das kann auch für den Zugang zu einem sozialen Sicherungssystem gelten.[11] 76

Eine **Differenzierung** ist besonders streng zu prüfen, wenn sie an **gesundheitlichen Merkmalen** ansetzt, denn diese sind in der Regel nicht veränderbar und oft persönlichkeitsprägend,[12] wie etwa die genetischen Merkmale (vgl. Art. 21 Charta der Grundrechte der EU). Besonders ausgeprägt ist dies beim **Benachteiligungsverbot wegen einer Behinderung** (Art. 3 III 2 GG), das auch ein Gebot zu angemessenen Vorkehrungen und zur Einbeziehung und Teilhabe enthält (vgl. Art. 26 Charta der Grundrechte der EU). Durch die von Deutschland ratifizierte Behindertenrechtskonvention der Vereinten Nationen wird verdeutlicht, dass der effektive gleiche Genuss der Menschenrechte durch behinderte Menschen eine Querschnittsaufgabe in der gesamten Rechtsordnung ist. 77

2. Schutzsysteme und Zugang zu diesen

Pflichtversicherungssysteme gegen die Folgen von Krankheit, Pflegebedürftigkeit oder Behinderung bedeuten **Freiheitseingriffe**, die zugleich die Funktion haben, Voraussetzungen von Freiheit und Persönlichkeitsentfaltung zu schützen und die dadurch gerechtfertigt werden können.[13] Das BVerfG hat herausgearbeitet, dass diesem Freiheitseingriff ein **angemessenes Schutzniveau des Krankenversicherungssystems** entsprechen muss.[14] 78

Das **Recht auf Zugang zu Leistungen der sozialen Sicherheit und zu den sozialen Diensten** in Fällen wie Mutterschaft, Krankheit, Arbeitsunfall, Pflegebedürftigkeit oder im Alter sowie auf **Zugang zur Gesundheitsvorsorge und ärztlichen Versorgung** hat in allen europäischen Staaten hohen Rang und wird entsprechend in der Charta der Grundrechte der EU ausdrücklich als soziales Solidaritätsrecht respektiert (Art. 34 und 35). 79

3. Grundrechtsschutz für die Akteure im Gesundheitswesen

Die an der Gesundheitssicherung beteiligten Personen und Organisationen genießen ebenfalls Grundrechtsschutz. Die Einbindung von Ärztinnen und Ärzten und anderen Gesundheitsberufen, der Produzenten von Gesundheitsgütern und der Anbieter von privaten Krankenversicherungen in berufs-, produkt-, versicherungs- und sozial- 80

9 BVerfGE 39, 1 - Abtreibung; 46, 160 - Schleyer; 49, 89 - Schneller Brüter; 79, 174 - Lärmschutz.
10 BVerfGE 95, 173 - Warnhinweise auf Zigarettenschachteln.
11 BVerfGE 103, 225 - Pflegeversicherung.
12 BVerfGE 88, 87 -Transsexuellengesetz.
13 BVerfGE 103, 197 - Pflegeversicherung.
14 BVerfGE 115, 25. Vgl. dazu und zur nachfolgenden sozialgerichtlichen Rechtsprechung: *Wenner* GesR 2009, 169; *Kingreen* NJW 2006, 877; *Francke/Hart* MedR 2006, 131; *Huster* JZ 2006, 466.

rechtliche Regulierungen ist an ihrer **Berufsfreiheit** zu messen.[15] Dagegen sind gesetzliche Krankenkassen öffentliche Körperschaften, die die Grundrechte zu wahren haben, sie aber nicht selbst in Anspruch nehmen können.[16] Der Schutz der Kranken, die Qualität der Gesundheitsversorgung und die Finanzierbarkeit des sozialen Krankenversicherungssystems sind Gemeinwohlbelange, die dem Gesetzgeber erlauben, **Schranken der Berufsfreiheit** und eines freien Marktes im Gesundheitswesen aufzustellen. Dabei ist die Freiheit der Berufswahl am stärksten geschützt gegen objektive Zugangsschranken, die unabhängig vom Ansehen der Person sind, etwa die Bedarfszulassung von Gesundheitsberufen. Gleichwohl ist selbst diese Beschränkung im vertragsärztlichen System möglich (§§ 99 ff. SGB V).[17] Strenge Hürden dürfen für die subjektive Eignung von Gesundheitsberufen durch die staatliche Berufszulassung aufgestellt werden.[18] Die Berufsausübung selbst kann auf Grund vernünftiger Überlegungen des Gemeinwohls geregelt werden, immer aber nur in den Schranken der Verhältnismäßigkeit.

81 Auch wer zum Gesundheitswesen beiträgt und dazu nicht oder nicht nur beruflich und materiell motiviert ist, hat Grundrechtsschutz. Die religiös oder weltanschaulich motivierte Sorge für andere, insbesondere in der freien Wohlfahrtspflege, wird als Ausdruck der **Freiheit der Religion oder Weltanschauung** (Art. 4 GG) geschützt, die zum Teil im Staatskirchenrecht (Art. 140 GG) rechtlich institutionalisiert ist.[19] Die Selbsthilfe und Interessenvertretung kranker und behinderter Menschen ist Ausdruck ihrer **Vereinigungs- und Handlungsfreiheit**. Als Teil der Arbeits- und Wirtschaftsbedingungen ist die soziale Sicherung bei Krankheit, Behinderung und Pflegebedürftigkeit auch ein legitimes **Handlungsfeld der Gewerkschaften und Arbeitgeberverbände** (Art. 9 III GG).[20] Die allgemeine Beteiligung an der gesundheitspolitischen oder gesundheitsfachlichen Diskussion ist von der **Meinungsfreiheit** (Art. 5 I GG) geschützt.[21] Die **Forschung und Lehre** der Medizin, Psychologie, Gesundheits-, Rehabilitations- und Pflegewissenschaften ist frei (Art. 5 III GG). Der Staat schützt diese Freiheit institutionell, indem er Hochschulen und Forschungseinrichtungen schafft und unterhält.

III. Kompetenzen im Bundesstaat

82 Staatliche Verantwortung ist im Bundesstaat zwischen Bund und Ländern geteilt (Verbandskompetenz). Sie muss funktional in Gesetzgebung, Regierung, Verwaltung und Rechtsprechung von den jeweils zuständigen Organen wahrgenommen werden, um rechtmäßig zu sein. Staatliche Organe haben nicht die Freiheit, nach Belieben als wichtig erkannte Handlungsfelder zu bearbeiten, weil staatliches Handeln immer Freiheits- und Gleichheitsrechte berühren kann, die nur in dem dafür vorgesehenen Verfahren beschränkt werden dürfen. Dies wurde deutlich an der Diskussion über die **staatliche Warnung vor gesundheitsschädlichen Produkten**: Auch hierfür ist eine

15 BVerfGE 7, 377 - Apotheken; 11, 30 - Kassenärzte; 82, 209 - Krankenhausplan; 123, 186 - Basistarif in der PKV.

16 BVerfGE 39, 302 - AOK-Zusammenschluss; BVerfG SozR 4–2500 § 266 Nr. 7 = NZS 2005, 139 - Risikostrukturausgleich.

17 BVerfG MedR 2001, 639.

18 BVerfGE 78, 155 - Heilpraktikergesetz.

19 BVerfGE 53, 366 - konfessionelle Krankenhäuser.

20 Vgl. BVerfGE 103, 293 - Anrechnung von Kuren auf tariflichen Urlaub.

21 BVerfG NJW 2000, 3413; NJW 2003, 961 - Kritik unter Ärzten.

gesetzliche Grundlage vorzugswürdig, die zugleich der Kompetenzordnung des Grundgesetzes genügen muss. Allerdings kann eine solche Warnung im Krisenfall auch mit der Aufgabe der Staatsleitung begründet werden.[22]

In der Bundesrepublik Deutschland ist die **Gesetzgebung** (Art. 70 GG) primär den Ländern zugeordnet. Der Bund darf nur dann Gesetzgeber sein, wenn dies im Grundgesetz ausdrücklich vorgesehen ist. Hier kann eine ausschließliche (Art. 73 GG) oder eine konkurrierende (Art. 74 GG) Kompetenz des Bundes vorgesehen sein. Im letzteren Falle ist bei vielen Materien noch zu prüfen, ob eine Bundesgesetzgebung erforderlich ist (Art. 72 GG).[23] 83

Auch die **Verwaltung** ist Sache der Länder, auch wenn Bundesgesetze auszuführen sind (Art. 84 GG). Ausnahmen sind wiederum im Grundgesetz selbst geregelt. Hier sind insbesondere die **bundesunmittelbaren Träger der Sozialversicherung** zu nennen (Art. 87 II GG). 84

Die Rechtsprechung, auch über Bundesrecht, obliegt zuerst den von den Ländern eingerichteten Gerichten der ordentlichen Gerichtsbarkeit (Strafrecht und Zivilrecht einschließlich Betreuungsgerichte), der Arbeitsgerichtsbarkeit, der Sozialgerichtsbarkeit, Verwaltungsgerichtsbarkeit und Finanzgerichtsbarkeit. Erst in der letzten Instanz, zumeist der nur über Rechtsfragen geführten Revision, entscheiden die für diese Gerichtsbarkeiten eingerichteten obersten Bundesgerichte (Art. 95 GG), soweit Bundesrecht im Streit steht. 85

IV. Kommunale Selbstverwaltung

Das Grundgesetz bindet die Länder daran, dass Gemeinden und Kreise vom Volk gewählte Vertretungen und Selbstverwaltung im Rahmen der Gesetze haben müssen (Art. 28 II GG). Die Verfassungen und Gesetze der Länder konkretisieren dies. Die Städte und Gemeinden sind berechtigt, selbst Aufgaben der örtlichen Gemeinschaft aufzugreifen und in eigener Verantwortung zu erfüllen. Damit können sie neuen gesellschaftlichen Anliegen, etwa bei der **Unterstützung der gesundheitlichen Selbsthilfe**, Raum geben. Sie können auch selbst Rechtsnormen schaffen (Satzungen), die sich zum Beispiel auf den öffentlichen Raum und die öffentlichen Einrichtungen der Gemeinde beziehen können. Die Städte und Gemeinden sowie die Kreise erfüllen viele staatliche Aufgaben nach Maßgabe der Landesgesetze oder sind dazu verpflichtet, bestimmte Aufgaben als Selbstverwaltungsaufgaben zu erfüllen, etwa die Kreise als Träger der Sozialhilfe oder des öffentlichen Gesundheitsdienstes. Damit soll eine möglichst bürgernahe Aufgabenerfüllung gesichert werden. 86

Die kommunale Selbstverwaltung kann auch ein Abwehrrecht gegen die Übertragung staatlicher Aufgaben sein, wenn diese die Kommunen zu sehr einschränkt und insbesondere die landesverfassungsrechtlichen Vorschriften über einen finanziellen Ausgleich für die Aufgabenübertragung (**Konnexität**) nicht eingehalten werden.[24] 87

---

22 BVerfGE 105, 252 - Glykol im Wein.
23 BVerfGE 106, 62 - Altenpflegegesetz.
24 Vgl. BVerfGE 83, 363 - Krankenhausumlage Rheinland-Pfalz; VerfGH Rheinland-Pfalz VGH B 8/00 - Förderung von Betreuungsvereinen; VerfGH Nordrhein-Westfalen NVwZ-RR 2011, 41 - Förderung von Tageseinrichtungen.

V. Sozialversicherung

88 Die **Sozialversicherung** vollzieht sich in Form der **mittelbaren Staatsverwaltung** (vgl. Art. 87 II GG). Die Sozialversicherung kann durch bundesunmittelbare oder landesunmittelbare Körperschaften durchgeführt werden. Der Gesetzesvollzug durch die Sozialversicherungsträger erfolgt in Selbstverwaltung. Diese wird traditionell vor allem von den Versicherten und den Arbeitgebern ausgefüllt, kann aber auch weiterentwickelt werden, wie vor allem die gesetzliche Krankenversicherung zeigt. Es handelt sich dabei um **funktionale Selbstverwaltung**[25] in einem Lebens- und Regelungsbereich durch Vertreter von Gruppen, die der Gesetzgeber wegen besonderer Betroffenheit oder Fachkunde dazu beruft. In der Sozialversicherung ist auch ein hohes Maß an bundesweiter Solidarität und Umverteilung zulässig,[26] was sie zu einem bevorzugten Instrument bundesstaatlicher Sozialpolitik macht.

B. Öffentliche Verantwortung

I. Der Bund

89 Der Bund hat **gesundheitsspezifische Gesetzgebungskompetenzen** als **konkurrierende Zuständigkeit** für Maßnahmen gegen gemeingefährliche oder übertragbare Krankheiten bei Menschen und Tieren, die Zulassung zu ärztlichen und anderen Heilberufen und zum Heilgewerbe, das Recht des Apothekenwesens, der Arzneien, der Medizinprodukte, der Heilmittel, der Betäubungsmittel und der Gifte (Art. 74 I Nr. 19 GG), für die wirtschaftliche Sicherung der Krankenhäuser und die Regelung der Krankenhauspflegesätze (Art. 74 I Nr. 19 a GG) und die medizinisch unterstützte Erzeugung menschlichen Lebens, die Unterstützung und die künstliche Veränderung von Erbinformationen sowie Regelungen zur Transplantation von Organen, Geweben und Zellen (Art. 74 I Nr. 26 GG).

90 Diese **Gesetzgebungskompetenzen** hat er **weit gehend ausgeschöpft**, insbesondere durch das Infektionsschutzgesetz, die Approbationsordnung für Ärztinnen und Ärzte, das Heilpraktikergesetz, das Psychotherapeutengesetz, das Krankenpflegegesetz, das Altenpflegegesetz und zahlreiche weitere Gesetze über den Berufszugang von Heilberufen (Kapitel 5), das Apothekengesetz, das Arzneimittelgesetz, das Heilmittelwerbegesetz, das Medizinproduktegesetz, das Betäubungsmittelgesetz, das Krankenhausfinanzierungsgesetz, das Krankenhausentgeltgesetz, das Embryonenschutzgesetz und das Transplantationsgesetz.

91 Viele für Gesundheitsschutz und Gesundheitswesen relevante Bundesgesetze sind auf **gesundheitsunspezifische Kompetenztitel** gestützt. So sind das Vertrags- und Haftungsrecht der Heilberufe und das Betreuungsrecht (§§ 1896 ff. BGB) Teil des Bürgerlichen Gesetzbuches (BGB) auf der Grundlage der Kompetenz für das Bürgerliche Recht (Art. 74 I Nr. 1 GG). Das spezifischere Gesetz zur Regelung von Verträgen über Wohnraum mit Pflege- oder Betreuungsleistungen (WBVG) ist ebenfalls auf diese Kompetenz gestützt, während das früher bundesrechtlich geregelte öffentliche Ordnungsrecht der Heime seit der Reform der bundesstaatlichen Ordnung 2007 jetzt ausdrücklich nur noch in der Länderkompetenz ist (vgl. Art. 74 I Nr. 7 GG). Der

25 BVerfGE 107, 59 - Lippeverband.
26 BVerfGE 113, 167 - Risikostrukturausgleich.

Gesundheitsschutz am Arbeitsplatz durch das Arbeitsschutzgesetz ist Teil des Arbeitsrechts (Art. 74 I Nr. 7 GG). Die Regelung der privaten Kranken- und Pflegeversicherung im Versicherungsvertragsgesetz ist Teil des Rechts der Wirtschaft (Art. 74 I Nr. 11 GG).

Das **gesundheitsrelevante Sozialrecht** ist teils als Recht der Versorgung der Kriegs- 92
beschädigten und Kriegshinterbliebenen (Art. 73 I Nr. 13 GG), teils als Recht der öffentlichen Fürsorge (Art. 74 I Nr. 7 GG) und als Recht der Sozialversicherung (Art. 74 I Nr. 12 GG) in der Regelungskompetenz des Bundes, von der dieser im Sozialgesetzbuch (SGB) mit zwölf Büchern sowie weiteren inkorporierten Gesetzen (vgl. § 68 SGB I) recht umfassend Gebrauch gemacht hat. Gesundheitsspezifisch sind hier insbesondere das Recht der gesetzlichen Krankenversicherung (SGB V), Rehabilitation und Teilhabe (SGB IX) sowie sozialen Pflegeversicherung (SGB XI). Diese Gesetze enthalten auch relevante Regulierungen der Gesundheitsberufe (Leistungserbringungsrecht), etwa die Bildung der Kassenärztlichen Vereinigungen. Relevante Regelungen für soziale Leistungen bei Behinderung, Erwerbsminderung, Krankheit und Pflegebedürftigkeit finden sich auch im Recht der Sozialhilfe (SGB XII). Mit der sozialrechtlichen Regulierung prägt der Bund das deutsche Gesundheitswesen.

Produktbezogene Regelungen mit dem Zweck des Gesundheitsschutzes sind auf die 93
Kompetenz für das Recht der Lebensmittel, Genussmittel und Bedarfsgegenstände gestützt (Art. 74 I Nr. 20 GG).

Eine Querschnittsmaterie mit Bezug zur Gesundheit ist die **Gleichstellung behinder-** 94
ter Menschen, die der Bund für das Zivilrecht im Allgemeinen Gleichbehandlungsgesetz (AGG) und für das öffentliche Recht im Behindertengleichstellungsgesetz (BGG) geregelt hat. Sie umfasst zivilrechtlich Gebote zu angemessenen Vorkehrungen und im öffentlichen Recht die Anforderung der Barrierefreiheit (Zugänglichkeit) öffentlicher Einrichtungen und Leistungen.

Für die meisten dieser Materien der Gesetzgebung liegt die Zuständigkeit in der 95
Arbeitsteilung von Bundestag und Bundesregierung beim Ausschuss für Gesundheit und dem Bundesministerium für Gesundheit (BMG), für andere – insbesondere aus der sozialen Sicherheit – bei den Bereichen Arbeit und Soziales (BMAS), Familie, Senioren, Frauen und Jugend sowie Verbraucherschutz (BMFSFJ). Das Betreuungswesen ist Angelegenheit des Justizbereichs (BMJ).

Die wichtigsten **Träger gesundheitsrelevanter Verwaltung** im Bereich des Bundes 96
sind die bundesunmittelbaren Sozialversicherungsträger. Sie werden beaufsichtigt vom Bundesversicherungsamt (§ 94 SGB IV). Wegen ihrer Entscheidungskompetenzen für alle Krankenkassen und Vertragsärzte zu nennen sind der GKV-Spitzenverband (§ 217 a SGB V), die Kassenärztliche und die Kassenzahnärztliche Bundesvereinigung (§ 77 IV SGB V) und der Gemeinsame Bundesausschuss (G-BA; § 91 SGB V). Sie werden vom BMG beaufsichtigt. Weitere Einrichtungen im Bereich des BMG sind das Robert-Koch-Institut,[27] die Bundeszentrale für gesundheitliche Aufklärung und der Patientenbeauftragte des Bundes (§ 140 h SGB V). Im Bereich des BMAS sind zu nennen das Bundesamt für Arbeitsschutz und Arbeitsmedizin und der Beauftragte der Bundesregierung für die Belange behinderter Menschen (§ 14 BGG).

---

27 Gesetz über Nachfolgeeinrichtungen des Bundesgesundheitsamtes (BGA-Nachfolgegesetz - BGA-NachfG) vom 24. 6. 1994, BGBl. I 1416.

II. Die Länder

97 In allen Ländern bestehen **Gesetze über die Krankenhäuser**, über die **Pflege**, über den **Rettungsdienst** und über den **öffentlichen Gesundheitsdienst**. Mit diesen Gesetzen werden wichtige Bereiche der Infrastruktur der Gesundheitsversorgung geregelt. Sie enthalten in unterschiedlicher Weise die Rechtsgrundlage für Planung, die Vergabe von Fördermitteln insbesondere für Investitionen sowie Aufgabenübertragungen an die Kommunen. Alle Länder haben auch **Gleichstellungsgesetze für behinderte Menschen** und Gesetze über die Unterbringung. Sie haben die Kompetenz für das **Berufsrecht der Heilberufe**, die sie meist vor allem durch die **Schaffung von Kammern**[28] ausgefüllt haben.

98 Die Länder administrieren den Bereich Gesundheit entweder in eigenen Ministerien oder (überwiegend) in Abteilungen der Sozialministerien. Sie haben die Aufsicht über die landesweit tätigen Träger der Sozialversicherung und über die Kassenärztlichen und Kassenzahnärztlichen Vereinigungen sowie die Kammern der Gesundheitsberufe. Sie richten Unfallkassen als öffentliche Träger der gesetzlichen Unfallversicherung ein. Die Länder sind zumeist Träger der Universitäten mit den Universitätskliniken und Medizinischen Fakultäten sowie zum Teil auch von Fachkliniken der psychiatrischen Versorgung. Die Länder richten die Aufsichtsbehörden des Arbeitsschutzes sowie zum Teil eigene Ämter des öffentlichen Gesundheitsdienstes ein. Die Länder tragen die Integrationsämter (§ 102 SGB IX) und die Versorgungsämter mit ihren Funktionen für den Schwerbehindertenschutz und die soziale Entschädigung. Sie richten den überörtlichen Träger der Sozialhilfe ein (§ 3 III SGB XII) und entscheiden, ob und wieweit dieser Träger der Hilfen zur Gesundheit, der Eingliederungshilfe für behinderte Menschen und der Hilfe zur Pflege ist (§ 97 II SGB XII). Sie präzisieren die Aufgaben der Träger der Kinder- und Jugendhilfe, zu denen auch die Eingliederungshilfe für seelisch behinderte Kinder und Jugendliche (§ 35 a SGB VIII) gehört.

III. Die Gemeinden und Gemeindeverbände

99 Die Städte und Gemeinden, Kreise und weiteren Gemeindeverbände haben für die gesundheitliche Versorgung neben den ihnen durch Landesgesetz übertragenen Aufgaben weitere Funktionen, über die sie im Rahmen ihrer Selbstverwaltung selbst entscheiden. Hierzu kann insbesondere die **eigene Trägerschaft** von Rettungsdiensten, Krankenhäusern, Pflegeheimen und Beratungsstellen gehören oder die Entscheidung darüber, ob und wie diese Aufgaben von **Trägern der freien Wohlfahrtspflege** oder **privaten Unternehmen** wahrgenommen werden. Je nach landesrechtlicher Ausgestaltung werden Aufgaben des öffentlichen Gesundheitsdienstes von Gemeinden oder Kreisen in Selbstverwaltung oder Auftragsverwaltung wahrgenommen (Gesundheitsamt). Die Kreise und kreisfreien Städte sind in allen Ländern Träger der Sozialhilfe (Sozialamt) und der Kinder- und Jugendhilfe (Jugendamt) mit jeweils gesundheitsrelevanten Aufgaben. Durch ihr Recht der Bauplanung können sie die Standorte von Gesundheitseinrichtungen mitbestimmen.[29] Die Stadtstaaten Berlin, Hamburg und Bremen vereinigen die Aufgaben eines Landes und einer Stadt und gestalten insofern besonders intensiv die gesundheitliche Versorgung.[30]

---

28 Zurzeit nur für Ärzte, Zahnärzte, Tierärzte und Apotheker, noch nicht jedoch für andere Heilberufe.

29 Vgl. VGH München v. 4. 3. 2005, 2 N 04.2100 - Streit über Forensikkrankenhaus.

30 Vgl. VerfG Hamburg DÖV 2005, 252 - Volksbegehren »Gesundheit ist keine Ware«.

IV. Die Sozialversicherung

Die **Träger der Sozialversicherung** tragen den größten Teil der gesundheitsbezogenen sozialen Risiken. Sie sind selbstverwaltete Körperschaften des öffentlichen Rechts (§ 29 SGB IV), in denen die Versicherten und Arbeitgeber Vertreterinnen und Vertreter wählen. Sie stehen unter Rechtsaufsicht entweder des Bundes oder eines Landes (§§ 87, 90 SGB IV). 100

Die **gesetzliche Krankenversicherung** (SGB V) und die **soziale Pflegeversicherung** (SGB XI) tragen große Teile der Kosten des Krankheits- und Pflegerisikos. Die Krankenkassen haben zusammen mit der Kassenärztlichen Vereinigung die ambulante Krankenversorgung in den Ländern vertraglich sicherzustellen (§ 72 SGB V). Durch Verträge mit den Leistungserbringern beeinflussen die Krankenkassen und ihre Verbände auch alle anderen Bereiche der Gesundheitsversorgung. Die Krankenkassen sind zugleich die Pflegekassen und gestalten als solche durch Verträge mit Pflegediensten und Pflegeheimen die pflegerische Versorgung (§ 69 SGB XI). Die Verträge des Leistungserbringungsrechts der Krankenbehandlung und Pflege werden vor allem auf der Ebene der Länder geschlossen. In ihnen und in den Richtlinien des Gemeinsamen Bundesausschusses (§ 92 SGB V) werden Standards der Versorgung definiert. 101

Die Krankenkassen sind zusammen mit dem öffentlichen Gesundheitsdienst der wichtigste **Träger von Prävention und Gesundheitsförderung** (§§ 20–22 SGB V). Sie gestalten diese selbst durch Satzungsrecht im Rahmen ihrer Selbstverwaltungsorgane. 102

Die **Träger der gesetzlichen Unfallversicherung** (SGB VII), die Berufsgenossenschaften und Unfallkassen, sind bei den Folgen von Arbeitsunfällen und Berufskrankheiten umfassender Träger der Prävention, Krankenbehandlung, Rehabilitation und Pflege sowie finanzieller Kompensation von Gesundheitsschäden. Sie unterhalten auch eigene Krankenhäuser und Rehabilitationseinrichtungen. 103

Die **gesetzliche Rentenversicherung** (SGB VI) ist verantwortlich für Leistungen zur Prävention und Rehabilitation von Erwerbsminderung und für Erwerbsminderungsrenten und damit für die meisten Rehabilitationsleistungen erwerbstätiger Personen. Die Träger der gesetzlichen Rentenversicherung, Unfallversicherung und Krankenversicherung sind in fast allen Fällen für die **medizinische Rehabilitation** zuständig. Als **Rehabilitationsträger** sind sie zur gemeinsamen Konkretisierung der Leistungen verpflichtet (§§ 12, 13 SGB IX) und haben die Verantwortung für deren Qualität und Infrastruktur (§§ 19, 20 SGB IX). Sie schließen nach gemeinsamen Grundsätzen Verträge mit den Diensten und Einrichtungen der Rehabilitation (§ 21 SGB IX), soweit sie nicht selbst deren Träger sind. 104

V. Sozialstaatliche Regulierung der Privatversicherung

Die privaten Krankenversicherungsunternehmen werden seit längerer Zeit sozialstaatlich in die Pflicht genommen. Dies gilt für den Schutz bei Krankheit ebenso wie bei Pflegebedürftigkeit. 105

In der **Pflegeversicherung** ist dies auf zweierlei Weise geschehen, einmal durch die (Zwangs-)Zuweisung einer bestimmten Kategorie von Personen zum Privatversiche- 106 rungsschutz bei Pflegebedürftigkeit (§ 23 SGB XI)[31] und zum anderen durch Vorschriften über die Gestaltung dieses Versicherungsschutzes (§ 110 SGB XI).

107 Auf dem Gebiet der **Krankenversicherung** werden Vorkehrungen getroffen, die dazu dienen, diesen existenzwichtigen Versicherungsschutz auch im Privatversicherungsrecht so zu gestalten, dass eine gewisse sozialstaatliche Verträglichkeit hergestellt wird. Zuletzt hat dies das Bundesverfassungsgericht im Basistarifurteil[32] mit folgenden Worten beschrieben: »Der Basistarif stellt sich damit insgesamt als eine zulässige, sozialstaatliche Indienstnahme der privaten Krankenversicherungsunternehmen zum gemeinen Wohl dar, die der mit dem GKV-Wettbewerbsstärkungsgesetz angestrebten Vollfunktionalität der privaten Krankenversicherung für alle ihr zugewiesenen Versicherten dient und sicherstellt, dass die von Krankheit am stärksten betroffenen Personen unter den Bedingungen risikoäquivalent berechneter Prämien bezahlbaren und gleichwohl ausreichenden Versicherungsschutz finden.« Damit hat das Bundesverfassungsgericht klargestellt, dass es zwar zwei unterschiedlich konfigurierte Systeme zum Schutz bei Krankheit und Pflegebedürftigkeit gibt, dass beide Systeme jedoch sozialstaatliche Funktionen gewährleisten müssen.

VI. Die Kammern

108 Die Länder haben das **Berufsrecht akademischer Gesundheitsberufe** so ausgestaltet, dass die Angehörigen des ärztlichen, psychotherapeutischen und pharmazeutischen Berufs jeweils in einer Kammer als **Pflichtmitglieder** zusammengeschlossen sind. Dies wird als gerechtfertigter Eingriff in die Handlungsfreiheit angesehen.[33] Die Kammern als Körperschaften des öffentlichen Rechts sind grundrechtsgebunden und selbst keine Träger von Grundrechten.[34] Sie geben den Berufsgruppen jeweils ein eigenes Berufsrecht und unterhalten eine Berufsgerichtsbarkeit. Sie sind selbstverwaltet, die Berufsangehörigen wählen ihre Vertreterinnen und Vertreter. Sie stehen unter Aufsicht eines Landes. Die bundesweiten Zusammenschlüsse der Kammern, zB die Bundesärztekammer, sind politisch einflussreich, haben aber nur einen privatrechtlichen Status.

109 Die Kammern haben **Eingriffsbefugnisse**, die zB bis zur Entziehung der ärztlichen Approbation reichen. Die Voraussetzungen des beruflichen Status dürfen sie aber nicht selbst bestimmen, dies ist dem Gesetzgeber vorbehalten.[35] Sie organisieren einen Teil der Fort- und Weiterbildung und vertreten auch berufspolitische Interessen.[36] Grundgedanke der Kammern ist, dass die Berufsgruppen selbst besser als der Staat in der Lage sind, die verbindlichen Standards ihres Handelns zu bestimmen und durchzusetzen. Die Kammern sind zum Teil auch Träger der sozialen Sicherheit für ihre Angehörigen (**Versorgungswerke**).[37] Die **Ordnung des Berufsrechts** durch Kammern stößt einerseits auf Kritik und wird als nicht mehr zeitgemäße ständische Regelung angesehen. Andererseits fordern Vertreter anderer Gesundheitsberufe, ins-

31 Zur Verfassungsmäßigkeit BVerfGE 103, 197.
32 BVerfGE 123, 186.
33 BVerfG DÖV 2002, 429 = NVwZ 2002, 335 - Mitgliedschaft in einer Industrie- und Handelskammer.
34 BVerfG NJW 1997, 1634.
35 BVerfGE 33, 125 - Facharzt.
36 Vgl. zu den Grenzen: OVG Berlin-Brandenburg OVGE BE 27, 372.
37 Dazu BVerfGE 10, 354.

besondere der Pflegeberufe, ihrerseits eine Verkammerung, um die Professionalisierung ihrer Berufe zu befördern.[38]

VII. Die Wissenschaft

Selbstverständnis und Weiterentwicklung der Gesellschaft und so auch ihres Gesundheitswesens sind auf die Wissenschaft angewiesen, die auch aus diesem Grunde besonderen Grundrechtsschutz genießt. Das Hochschulrecht der Länder verfasst die Hochschulen, die teils als selbstverwaltete Körperschaften öffentlichen Rechts, teils als Stiftungen die Rahmenbedingungen für Lehre und Forschung organisieren. In der medizinischen Ausbildung wird der nötige enge Bezug zwischen Lehre, Forschung und Praxis vor allem durch die Universitätskliniken hergestellt, die auch eine wichtige Funktion in der medizinischen Versorgung der Bevölkerung haben.[39] Neben der Medizin sind als gesundheitsspezifische Fächer insbesondere Psychologie, Pflegewissenschaft und Gesundheitswissenschaften / Public Health zu nennen. Die pharmazeutische Forschung findet zu einem erheblichen Teil in der privaten Verantwortung der pharmazeutischen Unternehmen statt, was bei der Regulierung von Arzneimittelzulassung und Arzneimittelversorgung zu bedenken ist 110

VIII. Wahrnehmung der ethischen Belange

Die Wahrnehmung ethischer Belange ist nicht nur eine Angelegenheit der im Gesundheitswesen Tätigen selbst, sondern wird als Überwachungs- und Beratungsfunktion zunehmend von Kommissionen, Räten etc. übernommen. Solche Kommissionen oder Räte sind zum Teil gesetzlich vorgeschrieben zB bei klinischen Prüfungen von Arzneimitteln (§§ 40, 42 I AMG) oder eingerichtet (so der Deutsche Ethikrat);[40] zum Teil existieren sie auf freiwilliger Basis (so die Zentrale Ethikkommission der Bundesärztekammer).[41] Für Juristinnen und Juristen ist der Umgang mit ethischen Belangen oft insofern schwierig, weil ein ethischer Belang zwar in einer Rechtsquelle verfestigt sein kann, aber nicht muss. Aus diesem Grund ist in diesem Lehrbuch ein besonderes Kapitel der »Ethik im Gesundheitswesen« gewidmet.[42] 111

§ 11 Verantwortung für die Infrastruktur des Gesundheitswesens

A. Allgemeine Fragen der Infrastrukturverantwortung

Die Frage nach der Verantwortung für die Infrastruktur des Gesundheitswesens ist 112
zu unterscheiden von der Frage nach der Verantwortung für die Bereitstellung eines Gesundheitswesens. Diese letztere Frage hat mit der öffentlichen Verantwortung für die Gesundheit zu tun und sie ist zuvorderst anhand der verfassungsrechtlichen Maß-

38 Dazu *Igl*, Weitere öffentlich-rechtliche Regulierung der Pflegeberufe und ihrer Tätigkeit - Voraussetzungen und Anforderungen, 2008, 106 ff.

39 Vgl. zum Grundrechtsschutz: BVerfGE 57, 70.

40 Gesetz zur Einrichtung des Deutschen Ethikrats v. 16. 7. 2007 (Ethikratgesetz - EthRG), BGBl. I 1385.

41 Statut der Zentralen Kommission zur Wahrung ethischer Grundsätze in der Medizin und ihren Grenzgebieten (Zentrale Ethikkommission), www.zentrale-ethikkommission.de.

42 S. unten 12. Kapitel.

gaben zu beantworten.[43] Bei der weiteren Frage nach der Infrastrukturverantwortung geht es darum, wer für die Vorhaltung der sächlichen und personellen Voraussetzungen die Verantwortung hat. Diese letztere Frage wird in der Bundesrepublik nicht einheitlich, dh mit nur einer Lösungsmöglichkeit, beantwortet. Vielmehr wird nach den verschiedenen Versorgungsbereichen unterschieden. Bei dieser Unterscheidung wird differenziert: Im Krankenhausbereich wird die Infrastrukturverantwortung grundsätzlich ganz in die Hand öffentlicher Akteure, hier der Länder, gelegt. Bei der ärztlichen Versorgung liegt die Infrastrukturverantwortung bei den kassenärztlichen Vereinigungen auf Ebene der Länder. Komplizierter ist die Situation bei den Pflegeeinrichtungen (stationäre wie ambulante Einrichtungen). Hier gibt es eine Infrastrukturverantwortung vieler Beteiligter mit einer Letztverantwortung der Länder. Ähnlich, aber ohne eine Letztverantwortung der Länder, ist es bei den Rehabilitationseinrichtungen.

B. Zum Recht der Infrastrukturverantwortung

113 **Gesetzlicher Ausgangspunkt für die allgemeine sozialrechtliche Infrastrukturverantwortung** für alle Dienste und Einrichtungen ist **§ 17 II SGB I.** Diese Vorschrift reflektiert jedoch nur die jeweiligen Infrastrukturverantwortlichkeiten. Eine direkte Verantwortlichkeit bestimmter Akteure für bestimmte Versorgungsbereiche kann aus ihr nicht hergeleitet werden. Zu der Zeit, als das SGB I geschaffen worden ist, war es im Übrigen keineswegs selbstverständlich, das Sozialrecht nicht nur als Leistungsrecht, sondern auch als Recht zu verstehen, das über das Leistungsrecht hinausgreift und das sich zB auch zur Art und Weise der Infrastrukturverantwortung artikuliert. Insofern ist diese Vorschrift als Hinweis an die verfassungs- und sozialrechtlich verantwortlichen Akteure zu verstehen, dass das Sozialleistungsrecht nicht nur kraft seiner Konstitution als subjektiv öffentlich-rechtlicher Anspruchsverbürgungen lebt, sondern dass diese auch eingelöst werden müssen. Bei Ansprüchen auf Dienstleistungen heißt dies nichts anders, als dass es zur Realisierung solcher Ansprüche bestimmter hierfür qualifizierter Personen (zB Ärzte, Pflegepersonal) und Institutionen (zB Krankenhäuser, Pflege- und Rehabilitationseinrichtungen) bedarf.

114 Für das **Recht der Infrastrukturverantwortung** gibt es im Allgemeinen Teil des Sozialgesetzbuchs (SGB I) keine allgemeinen Prinzipien und Regeln. Das Recht der Infrastrukturverantwortung hat sich historisch in den verschiedenen Versorgungsbereichen ziemlich isoliert und ohne Blick auf die jeweils anderen Versorgungsbereiche entwickelt. Man kann insofern von einem **bereichsspezifischen Infrastrukturrecht** sprechen. Die föderale staatsorganisatorische Ordnung hat dabei eine wesentliche Rolle gespielt. So hat der Bund eine konkurrierende Gesetzgebungskompetenzen nur für die Sozialversicherung (Art. 74 I Nr. 12 GG) und die öffentliche Fürsorge (Art. 74 I Nr. 7 GG), diese verstanden als Kompetenz für das Leistungsrecht der Sozialversicherung. Die **Kompetenz für das Leistungserbringungsrecht** ergibt sich dabei als ungeschriebene **Annexkompetenz.** Für das **bereichsspezifische Infrastrukturrecht** gibt es aber – bis auf eine Ausnahme – **keine Annexkompetenzen.** Vielmehr ist aus der fehlenden Erwähnung dieser letzteren Kompetenz zu schließen, dass nach der bundesstaatlichen Ordnung dann die Länder zuständig sind (Art. 30 GG). Dies war für die Krankenhäuser seit jeher klar. Weniger klar war dies für die Pflegeeinrich-

43 S. dazu § 10 A.

tungen, für die bis zur Schaffung der Pflegeversicherung zwar de jure und de facto die Länder zuständig waren, die diese Kompetenz aber bei den Kommunen verortet wissen wollten. Erst die Pflegeversicherung hat hier für mehr Klarheit sorgen können (§ 9 SGB XI). Für die Rehabilitationseinrichtungen ist dies auch mit dem SGB IX noch nicht gelungen. Die von mehreren Akteuren geteilte Infrastrukturverantwortung (§ 19 I SGB IX) wird dort nicht strukturiert wahrgenommen.

Instrumente des Infrastrukturrechts sind die planerischen Maßnahmen (Analyse des zukünftigen Bedarfs an dienstleistenden Personen und Einrichtungen auf Grundlage des bisherigen Bedarfs und zukünftiger Einflussfaktoren) und die Sicherung des Bedarfs in der Zukunft durch Beeinflussung und Steuerung der Märkte der Leistungsanbieter, ggf. auch schon durch Förderung und Schaffung entsprechender Ausbildungsmöglichkeiten sowie durch Anwerben von entsprechenden Arbeitskräften. Letztere Maßnahmen rechnen aber nicht zu den Instrumenten des Infrastrukturrechts. Im **Zusammenhang des Gesundheitswesens** wird das **Infrastrukturrecht** nur als **Recht der Planung und Sicherung von gegenwärtigen und künftigen Versorgungsbedarfen** verstanden (**= Bedarfsplanung, vgl. § 95 SGB X).** 115

C. Bereichsspezifisches Infrastrukturrecht: Bedarfsplanung

I. Krankenhäuser

Die Versorgung mit einer Infrastruktur an Krankenhäusern liegt in der Kompetenz der Länder, auch wenn ein Bundesgesetz[44] hierzu Aussagen enthält. Die Länder kommen dieser Verantwortung im Rahmen der jeweiligen Landeskrankenhausgesetze nach. Dabei gilt für alle Länder ein gemeinsamer Grundsatz, der zwar nicht verfassungsrechtlich abgeleitet, aber aus der besonderen Situation des Versorgungsbereichs Krankenhaus geboren ist. Dieser gemeinsame Grundsatz lautet, dass die Infrastrukturverantwortung für die Krankenhausversorgung beim Staat, dh bei den Ländern liegt. Damit wird praktisch ein gesamter Wirtschaftssektor staatlicher Planung unterworfen. Diese Planung ist eine Bedarfsplanung, dh sie richtet sich nach dem Bedarf an Krankenhausversorgung der jeweiligen Bevölkerung im jeweiligen Land. Die – auch verfassungsrechtliche – Rechtfertigung für die staatliche Beplanung dieses Wirtschaftssektors ist sachlich ziemlich einfach nachvollziehbar. Die Bereitstellung eines Krankenhauses erfordert einen hohen Aufwand an Investition in Gebäuden, apparativer und personeller Ausstattung, dies jeweils je nach Art des Krankenhauses in einem mehr oder weniger hohen Spezialisierungsgrad. Damit Krankenhäuser einigermaßen wirtschaftlich agieren können, muss für sie eine gewisse hochgradige Auslastung ihrer Kapazitäten gewährleistet sein. Diesem Erfordernis muss die Bedarfsplanung Rechnung tragen (§ 1 I KHG). Da der Bund nur – teilweise – für das Wie der Finanzierung der Krankenhäuser zuständig ist, nicht aber für die Bedarfsplanung selbst, musste im KHG ein Mechanismus der Verknüpfung der wirtschaftlichen Sicherung der Krankenhäuser mit der Bedarfsplanung gefunden werden. Dies ist mit den Regelungen zur Investitionsförderung und zu den Pflegesätzen geschehen (§§ 4, 8, 16 ff. KHG). 116

44 Gesetz zur wirtschaftlichen Sicherung der Krankenhäuser und zur Regelung der Krankenhauspflegesätze (Krankenhausfinanzierungsgesetz – KHG) v. 10. 4. 1991, BGBl. I 886.

117 Bedarfsplanung bedeutet gleichzeitig, dass sich neben diesen Krankenhäuser nicht andere, nur privatwirtschaftlich agierende Krankenhäuser etablieren sollen, die die gewinnträchtigen Versorgungsbereiche abschöpfen,[45] während die Plankrankenhäuser die Versorgung für den Rest der ökonomisch nicht interessanten Versorgungsbereiche sicherstellen müssen. Krankenhausplanung bewirkt damit immer auch einen Ausschluss von bestimmten Krankenhausbetreibern, womit stets Art. 12 I GG angesprochen ist.[46]

II. Pflegeeinrichtungen

118 Die Verantwortlichkeit für die das Vorhalten einer leistungsfähigen, zahlenmäßig ausreichenden und wirtschaftlichen pflegerischen Versorgungsstruktur liegt bei den Ländern. Darauf wird in § 9 I 1 SGB XI deklaratorisch verwiesen. Die Vorschrift hat also keine verantwortungsbegründende – konstitutive - Wirkung, sondern beschreibt nur die gegebene verfassungsrechtliche Lage.[47] Die Länder kommen dieser Verantwortlichkeit im Rahmen ihrer Landespflegegesetze nach. Fraglich ist allerdings, ob und inwieweit aus verfassungsrechtlichen Gründen eine dem Krankenhausbereich vergleichbare völlige Beplanung dieses Marktsektors möglich ist.[48]

119 Als einziges Sozialleistungsgesetz enthält das SGB XI einen Passus über die »gesamtgesellschaftliche Aufgabe« der pflegerischen Versorgung (§ 8 I SGB XI). Unter dieser Überschrift wird die Infrastrukturverantwortung über die Länder und Kommunen hinaus erweitert in Richtung auf die Pflegeeinrichtungen und Pflegekassen (§ 8 II 1 und 2 SGB XI). Allerdings stellt das Gesetz keine Instrumente für die Realisierung dieser Verantwortung bereit, weder in Hinblick auf Planungs- noch auf Finanzierungsmaßnahmen. Seit einiger Zeit können aber Finanzmittel für **Modellvorhaben zur Entwicklung neuer qualitätsgesicherter Versorgungsformen** bereitgestellt werden (§ 8 III SGB XI).

120 Der **Versorgungssicherstellungsauftrag der Pflegekassen** (§ 12 I 1 SGB XI) ist nicht mit einem Auftrag zur Sicherung der Infrastruktur zu verwechseln. Beim Auftrag der Pflegekassen zur Sicherstellung der pflegerischen Versorgung ihrer Versicherten handelt es sich vielmehr um einen Auftrag, im Einzelnen die Versorgung zu sichern. Das kann zB durch den Einsatz einer Einzelperson bei der häuslichen Pflege geschehen (§ 77 I 1 Nr. 1 SGB XI).

III. Rehabilitationseinrichtungen

121 Bis zum Inkrafttreten des SGB IX gab es keine einheitlichen gesetzlichen Regelungen zur Verantwortung für die Infrastruktur von Rehabilitationseinrichtungen. Nunmehr ist bestimmt, dass die Rehabilitationsträger gemeinsam unter Beteiligung der der Bundesregierung und der Landesregierungen darauf hinwirken, dass die fachlich und regional erforderlichen Rehabilitationsdienste und -einrichtungen in ausreichender

45 Ein Krankenhaus, dass nicht Plankrankenhaus ist oder einen Versorgungsvertrag nach § 109 SGB V hat, kann die Behandlung von in der gesetzlichen Krankenversicherung versicherten Personen nicht mit der Krankenkasse abrechnen (vgl. § 108 SGB V). Dies ist der eine wirtschaftlich interessante Grund, als Plankrankenhaus zu gelten. Der andere Grund liegt im Anspruch auf Investitionsförderung (§ 8 KHG).

46 S. dazu 5. Kapitel, Rn. 423.

47 BSGE 88, 215.

48 Wie Anm. 47.

Zahl und Qualität zur Verfügung stehen (§ 19 I 1 SGB IX). Die Rehabilitationsträger sind in §§ 6, 6 a SGB IX aufgeführt. Dabei könnten auch gemeinsame Empfehlungen in einigen speziellen Punkten zu dieser Sicherstellung beitragen (vgl. etwa § 13 II Nr. 2, 5, 6, 10 SGB IX). Die Verantwortung müsste durch Landesrecht und in den gesetzlich vorgesehenen, aber bislang nicht gebildeten Arbeitsgemeinschaften der Rehabilitationsträger (§ 12 II SGB IX) konkretisiert und wahrgenommen werden.

IV. Vertragsärztliche Versorgung

In der vertrags(zahn)ärztlichen Versorgung ist die Bedarfsplanung ein Instrument der 122
Sicherstellung der vertrags(zahn)ärztlichen Versorgung (§ 72 I SGB V). Dieser Sicherstellungsauftrag liegt bei den Kassenärztlichen Vereinigungen und der Kassenärztlichen Bundesvereinigung (§ 75 SGB V). Hierfür ist auf Landesebene nach Maßgabe von Richtlinien des Gemeinsamen Bundesausschusses[49] von den Kassenärztlichen Vereinigungen ein Bedarfsplan zur Sicherstellung der vertragsärztlichen Versorgung aufzustellen, dies im Einvernehmen mit den Landesverbänden der Krankenkassen und im Benehmen mit den zuständigen Landesbehörden (§ 99 I SGB V). Als Maßnahme zur Versorgungssteuerung dient die Feststellung einer Unter- oder Überversorgung (§§ 100, 101 SGB V), der mit den Instrumenten der Förderung oder der Zulassungsbeschränkung begegnet wird (§§ 103 f., 105 SGB V).

V. Verantwortlichkeit für die Leistungserschließung

Seit nicht allzu langer Zeit finden sich im Gesundheitssozialrecht Instrumente der 123
Leistungserschließung, die über die ebenfalls der Leistungserschließung dienenden Informationsrechte nach §§ 13–15 SGB I hinausgehen. Rechtlich sind diese Instrumente meist als Anspruch des Leistungsberechtigten ausgestaltet. Begonnen hat diese Entwicklung mit dem Einsatz des Instrumentes des **Versorgungsmanagements** beim Übergang vom Krankenhaus in eine Pflegesituation (§ 11 IV SGB V). Mit dem SGB IX ist der leistungserschließende Ansatz zum ersten Mal in breiterem Maß verfolgt worden. Die **Gemeinsamen Servicestellen** (§ 22 SGB IX) sollen in dem nach wie vor sehr unübersichtlichen Recht behinderten Menschen zu ihren Leistungen verhelfen.[50] Eine ähnliche Funktion haben die **Pflegestützpunkte bei Pflegeleistungen** (§§ 7 a, 92 c SGB XI). In diesen Fällen treten jedenfalls nach dem gesetzlichen Anspruch zusätzlich zur Leistungserschließung noch Elemente des Fallmanagements hinzu.

Die **Verantwortlichkeit** für diese Einrichtungen und Funktionen ist **nicht einheitlich.** Sie reicht von den Leistungserbringern (beim Versorgungsmanagement, § 11 IV 124
2 SGB V bis zu den Leistungsträgern (bei den Gemeinsamen Servicestellen, § 23 I 1 SGB IX und bei den Pflegestützpunkten, § 92 c I 1 SGB XI).

49 Richtlinie des Gemeinsamen Bundesausschusses über die Bedarfsplanung sowie die Maßstäbe zur Feststellung von Überversorgung und Unterversorgung in der vertragsärztlichen Versorgung (Bedarfsplanungs-Richtlinie) in der Neufassung vom 15. 2. 2007, BAnz 2007, 3491.

50 Dazu *Reza F. Shafaei*, Die gemeinsamen Servicestellen für Rehabilitation, 2008.

4. Kapitel. Personelle leistungserbringende Akteure im Gesundheitswesen: Ärzte, Pflegeberufe und andere Heilberufe

Zur Vertiefung: *Lilie/Bernat/Rosenau* (Hrsg.), Standardisierung in der Medizin als Rechtsproblem, 2009; *Penner,* Leistungserbringungswettbewerb in einer sozialen Krankenversicherung 2010; *Schnitzler,* Das Recht der Heilberufe, 2004; *Sickor,* Normenhierarchie im Arztrecht, 2005; *Wenner,* Vertragsarztrecht nach der Gesundheitsreform, 2008.

Kommentare, Handbücher, Sammelbände: *Deutsche Gesellschaft für Kassenarztrecht,* Vertragsarztrecht zu Beginn des 21. Jahrhunderts, 2010; *Laufs/Katzenmeier/Lipp,* Arztrecht, 2009; *Laufs/Kern,* Handbuch des Arztrechts, 2010; *Schnapp/Wigge,* Handbuch des Vertragsarztrechts, 2006.

Rechtsprechungsübersichten: *Maaß,* Die Entwicklung des Vertragsarztrechts in den Jahren 2009 und 2010, NZS 2011, 201; *Maaß,* Die Entwicklung des Vertragsarztrechts in den Jahren 2008 und 2009, NZS 2010, 73.

§ 12 Heilberufe und andere Berufe auf dem Gebiet des Gesundheitswesens

Es gibt keine für alle Berufe des Gesundheitswesens einheitliche Terminologie und 125
systematische Einteilung. Zwar kann man alle im Gesundheitswesen tätigen Berufe unter den Oberbegriff der Gesundheitsberufe einordnen. Damit wird aber nicht klar, ob auch die Berufe erfasst sind, die zwar im Gesundheitswesen arbeiten, jedoch vornehmlich Verwaltungstätigkeiten ausführen. Im Folgenden werden unter Gesundheitsberufen nur diejenigen Berufe verstanden, die direkt mit der gesundheitlichen Versorgung der Bevölkerung zu tun haben. Solche Berufe werden auch Gesundheitsdienstberufe genannt.[1] Diese auch zu statistischen Zwecken so bezeichneten Berufe sind aber nicht gleichzusetzen mit den Berufen, die im öffentlichen Gesundheitsdienst[2] tätig sind.

Eine erste große Unterscheidung könnte man zwischen denjenigen Gesundheitsberu- 126
fen anbringen, die eine **staatlich geregelte gesundheitsfachliche Ausbildung** genießen, und den Berufen, die wegen ihrer zwar nicht gesundheitsspezifischen, aber doch fachlichen Ausrichtung auch die menschliche Gesundheit betreffen. Solche Berufe finden sich zB auf dem Gebiet der Ernährungswissenschaft. Problematisch bei dieser Unterscheidung ist aber, dass sich die Ärzte als zentraler Gesundheitsberuf nicht als Gesundheitsfachberuf verstehen, obwohl sie die umfassendste fachliche Ausbildung im Gesundheitswesen genießen. Unter systematischen Gesichtspunkten muss man aber auch die Ärzte aus diesem Grund zu den Gesundheitsfachberufen rechnen. Bei den Gesundheitsfachberufen nehmen wiederum die **Heilberufe** eine zentrale Stellung ein.

1 *Kluth* MedR 2010, 372 (374).
2 S. dazu im 5. Kapitel § 24 B. II.

127 Zu den Gesundheitsfachberufen kann man all diejenigen Angehörigen von Berufen rechnen, die spezifische Güter (Waren und Dienstleistungen) im Zusammenhang mit der Gesundheit herstellen und die hierfür eine besondere staatlich geregelte Ausbildung genossen haben. Der Begriff der Gesundheitsfachberufe ist im deutschen Recht noch kein Rechtsbegriff. Anderes gilt für den Begriff der Heilberufe, der im Grundgesetz (Art. 74 I Nr. 19 GG), aber auch einfachgesetzlich an verschiedenen Stellen verwendet wird.[3] Unter den Heilberufen wird wieder der **ärztliche Beruf als wichtigster Heilberuf** terminologisch herausgestellt. Zu den Ärzten gehören der Arzt,[4] der Zahnarzt[5] und der Tierarzt.[6] Der Begriff des Heilberufs wird sehr weit ausgelegt und umfasst auch die helfende Betreuung von Menschen mit gesundheitlichen Problemen.[7] Heilpraktiker[8] und Psychotherapeuten[9] rechnen dazu, auch wenn sie keine ärztliche Ausbildung genossen haben. Zu den nichtärztlichen Heilberufen zählen die Apotheker,[10] die psychologischen Psychotherapeuten und die Pflegeberufe (Kinder-, Alten-, Gesundheits- und Krankenpfleger,[11] die Hebammen und Entbindungspfleger)[12] und bestimmte Assistenzberufe. Für diese Berufe existieren auf der Grundlage der Gesetzgebungskompetenz für »andere Heilberufe« (Art. 74 I Nr. 19 GG) erlassene Ausbildungsgesetze, die zum Teil auch einen Berufsbezeichnungsschutz enthalten.[13] Auch die Länder können Gesetze auf dem Gebiet der Heilberufe erlassen.[14]

---

3 Hierzu im Einzelnen *Schnitzler*, Das Recht der Heilberufe, 2004, 143 ff.

4 Bundesärzteordnung (BÄO) idF Bek. v. 16. 4. 1987, BGBl. I 1218.

5 Gesetz über die Ausübung der Zahnheilkunde (ZHG) idF der Bek. v. 16. 4. 1987, BGBl. I 1225.

6 Bundes-Tierärzteordnung (BTÄO) idF der Bek. v. 20. 11. 1981, BGBl. I 1193.

7 BVerfGE 33, 125 (154); 106, 62 (108).

8 Gesetz über die berufsmäßige Ausübung der Heilkunde ohne Bestallung (Heilpraktikergesetz) v. 17. 2. 1939, in der im Bundesgesetzblatt Teil III, Gliederungsnummer 2122-2, veröffentlichten bereinigten Fassung.

9 Gesetz über die Berufe des Psychologischen Psychotherapeuten und des Kinder- und Jugendlichenpsychotherapeuten (Psychotherapeutengesetz - PsychThG) v. 16. 6. 1998, BGBl. I 1311.

10 Bundes-Apothekerordnung (BApO) idF der Bek. v. 19. 7. 1989, BGBl. I 1478, 1842. Bei den Apothekern wurde bislang angenommen, dass sie zu den Heilberufen iSd Art. 74 I Nr. 19 GG rechnen. Im Zuge der Föderalismusreform ist dies jetzt in dieser Vorschrift klargestellt worden (»Recht des Apothekenwesens«).

11 Diese versteht das BVerfG als Heilhilfsberufe, s. die Aufzählung in BVerfGE 106, 118 f.; Gesetz über die Berufe in der Krankenpflege (Krankenpflegegesetz - KrPflG) v. 16. 7. 2003, BGBl. I 1442; Gesetz über die Berufe in der Altenpflege (Altenpflegegesetz - AltPflG) idF der Bek. v. 25. 8. 2003, BGBl. I 1690.

12 Gesetz über den Beruf der Hebamme und des Entbindungspflegers (Hebammengesetz - HebG) v. 4. 6. 1985, BGBl. I 902.

13 Gesetz über den Beruf des pharmazeutisch-technischen Assistenten (PharmTAG) idF v. 23. 9. 1997, BGBl. I 2349; Gesetz über den Beruf des Beschäftigungs- und Arbeitstherapeuten (Beschäftigungs- und Arbeitstherapeutengesetz - BeArbThG) v. 25. 5. 1976, BGBl. I 246; Gesetz über den Beruf des Logopäden v. 7. 5. 1980, BGBl. I 529; Gesetz über den Beruf der Rettungsassistentin und des Rettungsassistenten (Rettungsassistentengesetz - RettAssG) v. 10. 7. 1989, BGBl. I 1384; Gesetz über den Beruf der Orthoptistin und des Orthoptisten (Orthoptistengesetz - OrthoptG) v. 28. 11. 1989, BGBl. I 2061; Gesetz über technische Assistenten in der Medizin (MTA-Gesetz - MTAG) v. 2. 8. 1993, BGBl. I 1402; Gesetz über den Beruf der Diätassistentin und des Diätassistenten (Art. 1 des Gesetzes über den Beruf der Diätassistentin und des Diätassistenten und zur Änderung verschiedener Gesetze über den Zugang zu anderen Heilberufen) (Diätassistentengesetz - DiätAssG) v. 8. 3. 1994, BGBl. I 446; Gesetz über die Berufe in der Physiotherapie (Masseur- und Physiotherapeutengesetz - MPhG) v. 26. 5. 1994, BGBl. I 1084; Gesetz über den Beruf der Podologin und des Podologen (Podologengesetz - PodG) v. 4. 12. 2001, BGBl. I 3320.

14 S. hierzu die Übersicht bei *Schnitzler* (Fn. 3), 37 ff.

Als **Ausbildungsberuf** nach dem Berufsbildungsgesetz (BBiG) gilt der Beruf der Medizinischen Fachangestellten.[15] Dieser Beruf ist in seiner Funktion ein Assistenzberuf. Ausbildungs- und Prüfungsgegenstand ist die Assistenz bei Diagnose- und Therapiemaßnahmen einschließlich Betreuen des Patienten oder der Patientin vor, während und nach der Behandlung.[16] Bisher ist nicht die Rede davon, dass sich dieser Beruf auch als Heil(hilfs)beruf[17] iSd Art. 74 Nr. 19 GG versteht. 128

Zu den Gesundheitsberufen rechnen auch die in der Handwerksordnung verankerten **Gesundheitshandwerke** (Augenoptiker, Hörgeräteakustiker, Orthopädietechniker, Orthopädieschuhmacher, Zahntechniker). 129

Im Folgenden wird neben dem Recht des ärztlichen Berufs auch das Recht des Pflegeberufs dargestellt. Damit sind die beiden zentralen Berufe des Gesundheitswesens erfasst. 130

§ 13 Rechtsquellen - Regelungsebenen

Normhierarchisch betrachtet ist das Recht der Heilberufe in der Hauptsache auf fünf Ebenen geregelt: Unionsrecht (früher: Gemeinschaftsrecht), Verfassungsrecht, Bundesrecht, Landesrecht, untergesetzliches Recht. Wegen der **unionsrechtlich** zu gewährleistenden Dienstleistungsfreiheit spielt die unionsrechtliche Regulierungsebene für die Heilberufe eine wichtige Rolle. Dies wurde zuletzt mit dem Gesetz zur Umsetzung der Richtlinie 2005/36/EG des Europäischen Parlaments und des Rates über die Anerkennung von Berufsqualifikationen der Heilberufe vom 2. 12. 2007[18] deutlich. Im **Verfassungsrecht** sind vor allem das Grundrecht der Berufsfreiheit (Art. 12 I GG) sowie die Gesetzgebungskompetenzvorschrift in Art. 74 I Nr. 19 GG einschlägig. Aufgrund der Zuständigkeit des Bundes für die Gesetzgebung zur Berufszulassung der Heilberufe, die auch die Mindestanforderungen der Berufsausbildung umfasst,[19] werden zentrale Bereiche des direkten Berufsrechts durch **Bundesgesetze** geregelt. 131

Den **Ländern** verbleibt die Gesetzgebungskompetenz zur **Regelung der Berufsausübung der Heilberufe**. Die Länder haben hier Regelungen für die Heilberufe und insbesondere für die Ärzte getroffen. Für die Ärzte sind auf Grundlage dieser Gesetze Kammern errichtet worden. Die **Ärztekammern** sind Selbstverwaltungskörperschaften des öffentlichen Rechts, die für die Ärzte Berufsordnungen im Rahmen ihres Satzungsrechts erlassen können. Die Bundesärztekammer ist jedoch keine Körperschaft des öffentlichen Rechts, sondern eine Arbeitsgemeinschaft der deutschen Ärztekammern. Der Bund hat keine Gesetzgebungskompetenz für die Schaffung einer solchen Kammer auf Bundesebene. Um bei den Berufsordnungen für Ärzte Einheitlichkeit zu erzielen, hat die Bundesärztekammer eine **Muster-Berufsordnung für** 132

15 Verordnung über die Berufsausbildung zum Medizinischen Fachangestellten/zur Medizinischen Fachangestellten (MedFAngAusbV) v. 26. 4. 2006, BGBl. I 1097.

16 S. die Prüfungsinhalte in § 9 MedFAngAusbV.

17 Der gesetzlich nicht verwendete Begriff des Heilhilfsberufes ist wenig aussagekräftig und wird unterschiedlich verwendet, s. BVerfGE 106, 62 (118 f.); dazu *Schnitzler* (Fn. 3), 102 ff. *Schnitzler* (Fn. 3), 104, bemerkt zutreffend, dass das geltende Recht zwar eine Hierarchisierung der Heilberufe nicht vornimmt, aber in Teilen von einer solchen ausgeht.

18 BGBl. I 2686.

19 BVerfGE 106, 62 (124, 129 f., 131).

Ärzte vorgelegt.[20] Diese Muster-Berufsordnung bildet die Grundlage für die **Berufsordnungen der Landesärztekammern**. Unabhängig davon können die Länder aber auch selbst **Berufsordnungen als Gesetze oder Verordnungen** erlassen. Davon ist zum Teil für die Pflegeberufe und für andere Heilberufe Gebrauch gemacht worden,[21] da diese Berufe (noch) nicht über Kammern verfügen. Zum Teil haben die anderen – nichtärztlichen Heilberufe – auch im Rahmen ihrer Berufsverbände Berufsordnungen oder Berufsrichtlinien erlassen, die aber keine normative Wirkung haben und die nur für die Angehörigen dieser Berufsverbände gem. deren Vereinssatzung verpflichtend wirken können.

133 Zum untergesetzlichen Recht zählen auch die im Rahmen des indirekten Berufsrechts auf dem Gebiet des Leistungserbringungsrechts des SGB V und des SGB XI gegebenen Vorschriften mit rechtlicher Bindungswirkung, so vor allem die Richtlinien des Gemeinsamen Bundesausschusses (§ 92 I 2 SGB V), die verschiedenen Normverträge im SGB V, oder auch sonstige Vereinbarungen der an der Selbstverwaltung Beteiligten, zB die Transparenzvereinbarungen für Pflegenoten (§ 115 Ia 6 SGB XI).

§ 14 Strukturmerkmale des Rechts der Heilberufe

134 Das **Recht der Heilberufe** folgt keinem einheitlichen, an bestimmten systematischen Erfordernissen ausgerichteten Plan oder Muster. Es ist nicht zusammenhängend in einem Gesetzbuch kodifiziert, sondern **besteht aus vielen Einzelgesetzen**. Mangels einer Kodifikation existiert auch kein Allgemeiner Teil des Rechts der Heilberufe.

135 Für das Recht der Heilberufe lassen sich jedoch zum Teil durchaus konsistente Strukturmerkmale feststellen. Im Folgenden sollen diese Strukturmerkmale zum besseren Verständnis des komplizierten und unübersichtlichen Rechts der Heilberufe kenntlich gemacht werden.

A. Unterscheidung zwischen direktem und indirektem Berufsrecht

136 Im Recht der Heilberufe kann zwischen direktem und indirektem Berufsrecht unterschieden werden. Diese Unterscheidung dient dazu, die verschiedenen Regelungsbereiche, die sich mit den Heilberufen befassen, zu ordnen.[22] Da sich diese Unterscheidung mit dieser Terminologie noch nicht eingebürgert hat, ist darauf hinzuweisen, dass in der Fachliteratur beim direkten Berufsrecht häufig nur vom Berufsrecht, beim indirekten Berufsrecht dann von den betreffenden Rechtsbereichen, so vor allem vom Sozialleistungserbringungsrecht, meistens dem SGB V, gesprochen wird.

137 Bei der Unterscheidung zwischen direktem und indirektem Recht handelt es sich nicht um eine verfassungsrechtlich diktierte Unterscheidung, sondern um eine Zuordnung im Sinne einer Strukturierung des Rechtsgebiets. In Art. 12 I GG wird zwischen Berufszulassung (Berufswahl), zu der auch die Mindestanforderungen der

---

20 (Muster-) Berufsordnung für die deutschen Ärztinnen und Ärzte - MBO-Ä 1997 – idF v. 24. 11. 2006 (www.bundesaerztekammer.de).

21 S. dazu § 16 A. III.

22 Das BVerfG spricht im Altenpflegeurteil in diesem Zusammenhang auch von mittelbar wirkenden Normen, BVerfGE 106, 62 (128 f.).

Berufsausbildung rechnen,[23] und Berufsausübung unterschieden, wobei Einigkeit darüber besteht, dass die Übergänge fließend sind. In der Regel werden die Vorschriften des indirekten Berufsrechts die Berufsausübung betreffen, während das direkte Berufsrecht hauptsächlich die Materien des Berufszugangs bzw. der Berufsausbildung enthält. Die verfassungsrechtliche Frage, ob ein Gesetz eine berufsregelnde Tendenz hat und damit in den Schutzbereich der Berufsfreiheit eingreifen kann, betrifft deshalb die Vorschriften des indirekten Berufsrechts.

Erst in der Zusammenschau der Vorschriften des direkten und des indirekten Berufsrechts ergibt sich ein vollständiges Bild der rechtlichen Ordnung, die das Handeln der Heilberufe bestimmt. In der Praxis sind dabei die leistungserbringungsrechtlichen Vorschriften des Sozialleistungsrechts für das Handeln der Heilberufe in der Regel bedeutsamer als die Vorschriften des direkten Berufsrechts. **138**

B. Direktes Berufsrecht

Zum direkten Berufsrecht gehören in erster Linie die Berufsausbildung, die Berufszulassung, die Berufsausübung und deren Beendigung, sodann die Verfassung der Berufe zB in Kammern, die Berufsordnung, schließlich die Vergütung der Leistungen außerhalb des sozialrechtlichen Leistungserbringungssystems. **139**

C. Indirektes Berufsrecht auf dem Gebiet des sozialrechtlichen Leistungserbringungsrechts

Mindestens ebenso bedeutend wie das direkte Berufsrecht ist das indirekte Berufsrecht. Damit ist dasjenige Recht gemeint, das mit seinen Regelungen an den Berufen anknüpft, aber keine direkten Auswirkungen auf den berufsrechtlichen Status hat. Indirektes Berufsrecht findet sich bei Heilberufen vor allem im Sozialleistungsrecht und dort besonders in der **Gesetzlichen Krankenversicherung (SGB V)** und der **Sozialen Pflegeversicherung (SGB XI)**. Hier werden vor allem im Rahmen des **Leistungserbringungsrechts**[24] Regelungen für die berufliche Tätigkeit der Heilberufe getroffen. Neben den Vorschriften des Leistungserbringungsrechts sind die leistungsrechtlichen Vorschriften zu nennen, nach denen sich bestimmt, welche Leistungen ein Leistungserbringer für Versicherte zulasten der Kranken- oder Pflegekasse erbringen darf. **140**

Das **zivile Haftungsrecht** und das **Strafrecht** beeinflussen die Berufsausübung ebenfalls indirekt. Hier handelt es sich um Rechtsvorschriften, die alle Bürger, nicht nur die Heilberufe betreffen. Das Haftungsrecht des Bürgerlichen Gesetzbuchs ist nicht speziell auf die Belange der heilberuflichen Tätigkeit ausgelegt. Trotzdem hat sich, geprägt durch die Rechtsprechung, ein haftungsrechtliches Sondergebiet entwickelt, das als Arzthaftungsrecht bezeichnet wird.[25] **141**

Im Folgenden wird, wie schon beim direkten Berufsrecht, das indirekte Berufsrecht der Ärzte und der Pflegeberufe, also derjenigen Berufe dargestellt, die im Gesund- **142**

23 BVerfGE 106, 62 (124, 129 f., 131).

24 Beziehungen der Krankenkassen zu den Leistungserbringern, §§ 69–140 h SGB V; Beziehungen der Pflegekassen zu den Leistungserbringern, §§ 69–81 SGB V.

25 S. hierzu 10. Kapitel.

heitswesen als die zentralen heilberuflichen Akteure gelten können. Aus den Materien des indirekten Berufsrechts werden hier nur die leistungserbringungsrechtlichen Bereiche vorgestellt. Für die Ärzte ist dies vor allem das Leistungserbringungsrecht der Gesetzlichen Krankenversicherung (SGB V), für die Pflegeberufe das der Sozialen Pflegeversicherung (SGB XI). Es ist zu betonen, dass diese Gebiete nicht die einzigen sind, in denen leistungserbringungsrechtliche Vorschriften die Berufsausübung der Ärzte und der Pflegeberufe bestimmen. Im Sozialleistungsrecht ist dies auch noch das Sozialhilferecht (SGB XII), das Recht der Gesetzlichen Unfallversicherung (SGB VII) und das Recht der Rehabilitation und Teilhabe behinderter Menschen (SGB IX – Erster Teil). Auch das Heimgesetz des Bundes[26] und die Gesetze, die die Länder wegen der Verlagerung der Gesetzgebungskompetenz im Zuge der Föderalismusreform, verabschiedet haben,[27] haben Einfluss auf die Berufsausübung insbesondere der Pflegeberufe.

D. Allgemeines zum Leistungserbringungsrecht

143 Das Leistungserbringungsrecht im SGB V und im SGB XI ist selbst für im Sozialrecht kundige Personen oft ein Buch mit sieben Siegeln, dies vor allem aus zwei Gründen: Erstens ist die Materie schon im Gesetz meist unsystematisch und sehr unübersichtlich dargestellt (man lese nur die §§ 72 ff. SGB V); zweitens gibt es gerade im Leistungserbringungsrecht eine Reihe von untergesetzlichen Regelungstypen (Empfehlungen, Richtlinien, Verträge mit unterschiedlichen Beteiligten), mit denen ein weiterer Beitrag zur Normierungsvielfalt und damit zur Unübersichtlichkeit geleistet wird. Der Zugang zu diesem Rechtsgebiet erschließt sich daher am besten mit einem strukturierenden Ansatz, der im Folgenden vorgestellt wird:

- Zulassung zur Leistungserbringung
- Art des Zugangs zur Leistungserbringung
- Leistungsgestaltung:
  - Leistungseinschluss/Leistungsausschluss
  - Konkretisierung des Inhalts und des Umfangs
- Qualitätssicherung
- Vergütung
- Beendigung des Zugangs zur Leistungserbringung
- Nutzerstellung.

I. Zulassung zur Leistungserbringung

144 In der Regel ist bei den Gesundheitsberufen eine besondere Qualifikation erforderlich, die Voraussetzung für den Zugang zur Leistungserbringung ist, so zB beim Arzt die Approbation. Das Sozialrecht kann darüber hinaus aber weitere qualitative Anforderungen stellen, so etwa die Facharztausbildung als Voraussetzung für die Zulassung als Vertragsarzt,[28] oder die für die Leistungserbringung erforderliche Ausbildung bei Heilmittelerbringern (vgl. § 124 II 1 Nr. 1 SGB V). Das bedeutet, dass die berufsrechtliche Zulassung zwar eine notwendige, nicht immer aber auch eine hinreichende Bedingung für die sozialrechtliche Zulassung zum Leistungsgeschehen

26 S. zur Geltung nach der Föderalismusreform Art. 125 a I GG.
27 Die meisten Länder haben bereits von der neuen Gesetzgebungskompetenz Gebrauch gemacht.
28 S. dazu Rn. 166.

ist, das über Sozialleistungsträger finanziert wird. Verfassungsrechtlich gesprochen handelt es sich hier um subjektive Berufszulassungsregelungen.

Der Zugang kann aber durch objektive Voraussetzungen weiter gesteuert – und damit eingeschränkt - werden, so zB durch den Einsatz der Bedarfsplanung im vertragsärztlichen Bereich oder durch regionale Tätigkeitsbegrenzungen.[29] 145

II. Art des Zugangs zur Leistungserbringung

Das Recht der Leistungserbringer, an der gesundheitlichen Versorgung der sozial- 146
versicherten Personen mitzuwirken, korrespondiert nicht immer mit einem Recht der Versicherten, sich den jeweiligen Leistungserbringer selbst aussuchen oder sich direkt an diesen wenden zu dürfen.

Neben der Zulassung des Leistungserbringers zur gesundheitlichen Versorgung im 147
Rahmen dessen, was man herkömmlich unter Zulassung versteht, existieren häufig noch weitere Voraussetzungen zum Zugang zur Leistungserbringung, die als zusätzliche Anforderungen an die Versicherten erhoben werden. So kann man sich zB außer im Notfall nicht ohne weiteres in einem Krankenhaus oder bei einem Facharzt behandeln lassen. Bei Rehabilitationsmaßnahmen ist ein direkter Zugang des Versicherten zu den zur Leistungserbringung zugelassenen Einrichtungen überhaupt nicht statthaft. Bei Pflegeleistungen wird ein aufwändiges Begutachtungs- und Beratungsverfahren vorgeschaltet. Selbst die freie Arztwahl besteht nicht unbegrenzt (vgl. § 76 SGB V).

Solche zusätzlichen Voraussetzungen, die in der Regel sozialleistungsrechtlicher und 148
nicht sozialleistungserbringungsrechtlicher Art sind, betreffen als erstes die Versicherten selbst. Sie betreffen aber auch indirekt die Leistungserbringer, da damit der Zugang zu ihnen beschränkt wird. Zusätzliche Zugangsvoraussetzungen für die Versicherten können zum Teil den Sinn haben, die Versicherten besser, dh bedarfsentsprechender mit Leistungen zu versorgen. Das gilt etwa für das Begutachtungs- und Beratungsverfahren in der Pflegeversicherung. Solche Voraussetzungen dienen aber auch dazu, unter wirtschaftlichen Gesichtspunkten zu einer effizienten Leistungsinanspruchnahme beizutragen.

Ebenso wie die Zulassungsvoraussetzungen für Leistungserbringer können auch die Zugangsvoraussetzungen für Versicherte die Berufsfreiheit, in der Regel die Berufsausübungsfreiheit, der Leistungserbringer berühren.

III. Leistungsgestaltung

In zunehmendem Maße widmet sich das Leistungserbringungsrecht der Gestaltung 149
der Leistungen. Hier handelt es sich um eine objektive Berufsausübungsregelung. An erster Stelle ist zu fragen, *ob* überhaupt eine Leistung zulasten der Sozialversicherung erbracht werden darf. Diese Frage erhebt sich insbesondere dann, wenn der Leistungsanspruch des Versicherten sehr allgemein gefasst ist, wie beim Anspruch auf ärztliche Behandlung bei Krankheit (§ 27 I 2 Nr. 1 SGB V). Obwohl das zunächst als sozialleistungsrechtliches Problem erscheint, handelt es sich auch um ein leistungserbringungsrechtliches Problem. *Wie* hingegen eine Leistung erbracht wird, ist zuvorderst eine Frage des jeweiligen Kenntnisstandes auf dem Gebiet der Medizin oder der

29 S. dazu Rn. 195.

Pflege. Sozialleistungsgesetze enthalten aber auch hier objektive Begrenzungen, wenn es zB darum geht, den Inhalt der Leistung zu bestimmen (ausreichend und zweckmäßig, § 12 I, § 28 I 1 SGB V) oder das Maß der Leistungen auf das Notwendige (§ 27 I 1 SGB V) und das Wirtschaftliche (§ 12 I SGB V) zu begrenzen.

IV. Qualitätssicherung

150 Zum *Wie* der Leistungserbringung gehört auch die Qualitätssicherung der Leistungserbringung als weitere objektive Berufsausübungsregelung. Erst die rechtlich konkretisierte Leistung kann Gegenstand einer Beschreibung unter Qualitätsgesichtspunkten sein; sie setzt diese mithin voraus. Das Qualitätsthema ist erst in jüngerer Zeit rechtlich durchdrungen worden. Das Qualitätsrecht stellt ein Querschnittsrechtsgebiet[30] dar, das Gegenstände des Privatrechts, des Öffentlichen Rechts und des Strafrechts betrifft.

V. Vergütung

151 Für Leistungen, die die Angehörigen der Heilberufe im Rahmen des Sozialrechts erbringen, können diese Leistungserbringer keine Preise mit den Nutzern (Patienten, pflegebedürftigen Menschen) aushandeln. Vielmehr tritt in der Regel der Sozialleistungsträger an die Stelle des Nutzers und vereinbart mit dem Leistungserbringer die Vergütung im Rahmen der gesetzlich festgelegten Maßgaben. Dabei können auch die Verbände der jeweils Beteiligten tätig werden. Dieses Vergütungsrecht hat dabei den allgemeinen haushaltsrechtlichen Anforderungen der Sparsamkeit und Wirtschaftlichkeit zu folgen; im Sozialversicherungsrecht ist weiter das Gebot der Beitragssatzstabilität zu beachten. Gesetzlich werden mangels eines Marktmechanismus auch die Techniken der Vergütungsfindung vorgegeben, wenn zB ein prospektives Budget ohne nachträgliche Ausgleichsmöglichkeiten zu vereinbaren ist. Das Vereinbarungsmodell beherrscht nach wie vor das Vergütungsrecht. Eine denkbare hoheitlich erlassene staatliche Gebührenordnung für ärztliche oder pflegerische Leistungen ist dem sozialrechtlichen Vergütungssystem fremd.[31] Da Vereinbarungen auch scheitern können, sind gesetzlich Schiedsstellen oder Schiedsämter vorgesehen, die an die Stelle der Vereinbarungspartner treten und die Vergütungen festsetzen.

VI. Beendigung des Zugangs zur Leistungserbringung

152 Der Zugang zur Leistungserbringung kann auf unterschiedliche Weise beendet werden, sei es durch Altersgrenzen, durch Verzicht oder sonstige Beendigung.

VII. Nutzerstellung

153 Die Stellung des Nutzers im Leistungserbringungsgeschehen wurde lange Zeit nicht *expressis verbis* thematisiert in der Annahme, dass das gesamte Leistungserbringungsgeschehen am Wohl des Nutzers ausgerichtet ist. Aber selbst unter dieser Annahme

30 S. die Beiträge von *Buchner, Kohte, Höfling, Spickhoff, Kopetzki* und *Tag* in: Lilie/Bernat/Rosenau (Hrsg.), Standardisierung in der Medizin als Rechtsproblem, 2009.

31 Eine Ausnahme gilt für ambulante Pflegeleistungen (§ 90 SGB XI). Hier kann eine Gebührenordnung für die Vergütung der ambulanten Pflegeleistungen und der hauswirtschaftlichen Versorgung der Pflegebedürftigen zu erlassen werden, soweit die Versorgung von der Leistungspflicht der Pflegeversicherung umfasst ist.

müssen dem Nutzer Rechte eingeräumt werden, die ihn das Leistungserbringungsgeschehen beeinflussen lassen. Dies geschieht in der Regel durch die Zuerkennung von Wunsch- und Wahlrechten, auch durch die Zuerkennung der Berücksichtigung spezieller Bedürfnisse bestimmter Gruppen, wie zB Frauen, Kinder.[32]

VIII. Grundlegende rechtliche Fragestellungen des Leistungserbringungsrechts

Die defizitäre rechtssystematische Erfassung des Leistungserbringungsrechts erschwert die rechtliche Durchdringung dieses Gebietes. Jeder Sozialleistungszweig hat sein eigenes Leistungserbringungsrecht, das sich wieder aufsplittert in unterschiedliche Regelungen für die verschiedenen Leistungserbringer. Die untergesetzliche Gestaltung des Leistungserbringungsrechts wirft zahlreiche rechtsdogmatische, teilweise auch verfassungsrechtliche Fragen auf, so etwa nach der Bindungswirkung bestimmter Richtlinien oder Empfehlungen oder nach der Zugehörigkeit bestimmter Vereinbarungen zum öffentlichen Recht oder zum Privatrecht. Die Heterogenität des Leistungserbringungsrechts bedürfte einer Ordnung, etwa durch die Schaffung gemeinsamer gesetzlich verankerter Grundsätze für dieses Gebiet bzw. seine zahlreichen Einzelgebiete.[33] 154

§ 15 Ärzte

A. Direktes Berufsrecht der Ärzte

I. Berufsausbildung

1. Besonderheiten der ärztlichen Berufsausbildung

Das Recht der ärztlichen Berufsausbildung weist zwei Besonderheiten auf. Die eine Besonderheit ist verfassungsrechtlich bedingt, die andere Besonderheit hängt mit der Einbindung der Ärzte in das Leistungserbringungssystem der Gesetzlichen Krankenversicherung (SGB V) in ihrer Funktion als Vertragsärzte ab. 155

Da für die Regulierung des ärztlichen Berufes nur eine auf die **Zulassung zum ärztlichen Heilberuf** beschränkte Gesetzgebungskompetenz des Bundes besteht (Vgl. Art. 74 I Nr. 19 GG), kann der Bundesgesetzgeber nur solche Vorschriften erlassen, die sich auf die Zulassung beziehen. Dazu rechnen auch der Nachweis der Zulassungsvoraussetzungen und das Prüfungswesen, während das Ausbildungswesen nicht insgesamt von der Gesetzgebungskompetenz erfasst wird. Von der Gesetzgebungskompetenz gedeckt sind jedoch die Mindeststandards der Ausbildung und die schulischen Voraussetzungen für den Zugang zur Ausbildung.[34] Dies ist in der Bundesärzteordnung (BÄO)[35] und der Approbationsordnung für Ärzte (ÄApprO)[36] 156

32 Das Thema der Nutzerstellung in Hinblick auf ärztliche und Krankenhausleistungen wird im 8. Kapitel, § 36, behandelt.

33 Bisher haben solche Aufforderungen weder in der Literatur noch in der Gesetzgebung Widerhall gefunden. S. dazu *Rixen,* Sozialrecht als öffentliches Wirtschaftsrecht: Am Beispiel des Leistungserbringerrechts der gesetzlichen Krankenkassen, 2005, 581 ff.; *Hänlein* NZS 2003, 617.

34 S. hierzu BVerfGE 106, 62 (131).

35 S. oben Fn. 4.

36 Approbationsordnung für Ärzte (ÄApprO) v. 27. 6. 2002, BGBl. I 2405.

geregelt, während das **Weiterbildungsrecht** als landesrechtliche Materie gilt und dort von den Ärztekammern in der Rechtsform der Satzung als Weiterbildungsordnung erlassen wird.

157 Die aufgrund der Weiterbildungsordnung erworbenen Kompetenzen (zB Facharzt) sind Voraussetzung für die **Zulassung als Vertragsarzt** im Leistungserbringungssystem der Gesetzlichen Krankenversicherung (§§ 95, 95 a SGB V). Die Zulassungsverordnung für Vertragsärzte (Ärzte-ZV)[37] nimmt auf die landesrechtlichen Vorschriften Bezug (§ 3 II lit. b Ärzte-ZV).

2. Berufsausbildung nach der Bundesärzteordnung

158 Die Ausbildung der Ärzte ist in der Bundesärzteordnung (BÄO)[38] gesetzlich verankert. Die Regelung im Einzelnen ist an eine Rechtsverordnung delegiert (§ 4 I BÄO), die Approbationsordnung für Ärzte (ÄApprO).[39] Ziel der ärztlichen Ausbildung ist der wissenschaftlich und praktisch in der Medizin ausgebildete Arzt, der zur eigenverantwortlichen und selbständigen ärztlichen Berufsausübung, zur Weiterbildung und zu ständiger Fortbildung befähigt ist. Die Ausbildung soll grundlegende Kenntnisse, Fähigkeiten und Fertigkeiten in allen Fächern vermitteln, die für eine umfassende Gesundheitsversorgung der Bevölkerung erforderlich sind (§ 1 ÄApprO). Die Ausbildungsdauer beträgt sechs Jahre und drei Monate und umfasst ein Studium der Medizin von sechs Jahren an einer Universität oder gleichgestellten Hochschule (Universität), das eine zusammenhängende praktische Ausbildung (Praktisches Jahr) von 48 Wochen einschließt, eine Ausbildung in erster Hilfe, einen Krankenpflegedienst von drei Monaten, eine Famulatur von vier Monaten und die Ärztliche Prüfung, die in zwei Abschnitten abzulegen ist. (§ 1 II ÄApprO).

159 Weder in der BÄO noch in der ÄApprO wird im Zusammenhang der Ausbildung vom **Erlernen heilkundlicher Fähigkeiten** gesprochen, obwohl die Ausübung des ärztlichen Berufs die Ausübung der Heilkunde unter der Berufsbezeichnung »Arzt« oder »Ärztin« ist (§ 2 BÄO). Dies ist jedoch eine Berufsausübungsregelung, nicht eine Berufsausbildungsregelung.

160 Die ÄApprO spricht vom »wissenschaftlich und praktisch in der Medizin ausgebildeten Arzt« (§ 1 I 1 ÄApprO). Eine Definition dessen, was unter Medizin zu verstehen ist, ist gesetzlich nicht gegeben. Im üblichen Wortgebrauch wird unter Medizin die Heilkunde verstanden. Deshalb ist es etwas erstaunlich, dass weder die ÄApprO noch die BÄO für die Berufsausübung auf die einzige **gesetzliche Definition** Bezug nimmt, die sich mit der **Heilkunde** befasst. Dies ist § 1 IIII HeilprG:[40]

> »Ausübung der Heilkunde im Sinne dieses Gesetzes ist jede berufs- oder gewerbsmäßig vorgenommene Tätigkeit zur Feststellung, Heilung oder Linderung von Krankheiten, Leiden oder Körperschäden bei Menschen, auch wenn sie im Dienste von anderen ausgeübt wird.«

161 Das Erlernen der Ausübung der Heilkunde wird verfolgt mit dem Ziel der Befähigung zur »umfassenden Gesundheitsversorgung der Bevölkerung« (§ 1 I 2 ÄApprO). Das heißt, dass die Ärzte insgesamt so ausgebildet sein sollen, dass dieses Ziel

---

37 Zulassungsverordnung für Vertragsärzte (Ärzte-ZV) v. 28. 5. 1957 in der im BGBl. Teil III, Gliederungsnummer 8230-25, veröffentlichten bereinigten Fassung. S. dazu Rn. 164 ff.

38 S. oben Fn. 4.

39 Approbationsordnung für Ärzte (ÄApprO) v. 27. 6. 2002, BGBl. I 2405.

40 S. oben Fn. 8.

erreicht wird. Dieses Ziel ist dann im Berufsausübungsrecht noch einmal beschrieben: »Der Arzt dient der Gesundheit des einzelnen Menschen und des gesamten Volkes« (§ 1 I BÄO).

Mit dieser Zielsetzung wird der Ärzteschaft als Berufsstand eine bestimmte **Funktion im Gemeinwesen** zugeschrieben. Solche Zuschreibungen existieren auch für andere Berufe. So ist der Rechtsanwalt ein unabhängiges Organ der Rechtspflege.[41] Bleibt man auf dem Gebiet der gesundheitlichen Versorgung der Bevölkerung, so kann als weiteres Beispiel der Apotheker herangezogen werden, der dazu berufen ist, »die Bevölkerung ordnungsgemäß mit Arzneimitteln zu versorgen«. Auch der Apotheker »dient damit der Gesundheit des einzelnen Menschen und des gesamten Volkes« (§ 1 BApO).[42] Werden bestimmten Berufen solche Funktionen zugewiesen, an denen der Staat ein Interesse hat, wird häufig von staatsnahen oder staatsgebundenen Berufen gesprochen. Dies ist zwar kein Rechtsbegriff, kann aber Auswirkungen in Hinblick auf mögliche Einschränkungen der Berufsfreiheit haben.[43] Für Ärzte, auch für Vertragsärzte, wird dieser Begriff nicht verwendet.[44] 162

3. Weiterbildungsrecht

Das Recht der Weiterbildung der Ärzte ist landesrechtlich geregelt. Im Rahmen der von den Ländern erlassenen Kammergesetze für Ärzte oder für Heilberufe werden die entsprechenden Weiterbildungsordnungen für Ärzte als Satzungen der Kammern erlassen. Um eine gewisse Vereinheitlichung zu erzeugen, hat die Bundesärztekammer[45] eine **Muster-Weiterbildungsordnung**[46] erlassen, die von den Ärztekammern für ihre landesrechtlichen Weiterbildungsordnungen zugrunde gelegt wird. Der erfolgreiche Abschluss der Weiterbildung führt zur Facharztbezeichnung in einem Gebiet, zur Schwerpunktbezeichnung im Schwerpunkt eines Gebietes oder zur Zusatzbezeichnung.[47] 163

II. Berufsbezeichnung und Berufszulassung

1. Nach der Bundesärzteordnung

Die Berufsausübung wird durch die **Approbation** eröffnet (§ 2 BÄO). Die Approbation umfasst neben der ärztlichen Ausbildung noch weitere Voraussetzungen wie ein amtliches Führungszeugnis und die gesundheitliche Eignung. (§ 39 BÄO). Mit diesen Voraussetzungen soll ordnungsrechtlichen Kriterien genüge getan werden, die sich sonst auch im Gewerberecht finden (Gesundheit, Straffreiheit). Für eine nur vorübergehende Ausübung der ärztlichen Tätigkeit ist die Erteilung einer Erlaubnis vorgesehen (§ 2 II BÄO). 164

41 § 1 Bundesrechtsanwaltsordnung (BRAO).
42 S. oben Fn. 10.
43 Bisher ist der Begriff des staatsnahen bzw. staatsgebundenen Berufes vor allem für Notare verwendet worden, nicht für die Stellung des Arztes, s. unten § 15 C.
44 *Rixen* (Fn. 33), 252.
45 Diese ist eine Arbeitsgemeinschaft der Ärztekammern der Länder in der Rechtsform des nicht eingetragenen Vereins.
46 (Muster-)Weiterbildungsordnung (MWBO) 2003 idF v. 25. 6. 2010 (www.bundesaerztekammer.de).
47 § 2 I MWBO.

165 Die Approbation als Arzt stellt einen Verwaltungsakt dar. Rücknahme, Widerruf und Ruhen der Approbation unterliegen besonderen Voraussetzungen (§§ 5 ff. BÄO). Die Approbation bedeutet eine Erlaubnis, die Berufsbezeichnung Arzt zu führen und unter dieser Bezeichnung die Heilkunde auszuüben.

2. Nach dem Weiterbildungsrecht

166 Der erfolgreiche Abschluss der Weiterbildung führt zur Facharztbezeichnung in einem Gebiet, zur Schwerpunktbezeichnung im Schwerpunkt eines Gebietes oder zur Zusatzbezeichnung.[48] Ein **Gebiet** wird als ein definierter Teil in einer Fachrichtung der Medizin beschrieben.[49] Die Gebietsdefinition bestimmt die Grenzen für die Ausübung der **fachärztlichen Tätigkeit**. Wer innerhalb eines Gebietes die vorgeschriebenen Weiterbildungsinhalte und -zeiten abgeleistet und in einer Prüfung die dafür erforderliche Facharztkompetenz nachgewiesen hat, erhält eine Facharztbezeichnung. Die in der Facharztkompetenz vorgeschriebenen Weiterbildungsinhalte beschränken nicht die Ausübung der fachärztlichen Tätigkeiten im Gebiet.[50] Ein **Schwerpunkt** wird durch eine auf der Facharztweiterbildung aufbauenden Spezialisierung im Gebiet beschrieben. Wer die innerhalb eines Schwerpunktes vorgeschriebenen Weiterbildungsinhalte und -zeiten abgeleistet und in einer Prüfung die dafür erforderliche fachliche Kompetenz nachgewiesen hat, erhält eine Schwerpunktbezeichnung.[51] Eine **Zusatz-Weiterbildung** beinhaltet die Spezialisierung in Weiterbildungsinhalten, die zusätzlich zu den Facharzt- und Schwerpunktweiterbildungsinhalten abzuleisten sind. Wer in der Zusatz-Weiterbildung die vorgeschriebenen Weiterbildungsinhalte und -zeiten abgeleistet und in einer Prüfung die dafür erforderliche fachliche Kompetenz nachgewiesen hat, erhält eine Zusatzbezeichnung.[52]

III. Berufsausübung

1. Bundesärzteordnung

167 Im direkten Berufsrecht finden sich – anders als im indirekten Berufsrecht – eher spärliche Hinweise, wie sich die berufliche Tätigkeit der Ärzte gestaltet. Neben der bereits erwähnten Stellung des Arztes im Gemeinwesen (»Der Arzt dient der Gesundheit des einzelnen Menschen und des gesamten Volkes«, § 1 I BÄO) finden sich in der BÄO bis auf die Feststellung, dass der ärztliche Beruf kein Gewerbe, sondern seiner Natur nach ein freier Beruf ist (§ 1 II BÄO), und dass der Arzt Heilkunde ausübt (§ 2 V BÄO), keine Hinweise auf die Berufsausübung.

168 Wesentliches Element der ärztlichen Tätigkeit ist die Therapiefreiheit, die aus § 1 II BÄO und § 2 I der Musterberufsordnung bzw. dessen Umsetzung in den entsprechenden Satzungen oder Gesetzen abgeleitet wird. Die Therapiefreiheit besteht aus drei Elementen, der Entscheidung, ob eine Behandlung stattzufinden hat, welche Methoden für sie anwendbar sind und der Freiheit des Arztes, nicht gegen sein Gewissen zu einer bestimmten Methode gezwungen zu werden.[53]

48 § 2 I MWBO.
49 Abschnitt B der MWBO.
50 § 2 II MWBO.
51 § 2 III MWBO.
52 § 2 IV MWBO.
53 *Laufs/Kern*, Handbuch des Arztrechts, 2010, § 3 Rn. 14 ff.

Die Ausübung der Heilkunde ist nicht allein dem Arzt vorbehalten. Dies geht aus dem Heilpraktikergesetz hervor (§ 1 I HeilprG). Aber auch für andere Gesundheitsberufe ergibt sich dies aus den berufsrechtlichen Bestimmungen, die auf die Heilkunde Bezug nehmen, so zB bei den Pflegeberufen (vgl. § 3 I 1 KrPflG). 169

Anders als manchmal angenommen gibt es im direkten Berufsrecht keinen expliziten Arztvorbehalt für die Ausübung der Heilkunde.[54] § 2 V BÄO besagt nur, dass Heilkunde unter einer bestimmten Berufsbezeichnung ausgeübt wird. Von Ausschließlichkeit iSe Vorbehalts, der Ärzten bei der Ausübung von Heilkunde eingeräumt wäre, ist in der Vorschrift nicht die Rede.[55] Ein impliziter Arztvorbehalt wird allerdings § 1 I HeilprG entnommen, wonach derjenige, der die Heilkunde, ohne als Arzt bestallt zu sein, ausüben will, dazu der Erlaubnis bedarf.[56] Die Vorschrift besagt aber im Grunde nur, dass die Ausübung der Heilkunde der Erlaubnis bedarf. Auch die ärztliche Approbation stellt unter diesem Blickwinkel eine Erlaubnis zur Ausübung der Heilkunde dar. 170

2. Landesrecht

a) Kammern

Wie die meisten freien Berufe[57] ist auch der Beruf des Arztes ein verkammerter Beruf. Das bedeutet, dass die Angehörigen des Berufs in einer öffentlich-rechtlichen (Zwangs-)Körperschaft vereinigt sind, die die Angelegenheiten des Berufs eigenständig regelt. Da für das Berufsausübungsrecht der Ärzte keine Gesetzgebungskompetenz des Bundes[58] besteht, ist die Verkammerung landesgesetzlich geregelt, zB in Heilberufe- oder Kammergesetzen, die auch die Satzungsermächtigung für die Kammern vorsehen. 171

b) Berufsordnung

Um eine gewisse Einheitlichkeit der Berufsausübung der Ärzte zu gewährleisten, hat die Bundesärztekammer[59] eine (Muster-)Berufsordnung für die deutschen Ärztinnen und Ärzte[60] erarbeitet, die für sich genommen keine Rechtsnormqualität hat. Diese (Muster-)Berufsordnung wird von den Landesärztekammern zugrunde gelegt für den Erlass entsprechender Berufsordnungssatzungen. Diese Berufsordnungen enthalten zum Teil sehr weitgehende Anforderungen an den ärztlichen Berufsstand bis hin zum Verbot der Annahme von Geschenken von Patienten. 172

54 Dies ist anders im indirekten Berufsrecht, s. dazu unten Abschnitt § 16 B. III.

55 So auch *Deutsch/Spickhoff*, Medizinrecht, 6. Aufl. 2008, Rn. 25.

56 Vgl. dazu *Kluth* MedR 2010, 372 (375 Fn. 39).

57 S. dazu unten Abschnitt § 15 C.

58 So enthält die BÄO keine Vorschriften zu Ärztekammern. Anders ist dies zB beim Beruf des Rechtsanwalts (vgl. §§ 60 ff. BRAO), weil die konkurrierende Gesetzgebungskompetenz des Bundes in Art. 74 I Nr. 1 GG hier breiter gestaltet ist als die entsprechende Gesetzgebungskompetenz bei den Ärzten, die sich nur auf die Zulassung zum ärztlichen Beruf bezieht (vgl. Art. 74 I Nr. 19 GG).

59 Die Bundesärztekammer ist eine Arbeitsgemeinschaft der Landesärztekammern; sie hat keinen öffentlich-rechtlichen Status, vgl. § 1 der Satzung der Bundesärztekammer (www.bundesaerztekammer.de).

60 MBO-Ä 1997 (Fn. 20).

c) Berufsgerichte

173 Berufsgerichte werden ebenfalls landesrechtlich in den Heilberufe- und Kammergesetzen geregelt. Das Verfahren der Berufsgerichte ist in Berufsgerichtsgesetzen geregelt. Die Berufsgerichte ahnden schuldhafte Verstöße eines Berufsangehörigen gegen seine Berufspflichten (Berufsvergehen). Berufsgerichte werden in den Ländern unterschiedlich geregelt. Sie sind können der Verwaltungsgerichtsbarkeit oder ordentlichen Gerichtsbarkeit zugeordnet oder als selbstständige Gerichte bei den Ärztekammern eingerichtet sein.[61]

d) Gebietsbeschränkungen – fachgebietsfremde Tätigkeit

174 Die mit der Absolvierung der Weiterbildung verliehene Fachkompetenz, auf einem bestimmten Gebiet tätig zu sein, wird in den Kammer- und Heilberufegesetzen der Länder mit einer Regelung versehen, nach der der Facharzt nur auf diesem Gebiet tätig sein darf.

175 Diese Gebietsbeschränkung der fachärztlichen Tätigkeit, die sich auch auf die vertragsärztliche Tätigkeit erstreckt,[62] ist verfassungsrechtlich unbedenklich.[63] Allerdings hat das Bundesverfassungsgericht gesagt, dass jede Einschränkung der freien Betätigung im Beruf jedoch unter dem Gebot der Verhältnismäßigkeit steht und deshalb nur so weit gehen darf, wie es zur Erreichung der angestrebten Ziele erforderlich ist. Je stärker die Gebietsbeschränkung die Berufstätigkeit einengt, umso gewichtiger müssen die sie rechtfertigenden Gründe sein. Diesem Grundsatz wird das Verbot der Betätigung außerhalb des Fachgebiets nur gerecht, wenn es als allgemeine Richtlinie gilt und nicht als eine auch einzelne Ausnahmefälle ausschließende Regel aufgefasst wird.[64] Das Bundesverfassungsgericht hat auch die Führung einer zweiten Gebietsbezeichnung erlaubt.[65]

176 Eine andere Frage ist, auf welchen Gebieten ein approbierter Arzt ohne Facharztbezeichnung tätig sein darf. Hierzu hat das BVerfG in einem stattgebenden Kammerbeschluss[66] jüngst ausgeführt, dass insbesondere der Patientenschutz es nicht erfordert, einem bestimmten Fachgebiet zugeordnete Behandlungen nur durch Ärzte dieses Fachgebiets durchführen zu lassen. Weiter führt die Kammer aus:

> »Die Qualität ärztlicher Tätigkeit wird durch die Approbation nach den Vorschriften der Bundesärzteordnung sichergestellt. Zwar hat ein Arzt in jedem Einzelfall zu prüfen, ob er aufgrund seiner Fähigkeiten und der sonstigen Umstände - wie etwa der Praxisausstattung – in der Lage ist, seinen Patienten nach den Regeln der ärztlichen Kunst zu behandeln. Vorbehaltlich dieser Prüfung ist er aber, unabhängig vom Vorhandensein von Spezialisierungen, berechtigt, Patienten auf allen Gebieten, die von seiner Approbation umfasst sind, zu behandeln. Eine generelle Verpflichtung, Patienten mit Erkrankungen auf einem bestimmten Gebiet an einen für dieses Gebiet zuständigen Facharzt zu verweisen, (...) ist hiermit nicht vereinbar. Sie würde bei Ärzten ohne Facharzttitel im Übrigen dazu führen, dass diese praktisch gar nicht mehr ärztlich tätig sein könnten, weil die fachärztlichen Bereiche das Spektrum ärztlicher Tätigkeit inzwischen weitgehend abdecken.«

61 Vgl. *Laufs/Kern* (Fn. 53), § 14 Rn. 15 ff.
62 *Wenner*, Vertragsarztrecht nach der Gesundheitsreform, 2008, 187.
63 BVerfGE 33, 125 (167).
64 BVerfGE 33, 125 (168).
65 BVerfGE 106, 181.
66 BVerfG v. 1. 2. 2011, 1 BvR 2328/10, Rn. 27 ff.

Diese Ausführungen sind jedoch vor dem Hintergrund zu sehen, dass es sich im vorliegenden Fall nur um eine fachgebietsfremde Tätigkeit in geringem Umfang (2 – 5% der Tätigkeit im eigenen Fach) handelte.

IV. Vergütung

Die Vergütungen der Dienstleistungen von Angehörigen der Freien Berufe werden in der Regel durch staatliche Gebührenordnungen geregelt. Für Ärzte besteht in § 11 BÄO eine Ermächtigung für eine Rechtsverordnung zum Erlass einer Gebührenordnung, in der die Mindest- und Höchstsätze für die ärztlichen Leistungen festgesetzt werden, wobei den berechtigten Interessen der Ärzte und der zur Zahlung der Entgelte Verpflichteten Rechnung zu tragen ist. Diese Gebührenordnung ist in der GOÄ[67] niedergelegt. Sie stellt eine Taxe iSd § 611 II BGB dar, wobei es sich um eine Dispositivtaxe handelt, die durch Parteivereinbarung in Grenzen geändert werden kann (§ 2 GOÄ).[68] 177

Die GOÄ gilt zwar für alle beruflichen Leistungen der Ärzte (§ 1 I GOÄ). In der Praxis ist die GOÄ jedoch vor allem anwendbar bei sog. Selbstzahlern. Bei privatversicherten Selbstzahlern beziehen sich die Versicherungsverträge für die Erstattung der Aufwendungen auf die GOÄ. Bei beihilfeberechtigten Angehörigen des öffentlichen Dienstes werden die Aufwendungen ebenfalls auf Grundlage der GOÄ erstattet.[69] Die GOÄ gilt nicht für die Leistungen der Ärzte, die sie im Rahmen der Gesetzlichen Krankenversicherung erbringen. Dort wird die ärztliche Vergütung durch ein besonderes Vergütungsrecht geregelt.[70] 178

V. Beendigung der Berufsausübung

Das direkte Berufsrecht sieht keine Begrenzungen der Ausübung des ärztlichen Berufes gem. dem Lebensalter vor. Es existieren **keine Altersgrenzen für die Berufsbeendigung.**[71] 179

Die Berufsausübung kann durch **Rücknahme und Widerruf der Approbation** beendet werden (§ 5 BÄO). 180

Durch die Anordnung des **Ruhens der Approbation** wird die Berufsausübung nicht beendet, sondern nur vorübergehend untersagt (§ 6 BÄO). 181

Bei Verurteilung des Arztes wegen einer Straftat kann unter den Voraussetzungen des § 70 StGB ein **Berufsverbot** bis zu fünf Jahren verhängt werden. Umstritten ist die Wirkung eines strafrechtlichen Berufsverbots auf die Handlungsmöglichkeiten der Approbationsbehörde. Ist ein **berufsrechtlicher Überhang** gegeben, dh, wenn nach einer strafrechtlichen Verurteilung noch weitere im Strafurteil nicht sanktionierte berufsrechtlich relevante Handlungen gegeben sind, kann die Approbationsbehörde zusätzlich berufsrechtliche Maßnahmen, ergreifen. Ist dies nicht der Fall, darf es nicht 182

67 Gebührenordnung für Ärzte (GOÄ) v. 12. 11. 1982 idF d. Bek. v. 9. 2. 1996 (BGBl. I S. 210).

68 S. die Darstellung der GOÄ bei Spickhoff/*Spickhoff*, Medizinrecht, 2011, S. 767 ff.

69 Vgl. für die Bundesbeamten § 6 III der Verordnung über Beihilfe in Krankheits-, Pflege- und Geburtsfällen (Bundesbeihilfeverordnung – BBhV) v. 13. 2. 2009 (BGBl. I S. 326).

70 Vorrang des spezielleren Bundesgesetzes, vgl. § 1 I 2. HS GOÄ. Zur Vergütung ärztlicher Leistungen im Rahmen des SGB V s. unten Abschnitt § 15 B. VIII.

71 S. Rn. 48, zur nunmehr aufgehobenen Altersgrenze für Vertragsärzte.

zu weiteren berufsrechtlichen Maßnahmen kommen, da sonst der Grundsatz ne bis in idem (Art. 103 III GG) verletzt würde.

B. Indirektes Berufsrecht der Ärzte: Sozialrechtliches Leistungserbringungsrecht

I. Rechtsquellen

183 Die Rechtsquellen für die Teilnahme von Ärzten im Leistungserbringungsgeschehen der Gesetzlichen Krankenversicherung sind das SGB V und die Ärzte-ZV[72] (erlassen gem. § 98 SGB V).[73]

II. Die zentrale Stellung des Arztes in der Leistungserbringung nach dem SGB V

184 Die Krankenbehandlung für Versicherte der Gesetzlichen Krankenversicherung ist grundsätzlich in die Hand des Arztes gelegt (§§ 15 I, 27, 28 SGB V). Danach wird ärztliche oder zahnärztliche Behandlung von Ärzten oder Zahnärzten erbracht, soweit nicht in Modellvorhaben nach § 63 IIIc SGB V etwas anderes bestimmt ist. Sind Hilfeleistungen anderer Personen erforderlich, dürfen sie nur erbracht werden, wenn sie vom Arzt (Zahnarzt) angeordnet und von ihm verantwortet werden (§ 15 I SGB V).

185 Daraus wird in der Rechtsprechung der sog. Arztvorbehalt im Recht der Krankenbehandlung nach dem SGB V abgeleitet.[74] Dieser Arztvorbehalt besteht jedoch nur im Rahmen des Leistungserbringungsrechts des SGB V.[75]

III. Zulassung zur Leistungserbringung (Teilnahme an der vertragsärztlichen Versorgung)

1. Zulassungsausschuss – Berufungsausschuss

186 Zur Beschlussfassung und Entscheidung in Zulassungssachen errichten die Kassenärztlichen Vereinigungen und die Landesverbände der Krankenkassen sowie die Ersatzkassen für den Bezirk jeder Kassenärztlichen Vereinigung oder für Teile dieses Bezirks (Zulassungsbezirk) einen Zulassungsausschuss für Ärzte, die aus Vertretern der Ärzte und der Krankenkassen in gleicher Zahl bestehen § 96 I und II 1 SGB V). Ebenso wird der Berufungsausschuss gebildet (§ 97 I SGB V). Die Berufungsausschüsse bestehen aus einem Vorsitzenden mit der Befähigung zum Richteramt und aus Vertretern der Ärzte einerseits und der Landesverbände der Krankenkassen sowie der Ersatzkassen andererseits in gleicher Zahl als Beisitzern (§ 97 II 1 SGB V).

187 Das Verfahren vor dem Berufungsausschuss gilt als Vorverfahren iSd § 78 SGG (§ 97 III 2 SGB V). Das Verfahren vor dem Zulassungsausschuss und vor dem Berufungsausschuss ist in der Ärzte-ZV geregelt (§§ 36–46 Ärzte-ZV).

---

72 S. oben Fn. 37.

73 Die Bundesregierung plant ein Versorgungsgesetz (s. Entwurf eines Gesetzes zur Verbesserung der Versorgungsstrukturen in der gesetzlichen Krankenversicherung, www.bmg.bund.de), in dem insbesondere die Bedarfsplanung in der vertragsärztlichen Versorgung geändert werden soll.

74 Vgl. *Wenner* (Fn. 62), 23.

75 Zum Arztvorbehalt im direkten Berufsrecht s. oben Rn. 170.

2. Persönliche Voraussetzungen beim Arzt

Für den Großteil der Ärzte ist angesichts der Tatsache, dass etwa 90% der Bevölkerung in der Gesetzlichen Krankenversicherung versichert sind, der Zugang zur Leistungserbringung in diesem System existenzentscheidend. Dieser Zugang zur Leistungserbringung vollzieht sich in der Zulassung als Vertragsarzt oder in der Ermächtigung als Arzt (§ 95 SGB V). 188

Dieser Zugang zur Leistungserbringung ist in besonderer Weise ausgestaltet, indem hier zusätzlich zur Approbation als Arzt[76] die Erfüllung weiterer Ausbildungsvoraussetzungen gefordert wird. Zur **Zulassung als Vertragsarzt** muss sich der Arzt in ein Arztregister eintragen lassen (§ 95 II SGB V). Diese Eintragung wiederum ist an bestimmte Weiterbildungsvoraussetzungen geknüpft, die in der Zulassungsverordnung für Vertragsärzte (Ärzte-ZV) geregelt sind. Die Dauer der Weiterbildung muss fünf Jahre betragen (§ 95 a II 1 SGB V; § 3 Ärzte-ZV). Die Ärztekammern erlassen Weiterbildungsordnungen als Satzungen auf der Grundlage einer (Muster-)Weiterbildungsordnung der Bundesärztekammer. Die Nennung im Arztregister ist der Ausweis für die Zulassung als Vertragsarzt (§ 2 Ärzte-ZV). Die näheren Voraussetzungen für die Zulassung finden sich in der Ärzte-ZV (§§ 19 ff.). Die Zulassung erfolgt für den Ort der Niederlassung als Arzt (Vertragsarztsitz) (§ 24 I Ärzte-ZV). Deshalb wird auch oft (ungenau) vom niedergelassenen Arzt gesprochen. Die Zulassung bewirkt, dass der Vertragsarzt Mitglied der für seinen Kassenarztsitz zuständigen Kassenärztlichen Vereinigung wird (§ 95 III 1 i. V.m § 77 I SGB V). 189

Mit der **Ermächtigung** als weiterer Form der Teilnahme an der vertragsärztlichen Versorgung wird der ermächtigte Arzt zur Teilnahme an der vertragsärztlichen Versorgung berechtigt und verpflichtet (§ 95 IV SGB V). Die Voraussetzungen für die Erteilung einer Ermächtigung sind ebenfalls in der Ärzte-ZV geregelt (§§ 31, 31 a). 190

Das **Verhältnis zwischen Zulassung und Ermächtigung** ergibt sich aus ihren Voraussetzungen. Um die Zulassung als Vertragsarzt kann sich jeder Arzt bewerben, der seine Eintragung in ein Arztregister nachweist (§ 95 II 1 SGB V). Bei Erfüllung der gesetzlichen Voraussetzungen besteht ein Anspruch auf Zulassung, dh auf einen entsprechenden Beschluss des Zulassungsausschusses (§ 19 I 1 Ärzte-ZV). Die Ermächtigung steht hingegen im Ermessen des Zulassungsausschusses. Sie ist insofern subsidiär zur Zulassung, als sie erteilt werden kann, um eine Unterversorgung abzuwenden oder um einen begrenzten Personenkreis zu versorgen (§ 31 I Ärzte-ZV).[77] 191

Die Zulassung bzw. die Ermächtigung als Vertragsarzt ist damit in ihrem Charakter eine sozialleistungserbringungsrechtliche Voraussetzung. Allerdings ist die Aufteilung der Ausbildungsanforderungen an den Vertragsarzt im direkten und indirekten Berufsrecht in der ÄApprO einerseits und in der Ärzte-ZV andererseits etwas ungewöhnlich. 192

3. Voraussetzungen beim medizinischen Versorgungszentrum

An der vertragsärztlichen Versorgung nehmen nicht nur zugelassene und ermächtigte Ärzte, sondern auch medizinische Versorgungszentren und ermächtigte ärztlich ge- 193

76 S. dazu oben Abschnitt § 15 A. II.
77 *Wenner* (Fn. 62), 100 f.

leitete Einrichtungen teil (§ 95 I 1 SGB V). Während Letztere durch Ermächtigung zur Teilnahme an der vertragsärztlichen Versorgung berechtigt und verpflichtet werden (§ 95 IV SGB V), gilt für erstere die Zulassung (§ 95 II 5 SGB V).

194 Medizinische Versorgungszentren sind fachübergreifende ärztlich geleitete Einrichtungen, in denen Ärzte, die in das Arztregister eingetragen sind, als Angestellte oder Vertragsärzte tätig sind. Eine Einrichtung ist dann fachübergreifend, wenn in ihr Ärzte mit verschiedenen Facharzt- oder Schwerpunktbezeichnungen tätig sind. Die medizinischen Versorgungszentren können sich aller zulässigen Organisationsformen bedienen; sie können von den Leistungserbringern, die auf Grund von Zulassung, Ermächtigung oder Vertrag an der medizinischen Versorgung der Versicherten teilnehmen, gegründet werden. Die Zulassung erfolgt für den Ort der Niederlassung als Arzt oder den Ort der Niederlassung als medizinisches Versorgungszentrum (Vertragsarztsitz) (§ 95 I 2 - 7 SGB V). Die Anstellung eines Arztes in einem zugelassenen medizinischen Versorgungszentrum bedarf der Genehmigung des Zulassungsausschusses (§ 95 II 7 SGB V).

4. Steuerung der Bedarfsdeckung durch Bedarfsplanung und Ermächtigung

195 Die Zulassung zur ärztlichen Versorgung hängt auch von den Maßgaben der Bedarfsplanung zur Sicherstellung der vertragsärztlichen Versorgung ab (§§ 99 ff. SGB V). Bei einer Überversorgung sind Zulassungsbeschränkungen anzuordnen (§ 103 I SGB V).

196 Die Bedarfsplanung dient der Sicherstellung der vertragsärztlichen Versorgung auf Landesebene (§ 72 SGB V). Damit stellt die Sicherstellung der vertragsärztlichen Versorgung die Schranke für den damit verbundenen Eingriff in die Berufsfreiheit der Ärzte dar.

197 Für die Aufstellung des Bedarfsplans sind die Kassenärztlichen Vereinigungen (§ 77 SGB V) zuständig. Dabei ist Einvernehmen mit den Landesverbänden der Krankenkassen und den Ersatzkassen und Benehmen mit den zuständigen Landesbehörden herzustellen (§ 99 I SGB V). Dies hat nach Maßgabe der vom Gemeinsamen Bundesausschuss erlassenen Richtlinien zu geschehen.[78] In der entsprechenden Bedarfsplanungsrichtlinie werden allgemeine bedarfsgerechte Versorgungsgrade arztgruppenspezifisch als Einwohner-Arzt-Relation festgelegt. Diese allgemeinen Verhältniszahlen werden insgesamt zehn Planungskategorien in vier übergeordneten Planungsregionen zugeordnet: Agglomerationsräume, verstädterte Räume, ländliche Räume, Ruhrgebiet als Sonderregion. Weiter wird ein Demografiefaktor als Leistungsbedarf für über und unter Sechzigjährige angebracht. Wird der allgemeine bedarfsgerechte Versorgungsgrad für eine Arztgruppe in einem Planungsbereich um 10% überschritten, liegt Überversorgung vor. Unterversorgung ist gegeben, wenn der Stand der hausärztlichen Versorgung den ausgewiesenen Bedarf um mehr als 25% und den der fachärztlichen Versorgung um mehr als 50% unterschreitet. Dies wird durch die Landesausschüsse der Ärzte und Krankenkassen festgestellt (§§ 100 I, 103 I SGB V).

---

78 Richtlinie des Gemeinsamen Bundesausschusses über die Bedarfsplanung sowie die Maßstäbe zur Feststellung von Überversorgung und Unterversorgung in der vertragsärztlichen Versorgung (Bedarfsplanungs-Richtlinie) in der Neufassung v. 15. 2. 2007 (BAnz 2007, 3491).

Jenseits der Bedarfsplanung als Instrument der Sicherstellung der vertragsärztlichen Versorgung kann auch über Ermächtigung von einzelnen Ärzten zur Teilnahme an der vertragsärztlichen Versorgung eine Feinsteuerung vorgenommen werden. Allerdings stellt die Ermächtigung kein Planungsinstrument dar, ist also nicht prospektiv ausgerichtet. Sie ist vielmehr ein Instrument, mit dem unter Bedarfsgesichtspunkten dann reagiert werden kann, wenn ein Arzt diese Art der Teilnahme an der vertragsärztlichen Versorgung wünscht.[79] 198

IV. Berufspflichten im Leistungserbringungsrecht

Schon das direkte Berufsrecht enthält für den Arzt eine Reihe von Berufspflichten, die in den von den Ärztekammern erlassenen Berufsordnungen niedergelegt sind.[80] Aber auch das indirekte Berufsrecht schreibt dem Arzt bestimmte berufliche Verhaltensweisen vor, die in der Ärzte-ZV in verschiedenen Anforderungen, zB der persönlichen Berufsausübung (§ 32 I 1, § 32 a S. 1 Ärzte-ZV) oder der Pflicht zur vollzeitigen Ausübung (§ 19 a I Ärzte-ZV) und im SGB V zB in der Pflicht zur fachlichen Fortbildung liegen (§ 95 d SGB V). Diese Anforderungen an den Beruf des Arztes stellen Berufsausübungsregelungen dar, für die nach Art. 74 I Nr. 19 GG keine Gesetzgebungskompetenz des Bundes besteht. Da die Einhaltung der Berufspflichten jedoch im Zusammenhang mit der Zulassung als Vertragsarzt geregelt ist und das Vertragsarztwesen Bestandteil der Gesetzlichen Krankenversicherung ist, wofür eine konkurrierenden Gesetzgebungskompetenz besteht (»Sozialversicherung«, vgl. Art. 74 I Nr. 12 GG), können solche die Berufsausübung betreffenden Regelungen auch vom Bundesgesetzgeber geschaffen werden. 199

Der Arzt hat bei der Behandlung die Sorgfalt walten zu lassen, die den Vorschriften des bürgerlichen Vertragsrechts entspricht (§ 76 IV SGB V). Der Informationsaustausch zwischen vor- und nachbehandelnden Ärzten ist zu gewährleisten (§ 76 IIIa SGB V). 200

V. Art des Zugangs zur Leistungserbringung

1. Freie Arztwahl und Steuerung der Arztwahl

Der Zugang zum zugelassenen Arzt ist grundsätzlich als freier Zugang ausgestaltet. Dies wird als **Recht der freien Arztwahl** bezeichnet (§ 76 I 1 SGB V). Die freie Arztwahl besteht aber nur in Richtung auf die zugelassenen und ermächtigten Ärzte, nicht in Richtung auf andere Ärzte. Nur im Notfall können andere Ärzte in Anspruch genommen werden (§ 76 I 2 SGB V). Aber selbst dann, wenn der Versicherte ohne zwingenden Grund einen anderen Arzt in Anspruch nimmt, geht dies finanziell nicht voll zulasten des Versicherten. Er hat dann nur die Mehrkosten zu tragen (§ 76 II SGB V). 201

Da bei der kassenärztlichen Versorgung zwischen der hausärztlichen und der fachärztlichen Versorgung unterschieden wird (§ 73 I SGB V), wird die Notwendigkeit gesehen, die Versicherten bei der Arztwahl zu steuern. Eine solche Steuerungswirkung unter dem Gesichtspunkt bedarfsentsprechender Versorgung der Versicherten wird mit dem Anliegen bezweckt, dass Versicherte einen Hausarzt wählen sollen (§ 76 III 2 202

79 S. Abschnitt § 14 D. I.
80 S. Abschnitt § 15 A. III. 2. b).

SGB V) und dass sie den Arzt innerhalb eines Quartals nur beim Vorliegen eines wichtigen Grundes wechseln sollen (§ 76 III 1 SGB V). Eine Steuerwirkungswirkung unter Wirtschaftlichkeitsgesichtspunkten wird mit den Maßnahmen gegen die unkoordinierte Mehrfachinanspruchnahme von Vertragsärzten bezweckt (§ 76 IIIa SGB V).

2. Besondere ärztliche Versorgungsformen

203 Eine besondere Steuerungswirkung im Sinne einer effizienten ärztlichen Versorgung wird mit bestimmten Versorgungskonzepten verfolgt. Das Gesetz nennt drei besondere Versorgungsformen: **Strukturverträge; hausarztzentrierte Versorgung; besondere ambulante ärztliche Versorgung.** Diese Versorgungsformen müssen gesetzlich vorgesehen sein, da der Vorbehalt des Gesetzes (§ 31 SGB I) auch für das Leistungserbringungsrecht gilt. Das bedeutet, dass die Krankenkassen und die Leistungserbringer die ärztliche Versorgung nicht nach Belieben gestalten können, sondern hierzu gesetzlicher Vorgaben bedürfen. Man könnte insofern auch von einem geschlossenen Katalog der Formen ärztlicher Leistungserbringung sprechen. Unabhängig davon ist das Erfordernis einer gesetzlichen Regelung schon aus sachlichen Gründen gegeben. Da das Vergütungsrecht für Ärzte an einer bestimmten Art der Versorgung anknüpft, müssen bei den besonderen Versorgungsformen auch die vergütungsrechtlichen Wirkungen gesetzlich berücksichtigt werden (vgl. § 73 a S. 2 und 3; § 73 b V 1, VII und VIII; § 73 c IV 1, VI SGB V).

204 Vor dem Hintergrund der freien Arztwahl kann der Versicherte nicht gezwungen werden, an besonderen Formen der ärztlichen Versorgung teilzunehmen. Die Teilnahme an allen besonderen Versorgungsformen ist freiwillig (§ 73 a S. 5; § 73 b III 1; § 73 c II 1 SGB V).

205 Mit **Strukturverträgen** sollen insbesondere vernetzte Praxen, also Verbünde von haus- und fachärztlich tätigen Vertragsärzten geschaffen werden, für die sich der Versicherte entscheiden kann (§ 73 a SGB V). Das entsprechende Regelungsinstrument sind die Gesamtverträge zwischen Kassenärztlichen Vereinigungen und den Landesverbänden der Krankenkassen und den Ersatzkassen.

206 Mit der **hausarztzentrierten Versorgung** (§ 73 b SGB V) wird bezweckt, dass sich Versicherte an einen bestimmten Hausarzt (freiwillig) binden, und dass sich die Hausärzte bestimmten Qualitätsanforderungen unterwerfen, so zB die Behandlung nach evidenzbasierten, praxiserprobten Leitlinien (§ 73 b II SGB V). Versicherte, die sich für die Teilnahme an dieser Versorgungsform entschieden haben, sind mindestens ein Jahr an die Wahl ihres Hausarztes gebunden (§ 73 III 3 SGB V). Der Versicherte darf ambulante fachärztliche Behandlung mit Ausnahme der Leistungen der Augenärzte und der Frauenärzte nur auf Überweisung des Hausarztes in Anspruch nehmen, die direkte Inanspruchnahme eines Kinderarztes ist möglich (§ 73 b III 2 SGB V). Die hausarztzentrierte Versorgung stellt ein Pflichtangebot der Krankenkassen an ihre Versicherten dar. Zur flächendeckenden Sicherstellung des Angebots an hausarztzentrierter Versorgung haben die Krankenkassen die entsprechenden Verträge insbesondere mit Gemeinschaften von Allgemeinärzten abzuschließen (§ 73 b IV SGB V). Die Kassenärztlichen Vereinigungen, die sonst die Ärzte gegenüber den Krankenkassen vertreten und Vertragspartner der Kassen sind, sind nur noch über eine mögliche Beteiligung einbezogen (§ 73 b V 2 SGB V).[81]

81 S. hierzu auch *Huster* NZS 2010, 69.

Mit der **besonderen ambulanten ärztlichen Versorgung** (§ 73 c SGB V), die kein Pflichtangebot der Krankenkassen an die Versicherten darstellt, wird die Sicherstellung der ambulanten ärztlichen Versorgung, also nicht nur der hausärztlichen Versorgung bezweckt. Damit sollen insbesondere Schnittstellenprobleme bei der Behandlung durch Ärzte verschiedener Fachrichtungen vermieden werden. Die Krankenkassen schließt hierzu Einzelverträge (Selektivverträge) mit den Leistungserbringern (§ 73 c IV SGB V). Für Versicherte ist die Auswahlmöglichkeit an Ärzten gegenüber der hausarztzentrierten Versorgung noch weiter eingeschränkt, da sich der Versicherte bei Teilnahme an dieser Versorgungsart auch an die Wahl der anderen Fachärzte bindet (§ 73 c II 2 SGB V). 207

VI. Leistungsgestaltung

1. Parameter der Leistungsgestaltung

Die Parameter, die die Gestaltung ärztlicher Leistungen[82] beeinflussen, sind vor allem unter drei rechtlichen Gesichtspunkten von Interesse: 208

- für die sozialversicherte Person, weil durch die ärztliche Behandlung ihr Leistungsanspruch konkretisiert und realisiert wird;
- für den Vertragsarzt, weil dadurch seine Berufsausübung geregelt wird und er damit in seinem beruflichen Handeln gebunden wird (Problem der Therapiefreiheit, die durch Vorschriften der Leistungsgestaltung eingeschränkt wird);
- für den Vertragsarzt, weil nur diejenigen Leistungen vergütet werden, die in das Spektrum der zulässigen Leistungserbringung fallen.

2. Leistungseinschluss/Leistungsausschluss

Was der Arzt im Einzelnen leistungserbringungsrechtlich darf, bestimmt sich zunächst durch das Leistungsrecht selbst.[83] Allerdings kann vom sozialrechtlichen Leistungsausschluss nicht auf ein Therapieverbot geschlossen werden. Wenn eine ärztliche Behandlung dem allgemein anerkannten Stand der medizinischen Erkenntnisse entspricht, darf sie der Arzt durchführen. Die Kosten hierfür hat der Versicherte dann aber selbst zu tragen. 209

3. Konkretisierung des Inhalts und des Umfangs der Leistungen

Für den Vertragsarzt ist bei der ärztlichen Behandlung wichtig zu wissen, ob er eine bestimmte Leistung zulasten der Krankenkasse erbringen darf. Er soll bei der Krankenbehandlung nicht lange überlegen müssen, ob nun eine bestimmte Therapie krankenversicherungsrechtlich zulässig ist oder nicht und damit vergütet wird oder nicht, oder ob ein bestimmtes Medikament notwendig oder unwirtschaftlich ist. Mit anderen Worten: Der Arzt benötigt klare Aussagen für die Entscheidung, für einen Versicherten eine bestimmte Leistung zu erbringen. Es kann ihm weder fachlich noch zeitlich zugemutet werden, jeweils im Einzelfall aus sehr vagen unbestimmten Begriffen wie »ausreichend«, »zweckmäßig« oder »wirtschaftlich« eine konkrete Regel zu 210

82 Der rechtlich exakte Begriff lautet »ärztliche Behandlung«, vgl. § 27 I 2 Nr. 1 SGB V. Die ärztliche Behandlung ist ein Unterfall der Krankenbehandlung (§ 27 I SGB V).

83 S. die Einschränkungen Beispiel der künstlichen Befruchtung als ärztliche Leistung (§ 27 a SGB V) oder den Ausschluss kieferorthopädischer Leistungen aus dem Katalog der zahnärztlichen Leistungen (§ 28 II 6 SGB V).

entwickeln. Diese Festlegungen müssen andere für ihn treffen. Zu diesen Festlegungen ist der Gemeinsame Bundesausschuss (abgekürzt: G-BA) berufen, der von der Kassenärztlichen Bundesvereinigung, der Deutschen Krankenhausgesellschaft und dem Spitzenverband Bund der Krankenkassen gebildet wird (§ 91 SGB V). Der G-BA beschließt die zur Sicherung der ärztlichen Versorgung erforderlichen **Richtlinien über die Gewährung für eine ausreichende, zweckmäßige und wirtschaftliche Versorgung der Versicherten** ua für die ärztliche Behandlung (§ 92 I 2 Nr. 1 SGB V). Bei den Richtlinien über Arzneimittel sind diese so zusammenzustellen, dass dem Arzt der Preisvergleich und die Auswahl therapiegerechter Verordnungsmengen ermöglicht wird (§ 92 II 1 SGB V).

211 Es sind also vor allem diese Richtlinien, mit denen der Arzt leistungserbringungsrechtliche Sicherheit in der täglichen Behandlungspraxis erlangt. In der Rechtswissenschaft werden diese Richtlinien des G-BA seit langem vor allem unter dem Gesichtspunkt der demokratischen Legitimation des G-BA diskutiert.[84] Das BVerfG hat in seinem Beschluss vom 6. 12. 2005[85] zwar offen gelassen, ob der Bundesausschuss über eine hinreichende demokratische Legitimation verfügt und welche Rechtsqualität seinen Richtlinien zukommt. In der Rechtsprechung des Bundessozialgerichts (BSG) wird die hinreichende demokratische Legitimation des Bundesausschusses zum Erlass derartiger Richtlinien nicht grundsätzlich in Zweifel gezogen. Das BSG behält sich aber vor, die vom G-BA erlassenen, im Rang unterhalb des einfachen Gesetzesrechts stehenden normativen Regelungen formell und auch inhaltlich in der Weise zu prüfen, wie wenn der Bundesgesetzgeber derartige Regelungen in Form einer untergesetzlichen Norm - etwa einer Rechtsverordnung - selbst erlassen hätte, wenn und soweit hierzu auf Grund hinreichend substantiierten Beteiligtenvorbringens konkreter Anlass besteht.[86]

212 In dem wegweisenden Beschluss vom 6. 12. 2005[87] hat das Bundesverfassungsgericht ausgeführt, dass es mit den Grundrechten aus Art. 2 I GG in Verbindung mit dem Sozialstaatsprinzip und aus Art. 2 II 1 GG nicht vereinbar sei, einen gesetzlich Krankenversicherten, für dessen lebensbedrohliche oder regelmäßig tödliche Erkrankung eine allgemein anerkannte, medizinischem Standard entsprechende Behandlung nicht zur Verfügung steht, von der Leistung einer von ihm gewählten, ärztlich angewandten Behandlungsmethode auszuschließen, wenn eine nicht ganz entfernt liegende Aussicht auf Heilung oder auf eine spürbare positive Einwirkung auf den Krankheitsverlauf besteht. Das heißt nichts anderes, als dass in solchen Fällen entgegenstehende Richtlinien des G-BA verfassungsrechtlich nicht gerechtfertigt sind.

VII. Qualitätssicherung

1. Terminologie

213 Wie in keinem anderen Teilrechtsgebiet des SGB V hat sich für die die Sicherung der Qualität der Leistungserbringung betreffenden Vorschriften (§§ 135 ff. SGB V) eine besondere Terminologie entwickelt, deren Kenntnis auch für das rechtliche Verständ-

84 S. hierzu *Kingreen* NJW 2006, 877; *ders.* NZS 2007, 113.
85 BVerfGE 115, 25.
86 BSGE 97, 190–203.
87 S. Fn. 85. S. dazu die geplante gesetzliche Regelung (Art. 1 Nr. 1 Versorgungsstrukturgesetz, oben Fn. 73).

nis Voraussetzung ist. Im Folgenden kann kein Glossar[88] der in den rechtlichen Vorschriften verwendeten Begriffe geliefert werden. Die im SGB V verwendeten Begriffe werden im jeweiligen rechtlichen Kontext erläutert. Darüber hinaus ist es jedoch erforderlich, einige terminologische Grundlegungen zu liefern.

Der **Begriff Qualität** steht für den Grad an Erfüllung von vorher definierten Merkmalen. Er steht insofern nicht für gute oder schlechte Qualität, sondern ist nur orientiert an den vorher definierten Merkmalen. Der **Begriff Qualitätssicherung** meint alle Vorkehrungen, die der Realisierung einer vorher definierten Qualität dienen. Dazu gehören zB Vorkehrungen auf Seiten der Leistungserbringer, etwa in Form der Einführung eines betrieblichen Qualitätsmanagements. Bei der Qualitätssicherung wird auch zwischen **interner und externer Qualitätssicherung** unterschieden, wobei diese Terminologie im SGB V nicht mehr verwendet wird und letzterer Begriff durch die **einrichtungsübergreifende Qualitätssicherung** ersetzt worden ist. Unter **interner Qualitätssicherung** werden alle im Betrieb stattfindenden Qualitätssicherungsmaßnahmen verstanden, während mit **externer Qualitätssicherung** vor allem der **einrichtungsübergreifende Qualitätsvergleich** gemeint ist. Dieser soll dann auch Rückschlüsse auf die jeweils von einer Einrichtung erbrachten Qualität erlauben. 214

Seit Ende der sechziger Jahre werden die aus der US-amerikanischen Debatte um die Qualitätssicherung in der Krankenpflege stammenden Unterscheidungen[89] von **Struktur-, Prozess- und Ergebnisqualität** auch in der internationalen und nationalen Qualitätssicherungsterminologie verwendet. **Strukturqualität** beschreibt die Rahmenbedingungen, unter denen Pflege geleistet wird. Sie ist gekennzeichnet durch die Eigenschaften der eingesetzten personellen und materiellen Ressourcen, unter denen Versorgung, Betreuung und Pflege geleistet wird. Zur Strukturqualität zählen Organisationsform, Materialausstattung, Größe, Bau und Ausstattung einer Pflegeeinrichtung sowie die quantitative und qualitative Personalausstattung. Der Begriff **Prozessqualität** beschreibt die Art und den Umfang pflegerischen Handelns. Die Prozessqualität ist auf die pflegepraktischen Handlungen selbst bezogen. Zur Prozessqualität gehören Pflegeplanung, Pflegedokumentation und Kontrolle der Pflege ebenso wie die Entwicklung themenbezogener Pflegestandards. Die **Ergebnisqualität** zeigt sich zum einen beim Pflegebedürftigen und zum anderen beim Personal. Das Pflegeergebnis ist gekennzeichnet durch den Pflegezustand des Patienten, andererseits dem physischen, psychischen und sozialen Wohlbefinden des Patienten und des Personals.[90] 215

2. Rechtliche Struktur der Qualitätserstellung

Bei den rechtlichen Fragen im Zusammenhang mit Qualitätsanforderungen und der Erstellung von Qualität[91] können fünf Dimensionen unterschieden werden. Diese fünf Dimensionen können dann verschiedenen Verantwortlichkeiten und Zuständigkeiten zugeordnet werden.[92] Zu unterscheiden sind folgende **Dimensionen**: 216

88 S. etwa für ein Glossar *AQUA Institut für angewandte Qualitätsförderung und Forschung im Gesundheitswesen GmbH*, S. 116 ff.

89 *Donabedian* The Milbank Quarterly, Vol. 83, No. 4, 2005, 691.

90 http://www.geroweb.de/pflegequalitaet.html.

91 Wichtige Ansätze werden geliefert in der grundlegenden rechtlichen Aufarbeitung von *Bieback*, Qualitätssicherung der Pflege im Sozialrecht, 2004.

92 *Igl* SGb 2007, 381.

- Entwicklung von Qualitätsanforderungen,
- Herstellung der Verbindlichkeit von Qualitätsanforderungen,
- Umsetzung von Qualitätsanforderungen in der Praxis,
- Überwachung der Einhaltung von Qualitätsanforderungen (Qualitätsprüfung),
- Reaktionen bei Nichteinhaltung von Qualitätsanforderungen (insbesondere Sanktionen).

217 Bei den **Verantwortlichkeiten** ist zunächst grob zu unterscheiden zwischen staatlicher/öffentlicher Verantwortlichkeit und privater Verantwortlichkeit und weiter zwischen einem Mix aus diesen Verantwortlichkeiten.[93] Schwieriger wird die Zuordnung zu **Zuständigkeiten**, einmal auf der staatsorganisatorischen Ebene, zum anderen auf der Ebene der Verwaltungen. Im privaten Bereich sind die Zuständigkeiten zum Teil bereits zivilrechtlich vorgegeben, zB bei der Haftung für Schäden aufgrund von Qualitätsmängeln; zum Teil sind die Zuständigkeiten betriebsorganisatorischer Art.

3. Allgemeiner rechtlicher Rahmen der Qualitätssicherung im SGB V

218 Das Recht der Qualität hat sich im SGB V ziemlich unsystematisch und Stück für Stück entwickelt. Zentral ist das Recht der Qualität im Leistungserbringungsrecht geregelt. Darüber hinaus finden sich aber auch allgemeine Vorschriften zur Qualität.

219 Die **allgemeine Qualitätsnorm** der Gesetzlichen Krankenversicherung besagt (§ 2 I 3 SGB V): »Qualität und Wirksamkeit der Leistungen haben dem allgemein anerkannten Stand der medizinischen Erkenntnisse zu entsprechen und den medizinischen Fortschritt zu berücksichtigen.« **Leistungserbringungsrechtlich** wird diese Qualitätsnorm in § 70 I SGB V aufgenommen. Mit diesen gesetzlichen Aussagen ist die **allgemeine Verbindlichkeit der Leistungsqualität** für die am Leistungsgeschehen beteiligten Akteure **grundsätzlich gegeben.**

220 Im Leistungserbringungsrecht des SGB V stellt § 70 I SGB V die Grundnorm dar. Hier gilt die Verpflichtung der Krankenkassen und der Leistungserbringer auf eine Versorgung der Versicherten entsprechend dem **allgemein anerkannten Stand der medizinischen Erkenntnisse** (§ 70 I 1 SGB V). Da in § 70 I SGB V auch die Vorgabe der ausreichenden, zweckmäßigen, notwendigen und wirtschaftlichen Versorgung der Versicherten enthalten ist, hat der Gesetzgeber klargestellt, dass die Versorgung **»in der fachlich gebotenen Qualität«** erbracht werden muss (§ 70 I 2 SGB V). Damit ist – zumindest auf normativer Ebene – der oft so dargestellte vorgebliche Widerspruch zwischen Qualität und Wirtschaftlichkeit aufgelöst. Die in § 70 I 2 SGB V genannten Versorgungskriterien dürfen nicht im Widerspruch zur fachlich gebotenen Qualität der Versorgung stehen.

221 Im Leistungserbringungsrecht des SGB V ist ein ganzer Abschnitt dem Recht der Qualitätssicherung der Leistungserbringung gewidmet (§§ 135–139 c SGB V). Dieser Abschnitt ist – wie viele andere Teile des Leistungserbringungsrechts im SGB V – ziemlich unübersichtlich und unsystematisch aufgebaut. Problematisch ist dabei besonders, dass **allgemeine und besondere Gegenstände der Qualitätssicherung** und die jeweiligen **Adressaten der Qualitätssicherung** nicht systematisch getrennt sind. Dies hat auch damit zu tun, dass sich die Qualitätssicherung im Rahmen des SGB V

93 Hierzu insgesamt *Hamdorf*, Öffentliche und private Verantwortung für Qualität in der Pflege, 2009.

zunächst **sektorenspezifisch**, dh auf den ambulanten und den stationären Bereich (Vertragsärzte und Krankenhäuser), dann aber zunehmend **sektorenübergreifend** entwickelt hat. Der Übersichtlichkeit der Darstellung halber werden im Folgenden zunächst die allgemeinen und sektorenübergreifenden Regelungen der Qualitätssicherung und dann die die Vertragsärzte betreffenden sektorspezifischen Regelungen behandelt. Die die Krankenhäuser betreffenden sektorspezifischen Regelungen zur Qualitätssicherung finden sich im dortigen Zusammenhang.[94]

Der **Gemeinsame Bundesausschuss** nimmt im Zusammenhang mit der sektoren- 222 übergreifenden Entwicklung von Qualitätsanforderungen eine zentrale Stellung bei der Umsetzung der Qualitätssicherung und der Darstellung von Qualität (§ 137 a SGB V), bei der Förderung der Qualitätssicherung in der Medizin (§ 137 b SGB V) und bei der Normierung von Qualitätsanforderungen (§ 137 SGB V) ein.

4. Allgemeine Gegenstände der Qualitätssicherung – sektorenübergreifende Qualitätssicherung

Zu den allgemeinen Gegenständen der Qualitätssicherung gehört die alle **Leistungs-** 223 **erbringer** betreffende Verpflichtung zur Qualitätssicherung und die Verpflichtung auf die **Leistungserbringung nach dem jeweiligen Stand der wissenschaftlichen Erkenntnisse** und in der **fachlich gebotenen Qualität** (§ 135 a I SGB V).

Auf der **Ebene der Entwicklung, Umsetzung und Darstellung der sektorenüber-** 224 **greifenden Qualität** bedient sich der Gemeinsame Bundesausschuss einer **fachlich unabhängigen Institution** (§ 137 a I SGB V).[95] Diese Institution hat nicht nur Qualitätsanforderungen zu entwickeln, sondern soll sich auch an der Umsetzung der einrichtungsübergreifenden[96] Qualitätssicherung beteiligen und die Ergebnisse der Qualitätssicherungsmaßnahmen dokumentieren (vgl. die Aufträge in § 137 a II SGB V).

Der Gemeinsame Bundesausschuss hat im Sinne einer Aufgabenzuweisung einen 225 umfassenden allgemeinen Auftrag zur **Förderung der Qualitätssicherung in der Medizin** durch Bestandsaufnahme, Wirksamkeitsanalyse und Empfehlungen. Auch die regelmäßige Berichterstattung über die Qualitätssicherung gehört hierzu (§ 137 b SGB V). Bisher ist der Gemeinsame Bundesausschuss noch nicht auf Grundlage dieser Vorschrift tätig geworden.

Ein fachlich unabhängiges, rechtsfähiges, wissenschaftliches **Institut für Qualität** 226 **und Wirtschaftlichkeit im Gesundheitswesen (IQWiG)** wird zu Fragen von grundsätzlicher Bedeutung für die Qualität und Wirtschaftlichkeit der im Rahmen der gesetzlichen Krankenversicherung erbrachten Leistungen tätig, wobei einige Gebiete besonders genannt werden (zB Recherche, Darstellung und Bewertung des aktuellen medizinischen Wissensstandes zu diagnostischen und therapeutischen Verfahren bei ausgewählten Krankheiten, oder Bewertungen evidenzbasierter Leitlinien für die epidemiologisch wichtigsten Krankheiten (s. im Einzelnen § 139 a III SGB V). Das

94 S. 5. Kapitel, § 19 C. V.

95 Der Auftrag wurde 2010 an das Institut für angewandte Qualitätsförderung und Forschung im Gesundheitswesen (AQUA-Institut), Heidelberg, vergeben.

96 Unter einrichtungsübergreifender Qualitätssicherung wird die früher so genannte externe Qualitätssicherung bei Krankenhäusern verstanden, mit deren Hilfe es möglich sein soll, einheitliche externe Qualitätsanforderungen anzuwenden, um die Vergleichbarkeit von Qualität herzustellen.

IQWiG hat sich an die **international anerkannten Standards** zu halten (§ 139 a IV SGB V). Eine Vorschrift zur Compliance dient der Sicherung der fachlichen Unabhängigkeit (§ 139 a VI SGB V).

227 Die **gesetzlichen Aufträge** an das Institut sind unter Gesichtspunkten der Qualitätssicherungssystematik vor allem davon geprägt, dass das Institut nicht selbst die Entwicklung von Qualitätsanforderungen vornimmt, sondern **vorhandene Äußerungen über Qualitätsanforderungen rezipiert** und diese **bewertet**. Dies gilt insbesondere für die Aufgaben nach § 139 a III Nr. 1–5 SGB V. Auch die Information über Qualität gehört zu den Aufgaben des Instituts (§ 139 a III Nr. 6 SGB V).

228 Die rechtlichen Instrumente der **Normierung von sektorenübergreifenden Qualitätsanforderungen** sind die Richtlinien des Gemeinsamen Bundesausschusses (G-BA) (§ 137 I und II iVm § 92 I 2 Nr. 13 SGB V). In der **Richtlinie zur einrichtungs- und sektorenübergreifenden Qualitätssicherung** (Qesü-RL)[97] werden zum ersten Mal mit Rahmenbestimmungen die infrastrukturellen und verfahrenstechnischen Grundlagen zur Bemessung der Versorgungsqualität durch das Erheben von Daten bei den Leistungserbringerinnen und Leistungserbringern und deren untereinander erfolgenden Vergleich festgelegt. Die Richtlinie enthält noch keine themenspezifischen Bestimmungen, also keine Bestimmungen zu einzelnen Qualitätsanforderungen. Sie stellt lediglich das institutionelle Gerüst im Sinne einer Aufbau- und Ablauforganisation dar. Dabei hat der G-BA die Rolle, das sektorenübergreifende Thema auszuwählen, für das dann von der Institution nach § 137 a SGB V die Instrumente und Qualitätsindikatoren, die notwendige Dokumentation und die EDV-technische Aufbereitung der Dokumentation, der Datenübermittlung und Prozesse zum Datenfehlermanagement sowie ein Datenprüfprogramm für das ausgewählte Thema entwickelt werden.[98] Auf der Ebene der Bundesländer oder auch bundeslandübergreifend bilden die jeweilige Kassen(zahn)ärztliche Vereinigung, die Landeskrankenhausgesellschaft und die Verbände der Krankenkassen einschließlich Ersatzkassen im Land eine Landesarbeitsgemeinschaft (LAG), die länderbezogene Aufgaben wahrnimmt.[99] Eine Bundesstelle nimmt bundesbezogene Aufgaben wahr.[100] Weiter werden Datenannahme-, Auswertungs- und Vertrauensstellen gebildet.[101] Aus dieser Aufbauorganisation wird ersichtlich, dass die sektoren- und einrichtungsübergreifende Qualitätssicherung eine aufwendige Bürokratie erfordert.

5. Besondere Adressaten und Gegenstände der Qualitätssicherung (Vertragsärzte)

229 Die **Förderung der Qualität** in der vertragsärztlichen Versorgung obliegt den **Kassenärztlichen Vereinigungen** (§ 136 I SGB V). Diese prüfen auch die Qualität der Leistungen (§ 136 II SGB V).

230 Vertragsärzte sind zu einem **einrichtungsinternen Qualitätsmanagement** verpflichtet (§ 135 a II 1 Nr. 2 SGB V). Der G-BA hat hierzu eine Richtlinie - Qualitäts-

97 RL des Gemeinsamen Bundesausschusses nach § 92 I 2 Nr. 13 iVm § 137 I Nr. 1 SGB V über die einrichtungs- und sektorenübergreifenden Maßnahmen der Qualitätssicherung (Richtlinie zur einrichtungs- und sektorenübergreifenden Qualitätssicherung – Qesü-RL) v. 19. 4. 2010, BAnz 2010, 3995, in Kraft getreten am 2. 12. 2010.

98 § 4 Qesü-RL.

99 §§ 5, 6 Qesü-RL.

100 §§ 7, 8 Qesü-RL.

101 §§ 9–11 Qesü-RL.

management-Richtlinie vertragsärztliche Versorgung[102] - erlassen (§ 137 I 1 Nr. 1 SGB V).

Weiter ist für **Qualitätsprüfungen** eine Richtlinie des G-BA - Qualitätsprüfungs-Richtlinie vertragsärztliche Versorgung[103] - erlassen worden (§ 136 II 2 SGB V). 231

Für **einzelne Themen** liegen ebenfalls Richtlinien des G-BA vor, so zB die Qualitätsbeurteilungs-Richtlinie für die Kernspintomographie[104] oder die Qualitätsbeurteilungs-Richtlinie Radiologie (QB-RL Radiologie).[105] 232

Neue Untersuchungs- und Behandlungsmethoden (NUB) dürfen in der vertragsärztlichen Versorgung zulasten der Krankenkassen nur erbracht werden, wenn der **G-BA Empfehlungen** abgegeben hat über die **Anerkennung des diagnostischen und therapeutischen Nutzens der neuen Methode** sowie deren medizinische Notwendigkeit und Wirtschaftlichkeit nach dem jeweiligen Stand der wissenschaftlichen Erkenntnisse in der jeweiligen Therapierichtung (§ 135 I SGB V). Dies stellt ein präventives Verbot mit Erlaubnisvorbehalt dar.[106] Die **Partner der Bundesmantelverträge** (§ 82 SGB V) werden ermächtigt, **Qualitätsanforderungen** in Bezug auf **Fachkunde und Praxisausstattung** zu treffen (§ 135 II SGB V). 233

Die Vorschriften zu den NUB werfen eine Reihe **rechtlicher Fragen** auf. Diese sind vor allem die **Definition der NUB**, die **Bindungswirkung der Empfehlungen des G-BA** und deren **gerichtliche Kontrolle**. 234

Das BSG definiert zunächst den **Begriff der Untersuchungs- und Behandlungsmethoden** als die auf einem theoretisch-wissenschaftlichen Konzept beruhende systematische Vorgehensweise bei der Untersuchung und Behandlung einer Krankheit, womit die Diagnose und das therapeutische Vorgehen eines Arztes gemeint ist.[107] Untersuchungs- und Behandlungsmethoden werden im Rahmen einer ärztlichen Leistung angewendet. Sie müssen sich auf ein bestimmtes Krankheitsbild beziehen und für dieses ein systematisches Konzept der Diagnose und Behandlung bereithalten. 235

Der Begriff der **Neuheit** einer Untersuchungs- und Behandlungsmethode kann materiell und formell gefasst werden. In **materiellem Sinn** ist Neuheit gegeben, wenn sich das Verfahren von der bisherigen vertragsärztlichen Versorgung unterscheidet und 236

102 Richtlinie des Gemeinsamen Bundesausschusses über grundsätzliche Anforderungen an ein einrichtungsinternes Qualitätsmanagement für die an der vertragsärztlichen Versorgung teilnehmenden Ärzte, Psychotherapeuten und medizinischen Versorgungszentren (Qualitätsmanagement-Richtlinie vertragsärztliche Versorgung) v. 18. 10. 2005, BAnz 2005, 17 329, in Kraft getreten am 1. 1. 2006.

103 Richtlinie des Gemeinsamen Bundesausschusses zu Auswahl, Umfang und Verfahren bei Qualitätsprüfungen im Einzelfall nach § 136 II SGB V (»Qualitätsprüfungs-Richtlinie vertragsärztliche Versorgung«) v. 18. 4. 2006, BAnz 2006, 5141, in Kraft getreten am 1. 1. 2007.

104 Richtlinien des Bundesausschusses der Ärzte und Krankenkassen über Kriterien zur Qualitätsbeurteilung in der Kernspintomographie gem. § 136 SGB V iVm § 92 I SGB V (Qualitätsbeurteilungs-Richtlinie für die Kernspintomographie) idF v. 16. 10. 2000, BAnz 2001, 2013, in Kraft getreten am 1. 4. 2001.

105 Richtlinie des Gemeinsamen Bundesausschusses über Kriterien zur Qualitätsbeurteilung in der radiologischen Diagnostik gem. § 136 SGB V (Qualitätsbeurteilungs-Richtlinie Radiologie, QB-RL Radiologie) in der Neufassung v. 17. 6. 2010, BAnz 2010, 3394, in Kraft getreten am 9. 10. 2010.

106 Becker/Kingreen/*Schmidt-De Caluwe*, SGB V, 2. Aufl. 2010, § 135 Rn. 26.

107 BSGE 84, 247.

sich darüber hinaus auf nicht weitgehend einhellig anerkannte wissenschaftliche Erkenntnisse berufen kann.[108] Für die Praxis handhabbarer ist ein **formelles Verständnis** der Neuheit. Das heißt, dass die Methode bisher nicht Gegenstand der vertragsärztlichen Versorgung war. Diesem Verständnis folgt auch der G-BA in seiner Verfahrensordnung.[109]

237 Obwohl sich die gesetzliche Ermächtigung für die NUB-Empfehlungen im Leistungserbringungsrecht des SGB V findet, und von daher gesehen die **Bindungswirkung** nur für die Leistungserbringer gegeben ist, wird doch angesichts der Rechtsprechung des BSG zur leistungsrechtskonkretisierenden Funktion des Leistungserbringungsrechts eine Bindungswirkung auch für die Versicherten gefolgert.

238 Für die gerichtliche Kontrolle der Empfehlungen des G-BA zu NUB gelten die Regeln, die die Rechtsprechung zur Richtlinienkontrolle entwickelt hat.[110]

VIII. Vergütung

1. Zur Situation des Vergütungsrechts

239 Das Vergütungsrecht der Ärzte ist im Einzelnen hochkomplex:

> »Die ärztliche Vergütung ist eine der ewigen Baustellen des Gesetzgebers im Bereich der gesetzlichen Krankenversicherung. Hier scheint sich eine Reform nahtlos an die andere anzuschließen, was dazu geführt hat, dass die Regelungsmaterie der §§ 82 ff. SGB V kaum noch durchdringbar ist.«[111]

Im Folgenden kann es daher nur darum gehen, die wichtigsten Grundstrukturen der Gestaltung der ärztlichen Vergütung im Rahmen des SGB V darzustellen. Ärztliche Leistungen werden auch im Zusammenhang der Leistungserbringung für andere Sozialleistungsträger, insbesondere für Unfallversicherungsträger (SGB VII) vergütet. Für die Vergütung ärztlicher Leistungen bei Selbstzahlern s. oben § 15 A. IV.

240 Das Vergütungsrecht für Vertragsärzte ist seit dem 1. 1. 2009 auf neue Grundlagen gestellt worden (§§ 87 a, 87 b SGB V). Wichtigste Ziele dieses neuen Vergütungsrechts sind die Anerkennung der vom Arzt tatsächlich erbrachten Leistungen (§ 87 a III 3 SGB V) und die Herstellung finanzieller Transparenz durch die Bewertung ärztlicher Leistungen in Europreisen (§ 87 a II 6 SGB V). Weiter wird das Risiko eines morbiditätsbedingten Leistungszuwachses, zB durch Epidemien, den Krankenkassen auferlegt (§ 87 a III 4 SGB V).

---

108 Becker/Kingreen/*Schmidt-De Caluwe* (Fn. 106), § 135 Rn. 7.

109 2. Kapitel der Verfahrensordnung des Gemeinsamen Bundesausschusses idFv. 18. 12. 2008, BAnz 2009, 2050 (Beilage), in Kraft getreten am 1. 4. 2009:
§ 2 Neue Methode
(1) Als «neue« Untersuchungs- und Behandlungsmethode für Zwecke des § 135 I 1 SGB V können nur Leistungen gelten,
a) die nicht als abrechnungsfähige ärztliche oder zahnärztliche Leistungen im Einheitlichen Bewertungsmaßstab (EBM) oder Bewertungsmaßstab (Bema) enthalten sind oder
b) die als Leistungen im EBM oder im Bema enthalten sind, deren Indikation oder deren Art der Erbringung, bei zahnärztlichen Leistungen einschließlich des zahntechnischen Herstellungsverfahrens, aber wesentliche Änderungen oder Erweiterungen erfahren haben.

110 S. dazu die knappe Rechtsprechungsübersicht bei Becker/Kingreen/*Schmidt-De Caluwe* (Fn. 106), § 92 Rn. 7.

111 *Wille* WzS 2009, 200 (210).

2. Zahlungsströme

Da die Ärzte im Rahmen der Leistungserbringung nach dem SGB V in einem Sachleistungssystem tätig werden (§ 2 II 1 SGB V), gibt es grundsätzlich keine direkten Geldflüsse zwischen versichertem Patient und Arzt.[112] Der Arzt erhält die Vergütung für seine Leistung vielmehr von der Kassenärztlichen Vereinigung, also der Körperschaft, der der Vertragsarzt angehört. Die Kassenärztliche Vereinigung wiederum schließt mit den Landesverbänden der Krankenkassen und den Ersatzkassen gemeinsam und einheitlich für alle Kassenarten Gesamtverträge über die Gesamtvergütung der Ärzte (§§ 82 II 1, 85 II 1 SGB V). Diese von jeder Krankenkasse an die Kassenärztliche Vereinigung zu zahlende Gesamtvergütung für die Versorgung der Versicherten im Wohnbezirk der Kassenärztlichen Vereinigung ist morbiditätsbedingt, dh sie orientiert sich an der Morbiditätsstruktur der Versicherten (§ 87 a III 3 SGB V). Die Kassenärztliche Vereinigung vergütet dem Arzt die erbrachten Leistungen mit den Preisen der Euro-Gebührenordnung. 241

3. Grundlagen des Vergütungsrechts

Das ärztliche Vergütungsrecht setzt sich zusammen auf der einen Seite aus bundesgesetzlichen Vorgaben, hier insbesondere in den §§ 87, 87 a und 87 b SGB V geregelt, und einer Reihe von Normierungen im Rahmen der sog. Gemeinsamen Selbstverwaltung von Ärzten und Kassen auf der Ebene des Bundes und der Länder. Die bundesgesetzlichen Vorgaben entfalten dabei zum Teil direkte Regelungswirkung, zum Teil delegieren sie Regelungsbefugnisse an die Gemeinsame Selbstverwaltung. 242

Zentrales vergütungsrechtliches Steuerungsinstrument ist der **einheitliche Bewertungsmaßstab (EBM)**, der auf Bundesebene zwischen den Kassenärztlichen Bundesvereinigungen und dem Spitzenverband Bund der Krankenkassen als Bestandteil der Bundesmantelverträge zu vereinbaren ist (§ 87 I 1 SGB V). Der EBM bestimmt den Inhalt der abrechnungsfähigen Leistungen und ihr wertmäßiges in Punkten ausgedrücktes Verhältnis zueinander (§ 87 I 1 1. Hs. SGB V). Dabei werden die ärztlichen Leistungen der hausärztlichen Versorgung als **Versichertenpauschalen** abgebildet, mit denen die gesamten im Abrechnungszeitraum üblicherweise im Rahmen der hausärztlichen Versorgung eines Versicherten erbrachten Leistungen einschließlich der anfallenden Betreuungs-, Koordinations- und Dokumentationsleistungen vergütet werden (§ 87 IIb 1 und 2 SGB V). Im Rahmen der fachärztlichen Versorgung sind die Leistungen arztgruppenspezifisch und unter Berücksichtigung der Besonderheiten kooperativer Versorgungsformen als Grund- und Zusatzpauschalen abzubilden (§ 87 IIc 1 SGB V). 243

Da im EBM zunächst nur das Wertverhältnis ärztlicher Leistungen zueinander in Punkten zum Ausdruck gebracht wird, sind diese Punkte mit Werten zu versehen, die dann in Preise umgerechnet werden können. Dieser Umrechnung vollzieht sich auf zwei Ebenen. Zum einen werden auf der Bundesebene im EBM für die ärztlichen Leistungen jährlich **bundeseinheitliche Punktwerte als Orientierungswerte in Euro** zur Vergütung der vertragsärztlichen Leistungen im Regelfall festgelegt. Dabei wird schon auf dieser Ebene zusätzlich eine versorgungsbedarfsabhängige Steuerung vor- 244

112 Die sog. Praxisgebühr ist keine Leistung an den Vertragsarzt, sondern wird von diesem nur für die Krankenkasse eingezogen, s. § 28 IV SGB V.

genommen für den Fall einer Unterversorgung oder einer drohenden Unterversorgung gem. § 100 I 1 SGB V sowie bei Feststellung von Überversorgung gem. § 103 I 1 SGB V (§ 87 IIe 1 SGB V). Diese Orientierungswerte werden dann auf der Ebene der Kassenärztlichen Vereinigungen und der Landesverbände der Krankenkassen und der Ersatzkassen gemeinsam und einheitlich umgesetzt in eine **regionale Euro-Gebührenordnung** (§ 87 a II 1 SGB V). Auf dieser Ebene sind dann Zu- und Abschläge auf die Orientierungswerte möglich, um insbesondere regionale Besonderheiten bei der Kosten- und Versorgungsstruktur berücksichtigen zu können (§ 87 a II 2 SGB V). Aus den vereinbarten Punktwerten und dem EBM ist dann eine regionale Gebührenordnung mit Europreisen (regionale Euro-Gebührenordnung) zu erstellen (§ 87 a II 6 SGB V).

245 Mit der regionalen Euro-Gebührenordnung steht der vergütungsrechtliche Rahmen fest. Aufgrund dieser Gebührenordnung wird der Arzt für seine Leistungen vergütet (§ 87 b I 1 SGB V). Auf dem Weg zur tatsächlichen Vergütung der ärztlichen Leistungen liegt aber noch ein Zwischenschritt. Wenn nämlich der Arzt jede seiner Leistungen abrechnen könnte, könnte die Gefahr der Leistungsausweitung bestehen. Dem soll mit der Festlegung von **arzt- und praxisbezogenen Regelleistungsvolumina** begegnet werden (§ 87 b II 1 SGB V). Ein Regelleistungsvolumen ist die von einem Arzt oder der Arztpraxis in einem bestimmten Zeitraum abrechenbare Menge der vertragsärztlichen Leistungen, die mit den in der Euro-Gebührenordnung enthaltenen und für den Arzt oder die Arztpraxis geltenden Preisen zu vergüten ist (§ 87 b II 2 SGB V). Diese Regelleistungsvolumina wirken also leistungsmengenbegrenzend. Für die Festlegung der Werte der Regelleistungsvolumina sind insbesondere Kriterien der Morbiditätsgewichtung und der Differenzierung nach Arztgruppen und nach Versorgungsgraden entscheidend (§ 87 b III SGB V). Bei **Überschreitung des für den Arzt festgelegte Regelleistungsvolumens** sind seine Leistungen mit abgestaffelten Preisen zu vergüten (§ 87 b II 3 SGB V). **Ausnahmen** können bei einer außergewöhnlich starken Erhöhung der Zahl der behandelten Versicherten, bei psychotherapeutischen Leistungen oder bei Besonderheiten der Leistungserbringung gegeben sein (§ 87 b II 5 - 7 SGB V).

246 Für die Erstellung des EBM, der Orientierungswerte und der Regelleistungsvolumina haben sich die Vereinbarungspartner des **Bewertungsausschusses** zu bedienen, der von einem Institut unterstützt wird (§ 87 III - VIII SGB V). Der Bewertungsausschuss ist als nicht rechtsfähiger Vertragsausschuss zu qualifizieren, dessen Handeln den Vereinbarungspartnern nach § 87 I 1 SGB V zugerechnet wird. Ein **erweiterter Bewertungsausschuss** tritt zusammen, wenn im Bewertungsausschuss keine Vereinbarung über den EBM zustande kommt (§ 87 IV und V SGB V). Seine Festsetzungen haben gegenüber Dritten Normsetzungscharakter (§ 87 V 2 SGB V). Gegenüber den Vereinbarungspartnern wirken sie als Verwaltungsakte.[113]

4. Überprüfung von Leistungen und Abrechnungen

247 Die Überprüfung von Leistungen und Abrechnungen ist vor allem unter dem Blickwinkel des Wirtschaftlichkeitsgebotes zu sehen (§ 12 SGB V). Dieser Teil des Vertragsarztrechts hat in der anwaltschaftlichen Praxis besondere Bedeutung. Dabei besteht ein Unterschied, ob ein Vertragsarzt falsch abgerechnet hat (Abrechnungs-

113 BSGE 90, 61 (62 f.)

prüfung, § 106 a SGB V) oder ob er sich unwirtschaftlich verhält (Wirtschaftlichkeitsprüfung, § 106 SGB V).

a) Überprüfung des vertragsärztlichen Leistungsverhaltens (Wirtschaftlichkeitsprüfung)

Die Überprüfung der Wirtschaftlichkeit der vertragsärztlichen Versorgung wird mit Auffälligkeits- und Zufälligkeitsprüfungen durch die Krankenkassen und Kassenärztlichen Vereinigungen vorgenommen (§ 106 I und II 1 SGB V). Die Auffälligkeitsprüfung betrifft das Verordnungsvolumen des Arztes bei Arznei-, Verband- und Heilmitteln, wofür Richtgrößenvolumina festgesetzt sind (§§ 106 II 1 Nr. 1, 84 SGB V). Gegenstand der Zufälligkeitsprüfung sind ärztliche und ärztlich verordnete Leistungen. Die Zufälligkeitsprüfung ist als Stichprobenprüfung ausgestaltet. Sie muss mindestens 2% der Ärzte je Quartal umfassen (§ 106 II 1 Nr. 2 SGB V). 248

b) Überprüfung der Abrechnung

Während es bei der Wirtschaftlichkeitsprüfung um das ärztliche Leistungsverhalten geht, setzt die Abrechnungsprüfung an der Richtigkeit (Rechtmäßigkeit und Plausibilität) der Abrechnungen der Vertragsärzte an (§ 106 a I SGB V). Die Abrechnungsprüfung hat eine arztbezogene und eine versichertenbezogene Seite. Die arztbezogene Überprüfung wird durch die Kassenärztliche Vereinigung unternommen und bezieht sich auf die sachliche und rechnerische Richtigkeit der Abrechnungen der Vertragsärzte, wobei Gegenstand insbesondere der Umfang der je Tag abgerechneten Leistungen ist (§ 106 II SGB V). Die versichertenbezogene Überprüfung, die von den Krankenkassen durchgeführt wird, betrifft insbesondere das Bestehen und den Umfang der Leistungspflicht, die Plausibilität der Abrechnung in Bezug auf die angegebene Diagnose (§ 106 a III SGB V). 249

IX. Beendigung der Zulassung zur Leistungserbringung

Die Zulassung endet mit dem Tod, dem Wegzug aus dem Bezirk eines Vertragsarztsitzes oder dem Verzicht (§ 95 VII 1 SGB V). Ein kollektiver Verzicht auf die Zulassung ist mit den Pflichten eines Vertragsarztes nicht vereinbar (§ 95 b SGB V). 250

C. Rechtsstellung des Arztes im Gesundheitswesen – Arztberuf als Freier Beruf

I. Unterscheidung beruflicher Status – berufliche Funktionen

Die rechtliche Stellung des Arztes als einer der zentralen Akteure des deutschen Gesundheitswesens kann nicht schlagwortartig beschrieben werden. Die Schwierigkeiten der Beschreibung haben vor allem damit zu tun, dass der Arzt in verschiedenen rechtlichen Zusammenhängen tätig wird. Ausgangspunkt für jede Beschreibung der Stellung des Arztes ist zunächst seine Stellung als approbierter Arzt. Die weitere rechtliche Stellung des Arztes knüpft dann daran an, in welchen Zusammenhängen der Arzt tätig wird, die seine berufliche Tätigkeit und ihre Bindungen charakterisieren: freiberuflich als niedergelassener Arzt, als Vertragsarzt zugelassener Leistungserbringer im System der Gesetzlichen Krankenversicherung, als Arzt in einem Leistungsverbund, zB als angestellter Arzt in einem Krankenhaus oder als Arzt in einem 251

Medizinischen Versorgungszentrum, als öffentlich Bediensteter, zB im Öffentlichen Gesundheitsdienst, als Wissenschaftler in der medizinischen Forschung. Die rechtliche Stellung des Arztes richtet sich weiter nach den Funktionen, die ein Arzt ausübt, als krankenbehandelnder Arzt, als medizinischer Sachverständiger, als Gutachter. Zum besseren Verständnis der rechtlichen Stellung des Arztes empfiehlt es sich deshalb, zwischen dem beruflichen Status des Arztes und den jeweiligen Funktionen zu unterscheiden.

II. Beruflicher Status

252 Die BÄO sagt, dass der ärztliche Beruf seiner Natur nach ein freier Beruf ist, und kein Gewerbe darstellt (§ 1 II BÄO). Eine gesetzliche Definition der Freien Berufe findet sich in § 1 II PartGG:[114]

»Die Freien Berufe haben im allgemeinen auf der Grundlage besonderer beruflicher Qualifikation oder schöpferischer Begabung die persönliche, eigenverantwortliche und fachlich unabhängige Erbringung von Dienstleistungen höherer Art im Interesse der Auftraggeber und der Allgemeinheit zum Inhalt. Ausübung eines Freien Berufs im Sinne dieses Gesetzes ist die selbständige Berufstätigkeit der Ärzte, Zahnärzte, Tierärzte, Heilpraktiker, Krankengymnasten, Hebammen, Heilmasseure, Diplom-Psychologen, Mitglieder der Rechtsanwaltskammern, Patentanwälte, Wirtschaftsprüfer, Steuerberater, beratenden Volks- und Betriebswirte, vereidigten Buchprüfer (vereidigte Buchrevisoren), Steuerbevollmächtigten, Ingenieure, Architekten, Handelschemiker, Lotsen, hauptberuflichen Sachverständigen, Journalisten, Bildberichterstatter, Dolmetscher, Übersetzer und ähnlicher Berufe sowie der Wissenschaftler, Künstler, Schriftsteller, Lehrer und Erzieher.«

253 Der Freie Beruf hat in Hinblick auf das Berufsrecht insofern keine besondere Bedeutung, als er kein eigenes verfassungsrechtlich oder sonstig geschütztes Rechtsinstitut ist.[115] Angehörige der Freien Berufe genießen gegenüber den anderen Berufen keine besondere verfassungsrechtlich begründete Regulierungsfreiheit. Sie sind sogar teilweise besonders hohen Anforderungen an den Berufszugang und die Berufsausübung unterworfen, weil ihre Tätigkeit einen Gemeinwohlbezug aufweist. Bedeutung hat die Anerkennung einer beruflichen Tätigkeit als freiberufliche Tätigkeit jedoch vor allem im Steuerrecht[116] und im PartGG. In ihrem Status als freiberuflich Tätige sind die Ärzte auch Pflichtmitglied der Ärztekammern auf Landesebene und sind damit deren Satzungsrecht unterworfen.

254 Dem dem Arzt nach der BÄO zuerkannten Status der Freiberuflichkeit kommt besonders dann Bedeutung zu, wenn der Arzt als zugelassener Vertragsarzt im Rahmen des Leistungserbringungssystems der Gesetzlichen Krankenversicherung tätig wird. In diesem Leistungserbringungssystem werden Ärzte nicht als Angestellte oder Bedienstete der Krankenkassen oder ihrer Verbände tätig. Es besteht daher kein Weisungsrecht einer Krankenkasse gegenüber den Ärzten im Rahmen eines Über- und Unterordnungsverhältnisses, wie es vom Beschäftigungsverhältnis oder vom Beamtenverhältnis her bekannt ist. Die Ärzte werden im Rahmen der Gesetzlichen Krankenversicherung als Teilnehmer an der vertragsärztlichen Versorgung zugelassen.[117] Ihr Verhältnis zu den Krankenkassen regelt sich nach einem öffent-

114 Gesetz über Partnerschaftsgesellschaften Angehöriger Freier Berufe (Partnerschaftsgesellschaftsgesetz - PartGG) v. 25. 7. 1994, BGBl. I 1744.

115 *Sodan,* Freie Berufe als Leistungserbringer im Recht der gesetzlichen Krankenversicherung, 1997, 62; zu den Veränderungen bei den Freien Berufen s. *Kluth* DÄBl. 2007, 3314.

116 Vgl. die Aufzählung der freiberuflichen Tätigkeiten in § 18 I Nr. 1 EStG.

117 S. Abschnitt § 15 B. III.

lich-rechtlich geprägten Vertragsregime, woraus die Bezeichnung als Vertragsarzt resultiert.[118] Auch sind die Vertragsärzte den sonstigen rechtlichen Bindungen des SGB V und anderer Gesetze unterworfen, soweit sie auf den Vertragsarztstatus Bezug nehmen.

Da die Zulassung als Vertragsarzt die (Pflicht-)Mitgliedschaft in der für sie zuständigen Kassenärztlichen Vereinigung (KV) bewirkt (§ 95 III 1 SGB V), sind die Vertragsärzte auch dem Satzungsrecht der KV unterworfen (§§ 77, 81 SGB V). 255

Die so gestaltete Einbindung der Ärzte in das Gesundheitswesen einerseits über den Status der Freiberuflichkeit, andererseits als Vertragsarzt kann zu Konflikten im beruflichen Verständnis führen. Solche Konflikte werden vor allem auf dem Gebiet der Gestaltung der Therapie, der Pflichten zur Qualitätssicherung und der damit zusammenhängenden Dokumentationen und der Vergütung ärztlicher Leistungen artikuliert. In rechtlicher Sicht lassen sich diese Konflikte in der Regel angemessen lösen. Allerdings verstellt manche berufspolitische Wahrnehmung solcher Konflikte durch die ärztlichen Berufsverbände oft den Blick auf angemessene Lösungen.[119] 256

III. Berufliche Funktionen

Die verschiedenen beruflichen Funktionen, die ein Arzt ausübt, können zwar nicht losgelöst von seinem jeweiligen beruflichen Status betrachtet werden. Da aber die funktionalen Zusammenhänge, in denen der Arzt tätig werden kann, jeweils auch von oft unterschiedlichen Rechtsvorschriften bestimmt werden, ist eine solche Unterscheidung angebracht. Im Folgenden sollen einige dieser Funktionen betrachtet werden. 257

Die zentrale ärztliche Tätigkeit findet im **Arzt-Patienten-Verhältnis** statt. Dieses Arzt-Patienten-Verhältnis ist selbst bei gesetzlich versicherten Personen neben öffentlich-rechtlichen Maßgaben, die insbesondere die Leistungsgestaltung, etwa die Verschreibung bestimmter Medikamente zulasten der Krankenkasse, betreffen, auch privatrechtlich durch den Arzt- oder Behandlungsvertrag bestimmt. So nimmt das SGB V für die Haftung des Arztes Bezug auf eine privatrechtliche Sorgfaltsvorschrift (vgl. § 76 IV SGB V).[120] 258

Der Konflikt eines Arztes, der eine bestimmte Therapie für zweckmäßig erachtet und dessen Handeln damit der Berufsordnung entspricht, die Therapie aber von den Krankenkassen nicht finanziert wird, ist nach dem jeweiligen Rechtskreis zu beurteilen: einerseits nach dem Rechts des Behandlungsvertrages und dem Einfluss der Berufsordnung auf den Handlungsstandard des Arztes und andererseits nach dem öffentlichen Sozialleistungsrecht, hier dem SGB V. Allerdings ist festzustellen, dass solche Konflikte in der Praxis meist unproblematisch gelöst werden können.[121] 259

118 Bis zum Gesundheitsstrukturgesetz v. 21. 12. 1992, BGBl. I 2266, wurde vom Kassenarzt gesprochen. Im SGB V wird die Terminologie jedoch nicht einheitlich verfolgt. So wird nach wie vor von Kassenärztlichen Vereinigungen gesprochen.
119 S. die treffliche Schilderung zur Vergütungsdiskussion bei *Wenner* (Fn. 62), 235.
120 Vgl. im Einzelnen 10. Kapitel.
121 Hierzu *Buchner* und *Kothe* in *Lilie/Bernat/Rosenau* (Fn. 30), 63 und 79.

Wenig nach außen getragen werden Konflikte von bei einem Krankenhausträger angestellten Ärzten. Hier können sich durchaus Situationen ergeben, dass ein verantwortlicher Arzt Therapien angewendet wissen will, die der Krankenhausträger aus ökonomischen oder anderen Erwägungen nicht in seine Behandlungsschemata aufgenommen hat.

260 Die Frage, in welchem Rechtsverhältnis der Vertragsarzt zu einer Krankenkasse steht, muss dann nach strafrechtlichen Gesichtspunkten beurteilt werden, wenn es um die Verletzung von Straftatbeständen, etwa Bestechlichkeit im Zusammenhang bei der Verordnung von Medikamenten geht. In dieser Strafnorm (§ 299 StGB) geht es darum, ob jemand als Angestellter oder Beauftragter eines geschäftlichen Betriebes im geschäftlichen Verkehr einen Vorteil für sich oder einen Dritten als Gegenleistung dafür fordert, sich versprechen lässt oder annimmt. Entscheidet ein Strafgericht, dass ein Vertragsarzt bei der Verordnung von Medikamenten als Beauftragter der Krankenkasse tätig wird, so heißt das noch nicht, dass das Verhältnis zwischen Vertragsarzt und Krankenkasse nach den Regeln anderer Rechtsgebiete ebenfalls als Auftragsverhältnis zu charakterisieren ist.[122]

D. Der Arzt in der Konkurrenz zu anderen Ärzten und zur ambulanten Versorgung in Krankenhäusern

I. Konkurrenzkonstellationen und Rechtsschutz

261 Konkurrenzsituationen erlangen eine besondere rechtliche Qualität, wenn der Zugang zu Märkten als Dienstleister öffentlich-rechtlich geregelt ist, dh, wenn eine öffentlich-rechtlich Zulassungsentscheidung für den Marktzugang entscheidend ist.[123] Dies ist bei der Zulassung von Ärzten als Vertragsärzte der Fall. Konkurrenzsituationen für Vertragsärzte können innerhalb der ambulanten Versorgung, aber auch im Verhältnis zur stationären Versorgung auftreten, wenn Krankenhäuser ambulante ärztliche Versorgung anbieten.

262 Für Konkurrenzkonstellationen von Dienstleistern gelten unter rechtlichen Gesichtspunkten folgende Grundsätze:

- Es gibt keinen verfassungsrechtlichen Schutz auf Konkurrenzschutz im marktwirtschaftlichen Wettbewerb.
- Verfassungsrechtlicher Schutz im marktwirtschaftlichen Wettbewerb kommt dann zur Geltung, wenn seitens des Staates in diesen Markt eingegriffen wird, zB durch Vergabe von Erlaubnissen, die die Marktteilnahme ermöglichen.
- Verfassungsrechtlicher Schutz ist dort gegeben, wo Märkte besonders stark staatlicher Regulierung unterliegen, insbesondere wenn Märkte einer Bedarfsplanung unterliegen, wie es bei der vertragsärztlichen Versorgung und bei der Versorgung mit Krankenhäusern der Fall ist.
- Prozessrechtlich ist zu unterscheiden, ob ein Marktteilnehmer eine nur einmal zu vergebende Berechtigung erhalten oder aufrechterhalten will, oder ob er bei einer bestehenden Berechtigung Schutz vor neuer Konkurrenz begehrt. Im ersteren Fall spricht man von einer positiven oder offensiven Konkurrentenklage, im letzteren Fall von einer negativen oder defensiven Konkurrentenklage. Die Konkurrenten-

122 Vgl. OLG Braunschweig NZS 2010, 584.
123 Hierzu *Klöck* NZS 2010, 358.

klage stellt jedoch keine Klageart dar, sondern bezeichnet nur die Konstellation der Beteiligten.

Die jeweilige Klageart bestimmt sich wie immer nach dem konkreten Klagebegehren. 263
Da eine spezielle Klageart für die Konkurrentenklage nicht existiert, muss anhand der gegebenen Klagearten geprüft werden, mit welcher dieser Klagearten das Rechtsschutzziel zu erreichen ist. Bei der positiven Konkurrentenklage ist dies in der Regel die Anfechtungs- und Verpflichtungsklage, bei der negativen Konkurrentenklage die Anfechtungsklage.

Auch wenn mit den beiden Arten von Rechtsschutzbegehren bei Konkurrenzsitua- 264
tionen die rechtlichen Grundkonstellationen einer möglichen Konkurrenz klar strukturiert sind, gibt es doch in der Praxis der vertragsärztlichen Versorgung eine Vielfalt von Konkurrenzsituationen.[124] Dabei überwiegen die Konkurrenzsituationen, in denen es um die Abwehr neu hinzutretender Konkurrenten geht (defensive Konkurrenzsituation).

II. Rechte des Arztes in Konkurrenzsituationen

Die Wahl der zum Rechtsschutzziel führenden Klageart ist zu unterscheiden von der 265
Frage, ob dem Arzt ein subjektiv öffentliches Recht zur Verfügung steht, auf das er sich in einer Konkurrenzsituation berufen kann. Dieses Recht muss ihm entweder die Möglichkeit verschaffen, für sich eine Begünstigung (zB Zulassung) zu erreichen und gleichzeitig dem Mitbewerber diese Begünstigung zu versagen, oder die Begünstigung eines Mitbewerbers zu beseitigen oder zu verhindern. Solche subjektiven öffentlichen Rechte können dem Arzt durch einfaches Gesetz oder durch die Grundrechte verliehen sein. Ein einfaches Gesetz kann dem Arzt direkt ein solches Recht verleihen. Ein einfaches Gesetz kann aber auch rechtsverleihend an einen Konkurrenten gerichtet sein und der ebenfalls konkurrierende Arzt hat möglicherweise nur einen Anspruch auf Drittschutz aus dieser Rechtsnorm.

Während die Rechtsprechung bis zu einer Entscheidung des BVerfG im Jahr 2004 die 266
Rechtsposition konkurrierender Ärzte nach dem einfachen Gesetz bestimmt hat, hat das BVerfG[125] in einem Kammerbeschluss entgegen der Rechtsprechung des BSG ausgeführt:

»Das Grundrecht des Vertragsarztes aus Art. 12 I GG wird im Interesse der Funktionsfähigkeit des Systems der gesetzlichen Krankenversicherung in vielfältiger Weise eingeschränkt. Zur Sicherung von Qualität und Wirtschaftlichkeit muss er Einschränkungen seines Behandlungsspektrums ebenso hinnehmen wie Regelungen, die seine Niederlassungsfreiheit, seine Fallzahlen und seine Vergütung begrenzen. Diese Eingriffe können im Bereich der gesetzlichen Krankenversicherung durch den Gemeinwohlbelang der Sicherstellung der Versorgung der gesetzlich Versicherten gerechtfertigt werden. An diesem legitimen Zweck sind aber die jeweiligen Beschränkungen der Berufsfreiheit der im System tätigen Leistungserbringer auch zu messen (vgl. BVerfGE 94, 372 <395>; 103, 172 <184 f.>). Kommt es durch hoheitliche Maßnahmen zu weiter gehenden, an diesen Belangen nicht ausgerichteten Eingriffen in die gesetzlich durchstrukturierten Marktbedingungen, die zu einer Verwerfung der Konkurrenzverhältnisse führen können, können die im System eingebundenen Leistungserbringer in ihrem Grundrecht aus Art. 12 I GG verletzt sein.

124 S. die hilfreiche Übersicht bei *Steinhilper* MedR 2008, 498 (500 ff.), mit Hinweisen zur jeweiligen Rechtsprechung und zum Meinungsstand. In dieser Übersicht sind über dreißig Konkurrenzsituationen aufgeführt.

125 BVerfG, Kammerbeschl. v. 17. 8. 2004, 1 BvR 378/00, Rn. 27 - Klage eines niedergelassenen Strahlentherapeuten gegen Ermächtigungen an Krankenhausärzte.

267 Das BSG[126] hat dann im Jahr 2007 diese Rechtsprechung weiter entwickelt und gefolgert, dass bei der Möglichkeit einer Grundrechtsverletzung auch die Befugnis des Grundrechtsträgers gegeben sein muss, die Einhaltung der gesetzlichen Vorgaben anlässlich der Gewährung der Rechtsposition für den Konkurrenten zur gerichtlichen Überprüfung zu stellen. Das heißt nach der Entscheidung des BVerfG zunächst nur, dass eine Klagemöglichkeit im Sinne einer Klagebefugnis, also Verfahrensrechtsschutz, gegeben sein muss.

268 Für die nähere Ausgestaltung hat das BSG[127] anlässlich einer negativen Konkurrentenklage (Klage eines Vertragsarztes gegen die Zulassung eines anderen Vertragsarztes) ausgeführt:

»Während bei der sog offensiven Konkurrentenklage, bei der mehrere Bewerber um die Zuerkennung einer nur einmal zu vergebenden Berechtigung streiten (auch als Mitbewerberklage bezeichnet), die Anfechtungsbefugnis aus der eigenen Grundrechtsbetroffenheit jeden Bewerbers folgt (...), kann bei der sog defensiven Konkurrentenklage zur Abwehr eines zusätzlichen Konkurrenten, wie sie vorliegend vom Kläger verfolgt wird, eine Anfechtungsbefugnis nicht aus materiellen Grundrechten abgeleitet werden, weil - wie ausgeführt - diese keinen Anspruch auf Fernhaltung anderer begründen (...). Eine Befugnis zur Abwehr des Konkurrenten kann sich nur aus einschlägigen sog einfach-rechtlichen Regelungen ergeben. Dies ist lediglich der Fall in der besonderen Konstellation, dass den Bestimmungen, auf die sich die Rechtseinräumung an den Konkurrenten stützt, ein Gebot der Rücksichtnahme auf die Interessen derer zu entnehmen ist, die schon eine Position am Markt innehaben, wenn also die einschlägigen Bestimmungen diesen einen sog Drittschutz vermitteln (...). Bei der Auslegung, ob den einschlägigen gesetzlichen Regelungen eine solche drittschützende Wirkung entnommen werden kann, sind die Besonderheiten des jeweils betroffenen Sachbereichs zu berücksichtigen.«

269 In Hinblick auf die drittschützende Wirkung gelten nach dieser Rspr. drei Voraussetzungen für die Anerkennung einer Drittanfechtungsberechtigung:[128]

(1) dass der Kläger und der Konkurrent im selben räumlichen Bereich die gleichen Leistungen anbieten,
(2) dass dem Konkurrenten die Teilnahme an der vertragsärztlichen Versorgung eröffnet oder erweitert und nicht nur ein weiterer Leistungsbereich genehmigt wird,
(3) dass der dem Konkurrenten eingeräumte Status gegenüber demjenigen des Anfechtenden nachrangig ist. Letzteres ist der Fall, wenn die Einräumung des Status an den Konkurrenten vom Vorliegen eines Versorgungsbedarfs abhängt, der von den bereits zugelassenen Ärzten nicht abgedeckt wird.

270 Vor dem Hintergrund dieser Rechtsprechung haben also die vertragsärztlichen Zulassungsvorschriften (§§ 95 ff. SGB V) keine drittschützende Wirkung. Jedoch entfalten die Vorschriften über die Ermächtigung eines Krankenhausarztes drittschützende Wirkung (vgl. § 116 S. 2 SGB V), da die Ermächtigung nachrangig gegenüber der Zulassung ist. Ähnliches gilt bei sog. Sonderbedarfszulassungen im Verhältnis zur normalen Zulassung.[129] Die Rechtsschutzmöglichkeiten der Vertragsärzte gegenüber der ambulanten Versorgung durch Krankenhäuser (§ 116 b II SGB V) werden zurzeit als gering eingeschätzt.[130]

---

126 BSGE 98, 98 (Arzt, der Inhaber einer Dialysegenehmigung ist, und der sich gegen die einem anderen Arzt erteilte gleiche Genehmigung wendet).

127 BSGE 98, 98 (101).

128 So BSGE 103, 269 (270 f.).

129 BSGE 103, 269 (272). Zur Anfechtungsbefugnis gegen eine Zweigpraxisgenehmigung BSGE 105, 10.

130 Hierzu *Blöcher* SGb 2010, 627.

§ 16 Pflegeberufe

A. Direktes Berufsrecht der Pflegeberufe

I. Berufsausbildung

Für die Pflegeberufe existieren – wenn man die Entbindungspfleger und Hebammen hier außen vor lässt – zwei Ausbildungsgesetze, das Krankenpflegegesetz (KrPflG)[131] und das Altenpflegegesetz (AltPflG).[132] Beide Gesetze weisen eine gemeinsame Regelungsstruktur aus: Sie enthalten Vorschriften zur Ausbildung und zum Berufsbezeichnungsschutz. Für die Gesundheits- und Krankenpflege wird Näheres zu den Ausbildungs- und Prüfungsinhalten in einer auf Grund des Krankenpflegegesetzes ergangenen Verordnung[133] geregelt. Die Ausbildung wird für die Berufe der Krankenpflege und der Kinderkrankenpflege als dreijährige Ausbildung festgesetzt (§ 4 I KrPflG). Das AltPflG legt für die Ausbildung wie für die Berufe der Krankenpflege und der Kinderkrankenpflege drei Jahre fest (§ 4 I AltPflG) und bestimmt die Anforderungen an Ausbildung und Prüfung (§§ 3–9 AltPflG) und an das Ausbildungsverhältnis (§§ 13–23 AltPflG). Näheres zu den Ausbildungs- und Prüfungsinhalten wird in einer auf Grund des Altenpflegegesetzes ergangenen Verordnung[134] geregelt. 271

Die Ausbildungsziele der Gesundheits- und Krankenpflege sind (§ 3 I KrPflG): 272

»Die Ausbildung (…) soll entsprechend dem allgemein anerkannten Stand pflegewissenschaftlicher, medizinischer und weiterer bezugswissenschaftlicher Erkenntnisse fachliche, personale, soziale und methodische Kompetenzen zur verantwortlichen Mitwirkung insbesondere bei der Heilung, Erkennung und Verhütung von Krankheiten vermitteln.«

Das Gesetz erläutert, zur Erfüllung welcher Aufgaben diese Qualifikationen dienen sollen (§ 3 II KrPflG): 273

»Die Ausbildung für die Pflege (…) soll insbesondere dazu befähigen,

1. die folgenden Aufgaben eigenverantwortlich auszuführen:
   a) Erhebung und Feststellung des Pflegebedarfs, Planung, Organisation, Durchführung und Dokumentation der Pflege,
   b) Evaluation der Pflege, Sicherung und Entwicklung der Qualität der Pflege,
   c) Beratung, Anleitung und Unterstützung von zu pflegenden Menschen und ihrer Bezugspersonen in der individuellen Auseinandersetzung mit Gesundheit und Krankheit,
   d) Einleitung lebenserhaltender Sofortmaßnahmen bis zum Eintreffen der Ärztin oder des Arztes,
2. die folgenden Aufgaben im Rahmen der Mitwirkung auszuführen:
   a) eigenständige Durchführung ärztlich veranlasster Maßnahmen,
   b) Maßnahmen der medizinischen Diagnostik, Therapie oder Rehabilitation,
   c) Maßnahmen in Krisen- und Katastrophensituationen,
3. interdisziplinär mit anderen Berufsgruppen zusammenzuarbeiten und dabei multidisziplinäre und berufsübergreifende Lösungen von Gesundheitsproblemen zu entwickeln.«

---

131 Gesetz über die Berufe in der Krankenpflege (Krankenpflegegesetz - KrPflG) v. 16. 7. 2003, BGBl. I 1442.

132 Gesetz über die Berufe in der Altenpflege (Altenpflegegesetz - AltPflG) v. 17. 11. 2000, BGBl. I 1690.

133 Ausbildungs- und Prüfungsverordnung für die Berufe in der Krankenpflege (KrPflAPrV) v. 10. 11. 2003, BGBl. I 2263.

134 Ausbildungs- und Prüfungsverordnung für den Beruf der Altenpflegerin und des Altenpflegers (Altenpflege-Ausbildungs- und Prüfungsverordnung - AltPflAPrV) v. 26. 11. 2002, BGBl. I 4418.

274 Zwar werden in einer Berufsausbildungsvorschrift nicht die Tätigkeiten der späteren Berufsausübung beschrieben. Jedoch kann einer Ausbildungsvorschrift entnommen werden, auf welche erwartete Tätigkeiten hin ausgebildet werden soll, wobei es bei der Ausübung von Heilkunde in der Regel darum geht, Patienten einen entsprechenden Standard der zu erbringenden Leistungen zu sichern und sie vor Schädigungen durch unqualifiziertes Personal zu schützen. Dies rechtfertigt deshalb die Erlaubnispflichtigkeit der Ausübung der in § 1 I KrPflG genannten Berufe.

275 Die Ausbildungsziele der Altenpflege sind (§ 3 S. 1 AltPflG):

»Die Ausbildung in der Altenpflege soll die Kenntnisse, Fähigkeiten und Fertigkeiten vermitteln, die zur selbständigen und eigenverantwortlichen Pflege einschließlich der Beratung, Begleitung und Betreuung alter Menschen erforderlich sind.«

276 Sodann wird erläutert, zur Erfüllung welcher Aufgaben diese Qualifikationen dienen sollen (§ 3 S. 2 und 3 AltPflG):

Dies umfasst insbesondere:

1. die sach- und fachkundige, den allgemein anerkannten pflegewissenschaftlichen, insbesondere den medizinisch-pflegerischen Erkenntnissen entsprechende, umfassende und geplante Pflege,
2. die Mitwirkung bei der Behandlung kranker alter Menschen einschließlich der Ausführung ärztlicher Verordnungen,
3. die Erhaltung und Wiederherstellung individueller Fähigkeiten im Rahmen geriatrischer und gerontopsychiatrischer Rehabilitationskonzepte,
4. die Mitwirkung an qualitätssichernden Maßnahmen in der Pflege, der Betreuung und der Behandlung,
5. die Gesundheitsvorsorge einschließlich der Ernährungsberatung,
6. die umfassende Begleitung Sterbender,
7. die Anleitung, Beratung und Unterstützung von Pflegekräften, die nicht Pflegefachkräfte sind,
8. die Betreuung und Beratung alter Menschen in ihren persönlichen und sozialen Angelegenheiten,
9. die Hilfe zur Erhaltung und Aktivierung der eigenständigen Lebensführung einschließlich der Förderung sozialer Kontakte und
10. die Anregung und Begleitung von Familien- und Nachbarschaftshilfe und die Beratung pflegender Angehöriger.

Darüber hinaus soll die Ausbildung dazu befähigen, mit anderen in der Altenpflege tätigen Personen zusammenzuarbeiten und diejenigen Verwaltungsarbeiten zu erledigen, die in unmittelbarem Zusammenhang mit den Aufgaben in der Altenpflege stehen.

II. Berufsbezeichnung und Berufszulassung

277 Die Pflegeberufe unterliegen für die Führung ihrer jeweiligen Berufsbezeichnung der Erlaubnispflicht. Die Erlaubnis, die funktional der Approbation nach der BÄO entspricht, wird nach Absolvierung einer gesetzlich vorgeschriebenen Ausbildung und Prüfung erteilt.[135] Diese Erlaubnis ist nicht gleichzusetzen mit einem Berufs- oder Tätigkeitsschutz in dem Sinn, dass nur die Träger dieser Berufsbezeichnung die Tätigkeiten ausüben dürfen, für die sie ausgebildet worden sind. Vielmehr darf jeder andere diese Tätigkeiten, allerdings ohne diese Berufsbezeichnung, ausführen.[136] Die Erlaubnis hat für die Träger der jeweiligen Berufsbezeichnung aber einen zweifachen Wert: Sie eröffnet grundsätzlich Beschäftigungschancen, wenn dem Arbeitgeber daran gelegen ist, Fachpersonal zu gewinnen. Noch hilfreicher ist die Situation, wenn ein

135 Auf die besonderen Vorschriften zur Gewährleistung der Dienstleistungsfreiheit wird hier nicht eingegangen.
136 BVerfGE 106, 62 (126).

Arbeitgeber gesetzlich verpflichtet ist, Fachpersonal einzustellen, oder wenn – wie im Sozialleistungsrecht – Sozialleistungen davon abhängen, dass sie durch bestimmtes Fachpersonal erbracht werden.[137]

Da der Bezeichnungsschutz nicht mit einem Berufs- oder Tätigkeitsschutz[138] gleichzusetzen ist, bedarf es für den Berufsschutz oder für den Schutz einzelner Tätigkeiten im Sinne einer exklusiven Wahrnehmung des Berufes oder der Tätigkeiten besonderer Regelungen, die jedoch für die Pflegeberufe nicht gegeben sind. 278

III. Berufsausübung

Anders als bei den Ärzten, bei denen die Art und Weise der Berufsausübung in Berufsordnungen der Ärztekammern[139] festgelegt ist, fehlen für die Pflegeberufe solche Berufsordnungen, da diese Berufe bisher noch nicht verkammert sind.[140] Die Pflegeberufsverbände haben sich jedoch eigene Berufsordnungen gegeben, auf deren Einhaltung sich die Mitglieder dieser als eingetragene Vereine organisierten Verbände verpflichten. In einigen Bundesländern existieren jedoch gesetzliche Regelungen zu den Berufsordnungen der Pflegeberufe, so in Bremen,[141] in Hamburg[142] und im Saarland.[143] 279

IV. Beendigung der Berufsausübung

Die berufliche Ausübung der pflegerischen Tätigkeiten unter der in § 1 I KrPflG bzw. § 1 AltPflG genannten Berufszeichnung endet mit Rücknahme oder Widerruf der Erlaubnis (§ 2 II KrPflG, § 2 II AltPflG). 280

B. Indirektes Berufsrecht der Pflegeberufe: Sozialrechtliches Leistungserbringungsrecht

I. Zum Verständnis der unterschiedlichen Einbindung von Ärzten und Pflegekräften in die sozialrechtlichen Leistungserbringungssysteme

Pflegekräfte und Angehörige der Pflegeberufe können innerhalb der Leistungserbringungssysteme der Gesetzlichen Krankenversicherung (SGB V), der Sozialen Pflegeversicherung (SGB XI) oder der Sozialhilfe (SGB XII) tätig sein, wobei auch Tätigkeiten in anderen Leistungserbringungssystemen, so zB der Gesetzlichen Unfallversicherung (SGB VII), denkbar sind. Im Folgenden werden nur die Bereiche des SGB V und des SGB XI behandelt. 281

137 Vgl. BVerfGE 106, 62 (127 f.).

138 *Schnitzler* (Fn. 3), 94, 239, 247, verwendet für diese beiden Begriffe auch den Begriff »Tätigkeitsvorbehalt«.

139 S. dazu oben Abschnitt § 15 A. III. 2. a).

140 Die Debatte um die Einführung von Pflegekammern wird seit längerem geführt, s. dazu *Roßbruch* PflR 2001, 2.

141 Berufsordnung für die staatlich anerkannten Pflegeberufe v. 4. 2. 2011 (Brem. GBl. 2011, 69).

142 Berufsordnung für Gesundheits- und Krankenpflegerinnen, Gesundheits- und Krankenpfleger, Gesundheits- und Kinderkrankenpflegerinnen und Gesundheits- und Kinderkrankenpfleger sowie Altenpflegerinnen und Altenpfleger (Pflegefachkräfte-Berufsordnung) v. 29. 9. 2009 (HmbGVBl. 2009, 339).

143 Berufsordnung für Pflegefachkräfte im Saarland v. 28. 11. 2007 (Amtsblatt 2007, 2466).

282 Anders als die Ärzte, die durch Zulassung oder Ermächtigung als persönliche Leistungserbringer in der Gesetzlichen Krankenversicherung eingebunden sind, vollzieht sich die Einbindung von Angehörigen der Pflegeberufe in der Gesetzlichen Krankenversicherung und in der Sozialen Pflegeversicherung unterschiedlich. In der **Pflegeversicherung** werden sie nur **ausnahmsweise als Einzelpersonen** zur Leistungserbringung zugelassen. Sie sind dort ganz überwiegend als Pflegekräfte in Einrichtungen (ambulant und stationär), dh nicht als Selbstständige, sondern als Arbeitnehmer tätig. Umgekehrt heißt dies aber nicht, dass ein Verbot für Angehörige der Pflegeberufe bestünde, selbstständig bzw. freiberuflich tätig zu werden. Nur ist das Leistungserbringungssystem des SGB XI bis auf eine Ausnahme nicht auf die selbstständige Tätigkeit von Pflegekräften eingerichtet.

283 Genauso wie es in der gesundheitlicher Versorgung nach dem SGB V die Unterscheidung zwischen ambulantem und stationärem Sektor gibt, ist dies auch bei der Pflege nach dem SGB XI der Fall. Die häusliche Pflege wird von ambulanten Pflegediensten versehen, die stationäre Pflege von stationären Pflegeheimen.[144] In beiden Arten von Pflegeeinrichtungen ist die Pflegekraft bei der Einrichtung beschäftigt.

284 Auf dem Gebiet der **Gesetzlichen Krankenversicherung** ist die Pflegekraft im stationären Bereich (Krankenhaus) ebenfalls beim Träger der Einrichtung (Krankenhausträger) angestellt. Im ambulanten Bereich kann sie als Angehörige eines Pflegedienstes, als Angestellte eines Arztes oder aber freiberuflich tätig sein. Im SGB V wird auf Angehörige von Pflegeberufen gerade in ihrer Funktion als nach dem KrPflG bzw. dem AltPflG ausgebildete Personen insofern nur indirekt abgestellt, als von Pflegekräften, nicht aber von Angehörigen der Alten- und Krankenpflegeberufe gesprochen wird. Auf dem Gebiet der **Sozialen Pflegeversicherung** wird bei der Qualifikation der verantwortlichen Pflegefachkraft von einer ausgebildeten Pflegefachkraft gesprochen und auf die Ausbildung nach dem KrPflG und AltPflG Bezug genommen (vgl. § 71 III SGB XI). Im Leistungserbringungssystem des SGB V wie des SGB XI ist die Tätigkeit der Pflege also nicht nur den nach dem KrPflG und AltPflG ausgebildeten Pflegefachkräften anvertraut. Mit anderen Worten heißt dies, dass auf diesen Gebieten auch anders geschulte Personen oder Laien tätig werden können. Die Geeignetheit dieser Personen muss dann anderweitig festgestellt werden.

II. Rechtsquellen

1. SGB V

285 Das Leistungserbringungsprogramm im SGB V ist gesetzlich und untergesetzlich geregelt. Gesetzliche Regelungen mit leistungserbringungsrechtlicher Bedeutung finden sich schon im Leistungsrecht, in dem eine bestimmte Art der Qualifikation, die keine berufsfachliche Qualifikation sein muss, angesprochen wird: »geeignete Pflegekräfte« bei der häuslichen Krankenpflege (§ 37 I 1 SGB V), oder indem – ebenfalls bei der häuslichen Krankenpflege - der Inhalt der Pflegeleistungen beschrieben wird: »verrichtungsbezogene krankheitsspezifische Pflegemaßnahmen« (§ 37 II 1 SGB V) und »medizinische Behandlungspflege« (§ 37 II 3 SGB V). In der spezialisierten ambulanten Palliativversorgung werden ebenfalls »pflegerische Leistungen« geboten

144 Der Oberbegriff für Pflegedienste und Pflegeheime lautet Pflegeeinrichtungen, vgl. § 71 I und II SGB XI).

(§ 37 b I 3 SGB V). Nicht speziell auf den Einsatz von Pflegekräften gerichtet ist die Vorschrift zur Heranziehung von Hilfspersonen seitens des Arztes (§ 15 I 2 SGB V). In der Praxis sind es jedoch häufig Angehörige der Pflegeberufe, die iSd Vorschrift als Hilfspersonen tätig werden.

Untergesetzliche Vorschriften existieren in Form von Richtlinien des Gemeinsamen Bundesausschusses, Rahmenempfehlungen und Empfehlungen. 286

2. SGB XI

Da im Leistungserbringungssystem des SGB XI nur ausnahmsweise Einzelpersonen Pflegeleistungen erbringen, sind auch nur für diese Konstellation Vorschriften zur Leistungszulassung und -erbringung notwendig (vgl. § 77 SGB XI). Untergesetzliche Vorschriften sind nicht vorgesehen. 287

III. Zulassung zur Leistungserbringung

1. SGB V

a) System des Leistungserbringungsrechts bei Pflegeleistungen

Da im System der Pflegeleistungserbringung nach dem SGB V nicht ausschließlich auf eine bestimmte berufliche Qualifikation wie die Ausbildung nach dem KrPflG oder dem AltPflG Bezug genommen wird, sind im SGB V spezielle Vorschriften für die Zulassung notwendig. Diese Vorschriften beziehen sich auf bestimmte Leistungen (häusliche Krankenpflege mit verschiedenen Ausprägungen der Pflegeleistungen, spezielle ambulante Palliativversorgung). Das bedeutet, dass für jede pflegerische Sozialleistung in diesem Zusammenhang ein besonderes Leistungserbringungsrecht vorgesehen ist. 288

b) Häusliche Krankenpflege

Für die Verordnung der Leistung der **häuslichen Krankenpflege** (§ 37 I SGB V) sind **Richtlinien des Gemeinsamen Bundesausschusses** vorgesehen (§ 92 I 2 Nr. 6 SGB).[145] **Rahmenempfehlungen des Spitzenverbandes Bund der Krankenkassen** ergehen zur einheitlichen Versorgung mit häuslicher Krankenpflege, die auch Regelungen zum Inhalt der Leistungen und zur Eignung der Leistungserbringer enthalten (§ 132 a I 1, 4 Nr. 2 SGB V).[146] Die **Funktion der Zulassung zur Erbringung der Leistung der häuslichen Krankenpflege** ist im Abschluss eines Vertrages mit der Krankenkasse zu sehen (§ 132 a II 1 SGB V).[147] Bei der Auswahl der Leistungserbringer ist ihrer Vielfalt, insbesondere der Bedeutung der freien Wohlfahrtspflege, Rechnung zu tragen (§ 132 a II 9 SGB XI). Auf den Abschluss des Vertrages besteht ein Rechtsanspruch iSe diskriminierungsfreien Behandlung im Verhältnis zu anderen Leistungsanbietern.[148] Bedarfskriterien sind gesetzlich nicht vorgesehen und dürfen deshalb auch beim Vertragsabschluss keine Rolle spielen. Die Krankenkassen schließen in der Regel auf Landesebene **Rahmenverträge** mit 289

145 Richtlinie des Gemeinsamen Bundesausschusses über die Verordnung von häuslicher Krankenpflege (Häusliche Krankenpflege-Richtlinie) in der Neufassung v. 17. 9. 2009, veröffentlicht im Bundesanzeiger 9. 2. 2010, in Kraft getreten am 10. 2. 2010.

146 Diese Rahmenempfehlungen sind noch nicht ergangen, was auf die Vielfalt der Beteiligten zurückgeführt wird, so Becker/Kingreen/*Rixen* (Fn. 106), § 132 a Rn. 2.

147 BSGE 90, 150.

148 BSGE 90, 150 (152 f.), dazu Becker/Kingreen/*Rixen* (Fn. 106), § 132 a Rn. 6.

den Leistungserbringungsorganisationen auf Landesebene, die dann Grundlage der Einzelverträge werden.[149]

c) Spezialisierte ambulante Palliativversorgung

290 Für die Verordnung der Leistung der **spezialisierten ambulanten Palliativversorgung** (§ 37b I SGB V) sind **Richtlinien des Gemeinsamen Bundesausschusses** vorgesehen (§§ 37b III, 92 I 2 Nr. 14 SGB)[150] und **Empfehlungen des Spitzenverbandes Bund der Krankenkassen** (§ 132d II SGB V)[151] vorgesehen. Die Empfehlungen enthalten auch Maßgaben für die sächlichen und personellen Anforderungen an die Leistungserbringung (§ 132d II Nr. 1 SGB V) und Maßstäbe für eine bedarfsgerechte Versorgung (§ 132d II Nr. 3 SGB V).

291 Die Funktion der **Zulassung zur spezialisierten ambulanten Palliativversorgung** ist im Abschluss eines Vertrages mit der Krankenkasse zu sehen. Die Einrichtungen oder Personen müssen geeignet sein. Die Geeignetheit einer Pflegefachkraft setzt neben der Ausbildung nach dem KrPflG oder dem AltPflG eine zusätzliche Qualifikation in Theorie und Praxis voraus.[152]

292 Der Vertragsabschluss muss zur **bedarfsgerechten Versorgung** notwendig sein (§ 132d I 1 SGB V). Die Gemeinsamen Empfehlungen[153] enthalten hierzu nur sehr vage Angaben. Trotz des Hinweises, dass ein Anspruch auf Abschluss eines Vertrages nicht besteht,[154] muss die Bedarfsprüfung aus Gründen des Art. 12 I GG strengen Kriterien unterworfen werden.[155]

2. SGB XI

293 Im SGB XI werden im Einzelfall ausnahmsweise auch Einzelpersonen zur pflegerischen Versorgung herangezogen. Hierzu schließen die Kassen Verträge mit einzelnen geeigneten Pflegekräften (§ 77 SGB XI). Hier kann man nicht von einer Zulassung zur Leistungserbringung sprechen, da eine solche Zulassung nicht für den Einzelfall, sondern für eine in der Regel unbestimmte Mehrzahl von Fällen ausgesprochen wird. Allerdings gelten die durch Einzelvertrag herangezogenen Pflegekräfte als Leistungserbringer, wie die Überschrift zum entsprechenden Abschnitt des SGB XI (Dritter Abschnitt. Beziehungen zu sonstigen Leistungserbringern) zeigt.

294 § 77 SGB XI enthält außer dem Erfordernis der Geeignetheit der Pflegekraft keine besonderen Hinweise zu Qualifikationsanforderungen. Jedoch werden in dem Einzelvertrag Inhalt, Umfang, Qualität, Qualitätssicherung, Vergütung sowie Prüfung der Qualität und Wirtschaftlichkeit der vereinbarten Leistungen geregelt (§ 77 I 2 SGB XI).

---

149 Spickhoff/*Trenk-Hinterberger* (Fn. 68), § 132a Rn. 7.

150 Richtlinie des Gemeinsamen Bundesausschusses zur Verordnung von spezialisierter ambulanter Palliativversorgung (Spezialisierte Ambulante Palliativversorgungs-Richtlinie/SAPV-RL) v. 20. 12. 2007 (BAnz 2008 911).

151 Gemeinsame Empfehlungen nach § 132d II SGB V für die spezialisierte ambulante Palliativversorgung v. 23. 6. 2008.

152 Abschnitt 5.3 der Gemeinsamen Empfehlungen (Fn. 151).

153 Wie Fn. 151.

154 Abschnitt 2.2 der Gemeinsamen Empfehlungen (Fn. 151).

155 Ebenso Spickhoff/*Trenk-Hinterberger* (Fn. 68), § 132d Rn. 4.

IV. Art des Zugangs zur Leistungserbringung

1. SGB V

Häusliche Krankenpflege ist vom Arzt zu verordnen. Diese Voraussetzung der **ärztlichen Verordnung** ist nicht im Leistungsrecht (§ 37 SGB V), sondern im Leistungserbringungsrecht im Zusammenhang mit den Richtlinien des Gemeinsamen Bundesausschusses geregelt (§ 92 I 2 Nr. 6 SGB V). Der Katalog der zu verordnenden Leistungen ist in der entsprechenden Richtlinie enthalten.[156] Weiter muss die Leistung von der Krankenkasse genehmigt werden.[157] 295

Die Verordnung der Leistung der **spezialisierten ambulanten Palliativversorgung** (§ 37 b I SGB V) ist in den Richtlinien des Gemeinsamen Bundesausschusses geregelt (§§ 37 b III, 92 I 2 Nr. 14 SGB).[158] Eine ärztliche Verordnung muss von der Krankenkasse genehmigt werden.[159] 296

Die Verordnung durch den Arzt und die Genehmigung durch die Krankenkasse hat für den Leistungserbringer indirekt die Bedeutung eines besonderen Zugangs zur Leistungserbringung, als nicht der Leistungserbringer selbst, sondern der Arzt und die Krankenkasse den Zugang zur konkreten Leistungserbringung im Einzelfall eröffnen.

2. SGB XI

Pflegekräfte als Einzelpersonen dürfen kein Beschäftigungsverhältnis mit dem Pflegebedürftigen eingehen (§ 77 I 3 SGB XI). 297

V. Leistungsgestaltung

1. SGB V

Die nähere Leistungsgestaltung für die **häusliche Krankenpflege** (§ 37 SGB V) wäre durch Rahmenempfehlungen zu regeln (§ 132 a I 4 Nr. 1 SGB V). Da diese bisher nicht zustande gekommen sind, müssen die Krankenkassen, ggf. auf der Grundlage von Rahmenverträgen,[160] in den Einzelverträgen die Leistungsinhalte beschreiben. Auch die Häusliche Krankenpflege-Richtlinie gibt hierzu im Leistungsverzeichnis Hinweise.[161] 298

Bei den **verrichtungsbezogenen krankheitsspezifischen Pflegemaßnahmen** (§ 37 II 1 SGB V) bestimmt der Gemeinsame Bundesausschuss das Nähere über deren Art und Inhalt (§ 37 VI Satz 2 SGB V).[162] 299

156 Verzeichnis verordnungsfähiger Maßnahmen der häuslichen Krankenpflege (Leistungsverzeichnis), Anlage zur Häuslichen Krankenpflege-Richtlinie (Fn. 145).
157 § 6 Häusliche Krankenpflege-Richtlinie (Fn. 145).
158 § 7 SAPV-RL (Fn. 150).
159 Abschnitt 3.1 der Gemeinsamen Empfehlungen (Fn. 151), § 8 SAPV-RL (Fn. 150).
160 S. Rn. 289.
161 S. Fn. 156.
162 §§ 2 Abs. 6 der Häuslichen Krankenpflege-Richtlinien enthält hierzu nähere Beschreibungen (Fn. 145).

300 Der Inhalt und Umfang der Leistungen der **spezialisierten ambulanten Palliativversorgung** (§ 37 b I SGB V) ist in der Richtlinie des Gemeinsamen Bundesausschusses (§§ 37 b III, 92 I 2 Nr. 14 SGB V)[163] geregelt.

2. SGB XI

301 Im Einzelvertrag werden Inhalt und Umfang der Leistungen geregelt (§ 77 I 2 SGB XI).

VI. Qualitätssicherung

1. SGB V

302 Die nähere Leistungsgestaltung der Maßnahmen zur Qualitätssicherung für Leistungen der **häuslichen Krankenpflege** (§ 37 SGB V) wäre ebenfalls durch Rahmenempfehlungen zu regeln (§ 132 a I 4 Nr. 1 SGB V). Da diese bisher nicht zustande gekommen sind, müssen die Krankenkassen, ggf. auf der Grundlage von Rahmenverträgen,[164] in den Einzelverträgen die Leistungsinhalte beschreiben.

303 Die Maßnahmen zur Qualitätssicherung der Leistungen der **spezialisierten ambulanten Palliativversorgung** (§ 37 b I SGB V) sind in den Gemeinsamen Empfehlungen (§ 132 d II Nr. 2 SGB V) geregelt, allerdings nur sehr rudimentär.[165]

2. SGB XI

304 Im Einzelvertrag werden Qualität, Qualitätssicherung sowie Prüfung der Qualität der vereinbarten Leistungen geregelt (§ 77 I 2 SGB XI).

VII. Vergütung

1. SGB V

305 Die Grundsätze der Vergütung und ihrer Strukturen für die Leistungen der **häuslichen Krankenpflege** (§ 37 SGB V) wäre ebenfalls durch Rahmenempfehlungen zu regeln (§ 132 a I 4 Nr. 1 SGB V). Da diese bisher nicht zustande gekommen sind, müssen die Krankenkassen, ggf. auf der Grundlage von Rahmenverträgen,[166] die Vergütungen in den Einzelverträgen selbst regeln (§ 132 a II 1 SGB V).[167]

306 Die Vergütung der Leistungen der **spezialisierten ambulanten Palliativversorgung** (§ 37 b I SGB V) wird in den Einzelverträgen, ggf. auf der Grundlage von Rahmenverträgen, geregelt (§ 132 d I 1 SGB V).

2. SGB XI

307 Im Einzelvertrag werden die Vergütung sowie die Prüfung der Wirtschaftlichkeit der vereinbarten Leistungen geregelt (§ 77 I 2 SGB XI).

---

163 § 5 SAPV-RL (Fn. 150).
164 S. Rn. 289.
165 § 6 der Gemeinsamen Empfehlungen (Fn. 151).
166 S. Rn. 289.
167 S. hierzu auch BSG SozR 4–2500 § 132 a Nr 1.

VIII. Nutzerstellung

1. SGB V

Die Vorschriften zur Leistungserbringung durch Pflegekräfte enthalten einige speziel- 308
le Regelungen, die sich (auch) auf die Nutzerstellung der Leistungsberechtigten beziehen. Bei der **häuslichen Krankenpflege** ist dies die Möglichkeit, dem Versicherten die Kosten für eine **selbstbeschaffte Kraft** in angemessener Höhe zu erstatten (§ 37 IV SGB V). Der Wunsch, eine häusliche Pflegekraft selbst zu beschaffen, kann Ausdruck des Wunsch- und Wahlrechtes gem. § 33 SGB I sein.[168] Ansonsten stellt die Leistung der häuslichen Krankenpflege eine Sachleistung der Krankenkasse dar. Auch hier besteht die Möglichkeit, unter den zur Verfügung stehenden Leistungserbringern auszuwählen.[169]

Bei der **spezialisierten ambulanten Palliativversorgung** ist vorgesehen, dass die 309
Einzelverträge auch Regelungen enthalten müssen, in welcher Weise die Leistungserbringer beratend tätig werden (§ 132 d I 2 SGB V). Anders als es der Gesetzeswortlaut vermuten lässt, ist hier aber nicht die Beratung der Versicherten, sondern die Beratung anderer Leistungserbringer gemeint.[170]

2. SGB XI

Erst die Möglichkeit, **häusliche Pflege durch eine Einzelperson** erbringen zu lassen, 310
verschafft einem **möglichen Wunsch** des Pflegebedürftigen Raum, eine ganz bestimmte Person zur Pflege auswählen zu können. Dies kommt auch in den Gründen für die Wahl dieser Form der Leistungserbringung zum Ausdruck, wo auf dieses Wunschrecht hingewiesen wird (§ 77 I 1 Nr. 4 SGB XI). Damit reduziert sich auch das Ermessen der Pflegekassen erheblich, wenn ein solcher Wunsch geäußert wird.[171]

§ 17 Heilmittelerbringer im SGB V

A. Heilmittelerbringung im Leistungserbringungssystem des SGB V

1. Begriff des Heilmittels

Mit einer zunächst verwirrenden Terminologie wird in § 124 I SGB V von Heil- 311
mitteln gesprochen, die als Dienstleistungen abgegeben werden. Die terminologische Vermischung einer Waren- mit einer Dienstleistungsbegrifflichkeit wirkt schon deshalb ungewöhnlich, weil an anderer Stelle des SGB V im Kontext der Leistung von Waren wie Arznei- und Verbandmitteln (§ 31 SGB V) und Hilfsmitteln (§ 33 SGB V) auch von Heilmitteln (§ 32 SGB V) gesprochen wird. Hinzu kommt, dass eine Legaldefinition des Begriffs der Heilmittel nicht gegeben ist, und auch in § 124 I SGB V nur auf die Variante Bezug genommen wird, dass Heilmittel als Dienstleistungen abgegeben werden können. Diese terminologischen Verwendungen können aber nur vor dem Hintergrund der historischen Entwicklung des Heilmittelbegriffs nachvollzogen werden, der ursprünglich auch sächliche Mittel mit umfasst hat, und

168 So auch Spickhoff/*Trenk-Hinterberger* (Fn. 68), § 37 Rn. 22.
169 So ausführlich BSGE 90, 84.
170 So BT-Drucks. 16/3100, 144.
171 Udsching/*Schütze*, SGB XI – Soziale Pflegeversicherung, 3. Aufl. 2010, § 77 Rn. 6.

deswegen auch vom Begriff der Hilfsmittel nicht immer leicht abzugrenzen war. Der begrifflichen Verwirrung wurde 2001 durch die Rechtsprechung des BSG[172] ein Ende gesetzt. Seitdem ist unter einem Heilmittel ausschließlich eine nichtärztliche persönliche medizinische Dienstleistung zu verstehen.

2. Heilmittel im Verhältnis zu anderen medizinischen Dienstleistungen

312 Wenn das Heilmittel als eine nichtärztliche persönliche medizinische Dienstleistung zu verstehen ist, muss weiter gefragt werden, ob unter diesem Begriff alle anderen möglichen medizinischen Dienstleistungen, die nicht von Ärzten erbracht werden, zu verstehen sind. Weiter ist zu fragen, wie sich das Verhältnis zu den Hilfeleistungen anderer Personen darstellt (§ 15 I 2 SGB V).

313 Der **Begriff der Hilfeleistung anderer Personen** muss im Verhältnis zu dem in der gleichen Vorschrift geregelten Arztvorbehalt gesehen werden (§ 15 I 1 SGB V), der sich auf die ärztliche Behandlung als Krankenbehandlung iSv § 27 I 2 Nr. 1 SGB V bezieht.[173] Daher sind Hilfeleistungen anderer Personen nur solche, die zur ärztlichen Behandlung, verstanden als Krankenbehandlung, gehören. Der **Begriff des Heilmittels** umfasst demgegenüber keine Hilfeleistungen, die zur ärztlichen Behandlung iSv § 27 I 2 Nr. 1 SGB V gehören. Das wird auch schon durch die besondere Erwähnung des Heilmittels als Bestandteil der Krankenbehandlung, nicht aber der ärztlichen Behandlung, deutlich (vgl. § 27 I 2 Nr. 3 SGB V). Das besondere Merkmal, das die Dienstleistung der Heilmittelerbringung im Verhältnis zur ärztlichen Behandlung ausmacht, ist in § 124 I SGB V erwähnt, wo exemplarisch auf bestimmte therapeutische Dienstleistungen abgestellt wird. Das gemeinsam verwendete Merkmal für alle Heilmittel ist damit die Zugehörigkeit der Dienstleistung zur Therapie. Das gesetzliche Erfordernis, dass ein Heilmittel vom Arzt zu verordnen ist (§ 92 I 2 Nr. 6, VI 1 Nr. 1 SGB V), macht die Erbringung des Heilmittels nicht zu einer Hilfeleistung einer anderen Person iSd § 15 I 2 SGB V.

B. Leistungserbringer von Heilmitteln

314 Die Leistungserbringer von Heilmitteln werden in § 124 I SGB V nicht unter dem Gesichtspunkt der Zugehörigkeit zu einer (Heil-)Berufsgruppe aufgeführt, obwohl die beispielhaft aufgeführten Therapien bestimmten Berufsgruppen iSv Heilberufen entsprechen (Physio-, Logo- und Ergotherapeuten).[174] Vielmehr müssen die jeweiligen Leistungserbringer noch besonders zur Leistungserbringung im SGB V zugelassen werden. Berufsrechtlich ist von besonderem Interesse, dass für die Leistungserbringung zwar auf den Betätigungsbereich bestimmter nichtärztlicher Heilberufe verwiesen wird, die Angehörigkeit zu einem dieser Heilberufe für sich allein aber nicht ausreicht, um ohne weiteres die Zulassung zu erhalten (vgl. § 124 II SGB V). Vergleicht man das System der Leistungserbringung von Heilmitteln mit dem System der Leistungserbringung bei der Krankenbehandlung durch Ärzte, so besteht der wesentliche Unterschied darin, dass bei der Heilmittelerbringung die spezielle Therapie im Vordergrund steht, und dann der zugehörige Beruf für diese Therapie zu bestimmen

172 BSGE 88, 204.
173 Spickhoff/*Nebendahl* (Fn. 68), § 28 Rn. 9.
174 S. Fn. 13.

ist, während bei der ärztlichen Leistungserbringung der Arzt als Vertragsarzt im Vordergrund steht, und die entsprechenden Therapien und sonstigen ärztlichen Handlungsweisen immer bezogen auf den Vertragsarzt konkretisiert werden. Daraus folgt auch, dass der Vertragsarzt selbst Heilmittel als Dienstleistung erbringen darf.[175]

C. Voraussetzungen der Heilmittelerbringung

I. Heilmittel

Der **Begriff des Heilmittels** ist in § 124 I SGB V auf therapeutische Dienstleistungen begrenzt, wobei einige dieser Therapien beispielhaft aufgeführt sind. Der **Katalog der verordnungsfähigen Heilmittel** wird als Richtlinie des Gemeinsamen Bundesausschusses festgelegt (§ 92 VI 1 Nr. 1 SGB V).[176] Danach sind zurzeit Maßnahmen der physikalischen Therapie, der podologischen Therapie, der Stimm-, Sprech- und Sprachtherapie und der Ergotherapie als Heilmittel verordnungsfähig. In einem Heilmittel-Katalog, der Bestandteil der Richtlinie ist, werden die Heilmittel bestimmten Indikationen zugeordnet. 315

Der Arzt darf nur die im Heilmittel-Katalog festgelegten Heilmittel verordnen. **Neue Heilmittel** darf er nur verordnen, wenn der Gemeinsame Bundesausschuss zuvor ihren therapeutischen Nutzen anerkannt hat (§ 138 SGB V). Ein Angehöriger eines Heilberufes, dessen Berufsausübung eine therapeutische Dienstleistung iSd § 124 I SGB V darstellt, hat ein Recht darauf, dass der Gemeinsame Bundesausschuss in einem förmlichen Verfahren nach § 138 SGB V über die Aufnahme der Therapie in die Heilmittel-Richtlinien entscheidet.[177] 316

II. Zulassung zur Heilmittelerbringung

Für die Abgabe von Heilmitteln bedarf es der Zulassung durch die Landesverbände der Krankenkassen und die Ersatzkassen (§ 124 I und V SGB V). Die weiteren Rahmenbedingungen und die Vergütungen werden vertraglich zwischen Krankenkassen und Therapeuten bzw. deren Verbänden geregelt (§ 125 II SGB V). Die Zulassungsvoraussetzungen betreffen die für die Leistungserbringung erforderliche Ausbildung, die Praxisausstattung und die Anerkennung der für die Versorgung der Versicherten geltenden Vereinbarungen (§ 124 II SGB V). Der Spitzenverband Bund der Krankenkassen gibt Empfehlungen zur einheitlichen Anwendung der Zulassungsbedingungen ab (§ 124 IV SGB V).[178] Diese Empfehlungen sind als Verwaltungsbinnenrecht nicht rechtsverbindlich.[179] 317

---

175 S. Spickhoff/*Wabnitz* (Fn. 68), § 124 Rn. 2.

176 Richtlinien des Gemeinsamen Bundesausschusses über die Verordnung von Heilmitteln in der vertragsärztlichen Versorgung (Heilmittel-Richtlinien) idF v. 1. 12. 2003/16. 3. 2004, BAnz 2004, Beilage, S. 12183, in Kraft getreten am 1. 7. 2004.

177 So für die Aufnahme der Diättherapie durch Angehörige des Berufes der Diätassistenten BSGE 86, 232.

178 Empfehlungen des GKV-Spitzenverbandes gem. § 124 IV SGB V zur einheitlichen Anwendung der Zulassungsbedingungen nach § 124 II SGB V für Leistungserbringer von Heilmitteln, die als Dienstleistung an Versicherte abgegeben werden (Zulassungsempfehlungen) idF. v. 18. 10. 2010.

179 Becker/Kingreen/*Butzer* (Fn. 105), § 124 Rn. 13.

III. Gestaltung des Leistungserbringungsverhältnisses

318 Die weiteren Rahmenbedingungen des Leistungserbringungsverhältnisses, auch die die Vergütungen (hier Preise genannt) werden vertraglich zwischen Krankenkassen und Therapeuten bzw. deren Verbänden geregelt (§ 125 II SGB V). Der Spitzenverband Bund der Krankenkassen und die maßgeblichen Spitzenorganisationen der Heilmittelerbringer auf Bundesebene geben hierzu gemeinsam Rahmenempfehlungen für eine einheitliche Versorgung mit Heilmitteln ab (§ 125 I SGB V). Diese Empfehlungen bilden die Grundlage für die Verträge nach § 125 II SGB V.[180]

Zur **Ausgabensteuerung** im Heilmittelbereich werden auf Ebene der Kassenärztlichen Vereinigungen zwischen Kassen- und Vertragsarztseite Heilmittel-Vereinbarungen auf der Basis von auf Bundesebene mit der Kassenärztlichen Bundesvereinigung getroffenen Rahmenvorgaben für Heilmittel geschlossen (§ 84 VII, VIII SGB V).[181]

§ 18 Kooperation der Heilberufe

I. Zum Kooperations- und Koordinationserfordernis bei der gesundheitlichen Versorgung

319 Kooperation und Koordination der im Gesundheitswesen tätigen Akteure stellt ein selbstverständliches Erfordernis bei der Versorgung von Patienten dar. In institutionellen Zusammenhängen, so zB im Krankenhaus, ist diese Kooperation und Koordination betriebsorganisatorisch im Aufbau und im Ablauf gewährleistet. Außerhalb institutioneller Zusammenhänge ist dies in der Regel nicht der Fall, außer die Kooperation und Koordination der Akteure ist rechtlich vorgeschrieben oder es werden Formen der Kooperation und Koordination vom Recht angeboten.

320 Die rechtlichen Voraussetzungen und Grenzen der Kooperation und Koordination können auf vier Ebenen betrachtet werden:

- auf der Ebene der Handlungsvoraussetzungen der dienstleistenden Akteure;
- auf der Ebene der Abläufe der gesundheitlichen Versorgung;
- auf der Ebene der leistungserbringungsrechtliche Voraussetzungen;
- auf der Ebene der Rechtsformen der koordinierten und kooperierenden Leistungsbereitstellung und der daraus resultierenden Rechtspflichten.

Die Ebene der die Versorgungssektoren (stationär / ambulant) übergreifenden Voraussetzungen ist ebenfalls zu nennen.[182]

II. Handlungsvoraussetzungen der dienstleistenden Akteure

321 Die Handlungsvoraussetzungen der dienstleistenden Akteure werden berufsrechtlich und im Sozialleistungserbringungsrecht geregelt. Hier sind zwei Dimensionen zu unterscheiden: einmal die Dimension der formellen Qualifikation durch Absolvie-

180 Gemeinsame Rahmenempfehlungen gem. § 125 I SGB V über die einheitliche Versorgung mit Heilmitteln idF v. 25. 9. 2006.

181 Rahmenvorgaben nach § 84 VII iVm VIII SGB V – Heilmittel – für das Jahr 2011 v. 30. 9. 2010 vereinbart zwischen dem Spitzenverband Bund der Krankenkassen (GKV-Spitzenverband) und der Kassenärztlichen Bundesvereinigung.

182 Diese letztere Ebene wird im 5. Kapitel, § 23, behandelt.

rung einer entsprechenden Ausbildung, sodann die Dimension des beruflichen Handelns, das durch Ge- und Verbote bestimmt wird.

In der **Dimension der formellen Qualifikation** geht es vor dem Hintergrund des Patientenschutzes (Art. 2 II GG) darum, dass eine bestimmte Qualifikation dazu dienen soll, dem Patienten die fachlich gebotene Behandlung angedeihen zu lassen. Die breiteste formelle Qualifikation auf dem Gebiet der Heilkunde hat in dieser Hinsicht der approbierte Arzt bzw. der Facharzt. Andere Heilberufe verfügen über Qualifikationen über Teilgebiete der Heilkunde, so zB die Angehörigen der Pflegeberufe oder der medizinischen Assistenzberufe. Diese Qualifikationen können aufgrund der Spezialisierung dazu führen, dass der jeweilige Berufsangehörige auf seinem beruflichen Tätigkeitsfeld eine höhere formelle Qualifikation als der Arzt hat. Die höhere Qualifikation führt aber nicht dazu, dass deswegen dem Arzt die entsprechende Tätigkeit untersagt wäre. 322

In der **Dimension des beruflichen Handelns** sind aus Gründen des Patientenschutzes und des sonstigen Rechtsgüterschutzes Zuordnungen von Tätigkeiten vorgenommen worden, die jeweils nur bestimmten Berufsangehörigen zugewiesen sind. Man spricht hier von **vorbehaltenen Tätigkeiten.** Solche vorbehaltene Tätigkeiten existieren in unterschiedlicher Ausprägung. So gibt es ausschließlich dem Arzt vorbehaltene Tätigkeiten, zB im Transplantationswesen (§§ 3 ff. TPG), im Transfusionswesen (§§ 4, 5 TFG), in der Fortpflanzungsmedizin (§ 9 ESchG) und beim Schwangerschaftsabbruch (§ 218 a StGB).[183] Auch andere Heilberufe können auf vorbehaltene Tätigkeiten verweisen, so die Hebammen- und Entbindungspfleger (§ 4 HebG) und die MTA-Berufe (§ 9 MTAG), die aber nicht als ausschließliche Vorbehalte gefasst sind. 323

Zurzeit soll im Rahmen von **Modellvorhaben** eine **Übertragung von ärztlichen Tätigkeiten**, bei denen es sich um **selbstständige Ausübung von Heilkunde** handelt, auf Angehörige der im KrPflG und AltPflG stattfinden, wenn diese hierfür eine besondere berufliche Qualifikation erworben haben (§ 63 IIIc SGB V). Das Novum ist hierbei nicht die Übertragung von ärztlichen Tätigkeiten, sondern die selbständige Ausübung von Heilkunde. Schon bisher konnten Angehörige von Heilberufen und sogar anderer Gesundheitsfachberufe im Rahmen der Übertragung ärztlicher Tätigkeiten (Delegation), aber bei Überwachung durch den Arzt, ärztliche Tätigkeiten außerhalb des Kernbereichs ärztlicher Tätigkeit wahrnehmen. Eine besondere Form der gesetzlich geregelten Delegationsmöglichkeit besteht für Zahnärzte (§ 1 V ZHG). 324

Eine besondere Form der Bestimmung von Handlungsvoraussetzungen stellt der Arztvorbehalt im SGB V, der als Kooperationsform mit anderen Personen nur noch die Figur der Hilfeleistungen durch andere Personen kennt (§ 15 I 2 SGB V). 325

III. Abläufe der gesundheitlichen Versorgung

Zur Kooperation und Koordination der Erbringer von medizinischen Dienstleistungen sind verschiedene Instrumente vorgesehen. So stellt die **ärztliche Verordnung** im Rahmen der vertragsärztlichen Versorgung ein übliches Instrument der Kooperation und Koordination dar (s. den Katalog der möglichen ärztlichen Verordnungen in § 73 II 1 SGB V). Auch die **ärztliche Anordnung** von Hilfeleistungen Dritter Personen rechnet hierzu (§ 73 II 1 Nr. 6 SGB V). 326

183 *Kluth* MedR 2010, 372 (375), spricht hier von expliziten Arztvorbehalten.

327 Speziell auf den Behandlungsablauf bezogen sind **strukturierte Behandlungsprogramme bei chronischen Krankheiten** (§ 137 f SGB V). Diese Behandlungsprogramme müssen besonders zugelassen werden (§ 137 g SGB V).[184] Der sektorenübergreifende Behandlungsbedarf einer chronischen Krankheit soll eines der Auswahlkriterien darstellen (§ 137 g I 2 Nr. 4 SGB V).

328 Unter dem Begriff der **integrierten Versorgung** wird eine verschiedene Leistungssektoren übergreifende Versorgung der Versicherten oder eine interdisziplinär-fachübergreifende Versorgung verstanden (§ 140 a SGB V).

IV. Leistungserbringungsrechtliche Voraussetzungen

329 Wegen des Vorbehalts des Gesetzes, der auch für das Leistungserbringungsrecht gilt (§ 31 SGB I), bedarf die Begründung von Rechten und Pflichten einer gesetzlichen Grundlage. Das gilt auch für Rechte und Pflichten bei der Kooperation und Koordination von Leistungserbringern. Dabei ist zu berücksichtigen, dass die Kooperation und Koordination von Leistungserbringern nicht nur die Dimension des jeweiligen Handelns eines Leistungserbringers zB im Behandlungsablauf betrifft, sondern dass damit neben Haftungsfragen, die Gegenstand des Zivilrechts sind, auch Qualitätssicherungs- und Vergütungsfragen aufwirft, die gesetzlicher Regelung bedürfen.[185]

V. Rechtsformen der koordinierten und kooperierenden Leistungsbereitstellung und berufsrechtliche Voraussetzungen und Pflichten

330 Bei den Rechtsformen bei Koordination und Kooperation ist neben der leistungserbringungsrechtlichen Zulässigkeit auch die **privatrechtliche Seite** in den Blick zu nehmen. Darauf kann hier jedoch nicht eingegangen werden.[186]

331 Von besonderem Interesse sind die berufsrechtlichen Voraussetzungen und Pflichten, wie sie in der ärztlichen Berufsordnung niedergelegt sind. Die hier bestehende **Zusammenarbeitsgrundregel**[187] besagt, dass es Ärzten nicht gestattet ist, zusammen mit Personen, die nicht Ärzte sind, noch zu ihren berufsmäßig tätigen Mitarbeitern gehören, zu untersuchen oder zu behandeln. Dies gilt nicht für Personen, welche sich in der Ausbildung zum ärztlichen Beruf oder zu einem medizinischen Assistenzberuf befinden. Die Zusammenarbeit mit Angehörigen anderer Gesundheitsberufe ist zulässig, wenn die Verantwortungsbereiche des Arztes und des Angehörigen des Gesundheitsberufs klar erkennbar voneinander getrennt bleiben. Jedoch ist eine **Medizinische Kooperationsgemeinschaft** zwischen Ärzten und Angehörigen anderer Fachberufe möglich.[188] Weiter sind vorgesehen **Ärztegesellschaften**[189] und **Praxisverbünde.**[190]

---

184 Die strukturierten Behandlungsprogramme sind als Anlage zur Verordnung über das Verfahren zum Risikostrukturausgleich in der gesetzlichen Krankenversicherung (Risikostruktur-Ausgleichsverordnung - RSAV) v. 3. 1. 1994, BGBl. I 55, aufgeführt.

185 S. zur Qualitätssicherung §§ 140 b III, 137 f II 2 Nr. 4 SGB V, zur Vergütung § 140 c SGB V. Bei den strukturierten Behandlungsprogrammen richtet sich die Vergütung nach der Wahl der Form der Zusammenarbeit, vgl. Becker/Kingreen/*Huster* (Fn. 106), § 137 f Rn. 15.

186 S. zB die Möglichkeiten, die durch das Gesetz über Partnerschaftsgesellschaften Angehöriger Freier Berufe (Partnerschaftsgesellschaftsgesetz - PartGG) v. 25. 7. 1994, BGBl. I 1744, eröffnet werden.

187 § 30 MBO-Ä 1997 (Fn. 20).

188 § 23 b MBO-Ä 1997 (Fn. 20).

189 § 23 a MBO-Ä 1997 (Fn. 20).

190 § 23 d MBO-Ä 1997 (Fn. 20).

5. Kapitel. Institutionelle leistungserbringende Akteure im Gesundheitswesen (Krankenhäuser, Pflege- und Rehabilitationseinrichtungen) und andere institutionelle Akteure

Zur Einführung: *Janda,* Medizinrecht, 2010, 203

Zur Vertiefung: *Burgi,* Moderne Krankenhausplanung zwischen staatlicher Gesundheitsverantwortung und individuellen Trägerinteressen, NVwZ 2010, 601; *Quaas/Zuck,* Medizinrecht, 2. Aufl. 2008, 491; *Szabados,* Krankenhäuser als Leistungserbringer in der gesetzlichen Krankenversicherung, 2009; *Steiner,* Höchstrichterliche Rechtsprechung zur Krankenhausplanung, NVwZ 2009, 486; *Stollmann/Hermanns,* Die jüngere Rechtsprechung zum Krankenhausrecht, DVBl. 2011, 599

Kommentare und Handbücher (ohne Sozialleistungsrecht): *Huster/Kaltenborn* (Hrsg.), Krankenhausrecht. Praxishandbuch zum Recht des Krankenhauswesens, 2010; *Spickhoff* (Hrsg.), Medizinrecht, 2010 (Kommentierungen zu KHEntgG und KHG); *Trefz/Tuschen,* Krankenhausentgeltgesetz, 2009

§ 19 Strukturmerkmale des Rechts der institutionellen Akteure

A. Arten der institutionellen Akteure im Gesundheitswesen

Bei den institutionellen Akteuren im Gesundheitswesen kann eine große **Unterscheidung** angebracht werden zwischen **Akteuren, die direkt Gesundheitsleistungen erbringen,** so vor allem Krankenhäuser, Pflegeeinrichtungen und Vorsorge- und Rehabilitationseinrichtungen (s. unten § 20 bis § 22), und **sonstigen Akteuren** (s. unten § 24). Bei den sonstigen Akteuren wiederum kann unterschieden werden zwischen solchen, die institutionell und rechtlich in das Leistungserbringungssystem eingebunden sind, ohne selbst Gesundheitsdienstleistungen zu erbringen. Dazu gehören vor allem die im SGB V aufgeführten Institutionen der Krankenkassen und ihrer Verbände, der Kassenärztlichen Vereinigungen auf Länder- und Bundesebene, der Gemeinsame Bundesausschuss und der Medizinische Dienst der Krankenversicherung und der Medizinische Dienst des Spitzenverbandes Bund der Krankenkassen (s. unten § 24 A.).[1] Andere Akteure haben ganz unterschiedliche Rollen im Gesundheitswesen, so zB die Kommunen, die Freie Wohlfahrtspflege, die Selbsthilfevereinigungen (s. unten § 24 B.). 332

B. Unterscheidung zwischen Einrichtung und Träger einer Einrichtung

Bei den personellen leistungserbringenden Akteuren, so vor allem bei den Ärzten, fallen das Zuordnungssubjekt von Rechtsnormen und die tatsächlich leistungs- 333

1 Für ausführlichere Beschreibungen des Rechts der sonstigen im Zusammenhang der Leistungserbringung des SGB V stehenden Akteure muss auf die sozialversicherungsrechtliche Literatur verwiesen werden, s. die einschlägigen Kapitel etwa bei *Eichenhofer,* Sozialrecht, 7. Aufl. 2010, *Fuchs/Preis,* Sozialversicherungsrecht, 2. Aufl. 2009, *Igl/Welti,* Sozialrecht, 8. Aufl. 2007, *Kokemoor,* Sozialrecht, 3. Aufl. 2009, *Muckel,* Sozialrecht, 3. Aufl. 2009, *Waltermann,* Sozialrecht, 9. Aufl. 2011.

erbringende Person in einer Person zusammen. Dies ist bei den institutionellen leistungserbringenden Akteuren im Gesundheitswesen anders. Als institutionelle leistungserbringende Akteure sind hier Einheiten zu verstehen, die für sich genommen keine Rechtspersönlichkeit haben und zB als Krankenhäuser, Rehabilitationseinrichtungen oder Pflegeeinrichtungen bezeichnet werden, hinter denen aber ein rechtlich verantwortlicher Träger steht. Dieser Träger kann eine natürliche oder eine juristische Person sein. Das bedeutet auch, dass ein Träger als natürliche oder juristische Person mehrere Einrichtungen, zB Krankenhäuser, betreiben kann. Während der Träger also immer Rechtspersönlichkeit haben muss, handelt es sich bei den Einrichtungen in der Regel um selbstständig wirtschaftende Einheiten, in denen die entsprechenden Gesundheitsdienstleistungen dann wieder von natürlichen Personen erbracht werden. Der Begriff der Einrichtung ist dabei als Oberbegriff zu verstehen.

334 Die Rechtsnormen, die mit den institutionellen leistungserbringenden Akteuren im Gesundheitswesen zu tun haben, sprechen die rechtsverantwortlichen Träger und die Einrichtungen in unterschiedlicher Weise an. Beim institutionellen Akteur trifft die Rechtsverantwortlichkeit den Träger, während die Einrichtung dienstleistend handelt. Die handelnde Einrichtung, zB das Krankenhaus oder das Heim, ist in der Regel keine juristische Person, sondern ein Betrieb einer natürlichen oder juristischen Person. Es ist deshalb wichtig zu wissen, ob eine Rechtsvorschrift die Einrichtung oder den Träger im Auge hat.

Beispiele: Der Betrieb eines Heims eines Trägers von Pflegeheimen kann beim Verstoß gegen Vorschriften untersagt werden, während eine andere Einrichtung (Heim) desselben Trägers weiter bestehen kann, vgl. § 19 I HeimG. – In den Krankenhausplan werden Krankenhäuser aufgenommen, vgl. § 8 I 1 KHG; zu ihrer wirtschaftlichen Sicherung werden die Investitionskosten gefördert, § 4 S. 1 Nr. 1 KHG; Krankenhäuser bestimmter Träger werden aber nicht gefördert, § 5 I Nr. 5 KHG.

C. Strukturierung des Rechts der institutionellen leistungserbringenden Akteure

335 Die Strukturierung des Rechts der institutionellen leistungserbringenden Akteure im Gesundheitswesen orientiert sich zum großen Teil an der Strukturierung des Rechts der personellen leistungserbringenden Akteure.[2] Danach sind folgende Punkte zu unterscheiden:

- Infrastrukturverantwortung
- Zulassung zur Leistungserbringung
- Art des Zugangs zur Leistungserbringung
- Personal
- Leistungen
- Qualitätssicherung
- Vergütung
- Beendigung der Marktteilnahme
- Nutzerstellung.

2 S. 4. Kapitel, § 14, D.

I. Infrastrukturverantwortung

Wenn die Versorgung der Bevölkerung mit komplexen und hochwertigen Gesundheitsdienstleistungen, deren Erbringung an räumliche, technische und apparative Voraussetzungen geknüpft ist, qualitativ angemessen und für alle in gleicher Weise zugänglich gestaltet werden soll, bedarf es einer öffentlichen Verantwortlichkeit für die Sicherung der Infrastruktur dieser Versorgung. Dabei wird davon ausgegangen, dass diese Dienstleistungen vom Markt nicht in dieser Weise angeboten werden oder werden können. Die öffentliche Verantwortlichkeit wird bei Krankenhäusern und bei Pflegeeinrichtungen durch eine Bedarfsplanung und eine finanzielle Förderung der Investitionen wahrgenommen.[3] 336

II. Zulassung zur Leistungserbringung

Die Zulassung institutioneller Leistungserbringer zur Leistungserbringung hat eine ordnungsrechtliche und eine sozialleistungserbringungsrechtliche Komponente, wobei die ordnungsrechtliche Komponente nur für die der Gewerbeordnung unterliegenden gewerbsmäßig betriebenen Einrichtungen einschlägig ist. Die sozialleistungserbringungsrechtliche Komponente gilt hingegen für Einrichtungen aller Trägerarten. 337

III. Personal

Anders als bei der Zulassung von personellen Dienstleistern, bei denen der Zulassungsakt direkt an den persönlichen und fachlichen Eigenschaften der jeweiligen Personen anknüpft, können bei institutionellen Dienstleistern zusätzlich Anforderungen an das Personal gestellt werden. Solche Personalanforderungen rechnen nach heutigem Verständnis zu den Anforderungen an die Strukturqualität.[4] 338

IV. Leistungen

Bei den Leistungen ist zu unterscheiden zwischen dem Leistungsangebot, das ein institutioneller Leistungserbringer vorhält oder vorhalten muss, und den Leistungen, auf die ein individueller Leistungsbezieher einen Sozialleistungsanspruch hat. Das Vorhalten von bestimmten Leistungen ist bei Krankenhäusern wegen der Vielfalt der Leistungen der Krankenhausbehandlung wesentlich differenzierter als etwa das Vorhalten von Pflegeleistungen in einer Pflegeeinrichtung. Im Rahmen der Bedarfsplanung wird bereits auf Art und Umfang der vorzuhaltenden Leistungen abgestellt. Die entsprechenden Zulassungsakte knüpfen dann an die jeweilige Leistungsspezifikation der Einrichtung an. 339

V. Qualitätssicherung

S. hierzu 4. Kapitel, unter § 14 D. IV. 340

VI. Vergütung

Bis heute gibt es einen missverständlichen und irreführenden Begriff für die Vergütung von Leistungen institutioneller Leistungserbringer im Gesundheits- und Pflegebereich, den **Pflegesatz**. Der Begriff des Pflegesatzes ist in zweifacher Hinsicht 341

3 S. dazu 3. Kapitel, § 11, C. I., II.
4 S. dazu 4. Kapitel, § 15, B. VII. 1.

irreführend: In Krankenhäusern steht die medizinische Behandlung im Vordergrund, nicht die Pflege, und weiter hat die gesundheitliche Versorgung in Institutionen in der Regel nicht nur die Leistungen zum Inhalt, die den Anlass für die Versorgung in der Institution gegeben hat, also zB eine spezifische Krankenbehandlung, sondern auch die Unterkunft und Verpflegung (»Hotelleistungen«). Das für die leistungserbringenden Einrichtungen einschlägige Vergütungsrecht regelt beide Segmente, obwohl in der Pflegeversicherung (SGB XI) leistungsrechtlich ein Anspruch auf Übernahme der Hotelkosten anders als im Krankenhaus nur dann gegeben ist, wenn Sozialhilfebedürftigkeit vorliegt. In der Pflegeversicherung umfasst der Pflegesatz auch nur die Pflegeleistungen (§ 84 I SGB XI).

342 Das Vergütungsrecht für Dienstleistungen von Gesundheitseinrichtungen hat sich in den letzten 20 Jahren grundlegend geändert. Für lange Zeit war die Deckung der Selbstkosten einer Einrichtung das leitende Finanzierungsprinzip. Dieses Prinzip beruhte darauf, dass die Selbstkosten, also die Gestehungskosten der Dienstleistung, meist ergänzt um einen Anteil für den Unternehmerlohn, als Grundlage für die Finanzierung herangezogen wurden. Zwar war der Ansatz von Selbstkosten nicht unbegrenzt. Jedoch waren bei einer Finanzierung nach diesem Prinzip keine Anstrengungen der Einrichtung zu erwarten, effizienter zu wirtschaften, da grundsätzlich alle Gestehungskosten über den Pflegesatz refinanziert wurden. Ebenso wenig geeignet, den Einrichtungen Anreize für mehr Effizienz zu bieten, war die gängige Praxis, im Nachhinein den Haushaltsfehlbedarf zu decken.

343 Das Selbstkostendeckungsprinzip wie die nachgängige Fehlbedarfsfinanzierung wurden zuerst im Einrichtungsvergütungsrecht der Sozialhilfe,[5] dann in der Pflegeversicherung[6] und schließlich in der Krankenhausfinanzierung[7] abgeschafft und neue Finanzierungsprinzipien eingeführt. Auf diesen drei Gebieten wurde das Prinzip der prospektiven Budgetvereinbarung mit nur ausnahmsweiser nachschüssiger Fehlbedarfsfinanzierung zugrunde gelegt. Die Vergütungen für die Leistungen wurden pauschaliert. In der Sozialhilfe wird zwischen Grund- und Maßnahmepauschalen unterschieden. In der Krankenhausfinanzierung werden Fälle für die Finanzierung zugrunde gelegt und mit Fallpauschalen entgolten. In der Pflegeversicherung wird bei den stationären Pflegeleistungen zwischen den Pflegeleistungen und den Unterkunfts- und Verpflegungsleistungen unterschieden. Die Vergütung der Pflegeleistungen orientiert sich nicht mehr nur an den Gestehungskosten, sondern wird auch im Vergleich mit den Vergütungen anderer Pflegeeinrichtungen vereinbart (Marktvergleich).

344 Die vereinbarten Vergütungen werden, wenn es zum Leistungsfall kommt, in der vereinbarten Höhe von den Sozialleistungsträgern übernommen. Nur in der Pflegeversicherung gilt anderes. Dort werden wegen der Deckelung der Leistungen (= Begrenzung der Leistungshöhe) die Pflegesätze abhängig von der Pflegestufe nur in bestimmter Höhe übernommen (vgl. § 43 II SGB XI). Der überschießende Betrag ist vom Leistungsberechtigten selbst zu übernehmen; bei Bedürftigkeit springt der Sozialhilfeträger ein. Die Unterkunfts- und Verpflegungsleistungen hat der Leistungs-

5 Ab 1994, s. dazu *Grube/Wahrendorf*, SGB XII – Sozialhilfe, 2. Aufl. 2008, § 75 Rn. 7 f.

6 Ab 1996, s. dazu Udsching/*Schütze*, SGB XI – Soziale Pflegeversicherung, 3. Aufl. 2010, Vorbem. zu §§ 82 bis 92 Rn. 1 ff.

7 Ab 2003, s. dazu *Tuschen/Trefz*, Krankenhausentgeltgesetz, 2004, 103 ff.

berechtigte vollständig zu tragen (§ 4 II 2 SGB XI). Auch hier ist der Sozialhilfeträger bei Bedürftigkeit subsidiär zuständig.

VII. Beendigung der Marktteilnahme

Bei der Beendigung der Marktteilnahme eines institutionellen Leistungserbringers ist **345** wieder zu unterscheiden zwischen dem Träger und der jeweiligen Einrichtung. In der Regel ist die Beendigung der Marktteilnahme nur für die Einrichtung, nicht für den Träger einer Einrichtung, vorgesehen.

VIII. Nutzerstellung

S. hierzu 4. Kapitel, § 14, D. VII., sowie allgemein 8. Kapitel, § 36. **346**

D. Rechtsquellen – Regelungsebenen

Ähnlich wie beim Recht der personellen Akteure im Gesundheitswesen ist das Recht **347** der institutionellen Akteure normhierarchisch in der Hauptsache auf fünf Ebenen geregelt: Unionsrecht, Verfassungsrecht, Bundesrecht, Landesrecht, untergesetzliches Recht. Anders als bei den personellen Akteuren spielt jedoch die unionsrechtliche Regulierungsebene auf dem Gebiet des Unionssekundärrechts eine weniger bedeutende Rolle. Jedoch kommen auch hier mehr und mehr vergaberechtliche Erwägungen zum Tragen.[8]

Das Zusammenspiel von Bundes- und Landesrecht ist insbesondere im Krankenhausrecht und im Recht der Pflegeeinrichtungen von Bedeutung. Dies hat mit der **348** föderalen Ordnung der Bundesrepublik, aber auch mit der kommunalen Zuständigkeit für die Daseinsvorsorge zu tun, wobei die historische Entwicklung sehr bestimmend wirkt. Anders ist dies bei den medizinischen Rehabilitationseinrichtungen, für die landesrechtlich kaum Vorschriften anzutreffen sind.

§ 20 Krankenhäuser

A. Rechtsquellen

Die **konkurrierende Gesetzgebungskompetenz des Bundes** für das Krankenhaus- **349** wesen beschränkt sich auf die **wirtschaftliche Sicherung der Krankenhäuser** und die **Regelung der Krankenhauspflegesätze** (Art. 74 I Nr. 19 a GG). Auf dieser Grundlage sind das **Krankenhausfinanzierungsgesetz (KHG),**[9] die **Bundespflegesatzverordnung (BPflV)**[10] sowie das **Gesetz über die Entgelte für voll- und teilstationäre Krankenhausleistungen (KHEntgG)**[11] ergangen. Weitere bundesrecht-

8 Vgl. dazu Becker/Kingreen/*Becker*, SGB V – Gesetzliche Krankenversicherung, 2. Aufl. 2010, § 108 Rn. 13 ff.

9 Gesetz zur wirtschaftlichen Sicherung der Krankenhäuser und zur Regelung der Krankenhauspflegesätze (Krankenhausfinanzierungsgesetz - KHG) v. 29. 6. 1972, BGBl. I 886.

10 Verordnung zur Regelung der Krankenhauspflegesätze (Bundespflegesatzverordnung - BPflV) v. 26. 9. 1994, BGBl. I 2750.

11 Gesetz über die Entgelte für voll- und teilstationäre Krankenhausleistungen (Krankenhausentgeltgesetz - KHEntgG) v. 23. 4. 2002, BGBl. I 1412 (1422).

liche Vorschriften finden sich im Recht der Gesetzlichen Krankenversicherung (SGB V) sowie – für Privatkrankenanstalten – in der Gewerbeordnung (GewO). Durch die **Krankenhausgesetze der Länder** wird das Nähere zur Förderung von Krankenhäusern bestimmt (vgl. § 11 S. 1 KHG).

350 Das **Zusammenspiel der verschiedenen Gesetze** stellt sich wie folgt dar:

- Die Zulassung von Krankenhäusern ist nur für **Privatkrankenanstalten** einer **gewerberechtlichen Konzession** unterworfen (§ 30 GewO). Krankenhäuser der öffentlichen, zB kommunalen Träger oder in Trägerschaft der Wohlfahrtsverbände bedürfen keiner gewerberechtlichen Konzession.
- Die Zulassung von Krankenhäusern als **Leistungserbringer im Rahmen der Gesetzlichen Krankenversicherung** ist im SGB V geregelt (§ 108 SGB V), wobei im SGB V für solche Krankenhäuser, die im Krankenhausplan eines Landes aufgenommen worden sind, keine eigene Zulassungsprüfung nach dem SGB V erfolgt. Die Frage, ob ein Bedarf für ein Krankenhaus besteht, wird auf Landesebene im Rahmen der Krankenhausplanung geklärt. Die Krankenkassen stellen keine eigene oder weitere Bedarfsprüfung an.[12]
- Die **Regelungen zur Bedarfsplanung** werden nur von den **Ländern** getroffen (vgl. § 6 I KHG). Weder der Bund noch die Krankenkassen haben Gestaltungsrechte im Rahmen dieser Bedarfsplanung.
- Es besteht ein **Zusammenhang** zwischen der Zuständigkeit der Länder für die **Bedarfsplanung** und der **Förderung der Investitionen** von Krankenhäusern (§ 8 I 1 KHG). Die Investitionsförderung ist in den Grundsätzen im KHG (2. Abschnitt) geregelt. In der Regel sind die **Länder für die Finanzierung der Investitionsförderung** zuständig.
- Das Recht der **Entgelte für Krankenhausleistungen** ist **bundesrechtlich** im KHG, im KHEntgG und in der BPflV geregelt.
- Das Recht der **Krankenhausleistungen für Versicherte der Gesetzlichen Krankenversicherung** ist Gegenstand des Leistungsrechts des SGB V (§ 39 SGB V).

B. Arten von Krankenhäusern

351 **Begriffsbestimmungen für das Krankenhaus** finden sich im KHG und im SGB V. Dabei ist die Begriffsbestimmung des KHG weiter als die des SGB V. Nach **§ 2 Nr. 1 KHG** sind Krankenhäuser Einrichtungen, in denen durch ärztliche und pflegerische Hilfeleistung Krankheiten, Leiden oder Körperschäden festgestellt, geheilt oder gelindert werden sollen oder Geburtshilfe geleistet wird und in denen die zu versorgenden Personen untergebracht und verpflegt werden können. Differenzierter ist die Begriffsbestimmung in **§ 107 I SGB V**, wonach Krankenhäuser Einrichtungen sind, die 1. der Krankenhausbehandlung oder Geburtshilfe dienen, 2. fachlich-medizinisch unter ständiger ärztlicher Leitung stehen, über ausreichende, ihrem Versorgungsauftrag entsprechende diagnostische und therapeutische Möglichkeiten verfügen und nach wissenschaftlich anerkannten Methoden arbeiten, 3. mit Hilfe von jederzeit verfügbarem ärztlichem, Pflege-, Funktions- und medizinisch-technischem Personal darauf eingerichtet sind, vorwiegend durch ärztliche und pflegerische Hilfeleistung Krankheiten der Patienten zu erkennen, zu heilen, ihre Verschlimmerung zu verhüten, Krankheitsbeschwerden zu lindern oder Geburts-

12 Zur Zulassung eines Krankenhauses durch einen Versorgungsvertrag s. unten Rn. 364 ff.

hilfe zu leisten, und in denen 4. die Patienten untergebracht und verpflegt werden können.

C. Infrastrukturverantwortung

I. Verteilung der Zuständigkeiten zwischen Bund und Ländern

§ 6 KHG weist den Ländern explizit die Verantwortlichkeit für die Vorhaltung einer 352
bedarfsgerechten Versorgung der Bevölkerung mit leistungsfähigen, eigenverantwortlich wirtschaftenden Krankenhäusern zu (vgl. § 1 I KHG). In den Landeskrankenhausgesetzen werden auch die Gemeinden und Landkreise in diese Verantwortlichkeit genommen.[13] Dabei wäre es verfassungsrechtlich möglich, dass die Länder – oder auch die Kommunen – diese Verantwortlichkeit dergestalt wahrnehmen, dass sie selbst als Betreiber und Träger von Krankenhäusern auftreten. Das heißt aber nicht, dass die Wahrnehmung der Verantwortlichkeit ausschließlich in dieser Form stattfinden kann. Vielmehr ist aus historischen Gründen eine **Betreiber- und Trägervielfalt** gegeben. Dies kommt auch in § 1 II 2 KHG zum Ausdruck, wonach die freigemeinnützigen und privaten Träger besonders zu fördern sind.

Darüber hinaus ist eine **allgemeine staatliche Verantwortung für die stationäre** 353
Krankenversorgung verfassungsrechtlich in der Schutzpflicht aus Art. 2 II 1 GG und im Sozialstaatsprinzip (Art. 20 I GG) sowie durch den aufgabenrechtlichen Gehalt der Kompetenzvorschrift in Art. 74 I Nr. 19 a GG konstituiert.[14]

Die **Gesetzgebungskompetenz** in Art. 74 I Nr. 19 a GG über »die wirtschaftliche 354
Sicherung der Krankenhäuser und die Regelung der Krankenhauspflegesätze« gibt dem Bund eine konkurrierende Gesetzgebungszuständigkeit für die aufgeführte Materie.[15] Sie besagt jedoch nichts darüber, wer im Verhältnis von Bund und Ländern tatsächlich die Infrastrukturverantwortung, dh das tatsächliche Vorhalten von Krankenhäusern, trägt. Das auf dieser Kompetenzgrundlage verabschiedete KHG belässt diese Verantwortung bei den Ländern, enthält aber Aussagen darüber, wie diese Verantwortung wahrzunehmen ist.[16] Der **Bund** nimmt seine **Verantwortung für die Krankenhausversorgung** also dadurch war, dass er eine entsprechende **Gesetzgebung für das System der Krankenhausfinanzierung** bereitstellt. Diese Bereitstellungsverantwortung drückt sich auch darin aus, dass die Finanzierung der Leistungen der Krankenhäuser durch Bundesgesetze[17] geregelt ist. Das bedeutet aber nicht, dass der Bund für diese Finanzierung aufzukommen hat.

Die **Infrastrukturverantwortung** wird durch die **Länder** durch eine **mit einer Be-** 355
darfsplanung verknüpften Investitionsförderung von Krankenhäusern wahrgenommen (§ 6 I KHG). Das heißt gleichzeitig, dass weder eine Bedarfsplanung ohne Investitionsförderung noch eine Investitionsförderung ohne Bedarfsplanung möglich ist. Insofern unterscheidet sich die Situation von der ärztlichen Versorgung. Dort wird nur eine Bedarfsplanung vorgenommen; eine Investitionsförderung findet nicht statt.[18]

13 Darauf weist Huster/Kaltenborn/*Friedrich*, Krankenhausrecht, 2010, 513 ff. (517), hin.
14 *Burgi* NVwZ 2010, 601 (602 f.)
15 Hierzu Huster/Kaltenborn/*Kaltenborn* (Fn. 13), 17 ff. (18 ff.).
16 Im 2. Abschnitt des KHG.
17 3. Abschnitt des KHG; KHEntgG.
18 Dazu 4. Kapitel, § 15, B. III. 4.

356 Maßnahmen der Bedarfsplanung haben als Eingriff in den Markt an Krankenhausversorgungsleistungen besondere Grundrechtsrelevanz, vor allem hinsichtlich der Berufsfreiheit der Krankenhausträger (Art. 12 I GG). Die Verwaltungsgerichte, auch das Bundesverfassungsgericht,[19] hatten mehrfach Gelegenheit, sich zu den grundlegenden Fragen einer Bedarfsplanung und der Aufnahme in einen Krankenhausplan zu äußern. Aus diesem Grund wird im Folgenden die einschlägige Rechtsprechung dargestellt.[20]

II. Bedarfsplanung

357 Das Bundesverwaltungsgericht hat 1985 die **Grundlagen der Bedarfsplanung** ausführlich und lehrbuchartig für die **Planaufstellungsstufe**[21] dargelegt:[22] Ein Krankenhausbedarfsplan muss im Wesentlichen folgenden Inhalt haben:

- Eine **Krankenhauszielplanung**, die im Rahmen des durch die Vorschriften des Krankenhausfinanzierungsgesetzes begrenzten Gestaltungsspielraumes die Ziele festlegt, auf deren Verwirklichung der Plan ausgerichtet ist.
- Eine **Bedarfsanalyse**, die eine Beschreibung des zu versorgenden Bedarfs der Bevölkerung enthält.
- Eine **Krankenhausanalyse**, die eine Beschreibung der Versorgungsbedingungen bei den in den Plan aufgenommenen Krankenhäusern enthält.
- Die Festlegung der durch die späteren Feststellungsbescheide zu treffenden (eigentlichen) **Versorgungsentscheidung** darüber, mit welchen Krankenhäusern der festgestellte Bedarf der Bevölkerung versorgt werden soll.

358 Bei der **Krankenhauszielplanung** handelt es sich um eine Maßnahme, die einen überwiegend planerischen Charakter hat. Die Planaufstellungsbehörde ist verpflichtet, unter der in § 1 II 1 KHG vorgeschriebenen Beachtung der Vielfalt der Krankenhausträger ein koordiniertes System bedarfsgerecht gegliederter, leistungsfähiger und wirtschaftlich arbeitender Krankenhäuser festzulegen. Es soll erreicht werden, dass sich die richtigen Krankenhäuser am richtigen Platz befinden. Im Hinblick auf diese Aufgabenstellung ist die Annahme gerechtfertigt, dass der für die Aufstellung des Krankenhausbedarfsplans zuständigen Behörde bei der **Festlegung der Ziele** der Krankenhausbedarfsplanung des Landes ein **planerischer Gestaltungsspielraum** eingeräumt ist. Hieraus folgt, dass die im Krankenhausbedarfsplan festgelegten Ziele der Krankenhausbedarfsplanung von den Gerichten nur daraufhin nachgeprüft werden können, ob sie sich im Rahmen der Gesetze und insbesondere der Regelungen des KHG halten und ob die unterschiedlichen öffentlichen sowie privaten Interessen der Krankenhausträger gerecht gegeneinander und untereinander abgewogen worden sind.

359 Die **Bedarfsanalyse** ist die Beschreibung des zu versorgenden Bedarfs der Bevölkerung an Krankenhausbetten. Dabei kann zwischen der als notwendig anzusehenden Beschreibung des gegenwärtig zu versorgenden Bedarfs sowie einer ebenfalls notwendigen Bedarfsprognose, also der Beschreibung des voraussichtlich in der Zukunft zu erwartenden Bedarfs, unterschieden werden. Unter dem Bedarf im Sinne des

19 Beginnend mit BVerfGE 82, 209, zuletzt im Beschl. v. 23. 4. 2009, NVwZ 2009, 977.

20 Insgesamt zur Krankenhausplanung Huster/Kaltenborn/*Stollmann* (Fn. 13), S. 63 ff.; *Burgi* NVwZ 2010, 601; *Steiner* NVwZ 2009, 486.

21 Vgl. Becker/Kingreen/*Becker* (Fn. 8), § 108 Rn. 6 f.

22 Der folgende Text stammt hauptsächlich aus BVerwGE 72, 38 (46 ff.).

Gesetzes ist der tatsächlich auftretende und zu versorgende Bedarf und nicht ein mit dem tatsächlichen Bedarf nicht übereinstimmender erwünschter Bedarf zu verstehen ist. Es wäre mit dem in § 1 I KHG bezeichneten überragenden Ziel einer bedarfsgerechten Versorgung der Bevölkerung unvereinbar, wenn die einzelnen Länder bei der Ermittlung des zu versorgenden Bedarfs ihrer Bedarfsanalyse nicht den tatsächlichen Bedarf zugrunde legen, sondern versuchen würden, durch eine Minderversorgung des tatsächlichen Bedarfs die unversorgt bleibenden Patienten zu zwingen, in andere Länder abzuwandern. Ob eine solche auf Minderversorgung gerichtete Verfahrensweise mit dem Recht des Bürgers auf die im Grundsatz freie Wahl des Arztes und des Krankenhauses im Widerspruch stehen würde, kann dahinstehen. Jedenfalls wäre eine solche einseitige Verfahrensweise mit § 6 II KHG unvereinbar. Danach kann das Land bei einem Krankenhaus, das auch für die Versorgung der Bevölkerung anderer Länder wesentliche Bedeutung hat, bestimmte Maßnahmen ergreifen, die zu einer Verminderung des in seinem Land zu versorgenden tatsächlichen Bedarfs führen. Insbesondere kann es sich in Abstimmung mit den anderen Ländern darum bemühen, dass diese Länder ihrerseits Maßnahmen ergreifen, die zu einer Abwanderung des entsprechenden Patientenanteils in die anderen Länder führen. Soweit solche Maßnahmen eingeleitet sind, können ihre voraussichtlichen Auswirkungen berücksichtigt werden.

Die **Bedarfsanalyse** als solche ist also **kein Planungsinstrument.** Es ist der tatsächliche Bedarf festzustellen, der zu versorgen ist. Sowohl die Ermittlung des gegenwärtig zu versorgenden Bedarfs wie auch die Prognostizierung des voraussichtlich zukünftigen Bedarfs haben Feststellungen und Schätzungen zum Inhalt, die ausschließlich auf tatsächlichem Gebiet liegen. Diese Feststellungen und Schätzungen können im Grundsatz in gleicher Weise wie jede sonstige Ermittlung von Tatsachen gerichtlich voll nachgeprüft werden. Eine gewisse Einschränkung dieser grundsätzlichen Überprüfbarkeit kann sich in Fällen ergeben, in denen der Bedarfsanalyse nicht nur Tatsachen zugrunde liegen, die in der Vergangenheit oder in der Gegenwart eingetreten sind, sondern wenn auch in der Zukunft liegende Tatsachen berücksichtigt worden sind, deren zukünftiger Eintritt vorausschauend angenommen worden ist. Solche ebenfalls auf tatsächlichem Gebiet liegende Prognosen über die zukünftige Entwicklung der tatsächlichen Verhältnisse entziehen sich naturgemäß einer exakten Tatsachenfeststellung, wie dies für bereits eingetretene Tatsachen zutrifft. Wegen dieser tatsächlichen Schwierigkeiten bei der Nachprüfung prognostischer Feststellungen und Schätzungen wird sich das Gericht bei einer gebotenen Sachaufklärung auf die Nachprüfung beschränken müssen, ob die Behörde von zutreffenden Werten, Daten und Zahlen ausgegangen ist und ob sie sich einer wissenschaftlich anerkannten Berechnungsmethode bedient hat. 360

Die **Krankenhausanalyse** ist die **Beschreibung der tatsächlichen Versorgungsbedingungen** in den einzelnen Krankenhäusern, die in den Krankenhausbedarfsplan aufgenommen worden sind. Diese ebenfalls auf tatsächlichem Gebiet liegende Krankenhausbeschreibung insbesondere nach Standort, Bettenzahl und Fachrichtungen erfordert die Ermittlung der gegenwärtigen Einrichtungen und Ausstattungen in den betreffenden Krankenhäusern. Darüber hinaus kann auch eine Versorgungsprognose geboten sein. Sie betrifft die Prognostizierung der zukünftigen Entwicklung der Versorgungsbedingungen in den Krankenhäusern. Insoweit kann es auch von Bedeutung sein, ob ein Krankenhaus im Falle seiner Aufnahme in den Krankenhausbedarfsplan 361 die Möglichkeit zur Teilnahme an der Notfallversorgung bietet. Die Krankenhausanalyse kann gerichtlich in gleicher Weise wie die Bedarfsanalyse überprüft werden.

362 Auf der Grundlage der im Krankenhausbedarfsplan bezeichneten Ziele der Krankenhausbedarfsplanung des Landes sowie der Bedarfsanalyse und der Krankenhausanalyse ist im Krankenhausbedarfsplan letztlich festzulegen, **mit welchen Krankenhäusern der festgestellte Bedarf versorgt** werden soll. Durch diese verwaltungsinterne Festlegung wird die für den Erlass der Feststellungsbescheide nach § 8 I 3 KHG zuständige Landesbehörde ähnlich wie bei einer verwaltungsinternen Weisung verpflichtet, entsprechende Feststellungsbescheide zu erlassen.

III. Investitionsförderung

363 Die Krankenhäuser werden dadurch wirtschaftlich gesichert, dass ihre Investitionskosten im Wege öffentlicher Förderung übernommen werden (§ 4 Nr. 1 KHG). Dazu haben die Krankenhäuser Anspruch auf Investitionsförderung.[23] Voraussetzung ist die Aufnahme in den Krankenhausplan eines Landes und bei Investitionen nach § 9 I Nr. 1 KHG in das Investitionsprogramm (§ 8 I 1KHG). Investitionskosten sind vor allem (§ 2 Nr. 2 KHG):

- die Kosten der Errichtung (Neubau, Umbau, Erweiterungsbau) von Krankenhäusern und der Anschaffung der zum Krankenhaus gehörenden Wirtschaftsgüter, ausgenommen der zum Verbrauch bestimmten Güter (Verbrauchsgüter), und
- die Kosten der Wiederbeschaffung der Güter des zum Krankenhaus gehörenden Anlagevermögens (Anlagegüter); zu den Investitionskosten gehören nicht die Kosten des Grundstücks, des Grundstückserwerbs, der Grundstückserschließung sowie ihrer Finanzierung.
- Als den Investitionskosten gleichstehende Kosten werden angesehen die Entgelte für die Nutzung der Anlagegüter, und die Zinsen, die Tilgung und die Verwaltungskosten von Darlehen sowie Kapitalkosten (Abschreibungen und Zinsen) für die Verbrauchs- und Anlagegüter (§ 2 Nr. 3 KHG).

Diese Art der Förderung stellt sich damit grundsätzlich als Bau- und Ausstattungsförderung dar. Zu diesem Teil der wirtschaftlichen Förderung der Krankenhäuser tritt dann die Sicherung der Entgelte für die Inanspruchnahme der Leistungen der Krankenhäuser (§ 4 Nr. 2 KHG).[24]

D. Zulassung (ordnungsrechtlich)

364 Krankenhäuser bedürften nur dann einer **gewerberechtlichen Konzession** (Zulassung), wenn es sich um **gewerbsmäßig betriebene Privatkrankenanstalten** handelt (§ 30 GewO). Krankenhäuser anderer Träger, auch der freigemeinnützigen Träger, sind nicht konzessionspflichtig.

365 Die gewerberechtliche Konzession hat nur ordnungsrechtlichen Charakter. Sie besagt nichts darüber, ob ein solches Krankenhaus auch die Voraussetzungen für die Aufnahme in den Krankenhausplan erfüllt. Ein gewerberechtlich konzessioniertes Krankenhaus ist allgemein zur Leistungserbringung zugelassen. Das bedeutet aber nicht,

23 Hierzu Huster/Kaltenborn/*Degener-Hencke* (Fn. 13), 113 ff. (131 ff.).
24 S. dazu Rn. 41.

dass dort ohne weiteres Patienten der Gesetzlichen Krankenversicherung zulasten der Krankenkasse versorgt werden können. Hierzu müssen die Voraussetzungen nach § 108 SGB V erfüllt sein. Ein solches Krankenhaus kann jedoch privatversicherte Patienten oder Selbstzahler aufnehmen.

E. Arten des Zugangs zur Leistungserbringung nach SGB V

Die Krankenkassen dürfen Krankenhausbehandlung nur durch folgende Kranken- 366
häuser (**zugelassene Krankenhäuser**) erbringen lassen (§ 108 SGB V): 1. Krankenhäuser, die nach den landesrechtlichen Vorschriften als Hochschulklinik anerkannt sind, 2. Krankenhäuser, die in den Krankenhausplan eines Landes aufgenommen sind (Plankrankenhäuser), oder 3. Krankenhäuser, die einen Versorgungsvertrag mit den Landesverbänden der Krankenkassen und den Verbänden der Ersatzkassen abgeschlossen haben. Im Folgenden interessieren nur die Plankrankenhäuser und die Krankenhäuser, die durch Versorgungsvertrag zugelassen sind.

I. Plankrankenhäuser

In der Vorschrift des SGB V über die Zulassung von Plankrankenhäusern wird Bezug 367
genommen auf den Krankenhausplan des Landes. Im Rahmen des **SGB V** ist also **keine eigene Bedarfsplanung** für Krankenhäuser eingerichtet. Wenn auf Landesebene in der **Planaufstellungsstufe**[25] der Krankenhausplan aufgestellt worden ist, schließt sich daran die **Planvollziehungsstufe** an. Hier wird aufgrund eines Feststellungsbescheides der Status des zugelassenen Krankenhauses iSd § 108 Nr. 2 SGB V begründet (§ 8 I 3 KHG).

In der **Planvollziehungsstufe** sind **zwei Phasen** zu unterscheiden. In der **ersten** 368
Phase geht es um die Feststellung, welche Krankenhäuser bedarfsgerecht, leistungsfähig und kostengünstig bzw. wirtschaftlich sind. Erst wenn die Versorgungskapazität durch die so bestimmten vorhandenen Krankenhäuser überschritten ist, ist in einer **zweiten Phase** eine Auswahlentscheidung zu treffen.

Für die **Feststellung in der ersten Phase** sagt das BVerwG,[26] dass die Begriffe der 369
bedarfsgerechten Versorgung, der Leistungsfähigkeit und der Wirtschaftlichkeit Rechtsbegriffe darstellen, die zwar inhaltlich unbestimmt sein mögen, jedoch unter Berücksichtigung der Zielsetzung des Gesetzes sinngemäß ausgelegt werden können. Diese Begriffe geben nichts dafür her, dass mit der in § 6 I KHG getroffenen Regelung der Behörde durch eine Beurteilungsermächtigung ein Beurteilungsspielraum oder durch eine Handlungsermächtigung ein Handlungsspielraum im Sinne des Handlungsermessens eingeräumt worden ist. Insbesondere spricht gegen die Annahme einer Beurteilungsermächtigung der Gesichtspunkt, dass die zu treffende Entscheidung, welche Krankenhäuser bedarfsgerecht, leistungsfähig und wirtschaftlich sind, weder im Hinblick auf die zur Entscheidung berufene Behörde einen höchstpersönlichen Charakter besitzt noch im Hinblick auf den zu beurteilenden Sachverhalt die besonderen Fachkenntnisse der dafür zuständigen Behörde erfordert. Die Entscheidung der Behörde, dass ein Krankenhaus bedarfsgerecht, leistungsfähig und wirtschaftlich sei oder nicht sei, kann vom Gericht in vollem Umfang nachvollzogen

25 S. Rn. 357.
26 Der folgende Text ist weitgehend BVerwGE 72, 38 (46 ff.) entnommen.

werden. Deshalb spricht nichts dafür, dass der Behörde insoweit ein Beurteilungsspielraum zugebilligt worden ist. Hiernach stellt die Entscheidung der Behörde über die Aufnahme der bedarfsgerechten, leistungsfähigen und wirtschaftlichen Krankenhäuser in den Krankenhausbedarfsplan dann eine gesetzesakzessorische Entscheidung dar, wenn die Zahl der Planbetten dieser Krankenhäuser die Zahl der zur bedarfsgerechten Versorgung der Bevölkerung benötigten Betten nicht übersteigt.

370 Für die **Feststellung in der zweiten Phase** muss sich wegen einer Überkapazität die Notwendigkeit ergeben, dass zwischen mehreren bedarfsgerechten leistungsfähigen und wirtschaftlichen Krankenhäusern ausgewählt werden muss. Das BVerwG[27] stellt hierzu fest, dass die Regelung des § 8 II 2 KHG, wonach die zuständige Landesbehörde bei notwendiger Auswahl zwischen mehreren Krankenhäusern abzuwägen bzw. zu entscheiden hat, welches von mehreren Krankenhäusern den Zielen der Krankenhausbedarfsplanung des Landes am besten gerecht wird, eindeutig Bestandteil des gesetzlichen Tatbestandes ist und damit die Subsumtion des Sachverhalts unter diese Norm betrifft und nicht die Rechtsfolge aus dieser Subsumtion. Das Gesetz verpflichtet die Behörde, dasjenige Krankenhaus in den Krankenhausbedarfsplan aufzunehmen, das nach sachgerechter Beurteilung den Planungszielen am besten gerecht wird. Die Behörde hat also auf der Rechtsfolgenseite keinen Ermessensspielraum mehr, welches von mehreren Krankenhäusern, die den Anforderungen des § 6 I KHG genügen, weil sie bedarfsgerecht, leistungsfähig und wirtschaftlich sind, in den Plan aufzunehmen ist. Sie kann nicht nach ihrem Ermessen entscheiden, ob sie das beste oder aufgrund irgendwelcher vertretbarer Erwägungen das zweitbeste Krankenhaus in den Plan aufnehmen will. Bereits durch die Subsumtion unter den Rechtsbegriff »am besten gerecht wird« ist die Rechtsfolge bestimmt. Infolgedessen ist kein Handlungsermessen eingeräumt.

371 Hiernach kommt das BVerwG[28] zu dem Ergebnis, dass die Regelung des § 8 II 1 und 2 KHG als eine **Beurteilungsermächtigung** verstanden werden muss, durch die der Behörde ein Beurteilungsspielraum (»Beurteilungsermessen«) zugebilligt wird. Daraus folgt, dass die Entscheidung der Behörde, durch die sie bei notwendiger Auswahl zwischen mehreren bedarfsgerechten, leistungsfähigen und wirtschaftlichen Krankenhäusern die Feststellung der Aufnahme eines der betroffenen Krankenhäuser in den Krankenhausbedarfsplan abgelehnt hat, gerichtlich nur eingeschränkt überprüft werden kann. Die gerichtliche Kontrolle muss sich auf die Nachprüfung beschränken, ob die zuständige Landesbehörde bei ihrer Entscheidung darüber, welches Krankenhaus den Zielen der Krankenhausbedarfsplanung des Landes am besten gerecht wird, von einem zutreffenden und vollständig ermittelten Sachverhalt ausgegangen ist, ob sie einen sich sowohl im Rahmen des Gesetzes wie auch im Rahmen der Beurteilungsermächtigung haltenden Beurteilungsmaßstab zutreffend angewandt hat und ob für ihre Entscheidung keine sachfremden Erwägungen bestimmend gewesen sind. Dabei ist letztlich auch zu erwägen, ob der Grundsatz der Gleichbehandlung gem. Art. 3 I GG dazu führen kann, dass mehrere in gleichem Maße geeignete Krankenhäuser anteilig berücksichtigt werden müssen.[29]

---

27 BVerwGE 72, 38 (46 ff.).

28 Der folgende Text entstammt hauptsächlich BVerwGE 72, 38 (46 ff.).

29 Zum Anspruch auf Planaufnahme des sog. Newcomers s. BVerfG NJW 2004, 1648; hierzu *Steiner* NVwZ 2009, 486 (489).

II. Durch Versorgungsvertrag zugelassene Krankenhäuser

Die Zulassung eines Krankenhauses durch Versorgungsvertrag (§ 108 Nr. 3 SGB V) stellt eine nachrangige Form der Zulassung als Leistungserbringer dann dar, wenn eine sonstige bedarfsgerechte Versorgung[30] der Versicherten nicht gegeben ist (§ 109 III 1 Nr. 2 SGB V). **372**

III. Rechtsschutz

Zwar besteht nach dem Gesagten kein Anspruch eines Krankenhauses auf Aufnahme in den Krankenhausplan, jedoch kann sich die Situation ergeben, dass bei offenem Bedarf ein geeignetes Krankenhaus einen Anspruch auf Aufnahme hat, weil sich die **Nichtaufnahme** in den Krankenhausplan als **Eingriff in das Grundrecht auf Berufsfreiheit** (Art. 12 I GG) darstellt.[31] Die Verpflichtungsklage ist für diese Situation die statthafte Klageart. **373**

Eine andere Situation liegt vor, wenn ein Krankenhaus in **Konkurrenz** zu anderen Krankenhäusern steht, die in den Krankenhausplan aufgenommen worden sind oder werden sollen. Dieses konkurrierende Krankenhaus muss gegen die Aufnahme der anderen Krankenhäuser vorgehen, da der entsprechende Bedarf an Krankenhäusern nur einmal gedeckt werden kann. Diese Situation wird als **offensive Konkurrentensituation** bezeichnet, weil das klagende Krankenhaus nicht nur seine eigene Planaufnahme bezweckt, sondern dafür auch gegen die Konkurrenten vorgehen muss. Das bedeutet, dass die eigene Planaufnahme mit der Verpflichtungsklage, und die Abwehr des Konkurrenten mit der Anfechtungsklage (Drittanfechtung) verfolgt werden muss.[32] Dafür steht auch der einstweilige Rechtsschutz offen.[33] **374**

Will sich ein Plankrankenhaus gegen die geplante Aufnahme eines weiteren Krankenhauses in den Plan wehren, ist eine **defensive Konkurrentensituation** gegeben, in der es um den Erhalt der eigenen Begünstigung durch die Abwehr eines Konkurrenten geht. Einstweiliger Rechtsschutz ist in dieser Situation nicht gegeben.[34] Erst bei einem gegen das Plankrankenhaus vorliegenden Herausnahmebescheid kann hier im Wege der Anfechtungsklage gegen diesen vorgegangen werden. **375**

F. Personal

Bis auf die in § 107 I Nr. 3 SGB V enthaltenen Hinweise, dass ein Krankenhaus jederzeit verfügbares ärztliches, Pflege- und Funktionspersonal und medizinisch-technisches Personal vorhalten muss, sind – mit einer Ausnahme – keine gesetzlichen Regelungen für die Krankenhauspersonalausstattung in quantitativer und qualitativer Hinsicht gegeben.[35] Die genannte Ausnahme besteht für den Bereich der psychiatrischen Einrichtungen, die Krankenhausbehandlung iSv § 39 I SGB V leisten. Die hier **376**

30 Zur Prüfung der Bedarfsgerechtigkeit *Meßling* SGb 2011, 257.
31 BVerfGE 82, 209.
32 Becker/Kingreen/*Becker* (Fn. 8), § 108 Rn. 10.
33 BVerfG NVwZ 2007, 691.
34 BVerfG NVwZ 2009, 977.
35 Ein Überblick über die Organisationsstruktur eines Krankenhauses findet sich bei *Janda* Medizinrecht, 2010, 216 f.

einschlägige Psychiatrie-Personalverordnung (Psych-PV)[36] gibt detaillierte Hinweise zum Personalbesatz der psychiatrischen Einrichtungen. Der vorrangige Zweck der Psych-PV ist jedoch die Festlegung der Vergütungen gem. dem Personalbesatz (§ 2 Psych-PV).[37]

377 Die **Festlegung des Personalbedarfs** für Krankenhäuser ergibt sich nach Aufhebung des Selbstkostendeckungsprinzips[38] indirekt durch die **Finanzierungsvorgaben der Fallpauschalen.** Zwar sind diese leistungs- und nicht aufwandsorientiert (vgl. § 17 b I 1 KHG). Bei der Festlegung der Fallpauschalen gehen jedoch die durchschnittlichen Kosten der Leistungserbringer in die Berechnung ein.[39] Bei der Festlegung des Personalbedarfs sind auch **tarifvertragliche Regelungen** und **gesetzliche Arbeitszeitbestimmungen** von Einfluss.

378 Hinweise auf das in Krankenhäusern einzusetzende Personal ergeben sich indirekt aus der **Begriffsbestimmung der mit Krankenhäusern notwendig verbundenen Ausbildungsstätten,** in der über zehn Berufe aufgeführt sind (§ 2 Nr. 1 a KHG).[40]

G. Leistungen eines Krankenhauses

379 Die Leistungen eines Krankenhauses werden in unterschiedlichen rechtlichen Zusammenhängen, allerdings ziemlich deckungsgleich, beschrieben. Im **Sozialleistungsrecht** umfasst der Anspruch des Versicherten auf Krankenhausbehandlung im Rahmen des Versorgungsauftrags des Krankenhauses alle Leistungen, die im Einzelfall nach Art und Schwere der Krankheit für die medizinische Versorgung der Versicherten im Krankenhaus notwendig sind, insbesondere ärztliche Behandlung, Krankenpflege, Versorgung mit Arznei-, Heil- und Hilfsmitteln, Unterkunft und Verpflegung; die akutstationäre Behandlung umfasst auch die im Einzelfall erforderlichen und zum frühestmöglichen Zeitpunkt einsetzenden Leistungen zur Frührehabilitation (§ 39 I 3 SGB V). Diese Bestimmung des Leistungsinhalts deckt sich im Wesentlichen mit den im **Krankenhausrecht** verwendeten Beschreibungen (vgl. § 2 KHEntgG).

H. Qualitätssicherung

I. Rechtlicher Rahmen der Qualitätssicherung bei Krankenhäusern

380 Das die Krankenhäuser betreffende Recht der Qualitätsanforderungen hat sich ziemlich unsystematisch und Stück für Stück entwickelt. Dieses Rechtsgebiet ist Teil des Leistungserbringungsrechts. Das für Krankenhäuser einschlägige Qualitätsrecht ist auch **Teil des allgemeinen Qualitätsrechts des SGB V.**[41]

36 Verordnung über Maßstäbe und Grundsätze für den Personalbedarf in der stationären Psychiatrie (Psychiatrie-Personalverordnung - Psych-PV) v. 18. 12. 1990, BGBl. I 2930. Zur Personalbedarfsbestimmung im Krankenhaus *DKI* Krankenhaus Barometer Umfrage 2010, 24 ff.

37 Die Ermächtigungsgrundlage für die Psych-PV ist § 16 S. 1 KHG und der weggefallene § 19 Abs. 2 KHG. Letztere Vorschrift hat sich zum Personalbesatz geäußert, während die erstgenannte Vorschrift Gegenstände des Pflegesatzes erwähnt.

38 S. Rn. 342.

39 So *Plücker/Wolkinger* Arzt und Krankenhaus, 01/2007, 9.

40 S. allgemein zum Krankenhauspersonalwesen Huster/Kaltenborn/*Ricken* (Fn. 13), 353 ff.

41 S. hierzu 4. Kapitel, § 15 B. VII.

Das Recht der Qualitätsanforderungen ist im SGB V überwiegend allgemein für die Leistungserbringer und nur an **wenigen Stellen speziell für die Krankenhäuser** (§§ 137 III, 137 a, 137 c SGB V) geregelt. Ansonsten ist der **Gemeinsame Bundesausschuss** (§ 91 SGB V) zu Richtlinien allgemein (§ 92 I 2 Nr. 13 SGB V) und für besondere die Krankenhäuser betreffende Materien zu Richtlinien oder Beschlüssen beauftragt (vgl. §§ 137 III 1, 137 c I 2 SGB V). Im Folgenden wird das Recht der Qualitätsanforderungen für Krankenhäuser nur anhand der ausschließlich auf Krankenhäuser abstellenden Vorschriften und aus Gründen der Übersichtlichkeit im Zusammenhang der jeweiligen Vorschriften dargestellt. 381

§ 137 I und II SGB V enthält für die Qualitätssicherung bei Vertragsärzten und Krankenhäusern eine Richtlinienermächtigung. Speziell für Krankenhäuser liegt in **§ 137 III SGB V eine Beschlussermächtigung** vor. Diese betrifft im Bereich der **Strukturqualität** folgende Gegenstände: 382

- die Nachweise über die Erfüllung der Fortbildungsverpflichtungen der Fachärzte, Psychologischen Psychotherapeuten und der Kinder- und Jugendlichenpsychotherapeuten (Satz 1 Nr. 1);
- Mindestmengenregelungen[42] (Satz 1 Nr. 2).

Die weiteren Gegenstände beziehen sich in der Hauptsache auf die **Nutzerstellung** der Patienten:

- Grundsätze zur Einholung von Zweitmeinungen (Satz 1 Nr. 3);
- Inhalt, Umfang und Datenformat eines zu veröffentlichenden strukturierten Qualitätsberichts der zugelassenen Krankenhäuser (Satz 1 Nr. 4).

Die **Beschlüsse** sind für die zugelassenen Krankenhäuser **unmittelbar verbindlich** (§ 137 III 6 SGB V).

Im Rahmen der **Bewertung von Untersuchungs- und Behandlungsmethoden im Krankenhaus** (§ 137 c SGB V) hat der Gemeinsame Bundesausschuss solche Methoden durch Richtlinie auszuschließen, die nicht für eine ausreichende, zweckmäßige und wirtschaftliche Versorgung der Versicherten unter Berücksichtigung des allgemein anerkannten Standes der medizinischen Erkenntnisse erforderlich sind (§ 137 c I 2 SGB V). Die ausgeschlossene Behandlung darf ab dem Tag des Inkrafttretens der Richtlinie nicht mehr zu Lasten der Krankenkassen erbracht werden (§ 137 c II 2 SGB V). Diese Maßnahme stellt sich als Maßnahme auf der Stufe der **Entwicklung von Qualitätsanforderungen** dar, denn auch der Ausschluss fragwürdiger Behandlungen stellt eine Qualitätsanforderung dar. 383

II. Herstellung der Verbindlichkeit von Qualitätsanforderungen

Zu den allgemeinen Regelungen 4. Kapitel, § 15 B. VII. 384

Die Verbindlichkeit von **besonderen Qualitätsanforderungen an bestimmte Leistungserbringer** wird zusätzlich durch den Einbezug in die jeweiligen Verträge hergestellt, so beim ambulanten Operieren (§ 115 b I 3 SGB V). 385

42 S. hierzu einen auch in verfahrensrechtlicher Hinsicht sehr gut begründeten Beschluss des LSG Berlin-Brandenburg ZMGR 2011, 92.

III. Überwachung von Qualitätsanforderungen

386 Die **Qualitätsüberwachung der Krankenhausbehandlung** wird in § 113 SGB V geregelt. Danach ist ein Prüfer zu bestellen. Besondere Überwachungsvorschriften existieren auch für das ambulante Operieren und die ambulante Behandlung im Krankenhaus (§§ 115 b II 5, 116 b V 9 SGB V).

IV. Reaktionen bei Nichteinhaltung von Qualitätsanforderungen

387 Ein **Versorgungsvertrag** kann unter den Voraussetzungen der § 110 I iVm § 109 III 1 SGB V **gekündigt** werden. Dies gilt nicht nur für Krankenhäuser mit Versorgungsvertrag gem. § 108 Nr. 3 SGB V, sondern auch für Plankrankenhäuser, denn mit diesen gilt ein Versorgungsvertrag als abgeschlossen (§ 109 I 2 SGB V). Hier ist jedoch bei der zuständigen Landesbehörde ein Antrag auf Aufhebung oder Änderung des Feststellungsbescheides nach § 8 I 2 KHG zu stellen (§ 110 I 3 SGB V). Der Kündigungsgrund muss dauerhaft sein (§ 110 I 2 SGB V). Fraglich ist allerdings, ob als Kündigungsgrund auch ein Verstoß gegen Qualitätsanforderungen genügt. In § 109 III 1 iVm § 110 I 1 SGB V wird nur der Verstoß gegen die Gewähr für die leistungsfähige, wirtschaftliche oder bedarfsgerechte Krankenbehandlung genannt. Ein Verstoß gegen Qualitätsanforderungen betrifft das Kriterium der Leistungsfähigkeit eines Krankenhauses.[43]

I. Vergütung

388 Bei der Finanzierung der Gesundheitsleistungen von Einrichtungen wird in der Regel betriebswirtschaftlich zwischen der Finanzierung der **Betriebskosten** und der Finanzierung der **Investitionskosten** unterschieden. Wenn hierfür unterschiedliche Finanzierungsträger zuständig sind, wird von einer dualen Finanzierung, wenn nur ein Finanzierungsträger zuständig ist, von einer monistischen Finanzierung gesprochen. Im Bereich der **Krankenhausfinanzierung** ist die **dualistische Finanzierung** gegeben.[44] Für die Finanzierung der Krankenhäuser sind zwei Bundesgesetze und eine Verordnung einschlägig. Dies sind das **Krankenhausfinanzierungsgesetz (KHG)**[45] und die auf dieser Grundlage erlassene **Bundespflegesatzverordnung (BPflV)**[46] sowie das **Krankenhausentgeltgesetz (KHEntgG).**[47] In den **Krankenhausgesetzen der Länder** finden sich die Vorschriften zur Krankenhausplanung und Investitionsförderung (vgl. § 11 KHG), wobei die Begriffe und Vorgaben hierfür auch im KHG geregelt sind.

389 Das **KHG** stellt das **gemeinsame Dach für die Krankenhausfinanzierung** im Sinne einer **dualistischen Finanzierung** dar (§ 4 KHG). Im KHG wird der Begriff der **Investitionskosten** gesetzlich definiert (§ 2 Nr. 2 KHG). Der Begriff der Betriebskosten wird anhand des **Begriffs der Pflegesätze** als Entgelte für die stationären und teilstationären Leistungen beschrieben (§ 2 Nr. 4 KHG). Der Begriff des Pflegesatzes

---

43 So auch VG Freiburg v. 20. 2. 2002, 1 K 148/00 Rn. 31 (zitiert nach juris.de).

44 Hierzu Huster/Kaltenborn/*Wasem/Walendzik/Rotter* (Fn. 13), 1 ff. (10 f.). S. zur ebenfalls dualistischen Finanzierung von Pflegeeinrichtungen unten § 21 I., III.

45 Fn. 9.

46 Fn. 10.

47 Fn. 11.

entspricht nicht den Leistungen eines Krankenhauses, da im Krankenhaus vor allem ärztlich behandelt wird und die erforderliche Pflege mit der Therapie verbunden sein kann, aber nicht ausschlaggebend gerade für eine Krankenhausbehandlung ist.[48]

Neben der Begriffsbestimmung der Investitionskosten und der Festlegung der nicht förderungsfähigen Einrichtungen (§ 5 KHG) enthält das KHG auch die **Grundsätze der Investitionsförderung** (§§ 8–11 KHG). Maßgebend für einen Anspruch eines Krankenhauses auf Förderung ist die Aufnahme in den Krankenhausplan eines Landes (§ 8 I 1 KHG).[49] **390**

Das **Pflegesatzrecht**[50] findet sich nur im KHG, in der BPflV und im KHEntgG. Unter dem **Oberbegriff Pflegesatz** finden sich zwei grundsätzlich unterschiedliche Ausprägungen des Pflegesatzes, so der **tagesgleiche Pflegesatz** (§ 17 II KHG) und der **pauschalierte Pflegesatz** (§ 17 Ia KHG). Der tagesgleiche Pflegesatz stellt die lange Zeit übliche Finanzierungsweise der Leistungen eines Krankenhauses dar. Diese Finanzierungsweise ist weitgehend abgelöst worden durch den pauschalierten Pflegesatz. Vereinfacht dargestellt beruht die Berechnungsweise des tagesgleichen Pflegesatzes auf den täglich erbrachten Leistungen eines spezifischen Krankenhauses, der pauschalierte Pflegesatz auf der Berechnung eines spezifischen Krankheitsfalles, weshalb der pauschalierte Pflegesatz auch **Fallpauschale** genannt wird (vgl. § 7 I 1 Nr. 1 KHEntgG). **391**

Die **Grundsätze der Pflegesatzregelung** sind: **392**

- die einheitliche Berechnung für alle Benutzer des Krankenhauses (§ 17 I 1 KHG),
- die prospektive Berechnung (§ 17 I 2 KHG),
- die Beachtung des Grundsatzes der Beitragssatzstabilität bei der Ermittlung der Pflegesätze (§ 17 I 3 KHG),
- der Verbleib von Überschüssen und Verlusten beim Krankenhaus (§ 17 I 4 KHG).

Bei den **tagesgleichen Pflegesätzen** wird unterschieden zwischen den **Abteilungspflegesätzen** als Entgelt für ärztliche und pflegerische Leistungen und einem für das Krankenhaus einheitlichen **Basispflegesatz** als Entgelt für nicht durch ärztliche oder pflegerische Tätigkeit veranlasste Leistungen (§ 17 II 4 SGB V). Maßstab für die Ermittlung der tagesgleichen Pflegesätze ist, dass diese **medizinisch leistungsgerecht** sein und einem Krankenhaus bei wirtschaftlicher Betriebsführung ermöglichen müssen, den **Versorgungsauftrag zu erfüllen**. Außerdem ist der **Grundsatz der Beitragssatzstabilität** zu beachten und es sind die zur Erfüllung des Versorgungsauftrags ausreichenden und zweckmäßigen Leistungen sowie die Pflegesätze, Fallkosten und Leistungen vergleichbarer Krankenhäuser oder Abteilungen angemessen zu berücksichtigen (§ 17 II 1 und 2 KHG). **393**

Das System der **pauschalierten Pflegesätze (Fallpauschalen)** (§ 17 Ia KHG) musste erst entwickelt und dann Schritt für Schritt eingeführt werden. Das **Konzept,** das **Verfahren** und die **Schritte der Entwicklung** sind in einer Vorschrift zur Einführung eines pauschalierenden Entgeltsystems für DRG-Krankenhäuser enthalten (§ 17 b KHG). Das **Konzept des Fallpauschalensystems**[51] ist in seiner Grundlage **394**

48 Zur missverständlichen Bedeutung des Begriffs Pflegesatzes s. Rn. 341.
49 S. dazu oben § 20 C. II. sowie zur Investitionsförderung § 20 C. III.
50 Hierzu Huster/Kaltenborn/*Degener-Hencke* (Fn. 13), 113 ff. (1349 ff.).
51 Aus ökonomischer Sicht Huster/Kaltenborn/*Wasem/Walendzik/Rotter* (Fn. 13), 1 ff. (11 ff.).

einfach, in seinen einzelnen Ausprägungen aber komplex und hochdifferenziert (§ 17b I KHG). Das einzuführende System zur Vergütung der allgemeinen Krankenhausleistungen soll durchgängig, leistungsorientiert und pauschalierend sein. Mit den Entgelten dieses Vergütungssystems werden die **allgemeinen** vollstationären und teilstationären **Krankenhausleistungen für einen Behandlungsfall vergütet** (§ 17 I 1 und 3 KHG).

395 Das **Verfahren der Entwicklung** des neuen Fallpauschalensystems ist dem Spitzenverband Bund der Krankenkassen, dem Verband der privaten Krankenversicherung und der Deutschen Krankenhausgesellschaft anvertraut, wobei ein Vergütungssystem, das sich an einem international bereits eingesetzten Vergütungssystem auf der Grundlage der **Diagnosis Related Groups (DRG)** orientiert, zu vereinbaren ist (§ 17b II KHG). Die **Schritte der Entwicklung** sind einmal durch die Entwicklung des neuen Vergütungssystems bestimmt (§ 17b III KHG), zum anderen durch die Umsetzung auf die Finanzierung der einzelnen Krankenhäuser (§ 17b IV-VIII KHG). Der vorläufige Abschluss der Einführung des neuen Vergütungssystems ist für das Jahr 2019 vorgesehen.[52]

396 Von den verschiedenen Entgeltarten sollen hier nur die **Fallpauschalen** besonders erwähnt werden (§ 7 I 1 Nr. 1 KHEntgG). Diese Fallpauschalen werden für Behandlungsfälle abgerechnet (§ 8 II KHEntgG). Sie werden in einem Fallpauschalen-Katalog jährlich bundesweit durch Vereinbarung des Spitzenverbandes Bund der Krankenkassen, des Verbandes der privaten Krankenversicherung und der Deutschen Krankenhausgesellschaft festgelegt (§ 9 I 1 Nr. 1 KHEntgG). Dies geschieht durch Festlegung von Fallgruppen und deren Bewertungsrelationen, wobei die Bewertungsrelationen als Relativgewichte auf eine Bezugsleistung zu definieren sind (§ 17b I 10 und 11 KHG). Die Bewertungsrelation 1,0 entspricht den mittleren Fallkosten aller kalkulierten DRG-Fälle. Beispielsweise bedeutet eine Bewertungsrelation 3,0 bei einer DRG, dass diese DRG dreimal so kostenaufwändig ist wie die DRG-Durchschnittsleistung.

397 Die Höhe der Fallpauschalen wird durch einen jährlich auf Landesebene zu vereinbarenden **Basisfallwert** (Landesbasisfallwert) bestimmt (§ 10 I 1 KHEntgG). Dieser Landesbasisfallwert wird zur Berechnung der Fallpauschale mit der für die DRG einschlägigen Bewertungsrelation multipliziert.

Beispiel: Die DRG A05B O (Herztransplantation ohne Beatmung > 179 Stunden, Alter > 15 Jahre) hat die Bewertungsrelation 22,655 (Fallpauschalen-Katalog 2011). Der (im Ländervergleich höchste) Landesbasisfallwert 2011 für Rheinland-Pfalz beträgt 3.120,00 €; der (im Ländervergleich niedrigste) Landesbasisfallwert 2011 für Mecklenburg-Vorpommern beträgt 2.880,00 €. In Rheinland-Pfalz erhält das Krankenhaus 70.683,60 €, in Mecklenburg-Vorpommern 65.246,40 €.

398 Für die **Vergütung des einzelnen Krankenhauses** kommt es darauf an, ob es ein sog. **DRG-Krankenhaus** ist oder nicht (§ 1 I und II KHEntgG). Bei DRG-Krankenhäusern wird ein Erlösbudget vereinbart, das leistungsorientiert ermittelt wird (§ 4 I und II KHEntgG). Die Leistungen eines Krankenhauses bestimmen sich nach dem Versorgungsauftrag (§ 8 I KHEntgG). Die Vereinbarung ist prospektiv und wird für ein

52 Dies ergibt sich indirekt aus der Vorschrift über die weiteren Planungen zur Angleichung der unterschiedlichen Basisfallwerte der Länder an einen einheitlichen Basisfallwert in § 10 XIII KHEntgG.

Jahr getroffen (§ 11 I und II KHEntgG). Ist das Krankenhaus kein DRG-Krankenhaus, findet das Pflegesatzverfahren nach § 18 KHG statt. Auch hier ist die Vereinbarung prospektiv (§ 18 III KHG).

Kommt eine Vereinbarung über die Höhe der Pflegesätze nicht zustande, kann die **Schiedsstelle** angerufen werden (§ 13 KHEntgG; §§ 18 IV, 18 a KHG). Die **Vereinbarung** oder die **Festsetzung der Schiedsstelle** müssen durch die zuständige Landesbehörde **genehmigt** werden; gegen die Genehmigung ist der Verwaltungsrechtsweg eröffnet (§ 14 I KHEntgG; § 18 V KHG). 399

J. Beendigung der Marktteilnahme

I. Herausnahme aus dem Krankenhausplan

Die Beendigung der Marktteilnahme durch Herausnahme eines Krankenhauses aus dem Krankenhausplan stellt wie die Feststellung der Aufnahme in den Plan einen Verwaltungsakt dar. Dabei handelt es sich um einen belastenden Verwaltungsakt, für dessen Erlass eine Ermächtigungsgrundlage erforderlich ist. Einige Landeskrankenhausgesetze enthalten eine solche Ermächtigungsgrundlage. Ist eine solche landesrechtliche Ermächtigungsgrundlage nicht gegeben, stellt sich die Frage, ob § 8 I 3, II 2 KHG eine bundesrechtliche, im Verhältnis zur allgemeinen Widerrufsvorschrift in den jeweiligen Landesverwaltungsverfahrensgesetzen besondere Regelung darstellt oder ob auf die Widerrufsvorschrift im Landesverwaltungsverfahrensgesetz zurückgegriffen werden muss.[53] Der Unterschied besteht vor allem darin, dass nach der allgemeinen Widerrufsvorschrift die den Widerruf erschwerende Voraussetzung der Gefährdung des öffentlichen Interesses vorliegen muss (§ 49 II 1 Nr. 3 VwVfG), und dass weiter die Fristregelung in § 48 IV VwVfG einschlägig wäre.[54] 400

II. Kündigung des Versorgungsvertrages

Ein **Versorgungsvertrag** kann unter den Voraussetzungen der § 110 I iVm § 109 III 1 SGB V **gekündigt** werden. Dies gilt nicht nur für Krankenhäuser mit Versorgungsvertrag gem. § 108 Nr. 3 SGB V, sondern auch für Plankrankenhäuser, denn mit diesen gilt ein Versorgungsvertrag als abgeschlossen (§ 109 I 2 SGB V). Hier ist jedoch bei der zuständigen Landesbehörde ein Antrag auf Aufhebung oder Änderung des Feststellungsbescheides nach § 8 I 2 KHG zu stellen (§ 110 I 3 SGB V). Der Kündigungsgrund muss dauerhaft sein (§ 110 I 2 SGB V). 401

III. Unterschreitung von Leistungsmindestmengen

§ 137 III 2 SGB V sieht ein Verbot der Leistungserbringung bei Unterschreitung von Mindestmengen bei bestimmten planbaren Leistungen vor. Von diesem gesetzlichen Verbot kann die für die Krankenhausplanung zuständige Landesbehörde absehen (§ 137 III 3 2. Hs. SGB V). Die Mindestmengen werden vom Gemeinsamen Bundesausschuss durch Beschluss festgelegt (§ 137 III 1 Nr. 2 SGB V). 402

Rechtsschutz gegen entsprechende Beschlüsse des G-BA kann durch eine Normfeststellungsklage im Rahmen der Feststellungsklage nach § 55 I 1 SGG gewährt werden, 403

53 Vgl. § 49 VwVfG; es käme der Widerrufsgrund in § 49 II 1 Nr. 3 VwVfG in Frage.
54 So *Steiner* NVwZ 2009, 486 (490 f.).

allerdings nur mit Wirkung zwischen den Parteien. Einstweiliger Rechtsschutz ist über eine Regelungsanordnung – Aussetzung des Beschlusses mit Wirkung zwischen den Parteien – nach § 86 b II SGG möglich.[55]

K. Nutzerstellung

404 Der Wahrnehmung der Rechte und Interessen von Patienten gerade bei Krankenhausleistungen vollzieht sich bei der Auswahl eines Krankenhauses durch Informationsmöglichkeiten und Wahlrechte, bei der Einholung einer zweiten Meinung vor Eingriffen, bei der sozialen Begleitung im Krankenhaus, schließlich beim Übergang in eine andere Versorgungssituation.

405 Zugelassene Krankenhäuser sind verpflichtet, im Abstand von zwei Jahren **strukturierte Qualitätsberichte** zu veröffentlichen (§ 137 III 1 Nr. 4 SGB V).[56] Dadurch besteht für die Patienten, aber auch für die Ärzte, die Möglichkeit, sich bei der **Auswahl eines Krankenhauses** entsprechend zu informieren. Anders als bei den Transparenzberichten der Pflegeeinrichtungen (§ 115 Ia SGB XI) sind hier die Krankenhäuser selbst verpflichtet, den Qualitätsbericht zu erstellen und diesen einer gemeinsamen Annahmestelle der Krankenkasse zu übermitteln. Diese Annahmestelle sorgt dann für die Veröffentlichung. Die Krankenkassen haben keine Möglichkeit, auf den Inhalt der Qualitätsberichte einzuwirken.[57] Wird ein Qualitätsbericht nicht geliefert, prüft der Medizinische Dienst der Krankenversicherung das Krankenhaus jährlich.[58]

406 Eine ähnliche Funktion wie Qualitätsberichte hat das **Verzeichnis stationärer Leistungen und Entgelte,** das die Landesverbände der Krankenkassen, die Ersatzkassen und die Deutsche Rentenversicherung Knappschaft-Bahn-See gemeinsam so erstellen, dass die Entgelte miteinander verglichen werden können (§ 39 III SGB V). Dieses Verzeichnis ist auch bei der Verordnung einer Krankenhausbehandlung zu berücksichtigen (§ 73 IV 3 SGB V).

407 Bei der **Auswahl eines Krankenhauses** ist der Versicherte an die **Verordnung des Arztes** gebunden. Jedoch sind in dieser Verordnung in geeigneten Fällen auch die beiden nächsterreichbaren, für die vorgesehene Krankenhausbehandlung geeigneten Krankenhäuser anzugeben (§ 73 IV 3 SGB V).

408 Der Versicherte hat das Recht, vor Eingriffen eine **zweite Meinung** einzuholen (§ 137 III 1 Nr. 3 SGB V).[59]

409 In elf von sechzehn Bundesländern sehen die Landeskrankenhausgesetze **soziale Beratung und Betreuung im Krankenhaus** vor. In diesen Ländern wird überwiegend die funktionale Existenz eines sozialen Dienstes verpflichtend festgeschrieben.

---

55 So LSG Berlin-Brandenburg ZMGR 2011, 92.

56 S. hierzu die Regelungen des Gemeinsamen Bundesausschusses gemäß § 137 III 1 Nr. 4 SGB V über Inhalt, Umfang und Datenformat eines strukturierten Qualitätsberichts für nach § 108 SGB V zugelassene Krankenhäuser (Regelungen zum Qualitätsbericht der Krankenhäuser, Qb-R) in der Neufassung v. 19. 3. 2009, BAnz 2009, 2458 (Beilage 105 a).

57 S. §§ 6–8 Qb-R (wie Fn. 56).

58 § 7 III Qb-R (wie Fn. 56).

59 Ein Beschluss des Gemeinsamen Bundesausschusses existiert hierzu noch nicht.

410 Versicherte haben Anspruch auf ein **Versorgungsmanagement**, insbesondere beim Übergang in eine andere Versorgungssituation (§ 11 IV 1 SGB V). Mit dieser Vorschrift wird der Tatsache Rechnung getragen, dass gerade beim Übergang von einem Krankenhaus in eine häusliche oder stationäre Pflegesituation, in die Rehabilitation oder in die ambulante ärztliche Versorgung Schnittstellenprobleme zu bewältigen sind, die professioneller Unterstützung bedürfen (§ 11 IV 2 SGB V). Gleiches gilt beim Übergang von einer stationären Rehabilitation zur erforderlichen Anschlussversorgung (§ 11 IV 4 SGB V). Der Anspruch des Versicherten richtet sich gegen das Krankenhaus bzw. gegen die stationäre Rehabilitationseinrichtung. Die Krankenkassen wirken ergänzend auf das Zusammenwirken der jeweiligen Einrichtungen ein, wobei die verwendete Terminologie (»Ergänzend....Sorge tragen«) sehr unüblich ist. Ungewöhnlich ist auch die Fassung der Vorschrift, die sich inhaltlich als Kooperations- und Koordinierungsvorschrift für Leistungserbringer versteht, als Anspruch der Versicherten.[60]

§ 21 Pflegeeinrichtungen

A. Rechtsquellen

411 Das Recht der Pflege wird maßgeblich bestimmt vom **Recht der Sozialen Pflegeversicherung (SGB XI).** Trotzdem darf nicht übersehen werden, dass in der Gesetzlichen Unfallversicherung (SGB VII), in der Sozialhilfe (SGB XII) und im Versorgungsrecht (Bundesversorgungsgesetz - BVG) ebenfalls Pflegeleistungen vorgesehen sind. Im SGB VII und im BVG gibt es kein besonderes Leistungserbringungsrecht (vgl. § 44 SGB VII, § 35 BVG). In der **Sozialhilfe** existieren hingegen besondere **leistungserbringungsrechtliche Vorschriften für die stationäre Versorgung** (§§ 75 ff. SGB XII). Bei der stationären pflegerischen Versorgung wird dabei teilweise Bezug genommen auf die leistungserbringungsrechtlichen Vorschriften des SGB XI (§ 61 VI SGB XII). Im Folgenden wird nur auf das Recht der Pflegeeinrichtungen nach dem SGB XI eingegangen. Dabei ist darauf hinzuweisen, dass das SGB XI auch Regelungen enthält, die die private Pflegepflichtversicherung[61] bestimmen (§§ 110, 111 SGB XI).

412 Das Recht des SGB XI ist, was das Sozialleistungsrecht angeht, in seiner Rechtsquellenstruktur an das Recht der Gesetzlichen Krankenversicherung (SGB V) angelehnt. Zwar existiert in der Pflegeversicherung **keine der Krankenversicherung vergleichbare gemeinsame Selbstverwaltung,**[62] wie sie insbesondere in der Institution des normsetzenden Gemeinsamen Bundesausschusses zum Ausdruck kommt (vgl. § 91 SGB V). Was aber die **untergesetzlichen Rechtsquellen** angeht, lehnt sich das SGB XI sehr an das Muster des SGB V an. So finden sich auch im SGB XI Bundesempfehlungen und Bundesvereinbarungen, Rahmenverträge (vgl. § 75 SGB XI), sonstige Vereinbarungen (zB §§ 113 I, 115 Ia 6 SGB XI) und Richtlinien (zB §§ 17, 53 a SGB XI). Die Rechtsnatur solcher Vorschriften kann nicht verallgemeinernd bestimmt werden. Vielmehr ist der jeweilige Entstehungs- und Wirkungskontext zu berücksichtigen.

60 So auch Becker/Kingreen/*Becker/Kingreen* (Fn. 8), § 11 Rn. 33.
61 Hierzu 7. Kapitel.
62 S. Rn. 553.

413 Ähnlich wie im Krankenhausrecht ist das Recht der Pflegeeinrichtungen auf der einen Seite durch das **Sozialleistungsrecht,** das SGB XI, und auf der anderen Seite durch das Landesrecht, die **Landespflegegesetze**, geprägt. Allerdings verlaufen die Linien der Verteilung der gesetzgeberischen Kompetenzen etwas unterschiedlich: Während wie bei den Krankenhäusern die Bedarfsplanung und die Investitionsförderung bei den Ländern liegt, hierfür aber – anders als bei den Krankenhäusern im KHG - praktisch keine bundesrechtlichen Maßgaben existieren, ist das die Vergütungen der Pflegeeinrichtungen bestimmende Recht nur im SGB XI (§§ 82 ff.) und nicht in besonderen Bundesgesetzen zu finden.

414 Als weitere Rechtsquelle für die Pflegeeinrichtungen gilt das **Heimgesetz des Bundes (HeimG),**[63] soweit es nach der Föderalismusreform nicht durch entsprechende Landesgesetze abgelöst worden ist.[64] Hier sind insbesondere ordnungsrechtliche Vorschriften zur baulichen und personellen Ausstattung zu nennen. Dem Verbraucherschutz dienen die Vorschriften zum finanziellen Schutz der Bewohner. Ebenso sind zum Verbraucherschutz die heimvertraglichen Vorschriften nach dem HeimG zu rechnen, die mittlerweile durch das Wohn- und Betreuungsvertragsgesetz (WBVG)[65] abgelöst worden sind.[66]

B. Arten von Pflegeeinrichtungen

415 Die Leistungen der Pflegeversicherung werden vor allem durch **Pflegeeinrichtungen** erbracht. Nur ausnahmsweise ist die Erbringung von Pflegeleistungen durch **Einzelpersonen** vorgesehen, mit denen die Pflegekasse einen Vertrag außerhalb des sonst für Pflegeleistungen vorgesehenen Leistungserbringungsrechts abschließt (§ 77 SGB XI).

416 Mit der Vorschrift über die Pflegeeinrichtungen werden drei Zwecke verfolgt:[67]

- die Sicherung einer Mindestausstattung in organisatorischer Hinsicht,
- die Sicherung einer fachlichen Qualifikation der verantwortlichen Pflegeleitung,
- die Ausrichtung der Einrichtung gerade auf die pflegerische Versorgung.

417 **Pflegeeinrichtungen** werden definiert als selbstständig wirtschaftende Einheiten der ambulanten und stationären Versorgung, die unter ständiger Verantwortung einer ausgebildeten Pflegefachkraft stehen (§ 71 SGB XI). Der **Begriff der Einrichtungen** umfasst die **Pflegedienste** (= die ambulanten Dienste der häuslichen Pflege), und die **Pflegeheime** (= die voll- und teilstationären Pflegeeinrichtungen). Mit diesen Einrichtungen ist der Versorgungsvertrag zu schließen (§ 72 SGB XI). Nur über solche Einrichtungen darf die Pflegekasse Leistungen erbringen.

418 In **organisatorischer Hinsicht** wird neben einem Mindestmaß an Organisationsstruktur ein **selbständiges Wirtschaften** gefordert (§ 71 I und II SGB XI). Das bedeutet, dass eine eigene Aufgaben- und Wirtschaftlichkeitsverantwortung gegeben

---

63 Heimgesetz (HeimG) vom 7. 8. 1974 idF der Bek. v. 5. 11. 2001, BGBl. I 2970.

64 S. Art. 74 I Nr. 7, Art. 125 a I GG.

65 Gesetz zur Regelung von Verträgen über Wohnraum mit Pflege- oder Betreuungsleistungen (Wohn- und Betreuungsvertragsgesetz - WBVG) v. 29. 7. 2009, BGBl. I. 2319.

66 Abdruck und Kommentierung der Ländergesetze bei *Dahlem/Giese/Igl*, HeimR, 2011, Bd. II, WBVG – Neues Heimrecht der Länder.

67 So etwa Udsching/*Schütze* (Fn. 6), § 71 Rn. 2.

ist, was nicht ausschließt, dass der Träger der Einrichtung nicht auch andere Leistungen als solche der Pflegeversicherung erbringen kann. Die Buchhaltung hat den Regeln der Pflege-Buchführungsverordnung[68] zu folgen.

Hinsichtlich der **Personalausstattung** wird für die Eigenschaft als Pflegeeinrichtung 419 nur auf die **»ständige Verantwortung einer ausgebildeten Pflegefachkraft«** hingewiesen. Dabei bezieht sich diese Verantwortung nicht auf die Führung der Einrichtung, sondern auf die Pflege, Verpflegung und Unterkunft von Pflegebedürftigen. Unter ständiger Verantwortung einer verantwortlichen Pflegefachkraft stehen Leistungen in einem Pflegeheim nur, wenn die verantwortliche Pflegefachkraft die Pflegeleistungen für jeden Heimbewohner zumindest in den Grundzügen selbst festlegt, ihre Durchführung organisiert und ihre Umsetzung angemessen kontrolliert. Es ist nicht erforderlich, die Aufgaben einer verantwortlichen Pflegefachkraft in größeren Pflegeheimen in Vollzeitbeschäftigung und von der Funktion der Heimleitung getrennt zu versehen. Bei einer Delegation von Aufgaben dürfen diese jedoch nur von Mitarbeitern wahrgenommen werden, die als verantwortliche Pflegefachkraft qualifiziert und den Pflegekassen entsprechend benannt sind.[69] Die **qualifikatorischen Voraussetzungen** an die ausgebildete Pflegefachkraft sind in § 71 III SGB XI aufgeführt.

Die sonstigen Anforderungen an die Personalausstattung der Pflegeeinrichtungen 420 sind in der Heimpersonalverordnung[70] und den landesrechtlichen Vorschriften in der Nachfolge des Heimgesetzes[71] geregelt. Im Regelungsbereich des SGB XI finden sich in den Qualitätsanforderungen an Pflegeeinrichtungen ebenfalls Hinweise.[72]

Die Einrichtung muss als **Pflegeeinrichtung** ausgerichtet sein. **Stationäre Einrichtungen,** in denen die Leistungen zur medizinischen Vorsorge, zur medizinischen 421 **Rehabilitation**, zur **Teilhabe** am Arbeitsleben oder am Leben in der Gemeinschaft, die schulische Ausbildung oder die Erziehung kranker oder behinderter Menschen im Vordergrund des Zweckes der Einrichtung stehen, sowie Krankenhäuser sind **keine Pflegeeinrichtungen** (§ 71 IV SGB XI).

Die **unterschiedliche Behandlung von Pflegebedürftigen in zugelassenen Pflegeheimen** einerseits und **Einrichtungen der Behindertenhilfe** andererseits verstößt 422 nicht gegen das in Art. 3 III 2 GG geregelte spezielle Verbot der Benachteiligung wegen einer Behinderung. Die unterschiedliche Behandlung der Behinderten untereinander in Ansehung des Ortes ihrer Unterkunft und Versorgung falle, so das BSG,[73] nicht unter dieses spezielle Benachteiligungsverbot, sondern unter den allgemeinen Gleichheitssatz (Art. 3 IGG) und sei durch sachliche Gründe gerechtfertigt.

68 Verordnung über die Rechnungs- und Buchführungspflichten der Pflegeeinrichtungen (Pflege-Buchführungsverordnung - PBV) v. 22. 11. 1995, BGBl. I 1528.

69 Mit ausführlicher Begründung BSGE 103, 78.

70 Verordnung über personelle Anforderungen für Heime (Heimpersonalverordnung – HeimPersV) v. 19. 7. 1993, BGB. I 1205. S. dazu *Dahlem/Giese/Igl* (Fn. 66), Bd. I, C II 2, § 5.

71 S. Rn. 414.

72 Maßstäbe und Grundsätze für die Qualität und die Qualitätssicherung in der ambulanten und stationären Pflege gemäß § 113 I 1 SGB XI (nach der vorhergehenden Gesetzesfassung: § 80 I SGB XI; zur Weitergeltung der auf Grundlage dieser Vorschrift ergangenen Maßstäbe und Grundsätze s. BSGE 103, 78).

73 BSG NZS 2002, 89.

C. Infrastrukturverantwortung

I. Zuständigkeit

423 Das Recht der Verantwortung für die Infrastruktur der pflegerischen Versorgung nach dem SGB XI wird erst verständlich im Vergleich mit dem Recht der Verantwortung für die Krankenhausinfrastruktur, das als Vorbild für Ersteres diente.[74] Allerdings sind die staatsorganisationsrechtlichen Ausgangsbedingungen nicht ganz vergleichbar. Während für die wirtschaftliche Sicherung der Krankenhäuser in Art. 74 I Nr. 19 a GG eine konkurrierende Gesetzgebungszuständigkeit des Bundes besteht, von der dieser auch mit dem Krankenhausfinanzierungsgesetz (KHG) Gebrauch gemacht hat, besteht eine solche Kompetenz für den Bereich der Pflegeeinrichtungen (ambulant und stationär) nicht. Aus diesem Grund muss Art. 30 GG für die Kompetenzbestimmung der Verantwortung für die pflegerische Infrastruktur herangezogen werden. Das heißt, dass die Länder und ggf. die Kommunen im Rahmen der Daseinsvorsorge für diese Aufgabe zuständig sind. Im SGB XI wird dieser Kompetenzzuordnung mit dem deklaratorischen Verweis auf die **Verantwortlichkeit der Länder für die pflegerische Infrastruktur** Rechnung getragen (§ 9 S. 1 SGB XI).

II. Beteiligung anderer Akteure

424 Das SGB XI begnügt sich aber nicht mit einer alleinigen Verantwortlichkeit der Länder für die Infrastruktur, sondern greift sehr viel weiter aus, indem die pflegerischer Versorgung zur **gesamtgesellschaftlichen Aufgabe** bestimmt wird (§ 8 I SGB XI). Eine solche Bestimmung ist einmalig in der deutschen Gesetzgebung. Man könnte geneigt sein, sie als gesetzgeberische Lyrik abzutun. Auch könnte man fragen, wo die Gesetzgebungskompetenz des Bundes für eine solche gesellschaftsumspannende Aufgabe zu suchen ist.[75] Unabhängig davon wird diese als **Aufgaben- und nicht als Befugnisnorm** gefasste Vorschrift nicht zu Rechtsstreitigkeiten führen, da ihr nur **appellativer und nicht verpflichtender Charakter** beizumessen ist. Allenfalls könnte diese Vorschrift, verstanden als Auftrag einer Aufgabenausführung an alle öffentlichen Haushalte, als Rechtfertigung für die Verwendung von öffentlichen Haushaltsmitteln für die pflegerische Versorgung dienen.

425 Präziser wird die **gemeinsame Verantwortung für die pflegerische Versorgung** in § 8 II SGB XI formuliert. Dort sind als **Aufgabenträger** genannt die Länder, die Kommunen, die Pflegeeinrichtungen und die Pflegekassen unter Beteiligung des Medizinischen Dienstes. Als **Aufgaben** sind aufgeführt:

- Enges Zusammenwirken, um eine leistungsfähige, regional gegliederte, ortsnahe und aufeinander abgestimmte **ambulante und stationäre pflegerische Versorgung der Bevölkerung zu gewährleisten.**
- Beitragen zum Ausbau und zur Weiterentwicklung der **notwendigen pflegerischen Versorgungsstrukturen** bei; das gilt insbesondere für die Ergänzung des Angebots an häuslicher und stationärer Pflege durch neue Formen der teilstationären Pflege und Kurzzeitpflege sowie für die Vorhaltung eines Angebots von die Pflege ergänzenden Leistungen zur medizinischen Rehabilitation.

74 S. oben § 20 C.

75 Die Gesetzgebungskompetenz für die Sozialversicherung in Art. 74 I Nr. 12 GG wird die Vorschrift nicht tragen können.

- Unterstützen und Fördern der Bereitschaft zu einer humanen Pflege und **Betreuung durch hauptberufliche und ehrenamtliche Pflegekräfte sowie durch Angehörige, Nachbarn und Selbsthilfegruppen** und Hinwirken auf eine neue Kultur des Helfens und der mitmenschlichen Zuwendung.

Darüber hinaus kommen den **Pflegekassen** in Hinblick auf **Infrastrukturaufgaben** 426
noch einmal **besondere Aufgaben** zu (§ 12 SGB XI):

- Sicherstellung der pflegerischen Versorgung ihrer Versicherten
  - durch enge Zusammenarbeit mit allen an der pflegerischen, gesundheitlichen und sozialen Versorgung Beteiligten,
  - durch Hinwirken auf eine Vernetzung der regionalen und kommunalen Versorgungsstrukturen, um eine Verbesserung der wohnortnahen Versorgung pflege- und betreuungsbedürftiger Menschen zu ermöglichen (§ 12 I SGB XI).
- **Koordination der Hilfen** durch Zusammenwirken mit den Trägern der ambulanten und der stationären gesundheitlichen und sozialen Versorgung (§ 12 II 1 SGB XI).
- **Sicherstellung der haus-, fach- und zahnärztlichen Versorgung der Pflegebedürftigen** durch Hinwirken auf Kooperationen der stationären Pflegeeinrichtungen mit niedergelassenen Ärzten (§ 12 II 3 SGB XI).

Bei den genannten Vorschriften aufgeführten Aufgaben der Infrastrukturverantwor- 427
tung in Hinblick auf die Gewährleistung der entsprechenden Pflegeeinrichtungen darf nicht aus dem Blick verloren werden, dass es hier um die professionelle pflegerische Versorgung (**formelle Pflege**) geht. Gleichzeitig baut die Pflegeversicherung auf die Unterstützung des **informellen Pflegesektors**, also durch sozial Engagierte, Angehörige etc. (§ 3 S. 1, § 8 II 3 SGB XI). Mittlerweile werden **bürgerschaftlich Engagierte** noch stärker als früher in die pflegerische Versorgung einbezogen (vgl. § 75 II 1 Nr. 9 SGB XI), was auch in den Pflegevergütungen berücksichtigt wird (§ 82 b SGB XI). In der Pflegeversicherung kommt damit insgesamt eine **veränderte versorgungspolitische Konzeption** zum Tragen, die auf die Beteiligung zahlreicher Akteure setzt.

III. Ausgestaltung

Angesichts dieser im Infrastrukturrecht der Pflegeversicherung angelegten Versor- 428
gungskonzeption ist auch eine **strikte Bedarfsplanung**, wie sie den Krankenhaussektor prägt, **weder versorgungspolitisch angebracht noch rechtlich möglich**. Auch wenn die meisten Länder ursprünglich in ihren Landespflegegesetzen das Instrumentarium der Krankenhausbedarfsplanung (Aufnahme in den Plan und Anspruch auf Investitionsförderung)[76] als geeignet angesehen haben, haben sich mittlerweile verbreitet andere Instrumente durchgesetzt, so zB statt der Objektförderung im Rahmen einer Investitionsförderung eine Subjektförderung im Sinne der Leistung eines Pflegewohngeldes.[77] Das BSG hat in einer grundlegenden Entscheidung darauf hingewiesen, dass auf dem Gebiet der pflegerischen Versorgung eine Bedarfsprüfung nicht stattfindet[78] und eine staatliche finanzielle Förderung erst dann eingreifen soll, wenn sich herausstellen sollte, dass unter den Regeln des Marktwettbewerbs eine

76 S. oben § 20 C. I., II.
77 S. hierzu BSGE 91, 182.
78 BSGE 88, 215, ebenso BVerwGE 121, 23,

ausreichende Versorgung der Bevölkerung mit Pflegeeinrichtungen, etwa in strukturschwachen Gebieten, nicht sicherzustellen ist.[79]

D. Zulassung (ordnungsrechtlich)

429 Die gewerberechtliche Konzession (Zulassung), die gewerbsmäßig betriebene Privatkrankenanstalten benötigen (§ 30 GewO), ist für Pflegeeinrichtungen zunächst durch eine Genehmigungspflicht nach dem **Heimgesetz (HeimG),** dann durch eine **Anzeigepflicht** ersetzt worden (§ 12 HeimG). Diese Anzeigepflicht gilt unabhängig von der Trägerschaft, also auch für in öffentlicher oder freigemeinnütziger Trägerschaft stehende Heime (§ 1 I HeimG). Da das HeimG nach der Föderalismusreform in mehreren Bundesländern durch Nachfolgegesetze abgelöst worden ist, sind in diesen Ländern die dort geltenden Vorschriften einschlägig.[80] Das HeimG sieht eine Reihe ordnungsrechtlicher Eingriffsmöglichkeiten vor, so zB Beschäftigungsverbote (§ 18 HeimG) oder Untersagungen (§ 19 HeimG)

430 Schon nach dem HeimG war der **Anwendungsbereich für ordnungsrechtliche Vorschriften** gegenüber Einrichtungen wesentlich weiter als nach dem Pflegeheimbegriff des § 71 II SGB XI. Der **Einrichtungsbegriff des HeimG** umfasst auch Einrichtungen, die nicht für pflegebedürftige Menschen bestimmt sind, so zB **Wohn- und Betreuungseinrichtungen für ältere Menschen** (§ 1 I HeimG). **Ambulante Dienste** werden vom HeimG **nicht erfasst**. Zur Abgrenzung der verschiedenen **Formen des Betreuten Wohnens**[81] dient eine klärende Definitionsvorschrift in § 1 II HeimG, wonach es wesentlich darauf ankommt, ob der Mieter vertraglich verpflichtet wird, neben der Wohnung auch Verpflegung und Betreuungsleistungen von bestimmten Anbietern anzunehmen (§ 1 II 2 HeimG).

431 Die **Funktion ordnungsrechtlicher Vorschriften** ist es, dem Schutz von Rechtsgütern und Interessen zu dienen (vgl. die in § 2 I HeimG aufgeführten Schutzzwecke). Diese Schutzfunktion kann aber auch durch Vorschriften gewährleistet werden, die nicht dem Ordnungsrecht zugerechnet werden. Im **Sozialleistungsrecht** und besonders im Gesundheitssozialrecht werden solche **Schutzfunktionen im Rahmen von leistungserbringungsrechtlichen Bestimmungen** wahrgenommen. Auch das Vertragsrecht, so das Wohnungs- und Betreuungsvertragsrecht des WBVG, dient dazu, (Verbraucher-)Schutzinteressen durchzusetzen. Gleiches gilt für die Intentionen des Qualitätssicherungsrechts.[82] Im Vergleich der typischen Sanktionen des Ordnungsrechts bei Gefahrenabwehr (zB Anordnungen zur Mängelbeseitigung, Untersagungen) und der typischen Sanktionen anderer Rechtsgebiete (zB Vertragskündigungen) lässt sich zwar ein **unterschiedliches rechtliches Sanktionsinstrumentarium** feststellen. Die **faktischen Wirkungen der Sanktionen** sind jedoch zumindest **in wirtschaftlicher Hinsicht meist gleichartig** (zB im Vergleich einer Betriebsuntersagung gem. § 19 HeimG und der den Zugang zur Leistungserbringung im Rahmen

79 BSG (wie Fn. 78).

80 Zur Ablösung s. Rn. 414.

81 Das betreute Wohnen stellt keinen spezifischen Einrichtungs- oder Versorgungstypus dar, sondern tritt in vielfältigen Formen auf. Daher ist bei der Prüfung der Anwendbarkeit von Vorschriften auf die konkrete Fallgestaltung abzustellen. S. hierzu *Börner,* »Betreutes Wohnen« in Abgrenzung zum Heimgesetz, 2008.

82 S. dazu unten § 21 H.

des SGB XI beendenden Kündigung eines Versorgungsvertrages gem. § 74 SGB XI). Aus diesem Grund empfiehlt es sich, sauber zwischen der ordnungsrechtlichen – rechtsgüterschützenden - Funktion einer Rechtsnorm und dem jeweiligen Durchsetzungsinstrumentarium zu unterscheiden.

E. Art des Zugangs zur Leistungserbringung nach SGB XI

I. Zulassung durch Versorgungsvertrag – Anspruch auf Versorgungsvertrag

Zur Pflege im Rahmen des SGB XI wird der Träger einer Pflegeeinrichtung durch einen schriftlichen **Versorgungsvertrag** mit den Landesverbänden der Pflegekassen **zugelassen** (§ 72 IV 1, 73 I SGB XI). Deswegen spricht man von **zugelassenen Pflegeeinrichtungen** (§ 72 I 1 SGB XI). 432

Auf den **Abschluss** eines Versorgungsvertrages besteht ein **Anspruch**, soweit und solange eine Pflegeeinrichtung die Voraussetzungen nach § 72 III 1 Nr. 1–4 SGB XI erfüllt (§ 72 III 1 2. HS SGB XI). An diesem Anspruch ändert auch die Trägervorrangklausel in § 72 III 2 SGB XI nichts. Sie widerspricht dem Abschlussanspruch und kann daher nicht zur Anwendung kommen.[83] Der Anspruch auf Abschluss eines Versorgungsvertrages bedeutet auch, dass **keine vorgehende Bedarfsprüfung** vorzunehmen ist. 433

Angesichts der Tatsache, dass die Pflegeversicherung Volksversicherungscharakter[84] hat, stellt die **Zulassung durch Versorgungsvertrag** für den ganz überwiegenden Teil der Pflegeeinrichtungen praktisch das Ticket für den **Zugang zum Markt an Pflegedienstleistungen** dar. Da diese vertragsrechtlich gestaltete Zulassung in dieser faktischen Wirkung einer Erlaubnis gleicht, mussten die entsprechenden rechtlichen Vorschriften auch unter den verfassungsrechtlichen Blickwinkeln der Gleichbehandlung und der Berufsfreiheit gefasst werden. Genauso sind gesetzlich zu berücksichtigen die Rechte und Interessen der Pflegebedürftigen, die sich verfassungsrechtlich im Schutz der körperlichen Unversehrtheit spiegeln. 434

II. Rechtsnatur des Versorgungsvertrages – Rechtsschutz

Der Versorgungsvertrag begründet Rechte und Pflichten auf dem Gebiet des öffentlichen Rechts und ist deshalb **öffentlich-rechtlicher Natur. Rechtsschutz gegen die Ablehnung des Abschlusses eines Versorgungsvertrages** durch die Landesverbände der Pflegekassen wird vor den Sozialgerichten gewährt (§ 73 II SGB XI). Gleiches gilt im Übrigen für **andere Rechtsstreitigkeiten im Zusammenhang mit dem Versorgungsvertrag** (vgl. § 51 II 2 SGG). Die besondere Erwähnung des Rechtsschutzes in § 73 II SGB XI ist deshalb nur insofern von Bedeutung, als in dieser Vorschrift ein Vorverfahren und die aufschiebende Wirkung ausgeschlossen werden. 435

III. Beteiligte des Versorgungsvertrages

Beteiligte des Versorgungsvertrages sind der **Träger einer Pflegeeinrichtung** oder eine vertretungsberechtigte Vereinigung gleicher Träger auf der einen Seite und auf 436

83 Die Äußerungen zur Wirksamkeit dieser Vorschrift reichen von »überflüssig«, »kein Anwendungsbereich« bis »verfassungswidrig«, s. die Hinweise bei Udsching/*Bassen* (Fn. 6), § 72 Rn. 11.

84 BVerfGE 103, 197 (221).

der anderen Seite die **Landesverbände der Pflegekassen.** Da der Versorgungsvertrag auf Seiten der Pflegekassen im **Einvernehmen mit den überörtlichen Trägen der Sozialhilfe** im Land abzuschließen ist, sind diese zwar nicht Vertragspartner, geben mit der Herstellung des Einvernehmens jedoch faktisch die Zustimmung zum vertraglichen Handeln der Pflegekassen (§ 72 II 1 SGB XI).[85]

IV. Voraussetzungen für den Abschluss eines Versorgungsvertrages

437 Die Voraussetzungen für den Abschluss eines Versorgungsvertrages sind in § 71 III 1 Nr. 1–4 SGB XI aufgeführt. Dort wird zunächst der selbstverständliche Bezug auf die **Voraussetzungen des § 71 SGB XI** hergestellt (Nr. 1). In zweifacher Weise wird auf die **Einhaltung von Qualitätsanforderungen** hingewiesen (Nr. 3 und 4). Zwei weitere Voraussetzungen ganz unterschiedlicher Art sind in einer Vorschrift zusammengefasst. In Nr. 2 wird neben der **Gewähr für eine leistungsfähige und wirtschaftliche pflegerische Versorgung** die Zahlung einer **ortsüblichen Arbeitsvergütung** für die Beschäftigten gefordert. Die erstere Voraussetzung setzt eine prospektive Sicht voraus und ist an § 1 I KHG angelehnt. Die letztere Voraussetzung mag zwar arbeitsmarkt- und sozialpolitisch erwünscht sein, wirft aber rechtliche Fragen auf. Dazu gehört zunächst das **Problem** der **Feststellung der Ortsüblichkeit,** insbesondere die Frage, ob die Ortsüblichkeit an regional eventuell vorhandenen Tarifverträgen und dann – bei mehreren Tarifverträgen - an welchen Tarifverträgen zu messen ist, womit dann eine Art indirekter Tarifbindung erzeugt würde. Das weitere Problem ist, dass die Landesverbände der Pflegekassen Funktionen einer **Vergütungsüberwachungsbehörde** übernehmen. Eine solche Aufgabe käme aber eher den Heimaufsichtsbehörden zu. Soweit mit der Ortsüblichkeitsklausel verhindert werden soll, dass unangemessene Niedriglöhne bezahlt werden, könnte schon § 138 BGB helfen. Unabhängig davon sind Tarifverträge oder gesetzliche Mindestlöhne das einzig rechtlich taugliche Instrument, zu einer angemessenen Vergütung der Arbeitsleistung gerade in den unteren Lohnsegmenten zu gelangen.[86]

V. Inhalt des Versorgungsvertrages

438 Im Versorgungsvertrag werden **Art, Inhalt und Umfang der allgemeinen Pflegeleistungen** iSv § 84 IV SGB XI festgelegt. Dies gilt dann als **Versorgungsauftrag** der Pflegeeinrichtung (§ 72 I 2 SGB XI). Bei **ambulanten Pflegediensten** wird im Versorgungsvertrag auch der **Einzugsbereich** genannt, in dem die Leistungen zu erbringen sind (§ 72 III 3 SGB XI).

VI. Wirkungen des Versorgungsvertrages

439 Der **Versorgungsvertrag** ist für die Pflegeeinrichtung und für alle Pflegekassen **unmittelbar verbindlich** (§ 72 II 2 SGB XI). Das heißt, dass eine Pflegeeinrichtung Pflegeleistungen auch für Versicherte anderer Bundesländer auf der Grundlage des für ihre Region geschlossenen Versorgungsvertrages erbringen darf.

---

85 Udsching/*Schütze* (Fn. 6), § 72 Rn. 15.

86 Der Arbeitgeberverband Pflege hat gemeinsam mit den Gewerkschaften medsonet – Die Gesundheitsgewerkschaft und DHV – Die Berufsgewerkschaft e. V. einen Tarifvertrag für Pflegehilfskräfte in der stationären Altenpflege mit Wirkung zum 1. 1. 2010 abgeschlossen (Einstiegslohn von mindestens 1.470 € brutto im Monat in den westdeutschen und 1.300 € brutto im Monat in den ostdeutschen Bundesländern; das entspricht einem Stundenlohn von 8,50 € bzw. 7,50 €).

Die Wirkungen des Versorgungsvertrages bestehen weiter in der **Verpflichtung** der Pflegeeinrichtung, die **pflegerische Versorgung im Rahmen ihres Versorgungsauftrages** durchzuführen. Bei ambulanten Pflegediensten gehört hierzu auch die Durchführung der Pflegeeinsätze nach § 37 III SGB XI (§ 72 IV 2 SGB XI). Gleichzeitig besteht das **Recht auf Vergütung der Leistungen** der Einrichtung (§ 72 IV 3 SGB XI). 440

F. Personal

I. Personalvorgaben

Für die Personalausstattung der Pflegeeinrichtungen existieren **ordnungsrechtliche** und **sozialleistungserbringungsrechtliche Vorgaben.** Dazu ist zunächst zu bemerken, dass nicht nur die Doppelung der Vorgaben in unterschiedlichen Rechtsgebieten vordergründig als ungewöhnlich erscheinen mag, sondern dass weiter die Tatsache, dass hier für bestimmte Betriebe Personalvorgaben gemacht werden, angesichts fehlender Personalvorgaben zB im Krankenhaussektor – außer im Bereich der Psychiatrie durch die Psych-PV[87] - rechtfertigungsbedürftig ist. Zur **Doppelung der Vorgaben in unterschiedlichen Rechtsgebieten** ist zu sagen, dass die Personalvorgaben in der **Heimpersonalverordnung (HeimPersV)**[88] gemaß ihrem Anwendungsbereich nur die stationären Pflegeeinrichtungen betrifft (§ 1 HeimPersV). Im Übrigen können die Nachfolgegesetze der Länder zum HeimG je nach ihrem Anwendungsbereich Personalvorgaben enthalten. Die Vorschriften zu **Personalanforderungen im SGB XI** (§ 75 II 1 Nr. 3, III SGB XI) haben demgegenüber einen breiteren Anwendungsbereich. Dabei wird gesetzlich klargestellt, dass die **Vorschriften der Heimpersonalverordnung unberührt** bleiben (§ 75 III 5 SGB XI). Zum Fehlen von gesetzlich geregelten Personalanforderungen in anderen Gesundheitsversorgungsbereichen, so im sehr personalintensiven Krankenhausbereich, ist zu sagen, dass hier die Anforderungen an das Krankenhausmanagement so hoch und von den Umständen des jeweiligen Versorgungsprofils geprägt sind, dass sich eine detaillierte gesetzliche Regelung eher schwer vorstellen lässt. 441

II. Ordnungsrechtliche Personalvorgaben: Heimpersonalverordnung

Die auf Grundlage des HeimG erlassene HeimPersV enthält Mindestanforderungen an stationäre Einrichtungen iSd § 1 I HeimG. Dazu gehören die **Eignung des Heimleiters** (§§ 2, 3 HeimPersV), die **Eignung der Beschäftigten und die berufliche Qualifikation der Fachkräfte** (§§ 4, 6 HeimPersV) und die **Fachkraftquote bei betreuenden Tätigkeiten** (§ 5 HeimPersV). Sie gilt für die Betreuung pflegebedürftiger Bewohner, wobei der Begriff der Pflegebedürftigkeit an den im SGB XI verwendeten Begriff angelehnt ist (vgl. § 5 III HeimPersV und § 14 I SGB XI). Die in § 5 I 2 HeimPersV festgelegte **Fachkraftquote** ist **umstritten,** weil sie für die Festsetzung des Anteils der Fachkräfte nicht nur von der Zahl der pflegebedürftigen Bewohner, sondern auch von der Zahl der Beschäftigten ausgeht. Dies führt dazu, dass bei einem insgesamt höheren Personalbesatz auch der Fachkräfteanteil wächst, während bei einem niedrigeren Personalbesatz dieser Anteil sinkt. Offensichtlich ist 442

87 Fn. 36.
88 Fn. 70.

dieser Widerspruch gesetzlich gewollt, denn die Rechtsgrundlage für die HeimPersV enthält keine Ermächtigung, das Verhältnis von zu betreuenden Bewohnern zu Beschäftigten zu regeln. Sie spricht nur von der »Eignung (...) der Beschäftigten« (§ 3 II Nr. 2 HeimG).[89]

III. Personalvorgaben im SGB XI

443 Maßstäbe und Grundsätze für eine wirtschaftliche und leistungsbezogene, am Versorgungsauftrag orientierte personelle und sächliche Ausstattung der Pflegeeinrichtungen werden durch **Rahmenverträge** der Landesverbände der Pflegekassen mit den Vereinigungen der Träger der Pflegeeinrichtungen vereinbart (§ 75 I 1, II 1 Nr. 3 SGB XI). Der **Inhalt dieser Rahmenverträge** wird in § 75 III SGB XI präzisiert. Die Rahmenverträge sind für die Pflegekassen und die zugelassenen Pflegeeinrichtungen im Inland **unmittelbar verbindlich** (§ 75 I 4 SGB XI). Der Spitzenverband Bund der Pflegekassen und die Vereinigungen der Träger der Pflegeeinrichtungen auf Bundesebene haben hierzu **gemeinsame (Bundes-)Empfehlungen** abgegeben (vgl. § 75 VI SGB XI).[90] Die Personalvorgaben werden Gegenstand der Pflegesatzvereinbarung (§ 84 V 2 Nr. 2 SGB XI) und müssen vom Träger der Einrichtung sichergestellt werden. Hierfür kann ein Personalabgleich durchgeführt werden (§ 84 V 2 Nr. 2, VI SGB XI).

444 **Rechtsschutz gegen Bestimmungen der Rahmenverträge** kann nicht in einem Normenkontrollverfahren begehrt werden, da ein solches – anders als in § 47 I Nr. 2 VwGO – im SGG nicht vorgesehen ist. Jedoch kann der Träger einer Einrichtung Rechtsschutz im Rahmen der Ablehnung eines Versorgungsvertrages (§ 73 II SGB XI) oder im Rahmen einer drohenden Kündigung des Versorgungsvertrages wegen Verletzung einer Vertragsbestimmung (§ 74 SGB XI) erlangen.[91]

G. Leistungen der Pflegeeinrichtungen

I. Leistungsprogramm des SGB XI

445 Das **Leistungsprogramm des SGB XI** ist – anders als das Leistungsprogramm des SGB V bei der Krankenbehandlung[92] – gesetzlich verhältnismäßig **genau beschrieben** (§§ 36–43 a SGB XI). Der Inhalt der Pflegeleistungen wird in Rahmenverträgen und Bundesempfehlungen bestimmt (§ 75 I, II 1 Nr. 1 SGB XI). Nur diese Leistungen werden von der Pflegekasse übernommen, wobei die **Leistungen finanziell begrenzt** sind.[93] Trotz dieser finanziellen Begrenzungen sind alle Leistungen mit der von der Pflegekasse zu zahlenden Vergütung an die Einrichtung abgegolten. **Zusatzleistungen im Pflegeheim** sind nur begrenzt möglich (§ 88 SGB XI). Bei der **häuslichen Pflege** besteht **keine Einschränkung**, zusätzliche Leistungen mit dem Pflegedienst zu vereinbaren.

89 S. dazu *Dahlem/Giese/Igl* (Fn. 70) Bd. I, C II 2, § 5 Rn. 6.
90 Zur Frage, ob die Empfehlungen gegenüber der gesetzlichen Ermächtigung berufsausübungsbegrenzende Einschränkungen enthalten dürfen, verneinend BSG SozR 3–3300 § 72 Nr. 2 Rn. 25 ff.
91 Hierzu Udsching/*Schütze* (Fn. 6), § 75 Rn. 14.
92 So wird in § 28 I SGB V der Inhalt der ärztlichen Behandlung nicht beschrieben.
93 S. §§ 36 III, 37 I, 41 II, 42 II, 43 II SGB XI.

II. Gesetzliche Leistungen

Die von Pflegeinrichtungen auszuführenden gesetzlichen Leistungen sind in der **häuslichen Pflege (Pflegesachleistung)** die Grundpflege und die hauswirtschaftliche Versorgung (§ 36 I 1, II SGB XI), sowie bei Inanspruchnahme des Pflegegeldes die **Beratung in der eigenen Häuslichkeit** (§ 37 III SGB XI). Im **teilstationären Bereich** werden bei der **Tages- und Nachtpflege** und bei der **Kurzzeitpflege** die pflegebedingten Aufwendungen, die Aufwendungen der sozialen Betreuung und die Aufwendungen für die in der Einrichtung notwendigen Leistungen der medizinischen Behandlungspflege übernommen (§§ 41 II 1, 42 II 2 SGB XI). Gleiches gilt für die **vollstationäre Pflege** (§ 43 II SGB XI). 446

Leistungen der Unterkunft und Verpflegung in der stationären Pflege werden von den Pflegekassen **nicht übernommen** (§ 4 II 2 SGB XI). Jedoch werden die **Entgelte** für diese Leistungen im SGB XI geregelt (§ 87 SGB XI). 447

III. Zusatzleistungen im Pflegeheim

Zusatzleistungen sind zum Schutz der pflegebedürftigen Versicherten nur unter **engen Voraussetzungen** möglich. Die Regelung hierzu findet sich im Vergütungsrecht, weil der Schutzzweck finanzieller Art ist (§ 88 SGB XI). Den Einrichtungen soll es nicht möglich sind, über die Vereinbarung von zusätzlich vergüteten Zusatzleistungen Leistungsverschiebungen aus dem gesetzlichen Leistungsbereich zu bewirken, denn es wird vergütungsrechtlich davon ausgegangen, dass alle notwendigen Leistungen von der Pflegevergütung abgedeckt sind. **Zusatzleistungen** sind **Komfortleistungen bei Unterkunft und Verpflegung** und **zusätzliche pflegerisch-betreuende Leistungen**. Die Abgrenzung der notwendigen Leistungen von den Zusatzleistungen wird in den Rahmenverträgen nach § 75 SGB XI festgelegt (§ 88 I SGB XI). 448

H. Qualitätssicherung

I. Besonderheiten der Qualitätssicherung in der Pflege

Bis zur Einführung der Sozialen Pflegeversicherung gab es auf dem Gebiet der Pflege in der Versorgungspraxis **keine nennenswerte Qualitätsdebatte**. Pflegequalität wurde medial fast ausschließlich unter dem Gesichtspunkt von Pflegeskandalen diskutiert. Von verbindlichen Qualitätsstandards war kaum die Rede. Dies ist insofern erstaunlich, als in der Bundesrepublik Deutschland sehr früh mit dem **Heimgesetz von 1974**[94] eine besondere Gesetzgebung auf dem Gebiete der **stationären Versorgung von volljährigen älteren und pflegedürftigen Menschen** auch zur Qualität der entsprechenden Versorgung beitragen sollte. Allerdings waren die Qualitätsanforderungen vor allem auf die **bauliche und personelle Strukturqualität beschränkt**, wie sie in der Heimmindestbau- und der Heimpersonalverordnung festgelegt wurde. Für die Qualität der an der Person erbrachten Pflege existierte aber kein allgemein anerkannter Stand medizinisch-pflegerischer Erkenntnisse. 449

94 Fn. 63.

450 Mit Einführung der Pflegeversicherung wurden wie schon nach dem HeimG die Pflegeeinrichtungen zur Pflege entsprechend dem **allgemein anerkannten Stand medizinisch-pflegerischer Erkenntnisse** verpflichtet (§ 11 I 1 SGB XI). Die Soziale Pflegeversicherung hat dazu geführt, dass sich das Bewusstsein für Qualität schneller entwickelt hat, so zunächst bei den Anforderungen an die Strukturqualität, die in den Maßstäben und Grundsätzen für Qualität und Qualitätssicherung gem. § 80 SGB XI aF.[95] niedergelegt sind. In der weiteren Entwicklung der Sozialen Pflegeversicherung sind dann insbesondere mit dem Pflege-Qualitätssicherungsgesetz[96] und dem Pflege-Weiterentwicklungsgesetz[97] sehr weitgehende Regelungen zur Qualitätssicherung und insgesamt ein Recht der Qualitätsanforderungen in der Pflege geschaffen worden. Das hat dazu geführt, dass in keinem anderen gesundheitlichen Versorgungsbereich das Recht eine derart **hohe quantitative und qualitative Regelungsdichte auf dem Gebiet der Qualitätsanforderungen** aufweist wie es mittlerweile in der Pflegeversicherung der Fall ist. Das führt auch dazu, dass auf diesem Gebiet Rechtsstreitigkeiten eher stattfinden als in den Versorgungsbereichen, in denen das Recht der Qualitätsanforderungen weniger reglementiert ist.[98]

451 Im Folgenden wird das Recht der Qualitätsanforderungen in der Pflege anhand der Dimensionen[99] der Entwicklung von Qualitätsanforderungen, der Herstellung ihrer Verbindlichkeit, der Umsetzung in der Praxis, der Überwachung der Einhaltung, und der Reaktionen auf Nichteinhaltung dargestellt. Auf das bisherige, noch nicht vollständig durch Ländergesetze abgelöste Heimrecht wird nur kurz verwiesen.

II. Entwicklung von Qualitätsanforderungen – Finanzierung und Zustandekommen

452 Anders als auf dem Gebiet der Medizin, auf dem Qualitätsanforderungen im Rahmen von Wissenschaft und Forschung und von den beteiligten Fachgesellschaften entwickelt werden, gab es auf dem Gebiet der Pflege lange Zeit keine Wissenschaft und Forschung, die Anforderungen für die Qualität in der Pflege herausarbeiten und formulieren konnte.[100] Qualitätsanforderungen wurden und werden noch heute maßgeblich von den Prüfinstanzen, in der Pflegeversicherung dem Medizinischen Dienst der Krankenversicherung (MDK)[101] bzw. dem MDS,[102] im ordnungsrechtlichen Heimwesen (HeimG und Nachfolgegesetze der Länder) durch die dort zuständigen Aufsichtsbehörden formuliert, allerdings auch dies meist ohne einigermaßen gefestigte wissenschaftliche Grundlage. Einige Institutionen haben sich der Aufgabe der Entwicklung von Qualitätsstandards verschrieben, so das Deutsche Netzwerk für Qualität in der Pflege (DNQP) mit seinen Nationalen Expertenstandards. Um diese **Entwicklung von Qualitätsstandards**, die bisher durch Zuwendungen seitens des Bundes gefördert wurden, auf eine **verlässliche Finanzierungsbasis** zu stellen, wurde mit dem PflegeWEG eine Kostentragungspflicht des Spitzenverbandes Bund der Pflegekassen eingerichtet (§ 113 a IV SGB XI).

95 Vorgängervorschrift zu § 113 I SGB XI.
96 Vom 9. 9. 2001, BGBl. I 2320.
97 Vom 28. 5. 2008, BGBl. I 874.
98 S. nur die zahlreichen Rechtsstreitigkeiten zu den sog. Pflegenoten, dazu *Hoffer* PflR 2010, 223.
99 S. bei *Igl* SGb 2007, 381 (386).
100 Zum Ganzen *Bieback*, Qualitätssicherung der Pflege im Sozialrecht, 2004.
101 S. Rn. 559.
102 S. Rn. 560.

Mit dem PflegeWEG wurde die Entwicklung und Aktualisierung wissenschaftlich fundierter und fachlich abgestimmter Expertenstandards zur Sicherung und Weiterentwicklung der Qualität als **Sicherstellungsauftrag** den Vertragsparteien nach § 113 SGB XI überantwortet. Dies ist rechtlich wie pflegequalitätsinhaltlich sehr ungewöhnlich, da damit eine Verantwortlichkeit der Pflegewissenschaft und der entsprechenden wissenschaftlichen Fachgesellschaften und der in der Pflege als Leistungserbringer tätigen Akteure auch auf die Pflegekassen übertragen wird, während von der Verantwortlichkeit der Pflegewissenschaft nicht die Rede ist. Inhaltlich nachvollziehbar wird diese Regelung allerdings unter Berücksichtigung der Situation der Entwicklung von wissenschaftlich fundierten Anforderungen an die Pflegequalität. Der Gesetzgeber hat sich hier nicht ohne Berechtigung in der Verantwortung gesehen, Instrumente der Förderung für die Entwicklung von Pflegequalitätsanforderungen zu schaffen. 453

Die Förderung der Entwicklung von Qualitätsanforderungen bezieht sich ausdrücklich auf **Expertenstandards.** Dieser Begriff wurde vom DNQP in die deutsche Pflegequalitätsentwicklung eingeführt.[103] 454

Für die Entwicklung von Qualitätsanforderungen iSv Expertenstandards ist gesetzlich ein Verfahren festgelegt worden, mit dem sichergestellt werden soll, dass die Expertenstandards den **wissenschaftlichen Anforderungen** entsprechend erarbeitet werden (§ 113 a I und II SGB XI).[104] 455

Der **Weg zur Entwicklung von Expertenstandards** ist gesetzlich vorgezeichnet: **Vorschlag**, zu welchen Themen Expertenstandards zu entwickeln sind (§ 113 a I 4 SGB XI); **Auftrag** zur Entwicklung durch Beschluss und **Einführung** durch Beschluss der Vertragsparteien (§ 113 a I 5 SGB XI). Kommen die genannten Beschlüsse nicht zustande, ist hierfür ein Beschluss einer Schiedsstelle möglich (§ 113 a I 6, § 113 b SGB XI).[105] 456

Für die **Weiterentwicklung qualitätsgesicherter Versorgungsformen** können Modellvorhaben durchgeführt werden (§ 8 III SGB XI). 457

III. Herstellung der Verbindlichkeit von Qualitätsanforderungen

In der Frage der Herstellung der rechtlichen Verbindlichkeit von Qualitätsanforderungen besteht ein Streit darüber, ob diese berufsrechtlich, also über die Anforderungen an die Fachlichkeit des beruflichen Handelns, oder, bei Berufen, die im Gesundheitswesen als Leistungserbringer tätig werden, sozialleistungserbringungsrechtlich Verbindlichkeit erlangen. Im SGB XI ist diese Frage in zwei Vorschriften geregelt. In § 11 I 1 SGB XI wird auf die Pflicht der Pflegeeinrichtungen zur Leistungserbringung entsprechend dem allgemein anerkannten Stand der medizinisch-pflegerischen Erkenntnisse hingewiesen. Dem entspricht ein Sicherstellungsauftrag der Pflegekassen (§§ 28 III, 69 S. 1 SGB XI). Die Expertenstandards leisten einen Beitrag zur Konkretisierung des allgemein anerkannten Standes der medizinisch-pflegerischen Erkenntnisse (§ 113 a I 2 SGB XI). Sie sind für die Pflegekassen und deren Verbände sowie für die zugelassenen Pflegeeinrichtungen unmittelbar verbindlich (§ 113 a III 458

103 Die Gesetzesbegründung, BT-Drucks. 16/7439, 80, fasst den Begriff demgegenüber weiter. Zur Begrifflichkeit *Klie* RsDE 2009 (Heft 70), 7 (11 ff.).

104 Gegenwärtig – Mai 2011 - ist noch kein Expertenstandard nach diesem Verfahren zustande gekommen.

105 S. hierzu 9. Kapitel, § 39 D..

2SGB XI). Die **unmittelbare** Verbindlichkeit nach dieser Vorschrift gilt aber nur für diejenigen Expertenstandards, die im Verfahren nach § 113 a I und II SGB XI zustande gekommen sind. Wenn aber andere Expertenstandards existieren, die nach den international üblichen Verfahren zustande gekommen sind, so ist deren Verbindlichkeit schon nach § 11 I 1 SGB XI gegeben. Das heißt umgekehrt, dass nicht nur die Expertenstandards nach § 113 a I und II SGB XI für die Pflegeeinrichtungen und die Pflegekassen verbindlich sind. Dem Gesetz ist nur zu entnehmen, dass die nach dem Verfahren gem. § 113 a I und II SGB XI zustande gekommenen Expertenstandards auf jeden Fall **unmittelbar** verbindlich sind.

459 Mit der Schaffung eines besonderen Verfahrens der Qualitätsentwicklung in der Pflege taucht die Frage auf, ob damit jetzt **zwei Arten von Qualität** oder zumindest **zwei Arten von Verbindlichkeit von Qualitätsanforderungen** bestehen. Rechtlich problematisch kann diese Frage vor allem bei der Kündigung eines Versorgungsvertrages wegen eines Pflegemangels oder im zivilrechtlichen Haftungsfall werden. Wenn eine Qualitätsanforderung unmittelbar mit der Veröffentlichung im Bundesanzeiger verbindlich wird (vgl. § 113 a III SGB XI), dann ist bei Verletzung dieser Qualitätsanforderung, die für einen Schaden mitursächlich wird, dieser Zeitpunkt entscheidend.[106] Für die Qualitätsanforderungen nach § 11 I 1 SGB XI ist ein solcher Zeitpunkt hingegen oft nur schwer auszumachen. Insofern dient § 113 a III SGB XI der Herstellung von mehr rechtlicher Klarheit in Hinblick auf die Verbindlichkeit von Qualitätsanforderungen in Form der Expertenstandards.

IV. Umsetzung von Qualitätsanforderungen in die Praxis

460 Wie Qualitätsanforderungen in die Praxis umgesetzt werden, war bislang - anders als das Ob der Umsetzung - kein Gegenstand rechtlicher Vorschriften. Im SGB XI wird die Umsetzung der Expertenstandards in die Praxis durch die Vertragsparteien unterstützt (§ 113 a III 3 SGB XI). Allerdings sagt die Vorschrift nichts Konkretes über die Art und Weise der Unterstützung aus. Immerhin ist damit eine gesetzliche Aufgabe gegeben, die es den Pflegekassen ermöglicht, hierfür Haushaltsmittel zu verwenden (vgl. § 30 I SGB IV).

V. Überwachung der Einhaltung von Qualitätsanforderungen

461 In keinem anderen Sozialleistungsbereich ist die Überwachung der Einhaltung von Qualitätsanforderungen – kurz Qualitätsprüfungen genannt – so **ausführlich gesetzlich geregelt** wie im SGB XI (§§ 114, 114 a SGB XI). Hinzu kommen die untergesetzlichen Vorschriften in den Richtlinien über die Prüfung der in Pflegeeinrichtungen erbrachten Leistungen deren Qualität (§ 114 a VII SGB XI).

462 **Zuständig** für die Veranlassung von Qualitätsprüfungen sind die **Landesverbände der Pflegekassen**. Diese erteilen dem **Medizinischen Dienst der Krankenversicherung** oder von ihnen bestellten **Sachverständigen** einen **Prüfauftrag** (§ 114 I 1 SGB XI). **Prüfarten** sind die Regel-, Anlass- und Wiederholungsprüfung (§ 114 I 3 SGB XI). Regelprüfungen haben einmal im Jahr stattzufinden (§ 114 II 1 SGB XI).

463 Die **Gegenstände der Prüfung** sind die Qualitätsanforderungen nach dem SGB XI und nach den auf dieser Grundlage abgeschlossenen vertraglichen Vereinbarungen

106 So Udsching/*Bassen* (Fn. 6), § 113 a Rn. 6.

(§ 114 II 2 SGB XI). Die Regelprüfung bezieht sich auf die Qualität der allgemeinen Pflegeleistungen, der medizinischen Behandlungspflege, der sozialen Betreuung einschließlich der zusätzlichen Betreuung und Aktivierung im Sinne des § 87 b SGB XI, der Leistungen bei Unterkunft und Verpflegung (§ 87 SGB XI), der Zusatzleistungen (§ 88 SGB XI) und der nach § 37 SGB V erbrachten Leistungen der häuslichen Krankenpflege (§ 114 II 5 SGB XI). Zu prüfen ist auch, ob die Versorgung der Pflegebedürftigen den Empfehlungen der Kommission für Krankenhaushygiene und Infektionsprävention nach § 23 II IfSG entspricht (§ 114 II 7 SGB XI). Die **Dimensionen der Regelprüfung** sind insbesondere wesentliche Aspekte des Pflegezustandes und die Wirksamkeit der Pflege- und Betreuungsmaßnahmen (**Ergebnisqualität**). Sie kann auch auf den Ablauf, die Durchführung und die Evaluation der Leistungserbringung (**Prozessqualität**) sowie die unmittelbaren Rahmenbedingungen der Leistungserbringung (**Strukturqualität**) erstreckt werden (§ 114 II 3 und 4 SGB XI).

Die **Art und Weise der Durchführung von Qualitätsprüfungen** und die entsprechenden **Duldungspflichten** der Pflegeeinrichtungen sowie die **Wohnungsbetretungsrechte** sind in § 114 a I-III SGB XI geregelt. Besonders geregelt ist die **Inaugenscheinnahme des gesundheitlichen und pflegerischen Zustands** von Pflegebedürftigen (§ 114 a III SGB XI). **464**

In Hinblick auf die **organisatorische Gestaltung der Qualitätsprüfung** sind Beteiligungsrechte für Leistungserbringer, Trägervereinigungen und für die nach SGB XI beauftragten Prüfer bei Prüfungen nach den heimrechtlichen Vorschriften vorgesehen (§ 114 a IV SGB XI). **465**

Die **Kosten für die Prüfung** durch den MDK werden von diesem getragen. In Richtung auf die **Beteiligung der privaten Versicherungsunternehmen**, die die private Pflege-Pflichtversicherung durchführen wird eine 10% Kostenbeteiligung festgelegt (§ 114 a V 1 SGB XI), da dies in etwa den Anteil der privat Pflege-Pflichtversicherten ausmacht. Seit kurzem ist auch der Prüfdienst des Verbandes der privaten Krankenversicherung e. V. mit Qualitätsprüfungen beauftragt (s. §§ 97 c, 114 I 1, 114 a SGB XI).[107] **466**

Nach dem **Ordnungsrecht** des **HeimG** sind die Heimaufsichtsbehörden zur **Überwachung** bestimmt (§ 15 HeimG). **467**

VI. Reaktion auf Nichteinhaltung von Qualitätsanforderungen

Im SGB XI wird mit folgenden Instrumenten auf die Nichteinhaltung von Qualitätsanforderungen reagiert: **468**

- mit einem Mängelbeseitigungsbescheid (§ 115 II 1 SGB XI),
- mit einer Kündigung des Versorgungsvertrages (§ 115 II 2 SGB XI),
- mit einer Kürzung der Pflegevergütung (§ 115 III SGB XI),
- bei schwerwiegenden, kurzfristig nicht behebbaren Mängeln in der stationären Pflege die Vermittlung einer anderen geeigneten Pflegeeinrichtung ((§ 115 IV SGB XI),
- bei schwerwiegenden Mängeln in der ambulanten Pflege die vorläufige Untersagung der weiteren Betreuung und die Vermittlung eines anderen geeigneten Pflegedienstes (§ 115 V SGB XI),

107 Art. 6 des Gesetzes v. 28. 7. 2011, BGBl. I 1622.

- in den beiden letzten Fällen die Kostentragung für die Vermittlung einer anderen Einrichtung, wenn der Träger die Mängel zu vertreten hat (§ 115 VI SGB XI).

469 Auf die **ordnungsrechtlichen Sanktionsmöglichkeiten nach dem HeimG** bei Nichteinhaltung von Qualitätsanforderungen soll hier nur hingewiesen werden. Es handelt sich dabei um entsprechende Anordnungen (§ 17 HeimG), die Verhängung von Beschäftigungsverboten und die Einsetzung einer kommissarischen Heimleitung (§ 18 HeimG), schließlich die Betriebsuntersagung (§ 19 HeimG). Allen Maßnahmen hat eine Mängelberatung vorauszugehen (§ 16 HeimG).

I. Vergütungen

I. Allgemeine Vorschriften zur Pflegevergütung

470 Das **SGB XI** enthält neben allgemeinen **Vorschriften zur Pflegevergütung** jeweils auch besondere Vorschriften zur Vergütung von stationären und ambulanten Pflegeleistungen. Zu den entsprechenden Finanzierungsregelungen des SGB XI treten wegen der **dualen Finanzierung** die **landesrechtlichen Vorschriften zur Finanzierung der Investitionskosten** der Einrichtungen (§ 9 S. 3 SGB XI).[108]

II. Prinzipien der Einrichtungsfinanzierung im SGB XI

471 Bei der Finanzierung der von Dritten erbrachten Pflegeleistungen wendete man sich seit Mitte der neunziger Jahr vom Selbstkostendeckungsprinzip ab und führte Preis- oder Entgeltsysteme ein.[109] Mit der Abwendung vom Selbstkostendeckungsprinzip wird vor allem ein wirtschaftlicheres Agieren der Einrichtungen angestrebt. Dies wird ua auch durch prospektive Vergütungsvereinbarungen erreicht, dh, dass die Vergütung für einen künftigen Pflegesatzzeitraum vereinbart wird und dass nachträgliche Ausgleiche nicht vorgesehen sind (vgl. § 85 III 1 SGB XI). Überschüsse wie Verluste sind beim Einrichtungsträger möglich (§ 84 II 5 SGB XI). Nur beim Wegfall der Geschäftsgrundlage kann Neuverhandlung beantragt werden (§ 85 VII SGB XI).

III. Duale Finanzierung

472 Die **duale Finanzierung** lehnt sich an das **Krankenhausfinanzierungssystem** nach dem Krankenhausfinanzierungsgesetz (KHG) an. Im SGB XI tritt die duale Finanzierung nur undeutlich und indirekt hervor, was auch damit zu tun hat, dass im Gesetzentwurf ursprünglich eine monistische Finanzierung vorgesehen war.[110]

473 Es sind nur die durch Versorgungsvertrag **zugelassenen Pflegeheime und Pflegedienste** dem Finanzierungssystem des SGB XI unterstellt.[111] Diese Pflegeeinrich-

---

108 Zur Regelung verschiedener Gegenstände der Pflegevergütung kann eine Rechtsverordnung erlassen werden (§ 83 SGB XI). Dies ist bisher nur für die Rechnungs- und Buchführungsvorschriften mit der PBV (Fn. 68) geschehen.

109 Zum Ganzen *Igl*, Die Verpreislichung sozialer und medizinischer Dienstleistungen im Vergleich, in *Igl/Klie* (Hrsg.), Pflegeversicherung auf dem Prüfstand. Analysen und Perspektiven zum Vergütungs- und Leistungserbringungsrecht bei stationären Pflegeleistungen, 2000, 29 ff. S. Rn. 343.

110 BT-Drucks. 12/5262, 83 f.

111 Allerdings besteht die Möglichkeit, die Kostenerstattung nach § 91 SGB XI zu wählen, wenn man sich dem Finanzierungssystem des SGB XI nicht unterwerfen will. Voraussetzung ist allerdings ein Versorgungsvertrag.

tungen erhalten eine **leistungsgerechte Vergütung für die allgemeinen Pflegeleistungen (Pflegevergütung)** sowie bei **stationärer Pflege ein angemessenes Entgelt für Unterkunft und Verpflegung** (§ 82 I 1 SGB XI). Diese beiden Positionen stehen - ohne dass es das Gesetz so ausdrückt - vor allem für die Finanzierung des laufenden Betriebes der Einrichtung (Betriebskosten). Um die Wettbewerbschancen der Einrichtungen nicht zu verzerren, wird das Finanzierungssystem bei den Betriebskosten als geschlossenes System behandelt. **Öffentliche Zuschüsse zu den Betriebskosten einer Pflegeeinrichtung** sind deshalb von der Pflegevergütung **abzuziehen** (§ 82 V SGB XI). **Kosten für ehrenamtliche Unterstützung** sind in den Vergütungen zu berücksichtigen (§ 82b SGB XI).

In die Pflegevergütung bzw. in die Entgelte für Unterkunft und Verpflegung dürfen insbesondere **Investitionsaufwendungen und andere Aufwendungen** (§ 82 II SGB XI) nicht eingehen. Diese Aufwendungen sollen durch landesrechtliche Förderungen (teilweise) gedeckt werden (vgl. § 9 S. 2 und 3 SGB XI) oder vom Pflegebedürftigen selbst übernommen werden. **474**

Da der Gesetzgeber des SGB XI den Ländern über den allgemeinen Auftrag des § 9 SGB XI hinaus keine konkreteren Maßgaben für die landesrechtliche Ausgestaltung der Förderung von Pflegeeinrichtungen machen durfte, war es erforderlich, besondere Bestimmungen für den Fall zu treffen, dass eine **Pflegeeinrichtung keine oder nicht ausreichende Investitionsförderung nach Landesrecht** erfährt. Ist dies der Fall, kann die Pflegeeinrichtung die entsprechenden Aufwendungen dem Pflegebedürftigen gesondert in Rechnung stellen (§ 82 III und IV SGB XI). Allerdings ist dabei zu berücksichtigen, dass dies dann im Verhältnis zu den landesrechtlich geförderten Einrichtungen zu ungleichen Wettbewerbsbedingungen führen kann. **475**

IV. Vergütung der stationären Pflegeleistungen

Im stationären Bereich sind die **voll- und teilstationären Pflegeleistungen** (§ 84 I SGB XI), die **Unterkunfts- und Verpflegungsleistungen** (§ 87 SGB XI) und ggf. **Zusatzleistungen** (§ 88 SGB XI) zu vergüten. Für diese drei Leistungsbestandteile sind folgende Verfahren vorgesehen: **476**

- die **Pflegeleistungen** und die **Unterkunfts- und Verpflegungsleistungen** werden im Rahmen eines **Pflegesatzverfahrens** vereinbart (§§ 85, 87 SGB XI);
- die **Zusatzleistungen** müssen den Voraussetzungen des § 88 SGB XI genügen und sie müssen den Landesverbänden der Pflegekassen und den überörtlichen Trägern der Sozialhilfe im Land vor Leistungsbeginn schriftlich mitgeteilt werden (§ 88 II Nr. 3 SGB XI).

1. Bemessungsgrundsätze der Entgelte für Pflegeleistungen (Pflegesätze)

Pflegesätze[112] sind die Entgelte der Heimbewohner oder ihrer Kostenträger für die voll oder teilstationären Pflegeleistungen des Pflegeheimes (§ 84 I SGB XI). § 84 II-IV SGB XI enthalten die Bemessungsgrundsätze für die Pflegesätze. Die Vorschrift **477**

112 Während der Begriff der Pflegevergütung iSv § 82 I SGB XI die Vergütung für stationäre wie ambulante Pflegeleistungen betrifft, bezieht sich der Begriff Pflegesatz nur auf die stationären Pflegeleistungen.

reguliert die Rahmenbedingungen für vertraglich zu vereinbarende Entgelte und hat damit den Charakter eines öffentlichen Preisrechts.

478 Bei der Bemessung der Pflegesätze ist grundsätzlich Folgendes zu berücksichtigen: die Pflegesätze müssen **leistungsgerecht** sein, und die Leistungen müssen so entgolten werden, dass die Pflegeheime in der Lage sind, die Leistungen gem. dem **Versorgungsauftrag** zu erbringen (§ 84 II 1 und 4 SGB XI). Die Pflegekassen können somit nicht erwarten, dass der Träger des Pflegeheims über die ihm durch die Pflegekassen zufließenden Mittel hinaus noch weitere Mittel (zB aus öffentlichen Zuwendungen, wie bei den Trägern der freien Wohlfahrtspflege) einsetzt. Nur die in § 82 V SGB XI genannten öffentlichen Betriebskostenzuschüsse und die Zuwendungen aus der Landesförderung nach § 9 SGB XI gehen nicht in den Pflegesatz ein.

479 Eine ausschließliche Orientierung an den Selbstkosten einer Einrichtung bei der **Bemessung der Pflegesätze** ist nicht möglich. Das BSG hat hier früher auf einen einfachen externen Marktvergleich als »Methode der Wahl« für die Vergütungsfindung verwiesen,[113] dh den Vergleich mit Pflegesätzen von ortsnahen Einrichtungen mit vergleichbaren Leistungen angestellt. Auf die Kostenstruktur sollte es nur dann ankommen, wenn ein solcher Vergleich nicht möglich ist. Mittlerweile ist diese Methode um ein für einen Schaden verfeinert worden.[114] Das BSG hält zwar daran fest, dass ausschließlich auf Gestehungskosten gestützte Vergütungsansprüche im geltenden Recht keine Grundlage finden. Jedoch gibt es die Auffassung auf, dass sich die Vergütung im Allgemeinen ausschließlich nach Marktpreisen bestimmt und die kalkulatorischen Gestehungskosten regelmäßig außer Betracht bleiben. Es soll jetzt nach einem zweigliedrigen Prüfungsmuster vorgegangen werden: Grundlage der Verhandlung über Pflegesätze und Entgelte ist zunächst die Abschätzung der voraussichtlichen Kosten der in der Einrichtung erbrachten Leistungen nach § 85 III 2 Hs. 1 und S. 3 SGB XI (Prognose). Daran schließt sich in einem zweiten Schritt die Prüfung der Leistungsgerechtigkeit nach § 84 II 1 und 4 SGB XI an. Maßgebend hierfür sind die Kostenansätze vergleichbarer Leistungen in anderen Einrichtungen (externer Vergleich). Im Ergebnis sind Pflegesätze und Entgelte dann leistungsgerecht iSv § 84 II 1 SGB XI, wenn erstens die voraussichtlichen Gestehungskosten der Einrichtung nachvollziehbar und plausibel dargelegt werden und sie zweitens in einer angemessenen und nachprüfbaren Relation zu den Sätzen anderer Einrichtungen für vergleichbare Leistungen stehen. Geltend gemachte Pflegesätze und Entgelte sind dann nicht angemessen, wenn Kostenansätze und erwartete Kostensteigerungen nicht plausibel erklärt werden können oder wenn die begehrten Sätze im Verhältnis zu anderen stationären Pflegeeinrichtungen unangemessen sind.[115]

480 Die Pflegesätze sind nach dem Versorgungsaufwand, den der Pflegebedürftige nach Art und Schwere seiner Pflegebedürftigkeit benötigt, in **drei Pflegeklassen** einzuteilen (§ 84 II 2 SGB XI).[116]

113 BSGE 87, 199 (204).
114 BSGE 102, 227.
115 BSGE 102, 227.
116 Die Einteilung in Pflegeklassen betrifft die Pflegesätze. In der Regel werden pflegebedürftige Personen gemäß der Stufe ihrer Pflegebedürftigkeit (vgl. § 15 SGB XI) einer Pflegeklasse zugeordnet. Nur wenn im Einzelfall der Versorgungsaufwand einer Person nicht der Pflegestufe und der korrespondierenden Pflegeklasse entspricht, kann der Pflegebedürftige auch einer anderen Pflegeklasse zugeordnet werden (BR-Drs. 505/93, 143 f.).

481 In Hinblick auf eine **entgeltmäßige Gleichbehandlung aller Heimbewohner und aller Kostenträger** sind die Pflegesätze für alle Heimbewohner des Pflegeheimes nach einheitlichen Grundsätzen zu bemessen. Eine **Differenzierung der Pflegesätze nach Kostenträgern** ist **nicht möglich** (§ 84 III SGB XI).

482 Mit den Pflegesätzen sind alle für die Versorgung der Pflegebedürftigen nach Art und Schwere ihrer Pflegebedürftigkeit erforderlichen Pflegeleistungen der Pflegeeinrichtung (allgemeine Pflegeleistungen) abgegolten.[117] Für die **allgemeinen Pflegeleistungen** dürfen, soweit nichts anderes bestimmt ist, ausschließlich die nach den §§ 85 oder 86 SGB XI vereinbarten oder von der Schiedsstelle festgesetzten Pflegesätze berechnet werden, ohne Rücksicht darauf, wer zu ihrer Zahlung verpflichtet ist (§ 84 IV SGB XI).

2. Bemessungsgrundsätze der Entgelte für Unterkunft und Verpflegung

483 Obwohl die **Unterkunfts- und Verpflegungsleistungen des Pflegeheims** nicht von den Pflegekassen getragen werden, sondern vom Pflegebedürftigen selbst (§ 82 I 3 SGB XI) oder ggf. vom Sozialhilfeträger, vereinbaren die Pflegekassen, die sonstigen Sozialleistungsträger und die Sozialhilfeträger mit dem Träger des Pflegeheims die von den Pflegebedürftigen zu tragenden Entgelte für Unterkunft und Verpflegung (§ 87 S. 1 SGB XI).

484 Die Entgelte müssen in einem angemessenen Verhältnis zu den Leistungen stehen. Sie müssen weiter - wie die Pflegesätze - nach **einheitlichen Grundsätzen für alle Heimbewohner** und **ohne Differenzierung nach den Kostenträgern** bemessen werden. Die Vereinbarung von Zusatzleistungen bleibt möglich (§ 87 S. 2 SGB XI).

3. Zusatzleistungen

485 Zusatzleistungen (Komfortleistungen bei Unterkunft und Verpflegung; zusätzliche pflegerisch-betreuende Leistungen) dürfen im Pflegeheim nur unter engen Voraussetzungen vereinbart werden (§ 88 SGB XI). So ist ua eine detaillierte Leistungs- und Entgeltbeschreibung sowie eine schriftliche Mitteilung an die Sozialleistungsträger erforderlich (§ 88 II SGB XI).

V. Vergütungen der ambulanten Pflegeleistungen

486 Für die Vergütung von ambulanten Pflegeleistungen und der hauswirtschaftlichen Versorgung stehen die **Vergütungsregelung** (§ 89 SGB XI) und die **Gebührenordnung** (§ 90 SGB XI) zur Verfügung.

1. Vergütungsregelung

487 Die Vergütungsregelung für ambulante Pflegeleistungen und der hauswirtschaftlichen Versorgung orientiert sich in den wesentlichen Punkten an den Pflegesätzen für die stationären Leistungen.

488 Vertragspartner sind der Träger des Pflegedienstes und die Pflegekassen oder sonstige Sozialversicherungsträger sowie der für den Sitz des Pflegedienstes nach Landesrecht

117 Übersicht über die Pflegesätze im Vierten Bericht über die Entwicklung der Pflegeversicherung, BT-Drucks. 16/7772, Anlage 5, 130.

zuständige (örtliche oder überörtliche) Träger der Sozialhilfe, soweit auf den jeweiligen Kostenträger im Jahr vor Beginn der Pflegesatzverhandlungen jeweils mehr als 5% der vom Pflegedienst betreuten Pflegebedürftigen entfallen (§ 89 I 1, II SGB XI).

489 Die Vergütung wird für alle Pflegebedürftigen nach **einheitlichen Grundsätzen** vereinbart. Sie muss leistungsgerecht sein. Die Vergütung muss einem Pflegedienst bei wirtschaftlicher Betriebsführung ermöglichen, seinen Versorgungsauftrag zu erfüllen; eine **Differenzierung in der Vergütung nach Kostenträgern ist unzulässig** (§ 89 I SGB XI).

490 Für die Vergütungen liefert das Gesetz **Gestaltungsgrundsätze** (§ 89 III 1 und 2 SGB XI), nach denen diese je nach Art und Umfang der Pflegeleistung, nach dem dafür erforderlichen Zeitaufwand oder unabhängig vom Zeitaufwand nach dem Leistungsinhalt des jeweiligen Pflegeeinsatzes, nach Komplexleistungen oder in Ausnahmefällen auch nach Einzelleistungen bemessen werden können; sonstige Leistungen wie hauswirtschaftliche Versorgung, Behördengänge oder Fahrkosten können auch mit Pauschalen vergütet werden. Bisher sind hier Vergütungen nach Komplexleistungen vereinbart worden. Weder die Pflegekassen noch die Pflegedienste können einseitig bestimmen, nach welchem Vergütungsmodell ambulante Pflegeleistungen abzurechnen sind. bei fehlender Einigung hat die Schiedsstelle hierüber zu entscheiden.[118]

2. Gebührenordnung

491 Von der Möglichkeit der Aufstellung einer Gebührenordnung für die ambulanten Pflegeleistungen und die hauswirtschaftliche Versorgung ist bisher noch nicht Gebrauch gemacht worden (§ 90 SGB XI).

VI. Festsetzung der Vergütung durch die Schiedsstelle

492 Eine der der Schiedsstelle nach § 76 I 2 SGB XI gesetzlich zugewiesenen Aufgaben besteht in der Festsetzung der Pflegesätze bzw. der Vergütung der ambulanten Leistungen (§§ 85 V, 89 III 4 SGB XI). Die Schiedsstelle wird im Falle des Scheiterns der Verhandlungen über eine Vereinbarung auf Antrag einer Vertragspartei tätig. Ihre Festsetzung wird unmittelbar verbindlich (§ 89 VI 1 SGB XI) und kann vor dem Sozialgericht als Verwaltungsakt angefochten werden (§ 89 V 3 SGB XI).[119]

VII. Kostenerstattung statt Vereinbarung einer Vergütung

493 Zugelassene Pflegeeinrichtungen, die auf eine vertragliche Regelung der Pflegevergütung verzichten oder mit denen eine solche Regelung nicht zustande kommt, können den Preis für ihre Leistungen unmittelbar mit den Pflegebedürftigen vereinbaren (§ 91 I SGB XI). Den Pflegebedürftigen werden die Kosten erstattet bis zu 80% des Betrages, den die Pflegekasse für den einzelnen Pflegebedürftigen nach dem Leistungsrecht des SGB XI zu leisten hat (§ 91 AII 1SGB XI).

494 Die Kostenerstattungsmöglichkeit gilt auch für **private pflegepflichtversicherte Personen** (§ 91 III SGB XI). Bei Wahl der Kostenerstattung ist dem **Träger der Sozialhilfe eine weitere Kostenerstattung untersagt** (§ 91 II 2 SGB XI).

---

118 BSG SozR 4–3300 § 89 Nr 1.
119 S. hierzu auch 9. Kapitel, § 39, D.

J. Beendigung der Marktteilnahme

Die **ordnungsrechtliche Beendigung** der Marktteilnahme besteht in der Betriebsuntersagung (§ 19 HeimG sowie die entsprechenden Vorschriften in den Nachfolgegesetzen der Länder). Die Untersagung existiert in der Form des gebundenen Verwaltungshandelns bei Nichterfüllung der Anforderungen an den Heimbetrieb (§ 19 I iVm § 11 HeimG) und als Ermessensentscheidung insbesondere bei Nichtbefolgen von Anordnungen (§ 19 II HeimG).[120] 495

Die Beendigung der Marktteilnahme aufgrund **leistungserbringungsrechtlicher Vorschriften des SGB XI** vollzieht sich durch **Kündigung des Versorgungsvertrages** (§ 74 SGB XI). Ein besonderes Kündigungsrecht besteht bei Qualitätsmängeln (§ 115 II 2 SGB XI). Eine vorläufige Beendigung der Marktteilnahme ist möglich bei schwerwiegenden Mängeln in der **ambulanten Pflege** durch **vorläufige Untersagung der weiteren Betreuung** und die Vermittlung eines anderen geeigneten Pflegedienstes (§ 115 V SGB XI). 496

Die Kündigung des Versorgungsvertrages ist als **fristgebundene und als fristlose Kündigung** ausgestaltet (§ 74 I und II SGB XI). In beiden Fällen ist die Kündigung durch die Landesverbände der Pflegekassen in deren Ermessen gestellt. 497

Die an eine **Frist von einem Jahr gebundene Kündigung** ist gesetzlich am **Verhältnismäßigkeitsgrundsatz** orientiert. So sollen, bevor zur Kündigung geschritten wird, Fort- und Weiterbildungsmaßnahmen ergriffen werden. Auch kann die Versorgung weiterer Pflegebedürftiger bis zur Beseitigung der in § 74 I 1 SGB XI aufgeführten Kündigungsgründe vorläufig ausgeschlossen werden (§ 74 I 3 SGB XI). Damit besteht ein Regel-Ausnahme-Verhältnis von Mangelbeseitigung und Kündigung.[121] 498

Die **fristlose Kündigung** durch den Landesverband der Pflegekassen setzt eine besonders gröbliche Verletzung der gesetzlichen oder vertraglichen Verpflichtungen voraus (§ 74 II 1 SGB XI). Sie ist auch möglich, wenn dem Einrichtungsträger die heimrechtliche Betriebserlaubnis nach § 19 HeimG entzogen worden ist (§ 74 II 3 SGB XI). 499

Für den **Rechtsschutz** gegen eine Kündigung wird auf den Rechtsweg zu den Sozialgerichten verwiesen (§ 74 III SGB XI). Der Gesetzgeber sieht damit die **Kündigung als belastenden Verwaltungsakt**[122] an, dem mit der Anfechtungsklage begegnet werden kann.[123] Verwaltungsverfahrensrechtlich ist bei einem belastenden Verwaltungsakt eine Anhörung erforderlich (§ 24 I SGB X). 500

K. Nutzerstellung

Das die Pflegeeinrichtungen betreffende Ordnungs- und Sozialleistungserbringungsrecht enthält eine Reihe von Vorschriften, die sich auf die Nutzerstellung von pflegebedürftigen Menschen und ihren Angehörigen beziehen. Im Folgenden soll nur auf 501

120 S. hierzu im Einzelnen die Kommentierung in Dahlem/Giese/Igl/*Giese* (Fn. 66), Bd. I, § 19 HeimG.
121 Udsching/*Schütze* (Fn. 6), § 74 Rn. 3.
122 Udsching/*Schütze* (Fn. 6), § 74 Rn. 12.
123 BSGE 101, 6.

diese speziell auf Pflegeeinrichtungen bezogenen Vorschriften zur Nutzerstellung eingegangen werden.[124]

502 Die **ordnungsrechtlichen und sonstigen Vorschriften des HeimG** und der **Nachfolgegesetze der Länder** sind insgesamt darauf ausgerichtet, die Stellung des Heimbewohners zu schützen und zu stärken.[125] Heimbewohner genießen **Beratungsrechte** (§ 4 Nr. 2 HeimG). Ihre **Mitwirkung in Heimangelegenheiten** ist gewährleistet (§ 10 HeimG)[126] und ihre **finanziellen Interessen** werden in der spezifischen Heimsituation gesichert (§ 14 HeimG).[127] Die Vorschriften zum **Heimvertrag** (§§ 5–9 HeimG) dienen insbesondere in Hinblick auf die Leistungsgestaltung, die Entgelterhöhung und die Kündigungsmöglichkeiten dem besonderen Schutz der Heimbewohner. Das **Wohn- und Betreuungsvertragsgesetz (WBVG)**[128] hat diesen Schutz weiter geführt.

503 Im **SGB XI** sind die besonders auf die Nutzerstellung bezogenen Vorschriften neben den Hinweispflichten in § 91 I und IV SGB XI bei der Kostenerstattung vor allem im Zusammenhang mit der **Qualitätssicherung** zu finden. Zwar hat das gesamte Recht der Qualitätsanforderungen den Nutzerschutz im Auge. Es ragen jedoch einige Vorschriften heraus, die die Position des Nutzers und seine **Funktion als Marktteilnehmer** besonders stärken sollen. Zur validen Marktteilnahme gehört als erstes der Abbau von Informationsasymmetrien. Hierzu dient die **Leistungs- und Preisvergleichsliste,** die dem Pflegebedürftigen von der zuständigen Pflegekasse zur Verfügung zu stellen ist, und die dazu dient, einen Überblick über den Pflegemarkt im Einzugsbereich der Pflegekasse zu erhalten (§ 7 III SGB XI).

504 Der Verbesserung der Marktübersicht dient auch die **Veröffentlichung im Internet der von Pflegeeinrichtungen erbrachten Leistungen und deren Qualität (»Pflegenoten«)** (§ 115 Ia 1 SGB XI). Die Veröffentlichung basiert auf den Ergebnissen der Qualitätsprüfung des MDK (§ 115 a Ia 2 SGB XI). Für die Kriterien der Veröffentlichung einschließlich der Bewertungssystematik existieren Vereinbarungen, die zwischen dem Spitzenverband Bund der Pflegekassen, den Vereinigungen der Träger der Pflegeeinrichtungen auf Bundesebene, der Bundesarbeitsgemeinschaft der überörtlichen Träger der Sozialhilfe und der Bundesvereinigung der kommunalen Spitzenverbände unter Beteiligung des Medizinischen Dienstes des Spitzenverbandes Bund der Krankenkassen zustande gekommen sind (»**Transparenzvereinbarungen**«) (§ 115 Ia 6 SGB XI). Seit der Veröffentlichung von Pflegenoten im Internet sind zahlreiche Pflegeeinrichtungen vor allem im Wege vorläufigen Rechtsschutzes gegen die Veröffentlichung vorgegangen.[129] Die entsprechenden Entscheidungen machen deutlich, dass bei hoheitlichen Eingriffen in das Marktgeschehen, auch wenn es sich

124 Insgesamt zur Nutzerstellung s. 8. Kapitel, § 36, B.

125 S. die in § 2 I Nr. 1–6 HeimG aufgeführten Schutzzwecke.

126 Dazu die Verordnung über die Mitwirkung der Bewohnerinnen und Bewohner in Angelegenheiten des Heimbetriebes (Heimmitwirkungsverordnung - HeimmwV) v. 19. 7. 1976 idF der Bek. v. 25. 7. 2002, BGBl. I 2896.

127 Dazu die Verordnung über die Pflichten der Träger von Altenheimen, Altenwohnheimen und Pflegeheimen für Volljährige im Fall der Entgegennahme von Leistungen zum Zweck der Unterbringung eines Bewohners oder Bewerbers (HeimsicherungsV) v. 24. 4. 1978, BGBl. I 553.

128 Fn. 65.

129 S. hierzu *Hoffer* (Fn. 98). Eine höchstrichterliche Entscheidung liegt noch nicht vor. S. jetzt die Neuregelungen in § 115 Ia SGB XI (Anrufung der Schiedsstelle nach § 113 b SGB XI bei Nichteinigung über den Abschluss einer Vereinbarung).

nur um Informationen über Dienstleistungen von Marktteilnehmern handelt, regelmäßig die Berufsausübungsfreiheit (Art. 12 IGG) der Einrichtungsträger betroffen sein kann. Deshalb sind hier besondere Anforderungen an die Verhältnismäßigkeit des Eingriffs und an die Rechtsschutzmöglichkeiten zu stellen.[130]

Der Wahrung und Sicherung der Rechte von Nutzern von Pflegeeinrichtungen dient 505 auch die 2005 vorgelegte **Charta der Rechte hilfe-und pflegebedürftiger Menschen.**[131] Diese stellt zwar keine Rechtsquelle dar, sondern führt gegebene Rechte systematisch geordnet auf. Sie kann aber hilfreich für die Wahrnehmung und Durchsetzung von Rechten pflegebedürftiger Menschen sein.

§ 22 Dienste und Einrichtungen der Rehabilitation und Teilhabe sowie der Prävention

Dienste und Einrichtungen der Rehabilitation und Teilhabe sowie solche der Präven- 506 tion unterliegen **keiner kohärenten rechtlichen Regulierung**. Dies gilt für öffentlich-rechtliche Aufsichtsnormen ebenso wie für sozialrechtliches Leistungserbringungsrecht. Der Bund hat nur punktuelle Kompetenzen, vor allem über das Sozialrecht. Hier ist spezifisches Leistungserbringungsrecht der Rehabilitation und Prävention knapp geregelt. Die Länder könnten – so wie für Krankenhäuser und Pflegeeinrichtungen – auch für diese Bereiche eigene Gesetze zu Aufsicht, Planung und Förderung erlassen, haben jedoch von dieser Möglichkeit bisher keinen Gebrauch gemacht. Die Gesetze über den öffentlichen Gesundheitsdienst erfassen nur den kleinen Teil von Leistungen, die Länder und Kommunen selbst erbringen, nicht oder nur punktuell die Dienste und Einrichtungen der freien Wohlfahrtspflege, der Selbsthilfe und privater Unternehmen.

A. Allgemeines zu Diensten und Einrichtungen der Rehabilitation und Teilhabe

Dienste und Einrichtungen der Rehabilitation und Teilhabe sind verbunden durch 507 den Zweck, **Leistungen zur Teilhabe** zu erbringen, mit denen Behinderung verhindert, aufgehoben, gemildert oder ausgeglichen wird. Damit unterscheiden sie sich nach dem Ziel und entsprechend auch den Mitteln von Einrichtungen der Krankenbehandlung, deren Ziel die Heilung und Linderung von Krankheiten ist. Je nachdem, wie stark die Leistung auf die Funktionseinschränkung oder mehr auf die individuellen oder gesellschaftlichen Kontextfaktoren ausgerichtet ist, erfordert sie mehr oder weniger starke medizinische, pflegerische, psychologische, pädagogische oder technische Anteile. Oft sind Leistungen zur Teilhabe multimodal und interdisziplinär ausgerichtet (vgl. § 26 II und III SGB IX) und erfordern entsprechend ausgestattete und ausgerichtete Dienste und Einrichtungen. Die Bandbreite geht von ärztlich geleiteten und geprägten Einrichtungen der medizinischen Rehabilitation über pädagogisch geleitete und geprägte Heime oder Werkstätten bis hin zu Assistenzdiensten,

130 Hierzu *Bachem* PflR 2009, 214; Klie/Krahmer/*Klie,* Sozialgesetzbuch XI Soziale Pflegeversicherung, 2009, § 115 Rn. 5 a; *Klie* PflR 2010, 351.

131 *Bundesministerium für Familie, Senioren, Frauen und Jugend / Bundesministerium für Gesundheit* (Hrsg.), Charta der Rechte hilfe-und pflegebedürftiger Menschen, 10. Aufl., Stand: Oktober 2010.

die bewusst und im Interesse ihrer Nutzer auf professionelle Fachlichkeit zu Gunsten einer Orientierung am Selbstbestimmungsrecht behinderter Menschen verzichten.

508 Sozialrechtlich können verschiedene Rehabilitationsträger für die Leistungen zur Teilhabe verantwortlich sein, die traditionell mit den Diensten und Einrichtungen nach eigenen, in den jeweiligen Leistungsgesetzen enthaltenen Regeln Verträge schließen. Das Anliegen des SGB IX – Rehabilitation und Teilhabe behinderter Menschen – die Rehabilitationsträger zu **Kooperation und Koordination** zu verpflichten und eine **leistungsrechtliche Konvergenz** herbeizuführen, ist auch für das Leistungserbringungsrecht angelegt worden.[132] Nach § 17 I SGB IX können die Rehabilitationsträger die Leistungen selbst, durch andere Rehabilitationsträger oder unter Inanspruchnahme von freien und gemeinnützigen oder privaten Diensten und Einrichtungen ausführen. Sie sollen dabei im Einzelfall den am besten geeigneten Leistungserbringer in Anspruch nehmen und Vielfalt, Unabhängigkeit und Selbstständigkeit der Leistungserbringer achten (§ 19 IV SGB IX). Hierdurch wird deutlich, dass das Leistungserbringungsrecht der Leistungen zur Teilhabe keine exklusiven und selektiven Beziehungen der Rehabilitationsträger zu Leistungserbringern voraussetzt, sondern die Selbstbestimmung der Leistungsberechtigten schützen soll.[133]

509 Erbringen die Rehabilitationsträger die Leistungen selbst, so verfügen sie über eigene Dienste und Einrichtungen als Teil der Verwaltung. Dies ist insbesondere bei der medizinischen Rehabilitation der gesetzlichen Rentenversicherung und Unfallversicherung der Fall. Dagegen sind die gesetzlichen Krankenkassen rechtlich gehindert, neue Eigeneinrichtungen zu schaffen, es sei denn, sie können die Aufgaben der Gesundheitsvorsorge und Rehabilitation nicht auf andere Weise erfüllen (§ 140 II SGB V). Die Träger der Sozialhilfe sollen eigene Einrichtungen nicht neu schaffen (§ 75 II 1 SGB XII). Die Länder können jedoch von dieser Regelung abweichen (Art. 84 I 2 GG) und die Kreise und kreisfreien Städte ihr die kommunale Selbstverwaltungsgarantie (Art. 28 II GG) entgegenhalten.

510 Erbringen die Rehabilitationsträger die Leistungen durch freie und gemeinnützige oder private Dienste und Einrichtungen, so müssen sie mit ihnen Verträge abschließen (§ 21 I SGB IX; § 111 SGB V; § 15 II SGB VI; § 34 VIII SGB VII; § 75 SGB XII). Die Verträge sollen nach gemeinsamen Grundsätzen geschlossen werden, die in Rahmenverträgen oder zumindest gemeinsamen Empfehlungen der Rehabilitationsträger vereinbart werden sollen (§ 21 II SGB IX). Dies hat den Zweck, dass grundsätzlich alle geeigneten Dienste und Einrichtungen Leistungen für alle Rehabilitationsträger erbringen können sollen und den Leistungen gemeinsame Qualitätsstandards (§ 20 SGB IX) zu Grunde gelegt werden können. Eine solche gemeinsame Vertragspraxis der Rehabilitationsträger ist jedoch bislang trägerübergreifend nicht erreicht worden.

511 Im allgemeinen Rehabilitationsrecht ist die **Verantwortung für die Dienste und Einrichtungen der Rehabilitation** in § 19 I SGB IX angesprochen. Danach wirken die Rehabilitationsträger gemeinsam unter Beteiligung der Bundesregierung und der Landesregierungen darauf hin, dass die fachlich und regional erforderlichen Dienste und Einrichtungen in ausreichender Zahl und Qualität und barrierefrei zur Verfügung stehen. Sie müssen dabei die Verbände behinderter Menschen beteiligen. Die

132 Ausführlicher hierzu *Fuchs/Welti*, Die Rehabilitation, 2007, 111.
133 *Welti* SGb 2009, 330.

Verantwortung ist durch diese Norm so vielen Akteuren zugewiesen, dass die Gefahr besteht, dass sie nicht wahrgenommen wird. Als Instrumente der Infrastrukturverantwortung könnten auf der Ebene des Bundes gemeinsame Empfehlungen der Rehabilitationsträger zu Koordination, Qualität und Vertragsinhalten nach §§ 12, 13, 20, 21 SGB IX genutzt werden, die im Rahmen der Bundesarbeitsgemeinschaft für Rehabilitation (BAR) vereinbart werden. Die Rehabilitationsträger sollen auch regionale Arbeitsgemeinschaften bilden (§ 12 II SGB IX), was bisher nicht geschehen ist. Die Konkretisierung der regionalen und kommunalen Verantwortung für Dienste und Einrichtungen der Rehabilitation und Teilhabe könnte und sollte landesgesetzlich erfolgen. Sie ist inhaltlich wichtig, insbesondere um die Voraussetzungen für gemeindenahe Leistungen (Art. 26 I BRK), den Vorrang ambulanter, teilstationärer und betrieblicher vor stationären Leistungen (§ 19 II SGB IX) und für barrierefreie Leistungen zu schaffen.

Nicht abschließend geklärt ist die **Abgrenzung zwischen Einrichtungen und Diensten.** 512 In § 19 SGB IX sind Dienste und Einrichtungen vorausgesetzt, aber nicht definiert. Die Leistungsgesetze der Leistungen zur Teilhabe sind uneinheitlich. Während § 107 II Nr. 3 SGB V vermuten lässt, dass Einrichtungen nur diejenigen Leistungserbringer sind, bei denen Unterbringung und Verpflegung zur Leistung gehören, sieht § 40 I SGB V ambulante Rehabilitation in und durch Einrichtungen vor. Dabei können Leistungserbringer der ambulanten medizinischen Rehabilitation auch solche sein, die keine stationären Leistungen erbringen. Es wäre systematisch schlüssiger, solche Leistungserbringer als Dienste zu bezeichnen. In § 75 I SGB XII werden Einrichtungen und Dienste für den Bereich der Sozialhilfe so abgegrenzt, dass Einrichtungen stationäre und teilstationäre Leistungen erbringen und Dienste andere Leistungserbringer sind. Anders als in der Krankenbehandlung gibt es in der medizinischen Rehabilitation keine strikte Trennung zwischen ambulanten und stationären Leistungserbringern, so dass auch die Abgrenzung zwischen Diensten und Einrichtungen schwieriger ist.

B. Medizinische Rehabilitation

In der medizinischen Rehabilitation werden viele Einrichtungen als »Klinik« bezeichnet. 513 Sie unterliegen aber nicht dem Krankenhausplanungsrecht des Bundes und der Länder. Soweit sie gewerblich sind, unterstehen sie der Gewerbeaufsicht für Privatkrankenanstalten (§ 30 GewO).

Für das **Leistungserbringungsrecht der medizinischen Rehabilitation** wird für die 514 Rentenversicherung (§ 15 II 1 SGB VI) und die Unfallversicherung (§ 34 VIII 2 SGB VII) auf § 21 SGB IX verwiesen. Im Krankenversicherungsrecht sind in §§ 107, 111 SGB V eigene Regelungen enthalten, die jedoch nicht im Widerspruch zu § 21 SGB IX stehen und darum neben ihnen angewandt werden können. Gleichwohl wäre eine Vereinfachung und Vereinheitlichung des Leistungserbringungsrechts der medizinischen Rehabilitation angezeigt.

In § 107 II SGB V sind **Rehabilitationseinrichtungen als Einrichtungen definiert,** 515 die der stationären Behandlung dienen, um eine Krankheit zu heilen, ihre Verschlimmerung zu verhüten oder Krankheitsbeschwerden zu lindern oder im Anschluss an Krankenhausbehandlung den dabei erzielten Behandlungserfolg zu sichern oder zu festigen, auch mit dem Ziel, eine drohende Behinderung oder Pflegebedürftigkeit abzuwenden oder zu beseitigen, zu mindern, auszugleichen, ihre Verschlimmerung zu verhüten oder ihre Folgen zu mildern. Sie müssen fachlich-medizinisch unter ständiger ärztlicher Verantwortung und unter Mitwirkung von besonders geschultem Personal darauf eingerichtet sein, den Gesundheitszustand der Patienten nach einem ärztlichen Behandlungsplan vorwiegend durch Anwendung von Heilmitteln einschließlich Krankengymnastik, Bewegungstherapie, Sprachtherapie oder Arbeits- und Beschäftigungstherapie, ferner durch andere geeignete Hilfen, auch durch geistige und seelische Einwirkungen, zu verbessern und den Patienten bei der Entwicklung eigener Abwehr- und Heilungskräfte zu helfen. In ihnen müssen die Patienten untergebracht und verpflegt werden können.

516 Diese **Definition ist missverständlich** und **nicht zeitgemäß,** da sie das eigentliche leistungsrechtliche Ziel der medizinischen Rehabilitation nach §§ 11 II SGB V, 26 I SGB IX nur als ein »auch« zu erreichendes Ziel an die Zwecksetzung der allgemeinen Krankenbehandlung anschließt. Es wäre jedoch unzutreffend, daraus zu schließen, die medizinische Rehabilitation sei im Rahmen der gesetzlichen Krankenversicherung nur eine Phase der Krankenbehandlung. Der Hinweis auf das Heilungsziel ist vielmehr daraus erklärbar, dass während einer stationären Leistung der medizinischen Rehabilitation oft ein zusätzlicher Bedarf an Krankenbehandlung besteht, der von der Einrichtung und vom Rehabilitationsträger mit gedeckt werden muss (vgl. zur Rentenversicherung § 13 III SGB VI, sogenannte »interkurrente Erkrankung«). Im Rahmen der medizinischen Rehabilitation ist die Medizin Leitprofession, muss dabei aber nach rehabilitativen Grundsätzen und in Kooperation mit anderen Berufsgruppen handeln.

517 Einrichtungen der medizinischen Rehabilitation schließen nach § 111 **Versorgungsverträge** mit Krankenkassen. Diese haben dabei nur die Geeignetheit der Einrichtung zu prüfen. Eine weiter gehende Bedarfsprüfung ist nicht vorgesehen, ein entsprechender Eingriff in die Berufsfreiheit wäre nicht gerechtfertigt.[134] Die Krankenkassen entscheiden über den Leistungsfall selbst, so dass eine durch Rehabilitationseinrichtungen induzierte Nachfrage nicht zu befürchten ist. Das Risiko einer Überversorgung tragen die Leistungserbringer.

C. Berufliche Rehabilitation

518 Einrichtungen, die **Leistungen zur Teilhabe am Arbeitsleben** (§ 33 SGB IX) erbringen, werden als Einrichtungen der **beruflichen Rehabilitation** bezeichnet (§ 35 SGB IX). Stationäre Einrichtungen sind insbesondere Berufsbildungswerke, in denen Leistungen der Erstausbildung behinderter Menschen erbracht werden und Berufsförderungswerke, die der Fort- und Weiterbildung dienen. Werkstätten für behinderte Menschen (§ 136 SGB IX) und Integrationsprojekte (§ 132 SGB IX) bieten behinderten Menschen Arbeit und Beschäftigung, sind jedoch keine Einrichtungen des Wohnens. Integrationsfachdienste (§ 109 SGB IX) werden bei der Durchführung von Maßnahmen zur Teilhabe am Arbeitsleben beteiligt. Fast alle dieser Leistungserbringer stehen in öffentlicher oder in gemeinnütziger Trägerschaft. Sie sind – auch soweit sie stationäre Einrichtungen sind – aus dem Geltungsbereich der Heim- und Einrichtungsgesetze und Krankenhausgesetze der Länder ausdrücklich ausgenommen. Die

134 BSGE 89, 294.

Teilnehmerinnen und Teilnehmer der Leistungen sind keine Arbeitnehmer im Sinne des BetrVG, wählen aber zu ihrer Mitwirkung besondere Vertreter und genießen Schutzrechte des Individualarbeitsrechts (§ 36 SGB IX). Die fachlichen Anforderungen an Berufsförderungswerke (BFW) und Berufsbildungswerke (BBW) sind in § 35 SGB IX nur allgemein beschrieben. Sie arbeiten interdisziplinär mit einem hohen Gewicht berufspädagogischer und sozialpädagogischer Elemente. Zur Konkretisierung sollen die zuständigen Rehabilitationsträger gemeinsame Empfehlungen vereinbaren (§§ 35 I 3, 13, 20 SGB IX), was bisher nicht geschehen ist.

Werkstätten für behinderte Menschen (WfbM) dienen der Ausbildung und Beschäftigung behinderter Menschen, die auf dem allgemeinen Arbeitsmarkt nicht beschäftigt werden können, aber ein Mindestmaß an wirtschaftlich verwertbarer Arbeit leisten können. Sie verfügen über ein Eingangsverfahren, einen Berufsbildungsbereich und einen Arbeitsbereich (§§ 40, 41 SGB IX). Fachliche Anforderungen sind in der Werkstattverordnung (WVO) der Bundesregierung bestimmt. Die WfbM müssen von der Bundesagentur im Einvernehmen mit dem überörtlichen Träger der Sozialhilfe anerkannt werden (§ 142 SGB IX). **519**

Die **Leistungen in WfbM** begründen ein Verhältnis, das einer Berufsausbildung oder einem Beschäftigungsverhältnis angenähert ist (§ 138 SGB IX), sind aber zugleich Sozialleistungen des zuständigen Rehabilitationsträgers, mit dem die WfbM Verträge abschließen. Zuständiger Träger ist im Eingangsverfahren und Berufsbildungsbereich zumeist die Bundesagentur und im Arbeitsbereich zumeist der Träger der Sozialhilfe. Die WfbM verfügen zudem meist über Bereiche oder Gruppen, in denen Leistungen zur Teilhabe am Leben in der Gemeinschaft erbracht werden (§ 136 III SGB IX). Die behinderten Beschäftigten der WfbM wirken durch die Werkstatträte (§ 139 SGB IX) mit. **520**

Integrationsprojekte sind Unternehmen, Betriebe oder Abteilungen zur Beschäftigung behinderter Menschen auf dem allgemeinen Arbeitsmarkt, deren Teilhabe dort auf besondere Schwierigkeiten stößt (§ 132 I SGB IX). **521**

Integrationsfachdienste (IFD) sind freie gemeinnützige oder private Dienste, die bei der Durchführung von Maßnahmen zur Teilhabe am Arbeitsleben beteiligt werden (§ 109 I SGB IX). Sie sollen betriebsnahe Leistungen wie etwa die unterstützte Beschäftigung (§ 38 a SGB IX) ermöglichen und behinderte Menschen und ihre Arbeitgeber informieren, beraten und unterstützen. Sie werden im Auftrag der Integrationsämter oder der Rehabilitationsträger tätig. Die Integrationsämter haben die Infrastrukturverantwortung (§ 111 V SGB IX). Die fachlichen Anforderungen sind in § 112 SGB IX sowie in gemeinsamen Empfehlungen der Rehabilitationsträger (§ 113 II SGB IX) geregelt. Fachlich werden dabei psychosoziale und arbeitspädagogische Qualifikationen von Fachkräften mit Berufserfahrung herausgehoben. **522**

Im Bereich der Arbeitsförderung durch die Bundesagentur (SGB III) und die Träger der Grundsicherung für Arbeitsuchende (SGB II) werden die Rechtsbeziehungen zwischen den Trägern und den Leistungserbringern vielfach auf der Basis von Ausschreibungen begründet.[135] **523**

135 Vgl. BKartA, Vergabekammer des Bundes, Beschl. v. 29. 4. 2009, Az. VK 3 – 61/09.

D. Soziale Rehabilitation

524 Dienste und Einrichtungen der sozialen Rehabilitation erbringen **Leistungen zur Teilhabe am Leben in der Gemeinschaft**. Der Begriff der sozialen Rehabilitation ist allerdings im Gesetz nicht zu finden, so dass auch andere Begriffe Verwendung finden können. Bei stationären Einrichtungen zum Wohnen wird auch von Behindertenheimen gesprochen. Dienste bezeichnen sich zum Teil als Assistenzdienste.

525 **Einrichtungen** der Teilhabe am Leben in der Gemeinschaft, in denen behinderte Menschen wohnen, unterliegen dem Wohn- und Betreuungsvertragsgesetz des Bundes (WBVG) und den entsprechenden Gesetzen der Länder. In ihnen werden Leistungen zur Teilhabe am Leben in der Gemeinschaft und häufig auch Pflegeleistungen erbracht. Die Abgrenzung ist leistungsrechtlich (vgl. § 43 a SGB XI; § 55 SGB XII) und leistungserbringungsrechtlich (vgl. § 75 V SGB XII) schwierig.

526 **Wichtigste Träger** insbesondere dauerhaft erforderlicher Leistungen zur Teilhabe am Leben in der Gemeinschaft sind die **Träger der Sozialhilfe (Eingliederungshilfe).** Das Leistungserbringungsrecht der Dienste und Einrichtungen richtet sich nach § 21 SGB IX und §§ 75–81 SGB XII. Es werden Verträge mit den Trägern der Sozialhilfe geschlossen, die die Leistung, Vergütung und Prüfung der Wirtschaftlichkeit und Qualität regeln müssen (§ 75 III SGB XII). Auf der Ebene der überörtlichen Träger der Sozialhilfe – meist auf der Landesebene – werden Rahmenverträge geschlossen (§ 79 SGB XII). Für das Leistungserbringungsrecht besteht eine Schiedsstelle (§ 80 SGB XII). Eine **Planungsverantwortung** ergibt sich aus § 19 SGB IX; sie wird nur selektiv wahrgenommen.

527 Die **Leistungen zur Teilhabe am Leben in der Gemeinschaft** bedürfen einer besonderen Offenheit und sind nicht eindeutig einer Leitprofession zugeordnet. Zu ihrer Erbringung können zB Fachkräfte aus Medizin (vgl. § 119 a SGB V), Pflege, Psychologie, Heilpädagogik und sozialer Arbeit oder Gebärdensprachdolmetscher tätig werden. Im Bereich der Assistenzdienste wird zum Teil auf besondere Fachlichkeit im Sinne der Selbstbestimmung behinderter Menschen bewusst verzichtet.

E. Dienste und Einrichtungen der Prävention

528 Das Leistungsrecht und Leistungserbringungsrecht der **gesundheitlichen Prävention** ist wenig strukturiert. Stationäre Einrichtungen der gesundheitlichen Vorsorge (Vorsorgekliniken) sind zum Teil zugleich Rehabilitationseinrichtungen. Sie schließen Verträge nach § 111 SGB V mit den Krankenkassen. Besonders ausgewiesen sind die Einrichtungen des Müttergenesungswerks und gleichartigen Einrichtungen, die Vorsorgeleistungen für Mütter und Väter erbringen und Verträge nach § 111 a SGB V mit den Krankenkassen schließen. Soweit die Vorsorgekliniken in gewerblicher Trägerschaft sind, unterliegen sie der Gewerbeaufsicht nach § 30 GewO. Die für ambulante Vorsorgeleistungen in anerkannten Kurorten (§ 23 II SGB V) relevante Anerkennung von Gemeinden als Kurort oder Heilbad erfolgt durch die Länder auf Basis eigener Gesetze oder Verordnungen.

529 **Ambulante Leistungen der Vorsorge und Prävention** werden teils von Vertragsärzten und Vertragszahnärzten (§§ 22, 23 SGB V) erbracht, teils vom öffentlichen Gesundheitsdienst, teils von weiteren Leistungserbringern, die Verträge mit Kranken-

kassen schließen. Im Bereich der **Primärprävention** (§§ 20-20 c SGB V) bestehen dabei nur Kriterien des GKV-Spitzenverbandes für Leistungserbringer (§ 20 I 3 SGB V).[136] **Leistungserbringer** der gesundheitlichen Prävention können – wenn es der Schutzzweck erfordert – dem Heilpraktikergesetz unterliegen.[137]

§ 23 Formen der Kooperation zwischen institutionellen und personellen leistungserbringenden Akteuren

A. Allgemeines

Ebenso wie die berufliche Tätigkeit der personellen und institutionellen Akteure im Gesundheitswesen bei der Erbringung von Gesundheitsdienstleistungen rechtlicher Regulierung unterliegt, bedarf es **rechtlicher Regulierung** auch **für das Zusammenwirken dieser Leistungserbringer**. Bei den personellen Akteuren, so bei den Ärzten, ist die Zusammenarbeit mit anderen Akteuren im direkten wie im indirekten Berufsrecht, also in den Berufsordnungen, im Zulassungsrecht und im Sozialleistungserbringungsrecht, geregelt. Bei den institutionellen Akteuren finden sich die Vorschriften für die Kooperation in der Hauptsache im Sozialleistungserbringungsrecht. Zum Teil enthalten jedoch die Landeskrankenhausgesetze Regelungen über die (Nicht-)Beteiligung von Vertragsärzten. 530

Im Folgenden können nur die wichtigsten **Kooperationsformen zwischen Ärzten und Krankenhäusern** geschildert werden. Auf Kooperationsformen anderer Leistungserbringer wird nicht eingegangen. Auch die gesellschaftsrechtlichen und haftungsrechtlichen Fragen können hier nicht erläutert werden. 531

B. Kooperation zwischen Ärzten und Krankenhäusern

Die Zusammenarbeit zwischen Ärzten und Krankenhäusern findet im Wesentlichen in den institutionalisierten Formen des Belegarztwesens, der Tätigkeit als ermächtigter (Krankenhaus-)Arzt und beim ambulanten Operieren statt. Darüber hinaus sind auch noch andere Kooperationsformen denkbar, zB die Tätigkeit eines Vertragsarztes in oder die Zusammenarbeit mit einem zugelassenen Krankenhaus nach § 108 SGB V oder einer Vorsorge- oder Rehabilitationseinrichtung nach § 111 SGB V (§ 20 II 2 Ärzte-ZV).[138] 532

I. Belegarzt

Die **Förderung des Belegarztwesens** obliegt den Landesverbänden der Krankenkassen und den Ersatzkassen, den Landeskrankenhausgesellschaften und den Kassenärztlichen Vereinigungen (§ 121 I SGB V). 533

Belegärzte sind nach **gesetzlicher Definition** nicht am Krankenhaus angestellte Vertragsärzte, die berechtigt sind, ihre Patienten (Belegpatienten) im Krankenhaus unter 534

---

136 Gemeinsame und einheitliche Handlungsfelder und Kriterien der Spitzenverbände der Krankenkassen zur Umsetzung von § 20 I und II SGB V v. 21. 6. 2000 idF v. 2. 6. 2008.

137 Vgl. VG München, Beschl. v. 11. 9. 2001, M 16 S 01.2462 (zitiert nach juris.de).

138 Hierzu Huster/Kaltenborn/*Bohle* (Fn. 13), 256.

Inanspruchnahme der hierfür bereitgestellten Dienste, Einrichtungen und Mittel vollstationär oder teilstationär zu behandeln, ohne hierfür vom Krankenhaus eine Vergütung zu erhalten (§ 121 II SGB V). Sie werden aus der vertragsärztlichen Gesamtvergütung vergütet (§ 121 III 1 SGB V). Die Krankenhäuser können jedoch mit den Belegärzten Honorarverträge schließen (§ 121 V SGB V).

535 Für die Belegärzte existiert ein **Anerkennungsverfahren**, das jedoch nicht im SGB V, sondern im Bundesmantelvertrag Ärzte (BMV-Ä)[139] geregelt ist (§ 82 I SGB V). Die Anerkennung als Belegarzt setzt voraus, dass an dem betreffenden Krankenhaus eine Belegabteilung der entsprechenden Fachrichtung nach Maßgabe der Gebietsbezeichnung (Schwerpunkt) der Weiterbildungsordnung in Übereinstimmung mit dem Krankenhausplan oder mit dem Versorgungsvertrag eingerichtet ist und der Praxissitz des Vertragsarztes im Einzugsbereich dieser Belegabteilung liegt. Über die Anerkennung als Belegarzt entscheidet die für seinen Niederlassungsort zuständige Kassenärztliche Vereinigung auf Antrag im Einvernehmen mit allen Landesverbänden der Krankenkassen und den Verbänden der Ersatzkassen (§ 40 I und II BMV-Ä). Das Verfahren der Anerkennung muss vom Vertragsarzt betrieben werden; nur dieser ist antragsbefugt.

II. Ambulantes Operieren

536 Krankenhäuser haben die Möglichkeit, ohne besondere Zulassung, ambulant durchführbare Operationen und sonstige stationsersetzende Eingriffe vorzunehmen, wenn diese Operationen bzw. Eingriffe in einer Vereinbarung[140] zwischen dem Spitzenverband Bund der Krankenkassen, der Deutschen Krankenhausgesellschaft und den Kassenärztlichen Bundesvereinigungen aufgeführt sind und das Krankenhaus dies dem Landesverband der Krankenkassen bzw. den Ersatzkassen mitgeteilt hat (§ 115 b I und II 1 SGB V). Die Vergütung wird unmittelbar durch die Krankenkasse an das Krankenhaus entrichtet.

III. Ambulante Behandlung durch ermächtigte Krankenhausärzte

537 Krankenhausärzte mit abgeschlossener Weiterbildung können mit Zustimmung des Krankenhausträgers vom Zulassungsausschuss (§ 96 SGB V) zur Teilnahme an der vertragsärztlichen Versorgung der Versicherten ermächtigt werden. Diese Ermächtigung ist allerdings zur vertragsärztlichen Zulassung nachrangig. Sie ist zu erteilen, soweit und solange eine ausreichende ärztliche Versorgung der Versicherten ohne die besonderen Untersuchungs- und Behandlungsmethoden oder Kenntnisse von hierfür geeigneten Krankenhausärzten nicht sichergestellt wird (§ 116 SGB V).

538 Fraglich ist bei der Nachrangigkeit, ob die mangelnde Sicherstellung des ambulanten Versorgungsbedarfs nur in qualitativer Hinsicht oder auch in quantitativer Hinsicht gilt. Obwohl in § 116 S. 2 SGB V dem Wortlaut nach gerade auf den qualitativen Aspekt der besonderen Methoden der Krankenhausärzte abgestellt wird, wird nach Ansicht der Rspr. auch ein allgemeiner quantitativer Bedarf von der Vorschrift erfasst.[141]

139 Bundesmantelvertrag – Ärzte Stand: 1. 1. 2011. Für die Ersatzkassen: Arzt-/Ersatzkassen-Vertrag (Bundesmantelvertrag – Ärzte/Ersatzkassen) – EKV Stand: 1. 1. 2011.
140 Sog. AOP-Vertrag.
141 BSGE 73, 25 (29).

C. Ärztliche Versorgung in Pflegeeinrichtungen

Die ärztliche Versorgung in Pflegeheimen wird durch die Vertragsärzte durchgeführt. 539
Dabei erleichtert die **Ermächtigung der stationären Pflegeeinrichtung** zur Teilnahme an der vertragsärztlichen Versorgung von pflegebedürftigen Versicherten in der Pflegeeinrichtung diese Versorgung (§ 119 b S. 3 SGB V). Diese Ermächtigung ist aber subsidiär zu Kooperationsverträgen nach § 75 I SGB V (§ 119 b S. 1SGB V). Weitere Kooperationsmöglichkeiten zwischen Pflegeheimen und Vertragsärzten bestehen im Rahmen der Verträge nach §§ 73 b, 73 c SGB V.[142]

D. Integrierte Versorgung

Eine allgemeine Möglichkeit, um in dem in Leistungssektoren aufgeteilten Gesund- 540
heitsversorgungssystem zur Kooperation der Beteiligten zu kommen und um die disziplinäre Aufspaltung zu überwinden, stellt die **integrierte Versorgung** dar (§§ 140a-140 d SGB V). Die Krankenkassen können Verträge über eine verschiedene Leistungssektoren übergreifende Versorgung der Versicherten oder eine interdisziplinär-fachübergreifende Versorgung mit bestimmten Vertragspartnern abschließen (§ 140 a I SGB V). Diese **Vertragspartner** sind vor allem Vertragsärzte und –zahnärzte, Krankenhausträger, Pflegekassen und Pflegeeinrichtungen (§ 140 b I SGB V).

Um den Vertragspartnern eine gewissen **Flexibilität bei der Gestaltung der inte- 541
grierten Versorgung** zu ermöglichen, können die Verträge Abweichendes von den Vorschriften des Leistungserbringungsrechts des SGB V, des KHG, des KHEntgG sowie den nach diesen Vorschriften getroffenen Regelungen insoweit regeln, als die abweichende Regelung dem Sinn und der Eigenart der integrierten Versorgung entspricht, die Qualität, die Wirksamkeit und die Wirtschaftlichkeit der integrierten Versorgung verbessert oder aus sonstigen Gründen zu ihrer Durchführung erforderlich ist (§ 140 b IV 1 SGB V).

Die **Vergütung der integrierten Versorgung** ist ebenfalls in den Verträgen zu regeln. 542
Aus der Vergütung für die integrierten Versorgungsformen sind sämtliche Leistungen, die von teilnehmenden Versicherten im Rahmen des vertraglichen Versorgungsauftrags in Anspruch genommen werden, zu vergüten. Dies gilt auch für die Inanspruchnahme von Leistungen von nicht an der integrierten Versorgung teilnehmenden Leistungserbringern, soweit die Versicherten von an der integrierten Versorgung teilnehmenden Leistungserbringern an die nicht teilnehmenden Leistungserbringer überwiesen wurden oder aus sonstigen, in dem Vertrag zur integrierten Versorgung geregelten Gründen berechtigt waren, nicht teilnehmende Leistungserbringer in Anspruch zu nehmen (§ 140 c I SGB V).

E. Strukturierte Behandlungsprogramme

Strukturierte Behandlungsprogramme[143] bei chronischen Krankheiten dienen dazu 543
den Behandlungsablauf und die Qualität der medizinischen Versorgung chronisch Kranker zu verbessern (§ 137 f I 1 SGB V). Sie stellen eine besondere Form der

142 S. BT-Drucks. 16/7439, 97.
143 Auch Disease Management Programme (DMP) genannt.

Kooperation der Leistungserbringer in Hinblick auf bestimmte Krankheiten dar. Der besondere Qualitätsaspekt, der diesen Programmen zugrunde liegt, rechtfertigt die systematische Stellung der entsprechenden Vorschriften im Abschnitt über die Sicherung der Qualität der Leistungserbringung (§§ 135–139 c SGB V). Allerdings werden mit den Programmen für die Krankenkassen auch finanzielle Anreize für die bessere Versorgung chronisch kranker Versicherter verknüpft. Daraus erklärt sich, dass Regelungen zu den strukturierten Behandlungsprogrammen in der Risikostruktur-Ausgleichsverordnung (RSAV)[144] zu finden sind (§§ 28 b ff. RSAV).

544 Bei der Empfehlung, Festlegung, Zulassung und Durchführung der strukturierten Behandlungsprogramme sind zahlreiche Akteure beteiligt (ua der Gemeinsame Bundesausschuss, das Bundesministerium für Gesundheit, das Bundesversicherungsamt, die Krankenkassen und die Leistungserbringer).

545 Die **Teilnahme der Versicherten** an den Programmen ist **freiwillig** (§ 137 f III SGB V).

§ 24 Sonstige institutionelle Akteure im Gesundheitswesen (Überblick)

A. An der Leistungserbringung im Rahmen des SGB V indirekt beteiligte Akteure

I. Krankenkassen – Verbände der Krankenkassen

546 Die Krankenkassen sind Träger der Sozialversicherung und als solche rechtsfähige Körperschaften des öffentlichen Rechts mit Selbstverwaltung (§ 4 I SGB V). Die Krankenkassen unterteilen sich in verschiedene Arten (§ 4 II, 143 ff. SGB V). Sie haben Mitglieder (§§ 173, 186 ff. SGB V). Die Krankenkassen stellen den Versicherten die Leistungen zur Verfügung (§ 2 I 1 SGB V). Die Versicherten erhalten die Leistungen als Sach- und Dienstleistungen, soweit nichts Abweichendes, zB Kostenerstattung, vorgesehen ist (§ 2 II 1 SGB V). Hierzu werden Verträge mit den Leistungserbringern abgeschlossen (§ 2 II 3SGB V).

547 Das hiermit zum Ausdruck kommende **Sach- oder Naturalleistungsprinzip** besagt, dass die Krankenkassen grundsätzlich für die Beschaffung von Waren und Dienstleistungen auf Dritte, dh auf Anbieter von Gesundheitsleistungen zurückgreifen müssen. Diese werden von den Krankenkassen aber nicht zur Dienstleistung verpflichtet; sie sind auch nicht Bedienstete der Krankenkassen. Vielmehr behalten diese Dritten ihren Status als Anbieter, bleiben also Marktteilnehmer. Das Leistungserbringungssystem des SGB V, geregelt in dessen Vierten Kapitel (§§ 69–140 h SGB V), stellt das wichtigste Regelwerk für die personellen und institutionellen leistungserbringenden Akteure dar.

548 Die verschiedenen Kassenarten bilden jeweils **Verbände auf Landesebene**. Sie sind Körperschaften des öffentlichen Rechts (§ 207 I SGB V). Ihnen kommen wichtige

144 Verordnung über das Verfahren zum Risikostrukturausgleich in der gesetzlichen Krankenversicherung (Risikostruktur-Ausgleichsverordnung - RSAV) v. 3. 1. 1994, BGBl. I 55.

Aufgaben auf dem Gebiet der Gestaltung des Leistungserbringungssystems auf Länderebene zu, so im Rahmen der Gesamtverträge (§ 83 SGB V).

Auf der Ebene des Bundes wird von den Krankenkassen ein **Spitzenverband Bund der Krankenkassen** gebildet, der ebenfalls eine Körperschaft des öffentlichen Rechts darstellt (§ 217 a SGB V). Er nimmt Aufgaben auf der Bundesebene, vor allem auch im Gemeinsamen Bundesausschuss,[145] wahr (§ 217 f SGB V). Er ist auch Vertragspartner des Bundesmantelvertrages (§ 82 I SGB V). Dem Spitzenverband Bund der Krankenkassen sind ab 2009 die Funktionen zugewiesen worden, die bis Ende 2008 die ebenfalls auf Bundesebene tätigen **Bundesverbände der Krankenkassen** wahrgenommen haben. Diese existieren weiter in der Form von Gesellschaften des bürgerlichen Rechts (§ 217 I 1 SGB V), haben aber außer der Rechtsnachfolge keine besonderen Aufgaben im Leistungserbringungssystem (§ 214 SGB V). 549

II. Kassenärztliche Vereinigungen – Zulassungs- und Berufungsausschüsse

Die Kassenärztlichen und Kassenzahnärztlichen Vereinigungen (KV bzw. KZV) (zusammen als Kassenärztliche Vereinigung bezeichnet) werden durch die **Vertrags(zahn)ärzte jedes Landes** gebildet und sind Körperschaften des öffentlichen Rechts (§ 77 I SGB V). Sie stellen das Pendant zu den Landesverbänden der Krankenkassen dar und sind auf dieser Ebene Vertragspartner, so vor allem bei den Gesamtverträgen. Sie spielen eine wichtige Rolle im Vergütungssystem der Vertragsärzte (§ 83 SGB V). Die Kassenärztlichen Vereinigungen dürfen nicht mit den Berufsverbänden der Ärzte, den nach Landesrecht organisierten Ärztekammern,[146] verwechselt werden. 550

Auf **Bundesebene** wirken die Kassenärztliche bzw. Kassenzahnärztliche Bundesvereinigung (KBV bzw. KBZV) (zusammen als Kassenärztliche Bundesvereinigungen bezeichnet), die durch die Kassen(zahn)ärztlichen Vereinigungen gebildet werden und ebenfalls Körperschaften des öffentlichen Rechts darstellen (§ 77 IV SGB V). Sie stellen das Pendant zum Spitzenverband Bund der Krankenkassen dar und sind auf Bundesebene dessen Vertragspartner, so vor allem beim Bundesmantelvertrag (§ 83 I SGB V). Sie dürfen nicht mit der Bundesärzte- bzw. Bundeszahnärztekammer[147] verwechselt werden. 551

Im Zusammenhang des **vertragsärztlichen Zulassungssystems** stehen die **Zulassungsausschüsse.** Zur Beschlussfassung und Entscheidung in Zulassungssachen errichten die Kassenärztlichen Vereinigungen und die Landesverbände der Krankenkassen sowie die Ersatzkassen für den Bezirk jeder Kassenärztlichen Vereinigung oder für Teile dieses Bezirks (Zulassungsbezirk) einen **Zulassungsausschuss für Ärzte** und einen Zulassungsausschuss für Zahnärzte (§ 96 SGB V) sowie entsprechende **Berufungsausschüsse** (§ 97 SGB V). 552

III. Landesausschüsse - Gemeinsamer Bundesausschuss

Die vorgenannten Körperschaften des öffentlichen Rechts arbeiten auf Landes- bzw. Bundesebene nicht nur im Vertragsweg zusammen. Sie werden gesetzlich auch insti- 553

145 S. Rn. 555.
146 Diese stellen Körperschaften des öffentlichen Rechts dar, s. dazu 3. Kapitel, § 10 B. VI.
147 Diese stellen Arbeitsgemeinschaften der Landesärztekammern dar und sind als Verein organisiert, s. dazu 3. Kapitel, § 10 B. VI.

tutionell zusammengeführt, so in den Landesausschüssen und im Gemeinsamen Bundesausschuss. Diese vertragliche und institutionelle Zusammenbindung von Leistungsträgern und Leistungserbringern und die Zuschreibung von besonderen gemeinsamen Aufgaben wird im SGB V als **gemeinsame Selbstverwaltung**[148] bezeichnet. Ein solches System der gemeinsamen Selbstverwaltung existiert in anderen Bereichen der Erbringung von Gesundheitssozialleistungen nicht. In der Sozialen Pflegeversicherung finden sich jedoch zunehmend Anklänge an ein Modell gemeinsamer Selbstverwaltung, dass jedoch nur durch Vereinbarungen konfiguriert wird, nicht aber institutionell geprägt ist.

554 Auf **Landesebene** bilden die Kassenärztlichen Vereinigungen und die Landesverbände der Krankenkassen sowie die Ersatzkassen einen **Landesausschuss für Ärzte und Krankenkassen** und einen **Landesausschuss für Zahnärzte und Krankenkassen** (§ 90 I SGB V). Diese Landesausschüsse haben keine Rechtsfähigkeit, können aber wegen ihrer Weisungsungebundenheit[149] als Rechtssubjekte mit Teilrechtsfähigkeit qualifiziert werden.[150] Die Landesausschüsse haben Aufgaben vor allem im Rahmen der Bedarfsplanung (§ 99 II SGB V). Maßnahmen der Landesausschüsse haben keine unmittelbare Regelungswirkung nach außen und können nur mittelbar im Rahmen von anderen Entscheidungen angegriffen werden.

555 Die wichtigste Institution der gemeinsamen Selbstverwaltung stellt der **Gemeinsame Bundesausschuss** (G-BA) dar. Er wird von den Kassenärztlichen Bundesvereinigungen, der Deutschen Krankenhausgesellschaft und dem Spitzenverband Bund der Krankenkassen gebildet und genießt Rechtsfähigkeit (§ 91 I SGB V). Die Beteiligung der Deutschen Krankenhausgesellschaft, eines eingetragenen Vereins, rechtfertigt sich aus der Tatsache, dass die Krankenhäuser neben den Ärzten die wichtigsten Leistungserbringer sind.

556 Die **Rechtsnatur** des G-BA ist umstritten. Klar ist, dass er keine Körperschaft oder Anstalt des öffentlichen Rechts darstellt. In Literatur und Rspr. wird er als Einrichtung *sui generis* bezeichnet.[151] Damit ist freilich nicht viel gewonnen. Allerdings kann das Problem der Rechtsnatur des G-BA insofern auf sich beruhen, als der Gesetzgeber dem G-BA die Rechtsfähigkeit verliehen hat (§ 91 I 2 SGB V). Die juristische Debatte um die Rechtsnatur des G-BA ist jedoch von Interesse, wenn es um die Rechtsnatur der Entscheidungen des G-BA geht.[152]

557 Die **Aufgaben** des G-BA im Leistungserbringungssystem des SGB V sind äußerst vielfältig. Der G-BA nimmt diese Aufgaben intern durch **Beschlüsse** seines Beschlussgremiums wahr (§ 91 II SGB V). Die **Außenwirkung der Beschlüsse** wird gesetzlich bestimmt: Die Beschlüsse sind für die Träger des G-BA, deren Mitglieder und Mitgliedskassen sowie für die Versicherten und die Leistungserbringer verbindlich (§ 91 VI SGB V). Verbindlichkeit meint dabei die **unmittelbare Normverbindlichkeit im Außenverhältnis.**[153] Diese gesetzliche Regelung ist aus verfassungsrecht-

148 Dies ist kein vom Gesetz verwendeter Begriff.

149 Vgl. § 90 III 2 SGB V.

150 Wohl hM, s. etwa Becker/Kingreen/*Schmidt-De Caluwe* (Fn. 8), § 90 Rn. 12.

151 Vgl. statt aller Becker/Kingreen/*Schmidt-De Caluwe* (Fn. 8), § 91 Rn. 9 f.

152 S. Rn. 558.

153 Wegen dieser Rechtswirkung wird der G-BA auch häufig als »kleiner Gesetzgeber des Gesundheitswesens« bezeichnet.

lichen Gründen nach wie vor umstritten.[154] Eine Entscheidung des BVerfG hierzu steht immer noch aus.

Die **Richtlinien des G-BA** stellen das wichtigste Regelungsinstrument dar (§ 92 SGB V). Sie werden kraft gesetzlicher Anordnung Bestandteil der Bundesmantelverträge (§ 92 VIII SGB V). Der Rechtscharakter der Richtlinien ist trotz einer eindeutigen Rspr. des BSG zum leistungsnormkonkretisierenden Charakter der Richtlinien nach wie vor umstritten.[155] Von Bedeutung in diesem Zusammenhang aber vor allem, wie sich der **Rechtsschutz gegen die Richtlinien** gestaltet. Hier ist zu unterscheiden zwischen den möglichen statthaften **Verfahrensarten** und der richterlichen **Kontrolldichte**.[156] Da es im sozialgerichtlichen Verfahren an einem Normenkontrollverfahren, wie es in § 47 VwGO normiert ist, fehlt, bleibt nur die Möglichkeit einer Inzidentprüfung. Ggf. kann auch eine Feststellungsklage helfen. In Hinblick auf die Kontrolldichte erhebt sich die Frage, ob dem G-BA ein Gestaltungsspielraum zugebilligt wird. Hierzu hat sich eine differenzierte Rspr. entwickelt, bei der eine Intensivierung der richterlichen Kontrollmöglichkeiten zu verzeichnen ist. Unabhängig davon ist höherrangiges Recht, also insbesondere Verfassungsrecht, zu beachten.[157] 558

IV. Medizinische Dienste

Der **Medizinische Dienst der Krankenversicherung (MDK)**,[158] eine gemeinsam von den Krankenkassen im Land getragene Arbeitsgemeinschaft in Form der rechtsfähigen Körperschaft des öffentlichen Rechts (§ 278 I SGB V), hat vielfältige Aufgaben bei der Begutachtung und Beratung.[159] Auch im Rahmen der Pflegeversicherung (SGB XI) kommen im wichtige Aufgaben bei der Begutachtung, aber auch bei der Qualitätskontrolle zu. 559

Auf Bundesebene wird vom Spitzenverband Bund der Krankenkassen der **Medizinische Dienst des Spitzenverbandes Bund der Krankenkassen (MDS)** als rechtsfähige Körperschaft des öffentlichen Rechts gebildet (§ 282 I SGB V). Der MDS ist keine den Medizinischen Diensten der Krankenversicherung vorgesetzte Behörde, sondern hat diesen gegenüber nur koordinierende und fördernde Aufgaben (§ 282 II SGB V). 560

154 Der Streitstand kann hier nicht wiedergegeben werden, s. statt aller Becker/Kingreen/*Schmidt-De Caluwe* (Fn. 8), § 91 Rn. 31 ff.

155 Der Streitstand kann auch hier nicht wiedergegeben werden, s. statt aller Becker/Kingreen/*Schmidt-De Caluwe* (Fn. 8), § 92 Rn. 7–15.

156 Der Streitstand kann auch hier nicht wiedergegeben werden, s. statt aller Becker/Kingreen/*Schmidt-De Caluwe* (Fn. 8), § 92 Rn. 16–18.

157 Dies ist zuletzt im sog. Nikolausbeschluss des BVerfG deutlich geworden, BVerfGE 115, 25.

158 Die häufig zu findende Bezeichnung »Medizinischer Dienst der Kranken*kassen*« ist falsch und irreführend, denn der MDK versteht sich als selbstständige Institution im Rahmen des Krankenversicherungssystems und nicht als Beauftragter der Krankenkassen.

159 Die in § 275 SGB V zugewiesenen Aufgaben stellen nur einen Ausschnitt aus dem Aufgabenspektrum dar.

B. Sonstige Akteure

I. Gemeinden und Kreise im Gesundheitswesen

561 Die Gemeinden und Kreise haben ein durch Art. 28 II GG und die Verfassungen der Länder garantiertes Recht der Selbstverwaltung. Dieses umfasst das Recht, alle Aufgaben der örtlichen Gemeinschaft in eigener Verantwortung selbst zu definieren und wahrzunehmen, insbesondere auch der öffentlichen Daseinsvorsorge. Für die Gemeinden – hierzu gehören auch die kreisfreien Städte – ist dieses Recht umfassender, die Kreise erfüllen kommunale Aufgaben, die einzelne Gemeinden nicht alleine bewältigen können oder wollen. In den Ländern gibt es landesrechtlich geregelt unterschiedliche weitere Rechtsformen von Gemeindeverbänden wie Ämter, Samtgemeinden, Zweckverbände und Landschaftsverbände, denen einzelne kommunale Aufgaben übertragen sein können.

562 Zu diesen Aufgaben können Sicherstellung und Betrieb eigener Krankenhäuser,[160] Pflegeeinrichtungen oder Kurbetriebe in verschiedenen Rechtsformen gehören. Gemeinden und Kreise können auch Beratungsstellen oder Dienste der freien Wohlfahrtspflege und Selbsthilfe fördern und unterstützen. Darüber hinaus können in allen Bereichen kommunalen Handelns Gesichtspunkte der öffentlichen Gesundheit eine wichtige Rolle spielen. So hat die durch die Kommunen verbindlich mit Anschluss- und Benutzungszwang betriebene Abfallentsorgung und Abwasserbeseitigung einen erheblichen Anteil an der präventiven Bekämpfung von Infektionskrankheiten und Gesundheitsgefahren.

563 Durch Landesrecht sind den Gemeinden und Kreisen in unterschiedlicher Weise relevante Aufgaben des Gesundheitsrechts als pflichtige Selbstverwaltungsaufgaben oder Aufgaben zur Erfüllung nach Weisung übertragen oder die Gemeinden oder Kreise sind bei Erfüllung Landesbehörden. Hierzu gehören die Eigenschaft als örtlicher Träger der Sozialhilfe, die Trägerschaft des öffentlichen Gesundheitsdienstes und Aufgaben nach dem Infektionsschutzgesetz, den Krankenhausgesetzen und Pflegegesetzen der Länder.

II. Öffentlicher Gesundheitsdienst

564 Der öffentliche Gesundheitsdienst ist in den Ländern jeweils durch Gesetze geregelt, die seine Aufgaben und deren Aufteilung auf Behörden des Landes sowie auf die Kreise, kreisfreien Städte und Gemeinden regeln.[161] Oft tragen Landesbehörden den

160 Vgl. BVerfGE 83, 363.

161 Baden-Württembergisches Gesetz über den öffentlichen Gesundheitsdienst (ÖGDG BW) v. 12. 12. 1994, GBl. 663; Bayerisches Gesetz über den öffentlichen Gesundheits- und Veterinärdienst, die Ernährung und den Verbraucherschutz sowie die Lebensmittelüberwachung (GDVG) v. 24. 7. 2003, GVBl. 2003, 452; Berliner Gesetz über den öffentlichen Gesundheitsdienst (GDG) v. 25. 5. 2006, GVoBl. 450; Gesetz über den Öffentlichen Gesundheitsdienst im Land Brandenburg (BbgGDG) v. 23. 4. 2008, GVBl. 95; Gesetz über den Öffentlichen Gesundheitsdienst im Lande Bremen (ÖGDG HB) v. 27. 3. 1995, GBl. 175, 366; Hessisches Gesetz über den öffentlichen Gesundheitsdienst (HGöGD) v. 28. 9. 2007, GVBl I, 659; Gesetz über den Öffentlichen Gesundheitsdienst in Hamburg (HmbGDG) v. 18. 7. 2001, HmbGVBl. 201; Gesetz über den öffentlichen Gesundheitsdienst im Land Mecklenburg-Vorpommern (ÖGDG M-V)v. 19. 7. 1994, GVOBl. M-V, 747; Niedersächsisches Gesetz über den öffentlichen Gesundheitsdienst (NGöGD) v. 24. 3. 2006, Nds. GVBl. 178; Nordrhein-Westfälisches Gesetz über den öffentlichen Gesundheitsdienst (ÖGDG NRW) v. 25. 11. 1997, GV NW 430; Rheinland-Pfälzisches Landesgesetz über den

Namen Landesgesundheitsamt und die örtlichen Behörden heißen Gesundheitsamt. Der öffentliche Gesundheitsdienst fungiert als Aufsichtsbehörde für Berufsträger und Einrichtungen des Gesundheitswesens sowie von weiteren Einrichtungen, insbesondere im Hinblick auf die Einhaltung von Hygiene- und anderen Gesundheitsschutzvorschriften. Er fördert oder erbringt selbst Leistungen insbesondere der Beratung, Vorsorge und Prävention wie Untersuchungen, Schutzimpfungen, Gruppenprophylaxe gegen Zahnerkrankungen. Auf das Gesundheitsamt wird im Recht der Sozialhilfe (§ 59 SGB XII) ausdrücklich Bezug genommen, im Krankenversicherungsrecht wird meist nur »die nach Landesrecht zuständige Stelle« genannt (§§ 20 d, 21 SGB V).

III. Rettungsdienst

Der Rettungsdienst hat die Aufgabe der präklinischen Notfallversorgung und des qualifizierten Krankentransports. Er ist landesrechtlich im Hinblick auf Trägerschaft und Infrastrukturverantwortung geregelt. Die Aufgaben des Rettungsdienstes werden entweder von den Kreisen und kreisfreien Städten selbst – z. T. im Rahmen der Berufsfeuerwehren – oder von mit ihnen vertraglich verbundenen Trägern der freien Wohlfahrtspflege (ua DRK, ASB, Johanniter, Malteser) oder privaten Unternehmen wahrgenommen. Die Entgelte werden überwiegend von den Krankenkassen übernommen, die zur Vergütung Verträge schließen, soweit sie nicht durch Landesrecht oder kommunale Satzungen festgelegt ist (vgl. § 133 SGB V).[162] Das europäische Recht führt zunehmend zur Pflicht der durch Landesecht bestimmten Träger – zumeist der Kreise und kreisfreien Städte –, die Rettungsdienstleistungen auszuschreiben.[163] Sie können nicht ausschließlich dem hoheitlichen Bereich zugeordnet werden, gehören aber zu den Dienstleistungen von allgemeinem wirtschaftlichem Interesse.[164] Zusätzlich zum öffentlichen Rettungsdienst können Rettungs- und Krankentransportdienstleistungen auch auf Grund von Genehmigungen erbracht werden. Bei der Zulassung dürfen Bedarfsgesichtspunkte berücksichtigt werden.[165] 565

IV. Freie Wohlfahrtspflege

Organisationen der freien Wohlfahrtspflege sind im Sozial- und Gesundheitswesen gemeinnützig tätig. Sie sind zum Teil aus der Selbsthilfe, zum Teil aus organisiertem karitativem Engagement aus religiösen oder weltanschaulichen Gründen entstanden. Die Organisationen der freien Wohlfahrtspflege verfolgen ihre Zwecke mit hauptamtlichem Personal und bürgerlichem Engagement von Mitgliedern. 566

öffentlichen Gesundheitsdienst (ÖGdG R-P) v. 17. 11. 1995, GVBl 485; Saarländisches Gesetz über den öffentlichen Gesundheitsdienst (ÖGDG SL) v. 19. 5. 1999, ABl. 844; Gesetz über den Öffentlichen Gesundheitsdienst und die Berufsausübung im Gesundheitswesen im Land Sachsen-Anhalt (GDG LSA) v. 21. 11. 1997, GVBl. LSA 1023; Gesetz über den öffentlichen Gesundheitsdienst im Freistaat Sachsen (SächsGDG) v. 11. 12. 1991, GVBl. 413; Schleswig-Holsteinisches Gesetz über den Öffentlichen Gesundheitsdienst (GDG SH) v. 14. 12. 2001, GVOBl. 398; Thüringer Verordnung über den öffentlichen Gesundheitsdienst und die Aufgaben der Gesundheitsämter in den Landkreisen und kreisfreien Städten v. 8. 8. 1990, GBl. I 1068.

162 Dazu BSG SozR 4–2500 § 133 Nr 3.

163 EuGH NVwZ 2010, 949.

164 EuGHE 2001, I-8089 - Ambulanz Glöckner.

165 BVerwG, Beschl. v. 6. 3. 2009, Az. 3 B 118/08 (zitiert nach juris.de)

567 Sie sind oft selbst Träger von Krankenhäusern, Pflegeeinrichtungen, Diensten und Einrichtungen der Rehabilitation, der Prävention oder des Rettungsdienstes. In dieser Rolle sind sie im Sozialrecht anerkannt und zum Teil im Verhältnis zu staatlichen und privat-gewerblichen Leistungserbringern privilegiert, mindestens jedoch gleichgestellt (§ 17 III SGB I; § 4 II SGB VIII, § 19 IV SGB IX, § 11 II SGB XI, § 5 SGB XII). Die Träger der freien Wohlfahrtspflege und ihre Verbände auf der Ebene der Länder und des Bundes sind somit auch vielfach Vertragspartner der Sozialleistungsträger. Damit soll im sozialen Rechtsstaat dem aus der Gesellschaft kommenden Engagement hinreichend Raum gegeben werden, die sozialen Leistungen zu konkretisieren.[166]

568 Die wichtigsten Spitzenverbände der freien Wohlfahrtspflege sind die Arbeiterwohlfahrt (demokratisch-sozialistisch), das Deutsche Rote Kreuz, die Caritas (römisch-katholisch), das Diakonische Werk (evangelisch) und Der Paritätische Wohlfahrtsverband als Dachverband vieler kleinerer Verbände.

V. Verbände kranker und behinderter Menschen

569 Verbände kranker und behinderter Menschen sind auf die Interessenvertretung in Staat und Gesellschaft gerichtet und verfolgen dabei insbesondere sozial- und gesundheitspolitische Ziele. Sie sind teils allgemein (zB Sozialverband VdK, SoVD), teils auf die Vertretung besonderer Gruppen (zB Deutscher Blinden- und Sehbehindertenverband, Deutsche Gesellschaft der Hörgeschädigten, Deutsche Rheumaliga) ausgerichtet. Verbände organisieren meist chronisch kranke und behinderte Menschen, während die Anliegen von akut kranken Menschen kaum organisierbar sind. Hier treten allgemeine Verbraucherschutzverbände als Interessenvertretung auf. Soweit behinderte Menschen betroffen sind, hat sich der Deutsche Behindertenrat als Koordinierung der Verbände gebildet.

570 In der Gesetzgebung wird zunehmend anerkannt, dass die spezifischen Belange kranker und behinderter Menschen bei der Ausgestaltung des Sozial- und Gesundheitswesens einer auch institutionalisierten Interessenvertretung bedürfen und dass diese zu einer Qualitätsverbesserung und Nutzerorientierung beitragen kann. Daher haben die Verbände Beratungs- und Mitwirkungsrechte im Krankenversicherungsrecht (§§ 140 f, 139 a V, 137 a III SGB V)[167] sowie im Recht der Rehabilitation und Teilhabe (§§ 13 VI, 19 I, 20 III SGB IX). Sie sind weiterhin im Behindertengleichstellungsrecht von Bund und Ländern als verbandsklagefähig anerkannt (§ 13 III BGG) und können dadurch gerichtlich vorgehen, wenn die Pflicht zur Barrierefreiheit nach BGG und SGB (§ 17 I und II SGB I) verletzt sein könnte.

VI. Selbsthilfe

571 Unter Selbsthilfe ist im Gesundheitswesen nicht die individuelle Selbsthilfe zu verstehen, sondern der Zusammenschluss von (potenziell) von einem Gesundheitsproblem betroffenen Personen in Gruppen und Organisationen. In diesen können dann Erfahrungsaustausch, Beratung, Vermittlung von Leistungen und politische Interessenvertretung stattfinden. Selbsthilfe ist insoweit Selbstorganisation von Betroffenen.

166 Vgl. grundsätzlich BVerfGE 22, 180; *Giese* NDV 1968, 123; *Neumann,* Freiheitsgefährdung im kooperativen Sozialstaat, 1992.

167 Vgl. *Schlacke,* Kontrolle durch Patientenbeteiligung im Medizin- und Gesundheitssystem in: Steuerungsinstrumente im Recht des Gesundheitswesens 2007, 41; *Ebsen* MedR 2006, 528.

Die Bedeutung der Selbsthilfe für die Gesundheit und das Gesundheitswesen als nötige Ergänzung und als nötiger Kontrapunkt zur Medikalisierung und Professionalisierung wird immer mehr erkannt.[168] Gruppen und Organisationen der Selbsthilfe können sich der Formen des Vereinsrechts bedienen. Sie treten auch als Erbringer von Teilhabe-, Präventions- und Beratungsleistungen auf und werden dann zum Teil der freien Wohlfahrtspflege. 572

Gruppen und Organisationen der Selbsthilfe werden von den Krankenkassen (§ 20 c SGB V) sowie von den weiteren Rehabilitationsträgern der medizinischen Rehabilitation (§ 29 SGB IX) gefördert. 573

168 Vgl. *Borgetto* ZSR 2003, 474; *Borgetto/von dem Knesebeck* BuGBl. 2009, 21; *Danner/Nachtigäller/Renner* BuGBl. 2009, 3; *Geene/Huber E./Hundermark-Meyser/Möller-Bock/Thiel,* BuGBl. 2009, 11.

6. Kapitel. Waren (Arzneimittel - Hilfsmittel - Medizinprodukte)

Zur Vertiefung: *Ebsen* Die zentralen Reformelemente des Arzneimittelmarktneuordnungsgesetzes, GuP (Gesundheit und Pflege) 2011, 41; *Quaas/Zuck*, Medizinrecht, 2. Aufl. 2008 (784 ff., 793 ff., 818 ff.)

Kommentare und Handbücher: *Deutsch/Spickhoff*, Medizinrecht, 6. Aufl. 2008 (B Arzneimittelrecht; C. Medizinprodukterecht); *Deutsch/Lippert/Ratzel/Tag*, Kommentar zum Medizinproduktegesetz (MPG), 2. Aufl. 2010; *Fuhrmann/Klein/Fleischfresser*, Arzneimittelrecht, 2010; *Spickhoff*, Medizinrecht, 2011 (10. AMG; 380. MPG)

§ 25 Überblick: Arzneimittel - Hilfsmittel - Medizinprodukte

A. Regulierungsweisen und Rechtsquellen

Neben den immateriellen Produkten, dh den Dienstleistungen der Angehörigen der 574 Heilberufe und der anderen Gesundheitsberufe sowie der Krankenhäuser, Pflege- und Rehabilitationseinrichtungen werden im Gesundheitswesen auch Waren, dh materielle Produkte bzw. Sachgüter, bereitgestellt. Bei diesen **Sachgütern** handelt es sich vor allem um **Hilfsmittel** und **Arzneimittel** sowie um **Verbandmittel.**[1] Nicht zu den Sachgütern rechnen die Heilmittel. Bei diesen handelt es sich um Dienstleistungen nichtärztlicher Heilberufe (vgl. § 124 SGB V).[2]

Das die Arzneimittel betreffende Recht ist im **Arzneimittelgesetz (AMG),**[3] einem 575 Bundesgesetz, geregelt (Gesetzgebungskompetenz in Art. 74 I Nr. 19 GG). Es hat **ordnungsrechtlichen Charakter**, weil es der Sicherheit im Verkehr mit Arzneimitteln dient (vgl. § 1 AMG). Zum Teil ist auch das Apothekenrecht[4] für den Umgang mit Arzneimitteln einschlägig. Das Arzneimittelrecht hat aber auch **preisgestaltenden Charakter.** Damit wird auf den Arzneimittelmarkt Einfluss genommen. In der jüngeren Gesetzgebung ist der Arzneimittelmarkt in zentralen Punkten neugeordnet worden.[5]

Gesundheitliche Dienstleistungen werden immer mehr unter Zuhilfenahme tech- 576 nischer Vorrichtungen erbracht. Solche Produkte werden für diagnostische und therapeutische Zwecke eingesetzt. Sie unterliegen in Hinblick auf die Produktion wie die Überwachung den Regelungen des **Medizinproduktegesetzes (MPG),**[6] das ebenfalls **ordnungsrechtlichen Charakter** hat (vgl. § 1 MPG).

1 Verbandmittel werden hier nicht behandelt.

2 S. hierzu 4. Kapitel, § 17.

3 Gesetz über den Verkehr mit Arzneimitteln (Arzneimittelgesetz - AMG) v. 24. 8. 1976 idF der Bek. v. 12. 12. 2005, BGBl. I 3394.

4 Gesetz über das Apothekenwesen (Apothekengesetz - ApoG) v. 20. 8. 1960 idF der Bek. v. 15. 10. 1980, BGBl. I 1993, sowie Verordnung über den Betrieb von Apotheken (Apothekenbetriebsordnung - ApBetrO) v. 9. 2. 1987 idF der Bek. v. 26. 9. 1995, BGBl. I 1195.

5 S. unten Fn. 23.

6 Gesetz über Medizinprodukte (Medizinproduktegesetz - MPG) v. 2. 10. 1994 idF der Bek. v. 7. 8. 2002, BGBl. I 3146.

577 Für das Recht der Hilfsmittel existiert kein besonderes Bundesgesetz mit ordnungsrechtlichem Charakter. Das **Hilfsmittelrecht** ist im Leistungs- und Leistungserbringungsrecht des **SGB V** und des **SGB XI** geregelt.

B. Zur Strukturierung des Produktrechts

578 Das Produktrecht auf dem Gebiet der Medizin ist nicht nur **ordnungsrechtlich** geprägt und hat nicht nur damit zu tun, vor möglichen Gefahren zu schützen. Das Produktrecht wird auch vom darüber hinausgehenden **Verbraucherschutz** und von **Anliegen der gesundheitlichen Versorgung der Bevölkerung** geprägt. Schließlich wird die Vermarktung der Produkte durch **Einflussnahme auf die Preisgestaltung** geregelt. Zum besseren Verständnis der Regulierung des Produktrechts kann dieses strukturiert werden nach den Dimensionen der **Produkterstellung (Herstellung)**, der **Produktbereitstellung und –veräußerung (Abgabe, Inverkehrbringen)**, der **Produktverwendung**, schließlich der **Preisgestaltung**.

§ 26 Arzneimittel

A. Überblick

579 Das Inverkehrbringen von Arzneimitteln birgt große Risiken für die Gesundheit in sich. Deshalb ist hierfür ein besonderes Zulassungsverfahren vorgesehen (§§ 21 ff. AMG). Das Zulassungsrecht ist seit längerem sehr stark von europarechtlichen Einflüssen geprägt. Die Warenverkehrsfreiheit ist die Grundlage für diese europäischen Einflussnahmen, die sich vor allem, aber nicht ausschließlich auf das Verfahren der Zulassung von Arzneimitteln dergestalt ausgewirkt haben, dass ein europäisches und ein deutsches Zulassungsverfahren existiert. Die Zuteilung von Arzneimitteln regelt sich für sozialversicherte Personen zunächst über das Leistungsrecht des SGB V (vgl. §§ 31, 33, 34 SGB V). Um Zugang zu bestimmten Arzneimitteln zu haben, bedarf es darüber hinaus einer ärztlichen Verschreibung (§ 48 AMG). Bestimmte Arzneimittel dürfen nur in Apotheken abgegeben werden (§ 43 AMG). Apotheken unterliegen wiederum den Vorschriften des Apothekenrechts.[7] Hier handelt es sich um ordnungsrechtliche Vorschriften zum Schutz der Patienten.

B. Begriffe

I. Arzneimittel

580 Die Vorschrift zum **Arzneimittelbegriff** (§ 2 AMG) enthält neben einer materiellen Definition des Arzneimittels (§ 2 I AMG) die **Erweiterung des Arzneimittelbegriffs** auf bestimmte Gegenstände, Instrumente und Stoffe (§ 2 II AMG) sowie eine **Abgrenzung zu anderen Erzeugnissen** (§ 2 III AMG). Eine **Kollisionsvorschrift** regelt die Begriffsbestimmung, wenn ein Erzeugnis sowohl unter die Definition in § 2 I wie in III AMG fällt (§ 2 IIIa AMG). In § 2 IV AMG wird das Vorliegen eines Arznei-

7 Verordnung über den Betrieb von Apotheken (Apothekenbetriebsordnung - ApBetrO) v. 9. 2. 1987 idF der Bek. v. 26. 9. 1995, BGBl. I 1195.

mittels formell an die Zulassung oder Registrierung und die rechtsförmige Freistellung von der Zulassung oder Registrierung geknüpft (§ 2 IV AMG).

Arzneimittel (§ 2 I AMG) sind Stoffe[8] oder Zubereitungen aus Stoffen, 1. die zur 581
Anwendung im oder am menschlichen oder tierischen Körper bestimmt sind und als Mittel mit Eigenschaften zur Heilung oder Linderung oder zur Verhütung menschlicher oder tierischer Krankheiten oder krankhafter Beschwerden bestimmt sind oder 2. die im oder am menschlichen oder tierischen Körper angewendet oder einem Menschen oder einem Tier verabreicht werden können, um entweder a) die physiologischen Funktionen durch eine pharmakologische, immunologische oder metabolische Wirkung wiederherzustellen, zu korrigieren oder zu beeinflussen oder b) eine medizinische Diagnose zu erstellen.

Als den **Arzneimitteln gleichgestellt** gelten Gegenstände, die ein Arzneimittel ent- 582
halten oder auf die ein Arzneimittel aufgebracht ist und die dazu bestimmt sind, dauernd oder vorübergehend mit dem menschlichen oder tierischen Körper in Berührung gebracht zu werden (§ 2 II AMG).

Keine Arzneimittel sind Lebensmittel, kosmetische Mittel, Tabakerzeugnisse, Bio- 583
zidprodukte, Medizinprodukte, Organe, wenn sie zur Übertragung auf menschliche Empfänger bestimmt sind (§ 2 III AMG). Die Abgrenzung zu den **Lebensmitteln, kosmetischen Mitteln** ua wird dabei unter Zuhilfenahme der gesetzlichen Definitionen in den einschlägigen Gesetzen vorgenommen.

So sind **Lebensmittel** definiert in § 2 II des Lebensmittel- und Futtermittelgesetz- 584
buches (LFGB),[9] wobei die Vorschrift auf eine EG-Verordnung[10] verweist. **Lebensmittel** sind danach alle Stoffe oder Erzeugnisse, die dazu bestimmt sind oder von denen nach vernünftigem Ermessen erwartet werden kann, dass sie in verarbeitetem, teilweise verarbeitetem oder unverarbeitetem Zustand von Menschen aufgenommen werden. Zu Lebensmitteln zählen auch Getränke, Kaugummi sowie alle Stoffe - einschließlich Wasser -, die dem Lebensmittel bei seiner Herstellung oder Ver- oder Bearbeitung absichtlich zugesetzt werden.

Kosmetische Mittel (§ 2 V LFGB) sind Stoffe oder Zubereitungen aus Stoffen, die 585
ausschließlich oder überwiegend dazu bestimmt sind, äußerlich am Körper des Menschen oder in seiner Mundhöhle zur Reinigung, zum Schutz, zur Erhaltung eines guten Zustandes, zur Parfümierung, zur Veränderung des Aussehens oder dazu angewendet zu werden, den Körpergeruch zu beeinflussen. Als kosmetische Mittel gelten nicht Stoffe oder Zubereitungen aus Stoffen, die zur Beeinflussung der Körperformen bestimmt sind.

II. Stoffe

Im AMG wird auch der **Begriff der Stoffe** definiert (§ 3 AMG). Stoffe sind 1. che- 586
mische Elemente und chemische Verbindungen sowie deren natürlich vorkommende

8 Definition in § 3 AMG.

9 Lebensmittel-, Bedarfsgegenstände- und Futtermittelgesetzbuch (Lebensmittel- und Futtermittelgesetzbuch - LFGB) v. 1. 9. 2005 idF der Bek. v. 24. 7. 2009, BGBl. I 2205.

10 Art. 2 der Verordnung (EG) Nr. 178/2002 des Europäischen Parlaments und des Rates v. 28. 1. 2002 zur Festlegung der allgemeinen Grundsätze und Anforderungen des Lebensmittelrechts, zur Errichtung der Europäischen Behörde für Lebensmittelsicherheit und zur Festlegung von Verfahren zur Lebensmittelsicherheit, ABl. L 31 1.

Gemische und Lösungen, 2. Pflanzen, Pflanzenteile, Pflanzenbestandteile, Algen, Pilze und Flechten in bearbeitetem oder unbearbeitetem Zustand, 3. Tierkörper, auch lebender Tiere, sowie Körperteile, -bestandteile und Stoffwechselprodukte von Mensch oder Tier in bearbeitetem oder unbearbeitetem Zustand, 4. Mikroorganismen einschließlich Viren sowie deren Bestandteile oder Stoffwechselprodukte.

III. Weitere Begriffe

587 § 4 AMG enthält weitere Begriffsbestimmungen, so zu zB zu den Fertigarzneimitteln, den Sera, den Impfstoffen und den Allergenen.

C. Herstellung

I. Erlaubnis

588 Das gewerbs- oder berufsmäßige Herstellen von Arzneimitteln bedarf der **Erlaubnis** (§ 13 I AMG). Die Erlaubnis ist personengebunden und wird für eine bestimmte Betriebsstätte und für bestimmte Arzneimittel erteilt (§ 16 AMG). Die Erlaubnis ist bei Vorliegen ihrer Voraussetzungen zu erteilen, dh Versagungsgründe nach § 14 AMG dürfen nicht vorliegen (gebundener Verwaltungsakt). Es handelt sich hier um ein **präventives Verbot mit Erlaubnisvorbehalt.**

II. Rücknahme und Widerruf der Erlaubnis

589 Für **Rücknahme und Widerruf** sind besondere Regelungen getroffen worden (§ 18 I AMG). Wenn Versagungsgründe nachträglich eintreten, kann auch das **Ruhen einer Erlaubnis** angeordnet werden, was zur Folge hat, dass die Erlaubnis bestandskräftig bleibt, von ihr aber nicht Gebrauch gemacht werden darf. Als Reaktion auf das Fehlen von Nachweisen für die Herstellung und Prüfung kann die zuständige Behörde vorläufig anordnen, dass die Herstellung eines Arzneimittels eingestellt wird, wobei die vorläufige Anordnung auf eine Charge beschränkt werden kann (§ 18 II AMG).

D. Bereitstellung (Zulassung)

I. Zulassungspflicht

590 Die Erteilung einer Erlaubnis zur Herstellung von Arzneimitteln hat nicht das **Inverkehrbringen eines Fertigarzneimittels** zum Gegenstand. Hierfür bedarf es einer **besonderen Zulassung**, die auf das Medikament bezogen ist (§§ 21 I Satz 1, 25 I 2 AMG). Auch hier handelt es sich um ein **präventives Verbot mit Erlaubnisvorbehalt.** Die Zulassung ist zu erteilen, wenn keine Versagungsgründe vorliegen (§ 25 II und III AMG).

II. Zuständigkeiten

591 Das Verfahren und die Zuständigkeit für die Erteilung einer Erlaubnis zum Inverkehrbringen von Fertigarzneimitteln hängen davon ab, ob das Arzneimittel nur in einem Mitgliedstaat der EU oder ob es EU-weit vertrieben werden soll. Im ersteren Fall ist nur der Mitgliedstaat für die Zulassung zuständig, im letzteren Fall ist

entweder eine europäische Behörde oder die zuständige Behörde des Mitgliedstaates zuständig.

Die europäische Behörde, die **European Medicines Agency (EMA),** ist durch die Verordnung (EG) Nr. 726/2004[11] eingerichtet worden. Ein **Zulassungsverfahren** bei dieser Behörde ist notwendig für bestimmte Arzneimittel, die im Anhang der Verordnung genannt sind (Art. 3 I VO). Für andere Arzneimittel kann eine Zulassung bei dieser Behörde beantragt werden (Art. 3 II VO). Die Genehmigung wird nicht von der Behörde, sondern von der Kommission der EU erteilt (Art. 10 II VO). Sie gilt EU-weit zunächst für fünf Jahre und kann verlängert werden (Art. 14 I und II VO). Das Medikament wird in das Arzneimittelregister der EU aufgenommen (Art. 13 I VO). Rechtsschutz bei Versagung wird gemäß Art. 263, 256 AEUV gewährt. 592

Für das **Zulassungsverfahren in Deutschland** ist als Bundesoberbehörde das **Bundesinstitut für Arzneimittel und Medizinprodukte (BfARM)** zuständig, sofern nicht das **Paul-Ehrlich-Institut (PEI)** oder das **Bundesamt für Verbraucherschutz und Lebensmittelsicherheit (BVL)** zuständig sind (§ 77 I AMG). Das **PEI** ist zuständig für Sera, Impfstoffe, Blutzubereitungen, Knochenmarkzubereitungen, Gewebezubereitungen, Gewebe, Allergene, Arzneimittel für neuartige Therapien, xenogene Arzneimittel und gentechnisch hergestellte Blutbestandteile, das **BVL** für Arzneimittel, die zur Anwendung bei Tieren bestimmt sind (§ 77 II und III AMG). 593

Wenn der Antragsteller die Zulassung nicht nur in Deutschland, sondern auch in anderen Mitgliedstaaten der EU beantragt, sind zwei Verfahrensmöglichkeiten gegeben: 594

- die dezentrale Zulassung, und
- das Verfahren der gegenseitigen Anerkennung.

Bei der **dezentralen Zulassung** muss der Antragsteller einen identischen Antrag in den Mitgliedstaaten stellen, für die die Zulassung beantragt wird (§ 25 b I AMG). Das **Verfahren der gegenseitigen Anerkennung** ist möglich, wenn das Arzneimittel zum Zeitpunkt der Antragstellung bereits in einem anderen Mitgliedstaat der EU Union genehmigt oder zugelassen worden ist. Dann ist diese Zulassung auf der Grundlage des von diesem Staat übermittelten Beurteilungsberichtes anzuerkennen, es sei denn, dass Anlass zu der Annahme besteht, dass die Zulassung des Arzneimittels eine schwerwiegende Gefahr für die öffentliche Gesundheit oder für die Umwelt darstellt (§ 25 b II AMG).

Das **Zulassungsverfahren** besteht aus einem Antrag des pharmazeutischen Unternehmers (§ 21 III AMG) und dem Verfahren bei der zuständigen Behörde, das mit der Entscheidung über die Zulassung abgeschlossen wird (§ 25 AMG). Der wichtigste Teil des Antrags besteht in der Vorlage der Ergebnisse physikalischer, chemischer, biologischer oder mikrobiologischer Versuche und die zu ihrer Ermittlung angewandten Methoden (analytische Prüfung), der Ergebnisse der pharmakologischen und toxikologischen Versuche, der Ergebnisse der **klinischen Prüfungen** oder sons- 595

11 Verordnung (EG) Nr. 726/2004 des Europäischen Parlaments und des Rates v. 31. 3. 2004 zur Festlegung von Gemeinschaftsverfahren für die Genehmigung und Überwachung von Human- und Tierarzneimitteln und zur Errichtung einer Europäischen Arzneimittel-Agentur (ABl. L 136 v. 30. 4. 2004, S. 1–33).

tigen ärztlichen Erprobung, einer detaillierten Beschreibung des Pharmakovigilanz- und, soweit zutreffend, des Risikomanagement-Systems, das der Antragsteller einführen wird (§ 22 II AMG).

596 Die **klinische Prüfung** verläuft nach einem standardisierten Verfahren, dessen Grundlagen sich in der Richtlinie 2001/20/EG[12] finden (§ 22 II Nr. 3 AMG). Dieses sehr aufwendige Verfahren ist in vier Phasen aufgeteilt.[13] Bereits die klinische Prüfung unterliegt der **Genehmigungspflicht**. Voraussetzung der Genehmigung ist eine zustimmende Bewertung der **Ethik-Kommission** (§ 40 I Satz 2 AMG). Das Nähere zur Bildung, Zusammensetzung und Finanzierung der Ethik-Kommission wird durch Landesrecht bestimmt (§ 42 I Satz 3 AMG). Das Zulassungsverfahren beginnt dann mit der **Vorprüfung** (§ 25 a AMG). In der Vorprüfung wird der Zulassungsantrag durch unabhängige Sachverständige auf Vollständigkeit und daraufhin überprüft, ob das Arzneimittel nach dem jeweils gesicherten Stand der wissenschaftlichen Erkenntnisse ausreichend geprüft worden ist. Über den Antrag auf Zulassung muss innerhalb von sieben Monaten entschieden werden (§ 27 I AMG). Die Zulassung kann mit Auflagen verbunden werden. Solche können auch nachträglich angeordnet werden (§ 28 I und II AMG).

597 Für **Rücknahme, Widerruf und Ruhen der Zulassung** existieren besondere Vorschriften (§ 30 AMG). Die Zulassung erlischt beim Vorliegen der gesetzlichen Erlöschenstatbestände (§ 31 AMG). Da die Zulassung für ein Arzneimittel nach fünf Jahren ausläuft (§ 31 I Nr. 3 AMG), ist eine Verlängerung auf Antrag vorgesehen, die dann unbegrenzt ist (§ 31 Ia AMG).

E. Inverkehrbringen (Abgabe)

I. Begriffe

598 Im Arzneimittelrecht ist die Schnittstelle zwischen dem Bereithalten eines Medikamentes und der Übergabe an Verbraucher oder sonstige Verwender besonders kritisch, da sich das Medikament und seine Verwendung dann der Kontrolle durch Fachpersonal entziehen. Der Rechtsbegriff für diese Schnittstelle heißt **Inverkehrbringen.** Darunter wird das Vorrätighalten zum Verkauf oder zu sonstiger Abgabe, das Feilhalten, das Feilbieten und die Abgabe an andere verstanden (§ 4 XVII AMG). Das bedeutet, dass die Schnittstelle, an der die ordnungsrechtlichen Vorschriften des Arzneimittelrechts zum Inverkehrbringen ansetzen, schon vorverlagert ist zur Bevorratung.[14] Da die Abgabe von Arzneimitteln grundsätzlich den Apotheken vorbehalten ist, finden sich entsprechende Vorschriften auch in der Apothekenbetriebsordnung[15] (§ 17 I ApBetrO).

12 Richtlinie 2001/20/EG des Europäischen Parlaments und des Rates v. 4. 4. 2001 zur Angleichung der Rechts- und Verwaltungsvorschriften der Mitgliedstaaten über die Anwendung der guten klinischen Praxis bei der Durchführung von klinischen Prüfungen mit Humanarzneimitteln (ABl. L 121 v. 1. 5. 2001, S. 34–44).

13 S. hierzu näher *Deutsch/Spickhoff*, Medizinrecht, 6. Aufl. 2008, Rn. 1304–1308; Laufs/Kern/*Laufs*, Handbuch des Arztrechts, 4. Aufl. 2010, § 130 Rn. 39–41.

14 Kritisch zu dieser Begrifflichkeit *Deutsch* (Fn. 13), Rn. 1204.

15 S. Fn. 7.

II. Verantwortlichkeit für die Abgabe

Verantwortlicher für das Inverkehrbringen ist nicht, wie man annehmen könnte, der Apotheker, sondern der **pharmazeutische Unternehmer** (§ 9 AMG). Der pharmazeutische Unternehmer ist bei zulassungs- oder registrierungspflichtigen Arzneimitteln der Inhaber der Zulassung oder Registrierung (§ 4 XVII 1 AMG). Diese Bestimmung über die Abgabeverantwortlichkeit des pharmazeutischen Unternehmers schließt aber nicht aus, dass im Zusammenhang der Abgabe von Medikamenten auch andere Normadressaten, so insbesondere die Apotheker, existieren. Die Abgabeverantwortlichkeit des pharmazeutischen Unternehmers erstreckt sich zB auf die Kennzeichnungspflicht (§ 10 AMG) und die Pflicht, eine Packungsbeilage beizufügen (§ 11 AMG). 599

III. Abgabeverbote

Abgabeverbote existieren für Arzneimittel mit erhöhten Gefährdungsmöglichkeiten, 600
so für **bedenkliche Arzneimittel**. Bedenklich sind Arzneimittel, bei denen nach dem jeweiligen Stand der wissenschaftlichen Erkenntnisse der begründete Verdacht besteht, dass sie bei bestimmungsgemäßem Gebrauch schädliche Wirkungen haben, die über ein nach den Erkenntnissen der medizinischen Wissenschaft vertretbares Maß hinausgehen (§ 5 AMG). Weiter ist verboten, Arzneimittel zu Dopingzwecken im Sport oder radioaktive Arzneimittel in Verkehr zu bringen (§ 6 a, § 7 AMG). Gleiches gilt für minderwertige oder gefälschte Arzneimittel und Arzneimittel, deren Verfalldatum abgelaufen ist (§ 8 AMG).

IV. Apothekenpflicht

Arzneimittel dürfen grundsätzlich nur **in Apotheken in den Verkehr gebracht** 601
werden (§ 43 I 1 AMG). **Ausnahmen** davon sind gesetzlich geregelt (§ 44 AMG) oder in der Verordnung über apothekenpflichtige und freiverkäufliche Arzneimittel[16] erfasst (Ermächtigungsgrundlage § 45 AMG). Arzneimittel, die zu anderen Zwecken als zur Beseitigung oder Linderung von Krankheiten, Leiden, Körperschäden oder krankhaften Beschwerden zu dienen bestimmt sind, sind für den Verkehr außerhalb der Apotheken freigegeben (§ 44 I AMG). Ferner sind für den Verkehr außerhalb der Apotheken freigegeben ua natürliche und künstliche Heilwässer, Heilerde, Bademoore, Pflaster, ausschließlich oder überwiegend zum äußeren Gebrauch bestimmte Desinfektionsmittel, Mund- und Rachendesinfektionsmittel (§ 44 II AMG). Mit der Apothekenpflicht wird ein **Vertriebsmonopol** für Apotheken geschaffen.

V. Versandhandel – elektronischer Handel

Das auf Arzneimittel bezogene Recht des Versandhandels und des elektronischen 602
Handels ist mittlerweile ziemlich komplex geworden und kann an dieser Stelle nicht behandelt werden.[17] Dies gilt auch für die europarechtliche Problematik. Der EuGH hat in einem Vorabentscheidungsverfahren[18] klargestellt, dass ein absolutes Verbot

---

16 Verordnung über apothekenpflichtige und freiverkäufliche Arzneimittel (AMVerkRV) v. 24. 11. 1988, BGBl. I 2150.
17 S. überblicksweise *Deutsch* (Fn. 13), Rn. 1592–1594.
18 EuGH, Rs. C-322/01, Slg. 2003, I-14887.

des grenzüberschreitenden Versandhandels für nicht verschreibungspflichtige Arzneimittel nicht möglich ist.

VI. Verschreibungspflicht

603 Arzneimittel mit bestimmten Wirkstoffen dürfen nur bei Vorliegen einer **ärztlichen Verschreibung** an Verbraucher abgegeben werden (§ 48 I 1 AMG). Die Arzneimittelverschreibungsverordnung (AMVV)[19] führt die entsprechenden Arzneimittel auf.

F. Preisgestaltung

604 Die Preise für Arzneimittel sind nur dann Marktpreise, wenn es sich um nicht verschreibungspflichtige Medikamente handelt. Verschreibungspflichtige Medikamente unterliegen der staatlichen Preisregulierung in zweierlei Hinsicht: durch die Arzneimittelgesetze selbst und durch das Sozialrecht, hier durch die entsprechenden Bestimmungen des SGB V.

I. Im Arzneimittelrecht

605 Die gesetzliche Ermächtigung für die **staatliche Preisregulierung** findet sich in § 78 AMG. Diese Vorschrift enthält eine Verordnungsermächtigung, von der mit der Arzneimittelpreisverordnung (AMPreisV)[20] auch Gebrauch gemacht worden ist. Nach der gesetzlichen Ermächtigung können Preisspannen und Preise festgesetzt werden. Die AMPreisV gilt nur für **verschreibungspflichtige Arzneimittel** (§ 1 IV AMPreisV). Kriterium für die Preisbildung sind die berechtigten Interessen der Arzneimittelverbraucher, der Apotheken und des Großhandels. Dabei ist ein einheitlicher Apothekenabgabepreis für Arzneimittel, die vom Verkehr außerhalb der Apotheken ausgeschlossen sind, zu gewährleisten, was aber nicht gilt für nicht verschreibungspflichtige Arzneimittel, die nicht zu Lasten der gesetzlichen Krankenversicherung abgegeben werden (§ 78 II AMG). Das Preisrecht für Arzneimittel lässt sich von dem **Grundsatz des einheitlichen Apothekenabgabepreises** her verstehen. Dieser Grundsatz dient dazu, einen Preiswettbewerb unter Apotheken in dem zentralen Segment der verschreibungspflichtigen Arzneimittel auszuschließen. Dem liegt die Annahme zugrunde, dass mit einem bundesweit einheitlichen Apothekenabgabepreis eine qualitativ hochstehende Versorgung der Bevölkerung gewährleistet ist. Ob und inwieweit eine solche Annahme unter den heutigen wirtschaftlichen Umständen auf diesem Markt noch ihre volle Gültigkeit hat, ist allerdings schwer überprüfbar.

606 Die öffentlich-rechtliche Preisgestaltung für Arzneimittel nach dem AMG betrifft nur die **Ebene des Groß- und Einzelhandels (= Apotheken),** nicht aber den Hersteller selbst. Auf der **Ebene des Großhandels**, der zwischen dem Hersteller und dem Apotheker steht, bestimmen sich die Zuschläge nach § 2 AMPreisV.[21] Auf der **Ebene der Apotheke**, also der Ebene des Einzelhandels vergleichbar, sind zur Berechnung

---

19 Verordnung über die Verschreibungspflicht von Arzneimitteln (Arzneimittelverschreibungsverordnung - AMVV) v. 21. 12. 2005, BGBl. I 3632.

20 Arzneimittelpreisverordnung (AMPreisV) v. 14. 11. 1980, BGBl. I 2147.

21 S. auch das zeitlich begrenzt – bis zum 1. 1. 2012 – geltende Gesetz zur Einführung von Abschlägen der pharmazeutischen Großhändler (Art. 11 b des Gesetzes zur Neuordnung des Arzneimittelmarktes in der gesetzlichen Krankenversicherung (Arzneimittelmarkneuordnungsgesetz – AMNOG) v. 22. 10. 2010, BGBl. I 2262.

des Apothekenabgabepreises ein Festzuschlag von 3 % zuzüglich 8,10 € sowie die Umsatzsteuer zu erheben (§ 3 I 1 AMPreisV).[22]

II. Im Sozialrecht (SGB V)

Das Recht der Gesetzlichen Krankenversicherung[23] sieht drei Arten von Preisregulierung für Arzneimittel vor, so die **Festbeträge** (§ 35 SGB V), die **Erstattungsbeträge für nicht festbetragsfähige Arzneimittel** (§ 130 b I SGB V) und die **Pflichtrabatte** im Sinne von **Apothekerrabatten** (§ 130 SGB V) und **Herstellerrabatten** (§ 130 a SGB V). Ein **Rahmenvertrag über die Arzneimittelversorgung** (§ 129 II SGB V) regelt das Nähere ua über die Abgabe preisgünstiger Arzneimittel.[24] Während die Bestimmung von Fest- und Höchstbeträgen und die Erstattung dann nur dieser Fest- bzw. Höchstbeträge für Medikamente einen leistungsrechtlichen Preisbildungsansatz darstellen und somit einen indirekten Markteingriff bewirken, ist das Verlangen von Pflichtrabatten bei Apotheken und Herstellern ein direkter Zugriff auf die Preisgestaltung. 607

1. Festbeträge

Festbeträge können nur für **bestimmte Gruppen von Arzneimitteln** festgelegt werden. Es sind dies Arzneimittel mit denselben Wirkstoffen, mit pharmakologisch-therapeutisch vergleichbaren Wirkstoffen und mit therapeutisch vergleichbarer Wirkung (§ 35 I 2 SGB V). Diese Festbeträge werden vom Gemeinsamen Bundesausschuss in Richtlinien festgelegt. 608

Die Einführung von Festbeträgen für Arzneimittel wird von der pharmazeutischen Industrie als erheblicher **Eingriff in die unternehmerische Freiheit** angesehen. In der Tat ist ein hoheitlicher Eingriff in die Preisgestaltung in einer Marktwirtschaft durchaus bemerkenswert. Allerdings hat das BVerfG[25] hier nicht einmal den Schutzbereich des Grundrechts aus Art. 12 I GG bei den Herstellern oder Anbietern von Arzneimitteln als berührt angesehen, wenn die Kostenübernahme gegenüber den Versicherten im Rahmen der gesetzlichen Krankenversicherung geregelt wird. Die Auswirkungen der Festbetragsvorschriften auf die Berufsausübung der Hersteller seien ein bloßer Reflex einer auf das System der gesetzlichen Krankenversicherung bezogenen Regelung. Darin sei keine berufsregelnde Tendenz zu erkennen. Die wesentlichen Argumente des Gerichts lauten: Indem im Versicherungssystem Preise offen gelegt und Preisgrenzen für die Kostenübernahme festgesetzt werden, hätten die Anbieter am Markt die Möglichkeit, sich darauf einzustellen und zu entscheiden, ob sie sich in der Folge auf den eingeschränkten Markt außerhalb der gesetzlichen Krankenversicherung konzentrieren wollen oder ob sie bei einer insgesamt unveränderten Abnahmemenge durch ihre Preisgestaltung weiterhin konkurrenzfähig bleiben und so 609

---

22 Zur Berechnungsbasis s. § 3 II AMPreisV.

23 Mit dem Gesetz zur Neuordnung des Arzneimittelmarktes in der gesetzlichen Krankenversicherung (Arzneimittelmarkneuordnungsgesetz – AMNOG) v. 22. 10. 2010, BGBl. I 2262, ist das Recht der Preisgestaltung bei Arzneimitteln zum Teil erheblich verändert worden. Auf Einzelheiten kann hier nicht eingegangen werden. Zum AMNOG s. etwa *Andreas M.* ArztR 2011, 98; *Ebsen* GuP 2011, 41.

24 Rahmenvertrag über die Arzneimittelversorgung nach § 129 II SGB V idF v. 1. 2. 2011 zwischen dem Spitzenverband Bund der Krankenkassen und dem Deutschen Apothekerverband e. V.

25 BVerfGE 106, 275.

versuchen wollen, ihre Marktanteile zu behalten und auszubauen. Solche Entscheidungen seien typisch für unternehmerisches Verhalten im Wettbewerb.

2. Erstattungsbeträge für nicht festbetragsfähige Arzneimittel

610 Der Spitzenverband Bund der Krankenkassen vereinbart mit pharmazeutischen Unternehmern auf Grundlage des Beschlusses des Gemeinsamen Bundesausschusses über die Nutzenbewertung nach § 35 a III SGB V mit Wirkung für alle Krankenkassen Erstattungsbeträge für Arzneimittel, die mit diesem Beschluss keiner Festbetragsgruppe zugeordnet wurden. Der Erstattungsbetrag wird als Rabatt auf den Abgabepreis des pharmazeutischen Unternehmers vereinbart (§ 130 b I 1 und 2 SGB V).[26]

3. Pflichtrabatte

611 Die Krankenkassen erhalten von den Apotheken für verschreibungspflichtige Fertigarzneimittel einen Abschlag (§ 130 I 1 SGB V) (Apothekenrabatt).

612 Die Krankenkassen erhalten für die zu ihren Lasten abgegebenen Arzneimittel einen Abschlag iHv 6% des Abgabepreises des pharmazeutischen Unternehmers ohne Mehrwertsteuer. Als Kostendämpfungsmaßnahme gilt der Abschlag vom 1. 8. 2010 bis zum 31. 12. 2013 für verschreibungspflichtige Arzneimittel iHv 16% (§ 130 a Ia 1 SGB V). Diesen Rabatt erhalten die Kassen von den Apotheken, die diesen Rabatt wiederum von den Herstellern erstattet bekommen (§ 130 a I SGB V).

Die Einführung von Pflichtrabatten als Eingriff in die Preisgestaltung berührt – anders als die Leistungsbegrenzungen durch Festbeträge - die Berufsausübungsfreiheit, wie das BVerfG[27] festgestellt hat. Allerdings liegen hier vernünftige Gründe des Gemeinwohls als Eingriffsrechtfertigung vor. Dazu gehört die Sicherung der finanziellen Stabilität der gesetzlichen Krankenversicherung.

§ 27 Hilfsmittel

A. Regelungsorte

613 Anders als das Arzneimittelrecht ist das Hilfsmittelrecht kein besonderes Rechtsgebiet mit einem eigenen Gesetzbuch. Hilfsmittel stellen grundsätzlich nicht ein so großes Gefahrenpotenzial für Verbraucher dar, wie es bei Arzneimitteln der Fall ist. Die Eigenart des Hilfsmittelrechts besteht darin, dass hier die Herstellung, Lieferung und Zuteilung eines Produktes nicht als wirtschaftsrechtlicher Vorgang begriffen wird, für dessen Regelung der Bund eine konkurrierende Gesetzgebungszuständigkeit unter dem Titel »Recht der Wirtschaft« (Art. 74 I Nr. 11 GG) hätte, sondern dass die Regelung dieses Bereiches im Rahmen der Sozialversicherungsgesetzgebung auf Grundlage des Kompetenztitels in Art. 74 I Nr. 12 GG stattfindet.

614 Die **Rechtsquellen** des Hilfsmittelrechts sind neben den gesetzlichen Vorschriften in **§§ 33, 34, 36, 126, 127 und 139 SGB V** die dort aufgeführten **untergesetzlichen Instrumente**, unter denen wiederum nicht alle Normcharakter aufweisen. Letzteres

26 Diese Regelung ist mit Art. 1 Nr. 5 AMNOG eingeführt worden; hierzu *Axer* SGb 2011, 246.
27 BVerfGE 114, 196.

gilt für die **Empfehlungen des Spitzenverbandes Bund der Krankenkassen** (§ 126 I 3, § 127 Ia SGB V) und das **Hilfsmittelverzeichnis** dieses Spitzenverbandes (§ 139 I 1 SGB V). **Normcharakter** haben die **Richtlinien des Gemeinsamen Bundesausschusses zur Hilfsmittelverordnung** nach § 92 I 2 Nr. 6 SGB V.

B. Begriff und Arten des Hilfsmittels

Hilfsmittel existieren im Sozialleistungsrecht in zwei Arten, den Hilfsmitteln im Rahmen der Gesetzlichen Krankenversicherung (Begriff in § 33 I 1 SGB V) und den Pflegehilfsmitteln im Rahmen der Sozialen Pflegeversicherung (§ 40 I - III SGB XI). Im Folgenden wird nur noch auf die Hilfsmittel im Rahmen der Gesetzlichen Krankenversicherung eingegangen. **615**

C. Herstellung

Die Herstellung von Hilfsmitteln ist im Zusammenhang der Abgabe von Hilfsmitteln an Versicherte geregelt, wonach nur solche Hilfsmittel abgegeben werden dürfen, die auf der Grundlage der **Verträge** nach § 127 I, II und III SGB V abgegeben werden (§ 126 I 1 SGB V). Dabei wird bestimmt, dass Vertragspartner der Krankenkassen nur Leistungserbringer sein können, die die Voraussetzungen für eine ausreichende, zweckmäßige und funktionsgerechte Herstellung, Abgabe Anpassung der Hilfsmittel erfüllen. Hierzu gibt der Spitzenverband Bund der Krankenkassen Empfehlungen für eine einheitliche Anwendung dieser Anforderungen, einschließlich der Fortbildung der Leistungserbringer, ab (§ 126 I 2 und 3 SGB V). Wichtigstes Instrument der Einflussnahme auf die Herstellung ist die Bestätigung einer geeigneten Stelle, einer sog. **Präqualifizierungsstelle** (§ 126 Ia 2 SGB V). Um die Bestätigung zu erhalten, ist ein **Präqualifizierungsverfahren** zu durchlaufen.[28] Das Verfahren dient dazu, die Eignung von Leistungserbringern von Hilfsmitteln zur Erbringung von Versorgungen in bestimmten Bereichen gemäß § 126 I SGB V nachweisen zu können. Das Präqualifizierungsverfahren umfasst die Ausstellung, die Erweiterung, die Aussetzung, die Einschränkung oder die Rücknahme von Bestätigungen nach § 126 Ia SGB V (§ 1 I und II der Präqualifizierungsvereinbarung). **616**

D. Bereitstellung (Zulassung)

Die Bereitstellung von Hilfsmitteln unterliegt, abgesehen von einer möglichen Anwendbarkeit des Medizinproduktegesetzes[29] oder sonstiger technischer Zulassungsbestimmungen im Einzelfall, nur den Vorschriften des SGB V. Diese Vorschriften regeln auf der einen Seite den **Marktzugang der Hersteller** von Hilfsmitteln durch Verträge im Zusammenhang der Abgabe von Hilfsmitteln (§ 127 SGB V), und auf der anderen Seite bestimmte **Produktvoraussetzungen** im Zusammenhang der Qualitätssicherung, gesteuert durch die Aufnahme in das Hilfsmittelverzeichnis (§ 139 SGB V). **617**

28 S. Vereinbarung gemäß § 126 Ia SGB V über das Verfahren zur Präqualifzierung von Leistungserbringern v. 29. 3. 2010.
29 Dazu unten § 28.

I. Zulassung durch Verträge

618 Für die Zulassung zur Abgabe von Hilfsmitteln durch Verträge existieren drei Möglichkeiten :[30]

- Abschluss von Verträgen mit Leistungserbringern oder zu diesem Zweck gebildeten Zusammenschlüssen der Leistungserbringer durch Ausschreibung seitens der Krankenkassen, ihrer Landesverbände oder Arbeitsgemeinschaften (§ 127 I SGB V). Der Spitzenverband Bund der Krankenkassen und die Spitzenorganisationen der Leistungserbringer haben hierzu Empfehlungen[31] herausgegeben (§ 127 Ia SGB V), in denen Kriterien genannt sind, wonach eine Ausschreibung nicht zweckmäßig erscheint (zB kleiner Anbieterkreis, nicht standardisierbare Leistungen);
- Abschluss von Verträgen zwischen denselben Vertragspartnern ohne Ausschreibung, aber mit öffentlicher Bekanntgabe der Absicht, über die Versorgung mit bestimmten Hilfsmitteln Verträge abzuschließen (§ 127 II und IIa SGB V);
- Abschluss von Verträgen im Einzelfall zwischen einer Krankenkasse und einem Leistungserbringer, wenn keine Vereinbarungen nach § 127 I oder II SGB V bestehen oder wenn durch Vertragspartner eine Versorgung der Versicherten in einer für sie zumutbaren Weise nicht möglich ist (§ 127 III SGB V).

II. Aufnahme in das Hilfsmittelverzeichnis

619 Für die von den gesetzlichen Krankenkassen zu leistenden Hilfsmittel ist vom Spitzenverband Bund ein **Hilfsmittelverzeichnis** aufzustellen (§ 139 I SGB V). Der Hersteller von Hilfsmitteln muss die Aufnahme in das Verzeichnis beantragen (§ 139 III SGB V). Das Hilfsmittel ist aufzunehmen, wenn der Hersteller die Funktionstauglichkeit und Sicherheit, die Erfüllung der Qualitätsanforderungen und, soweit erforderlich, den medizinischen Nutzen nachgewiesen hat und es mit den für eine ordnungsgemäße und sichere Handhabung erforderlichen Informationen in deutscher Sprache versehen ist (§ 139 IV SGB V). Damit kommt der Aufnahme in das Hilfsmittelverzeichnis die Wirkung einer Produktzulassung zu. Sind Hilfsmittel Medizinprodukte, gilt der Nachweis der Funktionstauglichkeit und der Sicherheit durch die CE-Kennzeichnung grundsätzlich als erbracht (§ 139 V 1 SGB V).

620 Die **Aufnahme in das Hilfsmittelverzeichnis** stellt einen **Verwaltungsakt** dar (§ 139 VI 4 SGB V). Das Hilfsmittelverzeichnis versteht sich nicht als Positivliste, sondern ist eine unverbindliche Auslegungs- und Orientierungshilfe.[32] Einem Leistungsanspruch steht die Nichtaufnahme in das Hilfsmittelverzeichnis nicht entgegen.[33]

E. Abgabe an die Versicherten

621 Die Krankenkassen stellen den Versicherten die Hilfsmittel nach dem Sachleistungsprinzip zur Verfügung (§ 2 II 1 SGB V). Bei der Versorgung mit Hilfsmitteln heißt dies in der Sprache des Gesetzes »Abgabe von Hilfsmitteln an Versicherte« (vgl. § 126 I 1 SGB V). Darunter kann man aber nicht eine reine Zuteilung durch die Kranken-

30 S. die leistungsrechtliche Ausnahme in § 33 VI 3 SGB V.
31 Gemeinsame Empfehlungen gemäß § 127 Ia SGB V zur Zweckmäßigkeit von Ausschreibungen v. 2. 7. 2009.
32 BSG, Urt. v. 7. 10. 2010, B 3 KR 5/10 R, Rn. 11 (zitiert nach juris.de).
33 BSG SGB 2010, 594.

kasse verstehen. Vielmehr können die Versicherten unter den Leistungserbringern auswählen, die Vertragspartner der Krankenkasse sind (§ 33 VI 1 und 2 SGB V). Die Hilfsmittel können auch leihweise überlassen werden (§ 33 V SGB V).

Hilfsmittel dürfen nicht an Versicherte über Depots bei Vertragsärzten abgegeben werden, außer es handelt sich um Hilfsmittel zur Versorgung in Notfällen (§ 128 I SGB V). Wirken Vertragsärzte über die ihnen im Rahmen der vertragsärztlichen Versorgung obliegenden Aufgaben hinaus an der Durchführung der Versorgung mit Hilfsmitteln mit, können hierzu Verträge mit den Krankenkassen geschlossen werden (§ 128 IVa SGB V). 622

F. Preisgestaltung

Die Preisgestaltung hängt davon ab, ob Festbeträge für Hilfsmittel existieren oder nicht. Wie auch sonst stellen Festbeträge eine Preisgestaltung auf der leistungsrechtlichen Seite dar. Ist der Abgabepreis höher als der Festbetrag, hat der Versicherte die Differenz zu tragen. 623

I. Festbeträge

Die Bestimmung der Hilfsmittel, für die Festbeträge festgesetzt werden, und die Festsetzung der Festbeträge selbst wird durch den Spitzenverband Bund der Krankenkassen einseitig vorgenommen (§ 36 SGB V). Die Spitzenorganisationen der Hersteller und Leistungserbringer haben nur ein Recht zur Stellungnahme (§ 36 I 3 SGB V). Die Preisgestaltung darf allerdings nicht dazu führen, dass sie zu grundsätzlichen Einschnitten in den GKV-Leistungskatalog führt, denn die Festbeträge sind so festzusetzen, dass sie im allgemeinen eine ausreichende, zweckmäßige und wirtschaftliche sowie in der Qualität gesicherte Versorgung gewährleisten.[34] 624

II. Vertragliche Gestaltung

Wenn keine Festbeträge bestimmt sind, werden die Preise für Hilfsmittel durch Verträge nach § 127 I, II und III SGB V vereinbart. Die Krankenkasse übernimmt diese Preise (§ 33 VII SGB V). 625

§ 28 Medizinprodukte (Überblick)

A. Gesetzeszweck

Die Regulierung der Medizinprodukte[35] wird vor allem durch europäisches Recht beeinflusst. Wie beim Arzneimittelrecht handelt es sich um ein Teilgebiet des Gesundheitsrechts, dass **ordnungsrechtlichen Charakter** hat. Dies geht aus dem Zweck des Gesetzes hervor, der darin liegt, den Verkehr mit Medizinprodukten zu regeln und dadurch für die Sicherheit, Eignung und Leistung der Medizinprodukte sowie die Gesundheit und den erforderlichen Schutz der Patienten, Anwender und Dritter zu sorgen (§ 1 MPG). Diesem Schutz dient auch das allgemeine Verbot, sicherheits- und 626

34 BSGE 105, 170.
35 S. hierzu näher *Deutsch/Spickhoff* (Fn. 13), Abschnitt C. Medizinprodukterecht.

gesundheitsgefährdende Medizinprodukte oder solche, deren Anwendungsdatum abgelaufen ist, in den Verkehr zu bringen, zu errichten, in Betrieb zu nehmen, zu betreiben oder anzuwenden (§ 4 MPG).

B. Begriffe

627 Medizinprodukte im Sinne des MPG sind Instrumente, Apparate, Vorrichtungen, Software, Stoffe und Zubereitungen aus Stoffen oder andere Gegenstände, die vom Hersteller zur Anwendung für Menschen mittels ihrer Funktionen zum Zwecke a) der Erkennung, Verhütung, Überwachung, Behandlung oder Linderung von Krankheiten, b) der Erkennung, Überwachung, Behandlung, Linderung oder Kompensierung von Verletzungen oder Behinderungen, c) der Untersuchung, der Ersetzung oder der Veränderung des anatomischen Aufbaus oder eines physiologischen Vorgangs oder d) der Empfängnisregelung zu dienen bestimmt sind (§ 3 Nr. 1 MPG).

628 Das MPG ist nur ausnahmsweise auch auf Arzneimittel anwendbar (§ 2 III MPG). Auf Hilfsmittel ist es anwendbar, wenn die Voraussetzungen nach § 3 Nr. 1 MPG erfüllt sind. Dies gilt vor allem für die Kompensierung von Behinderungen (vgl. § 3 Nr. 1 lit. b MPG).

C. Herstellung

629 Das MPG enthält ähnlich wie das Arzneimittelgesetz Vorschriften über die Herstellung von Medizinprodukten. Die Eignung von Medizinprodukten für den vorgesehenen Verwendungszweck ist durch eine **klinische Bewertung** anhand von klinischen Daten zu belegen (§ 19 I MPG).

D. Bereitstellung - Inverkehrbringen

630 Von den Vorschriften des MPG, die sich mit der Bereitstellung und dem Inverkehrbringen von Medizinprodukten befassen, ist neben der allgemeinen **Anzeigepflicht für die Aufnahme der Tätigkeit** (§ 25 MPG) vor allem die **Kennzeichnungspflicht** (§ 6 MPG) zu nennen.

E. Verwendung - Betrieb

631 Betriebe, die mit Medizinprodukten zu tun haben, unterliegen behördlicher **Überwachung** (§ 26 MPG).[36]

F. Preisgestaltung

632 Anders als bei Arzneimitteln und Hilfsmitteln existieren speziell für Medizinprodukte keine Preisgestaltungsvorschriften.

36 S. hierzu auch die Verordnung über das Errichten, Betreiben und Anwenden von Medizinprodukten (Medizinprodukte-Betreiberverordnung - MPBetreibV) v. 29. 6. 1998 idF der Bek. v. 21. 8. 2002, BGBl. I 3396.

7. Kapitel. Private Krankenversicherung

Zur Einführung: *Boetius*, Die Systemveränderung der privaten Krankenversicherung (PKV) durch die Gesundheitsreform, 2008; *Marlow/Spuhl*, Die Neuregelungen der privaten Krankenversicherung durch das VVG, VersR 2009, 593; *Wandt*, Versicherungsrecht, 5. Aufl. 2010, Rn. 1270 ff.

Zur Vertiefung: *Boetius*, »Gegen die Wand« – Der Basistarif der Gesundheitsreform bricht Europa- und Verfassungsrecht, VersR 2007, 431; *Both*, Die Versicherungspflicht in der privaten Krankenversicherung, VersR 2011, 302; *Lehmann*, Zum Tarifwechsel in der privaten Krankenversicherung, VersR 2010, 992; *Marko*, Private Krankenversicherung nach GKV-WSG und VVG-Reform, 2. Aufl. 2010; *Sodan*, Private Krankenversicherung und Gesundheitsreform 2007, 2. Aufl. 2007; *Wallrabenstein*, Versicherung im Sozialstaat, 2009

Kommentare und Handbücher: *Bach/Moser*, Private Krankenversicherung: MB/KK- und MB/KT-Kommentar, 4. Aufl. 2009; *Beckmann/Matusche-Beckmann*, Versicherungsrechts-Handbuch, 2. Aufl. 2009, §§ 41, 44 f.; *Boetius*, Private Krankenversicherung, Kommentar zum Recht der PKV, 2010; *Huster/Kaltenborn* (Hg.), Krankenhausrecht: Praxishandbuch zum Recht des Krankenhauswesens, 2010; *Laufs/Kern* (Hg.), Handbuch des Arztrechts, 4. Aufl. 2010; Münchener Kommentar VVG, Bd. 3, 2009; *Prölss/Martin*, Versicherungsvertragsgesetz: Kommentar zu VVG und EGVVG sowie Kommentierung wichtiger Versicherungsbedingungen, 28. Aufl. 2010, Kommentierung zu §§ 192 ff. VVG und §§ 1 ff. MB/KK; *Schwintowski/Brömmelmeyer* (Hg.), Praxiskommentar zum Versicherungsvertragsrecht, 2. Aufl. 2010, Kommentierung zu §§ 192 ff. VVG; *Sodan* (Hrsg.), Handbuch des Krankenversicherungsrechts, 2010, Teil 3; *Spickhoff* (Hg.), Medizinrecht: Kommentar, 2011; *Uleer/Miebach/Patt*, Abrechnung von Arzt- und Krankenhausleistungen, 3. Aufl. 2006

§ 29 Einführung

A. Zweck und Typologie der privaten Krankenversicherung

Die private Krankenversicherung ist neben der gesetzlichen Krankenversicherung die 633 zweite Säule des deutschen Gesundheitssystems. Zugleich ist sie eine der größten Sparten der Privatversicherungswirtschaft. Das Recht der PKV ist im Vergleich zu anderen Sparten des Privatversicherungsrechts ein sehr dynamisches Rechtsgebiet. Sozialpolitische Reformen und europäische Vorgaben führen häufig zu grundlegenden Änderungen des PKV-Systems.

Der wichtigste Typ der PKV ist die Krankheitskostenversicherung, welche den Ver- 634 sicherer je nach vertraglicher Ausgestaltung zur Erstattung der Kosten für medizinisch notwendige Behandlungen von Krankheiten und Unfällen, für Schwangerschaft, Entbindung, ambulante Vorsorgeuntersuchungen zur Früherkennung von Krankheiten nach gesetzlich eingeführten Programmen sowie zu weiteren Leistungen verpflichtet (§ 192 I VVG). Sie unterteilt sich wiederum in die Krankheitskostenvollversicherung und die Krankheitskostenteilversicherung. Die **Krankheitskostenvollversicherung** ist das Pendant zur GKV. Sie erstreckt sich auf die Krankheitskosten im stationären, ambulanten und zahnärztlichen Bereich. Zur Krankheitskostenvollversicherung zählt auch die Versicherung der beihilfeberechtigten Beamten und ihrer Angehörigen, bei denen die Erstattung auf einen zur Beihilfe komplementären Prozentsatz beschränkt ist.[1] Die **Krankheitskostenteilversicherung** deckt nur die Kosten für einzelne Bereiche wie zB Zahnersatz ab. Sie wird zumeist als Ergänzung zur GKV (für ambulante Behandlungen, Wahlleistungen im Krankenhaus, Zahnarzt) abgeschlossen.

635 Weitere ergänzende Versicherungen sind die **Krankenhaustagegeldversicherung** (§ 192 IV VVG), die bei stationären Heilbehandlungen ein Tagegeld gewährt, die **Krankentagegeldversicherung** (§ 192 V VVG), die ähnlich wie die GKV bei Verdienstausfall aufgrund krankheits- oder unfallbedingter Arbeitsunfähigkeit ebenfalls ein Tagegeld bietet, sowie die Anwartschaftsversicherung (vgl. § 204 IV VVG). Die **Anwartschaftsversicherung** ist ihrerseits zu unterteilen in die kleine Anwartschaft, welche nur den Zeitpunkt einer Gesundheitsprüfung vorverlegt, sowie in die große Anwartschaft, die darüber hinaus das Eintrittsalter nebst Altersrückstellungen vordatiert.

Beispiel für den Anwendungsbereich der Anwartschaftsversicherung: Versicherung eines Polizeibeamten, dessen Krankheitskosten die freie Heilfürsorge übernimmt, der aber mit seiner Pensionierung in das Beihilfesystem fällt.

636 Ferner erwähnt das Gesetz in § 195 II, III VVG die Ausbildungs-, Auslands-, Reise- und Restschuldkrankenversicherung. Die **Ausbildungskrankenversicherung** ist eine auf die Ausbildungszeit befristete Krankheitskostenvollversicherung, die **Auslandskrankenversicherung** bzw. die **Reisekrankenversicherung** deckt die Krankheitskosten für vorübergehende Aufenthalte im Ausland bzw. als »In-Coming-Produkt« für vorübergehende Aufenthalte in Deutschland ab. Die **Restschuldkrankenversicherung** sichert einen Kredit im Krankheitsfall ab. Die **Pflegekrankenversicherung** fällt nach der gesetzlichen Zuordnung ebenfalls unter die Krankenversicherung (§ 192 VI VVG).[2]

637 Nach der Typologie der Privatversicherung ist die PKV eine **Personenversicherung**. Sie knüpft an eine in einer Person liegende Gefahr, konkret an die Gefahr einer Heilbehandlung bzw. einer Arbeitsunfähigkeit aufgrund einer Krankheit oder aufgrund eines Unfalls an. Das versicherte Interesse ist allerdings nicht die Gesundheit einer Person, sondern das Vermögen, das durch Krankheitskosten bzw. durch Verdienstausfall gemindert werden könnte. In weiteren Merkmalen unterscheiden sich die verschiedenen Krankenversicherungen. Die Krankheitskostenversicherung ist eine **Schadensversicherung**, dh die Versichererleistung bemisst sich an den konkreten Krankheitskosten, während die Krankentagegeldversicherung und die Krankenhaustagegeldversicherung unabhängig von den Krankheitskosten vertraglich fixierte Tagegelder bieten und damit regelmäßig **Summenversicherungen** sind.

---

1 HM, siehe Praxiskommentar/*Brömmelmeyer*, Versicherungsvertragsrecht, 2. Aufl. 2010, Vor § 192 Rn. 3; Rüffer/Halbach/Schimikowski/*Rogler*, Versicherungsvertragsgesetz, 2009, VVG 2008 § 192 Rn. 4. § 199 VVG passt lediglich die allgemeinen Regeln der Krankheitskostenvollversicherung den Besonderheiten der Beihilfe an.

2 Näher dazu ab Rn. 775.

B. Rechtsgrundlagen

I. Versicherungsvertragsgesetz

Wichtigste gesetzliche Quelle der PKV ist das Versicherungsvertragsgesetz. Das VVG von 1908[3] enthielt zunächst keine spezifischen Regeln zur PKV, da die rigide Versicherungsaufsicht und die AVB die PKV hinreichend steuerten bzw. konkretisierten.[4] Mit der **Deregulierung und Harmonisierung** des europäischen Versicherungsmarktes[5] fiel die Steuerungsfunktion der Versicherungsaufsicht weg. Der bundesdeutsche Gesetzgeber glich diesen Kontrollverlust 1994 mit einem eigenen Abschnitt im VVG für die PKV aus (§§ 178a-178 o, seit 1. 1. 2008 §§ 192–208 VVG).[6] Die §§ 192 ff. VVG bilden für den einzelnen Krankenversicherungsvertrag allerdings nur einen rechtlichen Rahmen in Form von Mindestanforderungen. Anders als das Besondere Schuldrecht des BGB typisieren die §§ 192 ff. VVG das Leistungsprogramm nicht in positiver Weise durch Festlegung der Leistungsinhalte oder in negativer Weise durch Mängeldefinitionen. Diese Aufgabe übernehmen grundsätzlich die AVB. 638

Begriffe, Dogmatik und Regelungen des VVG weichen allgemein erheblich vom Schuldrecht des BGB ab. Das im Jahr 1910 in Kraft getretene VVG entstand anders als das BGB nicht aus der Pandektenwissenschaft, sondern auf der Grundlage der Praxis der Versicherungsverträge. Bei der PKV kommt hinzu, dass das VVG diese Versicherungssparte unter dem Einfluss des Sozialstaatsprinzips nochmals stark abweichend vom allgemeinen Versicherungsrecht regelt. Die §§ 192 ff. VVG stärken die Rechtsposition des Versicherten, weil der Krankenversicherung eine lebens- und gesundheitserhaltende Funktion zukommt. 639

Beispiel: § 193 VI VVG mildert beim Schuldnerverzug sowohl die allgemeinen Rechtsfolgen der §§ 280 ff. BGB als auch die im Vergleich zum BGB noch strengeren versicherungsrechtlichen Rechtsfolgen der §§ 37 f. VVG ab.

Nach einhundert Jahren modernisierte der Gesetzgeber das VVG zum **1. 1. 2008** grundlegend.[7] Viele dieser Reformpunkte betreffen auch die PKV: 640

(1) Der Versicherer kann die AVB nicht mehr nach Vertragsschluss »nachschieben« (Streichung des Policenmodells);
(2) Einführung umfassender Informations- und Beratungspflichten für den Versicherer und Vermittler (§§ 6 f. VVG);
(3) Einführung eines allgemeinen Widerrufsrechts für den Versicherungsnehmer nach Vertragsschluss (§ 8 VVG);

3 Gesetz über den Versicherungsvertrag (Versicherungsvertragsgesetz) v. 30. 5. 1908, RGBl. 263, Inkrafttreten am 1. 1. 1910.

4 Näher zu den AVB unten Rn. 643 ff., zur Versicherungsaufsicht Rn. 665 ff. Zur Geschichte der PKV Bach/Moser/*Rudolph* Private Krankenversicherung: MB/KK- und MB/KT-Kommentar, 4. Aufl. 2009, Teil A Rn. 115 ff.

5 Durch Art. 54 RL 92/49/EWG v. 18. 6. 1992 zur Koordinierung der Rechts- und Verwaltungsvorschriften für die Direktversicherung (Dritte RL Schadenversicherung), Abl EG 1992 L 228, 1.

6 Drittes Gesetz zur Durchführung versicherungsrechtlicher RL des Rates der Europäischen Gemeinschaften, BGBl. I 1994, 1630.

7 Gesetz über den Versicherungsvertrag (Versicherungsvertragsgesetz) v. 23. 11. 2007, BGBl. I 2631, Inkrafttreten zum 1. 1. 2008. Zur Reform Bach/Moser/*Staudinger* (Fn. 4) Teil A Rn. 211 ff.; Beckmann/Matusche-Beckmann/*Schneider*, Versicherungsrechts-Handbuch, 2. Aufl. 2009, § 1 a.

(4) Einschränkung der vorvertraglichen Anzeigeobliegenheit seitens des Versicherungsnehmers (§ 19 VVG);
(5) Wegfall des Alles-oder-nichts-Prinzips bei Obliegenheitsverletzungen (bes. § 28 II VVG);
(6) Wegfall der Unteilbarkeit der Prämie, dh bei Beendigung des Versicherungsvertrags vor Ablauf der vereinbarten Versicherungsperiode schuldet der Versicherungsnehmer nicht mehr die Prämie für die ganze Periode (§ 39 I 1 VVG);
(7) Streichung der Klagefrist, dh der Versicherte muss keine Klage innerhalb von sechs Monaten nach Leistungsverweigerung durch den Versicherer mehr erheben;
(8) Verbesserung des Datenschutzes (§ 213 VVG);
(9) Änderung des Gerichtsstands zugunsten des Versicherungsnehmers (§ 215 VVG).

641 Speziell im Bereich der PKV sind folgende Änderungen hervorzuheben:
(1) Die Ausschlussfrist für Sanktionen wegen Verletzung einer vorvertraglichen Anzeigeobliegenheit beträgt grundsätzlich nur noch drei Jahre (§ 194 I 4 VVG);
(2) Übermaßverbot, dh keine Erstattungspflicht des Versicherers für unverhältnismäßige Aufwendungen (§ 192 II VVG);
(3) Erweiterung des Kostenerstattungsprinzips durch Dienstleistungselemente (§ 192 III VVG).

II. Weitere Gesetze und Verordnungen

642 Das VVG wird durch die Informationspflichtenverordnung,[8] das Versicherungsaufsichtsgesetz[9] sowie die Kalkulationsverordnung[10] und die Überschussverordnung[11] ergänzt. Die VVG-InfoV konkretisiert die Informations- und Beratungspflichten für Versicherer und Vermittler. Das VAG normiert die Versicherungsaufsicht und die Organisation der Versicherungsunternehmen. Die KalV regelt im Detail die Berechnung der Prämie, die ÜbschV die Verwendung von Überschüssen in der PKV. Auch das BGB, das AGG und das SGB V enthalten für die PKV relevante Regelungen. Hervorzuheben sind die §§ 305–310 BGB, welche die AVB als besondere Form Allgemeiner Geschäftsbedingungen erfassen, die §§ 19 f. AGG zu Diskriminierungsverboten und die §§ 257, 315 SGB V zum Prämienzuschuss durch den Arbeitgeber sowie zu Standard- bzw. Basistarif.[12]

III. Allgemeine Versicherungsbedingungen

643 Abseits der Gesetze und Verordnungen sind die AVB hervorzuheben. Der Tarif ist Bestandteil der AVB.[13] Er legt den genauen Umfang der Leistungspflicht des Versicherers (darunter auch Leistungsausschlüsse) und vertragliche Obliegenheiten des

8 Verordnung über Informationspflichten bei Versicherungsverträgen (VVG-Informationspflichtenverordnung) v. 18. 12. 2007, BGBl. I 3004.
9 Gesetz über die Beaufsichtigung der Versicherungsunternehmen (Versicherungsaufsichtsgesetz) idF der Bek. v. 17. 12. 1992, BGBl. 1993 I 2.
10 Verordnung über die versicherungsmathematischen Methoden zur Prämienkalkulation und zur Berechnung der Alterungsrückstellung in der privaten Krankenversicherung (Kalkulationsverordnung) v. 18. 11. 1996, BGBl. I 1783.
11 Verordnung zur Ermittlung und Verteilung von Überzins und Überschuss in der Krankenversicherung (Überschussverordnung) v. 8. 11. 1996, BGBl. I 1687.
12 Näher zu Standard- und Basistarif unten ab Rn. 746.
13 Deutlich MüKoVVG/*Boetius*, 2009, Vor § 192 Rn. 412.

Versicherungsnehmers fest. Als Anwendungsfall der AGB konkretisieren die AVB den vom VVG nicht näher festgelegten Leistungsinhalt einer PKV. Lediglich der Inhalt des Standard- und Basistarifs wird vom VAG und SGB V in unterschiedlicher Intensität gesetzlich vorgegeben. § 10 VAG legt fest, welchen Mindestinhalt eine AVB haben muss. Die Musterbedingungen des PKV-Verbandes für die Krankheitskosten-, Krankenhaustagegeld- und Krankentagegeldversicherung sind unverbindlich.[14] Dagegen existieren für die studentische Versicherung sowie für Standard- und Basistarif brancheneinheitliche AVB.[15]

Nach der **Deregulierung** der Versicherungsaufsicht sind die AVB der PKV nicht mehr durch die Aufsichtsbehörde präventiv genehmigungspflichtig. Vielmehr unterliegen die AVB der substitutiven Krankenversicherung[16] einer bloßen Vorlage- bzw. Anzeigepflicht bei der Aufsichtsbehörde (§§ 5 V Nr. 1, 13 d Nr. 7 VAG). Der Schwerpunkt der Kontrolle hat sich damit zu den Gerichten verschoben, welche die AVB der PKV daraufhin überprüfen, ob sie gegen zwingende bzw. halbzwingende Normen des VVG (vgl. § 208 VVG), gegen das AGG, die Generalklauseln §§ 134 und 138 BGB oder gegen die AGB-Normen §§ 307–309 BGB verstoßen.[17] 644

Auch die konkreten Tarifbestimmungen sind inhaltlich voll überprüfbar. Der BGH führt aus: 645

»Der gerichtlichen Inhaltskontrolle entzogene Leistungsbeschreibungen sind solche, die Art, Umfang und Güte der geschuldeten Leistung festlegen. Klauseln, die das Hauptleistungsversprechen einschränken, verändern, ausgestalten oder modifizieren, sind hingegen inhaltlich zu kontrollieren. Damit verbleibt für die der Überprüfung entzogene Leistungsbeschreibung nur der enge Bereich der Leistungsbezeichnungen, ohne deren Vorliegen mangels Bestimmtheit oder Bestimmbarkeit des wesentlichen Vertragsinhalts ein wirksamer Vertrag nicht mehr angenommen werden kann.«[18]

Somit ist nur die einleitende vertragliche Generalklausel zur Leistungspflicht des Versicherers einer inhaltlichen Überprüfung entzogen.

Wenn eine Tarifklausel nach §§ 307 ff. BGB unwirksam ist, kann sie regelmäßig nicht nach § 306 II BGB durch gesetzliche Bestimmungen ersetzt werden, weil das VVG den Leistungsinhalt der PKV nicht näher festlegt. In diesem Fall helfen die §§ 203 IV, 164 I 1 VVG, die dem Versicherer die gesetzliche Befugnis einräumen, einseitig unwirksame AVB-Klauseln zu ersetzen, wenn »dies zur Fortführung des Vertrags notwendig ist oder wenn das Festhalten an dem Vertrag ohne neue Regelung für eine Vertragspartei auch unter Berücksichtigung der Interessen der anderen Vertragspartei eine unzumutbare Härte darstellen würde«. 646

Beispiel für eine AVB-Kontrolle:[19] Die im Streit stehende Tarifklausel gewährt bei ambulanter Heilbehandlung die Erstattung von Aufwendungen für die psychotherapeutische Behandlung durch Ärzte und Diplom-Psychologen sowie für die logopädische Behandlung durch Ärzte und Logopäden. Darüber hinausgehende Behandlungskosten werden nur nach vorheriger schriftlicher Zusage des Versicherers erstat-

14 MB/KK 2009 für Krankheitskosten und Krankenhaustagegeld, MB/KT 2009 für Krankentagegeld.
15 MB/PSKV 2009 für Studenten, MB/BT 2009 für den Basis- und MB/ST 2009 für den Standardtarif. Im Fall des Basistarifs handelt es sich um eine öffentlich-rechtliche Beleihung des PKV-Verbandes.
16 Näher zur Substitution unten Rn. 669.
17 Zur Prüfung *Lehmann* r+s 2009, 89; MüKoBGB/*Kieninger*, 5. Aufl. 2007, § 307 Rn. 175 ff.
18 BGH VersR 1999, 745 (747). Ausführlich MüKoBGB/*Kieninger* (Fn. 17), § 307 Rn. 152 ff.
19 BGH VersR 2009, 533.

tet. Der Kläger begehrte ohne eine solche Zusage Kostenerstattung für die Behandlung einer Lese-Rechtschreib-Schwäche (LRS) seines Sohnes durch einen Pädagogen.

Der BGH urteilte, die Tarifklausel schränke die allgemeine Erstattungspflicht für ambulante Heilbehandlungen ein. Sie erfasse aus Sicht eines durchschnittlichen Versicherungsnehmers keine LRS-Behandlung durch einen Pädagogen. Diese die Leistungspflicht des Versicherers einschränkende Klausel sei als AVB wirksam. Erstens sei sie für einen durchschnittlichen Versicherungsnehmer nicht überraschend iSv § 305 c I BGB. Zweitens erfordere das Transparenzgebot (§ 307 I 2 BGB) keine negative Aufzählung, welche Leistungen ausgeschlossen seien. Es genüge wie im vorliegenden Fall eine abschließende positive Aufzählung der erstattungsfähigen Behandlungskosten. Drittens sei eine sozialrechtliche Leistungsgewährung für die PKV kein gesetzliches Leitbild (§ 307 II Nr. 1 BGB). Der Versicherer hafte nach den AVB nur »im vereinbarten Umfang«. Und viertens sei der Leistungsausschluss keine Vertragszweckgefährdung (§ 307 II Nr. 2 BGB). Die Klausel schließe zudem die Erstattungsfähigkeit einer LRS-Therapie nicht vollständig aus. Soweit es sich um eine medizinisch notwendige, durch einen Arzt durchzuführende Heilbehandlung handle, bleibe die Leistungspflicht des Versicherers bestehen.

IV. Gesundheitsreform 2007

647 Das Gesetz zur Stärkung des Wettbewerbs in der gesetzlichen Krankenversicherung v. 26. 3. 2007 hat die genannten Gesetze im Zuge einer großen Gesundheitsreform erheblich verändert.[20] Das GKV-WSG ist ein politischer Kompromiss zwischen einer Bürgerversicherung, welche die PKV zugunsten einer erweiterten GKV abschafft, und einer Kopfpauschale, die eine einheitliche Versicherungsprämie anstrebt. Es **ergänzt** zum 1. 1. 2009 die große VVG-Reform von 2008. Teile der grundlegenden PKV-Umgestaltung gehen also auf das GKV-WSG, andere auf die VVG-Reform von 2008 zurück.[21]

648 Die wichtigsten der bis spätestens 1. 1. 2009 in Kraft getretenen **Reformpunkte** sind aus Sicht der PKV:

(1) Versicherungspflicht für alle in Deutschland lebenden Personen in der GKV und subsidiär in der PKV (§ 193 III VVG);
(2) Einschränkung der Wechselmöglichkeit von der GKV in die PKV; ein Arbeitnehmer muss nach dem GKV-WSG drei Jahre mit seinem Einkommen über der Jahresarbeitsentgeltgrenze liegen (§ 6 I Nr. 1 SGB V idF bis 30. 12. 2010);
(3) Einführung eines neuen Sozialtarifs (Basistarif) in der PKV an der Stelle des bisherigen Standardtarifs (§ 12 Ia VAG);
(4) Einschränkung der Kündigungsrechte des Versicherers und des Versicherungsnehmers (§§ 205 f. VVG);
(5) partieller Schutz der Altersrückstellungen beim Wechsel des Versicherungsunternehmens (§ 204 I 1 Nr. 2 VVG);
(6) Milderung der Verzugsfolgen für nicht oder zu spät bezahlte Versicherungsprämien (§ 193 VI VVG).

---

20 GKV-WSG v. 26. 3. 2007, BGBl. I 378. Inkrafttreten der VVG-Änderungen zum 1. 1. 2009 durch Art. 11, Art. 12 II Gesetz zur Reform des Versicherungsvertragsrechts v. 29. 11. 2007, BGBl. I 2631, in Änderung von Art. 43 GKV-WSG. Dazu ausführlich Bach/Moser/*Boetius* (Fn. 4), Teil A Rn. 235 ff.; Beckmann/Matusche-Beckmann/*Müller* (Fn. 7), § 44 Rn. 14 ff.

21 Zu Recht kritisch gegenüber dieser problematischen Aufspaltung *Boetius* VersR 2008, 1016 (1016).

649 Die PKV-Unternehmen und große Teile der Wissenschaft kritisieren das GKV-WSG.[22] Die Einführung des Basistarifs, der Portabilität von Altersrückstellungen beim Versichererwechsel, die Milderung der Verzugsfolgen sowie die Verlängerung der Wartezeit auf drei Jahre vor Übertritt in die PKV seien verfassungswidrige Eingriffe in die Grundrechte der PKV-Unternehmen und die ihrer Versicherten. Auch sei die Ungleichbehandlung von Kindern und Ehepartnern zwischen GKV-System und Basistarif willkürlich. Während bei der GKV nach dem Familienprinzip die ganze Familie mitversichert sei, müsse beim Basistarif nach dem Kopfprinzip der PKV jedes Familienmitglied einzeln versichert werden. Dadurch sei der Basistarif trotz der vom Gesetzgeber beabsichtigten Annäherung an die GKV wesentlich teurer als ein vergleichbarer Schutz in der GKV.

650 Das **Bundesverfassungsgericht** zeigte sich in seinem Grundsatzurteil vom 10. 6. 2009 von all diesen Bedenken unbeeindruckt.[23] Die PKV müsse sich wie die GKV am Sozialstaatsprinzip und am staatlichen Auftrag zum Gesundheitsschutz messen lassen. Zugleich aber wies das Gericht dem Gesetzgeber klare Schranken auf. Wenn der Gesetzgeber der PKV-Wirtschaft auferlege, »im Rahmen eines privatwirtschaftlich organisierten Marktes für den bei ihr versicherten Personenkreis einen Basisschutz bereitzustellen«, müsse »er auch im Interesse der Versicherten darauf achten, dass dies keine unzumutbaren Folgen für Versicherungsunternehmen und die bei ihnen Versicherten hat.«[24] Den Gesetzgeber treffe in Bezug auf die Vorschriften über den Basistarif, die Portabilität der Altersrückstellungen sowie über die erweiterte Versicherungspflicht in der GKV »eine Beobachtungspflicht«. Wenn eine Auszehrung der PKV drohe, müsse der Gesetzgeber die gesetzlichen Regelungen erneut überprüfen.[25] Das Gericht erkennt die PKV damit als zweite Säule des Gesundheitswesens an. Indirekt gewährt es der PKV-Wirtschaft in den Grundzügen eine Bestandsgarantie ihres bisherigen Geschäfts.

651 Eine weitere Einschränkung des PKV-Systems, die substantiell über das GKV-WSG hinausginge, wäre somit zumindest bei einem Eingriff in bestehende Versicherungsverträge **verfassungswidrig.**[26] Das betrifft zum einen den Reformvorschlag, die ho-

---

22 *Boetius* Die Systemveränderung der privaten Krankenversicherung (PKV) durch die Gesundheitsreform, 2008; *P. M. Huber,* Die Wahltarife im SGB V: verfassungs- und unionsrechtliche Zulässigkeit, 2008; *Marko,* Private Krankenversicherung nach GKV-WSG und VVG-Reform, 2. Aufl. 2010, Rn. B/324 ff., C/56 ff.; *Sodan,* PKV und Gesundheitsreform, 2. Aufl. 2007; *Thüsing/v. Medem,* Vertragsfreiheit und Wettbewerb in der privaten Krankenversicherung, 2008; *Boetius* VersR 2007, 431; *Langheid* NJW 2007, 3745 (3750 f.); *Sodan* NJW 2007, 1313 (1320); differenzierend *Wallrabenstein* VersWissStud 34 (2009) 81; für uneingeschränkte Verfassungsmäßigkeit der Reform nur wenige Autoren wie *Musil* NZS 2008, 113. Überblick bei *Knab,* Eigentumsschutz in der privaten Krankenversicherung unter besonderer Berücksichtigung der Altersrückstellungen, 2009; *Wallrabenstein,* Versicherung im Sozialstaat, 2009; *Bruns* JZ 2008, 209. Allgemein kritisch zum Verhältnis PKV – GKV MüKoVVG/*Boetius* (Fn. 13), Vor § 192 Rn. 114 ff.

23 BVerfGE 123, 186. Auswahl der Stellungnahmen: Bach/Moser/*Boetius* (Fn. 4), Teil A Rn. 275 ff.; VW 2009, 1022 f.; *Butzer* MedR 2010, 283; *Hufen* NZS 2009, 649; *Wilms* ZVersWiss 2011, Online First.

24 BVerfGE 123, 186 (266).

25 BVerfGE 123, 186 (266).

26 Wie hier *Hufen* NZS 2009, 649; ferner i. E. *Gassner* NZS 2007, 362; *Isensee* NZS 2004, 393; *F. Kirchhof* NZS 2004, 1; *Schmidt-Aßmann* NJW 2004, 1689; *Sodan* ZRP 2004, 217; MüKoVVG/*Boetius* (Fn. 13) Vor § 192 Rn. 137 ff.; *Zipperer,* Die Bürgerversicherung aus verfassungsrechtlicher, ordnungspolitischer und finanzieller Sicht, 2003; aA zB *Bieback,* Sozial- und verfassungsrechtliche Aspekte der Bürgerversicherung, 2005; *Giesen* NZS 2006, 449. Umfassend dazu *Schräder,* Bürgerversicherung und Grundgesetz, 2008.

hen Altersrückstellungen der PKV-Unternehmen zur Subventionierung der GKV einzusetzen. Zum anderen versperrt das Gericht den weiterreichenden Vorschlag, die GKV zu Lasten der PKV zu einer Bürgerversicherung für alle in Deutschland lebenden Personen zu verbreitern. Ungelöst ist in diesem Zusammenhang die Frage, wie nach der Übertragung der Gesetzgebungskompetenz für das Beamtenrecht auf die Länder die sehr wichtige Gruppe der Beihilfeberechtigten gegen den Widerstand einzelner Länder in eine Bürgerversicherung einbezogen werden sollte.[27] Das GKV-WSG ist daher kein Einstieg in die Abschaffung der PKV, sondern markiert die Grenze einer auf der Grundlage des Sozialstaatsprinzips möglichen Reform.

652 Der Gesetzgeber hat das GKV-WSG inzwischen entschärft. Das **GKV-Finanzierungsgesetz**[28] modifiziert das GKV-WSG zum Jahr 2011 aus Sicht der PKV ua in folgenden Punkten:

(1) Verkürzung der Wechselfrist von der GKV zur PKV: Ein Wechsel ist wieder mit Ablauf des Jahres gestattet, in dem die Jahresarbeitsentgeltgrenze überschritten wird (§ 6 I Nr. 1 SGB);
(2) Neuberechnung des Höchstbeitrags im Basistarif (§ 12 Ic VAG).

Zusätzlich überträgt das **Arzneimittelmarktneuordnungsgesetz**[29] den Rabattmechanismus zwischen GKV und Pharmaunternehmen auf das PKV-System (§§ 130 a f. SGB iVm dem Gesetz über Rabatte für Arzneimittel). Damit stärkt der Gesetzgeber die Kostendämpfung bei Arzneimitteln und sichert den langfristigen Bestand des PKV-Systems. Bereits mit dem GKV-WSG hatte er die Möglichkeit zu Preisvereinbarungen zwischen PKV-Unternehmen, PKV-Verband und Pharmaunternehmen eingeführt (§ 78 III, IV AMG). Es fehlt allerdings noch die Möglichkeit einer Entgeltvereinbarung nach GOÄ bzw. GOZ zwischen PKV einerseits und Ärzten andererseits.

C. Vergleich mit der GKV

I. Grundlegende Unterschiede zwischen PKV und GKV

653 Die für die PKV typischen Elemente zeigen sich am deutlichsten in einem Vergleich mit der GKV. Trotz der Änderungen durch das GKV-WSG unterscheidet sich die PKV im Normaltarif immer noch grundlegend von der GKV.[30]

Aspekt	PKV-Normaltarif	GKV
Zweck	Schutz des Privatvermögens	Gemeinwohl
Rechtsgebiet	Privatrecht	Öffentliches Recht
Rechtsgrundlage	VVG iVm AVB	SGB
Ausgestaltung	Vertrag	öffentlich-rechtliches Verhältnis

27 Dazu MüKoVVG/*Boetius* (Fn. 13), Vor § 192 Rn. 14 ff.; *Adam* ZögU 2006, 346.

28 Gesetz zur nachhaltigen und sozial ausgewogenen Finanzierung der Gesetzlichen Krankenversicherung (GKV-Finanzierungsgesetz) v. 22. 12. 2010, BGBl. I 2309.

29 Gesetz zur Neuordnung des Arzneimittelmarktes in der gesetzlichen Krankenversicherung (Arzneimittelmarktneuordnungsgesetz) v. 22. 12. 2010, BGBl. I 2262; dazu *Wolf/Jäkel* PharmR 2011, 1.

30 Siehe auch *Knappmann* r+s 2007, 45; Sodan/*Kalis*, Handbuch des Krankenversicherungsrechts, 2010, § 42 Rn. 7.

Rechtsweg	ordentliche Gerichtsbarkeit (kostenpflichtig)	Sozialgerichtsbarkeit (kostenfrei)
Produktgestalter	Privatwirtschaft	Politik
versicherte Person	Einzelversicherung (Kopfprinzip)	Familienversicherung
Risikodifferenzierung	nach Gesundheitszustand, Alter, noch: Geschlecht	Gleichheit aller Versicherten
Versicherungszugang	kein Kontrahierungszwang, dh Vertragsfreiheit	Annahmezwang
Versichertenkarte	freiwillig	Pflicht
Prämienhöhe	nach Risiko → Äquivalenzprinzip	nach Einkommen → Solidaritätsprinzip
Finanzierung	Kapitaldeckung	kollektive Umlage
Zukunftsvorsorge	durch Altersrückstellung	nein
Prämienrückerstattung	bis 6 Monatsbeiträge	nur Wahltarif
Selbstbehalt	je nach Tarif	nur Wahltarif
Beitragspflicht bei Krankheit ab siebter Woche	ja	nein
Beitragspflicht während Mutterschutz	ja	nein
Beitragspflicht während Elternzeit	ja	nein
Auslandsschutz	europaweit unbegrenzt, weltweit mindestens 1 Monat	nur EU und Länder mit Sozialabkommen
Versicherungswechsel	erschwert trotz Portabilität der Altersrückstellung	nach Frist möglich
Abrechnung	Kostenerstattungsprinzip	Sachleistungsprinzip
Arztkosten	nach Gebührenordnungen	nach Pauschalen
Praxisgebühr	nein	~~ja~~ nein

II. Gemeinsamkeiten zwischen PKV und GKV

Trotz der Intention des GKV-WSG, die Systeme der PKV und GKV anzunähern, weist die PKV nur wenige Gemeinsamkeiten mit dem GKV-System auf. Zu nennen sind die Versicherungspflicht, das Verzugsprivileg (§ 193 VI VVG, § 16 IIIa 2 SGB V), das Kündigungsverbot (§ 206 VVG, § 191 SGB V) sowie der Arbeitgeberzuschuss nach § 257 SGB V. Der Basistarif[31] in der PKV bildet das Leistungsniveau des GKV-Systems ab, umgekehrt greifen die GKV-Wahltarife Elemente der PKV auf. 654

III. Leistungsvergleich PKV im Normaltarif mit GKV

Ein Leistungsvergleich der beiden Systeme demonstriert, dass die Absicherung der Krankheitskosten über die PKV nicht durchgehend besser ist als im GKV-System. In 655

31 Näher Rn. 746 ff.

sozial sensitiven Feldern wie Schwangerschaft oder längerfristiger Krankheit reichen die Leistungen der GKV erheblich weiter als die der PKV. Auf der Seite der PKV wird der Normaltarif mit einem durchschnittlichen Leistungsspektrum gewählt.

Aspekt	PKV-Normaltarif	GKV
Leistungsumfang	freie Tarifwahl	gesetzlich festgelegt
Änderung des Leistungsumfangs	uU einseitige Änderung durch Versicherer möglich	Entscheidung des Gesetzgebers
Wartezeit	ja	nein
freie Arztwahl	ja	nur Vertragsarzt mit Kassenzulassung
freie Krankenhauswahl	ja	nur Vertragskrankenhäuser
Unterbringung bei stationärer Behandlung	Einzel- oder Zweibettzimmer	Mehrbettzimmer mit Zuzahlung
Behandlung stationär	Chefarzt	diensthabender Arzt
Zahnbehandlung	100%, auch hochwertige Materialien	Einschränkung zB bei Füllung (Amalgam)
Zahnersatz	bis 100%, auch hochwertige Materialien	ca. 50%, viele Teile ausgeschlossen
Kieferorthopädie	bis 100%	grds. nur unter 18 Jahre
Impfung	ja	ja
Abtreibung	nur bei medizinischer Notwendigkeit	nur bei rechtmäßigem Abbruch alle Kosten, bei straffreiem Abbruch teilweise
Künstliche Befruchtung	ja, volle Erstattung	50% bei drei Versuchen
Arzneimittel	ja, volle Erstattung	ja, teilweise mit Zuzahlung
Heilmittel	nach Katalog	nach Katalog mit Zuzahlung
Hilfsmittel	nach Katalog	nach Katalog mit Zuzahlung
Sehhilfe	Gestell und Gläser bis zu einem bestimmten Höchstbetrag	nur Gläser
Kontaktlinse	ja	nur in Ausnahmefällen
Kur	nur mit Kurkostentarif	ja, mit Zuzahlung
Heilpraktiker	ja	nein
Psychotherapeut	ja	ja
Häusliche Krankenpflege	nein	ja, mit Zuzahlung
Haushaltshilfe	nein	ja, mit Zuzahlung
Mutterschaftsgeld	nein	ja
Entbindungsgeld	nein	ja
Krankengeld	nur bei Krankentagegeldversicherung	ab 7. Woche

D. Zuordnung zu PKV oder GKV

I. Zugang zur PKV

Nach § 193 III 1 VVG muss grundsätzlich jede Person mit deutschem Wohnsitz eine Krankheitskostenvollversicherung bei einem PKV-Versicherer abschließen, die zumindest ambulante und stationäre Heilbehandlungen abdeckt.[32] Nach dem Normwortlaut unterliegen auch Grenzgänger der Versicherungspflicht, die im Ausland bereits eine Krankenversicherungspflicht trifft (zB Wohnsitz Deutschland, Arbeitsort Dänemark). Folgt man dem Sinn und Zweck des § 193 III 1 VVG, ist diese Personengruppe jedoch von der Versicherungspflicht auszunehmen, um eine Doppelversicherung zu vermeiden.[33] Sehr viele Personen sind ausdrücklich von der PKV-Versicherungspflicht ausgeschlossen (§ 193 III 2 VVG): 656

(1) zunächst einmal die in der GKV versicherten bzw. dort versicherungspflichtigen Personen; die Versicherungspflicht in der PKV ist somit zur Versicherungspflicht in der GKV **nachrangig**;
(2) ferner Personen, soweit sie einen Anspruch auf freie Heilfürsorge, Beihilfe oder einen vergleichbaren Anspruch haben;
(3) Personen mit Anspruch nach AsylbLG sowie Empfänger von Sozialleistungen nach SGB III, IV, VI, VII und XII.

Im Ergebnis werden somit der PKV grundsätzlich nur Selbstständige, Beamte sowie Arbeitnehmer mit einem Einkommen über der Pflichtversicherungsgrenze zugeordnet.

Kommt eine Person der Versicherungspflicht nicht nach, ordnen die § 193 IV VVG, § 8 III MB/KK 2009 als Sanktion Zusatzprämien nach Vertragsschluss an. Der genaue **Umfang** der Versicherungspflicht folgt aus § 193 III 1 VVG. Danach muss der Versicherungsschutz zumindest ambulante und stationäre Heilbehandlungen umfassen. Der Selbstbehalt darf 5.000 EUR pro Jahr nicht überschreiten. Nach zutreffender Ansicht bezieht sich der Selbstbehalt in enger Auslegung nicht auf Leistungsausschlüsse eines Tarifs oder individuelle Leistungsausschlüsse, sondern nur auf den vertraglichen Selbstbehalt.[34] 657

Ein **Kontrahierungszwang** (als Anspruch auf Annahme eines Antrags zum Vertragsschluss bzw. zur Vertragsänderung) besteht nach dem Sozialstaatsprinzip und den Besonderheiten der Beamtenversicherung nur in Ausnahmefällen: 658

(1) gesetzlich für den Basistarif (§ 193 V 1 VVG), um die Versicherungspflicht durchzusetzen; ebenfalls gesetzlich für die Kindernachversicherung (§ 198 VVG), bei Beihilfetarifen (§ 199 II VVG), beim Tarifwechsel (§ 204 I 1 Nr. 1 VVG) sowie bei Scheitern eines GKV-Übertritts (§ 5 IX SGB V);
(2) durch Selbstbindung der Versicherungswirtschaft für freiwillig in der GKV versicherte Beamte und für Neubeamte (Öffnungsaktion).[35] Die Öffnungsaktion unterliegt allerdings gewichtigen Einschränkungen. Die Versicherer können einen Risikozuschlag bis maximal 30% erheben. Zudem gilt die Öffnungsaktion nur auf

32 Ausführlich *Both* VersR 2011, 302.
33 So zutreffend *Marko* (Fn. 22), Rn. B/13.
34 *Both* VersR 2011, 302 (304); *Marko* (Fn. 22), Rn. B/40 ff.; anders noch *Langheid* NJW 2007, 3745 (3749).
35 *PKV*, GKV-versicherte Beamte: Erleichterter Wechsel in die PKV, 2009; *ders.*, Dauernde Öffnung der privaten Krankenversicherung für Beamtenanfänger, 2009.

dem Leistungsniveau der jeweiligen Beihilfeverordnung, so dass sie Tarife ausschließt, welche das Leistungsniveau der Beihilfe anheben.

II. Einzelne Zuordnungsfragen

659 Bei der Frage nach der Zuordnung zum PKV- oder zum GKV-System sind zwei Problemfälle hervorzuheben.

1. Beihilfe

660 Die Beihilfe ist eine Sonderform der öffentlich-rechtlichen Krankenversicherung, bei welcher der Dienstherr die Krankheitskosten für Beamte und ihre Familien zu einem bestimmten Prozentsatz (Beihilfebemessungssatz, regelmäßig 50 % oder höher) übernimmt. Im Zuge der Konsolidierung der öffentlichen Haushalte haben Bundes- und Landesgesetzgeber die Kostenerstattung teilweise auf das Niveau der GKV abgesenkt.

Beispiel: Wegfall der Wahlleistungen (Chefarztbehandlung, Ein- bzw. Zweibettzimmer im Krankenhaus).

In Einzelfällen kann das Leistungsniveau der Beihilfe sogar erheblich unter dem der GKV liegen. Die PKV schließt die Versicherungslücke in zweierlei Hinsicht: erstens ergänzt sie als **Krankheitskostenvollversicherung** die Kostenerstattung komplementär zum Beihilfebemessungssatz (zB 50 % PKV, 50 % Beihilfe) und zweitens kompensiert sie als **Krankheitskostenteilversicherung** die Absenkung des Beihilfeniveaus auf GKV-Niveau. Bei Änderung des Beihilfebemessungssatzes hat der Versicherungsnehmer einen Anspruch auf Vertragsanpassung (Kontrahierungszwang) ohne erneute Gesundheitsprüfung (§ 199 II VVG).

2. Gemischte Familienverhältnisse: Künstliche Befruchtung

661 Die künstliche Befruchtung wirft für die Zuordnung zur PKV oder GKV besondere Probleme auf, weil zwei Personen gleichzeitig in die Behandlung einbezogen werden. Weder § 10 SGB V noch die Richtlinien des Bundesausschusses[36] regeln diesen Fall in einer praktikablen Weise. Der Arzt nimmt die Maßnahmen zwar unmittelbar am Körper der Frau vor, doch kann der Mann durch seine Fruchtbarkeitsstörung aus medizinischer Sicht der Verursacher der Behandlung sein. Die Frage ist dann, ob die Versicherung der Frau oder die des Mannes die teilweise sehr hohen Behandlungskosten übernimmt. Für die GKV gilt dabei das Behandlungs- resp. Körperprinzip (behandelte Person muss die versicherte Person sein),[37] für die PKV aber das Verursacherprinzip (medizinischer Verursacher muss die versicherte Person sein).[38] In einer Ehe sind zahlreiche Kombinationen denkbar. Wichtige Fallgruppen sind:[39]

(1) Ehefrau ist fortpflanzungsunfähig und in der GKV, der Ehemann gesund und in der PKV: Die GKV der Ehefrau trägt nach dem Behandlungsprinzip die Kosten.

(2) Ehefrau ist gesund und in der GKV, der Ehemann ist fortpflanzungsunfähig und in der PKV: GKV und PKV tragen nach dem Behandlungs- und dem Verursacher-

36 Richtlinien über künstliche Befruchtung, zuletzt geändert am 16. 9. 2010, BAnz 2010, 4003.
37 BSG NJW 2005, 2476.
38 BGHZ 158, 166.
39 *Beckhove* NJOZ 2009, 1465; *Krumscheid* r+s 2006, 265 (268 ff.); *Schmeilzl/Krüger* NZS 2006, 630. Zur doppelten Fruchtbarkeitsstörung sowohl bei Mann und Frau BGH VersR 2006, 1673.

prinzip gegenüber den Eheleuten parallel die Kosten, wenn auch in unterschiedlicher Höhe. Die Versicherungen müssen dann untereinander die endgültige Kostentragung klären.

(3) Ehefrau ist fortpflanzungsunfähig und in der PKV, der Ehemann gesund und in der GKV: PKV der Ehefrau trägt die Kosten.

(4) Ehefrau ist gesund und in der PKV, der Ehemann fortpflanzungsunfähig und in der GKV: Folgt man dem Verursacherprinzip, umfasst die PKV der Ehefrau nicht eine durch den Ehemann indizierte medizinische Behandlung der Ehefrau. Umgekehrt übernimmt die GKV des Ehemanns nicht die Kosten, weil der Arzt die künstliche Befruchtung nicht an seinem Körper vornimmt. Es besteht mithin eine Lücke im Versicherungsschutz, die nur durch die Kulanz der Versicherungen gemildert werden kann.[40]

E. Rahmenbedingungen

I. PKV-Markt

In Deutschland hatten im Jahr 2010 mehr als 8,8 Millionen Menschen eine private Krankheitskostenvollversicherung. Hinzu kommen mehr als 21 Millionen Zusatzversicherungen und 24 Millionen Auslandsreisekrankenversicherungen.[41] 662

Die Versicherungsprämien stiegen seit dem Zweiten Weltkrieg mit der Entwicklung der Krankheitskosten rasant an: Von umgerechnet 227 Millionen € im Jahr 1950 über 9 Milliarden im Jahr 1990 bis hin zu 29 Milliarden im Jahr 2009. Fast ein Drittel der Prämien fließt in die Altersrückstellungen, die 2009 die Höhe von 124 Milliarden € erreicht haben.[42] 663

Die Mitgliederentwicklung in der PKV war und ist von der Sozialpolitik des Bundesgesetzgebers abhängig. Der Bestand der mit einer Krankheitskostenvollversicherung abgesicherten Personen sank von 6,7 Millionen im Jahr 1965 innerhalb eines Jahrzehnts auf nur 4,2 Millionen. Erst in den 80er und 90er Jahren des 20. Jahrhunderts näherte sich der Bestand langsam dem heutigen Niveau an. Zu Beginn des Jahres 2011 waren 43 PKV-Unternehmen ordentliches Mitglied des Verbandes der privaten Krankenversicherung e. V. (PKV-Verband). Drei Unternehmen nehmen prozentual zweistellige Marktanteile ein. Daneben bieten ca. 30 kleine Versicherungsvereine, deren Marktanteil sich im Promillebereich bewegt, ihre Leistungen an. 664

II. PKV-Aufsicht

Die staatliche Aufsicht über in **Deutschland** ansässige PKV-Unternehmen wird von der Bundesanstalt für Finanzdienstleistungsaufsicht ausgeübt.[43] Diese Unternehmen bedürfen zum Geschäftsbetrieb einer Erlaubnis (§ 5 VAG). PKV-Unternehmen mit Sitz im **EU- oder EWR-Ausland**, welche in Deutschland wohnende Personen versichern, unterliegen der Finanzaufsicht in ihrem Heimatland nach den dort geltenden 665

40 Zu einem vergleichbaren Fall in der Beihilfe BVerwG, 24. 2. 2011 - 2 C 40/09.

41 Vorläufige Zahlen nach www.pkv.de

42 Daten nach: www.pkv.de, Zahlenbericht der PKV 2009/2010, 2011. Die Daten enthalten nicht die Pflegeversicherung.

43 Ausführlich Prölss/*Kollhosser*, Versicherungsaufsichtsgesetz: Kommentar, 12. Aufl. 2005, § 81; Sodan/*Schüffner*/*Franck* (Fn. 30), § 47.

Normen (**Sitzlandprinzip** des § 110 a III 1 VAG). Die BaFin behält die Rechtsaufsicht über die Einhaltung der PKV-Normen des VAG (§ 110 a III 1, IV Nr. 2 VAG). Ferner muss das ausländische PKV-Unternehmen bei der BaFin die AVB einreichen (§ 110 a IIb VAG). PKV-Unternehmen aus **Drittstaaten** unterliegen dagegen der Erlaubnispflicht (§ 105 II VAG). Im Ausland ansässige PKV-Unternehmen haben aber auf dem deutschen Markt keine signifikante Bedeutung.

666 Unternehmen, die substitutive Krankenversicherungen anbieten, dürfen keine Produkte anderer Versicherungssparten offerieren (**Spartentrennungsgebot** nach § 8 Ia 2 VAG). Sie können nur zwischen den Rechtsformen des Versicherungsvereins auf Gegenseitigkeit, der Aktiengesellschaft und der öffentlich-rechtlichen Form wählen (**Rechtsformzwang** nach § 7 VAG). Der VVaG ist ein wirtschaftlicher Verein (§ 22 BGB), bei dem die Mitglieder zugleich Kunden sind. Die überwiegende Mehrheit der Unternehmen hat sich für die Rechtsform einer AG entschieden. Die öffentlich-rechtliche Organisationsform hat nur noch historische Bedeutung.

667 Vor 1994 hatte die Aufsichtsbehörde sehr weitreichende präventive Kompetenzen im Bereich der Gestaltung von AVB und Prämien. Mit der europäischen **Deregulierung und Harmonisierung** der Versicherungswirtschaft sind AVB nur noch vorlage- bzw. anzeigepflichtig.[44] Ebenso besteht für die Festlegung der Prämien keine Genehmigungspflicht mehr, sondern nur noch eine Vorlage- bzw. Anzeigepflicht für die Kalkulationsgrundlagen (§§ 5 V Nr. 1 a, 13 d Nr. 8 VAG). Die Versicherungsaufsicht beschränkt sich auf eine **Rechts- und Finanzaufsicht**. Nach zutreffender Ansicht hat die Aufsicht nicht mehr die Kompetenz, die Versicherungswirtschaft sachlich im Sinne des öffentlichen Interesses zu steuern.[45] Im Übrigen überwachen sich die PKV-Unternehmen selbst. Sie müssen zur Kontrolle der Berechnung von Prämien, Überschüssen und Rückstellungen einen sog. verantwortlichen Aktuar (§ 12 III VAG) und zur Prämienänderung einen unabhängigen Treuhänder bestellen, der die Änderung genehmigt (§ 12 b VAG).[46] Die derzeitige Rechtslage wird freilich nur wenige Jahre Bestand haben. Mit dem Inkrafttreten der **Solvency II-Rahmenrichtlinie**[47] muss der deutsche Gesetzgeber ab 2013 das VAG im Bereich Kapitalausstattung, Risikomanagement, Governance und Transparenz erneut umgestalten.

668 **Rechtsgrundlage** für die Aufsicht sind die §§ 81 ff. VAG, insbesondere § 81 d VAG. Das Gesetz hebt die wichtigsten Fälle hervor. In bestimmten Fällen, in denen die Leistungsfähigkeit bedroht ist, muss das Versicherungsunternehmen einen Plan vorlegen:

(1) bei Verlust von Eigenmitteln einen Plan zur Wiederherstellung gesunder Finanzverhältnisse (Solvabilitätsplan, § 81 b I VAG);

(2) bei einem starken Verlust unter das für den Garantiefonds festgelegte Limit einen Plan über die kurzfristige Beschaffung der erforderlichen Eigenmittel (Finanzierungsplan, § 81 b II VAG);

44 Siehe bereits Rn. 638, 644.

45 Missverständlich »materielle Aufsicht« genannt. Zu den Details Prölss/*Kollhosser* (Fn. 43), § 81 insbes. Rn. 7, 11 ff.

46 Dazu *Boetius* VersR 2007, 1589; *Grote*, Die Rechtsstellung der Prämien-, Bedingungs- und Deckungsstocktreuhänder nach dem VVG und dem VAG, 2007.

47 RL 2009/138/EG v. 25. 11. 2009 betreffend die Aufnahme und Ausübung der Versicherungs- und der Rückversicherungstätigkeit (Solvabilität II), ABl. EG 2009 L 335, 1; dazu *Wandt*, Versicherungsrecht, 5. Aufl. 2010, Rn. 71 ff.

(3) bei Gefährdung der Erfüllbarkeit der Verpflichtungen aus den Versicherungen einen Plan zur Verbesserung der Finanzverhältnisse (finanzieller Sanierungsplan, § 81 b IIa VAG);
(4) bei Gefährdung der Rückstellung einen Plan zur Sicherstellung angemessener Zuführungen zur Rückstellung für erfolgsabhängige Prämienrückerstattung (Zuführungsplan, § 81 d II VAG).

Die schärfste Waffe aber ist der Widerruf der Erlaubnis (§ 87 VAG). Hingegen erübrigt sich regelmäßig ein Antrag der Aufsicht auf Einleitung eines Insolvenzverfahrens (§ 88 VAG). Bei drohender Insolvenz überträgt die Aufsicht vielmehr den Versicherungsbestand an die als **Sicherungsfonds** nach §§ 124 ff. VAG eingerichtete Medicator AG.

Die Aufsicht hat sicherzustellen, dass die PKV-Unternehmen sich innerhalb des im VAG festgelegten **wirtschaftlichen Ordnungsrahmens** bewegen. Die §§ 12 ff. VAG legen für die PKV-Unternehmen strenge Maßstäbe an, da es sich bei der Krankheitskostenvollversicherung in der Regel um ein unbefristetes Vertragsverhältnis mit einer besonderen sozialen Schutzbedürftigkeit des Versicherten handelt. Die §§ 12 ff. VAG regulieren deshalb grundsätzlich nur die **substitutive** Krankenversicherung. Nach der Legaldefinition in § 12 I VAG erfasst der Begriff allein die Krankheitskostenvoll- und die Krankentagegeldversicherung, da nur diese Versicherungen den Sozialversicherungsschutz der GKV ersetzen.[48] Für die nicht substitutive Versicherung gelten die §§ 12 ff. VAG nur, wenn sie **nach Art einer Lebensversicherung**, dh auf der Grundlage biometrischer Daten[49] betrieben wird (§ 12 V VAG). Die §§ 12 ff. VAG nebst ÜbschV- bzw. KalV betreffen (mit Ausnahme des Kontrahierungszwangs im Basistarif) nur das Verhältnis Aufsicht – Versicherer. Sie haben deshalb ohne einen ausdrücklichen Verweis im VVG keine privatrechtsgestaltende Wirkung auf den Versicherungsvertrag zwischen Versicherer und Versicherungsnehmer. Vielmehr verpflichten die Normen den Versicherer, den Versicherungsvertrag konform zum VAG zu gestalten. 669

§ 30 Grundsätze des Krankenversicherungsvertrags

A. Begriffe und Typologie

Der Krankenversicherungsvertrag legt die Leistungen des Versicherers im Krankheitsfall sowie in weiteren Fällen, die vom Versicherungsnehmer zu zahlende Prämienhöhe sowie weitere Rechte, Pflichten und Obliegenheiten fest. Die AVB sind ein Vertragsbestandteil. Der Krankenversicherungsvertrag ist in all seinen Ausdifferenzierungen wie alle anderen privatrechtlichen Versicherungsverträge nach zutreffender Ansicht als ein gegenseitiger schuldrechtlicher Vertrag eigener Art einzuordnen.[50] Kommt ein Krankenversicherungsvertrag mit einem VVaG zustande, wird der Ver- 670

48 Für den Charakter als substitutive Versicherung genügt es nach dem Normwortlaut (»teilweise«), wenn eine Versicherung einen einzigen Leistungsbereich (zB Zahnarztkosten) abdeckt. Die besonderen Versicherungstypen nach § 195 II, III VVG sind nicht substitutiv.

49 Definition nach MüKoVVG/*Boetius* (Fn. 13), Vor § 192 Rn. 593. Zu weiteren abweichenden Definitionen *Wandt* (Rn. 47), Rn. 1297.

50 HM, statt aller Beckmann/Matusche-Beckmann/*Lorenz* (Fn. 7), § 1 Rn. 148 ff. Mindermeinungen ordnen den Versicherungsvertrag als dienstvertraglichen Geschäftsbesorgungsvertrag mit Treuhand-

sicherungsnehmer regelmäßig Mitglied des VVaG (§ 20 VAG). Umstritten ist dabei, wie viele Verträge der Versicherungsnehmer dann mit dem VVaG abschließt.[51] Vorzugswürdig ist die Sichtweise, dass es sich um zwei Verträge handelt (**Trennungstheorie**), also um einen Versicherungsvertrag und einen Mitgliedschaftsaufnahmevertrag in den VVaG.

B. Beteiligte Personen

671 Der Krankenversicherungsvertrag wird zwischen dem PKV-Unternehmen (**Versicherer**) und seinem Vertragspartner (**Versicherungsnehmer**) abgeschlossen. Der Versicherungsnehmer ist zur Zahlung der Prämie verpflichtet. Die **versicherte Person** (**Versicherter**) ist diejenige Person, die im Versicherungsfall einen Anspruch gegen den Versicherer hat. Dieser Anspruch deckt das Kostenrisiko einer medizinischen Behandlung bzw. das Risiko eines Verdienstausfalls ab. Stirbt die versicherte Person, endet das Versicherungsverhältnis insoweit (§ 15 II MB/KK 2009).

672 In vielen Fällen sind Versicherungsnehmer und versicherte Person ein und dieselbe Person.[52] Der Versicherungsnehmer kann aber, wie § 193 I VVG andeutet, auch eine andere Person versichern. Es handelt sich dann um eine **Versicherung für fremde Rechnung** (§§ 43 ff. VVG) als versicherungsrechtliche Abwandlung eines echten Vertrags zugunsten Dritter. Wenn der Versicherungsnehmer gegenüber dem Versicherer die versicherte Person in Textform als Empfangsberechtigten benannt hat, steht nur der letzteren Person ein Anspruch auf Kostenerstattung zu (§ 194 III 1 VVG, § 6 III MB/KK 2009). Stirbt der Versicherungsnehmer, kann die versicherte Person einen neuen Versicherungsnehmer benennen und das Versicherungsverhältnis fortsetzen (§ 207 I VVG, § 15 I MB/KK 2009).

673 Wenn der Versicherungsnehmer sowohl sich als auch eine weitere Person versichert, bestehen im Sinne einer **Mitversicherung** zwei Versicherungsverhältnisse: die Eigenversicherung des Versicherungsnehmers und eine Versicherung für fremde Rechnung.

674 Die in der Praxis sehr häufige Familienversicherung wirft in diesem Kontext zwei **Zuordnungsprobleme** auf.[53] Bei der Mitversicherung der Ehefrau durch den Ehemann ist die Ehefrau nicht nur die Person, welche die Kosten verursacht (Gefahrperson), sondern mitversicherte Person im Sinne einer Versicherung für fremde Rechnung. Dies würde sogar dann gelten, wenn die mitversicherte Ehefrau keiner Erwerbstätigkeit nachgeht.[54] Bei der Versicherung eines minderjährigen Kindes sind die Eltern Versicherungsnehmer bzw. versicherte Personen. Das Kind ist lediglich Ge-

---

charakter oder als Hedge-Geschäft mit Geschäftsbesorgungselementen ein. Überblick zum Meinungsstand bei Beckmann/Matusche-Beckmann/*Lorenz* (Fn. 7), § 1 Rn. 148 ff.

51 Details bei Prölss/Kollhosser/*Weigel* (Fn. 43), § 20 Rn. 6 ff.

52 Soweit die Literatur (zB Beckmann/Matusche-Beckmann/*Armbrüster* (Fn. 7), § 6 Rn. 1) den Begriff der versicherten Person auf Personen beschränkt, die nicht selbst Versicherungsnehmer sind, entspricht dies weder der Vertragspraxis noch dem Gesetz, siehe § 193 I 2 VVG: »Versicherte Person ist die Person, auf welche die Versicherung genommen wird.« Wie hier Praxiskommentar/*Brömmelmeyer* (Fn. 1), § 193 Rn. 3.

53 Ausführlich *Voit* NJW 2006, 2225, allerdings auf der Grundlage des VVG 1908, das noch keinen Verweis des PKV-Rechts auf die Versicherung für fremde Rechnung vorsah.

54 BGH VersR 2006, 686; aus der Literatur statt aller Beckmann/Matusche-Beckmann/*Armbrüster* (Fn. 7), § 6 Rn. 142. Dasselbe gilt selbstverständlich für einen von der Ehefrau mitversicherten Ehemann.

fahrperson.[55] Das entspricht der familienrechtlichen Lastenverteilung. Das minderjährige Kind kann für seinen eigenen Unterhalt regelmäßig nicht selbst aufkommen. Zum Ausgleich sind die Eltern zum Unterhalt und somit auch zur Begleichung der Krankheitskosten des Kindes verpflichtet. Die Versicherung der Krankheitskosten betrifft primär ihr eigenes wirtschaftliches Interesse und nur mittelbar das Interesse des Kindes.

Wenn eine dritte Person für die Krankheitskosten zB wegen einer fahrlässigen Kör- 675
perverletzung haftet (§§ 823 I, 823 II BGB iVm § 229 StGB), geht dieser Ersatzanspruch des Versicherungsnehmers durch **Legalzession** auf den Versicherer über, sobald dieser die Krankheitskosten erstattet (§§ 194 I 1, 86 I 1 VVG). Der Versicherer erhält somit einen **Ausgleich** für seine Versichererleistung. Der Schädiger soll nicht dadurch entlastet werden, dass der Geschädigte Versicherungsschutz genießt. Der Versicherer trägt nicht das volle Schadensrisiko, sondern nur noch das Risiko, den übergegangenen Haftungsanspruch gegen den Schädiger durchsetzen zu können. Die §§ 194 II, 86 I 1 VVG erweitern die Legalzession auf die Leistungskondiktion gegen einen Leistungserbringer (zB wegen Unwirksamkeit des Behandlungsvertrags). Allerdings greift die Legalzession nur bei der Krankheitskostenversicherung als Schadensversicherung ein. § 86 VVG erfasst nicht die Krankentagegeld- und die Krankenhaustagegeldversicherung als Summenversicherungen.

C. Vorvertragliche Beratung und Information

Der Versicherungsnehmer kann auf dem Versicherungsmarkt zwischen zahlreichen 676
Versicherern auswählen, die wiederum eine Vielzahl verschiedener Krankenversicherungen anbieten. Der Leistungsumfang der Krankheitskostenversicherung unterscheidet sich im Normaltarif ganz erheblich. Er reicht von einer kostengünstigen Basisversicherung, die unter dem Schutzniveau der GKV liegt, bis zu einer teuren Luxusversicherung, welche in vollem Umfang den Zugang zur Hochleistungsmedizin gewährt. Zudem unterscheiden sich die Prämiensteigerungen der Tarife während der Vertragslaufzeit ganz erheblich. Der Versicherungsnehmer kann sich im Regelfall keinen ausreichenden Überblick darüber verschaffen, welcher Tarif für seine Wünsche im Koordinatensystem von Preis und Leistung optimal passt. Zwischen ihm und den Versicherern besteht eine Informationsasymmetrie.

Daher treffen den Versicherer und zum Teil auch Versicherungsvermittler (Versiche- 677
rungsvertreter, Versicherungsmakler) qualifizierte vorvertragliche Pflichten. Die allgemeinen Pflichten sind: erstens, die **Befragungspflicht** (§ 6 I 1 VVG), zweitens, die **Beratungs-** nebst **Begründungspflicht** (§ 6 I 1 VVG), drittens die **Dokumentations-** nebst **Übermittlungspflicht** (§ 6 II 1 VVG) und viertens, die **Informationspflicht** (§ 7 VVG iVm VVG-InfoV).[56] Bei der substitutiven Krankenversicherung muss die am Vertragsabschluss interessierte Person über den allgemeinen Katalog hinaus über folgende Punkte informiert werden (§ 3 VVG-InfoV):

(1) Höhe der in die Prämie einkalkulierten Kosten;
(2) mögliche sonstige Kosten (zB Vertragsabschlusskosten);

55 OLG Koblenz VersR 2004, 993; Praxiskommentar/*Brömmelmeyer* (Fn. 1), § 193 Rn. 6; Beckmann/Matusche-Beckmann/*Armbrüster* (Fn. 7), § 6 Rn. 142. Anders tendenziell Rüffer/Halbach/Schimikowski/*Rogler* (Fn. 1), § 193 Rn. 7 f.: Kind als versicherte Person.

56 Ausführlich *Wandt* (Fn. 47), Rn. 262 ff.

(3) Auswirkungen steigender Krankheitskosten auf die zukünftige Prämienentwicklung;
(4) Möglichkeiten zur Prämienbegrenzung im Alter, insbesondere durch Tarifwechsel;
(5) möglicher Ausschluss eines Wechsels in die GKV in fortgeschrittenem Alter;
(6) mögliche Verschlechterungen bei Wechsel innerhalb der PKV in fortgeschrittenem Alter;
(7) Prämienentwicklung im Zeitraum der dem Angebot vorangehenden zehn Jahre.

Ferner hat der Versicherer der am Vertragsabschluss interessierten Person ein Informationsblatt auszuhändigen, das sehr verkürzt über die grundlegenden Systemunterschiede zwischen PKV und GKV informiert.[57] Ein ungelöstes Problem bleiben hingegen überhöhte Provisionen an die Versicherungsvermittler. Diese Provisionen gehen über die Prämien zu Lasten der Versicherungsnehmer.

678 **Nach Vertragsschluss** beschränken sich die Pflichten des Versicherers auf fortlaufende Befragung und Beratung (§ 6 IV 1 VVG). Bei einer substitutiven Krankenversicherung ist der Versicherer zusätzlich bei jeder Prämienerhöhung zur Information über die Möglichkeit eines Tarifwechsels verpflichtet (§ 6 II VVG-InfV). Die schuldhafte Verletzung der genannten Pflichten macht den Versicherer **schadensersatzpflichtig** (§ 6 V VVG).

D. Vertragsschluss

679 Der Vertragsschluss richtet sich grundsätzlich nach den allgemeinen rechtsgeschäftlichen Regeln der §§ 145 ff. BGB. Der PKV-Versicherer kann nach § 7 I 1 VVG die AVB nicht mehr mit dem Versicherungsschein (Police, siehe § 3 VVG) nach Vertragsschluss mitteilen. Er muss sie dem Versicherungsnehmer zusammen mit den Informationen nach VVG-InfoV bereits vor der Abgabe seiner Willenserklärung vorlegen. Wie bei allen Versicherungsverträgen kann der Versicherungsnehmer seine Vertragserklärung innerhalb von zwei Wochen **widerrufen**, so dass kein wirksamer Vertrag zustande kommt (§ 8 I 1 VVG).[58] Der Krankenversicherungsvertrag unterliegt keinem Formzwang. Auch wenn der Versicherungsnehmer seinen Antrag in der Praxis unterschreiben muss, genügt dies nicht der Vertragsschriftform des § 126 II BGB. Für den Versicherungsschein schreibt das Gesetz deshalb die bloße Textform vor (§ 3 I VVG). Die AVB sehen hingegen für die Vertragsdurchführung (zB für Kündigung des Versicherungsnehmers nach §§ 205, 208 S. 2 VVG) regelmäßig die Schriftform vor.

680 In der Praxis dominiert heute das **Antragsmodell**: Der PKV-Versicherer überreicht dem Versicherungsnehmer zunächst das Antragsformular nebst den AVB und allen weiteren gesetzlich erforderlichen Informationen und Belehrungen (bloße *invitatio ad offerendum*). Der Versicherungsnehmer füllt das Formular aus und übergibt es als Antrag an den Versicherer. Dann überreicht der Versicherer den Versicherungsschein, mit dem er den Antrag annimmt und der zugleich die wesentlichen Rechte und Pflichten aus dem Krankenversicherungsvertrag dokumentiert. Weicht der Versiche-

57 BaFin, Rundschreiben 21/2009 (VA): Neufassung des Informationsblatts der Bundesanstalt für Finanzdienstleistungsaufsicht gemäß § 10 a III VAG.
58 Ausführlich zum Widerrufsrecht *Wandt* (Fn. 47), Rn. 301 ff.

rungsschein vom Antrag ab, kommt (soweit die Voraussetzungen des § 5 I, II VVG vorliegen) mit dem Versicherungsnehmer ein Vertrag mit dem Inhalt des Versicherungsscheins zustande.

E. Obliegenheiten des Versicherungsnehmers

I. Einführung

Den Versicherungsnehmer treffen vor Vertragsschluss und während der Vertragslaufzeit zahlreiche Obliegenheiten gegenüber dem Versicherer. Obliegenheiten sind im Privatversicherungsvertragsrecht Verhaltensregeln, die den Versicherungsnehmer treffen und sich in den Rechtsfolgen sowohl von Leistungs- (§ 241 I BGB) als auch von Rücksichtnahmepflichten (§ 241 II BGB) unterscheiden. Sie setzen zwar in den meisten Fällen Kausalität und Verschulden voraus, doch sind sie nach der herrschenden Voraussetzungstheorie weder einklagbar noch führen sie zu einer Schadensersatzpflicht.[59] Das VVG kennt allerdings keine einheitliche Terminologie. So spricht etwa § 19 I 1 VVG von einer Anzeigepflicht des Versicherungsnehmers, obwohl es sich den Rechtsfolgen nach um eine bloße Obliegenheit handelt. **681**

II. Vorvertragliche Anzeigeobliegenheit

1. Äquivalenzprinzip

Für die PKV ist die vorvertragliche Anzeigeobliegenheit der wichtigste Fall. Nach dem **Äquivalenzprinzip** des Privatversicherungsrechts müssen im individuellen Versicherungsverhältnis die auf die gesamte Vertragslaufzeit bezogenen Prämien die Ausgaben des Versicherers (wie Versichererleistung und Verwaltungskosten) abdecken. Die Prämienhöhe kann aber nur dann nach dem Äquivalenzprinzip zutreffend berechnet werden, wenn der PKV-Versicherer das Krankheitsrisiko der versicherten Person prognostizieren kann. Der Versicherungsnehmer muss deshalb zur Risikoprüfung die Vorerkrankungen und weitere Umstände anzeigen, nach denen der PKV-Versicherer in Textform vor Vertragsschluss fragt und die zugleich für den Vertragsabschluss erheblich sind (**Gesundheitsprüfung**). Abseits des Basistarifs hat der Versicherer folgende Möglichkeiten, wenn die Gesundheitsprüfung ein erhöhtes Risiko indiziert: Er kann den Abschluss des Krankenversicherungsvertrags ganz **ablehnen**, nur gegen einen Ausschluss bestimmter Leistungen (**Leistungsausschluss**) oder gegen einen in absoluter Höhe bzw. relativ zum Tarif kalkulierten **Risikozuschlag** kontrahieren (§ 203 I 2 VVG). **682**

2. Fragenkatalog

Die Fragen nach § 19 I VVG sind nicht standardisiert und je nach Versicherer **unterschiedlich**, so dass die korrespondierende Anzeigeobliegenheit keinen festumrissenen Umfang hat. Die Fragen sind deshalb unterschiedlich, weil den Tarifen der Versicherer unterschiedliche Risikomodelle zugrunde liegen. Die Gesundheitsfragen umfassen in der Regel zumindest folgende Elemente: Geschlecht, Körpergröße, Gewicht, daneben für den Zeitraum der vergangenen drei bis fünf Jahre Krankheiten, ambulante und stationäre Behandlungen, Medikamenteneinnahme, ferner psy- **683**

59 Dazu *Wandt* (Fn. 47), Rn. 541 ff.

chotherapeutische Behandlung während der letzten zehn Jahre und aktuelle, angeratene und geplante zahnärztliche Behandlungen. Chronische Erkrankungen (zB Multiple Sklerose) werden teilweise separat abgefragt. Abseits dessen müssen chronische Erkrankungen zumindest bei den allgemeinen Fragen nach Erkrankungen angezeigt werden. Ferner fragen die Versicherer bei bestehenden Krankheiten nach dem behandelnden Arzt, in einigen Fällen sogar nach dem Hausarzt, der am besten den Gesundheitszustand des Antragstellers einschätzen kann. Ergänzende Fragen beziehen sich beispielsweise auf vergangene, aktuelle oder geplante Maßnahmen zur künstlichen Befruchtung oder auf Hilfsmittel wie Brillen und Schuheinlagen.

684 Das neue Gendiagnostikgesetz[60] regelt in diesem Zusammenhang, inwiefern der PKV-Versicherer nach den Ergebnissen aus einem bereits durchgeführten **Gentest** fragen, sie entgegennehmen und verwenden darf oder ob er sogar die Durchführung eines solchen Tests verlangen kann. Das Gesetz schränkt die Verwendung von Gentests erheblich ein. Der Versicherer darf sich lediglich nach den Ergebnissen eines bereits erfolgten **diagnostischen** Gentests erkundigen, soweit dieser eine vergangene oder bestehende Krankheit dokumentiert (§ 18 II iVm § 3 Nr. 7 a GenDG). Abseits dessen ist nach dem Gesetzeswortlaut der Rückgriff auf einen diagnostischen bzw. prädiktiven Gentest untersagt (§ 18 I iVm § 3 Nr. 7 b - d, Nr. 8 GenDG).

685 Dieses weitreichende Verbot ist rechtspolitisch bedenklich. Es führt nicht nur zu einer Informationsasymmetrie zwischen Versicherer und Versicherungsnehmer, sondern schränkt darüber hinaus systemwidrig das Äquivalenzprinzip ein.[61] Einerseits umfasst der Versicherungsschutz der Krankheitskostenvollversicherung sehr teure gentherapeutische Behandlungen, andererseits ist dem Versicherer die Berechnung einer risikogerechten Prämie erschwert. Das Gendiagnostikgesetz könnte deswegen bei steigendem Kostendruck in den Tarifen zu einem Leistungsausschluss für gentherapeutische Maßnahmen führen.

686 Zudem sperrt das GenDG nach seinem Wortlaut die Kostenerstattung für Gentests im Zusammenhang mit einer Heilbehandlung. Insofern muss das Verbot teleologisch reduziert werden. Das Gesetz regelt dagegen nicht, inwiefern der Versicherer nach Erkrankungen in der Verwandtschaft fragen darf, um das Risiko von Erbkrankheiten abschätzen zu können. Wenn bereits ein nach wissenschaftlichem Maßstab aussagekräftiger Gentest am Versicherten weitgehend untersagt wird, muss für die Zulässigkeit der Wahrscheinlichkeitsrechnung nach der Vererbungslehre trotz der rechtspolitischen Bedenken erst recht ein strenger Maßstab gelten. Eine Frage nach Erkrankungen in der Verwandtschaft muss daher analog § 18 I GenDG nur beantwortet werden, soweit der Versicherte tatsächlich in seiner eigenen Person an einer Erbkrankheit leidet.[62]

60 Gesetz über genetische Untersuchungen beim Menschen (Gendiagnostikgesetz) v. 31. 7. 2009, BGBl. I 2529; Inkrafttreten zum 1. 2. 2010. Zum Problemkreis *v. Einem,* Der privatrechtliche Schutz vor genetischer Diskriminierung, 2009; *Ziegler,* Genanalysen in der Deutschen Privaten Krankenversicherung, 2008; *Lorenz* VersR 2007, 471; zu Anwendungsproblemen des GenDG *Kröger* MedR 2010, 751; *Ziegler/Ziegler* ZVersWiss 2011, 29.

61 Wie hier *Wandt* (Fn. 47), Rn. 225.

62 IE ebenso *Präve* VersR 2009 857 (861 f.): Verstoß gegen § 4 I GenDG (Diskriminierungsverbot wegen Verwandtschaft mit einer in bestimmter Weise genetisch disponierten Person). Allerdings greift dieses Verbot bei einer Erbkrankheit zu kurz, weil es nicht die Differenzierung nach gesunden und kranken Personen verbietet.

3. Rechtsfolgen

Wenn der Antragsteller seiner Obliegenheit aus § 19 I VVG nicht nachkommt, differenzieren die §§ 194 I 3, 19 II-IV VVG für die **Rechtsfolgen** nach dem **Verschuldensgrad** des Versicherungsnehmers: Bei Vorsatz kann der Versicherer in jedem Fall zurücktreten. Bei grober Fahrlässigkeit hat er nur dann ein Rücktrittsrecht (§ 19 IV VVG), wenn er den Vertrag bei Kenntnis der anzuzeigenden Tatsachen nicht abgeschlossen hätte. Hätte er den Vertrag zu anderen Konditionen abgeschlossen, hat er nur ein Recht auf rückwirkende Anpassung des Krankenversicherungsvertrags. Bei einfacher Fahrlässigkeit tritt die mildere, weil nicht rückwirkende Kündigung an die Stelle des Rückritts. Alle diese Rechte müssen grundsätzlich innerhalb einer Frist von drei Jahren nach Vertragsschluss geltend gemacht werden (§§ 194 I 4, 21 III VVG). Bei mangelndem Verschulden sind Sanktionen ausgeschlossen (§ 194 I 3 VVG). 687

Beispiel: Der Versicherungsnehmer kreuzt grob fahrlässig vor Vertragsschluss auf dem Formular des Versicherers nicht an, dass er an einer Pollenallergie leidet. Hätte der Versicherer diesen Umstand vor Vertragsschluss gekannt, hätte er den Vertrag nur mit einem Risikozuschlag von 10 % auf den Tarif für ambulante Behandlungen erhoben. Der Versicherer hat kein Rücktrittsrecht, aber ein Recht auf rückwirkende Vertragsanpassung.

4. Anfechtung wegen arglistiger Täuschung

Auch wenn der Versicherer nicht nach einer bestimmten Krankheit oder anderen Umständen gefragt hat, löst ihr Verschweigen bei Täuschungsvorsatz iSv Arglist eine Sanktion aus. Der Versicherer kann in diesem Fall den Versicherungsvertrag **anfechten** (§ 22 VVG, § 123 I Alt. 1 BGB). Wie grundsätzlich auch beim Rücktritt (§ 21 II VVG) wird der Versicherer rückwirkend von seiner Leistungspflicht befreit (§ 142 II BGB). Trotzdem steht dem Versicherer beim Rücktritt und bei der Anfechtung bis zum Zeitpunkt der Ausübung des Gestaltungsrechts der Prämienanspruch zu (§ 39 I 2 VVG, § 8 VIII 2 MB/KK 2009).[63] In diesen Fällen ist der Versicherungsnehmer also zur Prämienzahlung verpflichtet, obwohl er keinen Gegenanspruch hat. Diese für den Versicherungsnehmer äußerst ungünstige Regelung soll sicherstellen, dass sich ein Versicherungsnehmer nicht vorsätzlich oder grob fahrlässig über seine Obliegenheit zu wahrheitsgemäßen Angaben hinwegsetzt. 688

5. Datenüberprüfung

Damit der PKV-Versicherer eine falsche oder unterlassene Angabe überhaupt als solche identifizieren kann, muss er die Angaben wirksam überprüfen können. Dazu dienen die Angaben über behandelnde Ärzte und Vorversicherungen. Der Versicherer darf bei diesen nach § 213 VVG Daten über die versicherte Person abfragen, »soweit die Kenntnis der Daten für die Beurteilung des zu versichernden Risikos oder der Leistungspflicht erforderlich« ist und wenn eine **Einwilligung** der betroffenen Person vorliegt.[64] Anders als nach dem BDSG unterliegt die Einwilligung nach § 213 VVG 689

---

63 Ganz hM, zuletzt BGH VersR 2010, 97; aA nur OLG Nürnberg VersR 2001, 437: Anfechtung nur ex nunc.

64 Zu den verfassungsrechtlichen Grenzen der Generaleinwilligung im Detail BVerfG VersR 2006, 1669.

keiner Form,[65] doch wird sie in der Praxis oft bereits vor Vertragsschluss als widerrufliche Generaleinwilligung in Schriftform erteilt.

690 Ein weiteres Mittel ist die **Versichertenumfrage.** Wenn ein Mitgliedsunternehmen des PKV-Verbandes einen konkreten Verdacht auf Obliegenheitsverletzungen, Doppelversicherungen oder betrügerische Handlungen hat, teilt es diesen Verdacht dem PKV-Verband mittels einer Karte mit. Wenn dem Verband eine bestimmte Kartenanzahl vorliegt, verschickt er die Kopien der Karten an jedes teilnehmende Mitgliedsunternehmen. Die originalen Karten werden anschließend vernichtet. Der Verband nimmt im Rahmen der Versichertenumfrage also lediglich die Position einer **Verteilerstelle** ein. Weder soll die Speicherung personenbezogener Daten noch die Weitergabe an andere Versicherungsunternehmen (zB Lebensversicherung) erfolgen.

III. Sonstige Obliegenheiten

691 Den Versicherungsnehmer treffen gemäß §§ 9 ff. MB/KK 2009 nach Vertragsschluss zahlreiche vertragliche Obliegenheiten. Wichtige Beispiele: Untersuchung durch einen vom Versicherer beauftragten Arzt im Krankheitsfall, Anzeige einer Krankenhausbehandlung binnen 10 Tagen nach ihrem Beginn, Schadensminderung und Auskunft nach Beginn der Krankheit, Anzeige des Abschlusses eines zweiten Krankenversicherungsvertrags bzw. Inanspruchnahme der GKV sowie Abtretung von Ersatz- bzw. Rückzahlungsansprüchen gegen Dritte.

F. Rücktritt und Kündigung

I. Rücktritt und Kündigung durch den Versicherer

692 Ein substitutiver Krankenversicherungsvertrag und ein nicht substitutiver Krankenversicherungsvertrag nach Art einer Lebensversicherung können wegen ihrer sozialen Bedeutung grundsätzlich nur unbefristet abgeschlossen werden (§ 195 VVG).

693 Das Gesetz schränkt die Kündigungsmöglichkeit durch den Versicherer erheblich ein, um eine Umgehung des Befristungsverbots zu verhindern. Nach dem Wortlaut des § 206 I 1 VVG ist bei einer Krankheitskostenvollversicherung als Pflichtversicherung iSv § 193 III 1 VVG jede Kündigung ausgeschlossen. Unbestritten ist, dass dem Versicherer die ordentliche Kündigung verwehrt ist. Der Normwortlaut erfasst allerdings auch die außerordentliche Kündigung. An dieser Stelle reicht der Wortlaut zu weit. Die Kündigungssperre ist im Bereich der außerordentlichen Kündigung durch teleologische Reduktion auf den Zahlungsverzug mit einer Folgeprämie nach § 38 I VVG zu beschränken. Die Norm ist zwar verfassungskonform,[66] doch gebietet die Intention des Gesetzgebers eine Rechtsfortbildung.[67] Die Kündigung wegen ein-

---

65 So auch MüKoVVG/*Kalis* (Fn. 13), § 213 Rn. 51; Rüffer/Halbach/Schimikowski/*Muschner* (Fn. 1), § 213 Rn. 20.

66 Siehe BVerfGE 123, 186 (249 f.).

67 Angedeutet vom Bundestagsausschuss für Gesundheit, BT-Drucks. 16/4247, 68; ausführlich *Marko*, Private Krankenversicherung nach GKV-WSG und VVG-Reform, 1. Aufl. 2009, Rn. B/94 ff. Restriktiver nunmehr *Marko* (Fn. 22), Rn. B/127 ff.: jedenfalls bei gravierender Vertragsstörung; ähnlich OLG Celle, 24. 2. 2011 - 8 U 157/10; OLG Brandenburg, 5. 5. 2011 - 12 U 148/10, jeweils Juris; Sodan/*Schüffner/Franck* (Fn. 30), § 43 Rn. 92 ff.: bei wichtigem Grund. AA *Grote/Bronkars* VersR 2008, 580 (583 f.); Praxiskommentar/*Brömmelmeyer* (Fn. 1), § 206 Rn. 5 f.; Prölss/Martin/*Voit* Versicherungsvertragsgesetz: Kommentar zu VVG und EGVVG sowie Kommentierung wich-

fach fahrlässiger Verletzung der Anzeigeobliegenheit (§ 19 III 2 VVG) oder die Kündigung aus wichtigem Grund (§ 314 BGB)[68] bleiben somit möglich. Ferner ist darauf hinzuweisen, dass § 206 VVG nur die Kündigung regelt, also das Rücktrittsrecht nach § 19 II VVG und das Anfechtungsrecht nach § 22 VVG nicht berührt.

§ 206 I 2 VVG erweitert den Ausschluss der ordentlichen Kündigung auf die sub- 694
stitutive Krankheitskosten- und Krankentagegeldversicherung. Soweit AVB der Versicherungen vereinzelt von einem »Verzicht« des Versicherers auf sein Kündigungsrecht sprechen, wiederholen sie nicht nur die Gesetzeslage, sondern setzen systemkonform § 12 I Nr. 3 VAG um, der neben dem gesetzlichen Ausschluss einen vertraglichen Ausschluss fordert.

II. Kündigung durch den Versicherungsnehmer

Demgegenüber steht dem Versicherungsnehmer ein ordentliches Kündigungsrecht zu 695
(Einzelheiten in § 205 I VVG, § 13 I MB/KK 2009). Daneben hat der Versicherungsnehmer außerordentliche Kündigungsrechte. Die wichtigsten Fälle sind:

(1) für die Krankheitskosten- und Krankentagegeldversicherung, wenn der Versicherungsnehmer in das GKV-System wechseln muss bzw. einen Anspruch aus freier Heilfürsorge erhält (§ 205 II VVG, § 13 III MB/KK 2009);[69]
(2) allgemein bei tariflicher Prämienerhöhung aufgrund des Alters (§ 205 III VVG, § 13 IV MB/KK 2009; Hauptfall: Übergang von einer Kinder- zu einer Erwachsenenversicherung);
(3) und ebenfalls allgemein bei Prämienerhöhung bzw. Leistungsabsenkung aufgrund eines vertraglichen bzw. gesetzlichen Anpassungsrechts (§ 205 IV VVG direkt bzw. analog, § 13 V MB/KK 2009).

§ 205 VI VVG schränkt diese Kündigungsrechte jedoch bei der verpflichtenden 696
Krankheitskostenvollversicherung ein. Der Versicherungsnehmer muss nachweisen, dass sich der Versicherungsschutz aus dem neuen Versicherungsvertrag unmittelbar an den Versicherungsschutz aus dem alten Vertrag anschließt. Bis zum Zeitpunkt des Nachweises ist die Kündigung schwebend unwirksam. Es existiert keine gesetzliche Frist, aber eine vertragliche Bedingung: Nach § 13 VII 2 MB/KK 2009 wird die Kündigung nur wirksam, wenn der Versicherungsnehmer innerhalb der Kündigungsfrist eine Neuversicherung nachweist.

Der Gesetzgeber hat das Zusammenspiel von § 205 VI VVG mit dem Widerrufsrecht 697
nach § 8 VVG nicht näher geregelt. Ein Widerruf könnte dazu führen, dass eine Person entgegen der Versicherungspflicht keinen Versicherungsschutz genießt. Nach zutreffender Ansicht ist § 205 VI 2 VVG deshalb analog auf den Widerruf anzuwenden.[70] Der Widerruf ist somit bis zum Nachweis eines neuen Versicherungsvertrags schwebend unwirksam.

---

tiger Versicherungsbedingungen, 28. Aufl. 2010, § 206 Rn. 7: nur wörtliche Normanwendung; unentschieden MüKoVGG/*Hütt* (Fn. 13) § 206 Rn. 48 ff.; vermittelnd *Eichelberger* VersR 2010, 886 ff.: Bei außerordentlicher Kündigung verwandle sich der Normaltarif in einen Basistarif.

68 Beispielfall OLG Koblenz VersR 2010, 58: Fristlose Kündigung wegen Leistungserschleichung durch falsche Brillenabrechnung.

69 § 204 IV VVG erleichtert die spätere Rückkehr in die PKV durch eine Anwartschaftsversicherung.

70 Ausführlich *Marko* (Fn. 22), Rn. B/105 ff.

§ 31 Versicherungsprämie

A. Einleitung

698 Die Prämie, im PKV-Recht auch Beitrag genannt, ist nach dem Äquivalenzprinzip der Preis, den der Versicherungsnehmer als Gegenleistung für die Absicherung gegen Krankheitskosten zu entrichten hat. Nachdem 1994 die aufsichtsrechtliche Genehmigung der Prämien weggefallen war, führte der Gesetzgeber über das VAG und die KalV einen gesetzlichen Rahmen zur Prämienkalkulation ein. Diese Normen wirken über § 203 I 1 VVG sowie über § 8 a I MB/KK 2009 unmittelbar im Versicherungsverhältnis bei der Prämienberechnung. Anders als bei der GKV werden die Prämien nicht nach einem solidarischen Umlageverfahren, sondern nach dem Risiko des Leistungsfalls berechnet. Grundlage der Prämienberechnung ist demnach zu Vertragsbeginn das individuelle Krankheitsrisiko der versicherten Person bzw. der Gefahrperson. Während der Vertragslaufzeit hängt die Prämienhöhe vom kollektiven Risiko der in einem bestimmten Tarif bzw. der innerhalb des Tarifs in einer bestimmten Beobachtungseinheit versicherten Personen ab.

B. Prämienkalkulation und Altersrückstellung

699 Nach § 12 I Nr. 1 VAG müssen Prämien versicherungsmathematisch nach Wahrscheinlichkeitstafeln und anderen einschlägigen statistischen Daten berechnet werden. Die KalV konkretisiert diese Vorgaben vereinfacht dargestellt wie folgt: Nach § 2 KalV sind namentlich maßgebende Rechnungsgrundlagen für die **Nettoprämie**: Rechnungszins, Ausscheideordnung (Annahmen zur Sterbewahrscheinlichkeit und sonstigen Abgangswahrscheinlichkeiten, zB durch Kündigung), Kopfschäden (durchschnittliche Versichererleistung), Krankheitsdauer und Leistungstage, Übertrittswahrscheinlichkeit, Anzahl der Krankenhaustage, Krankenhaushäufigkeit und Krankheitskosten bezogen auf den Leistungstag. Dazu kommen ein **Sicherheitszuschlag** von mindestens 5% (§ 7 KalV) sowie sonstige Zuschläge (§ 8 KalV, zB Abschlussprovision für Versicherungsvertreter oder Verwaltungskosten). Die Nettoprämie bildet mit diesen Zuschlägen die **vorläufige Bruttoprämie**. Spätestens mit Beginn des Kalenderjahres, in dem das 22. Lebensjahr vollendet wird, bis zum Kalenderjahr, in dem das 60. Lebensjahr vollendet wird, ist für die **Altersrückstellung** auf die vorläufige Bruttoprämie ein weiterer Zuschlag iHv 10% zu erheben (§ 12 IVa VAG). Daraus ergibt sich die **endgültige Bruttoprämie**. Der Zuschlag für die Altersrückstellung steht neben der bereits in die Nettoprämie einkalkulierten Altersrückstellung (vgl. § 12 a I VAG, § 13 KalV). Diese Altersrückstellungen sind zusammengenommen das »Sparbuch« des Versicherungskollektivs bzw. des einzelnen Versicherungsnehmers. Sie sind ab Vollendung des 65. Lebensjahres zur Dämpfung von Prämiensteigerungen einzusetzen (§ 12 a IIa VAG).

700 Wie bereits § 12 I Nr. 1 VAG andeutet, dürfen für die substitutive Krankenversicherung bei den Erwachsenentarifen keine prämienerhöhenden Altersstufen vereinbart werden. Stattdessen soll die Prämie im Idealfall die gesamte Vertragslaufzeit über konstant bleiben. Das Alter wird lediglich bei der Berechnung der Einstiegsprämie zu Vertragsbeginn berücksichtigt. Eine Ausnahme gilt nur für Kinder-, Jugend- und Ausbildungstarife (§ 10 KalV).

Durch das individuelle Älterwerden nimmt das Krankheitsrisiko aber exponentiell zu. So steigt die Inanspruchnahme von Krankenhausleistungen vom 30. auf das 80. Lebensjahr um den Faktor 10 bis 12.[71] Weitere kostentreibende Faktoren kommen hinzu: Inflation, medizinischer Fortschritt, Älterwerden der Gesellschaft oder sogar die Vergreisung eines bestimmten Tarifs.[72] Um den Kostenanstieg zu dämpfen, zahlt der Versicherungsnehmer bis zu einem bestimmten Alter eine Prämie, die über den tatsächlichen Kosten liegt und bildet dadurch Rückstellungen. Im Alter kann er damit im Idealfall die höheren Kosten ausgleichen, damit die Prämie nicht ansteigt (Einzelheiten in § 12 a IIa VAG). 701

Zahlreiche Normen verbieten bestimmte Differenzierungen bei der Prämie zwischen Personen oder Personengruppen.[73] § 19 I Nr. 2 AGG ordnet ein **absolutes Diskriminierungsverbot** für Rasse und Ethnie an. Dagegen statuiert § 20 II 1 und 3 AGG ua für Behinderung, Alter, sexuelle Identität und Geschlecht bislang nur ein **relatives** Diskriminierungsverbot. Da diese Merkmale regelmäßig mit unterschiedlichen Krankheitsrisiken verbunden sind, besteht für die PKV-Versicherer hier ein sachlicher Grund zur Prämiendifferenzierung. § 20 II 2 AGG schränkt die Differenzierung nach dem Geschlecht wiederum ein: Kosten aus Schwangerschaft[74] und Mutterschaft dürfen nicht berücksichtigt werden. § 6 I 2, IV, V KalV setzt dieses Verbot für die Prämienkalkulation um. Ferner verpflichtet § 13 d Nr. 10 VAG die PKV-Versicherer bei einer unterschiedlichen Kalkulation nach Geschlecht zu einer Anzeige bei der Versicherungsaufsicht. Der EuGH hat nunmehr entschieden, dass ab Ende 2012 kein sachlicher Grund zur Geschlechterdifferenzierung mehr besteht.[75] Das soll für alle ab 21. 12. 2012 neu abgeschlossenen Versicherungsverträge gelten. Es ist daher eine Änderung des AGG und der KalV mit dem Inhalt erforderlich, dass zumindest für alle Neuverträge die Prämie für beide Geschlechter einheitlich im Sinne eines Unisex-Tarifs berechnet werden muss. 702

Auch das **Versicherungsaufsichtsrecht** enthält einige Diskriminierungsverbote. §§ 12 IV 1, 11 II und § 12 IV 2 VAG untersagen bei gleichem Krankheits- bzw. Kostenrisiko willkürliche Prämiendifferenzierungen sowie Werbeprämien, die Altkunden eines Tarifs schlechter stellen. Diese Verbote wirken über § 203 I 1 VVG unmittelbar im Versicherungsverhältnis. § 81 e VAG dagegen, der ein absolutes Diskriminierungsverbot für das Merkmal der Nationalität enthält, gibt lediglich der Versicherungsaufsicht gegenüber dem Versicherer eine Eingriffsbefugnis. Der Versicherungsnehmer kann aus der Norm keine Rechte herleiten. 703

C. Prämienanpassung

Die substitutive Krankenversicherung genießt wegen ihrer sozialen Bedeutung einen besonderen Bestandsschutz. Sie darf grundsätzlich nicht befristet werden. Die Kündi- 704

71 *PKV,* Wie werden die Beiträge in der PKV kalkuliert?, 2007, 3.

72 Ausführlich zu den Problemen Alter und Demographie MüKoVGG/*Boetius* (Fn. 13), Vor § 192 Rn. 51 ff., 723 ff.

73 Details bei *Thüsing/Hoff* VersR 2007, 1.

74 Gleichwohl darf der Versicherer vor Vertragsschluss wegen der anfallenden Behandlungskosten nach einer Schwangerschaft fragen.

75 EuGH, VersR 2011, 377. Kritisch die Literatur, zB *Kahler* NJW 2011, 894; *Rolfs/Binz* VersR 2011, 714; *Schwintowski* VersR 2011, 164.

gung ist erschwert und die allgemeinen Normen zur Gefahrerhöhung sind unanwendbar (§ 194 I 2 VVG). Auch untersagt § 12 I Nr. 1 VAG bei Erwachsenentarifen während der Laufzeit eine Prämienstaffelung nach Alter. Wie § 12 I Nr. 3 VAG andeutet, ist das Recht des Versicherers zur Erhöhung der Prämie ein **Ausgleichsmechanismus**, um das Äquivalenzprinzip zu wahren. Der Versicherer hat daher bei einer Krankenversicherung, bei welcher das ordentliche Kündigungsrecht des Versicherers ausgeschlossen ist, ein gesetzliches bzw. vertragliches Recht zur **Prämienanpassung** bei einer längerdauernden Änderung einer Kalkulationsgrundlage (§ 203 II VVG, § 8 b MB/KK 2009 nach Vorgaben von § 12 I Nr. 3 VAG). Eine fehlerhafte Kalkulation und die Verwendung veralteter Sterbetafeln berechtigen dagegen nicht zur Prämienanpassung (§ 12 b II 4 VAG). Als ultima ratio hat der Versicherer bei längerdauernder Änderung der Parameter des Gesundheitswesens (zB Gesetzesänderung, nicht: Rechtsprechungsänderung) ein Recht zur **Anpassung der AVB nebst Tarifen** (§ 203 III VVG, § 18 I MB/KK 2009), das über Leistungskürzungen mittelbar kostendämpfend wirkt.

705 Umgekehrt kann der Versicherungsnehmer bei Gefahrminderung die **Herabsetzung** seiner Prämie, dh den Wegfall eines Risikozuschlags verlangen (§ 41 VVG). Diese Gefahrminderung muss dauerhaft sein.[76] Ein Anspruch auf Aufhebung eines Leistungsausschlusses besteht indessen nicht.

Beispiel: Der Versicherungsnehmer muss mit Vertragsschluss wegen einer Pollenallergie einen Risikozuschlag von 10 % auf den Tarif für ambulante Heilbehandlungen zahlen. In den nächsten fünf Jahren bleibt er beschwerdefrei; eine erneute Allergie ist nicht zu erwarten. Der Versicherungsnehmer kann dann vom PKV-Versicherer die Aufhebung des Risikozuschlags fordern.

D. Zahlungsverzug

706 Der Verzug des Versicherungsnehmers mit der Prämienzahlung und die daran anschließenden Verzugsfolgen unterscheiden sich erheblich vom Allgemeinen Schuldrecht.[77] Abseits der Pflichtversicherung gehen die §§ 37 f. VVG mit ihren strengen Verzugsfolgen in ihrem Regelungsbereich dem Allgemeinen Schuldrecht vor.

707 Dagegen sind der Verzug und die Verzugsfolgen bei der Pflichtversicherung iSv § 193 III VVG sogar wesentlich milder als im Allgemeinen Schuldrecht (§§ 280 ff., 320 ff. BGB) ausgestaltet (§ 193 VI VVG, § 8 VI MB/KK 2009). Der Zahlungsverzug löst nur unter folgenden kumulativen Voraussetzungen eine Sanktion aus:

(1) Rückstand des Versicherungsnehmers iHv zwei Monatsprämien;
(2) Mahnung unter Hinweis auf das drohende Ruhen der Leistungen durch den Versicherer;
(3) fortdauernder Rückstand des Versicherungsnehmers zwei Wochen nach Zugang der Mahnung iHv mehr als einer Monatsprämie;
(4) Mitteilung des Ruhens der Leistungen an den Versicherungsnehmer;

76 In der Praxis wird diese Voraussetzung nur selten erfüllt sein. Die Literatur hat deshalb grundsätzliche Bedenken gegen die Anwendung des § 41 VVG auf die Krankenversicherung, siehe MüKoVVG/*Boetius* (Fn. 13), § 203 Rn. 625.

77 Ausführlich *Schäfer* r+s 2011, 96.

(5) ungeschrieben: Verschulden des Versicherungsnehmers;[78]
(6) nach dem Gedanken des § 193 VI 5 VVG: keine Hilfebedürftigkeit nach SGB II oder XII.

Der Verzug berechtigt den Versicherer weder zur Kündigung noch zum Rücktritt. 708 Das folgt für die Kündigung wegen Verzugs mit der Folgeprämie (§ 38 VVG) bereits aus § 206 I 1 VVG. Darüber hinaus ist § 193 VI VVG gegenüber der allgemeinen Norm § 37 VVG für den Verzug mit der Erstprämie eine lex specialis.[79] Wichtigste Rechtsfolge ist das **Ruhen der Leistungen** (§ 193 VI 2 VVG). Wie aus § 193 VI 5 VVG folgt, bleibt der Prämienanspruch des Versicherers bestehen. Daneben kann der Versicherer einen Säumniszuschlag iHv 1% für den Prämienrückstand pro Monat (§ 193 VI 8 VVG) und seine Beitreibungskosten (vgl. § 193 VI 9 VVG; näher § 8 VI MK/KK 2009: Mahnkosten in nachgewiesener Höhe, mindestens 5 EUR pro Mahnung) geltend machen.

Während des Ruhens schränkt das Gesetz für zahlungsunwillige Versicherungsneh- 709 mer den Umfang der **Versichererleistung** stark ein. Um Wertungswidersprüche zu vermeiden, muss die Leistung zunächst einmal auf den Leistungsbereich des individuellen Versicherungsvertrags beschränkt werden. Der Versicherungsnehmer muss deswegen weiterhin zB die vereinbarten Selbstbehalte tragen.[80] Innerhalb dieses Bereichs greift § 193 VI 6 VVG ein. Der PKV-Versicherer schuldet im Sinne eines Notfallschutzes nur noch Aufwendungsersatz für die Behandlung von akuten Erkrankungen und Schmerzzuständen sowie für Schwangerschaft und Mutterschaft. Nach der gesetzgeberischen Absicht soll bei solchen Notfallbehandlungen § 4 I 1 AsylbLG unverbindliches Vorbild für das Leistungsniveau sein.[81]

Dem ist nur teilweise zu folgen. Soweit § 4 AsylbLG Vorsorgeuntersuchungen als 710 zusätzliches Leistungsmerkmal enthält, sind diese im Umkehrschluss in der Tat nicht Bestandteil des Notfallschutzes in § 193 VI 6 VVG. Die Rechtsprechung zum AsylbLG ist dagegen kein absolutes Kriterium zur Normauslegung. Obwohl sie das AsylbLG teilweise sehr restriktiv anwendet,[82] müssen weitergehende Beschränkungen möglich sein. Das AsylbLG will im Gegensatz zu § 193 VI VVG keinen Zahlungsverzug in abgemilderter Form sanktionieren, sondern die Grundsicherung für eine besonders hilfsbedürftige Personengruppe gewährleisten. Vorzugswürdig ist die Konkretisierung durch § 8 VI 4 Hs. 2 MK/KK 2009, welcher den Schutz auf »ausreichende, zweckmäßige und wirtschaftliche Leistungen« beschränkt. Diese Lösung begrenzt den Versicherungsschutz höchstens auf den Grundschutz durch den Basistarif. Der PKV-Versicherer darf danach bei der Kostenerstattung **zusätzlich** zu den vertraglichen Leistungsbeschränkungen und der Beschränkung auf Notfallbehandlungen die Restriktionen des Basistarifs übertragen, also im Normaltarif nicht vorgesehene Zuzahlungen abziehen und die Versorgungsqualität auf das GKV-Ni-

---

78 Das folgt aus den Grundnormen §§ 37 f. VVG, ebenso § 286 IV BGB. Wie hier *Marlow/Spuhl* VersR 2009, 593 (603); dagegen Prölss/Martin/*Voit* (Fn. 67), § 193 Rn. 40.

79 Wie hier *Wandt* (Fn. 47), Rn. 1329; § 8 VII MB/KK 2009. AA Beckmann/Matuschke-Beckmann/*Müller* § 44 Rn. 200; § 194 II VVG idF bis 31. 12. 2008 schränkte ebenfalls nur § 38 VVG ein.

80 So zutreffend *Marko* (Fn. 22), Rn. B/145.

81 Bundestagsausschuss für Gesundheit, BT-Drucks. 16/4247, S. 68.

82 Paradigmatisch VG Gera, 7. 8. 2003 - 6 K 1849/01.GE, Juris, nach *Marko* (Fn. 22), Rn. B/141: Kein Anspruch eines 21jährigen Asylbewerbers auf Übernahme der Kosten für die beidseitige Implantation künstlicher Hüftgelenke bei Hüftnekrose, wenn eine Schmerztherapie in Verbindung mit konservativen Behandlungsmethoden (Opiate) ausreicht, um effektiv Schmerzzustände zu lindern.

veau absenken. Weitergehende Beschränkungen, zB der Wegfall des Schutzes für zahnärztliche Leistungen, sind denkbar.

711 Wenn alle aufgelaufenen Kosten nicht innerhalb eines Jahres seit Ruhen beglichen werden, wird die Versicherung im **Basistarif** fortgesetzt (§ 193 VI 9 VVG). Der Gesetzgeber sieht im Basistarif aufgrund seines niedrigen Leistungsniveaus die härteste Sanktionsform. Allerdings kann dieses Leistungsniveau im Einzelfall über dem Niveau des Versicherungsschutzes nach § 193 VI 6 VVG liegen. Es widerspräche aber dem Zweck des § 193 VI 9 VVG als ultima ratio, wenn der Schuldner nach einem Jahr besser gestellt wäre als zuvor. Um das abgestufte gesetzliche Sanktionssystem durchzusetzen, müssen daher die Leistungsbeschränkungen, denen ein Erstattungsanspruch nach § 193 VI 6 VVG unterliegt, auf § 193 VI 9 VVG übertragen werden.[83] Auch nach Begleichung aller Rückstände besteht nach Sinn und Zweck der Norm kein Recht auf Rückstufung in den Normaltarif.

712 Das Ruhen der Leistungen wird nur in zwei Fällen **beendet** (§ 193 VI 5 VVG):

(1) durch Nachzahlung aller aufgelaufenen Prämien; Säumniszuschlag und Beitreibungskosten müssen noch nicht bezahlt sein;
(2) durch Hilfebedürftigkeit nach SGB II (Grundsicherung für Arbeitssuchende) und SGB XII (Sozialhilfe) für zahlungsunfähige Versicherungsnehmer.

Im letzteren Fall tragen bei wörtlicher Gesetzesanwendung der Versicherer und damit das Versichertenkollektiv teilweise die Krankenversicherungskosten, da die Sozialleistung nicht in allen Fällen die gesamte Prämie abdeckt.[84] Der Gesetzgeber hat diese Konsequenz in weiten Teilen übersehen, so dass eine planwidrige Regelungslücke vorliegt. Sie kann über eine Herabstufung des Normaltarifs zum Basistarif analog § 193 VIg VVG bzw. über die Erhöhung der Sozialleistung analog § 26 II 1 Nr. 2 SGB II abgemildert werden.[85]

§ 32 Versichererleistung und Tarife

A. Grundsätze der Versichererleistung

713 Die PKV-Versicherer erstatten dem Versicherten bei der Krankheitskostenversicherung nach § 192 I VVG nur die Kosten, welche dieser dem Leistungserbringer (zB dem Arzt) schuldet. Der Anspruch des Leistungserbringers muss wirksam sein; er muss also – soweit vorhanden – den gesetzlichen Vorgaben zur Behandlungsabrechnung entsprechen.[86] Im ambulanten Bereich regeln die GOÄ sowie weitere Gebührenordnungen die Abrechnung und im zahnärztlichen Bereich die GOZ. Die Abrechnung stationärer Behandlungen richtet sich in öffentlichen Krankenhäusern (Plankrankenhäusern) nach KHG, KHEntG und BPflV. Private Krankenhäuser (sog. Privatkliniken) sind anders als Plankrankenhäuser nur ansatzweise an diesen Rahmen

83 Angedeutet in § 193 VI 10 VVG; ebenso *Marko* (Fn. 22), Rn. B/149.
84 Zu diesem Fragenkreis *Klerks* info also 2009, 153.
85 Für die zweite Lösung nunmehr BSG, 18. 1. 2011, B 4 AS 108/10 R, BeckRS 2011, 69549 im Bereich eines billigen Normaltarifs. Dasselbe muss für den Basistarif gelten. Das BSG lässt offen, wie bei einem Komforttarif zu entscheiden ist.
86 Zur Abrechnung eingehend zB Uleer/Miebach/*Patt*, Abrechnung von Arzt- und Krankenhausleistungen, 3. Aufl. 2006.

gebunden.[87] Bei Liquiditätsproblemen kann der Versicherer nach Treu und Glauben bereits vor der Behandlung gegenüber dem Versicherten vorleistungspflichtig sein.[88] Nach diesem **Kostenerstattungsprinzip** besteht grundsätzlich nur zwischen Versicherer und Versichertem eine Rechtsbeziehung, nicht aber zwischen Versicherer und Leistungserbringer. Ausnahmen: Basistarif[89] und Krankenhausausweis.[90] Die Ausnahmen entlasten den Versicherten von Vorfinanzierungskosten.

Weigert sich der Versicherer, die Krankheitskosten zu erstatten, kann sich der Versicherte außergerichtlich an den **Ombudsmann Private Kranken- und Pflegeversicherung** wenden.[91] Anders als der Ombudsmann der anderen Versicherungssparten kann der PKV-Ombudsmann nur unverbindliche Empfehlungen aussprechen. Kommt der Versicherer der Empfehlung nicht nach, muss der Versicherte Leistungs- bzw. Feststellungsklage vor dem zuständigen Zivilgericht erheben. **714**

§ 192 III VVG stellt klar, dass die Kostenerstattung regelmäßig von **Dienstleistungen** begleitet wird. Das Gesetz hebt einige Fälle hervor: **715**

(1) Beratung über medizinische Leistungen sowie über die Anbieter solcher Leistungen (zB Beratung bei der Arztwahl);
(2) Beratung über die Berechtigung von Entgeltansprüchen der Leistungserbringer (zB Überprüfung des Arzthonorars);
(3) Abwehr unberechtigter Entgeltansprüche der Leistungserbringer (zB überhöhtes Arzthonorar);
(4) Unterstützung der versicherten Personen bei der Durchsetzung von Ansprüchen wegen fehlerhafter medizinischer Behandlung (Arzthaftung);
(5) unmittelbare Abrechnung zwischen Versicherer und Leistungserbringer (zB bei Krankenhausaufenthalt).

Der Gesetzgeber möchte damit das bislang in der PKV mit Ausnahme von § 192 III Nr. 1 und 5 vernachlässigte Prinzip von **Managed Care** stärken. Erhofft werden Kostenreduktion und Qualitätssteigerung. Es bleibt abzuwarten, inwiefern die PKV-Unternehmen die gesetzlichen Spielräume in ihren AVB nutzen werden. Da es sich nur um Nebenleistungen handelt, ist § 192 III VVG jedenfalls kein Einstieg in das Sachleistungsprinzip der GKV.[92]

87 Zum Plankrankenhaus instruktiv Huster/Kaltenborn/*Patt/Wilde,* Krankenhausrecht: Praxishandbuch zum Recht des Krankenhauswesens, 2010, § 7 Rn. 16 ff. Zur Privatklinik Uleer/Miebach/*Patt* (Fn. 86), Teil 2.A Rn. 51 ff.; Huster/Kaltenborn/*Patt/Wilde* (Fn. 87), § 7 Rn. 29 ff.

88 Andere Konstruktion bei *Schünemann* NJOZ 2009, 1954: Freistellungsanspruch des Versicherungsnehmers gegenüber dem Versicherer aus Garantenpflicht bei fehlender Liquidität. Siehe auch *ders.* r+s 2010, 397.

89 Näher Rn. 751.

90 Der Krankenhausausweis basiert auf dem Klinik-Card-Vertrag zwischen PKV-Verband namens der teilnehmenden Versicherer und den teilnehmenden Krankenhäusern. Näher Uleer/Miebach/*Patt* (Fn. 86), Teil 2. A Rn. 33 ff. Die Rechtsnatur des Vertrages ist str., siehe OLG München NJW-RR 2005, 1697; LG Dortmund NJW 2007, 3134; *Adam* NJW 2011, 7: Schuldbeitritt, Garantie des Versicherers oder konkludente Abtretung des Erstattungsanspruchs durch Versicherten mittels Kartenvorlage. Im letzteren Fall ist das Abtretungsverbot nach § 6 V MB/KK 2009 abbedungen.

91 Dazu *Ombudsmann* Private Kranken- und Pflegeversicherung, Tätigkeitsbericht 2008; *Müller* VuR 2010, 259.

92 So aber *Langheid* NJW 2007, 3745 (3750).

B. Leistungen der Krankheitskostenvollversicherung

I. Versicherungsfall

1. Allgemeines

716 Das VVG legt für die Krankheitskostenversicherung als wichtigste Krankenversicherung in § 192 I VVG (ihm folgend § 1 I, II MB/KK 2009) nur den typisierenden Rahmen fest, wann und in welchem Umfang der PKV-Versicherer Krankheitskosten zu erstatten hat. Danach hat er »im vereinbarten Umfang die Aufwendungen für medizinisch notwendige Heilbehandlungen wegen Krankheit oder Unfallfolgen und für sonstige vereinbarte Leistungen einschließlich solcher bei Schwangerschaft und Entbindung sowie für ambulante Vorsorgeuntersuchungen zur Früherkennung von Krankheiten nach gesetzlich eingeführten Programmen« zu tragen. Wie das Wort »vereinbart« andeutet, hängt der konkrete Umfang der Leistungspflicht vom einzelnen Versicherungsvertrag und den dort verwendeten AVB und insbesondere von den Tarifklauseln ab.[93]

2. Krankheit

717 Der Krankheitsbegriff des PKV-Rechts orientiert sich nicht am Sozialrecht. Rechtsprechung und Literatur haben einen eigenständigen Begriff gebildet. Krankheit ist danach ein anomaler körperlicher oder geistiger Zustand, der eine nicht ganz unerhebliche Störung körperlicher oder geistiger Funktionen mit sich bringt.[94] Die **Schwangerschaft** einer Frau ist bei der Erstattung von Behandlungskosten einer Krankheit gleichgestellt (§ 192 I VVG, § 1 II 4 a MB/KK 2009). Ferner erweitern § 192 I VVG, § 1 II 4 b MB/KK 2009 den Schutz im Vorfeld von Krankheiten auf bestimmte **Vorsorgeuntersuchungen**.

718 Die Krankheitsdefinition wirft zahlreiche Abgrenzungsprobleme auf, bei denen zwischen einem echten Krankheitsbild und einer unbeachtlichen Abweichung von gesellschaftlichen Standards unterschieden werden muss. Wichtige Grenzfälle:[95]

(1) **Adipositas**: Starkes Übergewicht kann den Grad einer Krankheit erreichen,[96] doch ist dann ein Leistungsausschluss wegen vorsätzlicher Herbeiführung zu prüfen;

(2) **HIV/AIDS**: bereits die Ansteckung mit dem Virus genügt;[97]

(3) **Schönheitsideal**: Die Kosten für eine Korrektur des äußeren Erscheinungsbildes sind nur im Zusammenhang mit plastischer Wiederherstellung nach Krankheit oder Unfall erstattungsfähig. Abseits dessen handelt es sich um eine bloße Schönheitsoperation auf eigene Rechnung;[98]

(4) **Schwangerschaft**: Wie bereits § 192 I VVG klarstellt, handelt es sich bei der Fähigkeit zur Schwangerschaft um keine Krankheit, so dass die Antibabypille oder eine Sterilisation in der Regel nicht erstattungsfähig sind. Auch die Schwan-

93 Überblick über den Leistungsumfang bei *Egger* r+s 2006, 309; *Schäfer* VersR 2010, 1525.
94 BGHZ 158, 166 (170).
95 Detaillierte Übersicht bei Bach/Moser/*Kalis* (Fn. 4), MB/KK 2009 § 1 Rn. 16 ff.
96 BGH VersR 1979, 221.
97 BGH VersR 1991, 816; zur Diskriminierungsproblematik *Armbrüster/Zillmann* ZVersWiss 2011, 55.
98 OLG Karlsruhe VersR 1991, 912: Hypoplasie und Ptosis weiblicher Brüste keine Krankheit.

gerschaft selbst ist keine Krankheit. Erstattungsfähig sind hier durch die Gleichstellung mit einer Krankheit grundsätzlich nur die mit dem Verlauf der Schwangerschaft zusammenhängenden Behandlungskosten (zB für frauenärztliche Untersuchungen und Geburt). Eine Abtreibung zur Beseitigung einer Schwangerschaft ist dagegen grundsätzlich nicht erstattungsfähig. Lediglich bei einer medizinischen Indikation hat die Schwangerschaft einen Krankheitscharakter.[99] Der PKV-Schutz für Abtreibungen ist somit wesentlich enger als im GKV-System;

(5) **Unfruchtbarkeit**: Die körperliche Unfähigkeit von Mann oder Frau, auf natürlichem Wege ein Kind zu zeugen, ist eine Krankheit, nicht dagegen die Kinderlosigkeit als Resultat.[100] Das ist für die künstliche Befruchtung als Heilbehandlung von Bedeutung.[101] Der PKV-Versicherer kann sich nicht darauf berufen, die Kinderlosigkeit sei mit der Geburt des ersten Kindes beseitigt. Er muss bei Ehegatten zumindest die Behandlungskosten für die Geburt von drei Kindern erstatten.[102] Soweit der Versicherer diese je nach Anzahl der Versuche extrem hohen Kosten nicht tragen möchte, muss er die Erstattung explizit entweder ganz ausschließen oder sie detailliert beschränken.[103] Nicht erstattungsfähig ist mangels medizinischer Notwendigkeit aber die heterologe In-vitro-Fertilisation mit dem Samen einer dritten Person (Samenbank).

3. Medizinische Notwendigkeit einer Heilbehandlung

Auch das Merkmal der medizinischen Notwendigkeit der Heilbehandlung ist ange- 719
sichts der medizinischen Komplexität differenzierungsbedürftig. Eine Behandlung ist notwendig, wenn eine von der Schulmedizin überwiegend anerkannte Behandlungsmethode zur Verfügung steht, die geeignet ist, eine Krankheit zu heilen (Kuration), zu lindern (Palliation) oder ihrer Verschlimmerung entgegen zu wirken. Entscheidend ist nicht die Perspektive des behandelnden Arztes oder des Patienten, sondern die objektive Sicht ex-ante. Medizinisch notwendig kann eine Behandlung auch dann sein, wenn ihr Erfolg nicht sicher vorhersehbar ist.[104] § 4 VI 2 Alt. 2 MB/KK 2009 stellt dies für **unheilbare** oder **unerforschte** Krankheiten klar. Je lebensbedrohlicher die Krankheit ist, desto geringer sind die Anforderungen an eine Erfolgswahrscheinlichkeit.[105]

§ 4 VI 2 MB/KK 2009 stellt die **Alternativmedizin** der Schulmedizin gleich, wenn 720
sich die konkrete Alternativmedizin in der Praxis als ebenso Erfolg versprechend bewährt hat (Alt. 1) oder die Schulmedizinisch bei unheilbaren oder unerforschten Krankheiten nicht zum Erfolg führen kann (Alt. 2).[106] Beispiele: Akupunktur, Autovakzinationstherapie. Der Off-Label Use von Arzneimitteln kann sowohl unter die

99 OLG Hamburg NVersZ 2000, 76.
100 BGHZ 164, 122; 99, 228.
101 Zu diesem komplexen Fragenkreis *Damm* VersR 2006, 730; *Krumscheid* r+s 2006, 265; *Marlow/Spuhl* VersR 2006, 1193.
102 BGH VersR 2006, 1673. Ebenso für drittes Kind *Boetius* Private Krankenversicherung, Kommentar zum Recht der PKV, 2010, § 192 Rn. 135. Str. ist die Kostenerstattung bei unverheirateten Paaren, siehe Prölss/Martin/*Voit* (Fn. 67), § 192 Rn. 36.
103 **Beispiel:** Hallesche AVB Teil III (Tarif Primo), II. 1.1: Leistungsausschluss für künstliche Befruchtung.
104 BGHZ 133, 208, zu HIV. Übersicht bei *Egger* VersR 2011, 705.
105 Bei nicht lebensbedrohlichen Krankheiten wie Unfruchtbarkeit gelten höhere Anforderungen. Siehe BGHZ 164, 122 (129): Keine Notwendigkeit bei Erfolgschance unter 15 %.
106 Zur Alternativmedizin *Deutsch* VersR 2006, 1472; *Guttmann* PharmR 2010, 270.

Schul- als auch unter die Alternativmedizin fallen. Zusätzlich beschränkt sich im Fall der Alt. 1 die Kostenerstattung auf die Kosten der vergleichbaren Schulmedizin.

721 Kommen mehrere Behandlungsmethoden in Betracht, so ist nach dem Prinzip der Nachrangigkeit nur die Behandlungsalternative medizinisch notwendig, die unter Berücksichtigung der Risiken und Nebenwirkungen eine höhere **Erfolgschance** hat.[107] Sind zwei Behandlungsmethoden trotz des Nachrangigkeitsprinzips ausnahmsweise **gleich** erfolgversprechend, genießt die versicherte Person Wahlfreiheit. Die versicherte Person muss mangels eines allgemeinen Wirtschaftlichkeitsgebots nicht die kostengünstigere Behandlungsmethode wählen.[108] Ist eine Behandlung nur **teilweise** medizinisch notwendig (zB zu langer Krankenhausaufenthalt), beschränkt sich die Kostenerstattung auf den notwendigen Teil der Heilbehandlung (**Überbehandlungsverbot** nach § 5 II 1 MB/KK 2009).

722 Umstritten ist im Kontext der medizinischen Notwendigkeit besonders die **LASIK-(Laser-in-situ-Keratomileusis)-Augenoperation** bei Fehlsichtigkeit. Es handelt sich nach zutreffender Ansicht grundsätzlich um eine medizinisch notwendige Heilbehandlung.[109] Brillen und Kontaktlinsen sind gegenüber dieser Behandlung schon deshalb nicht vorrangig, weil sie lediglich Hilfsmittel sind, die einen körperlichen Defekt nicht beseitigen, sondern nur ausgleichen.

4. Zeitlicher Umfang

723 Der **Versicherungsbeginn**, dh der Zeitpunkt, ab dem Krankheitskosten für eine Behandlung erstattet werden, wird von § 2 I MB/KK 2009 konkretisiert: »Der Versicherungsschutz beginnt mit dem im Versicherungsschein bezeichneten Zeitpunkt (Versicherungsbeginn), jedoch nicht vor Abschluss des Versicherungsvertrages (insbesondere Zugang des Versicherungsscheines oder einer schriftlichen Annahmeerklärung) und nicht vor Ablauf von Wartezeiten.[110] Für Versicherungsfälle, die vor Beginn des Versicherungsschutzes eingetreten sind, wird nicht geleistet.« § 1 II 2 MB/KK 2009 legt wiederum den **Versicherungsfall** näher fest: »Der Versicherungsfall beginnt mit der Heilbehandlung; er endet, wenn nach medizinischem Befund Behandlungsbedürftigkeit nicht mehr besteht.« Die Heilbehandlung beginnt bereits mit der ersten diagnostischen Maßnahme.[111] Liegt die Erstdiagnose vor Versicherungsbeginn, ist der Versicherer also nicht leistungspflichtig. Das ist neben der vorvertraglichen Anzeigeobliegenheit und den Wartezeiten ein weiterer Baustein zur Risikobegrenzung für vorvertragliche Krankheiten. Der Leistungsausschluss betrifft in erster Linie den **gedehnten Versicherungsfall**, wo zwischen Diagnose und Heilbe-

107 Begriff nach LG München I VersR 2005, 394; ebenso MüKoVGG/*Kalis* (Fn. 13), § 192 Rn. 19; Praxiskommentar/*Brömmelmeyer* (Fn. 1), § 192 Rn. 30; ähnlich MüKoVGG/*Boetius* (Fn. 13), Vor § 192 Rn. 1103: bei zwei Methoden mit gleicher Erfolgswahrscheinlichkeit ist nur diejenige notwendig, die mit einem geringeren Eingriff bzw. Behandlungsumfang verbunden ist.

108 Grundlegend BGHZ 154, 154 (Alpha-Klinik) in Abweichung von der früher hM. Näher zum Wirtschaftlichkeitsgebot unten Rn. 728.

109 Wie hier zB LG Dortmund VersR 2007, 1401; *Gedigk/Zach* VersR 2008, 1043; *Kessal-Wulf* r+s 2010, 353 (359). Dagegen LG Köln VersR 2007, 386; LG Mannheim VersR 2008, 1200; *Boetius* (Fn. 102), § 192 Rn. 135; *Hütt* VersR 2007, 1402 ff.; differenzierend LG Göttingen GesR 2008, 472.

110 Näher § 197 VVG, § 3 MB/KK 2009.

111 St. Rspr. seit BGH VersR 1956, 186.

handlung ein längerer Zeitraum liegt bzw. wo sich eine Heilbehandlung über einen längeren Zeitraum erstreckt.

> **Beispiel:**[112] Der behandelnde Zahnarzt weist seinen Patienten darauf hin, dass es Zeit sei, das Gebiss zu sanieren. Daraufhin schließt der Patient eine private Zahnersatzzusatzversicherung ab. Der PKV-Versicherer ist dann nicht zur Kostenerstattung für die Zahnsanierung verpflichtet, da der Zahnarzt die Diagnose bereits vor Versicherungsbeginn gestellt hat.

Chronische Erkrankungen stellen hier – soweit kein Risikoausschluss vereinbart 724 wurde – aufgrund ihrer Dauer ein besonderes Problem dar. Bei einer weiten Auslegung des Begriffs »Heilbehandlung« würde bei chronischen Krankheiten der Beginn des Versicherungsfalls vor dem Versicherungsbeginn liegen. Die Vereinbarung eines Risikozuschlages wäre nicht ausreichend. Der Versicherer müsste explizit den Versicherungsschutz vorverlegen. Die hM spricht sich deshalb zu Recht gegen eine solche Einheitslösung aus.[113] Stattdessen bevorzugt sie eine **Trennungslösung**. Wenn akute Beschwerden vom zugrunde liegenden Dauerleiden getrennt werden können, soll die jeweilige Behandlung der Beschwerden einen neuen, eigenständigen Versicherungsfall begründen. Damit verschiebt sich der Versicherungsfall auf einen Zeitpunkt nach Versicherungsbeginn.

Beispiel für Trennbarkeit im Sinne der Trennungslösung: plötzliche Schmerzen bei bestehendem Bandscheibenvorfall;[114] Gegenbeispiel: Dialysebehandlung wegen Niereninsuffizienz.[115]

5. Räumlicher Umfang

§ 1 IV MB/KK 2009 erstreckt den Versicherungsschutz bei Personen, die ihren 725 Wohnsitz in Deutschland haben, ohne zeitliche Grenzen auf ganz Europa. Für außereuropäische Länder erweitern manche AVB den Schutz über die in den MB/KK vorgeschlagenen maximal drei Monate hinaus. Bei einem Wegzug aus Deutschland muss der Versicherungsschutz nur bei Wohnsitzwechsel in Länder der EU oder des EWR weiter gewährt werden (§ 207 III VVG, § 1 V MB/KK 2009). Bei Wohnsitzwechsel in andere Länder endet das Versicherungsverhältnis, es sei denn, die AVB gewähren auch an dieser Stelle einen darüber hinausgehenden Schutz (§ 15 III MB/KK 2009).

II. Allgemeine Einschränkungen der Versichererleistung

1. Höchstsätze

Medizinisch notwendige Behandlungen verpflichten den Versicherer nicht in jeder 726 Höhe zur Kostenerstattung. Viele Tarife beschränken die Leistung bei ambulanter bzw. zahnärztlicher Behandlung auf die standardisierten **Höchstsätze** der Gebührenordnungen, manche Tarife schließen zusätzlich sog. Analogbehandlungen jenseits der Gebührenkataloge (§ 6 II GOÄ, § 6 II GOZ) aus. Ebenso beschneidet die Vertragspraxis zunehmend die Kostenerstattung bei stationärer Behandlung in reinen

112 Siehe *Ombudsmann* (Fn. 91) 16.
113 Dazu Bach/Moser/*Kalis* (Fn. 4), MB/KK 2009 § 1 Rn. 44 ff.; präzisierend in diesem Sinne Hallesche AVB Teil I/II, § 2 II 1.
114 OLG Hamm VersR 2001, 1229.
115 OLG Köln VersR 1990, 963.

Privatkliniken, da diese nur teilweise an den gesetzlichen Abrechnungsrahmen gebunden sind und deswegen höhere Leistungsentgelte verlangen können.[116]

2. Übermaßverbot

727 Darüber hinaus haftet der Versicherer nicht für eine **Übermaßvergütung** (§ 192 II VVG, § 5 II 2 MB/KK 2009), dh für eine Vergütung, die in einem auffälligen Missverhältnis zum Marktpreis der erbrachten Behandlung steht. Der Marktpreis besteht zB bei der Behandlung in einer Privatklinik nicht im Entgelt für ein Plankrankenhaus, nicht in die bloßen Kosten oder im »gerechten« Preis«, sondern im Entgelt in einer vergleichbaren Privatklinik. Von einem solchen Missverhältnis ist auszugehen, wenn die Vergütung mindestens 100% über dem Marktpreis liegt. Ein subjektives Element ist nicht erforderlich. Der Anwendungsbereich des Übermaßverbots ist jedoch nur sehr begrenzt. Regelmäßig wird der Behandlungsvertrag mit dem Leistungserbringer bereits wegen Sittenwidrigkeit nichtig sein (§ 138 II BGB), so dass der Kostenerstattungsanspruch mangels eines wirksamen Anspruchs des Leistungserbringers ganz wegfällt.[117] Das Übermaßverbot regelt den Restbereich, in dem der Behandlungsvertrag ausnahmsweise wirksam ist. In Abweichung von § 139 BGB fällt der Kostenerstattungsanspruch hier nicht vollständig weg, sondern beschränkt sich ipso iure[118] auf die übliche Vergütung.

3. Wirtschaftlichkeitsgebot

728 Der Gesetzgeber hat bewusst darauf verzichtet, ein **allgemeines Wirtschaftlichkeitsgebot** zur Kostendämpfung zu kodifizieren,[119] das die Erstattungspflicht wie in der GKV noch weiter einschränkt. Es lässt sich weder dem Überbehandlungs- noch dem Übermaßverbot entnehmen.[120] Ein allgemeines Wirtschaftlichkeitsgebot kann vertraglich vereinbart werden,[121] doch ist es in der Vertragspraxis unüblich. Stattdessen sind absolute bzw. prozentuale **Selbstbehalte** und **Beitragsrückerstattungen** die üblichen Instrumentarien, um eine kostengünstige Verhaltenssteuerung der versicherten Person zu erreichen. Hinzu kommen in neuerer Zeit kostendämpfende Leistungsbeschränkungen besonders im Bereich der Privatkliniken, des Zahnersatzes sowie der künstlichen Befruchtung.

4. Bereicherungsverbot

729 Eine weitere Schranke ist das **Bereicherungsverbot** (§ 200 VVG, § 5 IV MB/KK 2009). Der Erstattungsbetrag durch mehrere Erstattungsverpflichtete darf maximal

116 Beispiel aus einer AVB nach BGH VersR 2009, 1210: Krankenhausentgelte, die nicht dem Geltungsbereich der BPflV bzw. dem KHG unterliegen, werden nur erstattet, sofern sie die Vergleichsentgelte nach BPflV bzw. KHG um nicht mehr als 50% überschreiten.

117 Klarstellend MüKoVGG/*Kalis* (Fn. 13), § 192 Rn. 77; Prölss/Martin/*Voit* (Fn. 67), § 192 Rn. 155 ff.; aA Rüffer/Halbach/Schimikowski/*Rogler* (Fn. 1), § 192 Rn. 22: auch in diesem Fall Teilanspruch auf Kostenerstattung.

118 AA Rüffer/Halbach/Schimikowski/*Rogler* (Fn. 1), § 192 Rn. 22: »Kürzungsrecht« (wohl iSe gesetzlichen Gestaltungsrechts).

119 Anders noch § 186 III 1 KE.

120 Wie hier *Rogler* VersR 2009, 573 ff.; aA *Boetius* VersR 2008, 1431 ff.; MüKoVGG/*Boetius* (Fn. 13), Vor § 192 Rn. 1107 ff. Eine Ausnahme iSd Wirtschaftlichkeitsgebots ist § 8 VI 4 MK/KK 2009.

121 Begründung Regierungsentwurf, BT-Drucks. 16/3945, 110; *Rogler* VersR 2009, 573 (577 ff.). Ein Verstoß gegen § 307 BGB oder § 208 VVG ist nicht ersichtlich.

100% der Krankheitskosten abdecken. Die versicherte Person soll aus einer Krankheit keinen Gewinn ziehen. Anders als die Entwürfe zur Reform des Versicherungsvertragsrechts[122] legt § 200 VVG keine spezifische Rechtsfolge fest. Jedenfalls sind privatrechtliche Vereinbarungen, die zu einem höheren Erstattungsbetrag führen, nach § 134 BGB iVm § 200 VVG nichtig. Diese Rechtsfolge wird allerdings nur sehr selten eingreifen. Die §§ 194 I 1, 77 ff. VVG regeln bereits die Mehrfachversicherung durch mehrere PKV-Versicherer. Andere Erstattungsverpflichtete können somit nur öffentlich-rechtliche Dienstherren bzw. Sozialversicherungsträger sein.[123] Im Fall der Beihilfe sind Beihilfetarif und Beihilfebemessungssatz in der Regel so aufeinander abgestimmt, dass der Gesamtbetrag die 100% nicht überschreitet und das Bereicherungsverbot folglich nicht verletzt wird.

5. Subsidiarität

Darüber hinaus kürzt § 5 III MB/KK 2009 den Leistungsanspruch in der Höhe der Ansprüche, welche der versicherten Person gegen die gesetzliche Heilfürsorge oder Unfallfürsorge zustehen.[124] 730

6. Ausschlussgründe

§ 5 I MB/KK 2009 schließt den Kostenerstattungsanspruch für folgende Fälle aus: 731

(1) Krankheiten und Unfälle als Folge von Kriegsereignissen oder Wehrdienstbeschädigung;
(2) Krankheiten und Unfälle durch vorsätzliche Herbeiführung (siehe auch § 201 VVG);
(3) Entziehungsmaßnahmen einschließlich Entziehungskuren;
(4) Behandlung durch Ärzte, Zahnärzte, Heilpraktiker und in Krankenanstalten auf der »schwarzen Liste« der Versicherer;
(5) Kur- und Sanatoriumsbehandlung sowie Rehabilitationsmaßnahmen gesetzlicher Träger;
(6) damit zusammenhängend grundsätzlich ambulante Heilbehandlungen in einem Heilbad oder Kurort;
(7) mit Ausnahme der Sachkosten die Behandlungen durch Ehegatten, Lebenspartner, Eltern oder Kinder;
(8) durch Pflegebedürftigkeit oder Verwahrung bedingte Unterbringung.

Gleichwohl verbleiben fast keine Schutzlücken, da in vielen Fällen andere Versicherungsformen einspringen. Kriegsereignisse im Ausland lassen sich über eine Auslandsreisekrankenversicherung abdecken, Kuren durch einen Kurtarif. Die Rehabilitationsmaßnahmen werden durch die gesetzliche Renten- und Unfallversicherung sowie durch die private Unfallversicherung abgedeckt, die Pflege (Grundpflege) fällt zu großen Teilen in den Bereich der Pflegeversicherung, der Rest der Pflege (Behandlungspflege) in den der Krankheitskostenversicherung.

Besonders erklärungsbedürftig ist der zweite Ausschlussgrund (Leistungsausschluss bei vorsätzlicher Herbeiführung des Versicherungsfalls). Erstens muss die Klausel für den Fall teleologisch reduziert werden, dass die vorsätzliche Selbstschädigung ihrer- 732

122 § 191 KE, § 200 RE: Subsidiarität der PKV, dh Kürzung des Kostenerstattungsanspruchs.
123 Reformkommission, 168 f.
124 Dazu *Kural* VersR 2009, 752.

seits auf einer Krankheit basiert. Beispiel aus dem Bereich selbstverletzenden Verhaltens: Aufritzen der Haut aufgrund einer Borderline-Persönlichkeitsstörung.

733 Zweitens scheint § 5 I b Alt. 1 MB/KK 2009 auf einen ersten flüchtigen Blick § 201 VVG zu verschärfen. Die Musterklausel erfasst anders als der Wortlaut des § 201 VVG auch die Schädigung der versicherten Person durch eine dritte Person, konkret durch den mit der versicherten Person nicht identischen Versicherungsnehmer. Nach zutreffender Ansicht ist § 201 VVG in diesem Fall jedoch zumindest analog anzuwenden.[125] Dasselbe muss auch gelten, wenn die bloße Gefahrperson geschädigt wird

Beispiel: Kindesmisshandlung durch Eltern.

§ 5 I b Alt. 1 MB/KK 2009 verstößt somit nicht gegen § 208 VVG, da die Musterklausel die halbzwingende Norm § 201 VVG nicht über ihren Analogiebereich hinaus zu Lasten des Geschädigten verschlechtert. Auch ist kein Verstoß gegen § 307 II BGB erkennbar.

734 Drittens ist umstritten, ob § 5 I b Alt. 1 MB/KK 2009 auf die Behandlung im Anschluss an einen gescheiterten **Suizidversuch** anwendbar ist. Nach zutreffender Ansicht umfasst der Vollendungsvorsatz (Selbsttötung) einen Verletzungsvorsatz als Durchgangsstadium, so dass der Leistungsausschluss grundsätzlich eingreift.[126] Das gilt nur dann nicht, wenn der Suizidversuch seinerseits durch eine Krankheit ausgelöst wurde.

735 Und viertens ist die genaue Anwendung auf **Suchtkrankheiten** (zB Missbrauch von Alkohol, Nikotin, Cannabis, Kokain) zweifelhaft. Die Literatur hat hierfür bislang noch keine schlüssige Formel gefunden.[127] Gegen einen generellen Leistungsausschluss spricht, dass die Versicherungswirtschaft die alte Suchtklausel der MB/KK 1966 aufgegeben hat. Danach fiel die Behandlung wegen einer Sucht nicht unter den Versicherungsschutz, selbst wenn sie einen pathologischen Grad erreicht hatte. Nach der aktuellen Rechtslage ist grundsätzlich eine willens- bzw. wissensorientierte Differenzierung zwischen sog. »weichen« und »harten« Drogen vorzugswürdig.[128] Bei »weichen« Drogen (Alkohol, Nikotin, Cannabis) wird bei Konsumbeginn regelmäßig der bedingte Vorsatz zur Selbstschädigung fehlen; man vertraut vielmehr darauf, es werde schon gut gehen. Wenn später die Sucht ein pathologisches Stadium erreicht hat und sich der Süchtige der Gefahr bewusst wird, ist die Krankheit bereits eingetreten. Der Leistungsausschluss kann dann nicht mehr eingreifen. Bei »harten« Drogen (zB Kokain, Heroin) handelt der Konsument wegen der allgemein bekannten hohen Suchtgefahr bereits bei Ersteinnahme bedingt vorsätzlich.

III. Ausgewählte Leistungselemente

1. Ambulante Heilbehandlung

736 Nach § 4 II MB/KK 2009 hat die versicherte Person Wahlfreiheit zwischen den approbierten niedergelassenen Ärzten. Ohne ärztliche Verordnung können auch

125 MüKoVGG/*Hütt* (Fn. 13), § 201 Rn. 11 ff. AA Praxiskommentar/*Brömmelmeyer* (Fn. 1), § 201 Rn. 2; Rüffer/Halbach/Schimikowski/*Rogler* (Fn. 1), MB/KK 2009 § 5 Rn. 5.

126 Wie hier Rüffer/Halbach/Schimikowski/*Rogler* (Fn. 1), § 201 Rn. 5; aA Bach/Moser/*Kalis* (Fn. 4) MB/KK 2009 § 5 Rn. 7; MüKoVGG /*Hütt* (Fn. 13), § 201 Rn. 25.

127 Siehe Bach/Moser/*Kalis* (Fn. 4), MB/KK 2009 § 5 Rn. 7.

128 Wie hier MüKoVGG/*Hütt* (Fn. 13), § 201 Rn. 27 ff.

Heilpraktiker und (wegen der vergleichsweise hohen Kosten bzw. unklaren Gebührensituation mit Einschränkungen) psychologische Psychotherapeuten in Anspruch genommen werden, nach manchen Tarifen zusätzlich Hebammen, Entbindungspfleger und Angehörige weiterer Heilberufe. Besonders Einsteigertarife setzen an die Stelle der Wahlfreiheit ein **Primärarzt- bzw. Hausarztmodell**, das ähnlich wie der Wahltarif in der GKV nur bei Erstkonsultation eines bestimmten Arztes zu einer vollen Kostenerstattung führt.[129]

2. Zahnärztliche Heilbehandlung

Der Versicherte kann ebenso nach § 4 II MB/KK 2009 frei zwischen den approbierten niedergelassenen Zahnärzten wählen. Die Leistungen der Tarife sind sehr unterschiedlich, da Zahnbehandlungen sehr kostenintensiv sein können. Allgemeine Zahnbehandlungen (zB Zahnfüllung) werden in der Regel unbeschränkt erstattet, nicht aber Kieferorthopädie (bes. Zahnspange) und Zahnersatz (Kronen, Brücken, Inlays uä). Häufig machen die AVB in diesen Fällen die Leistungspflicht von der vorherigen Einreichung eines Heil- und Kostenplans abhängig bzw. sie differenzieren die Erstattung nach einer sog. Zahnstaffel, die nach Versicherungsjahren gestaffelt nur bestimmte Höchstbeträge erstattet. Für die Frage, welche Kosten für zahntechnische Leistungen nach § 9 GOZ als »angemessen« abgerechnet werden dürfen, kann erst die ausstehende GOZ-Reform eine verbindliche Lösung erbringen. 737

3. Stationäre Heilbehandlung

Ebenso genießt der Versicherte Wahlfreiheit zwischen öffentlichen und privaten Krankenhäusern (§ 4 IV MB/KK 2009).[130] 738

4. Arzneimittel

Erstattungsfähige Arzneimittel sind alle Stoffe oder Stoffzusammensetzungen, die im oder am menschlichen Körper verwendet oder einem Menschen verabreicht werden können, um entweder die menschlichen physiologischen Funktionen durch eine pharmakologische, immunologische oder metabolische Wirkung wiederherzustellen, zu korrigieren oder zu beeinflussen oder eine medizinische Diagnose zu erstellen.[131] Zudem müssen diese Arzneimittel ärztlich verordnet worden sein. Manche Einsteigertarife decken nur Generika (falls vorhanden) zu 100% ab. 739

Davon abzugrenzen sind nicht erstattungsfähige **Lebens- und Nährmittel**: Sie zählen nach fast allen Tarifen nicht zu den Arzneimitteln.[132] Lebens- und Nährmittel sind Stoffe oder Erzeugnisse, die zum Verzehr durch den Menschen bestimmt sind, sofern sie nicht zu anderen Zwecken als zur Ernährung oder zum Genuss verzehrt wer- 740

---

129 Zur Zulässigkeit solcher Modelle BGH VersR 2009, 623.

130 Zum aktuellen Problem der Ausgründung von Privatkliniken aus Plankrankenhäusern *Patt/Wilde* MedR 2008, 707; Laufs/Kern/*Genzel/Degener-Hencke,* Handbuch des Arztrechts, 4. Aufl. 2010, § 89 Rn. 19 ff.

131 BGHZ 167, 91, nach Art. 1 Nr. 1 RL 2004/27/EG v. 31. 3. 2004 zur Änderung der RL 2001/83/EG zur Schaffung eines Gemeinschaftskodexes für Humanarzneimittel. Siehe auch die Definition in § 2 AMG.

132 Beispiele für Ausnahmen: Barmenia AVB TB/KK 08, § 4 3.1; Hallesche AVB Teil I/II, § 4 II 5. Sie stellen Nährmittel teilweise den Arzneimitteln gleich.

den.[133] Bei Produkten, die sowohl Ernährungs- als auch Therapiezwecken dienen, ist die überwiegende Zweckbestimmung maßgebend. Auch Nahrungsergänzungsmittel, die Mangelerscheinungen ausgleichen sollen, gelten als Lebens- und Nährmittel.[134]

741 **Potenzfördernde Mittel** (bes. Viagra) sind nach umstrittener, aber zutreffender Ansicht auch bei einer **erektilen Dysfunktion** keine erstattungsfähigen Arzneimittel.[135] Im Ausgangspunkt ist eine solche Dysfunktion abseits einer altersbedingten Störung in der Tat nicht nur eine Störung des allgemeinen Wohlbefindens, sondern eine Krankheit.[136] Auch handelt es sich bei einem potenzfördernden Mittel um ein Arzneimittel. Es unterstützt aber nicht die Heilbehandlung dieser Krankheit; es lindert auch keine Schmerzen. Lediglich bei Männern mit Kinderwunsch ist ein solches Mittel ausnahmsweise erstattungsfähig, da das potenzfördernde Mittel dann mit einer weitaus teureren künstlichen Befruchtung vergleichbar ist.

5. Heilmittel

742 Heilmittel sind keine Sachen, sondern Dienstleistungen. Es handelt sich um Anwendungen oder Behandlungen durch staatlich geprüfte Angehörige von Heilberufen (zB Masseure, Krankengymnasten) zur Beseitigung oder Linderung von Krankheiten oder Unfallfolgen sowie um die Behandlung durch Logopäden. Anders als bei den unter der ambulanten Heilbehandlung aufgeführten Heilberufen ist wiederum eine ärztliche Verordnung Voraussetzung für die Kostenerstattung. Der Leistungsumfang ist je nach Tarif sehr unterschiedlich. Er reicht von enumerativen Katalogen mit wenigen Heilmitteln bis hin zu einer allumfassenden Generalklausel. Nicht aufgeführte Heilmittel sind nicht erstattungsfähig. Somit ist der Umfang eines Katalogs von entscheidender Bedeutung.

6. Hilfsmittel

743 Hilfsmittel sind technische Mittel, die körperliche Behinderungen unmittelbar mildern oder ausgleichen sollen. Beispiele: Brillengläser, Krankenfahrstühle. Wie bei Arzneimitteln und Heilmitteln ist eine ärztliche Verordnung Voraussetzung für die Kostenerstattung. Hilfsmittel werden normalerweise nur nach einem enumerativen Katalog erstattet, der wiederum Höchstgrenzen für einzelne Hilfsmittel enthält. Viele dieser Kataloge umfassen nicht einmal lebensnotwendige Mittel zur Heimanwendung wie Beatmungsgeräte oder Dialysegeräte. Anders als bei den Heilmitteln sind hier umfassende Generalklauseln wegen des Kostenrisikos für den Versicherer die Ausnahme. Keine Hilfsmittel sind medizinisch-technische Geräte, die bei Operationen in den menschlichen Körper eingefügt werden (zB künstliche Niere, Herzschrittmacher). Sie werden bereits von der stationären Heilbehandlung erfasst.[137]

---

133 Siehe Bach/Moser/*Kalis* (Fn. 4), MB/KK 2009 § 4 Rn. 23; ferner § 2 LFGB iVm VO (EG) Nr. 178/2002 Art. 2.

134 Bach/Moser/*Kalis* (Fn. 4), MB/KK 2009 § 4 Rn. 23.

135 Wie hier LG Köln VersR 2003, 1434; klarstellend in der Vertragspraxis SIGNAL Tarif Komfort-Plus B. Punkt 1.4; für Erstattungspflicht dagegen OLG Karlsruhe VersR 2003, 1432, bei koronaren und arteriellen Grunderkrankungen; OLG München VersR 2001, 577, bei Diabetes.

136 OLG München VersR 2001, 577.

137 Debeka Tarif PN Punkt II. A. 7 führt sie separat neben stationären Behandlungen und Hilfsmitteln an. Das ist für die versicherte Person unproblematisch, solange kein einschränkender Katalog existiert.

C. Besonderheiten des Standardtarifs[138]

Der brancheneinheitliche Standardtarif nach § 257 IIa Nr. 3 SGB V iVm § 257 IIa SGB V aF, MB/ST 2009 ist der alte, heute geschlossene Sozialtarif unter den PKV-Tarifen. Die Prämien des Standardtarifs sind durch den geringen, an das GKV-System angenäherten Leistungsumfang und die abgesenkten Gebührensätze der Leistungserbringer (§ 75 IIIa SGB V, § 5 b GOÄ, § 5 a GOZ) niedriger als im Normaltarif. Der vergleichsweise günstige Standardtarif dient vornehmlich zum Schutz älterer Versicherungsnehmer, die finanziell mit den Prämien im Normaltarif überfordert sind, aber nicht in die GKV wechseln können. Die Leistungen des Standardtarifs entsprechen nach Art, Umfang und Höhe (ohne Krankentagegeld) der GKV (§ 257 IIa 1 Nr. 2 SGB V aF). Es darf keine ergänzende Krankheitskostenteilversicherung abgeschlossen werden (§ 19 I 3 MB/KK 2009). Ferner müssen die Versicherer einen beihilfekonformen Tarif anbieten (§ 257 IIa 1 Nr. 2 b SGB V aF). 744

Die **Prämienberechnung** nähert sich teilweise der GKV an. Die Prämienhöhe beschränkt sich pro versicherte Person auf den GKV-Höchstbeitrag. Sie berechnet sich nach Alter und Geschlecht. Eine neue Gesundheitsprüfung und ein Leistungsausschluss sind unzulässig. Allerdings setzt sich ein für den Normaltarif vereinbarter Leistungsausschluss als Risikozuschlag fort; ebenso wird ein Risikozuschlag in den neuen Tarif übernommen (Nr. 1 VII TB/ST 2009). Das Äquivalenzprinzip bleibt also teilweise gewahrt. Ebenso gilt weiterhin das Kopfprinzip. Beispiel: Bei einer Einverdienerehe sind zwei Prämien zu entrichten. Sind beide Ehegatten oder Lebenspartner im Standardtarif versichert, beschränkt sich jedoch die gemeinsame Prämie auf 150 % des GKV-Höchstbeitrags, wenn beide zusammengerechnet unter der GKV-Beitragsbemessungsgrenze liegen. Zum Ausgleich für die Schwächung des Äquivalenzprinzips sind die beteiligten PKV-Unternehmen über einen Pool zum Ausgleich verpflichtet (§ 257 IIb SGB V aF). 745

D. Besonderheiten des Basistarifs[139]

Der brancheneinheitliche Basistarif nach § 12 Ia ff. VAG, MB/BT 2009 ist eine Neuerung der Gesundheitsreform 2007. Er löst weitgehend den Standardtarif als Sozialtarif ab. Daneben dient der Basistarif aber auch als Auffangtarif für Neuversicherte mit einem schlechten Gesundheitsrisiko. Inhaltlich nähert er sich in einigen entscheidenden Punkten dem GKV-System mehr an als der Standardtarif. 746

Ab 1. 1. 2009 muss er von allen inländischen PKV-Unternehmen, die eine substitutive PKV betreiben, folgenden Personen im Sinne eines **Kontrahierungszwangs** angeboten werden (§ 12 Ib 1 und 2 VAG, § 193 V VVG): 747

(1) freiwillig in der GKV versicherten Personen (galt nur bis zum 30. 6. 2009);
(2) Personen, die nach dem 31. 12. 2008 freiwilliges Mitglied in der GKV werden, innerhalb von 6 Monaten nach Mitgliedschaftsbegründung;
(3) Beihilfeberechtigten, die zusätzlich einen Versicherungsschutz benötigen;

138 Details bei Sodan/*Sodan* (Fn. 30), § 45.
139 Details bei Sodan/*Sodan* (Fn. 30), § 45.

(4) Personen mit Wohnsitz in Deutschland, die nicht in der GKV versicherungspflichtig sind und auch keine Leistungen nach AsylbLG oder Sozialhilfe beanspruchen können;
(5) Privatversicherten mit deutschem Wohnsitz, die einen Versicherungsvertrag ab 1. 1. 2009 abgeschlossen haben (sog. Neukunden);
(6) Privatversicherte, die ihren Vertrag vor dem 1. 1. 2009 abgeschlossen haben (Altkunden) konnten nur bis 30. 6. 2009 wechseln. Es findet also eine Systemtrennung zwischen vor und nach dem Stichtag 1. 1. 2009 abgeschlossenen Verträgen statt, da die Versicherer vor diesem Stichtag auf einer anderen Kalkulationsgrundlage gearbeitet haben. Das erste Halbjahr 2009 fungierte als kurzzeitige Schnittstelle zwischen den beiden Systemen.

Der Kontrahierungszwang ist nach dem Gesetzeswortlaut nur dann ausgeschlossen, wenn der Antragsteller den Versicherer zuvor nach § 123 I Alt. 1 BGB getäuscht oder eine Anzeigeobliegenheit nach § 19 I VVG verletzt hat (§ 193 V 4 VVG, § 12 Ib 4 VAG). Abseits dessen ist der Kontrahierungszwang bei kleineren VVaG im Sinne des § 53 VAG in verfassungskonformer Auslegung auf Antragsteller aus dem Kreis der nach der Satzung vorgesehenen Mitglieder zu beschränken.[140]

748 Die Leistungen des Basistarifs entsprechen der GKV (§ 12 Ia VAG, § 1 MB/BT 2009). Anders als beim Standardtarif umfasst der Basistarif obligatorisch ein Krankentagegeld. Auch muss ein beihilfekonformer Tarif angeboten werden (§ 12 Ia 2 VAG). Zusatzversicherungen sind im Gegensatz zum Standardtarif zur Aufwertung des Versicherungsschutzes möglich (§ 12 Ia 4 VAG).

749 Die **Prämie** des Basistarifs ähnelt an einigen Stellen der des Standardtarifs. Der Höchstbetrag orientiert sich wiederum an der GKV; Geschlecht und Eintrittsalter bestimmen die Prämienhöhe (§ 8 a II MB/BT 2009). Die Gebührensätze der Leistungserbringer wurden durch eine vertragliche Vereinbarung nach der Öffnungsklausel § 75 IIIb SGB V gegenüber dem Standardtarif nochmals abgesenkt. Das Gesundheitsrisiko wird aber vollkommen ausgeblendet. Leistungsausschlüsse und Risikozuschläge sind unzulässig (§ 203 I 2 VVG). Bei Hilfsbedürftigkeit halbiert sich die Prämie (§ 12 Ic VAG, § 8 a VI MB/BT 2009).[141] Als Ausgleich für die Schwächung des Äquivalenzprinzips wurde unter den PKV-Unternehmen wiederum ein **Risikoausgleichssystem** eingeführt (§ 12 g VAG, § 8 I Nr. 6 f. KalV). Kostenerhöhende Vorerkrankungen werden zunächst auf alle Verträge im Basistarif umgelegt. Da eine solche Umlage durch den GKV-Höchstbetrag begrenzt wird, kann ein Defizit verbleiben, das in einem zweiten Schritt auf die Verträge in den Normaltarifen umzulegen ist.

750 Obwohl der Gesundheitszustand bei Versicherungsbeginn die Prämienhöhe nicht beeinflusst, kann der PKV-Versicherer eine **Gesundheitsprüfung** zum Risikoausgleich nach § 12 g VAG und für spätere Tarifwechsel nach § 204 VVG durchführen (§ 203 I 3 VVG). Deswegen kann der Versicherungsnehmer auch im Basistarif durch Falschangaben seine Anzeigeobliegenheit verletzen.

---

140 BVerfGE 124, 25.

141 Str. ist, auf welcher Basis sich die Prämie halbiert. MüKoVGG/*Boetius* (Fn. 13), vor § 192 Rn. 1063: Halbierung des GKV-Höchstsatzes; *Klerks* info also 2009, 153 (154): Halbierung der tatsächlichen Prämie.

Ähnlich wie bei der GKV können Leistungserbringer ihre Ansprüche **direkt** gegen den Versicherer geltend machen, soweit dieser nach dem Versicherungsvertrag leistungspflichtig ist (§ 192 VII VVG). Der Versicherer haftet zusammen mit dem Versicherungsnehmer gesamtschuldnerisch. Das ist eine Abweichung vom Kostenerstattungsprinzip. Da die Kostenerstattung im Verhältnis Versicherer – Versicherungsnehmer gegenüber dem Leistungserbringer keine Erfüllungswirkung hat, gibt § 6 III MB/BT 2009 dem Versicherer das Recht, unmittelbar an den Leistungserbringer zu leisten. Im Verhältnis Versicherer – Versicherungsnehmer tritt Erfüllungswirkung ein. Dadurch vermeidet der Versicherer, sowohl vom Leistungserbringer als auch vom Versicherungsnehmer doppelt in Anspruch genommen zu werden.[142] **751**

E. Tarifwechsel innerhalb eines PKV-Unternehmens

I. Allgemeines

Unabhängig vom konkreten Tarif ist § 204 I 1 Nr. 1 VVG Ausgangspunkt für den Wechsel des Tarifs innerhalb eines PKV-Unternehmens. Die Norm gewährt dem Versicherungsnehmer ein Recht zum Tarifwechsel im Sinne eines Anspruchs auf Vertragsänderung.[143] Je nach Alttarif und Neutarif unterliegt das Wechselrecht bestimmten Einschränkungen. **752**

II. Wechsel vom Normaltarif in andere Tarife

1. Standard- und Basistarif

Im Grundsatz haben PKV-Altkunden im Normaltarif nur ein direktes Wechselrecht vom Normaltarif in den Standardtarif, Neukunden im Normaltarif nur ein Recht auf einen Wechsel in den neuen Basistarif. Das bedeutet im Einzelnen: **753**

Von den Altkunden dürfen weiterhin ältere Langzeitversicherte, Rentner, Pensionäre und Beamte mit einem schlechten Krankheitsrisiko in den **Standardtarif** wechseln (angedeutet in § 257 IIa 1 Nr. 3 SGB V; explizit festgelegt in § 19 MB/KK 2009).[144] **754**

Neukunden können nur noch in den **Basistarif** wechseln (§ 19 II MB/KK 2009).[145] Altkunden dürfen nur ausnahmsweise ab dem 55. Lebensjahr, als Rentner, Pensionäre oder bei Hilfsbedürftigkeit nach SGB II bzw. SGB XII unmittelbar und unbefristet in den Basistarif wechseln. Ihr allgemeines Wechselrecht (§ 204 I 1 Nr. 1 c VVG) fiel zum 1. 7. 2009 weg. Daneben haben Altkunden die Möglichkeit, über den Standardtarif in den Basistarif zu wechseln.[146]

Hat der Versicherungsnehmer ein Recht auf Wechsel in den Basistarif, hat er zugleich ein Recht auf Abschluss einer Krankheitskostenteilversicherung, welche den Versiche- **755**

142 Zu diesem Problem ausführlich *Marko* (Fn. 22), Rn. B/89 ff.

143 Bislang ganz hM, siehe nur BVerwGE 108, 325; Prölss/Martin/*Voit* (Fn. 67), § 204 Rn. 4. Anders jetzt offenbar BVerwG VersR 2010, 1345 (1348): »Optionsrecht«, im Anschluss an Looschelders/Pohlmann/*Reinhard* VVG – Kommentar 2010, § 204 Rn. 1. Diese Formulierung impliziert ein einseitiges Gestaltungsrecht.

144 Allgemeine Meinung, siehe *Boetius* VersR 2008, 1016 (1017 f.).

145 *Boetius* VersR 2008, 1016 (1017) vertritt die Ansicht, ein solcher Ausschluss eines Wechsels in den Standardtarif sei unwirksam.

146 Näher Rn. 761.

rungsschutz im Basistarif ergänzt (**Zusatztarif** nach § 204 I 2 VVG). Dadurch kann er den Teil der Altersrückstellungen bewahren, den er nicht in den Basistarif mitnehmen kann. Soweit der angestrebte kombinierte Versicherungsschutz aus Basis- und Zusatztarif das Leistungsniveau des alten Tarifs nicht übersteigt, ist nach dem allgemeinen Wechselrecht (§ 204 I 1 VVG) eine Gesundheitsprüfung nebst Leistungsausschluss oder Risikozuschlag ausgeschlossen. Allerdings verpflichtet das VAG die Versicherungsunternehmen nicht, einen maßgeschneiderten Zusatztarif anzubieten, so dass das Recht auf zusätzlichen Versicherungsschutz in der Praxis regelmäßig ins Leere läuft.[147]

2. Innerhalb der Normaltarife

756 Daneben haben alle Versicherungsnehmer im Normaltarif einer substitutiven Krankenversicherung ein Wechselrecht zu einem anderen **Normaltarif** (§ 204 I 1 Nr. 1 Hs. 1 VVG; § 1 VI MB/KK 2009 aufgrund von § 12 I Nr. 4 VAG). Dieses Wechselrecht soll verhindern, dass neue billige Werbetarife für »gesunde« Risiken aufgelegt werden und andere, ältere Tarife im Gegenzug durch »schlechte« Risiken vergreisen. § 204 I 1 Nr. 1 VVG soll eine ausgewogene Altersmischung in allen Tarifen gewährleisten.

757 Ein solches Wechselrecht setzt die »**Gleichartigkeit**« der Tarife voraus. Diese Voraussetzung ist nach § 12 KalV weit zu verstehen. § 204 VVG bezieht sich zwar anders als § 203 VVG seit dem 1. 1. 2009 nicht mehr auf das VAG und die KalV. Doch handelt es sich dabei um ein unbeachtliches Redaktionsversehen, so dass die KalV auch bei § 204 VVG unmittelbar privatrechtsgestaltend wirkt.[148] Auch verweist § 13 VIII MB/KK 2009 für den Parallelfall des Versichererwechsels ausdrücklich auf das VAG und somit mittelbar auf die KalV. Tarife haben danach gleichen Versicherungsschutz, wenn sie dieselben Leistungsbereiche umfassen und der Versicherungsnehmer im neuen Tarif versicherungsfähig ist (zB Beihilfeberechtigter im Beihilfetarif). Leistungsbereiche sind:

(1) Kostenerstattung für ambulante Heilbehandlung;
(2) Kostenerstattung für stationäre Heilbehandlung sowie Krankenhaustagegeldversicherungen mit Kostenersatzfunktion;
(3) Kostenerstattung für Zahnbehandlung und Zahnersatz;
(4) Krankenhaustagegeld, soweit es nicht zu Nr. 2 zählt;
(5) Krankentagegeld;
(6) Kurtagegeld und Kostenerstattung für Kuren.

Die Prämienhöhe sowie der konkrete Leistungsumfang in jedem Bereich sind in dieser Prüfungsstufe nicht relevant.[149]

758 Ist ein Wechselrecht gegeben, muss die Versicherung im neuen Tarif bei gleicher Leistung grundsätzlich ohne zusätzliche individuelle Leistungsausschlüsse oder Risikozuschläge erfolgen. Der Gesundheitszustand vor Eintritt in den Alttarif ist ein erworbenes Recht und damit geschützt iSv § 204 I 1 Nr. 1 Hs. 1 VVG, so dass eine

147 *Boetius* VersR 2008, 1016 (1019), hält *de lege ferenda* eine Verpflichtung der Versicherer, Zusatztarife anzubieten, für unwirksam.

148 AA *Boetius* VersR 2008, 1016 (1021 ff.); MüKoVGG/*Boetius* (Fn. 13) § 204 Rn. 200: Anwendung nur, wo sich im Wege der Auslegung eine gefestigte Rechtsansicht gebildet habe.

149 Allgemeine Meinung, siehe nur BVerwG VersR 2007, 1253 (1254); Rüffer/Halbach/Schimikowski/*Marko* (Fn. 1), VVG 2008 § 204 Rn. 6.

erneute Gesundheitsprüfung bei gleichbleibender Leistung ausgeschlossen ist. Bei **Mehrleistung** im neuen Tarif (Beispiel: Selbstbehalt niedriger als im alten Tarif) kann der Versicherer hingegen nach einer erneuten Gesundheitsprüfung bei nunmehr erhöhtem Gesundheitsrisiko für die Mehrleistung, aber nicht für die gleichwertige Leistung[150] einen Leistungsausschluss bzw. einen Risikozuschlag und/oder eine Wartezeit verlangen. Risikozuschlag und Wartezeit können durch einen Leistungsausschluss vermieden werden (§ 204 I 1 Nr. 1 Hs. 2 und 3 VVG). Der möglicherweise bessere Gesundheitszustand vor Eintritt in den Alttarif steht dem nicht entgegen, da sich der Bestandsschutz nur auf das Leistungsniveau des Alttarifs erstreckt.

Ein Sonderproblem stellt sich mit dem Versuch in der Versicherungswirtschaft, einen 759
sog. **Tarifstrukturzuschlag** zu erheben. Dieser betrifft den Wechsel von einem Pauschaltarif (Basisprämie auch für Versicherungsnehmer mit bestimmten erhöhten Risiken) zu einem Tarif mit Grundprämie (deckt nur »beste« Risiken ab) nebst individuellem Risikozuschlag. Es ist strittig, ob der Versicherer in einem solchen Fall bei einem Wechsel auch ohne Mehrleistung im neuen Tarif einen von einem konkreten Gesundheitsrisiko unabhängigen und somit **abstrakten** Risikozuschlag verlangen darf.[151] Gegen einen Tarifstrukturzuschlag spricht zunächst, dass das Gesetz grundsätzlich nur die Mehrleistung als Grund für einen Risikozuschlag und somit als Rechtfertigung für eine erneute Gesundheitsprüfung erwähnt. Das Gesetz schließt einen weiteren Zuschlag zwar nicht vollständig aus, da ein solcher Zuschlag auf der Gesundheitsprüfung vor Eintritt in den Alttarif kalkuliert werden darf. Doch knüpft der Tarifstrukturzuschlag gerade nicht an die Gesundheitsprüfung vor Eintritt in den Alttarif an. Er kommt der Sache nach einer erneuten Gesundheitsprüfung aus Anlass des Tarifwechsels gleich, die das Gesetz gerade auf die Mehrleistung beschränkt. Zudem erfasst der Tarifstrukturzuschlag sogar Personen, die beim Tarifwechsel vollkommen gesund sind. Sie müssten nicht einmal bei einer erneuten Gesundheitsprüfung einen konkreten gesundheitsbezogenen Risikozuschlag entrichten. Aus diesen Gründen verstößt ein Tarifstrukturzuschlag gegen das Verschlechterungsverbot bei halbzwingenden Normen (§ 208 VVG), das auch § 204 erfasst.

Der Versicherer kann nach dem eben Gesagten in Fällen einer unterschiedlichen 760
Tarifstruktur des Alt- und Neutarifs den Risikozuschlag nur anhand der vor Eintritt in den alten Tarif durchgeführten Gesundheitsprüfung konkret bestimmen.[152] Ein Zuschlag setzt in diesem Fall eine bereits vor Eintritt in den Alttarif bestehende Vorerkrankung voraus. Die Höhe des Zuschlags bemisst sich danach, inwiefern der neue Tarif gegenüber dem alten Tarif strukturell ist.

III. Wechsel vom Standardtarif zum Basistarif

Wer im normalen Standardtarif versichert ist, kann unbefristet in den Basistarif 761
wechseln (§ 314 I SGB V). Dagegen wurde der modifizierte Standardtarif, der 2007

150 Klarstellend Looschelders/Pohlmann/*Reinhard* (Fn. 143), § 204 Rn. 15.

151 Dagegen BVerwG VersR 2010, 1345; *Brömmelmeyer* VersR 2010, 706; *Hofer* VersR 2008, 1007; *Lehmann* VersR 2010, 992 (996 f.); *Reinhard* VersR 2008, 892; Prölss/Martin/*Voit* (Fn. 67) § 204 Rn. 26 f.; dafür VG Frankfurt VersR 2009, 1389; Rüffer/Halbach/Schimikowski/*Marko* (Fn. 1), VVG 2008 § 204 Rn. 19–21; *Lorenz/Wandt* VersR 2010, 717.

152 Für diese Lösung anstelle eines Tarifstrukturzuschlags *Hofer* VersR 2008, 1007 (1015); *Reinhard* VersR 2008, 892 (894 f.); wohl auch BVerwG VersR 2010, 1345; MüKoVVG/*Boetius* (Fn. 13), § 204 Rn. 275 f.

und 2008 den Basistarif vorbereitete, zum 1. 1. 2009 ipso iure in den Basistarif überführt (§ 315 IV SGB V).

IV. Wechsel vom Basistarif in den Normaltarif

762 Das Wechselrecht vom Basis- in den Normaltarif muss restriktiv angewendet werden, weil ein PKV-Versicherer in den Grenzen der Diskriminierungsverbote eigenständig darüber entscheiden darf, wen er zu welchen Konditionen im Normaltarif versichert.

763 Das Gesetz erlaubt dem Versicherer dabei eine **doppelte** Gesundheitsprüfung: nach §§ 203 I 2, 204 I 1 Nr. 1 Hs. 4 VVG eine erste vor Abschluss des Basistarifs, die dem Risikoausgleich nach § 12 g VVG bzw. als Antizipation eines späteren Tarifwechsels dient, und eine zweite nach den allgemeinen Regeln (§ 204 I 1 Nr. 1 Hs. 2 VVG) vor dem Tarifwechsel. Der Normaltarif bietet in jedem Fall gegenüber dem Basistarif eine Mehrleistung, die nach § 204 I 1 Nr. 1 Hs. 4 VVG zumindest zu einem Risikozuschlag berechtigen kann. Ein Abwendungsrecht (§ 204 I 1 Nr. 1 Hs. 3 VVG) besteht nicht,[153] da der Versicherer hier anders als beim Wechsel innerhalb des Normaltarifs bei der Erstversicherung im Basistarif keine umfassende Risikoselektion vornehmen durfte. Der Versicherungsnehmer sollte deswegen zur Konservierung seines Krankheitsrisikos anlässlich der ersten Gesundheitsprüfung neben dem Basistarif eine Anwartschaftsversicherung abschließen, wenn er später in den Normaltarif wechseln möchte.

764 Darüber hinaus kann der Versicherer den Wechsel durch einen **Leistungsausschluss** erschweren oder ihn sogar **ablehnen**. Für diese Lösung spricht, dass der Versicherer nicht schlechter gestellt werden darf, wenn jemand nicht innerhalb des Normaltarifs wechselt, sondern in diesen Tarif. Andernfalls setzte sich der Kontrahierungszwang bei Eintritt in den Basistarif im Normaltarif fort. Dem Versicherer stehen zwei Wege offen:[154] Zum einen kann er bei schlechten Risiken nach § 203 I 2 VVG aufgrund einer **zweiten** Gesundheitsprüfung auch einen Leistungsausschluss vornehmen oder den Antrag auf Tarifwechsel ganz ablehnen. Zum anderen kann sich der Versicherer anlässlich einer vor Eintritt in den Basistarif abgeschlossenen Anwartschaft einen Leistungsausschluss oder eine Ablehnung vorbehalten. § 204 I 1 Nr. 1 Hs. 4 VVG erlaubt zwar nach seinem klaren Wortlaut nach der ersten Gesundheitsprüfung allein die Antizipation eines Risikozuschlags. Doch bezieht sich diese Norm nicht auf eine Anwartschaft, welche eine spätere zweite Gesundheitsprüfung ausschließt.

765 Die **MB/BT 2009** setzen diese zur Wahrung des Äquivalenzprinzips gebotenen Beschränkungen um. § 1 VIII 1 MB/BT 2009 verweist zunächst einfach nur auf § 204 I 1 Nr. 1 VVG. Einen eigenständigen, von der gerade vorgenommenen Normauslegung abweichenden Regelungsgehalt hat die Klausel nicht. § 1 VIII 2 MB/BT 2009 spricht dann zwar auf den ersten Blick einschränkend von der »Aktivierung« von Risikozuschlägen, die während der Dauer der Versicherung im Basistarif nicht erhoben werden können. Doch schließt die Klausel keine zweite Gesundheitsprüfung aus. Sie hebt lediglich den für den Versicherungsnehmer überraschenden Fall des

153 Ebenso *Marko* (Fn. 22), Rn. B/178 ff.

154 Die Literatur bietet verschiedene Lösungsvorschläge an: *Marko* (Fn. 22), Rn. B/173 ff.: Vorbehalt nach *erster* Gesundheitsprüfung; *Boetius* VersR 2008, 1016 (1021): Nichterwähnung des Leistungsausschlusses bei erster Gesundheitsprüfung nur ein Redaktionsversehen des Gesetzgebers.

§ 204 I 1 Nr. 1 Hs. 4 VVG hervor, dass eine Gesundheitsprüfung vor Einstieg in den Basistarif für einen späteren Tarifwechsel relevant sein kann.

V. Anwartschaft

Der Versicherungsnehmer hat ferner das Recht, nach einer durch ihn erfolgten Kündigung des Versicherungsvertrags ohne erneute Gesundheitsprüfung die Versicherung als Anwartschaft fortzuführen (§ 204 IV VVG, § 13 XI MB/KK 2009). Obwohl der Normwortlaut von einer Kündigung spricht, handelt es sich um keinen Kontrahierungszwang auf Abschluss eines neuen Vertrags, sondern um einen auf Vertragsänderung.[155] Das ähnelt wirtschaftlich betrachtet der Beitragsfreistellung in der Lebensversicherung. Allerdings ist dieses Recht begrenzt. Zum einen bezieht es sich nur auf die kleine Anwartschaft.[156] Zum anderen muss die Norm wegen der immanenten Missbrauchsgefahr teleologisch auf Fälle reduziert werden, in denen ein zwingender Grund zur Kündigung durch den Versicherungsnehmer besteht. Beispiel: vorübergehender längerer Auslandsaufenthalt, vorübergehende Versicherungspflicht in der GKV.[157] 766

F. Wechsel des PKV-Versicherers

§ 204 I 1 Nr. 2 VVG legt **kein Recht** auf einen Wechsel des PKV-Unternehmens fest. Die Norm regelt lediglich die Übernahme von Altersrückstellungen. Für den Wechsel gelten die allgemeinen Regeln zum Abschluss eines Vertrages. Daher besteht nur beim Wechsel in den Basistarif eines anderen PKV-Unternehmens in den Grenzen des § 193 V VVG ein Kontrahierungszwang. Daneben hat der Versicherungsnehmer gegenüber seinem alten Versicherer wiederum ein Recht auf Abschluss eines Zusatztarifs (§ 204 I 2 VVG). In dieser Situation ist das Recht auf Zusatzversicherung bereits deshalb nicht praxisgerecht, weil der Versicherungsnehmer dann zwei verschiedene Versicherer hätte. 767

G. Portabilität der Altersrückstellung

Die Mitnahmemöglichkeit von Altersrückstellungen erleichtert wesentlich den Wechsel eines Tarifs bzw. eines PKV-Versicherers. Sie beugt der Vergreisung von Tarifen vor und stärkt den Wettbewerb unter den Unternehmen. Ohne die Portabilität von Rückstellungen wäre ein Wechsel nur für junge Versicherungsnehmer ökonomisch sinnvoll. Versicherte können beim Wechsel in unterschiedlichem Umfang ihre Altersrückstellung mitnehmen (§ 204 VVG, Details in § 13 f. KalV).[158] 768

Beim Tarifwechsel **innerhalb** desselben PKV-Unternehmens übernimmt der Versicherte die Altersrückstellung in voller Höhe in den neuen Tarif (§ 204 I 1 Nr. 1 Hs. 1 VVG). 769

---

155 Ebenso *Boetius* VersR 2008, 1016 (1024).

156 *Marko* (Fn. 22), Rn. B/274.

157 Ausführlich *Marko* (Fn. 22), Rn. B/269 ff. § 15 III 3 MB/KK 2009 hebt den Wohnsitzwechsel ins Ausland als Beispielfall hervor. Ohne diese Beschränkung Prölss/Martin/*Voit* (Fn. 67), § 204 Rn. 49.

158 § 12 I Nr. 5 VAG fordert darüber hinaus die vertragliche Festlegung. § 1 VI MB/KK 2009 setzt die Vorgabe für den Normaltarif um.

770 Beim Wechsel zu einem **anderen** PKV-Versicherer schränkt das Gesetz die Mitnahme der Altersrückstellung in vielerlei Hinsicht ein. In vielen Fällen verfallen die Altersrückstellungen zugunsten der weiterhin im Tarif versicherten Personen (§ 13 a IV 2, V 2 KalV). Die Gründe für die Einschränkungen liegen in der versicherungsmathematischen Möglichkeit und der Komplexität, eine Altersrückstellung individuell zu berechnen. Die gesetzliche Regelung ist teilweise widersprüchlich und muss insgesamt als missglückt bezeichnet werden. Die Restriktionen bei der Portabilität sind im Einzelnen:

771 Erstens kann die innerhalb der Nettoprämie kalkulierte Altersrückstellung nur bis zur Höhe einer Altersrückstellung im **Basistarif** übertragen werden. Der ebenfalls übertragbare Zuschlag nach § 7 KalV wird dagegen nicht gekappt (§ 13 a I, II KalV).[159]

772 Zweitens existiert keine Übertragungsmöglichkeit der Altersrückstellung beim Wechsel von einem PKV-Unternehmen in das **GKV-System** (vgl. § 12 III KalV).

773 Drittens benachteiligt § 204 VVG erheblich die **PKV-Altkunden**. Sie können die Altersrückstellung nur unter sehr engen Voraussetzungen mitnehmen. Zunächst mussten die Altkunden bis zum 30. 6. 2009 in den Basistarif eines anderen Versicherers wechseln (§ 204 I 1 Nr 2 b VVG). Dann müssen sie nach dem Vorbild der Mindestverweildauer in der GKV (§ 175 IV SGB V) erst zumindest **18 Monate** im Basistarif verweilen, um dann nach § 204 I 1 Nr. 1 VVG unter Wahrung der Altersrückstellung aus dem Vertrag mit dem alten Versicherer in den Normaltarif des neuen Versicherers wechseln zu können. Die Frist soll einer Risikoentmischung vorbeugen. Der Versicherungsnehmer sollte deshalb wie erwähnt zur Absicherung eine Anwartschaftsversicherung abschließen. Bei einem Wechsel innerhalb der ersten 18 Monate beschränkt sich die Portabilität auf den Zeitraum seit dem Wechsel vom ersten Versicherer in den Basistarif des neuen Versicherers (§ 13 Ia 1 KalV).

774 Viertens kann der PKV-Altkunde nach dem ersten Wechsel des PKV-Versicherers und dem anschließenden Wechsel in den dortigen **Normaltarif** nicht erneut unter maximaler Mitnahme der Altersrückstellungen zu einem weiteren, **dritten PKV-Versicherer** wechseln.[160] Die Mitnahme der vor dem 1. 1. 2009 angesammelten Altersrückstellungen soll grundsätzlich ein einmaliges Privileg sein. Der PKV-Altkunde wird durch den ersten Wechsel nicht zum PKV-Neukunde, der nach dem Wortlaut des § 204 I 1 Nr. 2 a VVG abseits der Höhenbeschränkung unbegrenzt seine Altersrückstellungen mitnehmen könnte. Er bleibt ein Altkunde (siehe § 13 VIII 2 MB/KK 2009).[161] Beim Wechsel vom **Normaltarif** des Zweitversicherers zum **Basistarif** eines dritten Versicherers beschränkt sich die Portabilität auf die Rückstellungen seit dem Abschluss des Basistarifs beim Zweitversicherer (§ 13 a IV 1 KalV). Dasselbe gilt beim Wechsel in den **Normaltarif** eines Drittversicherers. § 13 a V 2 KalV gewährt einzig und allein beim Wechsel vom **Basistarif** des zweiten in den **Basistarif** des dritten PKV-Versicherers ausnahmsweise die erneute Mitnahme der Altersrückstel-

159 Der insofern missverständliche § 204 I 1 Nr. 2 VVG wird durch die KalV präzisiert. AA MüKoVGG/*Boetius* (Fn. 13), § 204 Rn. 462: Kappung der Altersrückstellungen insgesamt.

160 Dieser Problemkreis wurde erst durch die Zweite VO zur Änderung der KalV v. 5. 1. 2009, BGBl. I 7, geregelt. Ausführlich zu dieser sehr komplexen Materie MüKoVGG/*Boetius* (Fn. 13), § 204 Rn. 471 ff.

161 Vertiefend *Marko* (Fn. 22), Rn. B/210.

lung seit Abschluss der Erstversicherung.[162] Wechselt der Versicherungsnehmer beim dritten Versicherer dann vom **Basistarif** in den **Normaltarif**, ist die Portabilität wiederum auf den Zeitraum seit dem erstmaligen Abschluss beim Zweitversicherer begrenzt (§ 13 Ia 2 KalV).

§ 33 Pflegeversicherung

A. Allgemeines

Die Pflegeversicherung ist nach der gesetzlichen Typologie und Terminologie »Pflegekrankenversicherung« ein Unterfall der Krankenversicherung (§ 192 VI VVG).[163] Die §§ 192 ff. VVG gelten daher auch für die Pflegeversicherung, soweit sie sich allgemein auf die Krankenversicherung als Versicherungssparte beziehen (zB Bereicherungsverbot des § 200 VVG). Daneben gibt es spezielle Normen für die Pflegeversicherung (primär § 192 VI VVG, daneben zB § 197 I 2 VVG für Wartezeiten) sowie Verweise auf andere Typen der Krankenversicherung (siehe §§ 192 VI 2, 192 II VVG für das Übermaßverbot). 775

Zu unterscheiden sind die **Pflegepflichtversicherung** als substitutive Pflichtversicherung analog der Sozialen Pflegeversicherung, die **private Pflegekrankenversicherung** bei Nichtbestehen einer Versicherungspflicht und die **ergänzende Pflegekrankenversicherung** als Leistungserweiterung zur Sozialen Pflegeversicherung bzw. zur Pflegepflichtversicherung. Beim Leistungsinhalt sind die **Pflegekostenversicherung** als Schadensversicherung für die Kostenerstattung und die **Pflegetagegeldversicherung** als Summenversicherung für ein Tagegeld zu unterscheiden. Die Pflegepflichtversicherung enthält beide Elemente, bei der privaten und ergänzenden Pflegekrankenversicherung hängt der Leistungsinhalt von der Tarifgestaltung ab. 776

Im Jahr 2009 bestanden mehr als 9 Millionen private Pflegeversicherungen; das Prämienvolumen betrug 2 Milliarden €, die Altersrückstellungen 20 Milliarden €. Die Versicherungsunternehmen sind dieselben wie bei den übrigen Formen der Krankenversicherungen. Die Literatur kritisierte die Pflegepflichtversicherung vor ihrer Einführung mit ähnlichen Argumenten wie das GKV-WSG. Doch hat das Bundesverfassungsgericht alle Bedenken zurückgewiesen und damit die spätere Entscheidung zum GKV-WSG präjudiziert.[164] Wie bei der Krankheitskostenvollversicherung wäre jedoch eine weiterreichende Integration in die Sozialversicherung, zB durch Enteignung der Altersrückstellungen zugunsten der Sozialversicherung, **verfassungswidrig**.[165] 777

162 BMF, Begründung zur 2. VO zur Änderung der KalV v. 18. 12. 2008, 9, formuliert lapidar: »Gleichzeitig eröffnet Absatz 5 die Möglichkeit, einmalig nach Ablauf der Mindestverweildauer unter Mitnahme des vollen Übertragswerts in den Basistarif eines dritten Unternehmens zu wechseln.« § 13 VII MB/BT 2009 setzt diese neue Norm noch nicht um.

163 § 12 f VAG erklärt dagegen lediglich einzelne VAG-Normen zur Krankenversicherung für »entsprechend« anwendbar.

164 Grundlegend BVerfGE 103, 197; zur Versicherungspflicht von Beamten BVerfG VersR 2002, 1094.

165 Wie hier zB *Depenheuer*, FS Bethge, 301; *Gassner* NZS 2007, 362.

B. Private Pflegepflichtversicherung

778 Die zum 1. 1. 1995 eingeführte private Pflegepflichtversicherung ist bereits ihrem Namen nach eine Pflichtversicherung.[166] Die Versicherungspflicht folgt aus der allgemeinen Krankenversicherungspflicht. Der konstitutive Leistungsinhalt folgt ausnahmsweise nicht aus den AVB, sondern aus dem Gesetz (§§ 110 f. SGB XI). Er orientiert sich eng an der **Sozialen Pflegeversicherung.** Ergänzend gelten die Regeln des VVG (§ 192 VI 3 VVG).

779 In den Details gibt es zwischen Basistarif und Pflegepflichtversicherung Gemeinsamkeiten, aber auch Unterschiede. Die Pflegepflichtversicherung hat mit dem Basistarif einen brancheneinheitlichen Tarif (MB/PPV 2010), einen **Kontrahierungszwang**, die Unzulässigkeit von Leistungsausschlüssen bei Vorerkrankungen, mit Einschränkungen die Prämienbegrenzung auf den Höchstsatz der entsprechenden Sozialversicherung, das Kopfprinzip bei Ehegatten und den Ausgleich unter den PKV-Unternehmen gemeinsam. Dagegen ist bei der Pflegepflichtversicherung im Gegensatz zum Basistarif ein Risikozuschlag erlaubt, eine Prämiendifferenzierung nach Geschlecht ist bereits jetzt untersagt (Unisex-Tarif) und für Kinder gilt das Familienprinzip. Für Altkunden (PKV-Versicherte vor dem 1. 1. 1995) und versicherte Personen im Basistarif gelten nach § 110 I, II SGB XI noch strengere Regeln. Dann ist zB sogar ein Risikozuschlag für Vorerkrankungen ausgeschlossen. Als Ausgleich für die teilweise Außerkraftsetzung des Äquivalenzprinzips müssen sich die PKV-Unternehmen, welche eine Pflegepflichtversicherung anbieten, an einem gemeinsamen Pflegeversicherungspool beteiligen (§ 111 SGB V).

780 Weitere bedeutende Unterschiede sind auf Seiten der Pflegepflichtversicherung der **Rechtsweg zur Sozialgerichtsbarkeit** (§ 51 II SGG) und die Möglichkeit eines Bußgeldes gegen den Versicherungsnehmer bei einem Zahlungsverzug von sechs oder mehr Monatsbeiträgen iHv bis zu 2.500 € (§ 121 I Nr. 6 SGB XI, § 8 VIII 1 MB/PPV 2010). Mit diesen Regelungen hat der Gesetzgeber die Pflegepflichtversicherung der Sozialversicherung weitaus stärker angepasst als den wesentlich jüngeren Basistarif. Zwei grundlegende Unterschiede zur Sozialen Pflegeversicherung verbleiben indessen: Die private Pflegepflichtversicherung basiert weder auf dem Umlageverfahren noch auf dem Sachleistungsprinzip. Wie alle anderen PKV baut sie auf einer Kapitaldeckung und auf dem Kostenerstattungsprinzip auf.

166 Gesetz zur sozialen Absicherung des Risikos der Pflegebedürftigkeit (Pflege-Versicherungsgesetz) v. 26. 5. 1994, BGBl. I 1014 (2797), Art. 68, Inkrafttreten zum 1. 1. 1995.

8. Kapitel. Schutz von Verbrauchern, Nutzern und Patienten im Gesundheitsrecht

Zur Vertiefung: *Igl* (Hrsg.), Verbraucherschutz im Sozialrecht, 2011

§ 34 Überblick

Es gibt noch kein Teilrechtsgebiet, das man als Verbraucher- oder Nutzerschutz[1] im Gesundheitsrecht bezeichnen könnte. Seit einiger Zeit kann man jedoch Entwicklungen verfolgen, die auf ein zunehmendes Bewusstwerden der Problematik des Verbraucherschutzes auch im Gesundheitsrecht hinweisen. Diese Entwicklungen verlaufen in den verschiedenen gesundheitsbezogenen Rechtsgebieten sehr ungleich.[2] **781**

Der Verbraucherschutz auf dem Gebiet des Gesundheitsrechts lässt sich systematisch unterteilen in den durch Institutionen versehenen Verbraucherschutz und in die Rechte, die einzelnen Verbrauchern zustehen. Bei den Institutionen des Verbraucherschutzes sind wiederum verschiedene staatliche, zum Teil auch zivilgesellschaftliche Ebenen angesprochen. Zu erwähnen sind hier beispielsweise die verschiedenen Beauftragten (Patienten- und Behindertenbeauftragte), aber auch nutzerorganisierte Institutionen. **782**

Das Sozialrecht spielt in fast allen gesundheitsrelevanten Handlungsfeldern bei der Ausstattung mit Verbraucherrechten eine besondere Rolle. Darüber hinaus finden sich im Sozialrecht allgemeine Vorkehrungen mit verbraucherschützendem Charakter.[3] **783**

Das Recht der Stellung und des Schutzes von Verbrauchern und Patienten im Gesundheitsrecht wird für die rechtsanwendende Praxis in Zukunft noch mehr als bisher an Bedeutung gewinnen. Bisher war es vor allem das zivile Haftungsrecht, das Patienten einen nachträglichen Schutz bei Schädigungen bietet. Es steht zu erwarten, dass auch die der Inanspruchnahme von Gesundheitsleistungen vorgeschaltete Information und Beratung in Zukunft größeren Raum einnehmen wird. **784**

Im Folgenden kann nur ein Überblick über die wichtigsten Vorschriften und Institutionen des Verbraucherschutzes im Gesundheitsrecht gegeben werden, wobei zwischen **gesundheitsbezogenen Dienstleistungen** und **gesundheitsbezogenen Waren** unterschieden wird. **785**

---

1 Im Folgenden wird der Einfachheit halber stets von Verbraucher und Verbraucherschutz gesprochen, s. zu den Begrifflichkeiten *Welti* in Igl (Hrsg.), Verbraucherschutz im Sozialrecht, 2011, 23 ff. Die Verwendung des Begriffes Patientenschutz außerhalb des SGB V verbietet sich insofern, als pflegebedürftige und behinderte Menschen in der Regel nicht als Patienten bezeichnet werden.

2 S. die Beiträge in *Igl* (Fn. 1).

3 S. dazu unten § 35.

§ 35 Allgemeine verbraucherbezogene Vorkehrungen im Sozialrecht

A. Aufklärung, Beratung und Auskunft

786 Das **Sozialrecht** begegnet der Informationsasymmetrie zwischen Bürger und Sozialleistungsträger auf vielfache Weise. Zentral stehen hier die §§ 13 - 15 SGB I, in denen Aufklärungs-, Beratungs- und Auskunftsrechte und –pflichten geregelt sind.[4]

787 Die in § 13 SGB I geregelte **Aufklärung** normiert Informationspflichten gegenüber der Bevölkerung vor dem Hintergrund, dass jemand seine sozialen Rechte kennen muss, um sie geltend machen zu können. Diese Aufklärungspflicht ist objektives Recht, konstituiert aber keine subjektiven Rechte.

788 Als subjektive Rechte sind die **Beratungs- und Auskunftspflichten** in §§ 14 und 15 SGB I ausgestaltet. Während die **Auskunftspflicht** (§ 15 SGB I) vor allem der Orientierung im Sozialleistungsrecht dient, begründet die **Beratungspflicht** (§ 14 SGB I) einen Anspruch auf individuelle **Beratung** über Rechte und Pflichten nach dem SGB durch die zuständigen Leistungsträger.

789 Eine **Verletzung von Beratungs- und Auskunftspflichten** kann Haftungsansprüche im Rahmen des **sozialrechtlichen Herstellungsanspruchs**[5] bewirken. Die Geltendmachung dieses Anspruchs wird dadurch erleichtert, dass ein Verschulden seitens der beratungs- oder auskunftspflichtigen Behörde nicht erforderlich ist.

B. Wunsch- und Wahlrechte bei der Leistungsgestaltung

790 Die Vorstellung, einen Sozialleistungsberechtigten nicht nur als Objekt, dh als Adressaten einer Leistung zu verstehen, sondern ihn als Subjekt in die Leistungsgestaltung einzubeziehen, ist noch vor Inkrafttreten des Sozialgesetzbuchs im Bundessozialhilfegesetz (BSHG) als Wunsch- und Wahlrecht des Hilfebedürftigen verankert worden.[6] Im Sozialgesetzbuch (SGB) ist diese Vorstellung dann im Allgemeinen Teil, geltend für alle Leistungsbereiche, als **Wunsch- und Wahlrecht** Leistungsberechtigter bei der Ausgestaltung von Rechten und Pflichten übernommen worden (§ 33 SGB I).

791 Dieses **Wunsch- und Wahlrecht** steht im Zusammenhang der Konkretisierung von Leistungsansprüchen. Es betrifft vor allem Sach- und Dienstleistungen, denn Geldleistungen ergeben sich fast immer eindeutig aus dem Gesetz. Sind die Leistungen nach Art und Umfang nicht im Einzelnen bestimmt, sind bei ihrer Ausgestaltung die persönlichen Verhältnisse, der Bedarf und die Leistungsfähigkeit zu berücksichtigen und angemessenen Wünschen der Berechtigten zu entsprechen (§ 33 SGB I). Zu dieser allgemeinen, für das gesamte vom SGB erfasste Leistungsrecht SGB treten in den einzelnen Leistungsbereichen besondere Ausprägungen, so bei Leistungen zur Teilhabe[7] und in der Kinder- und Jugendhilfe,[8] während die individuelle Konkretisierung in Krankenbehandlung und Pflege nach freier Wahl unter den zugelassenen

4 Zum Folgenden grundlegend *Welti* (Fn. 1).
5 S. hierzu etwa *Igl/Welti*, Sozialrecht, 2007, 361 ff.
6 S. jetzt § 9 II und III SGB XII.

Leistungserbringern[9] zwischen diesen und den Patienten und Pflegebedürftigen stattfindet.

§ 36 Gesundheitsbezogene Dienstleistungen

A. Bei Krankheit

Von den zahlreichen Vorkehrungen des Nutzer- und Patientenschutzes auf dem Gebiet der Versorgung bei Krankheit sollen hier auf dem Gebiet des SGB V nur der Patientenbeauftragte, die Beratung bei Behandlungsfehlern und der Inhalt eines möglichen Patientenrechtegesetzes behandelt werden.[10] 792

I. Patientenbeauftragter

Seit dem 1. 1. 2004 existiert ein **Beauftragter der Bundesregierung für die Belange der Patientinnen und Patienten** (§ 140 h I SGB V). Dessen Aufgabe ist es, darauf hinzuwirken, dass die Belange von Patientinnen und Patienten besonders hinsichtlich ihrer Rechte auf umfassende und unabhängige Beratung und objektive Information durch Leistungserbringer, Kostenträger und Behörden im Gesundheitswesen und auf die Beteiligung bei Fragen der Sicherstellung der medizinischen Versorgung berücksichtigt werden. Er setzt sich bei der Wahrnehmung dieser Aufgabe dafür ein, dass unterschiedliche Lebensbedingungen und Bedürfnisse von Frauen und Männern beachtet und in der medizinischen Versorgung sowie in der Forschung geschlechtsspezifische Aspekte berücksichtigt werden (§ 140 h II SGB V). Der Patientenbeauftragte wird auch bei Gesetzes-, Verordnungs- und sonstigen wichtigen Vorhaben beteiligt, wenn sie patientenrelevant sind (§ 140 h III 1 SGB V). 793

Das Amt ist dem Behindertenbeauftragten nachgebildet.[11] Ebenso wie dieser hat er keine direkte verbraucherschützende Funktion in einem konkreten Verbraucherschutzverhältnis, sondern wird auf politischer Ebene iSd Wahrung von Patienteninteressen tätig. 794

II. Unterstützung durch Krankenkassen in Haftungsfällen

Die Krankenkassen können die Versicherten bei der Verfolgung von Schadensersatzansprüchen, die bei der Inanspruchnahme von Versicherungsleistungen aus Behandlungsfehlern entstanden sind, unterstützen (§ 66 SGB V). Diese Leistung ist als Ermessensleistung ausgestaltet. Verschiedene Krankenkassen haben hierzu ein Behandlungsfehlermanagement vorgesehen. Dabei kann auch der MDK eingeschaltet werden (§ 275 III Nr. 4 SGB V).[12] 795

---

7 § 9 I SGB IX; dazu BSGE 93, 183; *Fuhrmann/Heine* SGB 2009, 416; *Welti* SGB 2003, 379; *Schütte* NDV 2003, 416.

8 § 5 SGB VIII.

9 § 76 I SGB V.

10 Ausführlich zum Verbraucherschutz in der Gesetzlichen Krankenversicherung *Felix* in Igl (Fn. 1), 41 ff.

11 Dazu Rn. 803.

12 Zum Beratungsumfang s. Spickhoff/*Nebendahl*, Medizinrecht, 2011, SGB V § 66 Rn. 5.

III. Patientenrechtegesetz (Eckpunkte)

796 Seit einiger Zeit wird die Einführung eines Patientenrechtegesetzes diskutiert. Mittlerweile liegen Eckpunkte für ein Patientenrechtegesetz vor.[13] Mit dem Patientenrechtegesetz soll auf der einen Seite mehr Übersichtlichkeit über die Rechte von Patienten geschaffen werden; auf der anderen Seite soll das Gesetz auch wichtige inhaltliche Änderungen bewirken. Bei dem gesetzlichen Vorhaben kann unterschieden werden zwischen den **sozialrechtlich zu gestaltenden Patientenrechten** und den **Rechtsbeziehungen zwischen Arzt und Patient.**

797 Bei den **sozialrechtlich zu gestaltenden Patientenrechten** werden folgende Bereiche angesprochen:

- Sicherung der unabhängigen Patienteninformation;
- Stärkung der Patientenbeteiligung;
- Stärkung der Rechte der Patienten gegenüber Leistungsträgern, insbesondere bei der Unterstützung bei Behandlungs- und Pflegefehlern, beim Übergang zwischen unterschiedlichen Leistungssektoren, bei den Bewilligungsverfahren von Sozialversicherungsträgern;
- Förderung der Fehlervermeidungskultur durch Stärkung der Risikomanagement- und Fehlermeldesysteme;
- Förderung des Beschwerdemanagements in den Krankenhäusern.

798 Bei den **Rechtsbeziehungen zwischen Arzt und Patient** geht es um

- die Aufnahme des Behandlungsvertrages in das BGB und die Schaffung gesetzlicher Aufklärungs- und Dokumentationspflichten;
- die Kodifizierung eines umfassenden Haftungssystems;
- die Stärkung von Verfahrensrechten bei Behandlungsfehlerverdacht durch einheitliche Schlichtungsverfahren und Einrichtung spezialisierter Kammern bei den Landgerichten

B. Bei Pflegebedürftigkeit

799 Pflegebedürftige und von Pflegebedürftigkeit bedrohte Menschen, aber auch ihre Angehörige haben wegen der meistens sehr einschneidenden Veränderung in der persönlichen und familiären Lebenssituation einen besonderen Beratungsbedarf. Weiter besteht wegen der personellen Abhängigkeit von Pflegeleistungen insbesondere in stationären Pflegeeinrichtungen ein erhöhter Schutzbedarf. Letzterer ist schon früh erkannt worden. Mit dem Heimgesetz (HeimG) von 1974[14] sind zum ersten Mal verbraucherschützende Regelungen auf diesem Gebiet ergangen. Dieses Gesetz enthielt schon einige Grundlagen für das, was mittlerweile im Wohn- und Betreuungsvertragsgesetz (WBVG)[15] verbraucherschutzrechtlich gefasst ist, und was heute zum Teil auch in den Nachfolgegesetzen der Länder zum HeimG Gegenstand ist: Die Verpflichtung, das Heimverhältnis vertraglich zu regeln, die Sicherung der wirtschaft-

13 Vom 22. 3. 2011, abgedruckt in MedR 2011, 236 ff.; hierzu *Zöller* MedR 2011, 229. S. auch unter *Der Patientenbeauftragte der Bundesregierung, Bundesministerium für Gesundheit, Bundesministerium der Justiz,* Patientenrechte in Deutschland (www.patientenbeauftragter.de).

14 Gesetz über Altenheime, Altenwohnheime und Pflegeheime für Volljährige (Heimgesetz - HeimG) v. 7. 8. 1974, BGBl. I 1873.

15 Gesetz zur Regelung von Verträgen über Wohnraum mit Pflege- oder Betreuungsleistungen (Wohn- und Betreuungsvertragsgesetz - WBVG) v. 29. 7. 2009, BGBl. I 2319.

lichen Interessen der Heimbewohner, die Mitwirkung in Heimangelegenheiten und schließlich die Sicherung der Strukturqualität durch Vorschriften zu den Baulichkeiten und der Personalausstattung.

Im Folgenden kann nur auf zwei der wichtigsten verbraucherschützenden Vorkehrungen in der **Sozialen Pflegeversicherung (SGB XI)** eingegangen werden, die Pflegestützpunkte und die Pflegeberatung.[16] 800

I. Pflegestützpunkte

Die **Aufgaben der Pflegestützpunkte** sind (§ 92 c II 1 Nr. 1–3 SGB XI): 801

- umfassende sowie unabhängige Auskunft und Beratung zu den Rechten und Pflichten nach dem Sozialgesetzbuch und zur Auswahl und Inanspruchnahme der bundes- oder landesrechtlich vorgesehenen Sozialleistungen und sonstigen Hilfsangebote;
- Koordinierung aller für die wohnortnahe Versorgung und Betreuung in Betracht kommenden gesundheitsfördernden, präventiven, kurativen, rehabilitativen und sonstigen medizinischen sowie pflegerischen und sozialen Hilfs- und Unterstützungsangebote einschließlich der Hilfestellung bei der Inanspruchnahme der Leistungen;
- Vernetzung aufeinander abgestimmter pflegerischer und sozialer Versorgungs- und Betreuungsangebote.

II. Pflegeberatung

Das wichtigste verbraucherschutzrechtliche Instrument im Zusammenhang der **Leistungserschließung** stellt die **Pflegeberatung** dar (§ 7 a SGB XI). Pflegeberatung wird im Rahmen der Pflegestützpunkte geleistet (§ 7 a IV 1 SGB XI). Dabei ist die Pflegeberatung hauptsächlich auf das Fallmanagement ausgerichtet (§ 7 a I 2–4 SGB XI), erstreckt sich aber auch auf die Auswahl und Inanspruchnahme von bundes- oder landesrechtlich vorgesehenen Sozialleistungen sowie sonstigen Hilfsangeboten, die auf die Unterstützung von Menschen mit Pflege-, Versorgungs- oder Betreuungsbedarf ausgerichtet sind. Die Pflegeberatung ist der erste Schritt hin zur konkreten Leistungsgestaltung durch individuelle Beratung und Hilfestellung. Berechtigt sind die potenziellen Leistungsbezieher nach dem SGB XI. Auf Wunsch sind Angehörige einzubeziehen (§ 7 a II SGB XI). Zuständig sind Pflegeberater, die in Pflegestützpunkten tätig werden (§ 7 a IV 1 SGB XI). Die Pflegeberatung wird von den Pflegekassen finanziert (§ 7 a IV 5 SGB XI). 802

C. Bei Behinderung

I. Behindertenbeauftragte

Behindertenbeauftragte finden sich auf **Bundes- und Landesebene**. Sie sind rechtlich im Behindertengleichstellungsgesetz (BBG)[17] und in den Landesbehindertengleichstellungsgesetzen verankert. 803

16 S. im Einzelnen zum Verbraucherschutz in der Pflegeversicherung *Igl* in Igl (Fn. 1), 93 ff.

17 Gesetz zur Gleichstellung behinderter Menschen (Behindertengleichstellungsgesetz - BGG) v. 27. 4. 2002, BGBl. I 1467, 1468.

804 Der **(Bundes-)Beauftragte für die Belange behinderter Menschen** wird von der Bundesregierung bestellt (§ 14 BGG). Seine Aufgabe ist es, darauf hinzuwirken, dass die Verantwortung des Bundes, für gleichwertige Lebensbedingungen für Menschen mit und ohne Behinderungen zu sorgen, in allen Bereichen des gesellschaftlichen Lebens erfüllt wird. Er setzt sich bei der Wahrnehmung dieser Aufgabe dafür ein, dass unterschiedliche Lebensbedingungen von behinderten Frauen und Männern berücksichtigt und geschlechtsspezifische Benachteiligungen beseitigt werden. Zur Wahrnehmung seiner Aufgaben beteiligen ihn die Bundesministerien bei allen Gesetzes-, Verordnungs- und sonstigen wichtigen Vorhaben, soweit sie Fragen der Integration von behinderten Menschen behandeln oder berühren (§ 15 I und II BGG).

II. Beratung und Unterstützung durch Servicestellen

805 Angesichts der besonders hohen Komplexität des Teilhaberechtes und der Leistungen zur Teilhabe und der Zuständigkeiten hierfür besteht auf diesem Gebiet ein besonderer Bedarf an Beratung und Unterstützung. Hierzu sind **Gemeinsame örtliche Servicestellen der Rehabilitationsträger**[18] geschaffen worden, die eine Reihe von klärenden Aufgaben haben (§ 22 I SGB IX). Allerdings sind die Gemeinsamen Servicestellen, anders als die Pflegestützpunkte, nicht mit einem Fallmanagement betraut. Gemeinsame Servicestellen sind in allen Landkreisen und kreisfreien Städten zu errichten (§ 23 II SGB IX).

§ 37 Gesundheitsbezogene Waren

806 Im Folgenden werden verbraucherschutzrelevante Vorschriften nur im Zusammenhang mit **Arzneimitteln** und **Medizinprodukten** aufgeführt.

A. Produktinformation

I. Arzneimittel

807 Verbraucherbezogene Informationen über Fertigarzneimittel sind die **Gebrauchsinformation** (§ 11 AMG) und die **Fachinformation** (§ 11 a AMG). Die Gebrauchsinformation findet sich auf der Packungsbeilage. Die Fachinformation, die Ärzten auf Anforderung zur Verfügung zu stellen ist, ist eine Gebrauchsinformation für Fachkreise, die den Zweck hat, dem Arzt eine speziell auf den Patienten abgestimmte Information zu geben.

II. Medizinprodukte

808 Die Verbraucherinformation über Medizinprodukte bezieht sich auf die Gewährleistung bestimmter Standards, die durch die **CE-Kennzeichnung** signalisiert werden (§ 9 MPG), auf die **Information durch Medizinprodukteberater,** die die fachliche Information und die Einweisung in die sachgerechte Handhabung der Medizinprodukte gegenüber den Fachkreisen vornehmen (§ 31 I MPG) und die **Sammlung und**

18 Ausführlich hierzu *Reza F. Shafaei*, Die gemeinsamen Servicestellen für Rehabilitation, 2008.

Bereitstellung von Informationen über Medizinprodukte in einer Datenbank (§ 33 MPG).

B. Produkthaftung

I. Arzneimittel

Das Arzneimittelrecht enthält ein **besonderes Haftungsrecht**, das Teil der Produzentenhaftung ist (§§ 84–94 a AMG). Die Haftung ist strenger als nach dem allgemeinen Haftungsrecht im BGB und im ProdHaftG.[19] 809

Durch eine **Deckungsvorsorge**, die durch Abschluss einer Haftpflichtversicherung erbracht werden kann, hat der pharmazeutische Unternehmer dafür Vorsorge zu treffen, dass er seinen gesetzlichen Verpflichtungen zum Ersatz von Schäden nachkommen kann, die durch die Anwendung eines von ihm in den Verkehr gebrachten, zum Gebrauch bei Menschen bestimmten Arzneimittels entstehen (§ 94 AMG). 810

II. Medizinprodukte

Anders als das Arzneimittelrecht kennt das Medizinprodukterecht noch keine eigenen Haftungsvorschriften. Einschlägig für die Haftung ist das **ProdHaftG**,[20] das eine beschränkte Gefährdungshaftung enthält. 811

19 Spickhoff/*Spickhoff* (Fn. 12), AMG § 84 Rn. 1, zur Rechtsnatur der Haftung Rn. 2.

20 Gesetz über die Haftung für fehlerhafte Produkte (Produkthaftungsgesetz - ProdHaftG) v. 15. 12. 1989, BGBl. I 2198.

9. Kapitel. Außergerichtliche Konfliktlösung

Zur Vertiefung: *Meurer,* Außergerichtliche Streitbeilegung in Arzthaftungssachen unter besonderer Berücksichtigung der Arbeit der Gutachterkommissionen und Schlichtungsstellen bei den Ärztekammern, 2008

Kommentare und Handbücher (ohne Sozialleistungsrecht): *Schnapp* (Hrsg.), Handbuch des sozialrechtlichen Schiedsverfahrens, 2004; *Deutsch/Spickhoff,* Medizinrecht, 6. Aufl. 2008, Abschnitt XII: Schlichtungsstellen und Gutachterkommissionen der Ärztekammern, 313 ff.

§ 38 Gründe und Formen für außergerichtliche Konfliktlösungen im Gesundheitsrecht

Für außergerichtliche Konfliktlösungen gibt es eine Reihe von Gründen, warum sie Gerichtsverfahren vorzuziehen sind. Dazu zählen etwa die schnellere Verfahrenserledigung, die Kostengünstigkeit, die größere Sachnähe in hochspezialisierten Angelegenheiten. Im Gesundheitsrecht kommen weitere Gründe hinzu, die sich nach den verschiedenen Konstellationen, in denen sich die Beteiligten befinden, unterscheiden. 812

Im **Verhältnis zwischen dem Arzt** (Krankenhaus, Pflegeeinrichtung) **und dem Patienten** geht es vor allem um Haftungsfragen zivilrechtlicher Art. Der Patient befindet sich hier in einer asymmetrischen Informationssituation, in der etwa Fragen der Begutachtung im Zusammenhang seines erlittenen Schadens (Vorliegen eines Behandlungsfehlers, Feststellung der Kausalität) eine wichtige Rolle spielen können. Dabei kann sich die Tätigkeit einer entsprechenden Stelle nur auf die Frage des Vorliegens eines Behandlungsfehlers oder schon weiter gefasst auf den gesamten Haftungsgrund beziehen. Hier können zB **Gutachter- und Schlichterkommissionen** helfen. Auch der Einsatz der **Mediation** kann hier streitklärend wirken.[1] 813

Eine andere Dimension wird angesprochen, wenn es um **Streitigkeiten im sozialrechtlichen Leistungserbringungsverhältnis** zwischen Sozialleistungsträgern, meist Krankenkassen und deren Verbände, und Leistungserbringern (vor allem Ärzte, Krankenhäuser, Pflegeeinrichtungen) geht. Auf diesem Gebiet hat sich seit langer Zeit ein mittlerweile sehr differenziertes **Schiedswesen** entwickelt, das für die jeweiligen Sozialleistungsbereiche spezifisch gesetzlich reguliert und in Aufbau und Ablauf rechtsförmig gestaltet ist und dessen Entscheidungen – mit wenigen Ausnahmen - richterlicher Kontrolle unterliegen. Man kann insofern von rechtlich institutionalisierter außergerichtlicher Konfliktlösung sprechen. Dabei ist die Anrufung der außergerichtlichen Konfliktlösungsinstanzen (Schiedsstellen; Schiedsämter) in der Regel rechtlich zwingend vor der Anrufung der Gerichte ausgestaltet. 814

1 S. hierzu insgesamt *Meurer,* Außergerichtliche Streitbeilegung in Arzthaftungssachen unter besonderer Berücksichtigung der Arbeit der Gutachterkommissionen und Schlichtungsstellen bei den Ärztekammern, 2008.

§ 39 Schiedswesen

A. Funktion, Geschichte und Bereiche

815 Die **Funktion** von Schiedsverfahren im Sozialrecht muss vor dem Hintergrund der Organisation der Erbringung von Dienstleistungen gesehen werden. Bei den Gesundheitsdienstleistungen herrscht das Natural- oder Sachleistungsprinzip vor, wonach der Sozialleistungsträger dem Leistungsberechtigten zwar die Dienstleistung schuldet, sie aber nicht selbst erbringt, sondern die Leistungserbringung durch Dritte (zB Ärzte, Krankenhäuser, Pflegeeinrichtungen) im Vertragswege organisiert (sozialrechtliches Dreiecksverhältnis). Die Verträge zwischen Sozialleistungsträgern und Leistungserbringern erfassen dabei in der Regel die Leistungsinhalte und die Leistungsvergütungen. Der Sozialleistungsträger ist wegen seiner dem Leistungsberechtigten gegenüber bestehenden Leistungsverpflichtung darauf angewiesen, dass die Leistung durch den Leistungserbringer erbracht wird. Deshalb darf es keinen vertragslosen oder streitigen Zustand im Leistungserbringungsverhältnis geben. Als Lösung für diesen Konflikt bietet sich ein Schiedsverfahren an.

816 Die Lösung von Vertragskonflikten im Wege eines Schiedsverfahrens setzt eine Stelle voraus, die dieses Schiedsverfahren betreibt. Dies sind die **Schiedsämter** und **Schiedsstellen**. Ihre Besetzung muss garantieren, dass die Interessen der Vertragsbeteiligten repräsentiert werden. Dies geschieht durch paritätische **Besetzung der Schiedsbank** mit Repräsentanten der Vertragsparteien. Weiter ist sicherzustellen, dass im Falle der Stimmengleichheit kein Patt entsteht. Hierzu dient die Besetzung der Schiedsbank mit einem oder mehreren unparteiischen Mitgliedern in ungerader Zahl. Den Vorsitz hat ein unparteiisches Mitglied. Die Schiedsverfahren werden durch **Verfahrensordnungen** (durch Rechtsverordnung oder durch eigene Geschäftsordnung) geregelt.

817 Die sozialrechtlichen Schiedsverfahren haben sich grundsätzlich gut bewährt. Sie gewährleisten eine im Vergleich zu Gerichtsverfahren verhältnismäßig zügige Behandlung der an sie herangetragenen Angelegenheiten und sichern aufgrund ihrer Besetzung in der Regel Entscheidungen, die von hoher Sachkenntnis getragen sind. Sie können auch der Befriedung der Vertragsparteien dienen, die bei Vertragsverhandlungen manchmal nur noch die Interessen ihrer Institution, nicht aber so sehr das gemeinschaftlich zu erreichende Ziel im Auge haben.

818 Schiedsverfahren haben auf dem Gebiet der **Gesetzlichen Krankenversicherung** eine lange Tradition. Sie reichen zurück zum Beginn des Kassenarztwesens.[2] Die Funktion von Schiedsverfahren war die Entscheidung im Streitfall über den Abschluss und den Inhalt von Verträgen zwischen Ärzten und Krankenkassen. Sie sind auf diesem Gebiet bis heute von nicht zu unterschätzender Bedeutung. Zuständig sind die **Schiedsämter** (§ 89 SGB V).

819 Das Modell des Schiedsverfahrens wurde später auf dem Gebiet der **Krankenhausfinanzierung** übernommen und sollte auch dort das Vertragswesen im Verhältnis zwischen Krankenkassen und Krankenhäusern stärken. Wie auf dem Gebiet der

2 Zur Geschichte s. Schnapp/*Düring*, Handbuch des sozialrechtlichen Schiedsverfahrens, 2004, Rn. 1 ff.

Gesetzlichen Krankenversicherung sind die gesetzlich zugewiesenen Aufgaben angestiegen. Zuständig sind die **Schiedsstellen** (§ 18 a KHG).

In der **Sozialen Pflegeversicherung** waren von Anfang ein Schiedsverfahren und **Schiedsstellen** vorgesehen (§ 76 SGB XI). Mittlerweile ist der traditionelle Aufgabenbereich der Schiedsstellen, vor allem in Vergütungsangelegenheiten zu entscheiden, erheblich erweitert worden in Richtung auf Entscheidungen auch in Angelegenheiten der Qualitätssicherung (§ 113 b SGB XI). 820

Im **Sozialhilferecht** wurde die **Schiedsstelle** (§ 94 BSHG) der Schiedsstelle in der Sozialen Pflegeversicherung nachgebildet, dann aber in ihrem Zuständigkeitsbereich erheblich eingeschränkt (§ 80 SGB XII). 821

B. Schiedsämter und Schiedsstellen in der Gesetzlichen Krankenversicherung (SGB V)

I. Bereiche

Die Schiedsämter werden als **Landes- und Bundesschiedsämter** je für die **vertragsärztliche und die vertragszahnärztliche Versorgung** (§ 89 II und IV SGB V) sowie für die **Vergütung zahntechnischer Leistungen** (§ 89 VII und VIII SGB V) gebildet. 822

Schiedsstellen auf Bundesebene existieren auf dem Gebiet der Arzneimittelversorgung (§ 129 VIII SGB V) und über Versorgung mit Hebammenhilfe (§ 134 a IV SGB V). Da auch für die ärztliche Versorgung von Versicherten in einem Basistarif der privaten Krankenversicherung Verträge abzuschließen sind, ist hierfür ebenfalls eine Schiedsstelle eingerichtet worden (§ 75 IIIc SGB V). Mit dem Arzneimittelmarktneuordnungsgesetz (AMNOG)[3] wurde eine neue Schiedsstelle auf Bundesebene[4] eingeführt, die über Vereinbarungen zwischen dem Spitzenverband Bund der Krankenkassen und pharmazeutischen Unternehmern über Erstattungsbeträge für Arzneimittel entscheidet (§ 130 b V SGB V).[5] 823

Schiedsstellen auf Landesebene werden von den Landesverbänden der Krankenkassen und den Ersatzkassen gemeinsam und den Landeskrankenhausgesellschaften oder den Vereinigungen der Krankenhausträger im Land gemeinsam gebildet. Diese entscheidet in den ihr nach dem SGB V zugewiesenen Aufgaben auf dem Gebiet der Krankenhausversorgung (§ 114 SGB V). Sie wird auch als **erweiterte Schiedsstelle** tätig (§ 115 III SGB V). S. jetzt auch die Schiedsstelle nach § 111 b SGB V. 824

Im Folgenden wird nur auf die Schiedsämter nach § 89 SGB V eingegangen. 825

II. Rechtsgrundlagen

Neben § 89 SGB V ist als Rechtsgrundlage die Schiedsamtsverordnung (SchiedsAmtsO)[6] zu nennen. Ergänzend zu den Verfahrensregelungen der SchiedsAmtsO 826

3 Vom 22. 12. 2010, BGBl. I 2262.
4 Kritisch hierzu *Ebsen* GuP 2011, 41 (43).
5 S. auch noch die ad-hoc-Schiedsstelle nach § 92 Ia 5 SGB V.
6 Verordnung über die Schiedsämter für die vertragsärztliche (vertragszahnärztliche) Versorgung (Schiedsamtsverordnung – SchiedsAmtsO) v. 28. 5. 1957 (BGBl. I 570); Ermächtigungsgrundlage in § 89 VI SGB V.

sind die verwaltungsverfahrensrechtlichen Vorschriften des SGB X heranzuziehen. Die Schiedsämter können sich Geschäftsordnungen geben.

III. Zuständigkeit

827 Das **Schiedsamt** setzt den Inhalt eines Vertrages über die vertragsärztliche Versorgung fest (§ 89 I 1 und 3 SGB V). Welcher **Vertrag schiedsfähig** ist, ist im Einzelnen nicht gesetzlich bestimmt. Schiedsfähig sind alle Verträge, für die die jeweiligen Vertragsparteien zuständig sind,[7] dh für die Bundesmantelverträge (§ 82 I und II SGB V), die Gesamtverträge (§ 83 SGB V), die arznei- und heilmittelrechtlichen Budget- und Richtgrößenvereinbarungen (§ 84 SGB V), Vereinbarungen im Zusammenhang mit der Festsetzung der Gesamtvergütung (§§ 85, 87 a SGB V), Vereinbarungen über den Inhalt und die Durchführung von Wirtschaftlichkeitsprüfungen (§ 106 III SGB V), Vereinbarungen für die Krankenversicherungskarte (§ 291 III SGB V) und die Übermittlung von Leistungsdaten (§ 295 III SGB V), Festsetzung von Verträgen über ambulantes Operieren im Krankenhaus, hier erweitert um Vertreter der Deutschen Krankenhausgesellschaft (§ 115 b III iVm § 89 IV SGB V).

828 Die **Zuständigkeit des Schiedsamtes** bestimmt sich weiter nach der **Verbandskompetenz des Schiedsamtes.** Für Verträge auf Landesebene sind die Landesschiedsämter, für Verträge auf Bundesebene ist die Bundesschiedsämter zuständig. Es besteht kein hierarchisches Verhältnis zwischen den Landesschiedsämtern und den Bundesschiedsämtern. Die Bundesschiedsämter sind also nicht Berufungs- oder Revisionsinstanz für Entscheidungen der Landesschiedsämter.

829 Die **örtliche Zuständigkeit der Landesschiedsämter** bestimmt sich nach dem Bezirk der Kassenärztlichen Vereinigung.[8]

IV. Organisation – Zusammensetzung - Aufsicht

830 **Schiedsämter** setzen sich paritätisch aus Vertretern der Ärzte und Krankenkassen und drei unparteiischen Mitgliedern, von denen einer den Vorsitz innehat (§ 89 II und IV SGB V). Die verschiedenen Schiedsstellen sind ebenfalls paritätisch besetzt und haben drei unparteiische Mitglieder. Schiedsämter unterliegen der **Rechtsaufsicht** (§ 89 V SGB V). Ob Schiedsämter als **Behörden** und, wenn ja, als Behörden welcher Art zu qualifizieren sind, ist strittig.[9]

V. Verfahren

831 Das Verfahren kann auf dreierlei Weise eingeleitet werden: Wenn ein Vertrag nicht zustande gekommen ist, auf schriftlichen Antrag einer der beiden Vertragsparteien; von Amts wegen, wenn eine Vertragspartei einen bestehenden Vertrag gekündigt hat (§ 89 I SGB V); eingeleitet durch die Aufsichtsbehörde, wenn entgegen der gesetzlichen Verpflichtung keine Vertragspartei einen Antrag gestellt hat (§ 89 Ia SGB V).

832 Das Schiedsamt entscheidet aufgrund mündlicher Verhandlung innerhalb von drei Monaten nach Beginn des Schiedsamtsverfahrens (§ 89 I und Ia SGB V). Bis zur Entscheidung gilt der bisherige Vertrag weiter (§ 89 I 4 SGB V).

---

7 Becker/Kingreen/*Kingreen* SGB V, 2. Aufl. 2010, § 89 Rn. 4.
8 Dies ist § 89 IIII SGB V und § 1 IV SchiedsAmtsO zu entnehmen.
9 S. hierzu Schnapp/*Düring* (Fn. 2), Rn. 38 ff.

VI. Entscheidung

Die Entscheidung des Schiedsamtes besteht in einem **Schiedsspruch**, der den Vertragsinhalt verbindlich festsetzt. Der Schiedsspruch wirkt in Richtung auf die Verfahrensbeteiligten als **vertragsgestaltender Verwaltungsakt** und in Richtung auf die Mitglieder der Verfahrensbeteiligten als **Normsetzungsvertrag** (sog. Doppelnatur des Schiedsspruchs).[10] **833**

Bestimmte Entscheidungen des Schiedsamtes sind der Aufsichtsbehörde vorzulegen. Zu den **Aufsichtsvorschriften** über die Entscheidungen des Schiedsamtes s. § 89 V 4 und 5 SGB V.[11]

VII. Rechtsschutz

Die Vertragsparteien können eine Entscheidung des Schiedsamtes, die einen Verwaltungsakt darstellt, **anfechten** (§ 54 SGG). Die Klage hat **keine aufschiebende Wirkung** (§ 89 I 6 SGB V). Die Kontrolldichte der Sozialgerichte ist insofern eingeschränkt, als dem Schiedsamt in der Vertragsgestaltung ein gewisser Gestaltungsspielraum gelassen werden muss. Das BSG[12] führt hierzu wörtlich aus: »Dementsprechend sind sie [sc. die Schiedssprüche] nur daraufhin zu überprüfen, ob sie die grundlegenden verfahrensrechtlichen Anforderungen und in inhaltlicher Hinsicht die zwingenden rechtlichen Vorgaben eingehalten haben. In formeller Hinsicht wird geprüft, ob das Schiedsamt den von ihm zu Grunde gelegten Sachverhalt in einem fairen Verfahren unter Wahrung des rechtlichen Gehörs ermittelt hat und sein Schiedsspruch die Gründe für das Entscheidungsergebnis ausreichend erkennen lässt. Die inhaltliche Kontrolle ist darauf beschränkt, ob der vom Schiedsspruch zu Grunde gelegte Sachverhalt zutrifft und ob das Schiedsamt den ihm zustehenden Gestaltungsspielraum eingehalten, dh insbesondere die maßgeblichen Rechtsmaßstäbe beachtet hat.« **834**

C. Krankenhausfinanzierung (KHG – KHEntgG)

I. Bereiche

Die **(Landes-)Schiedsstelle** nach § 18 a I–V KHG ist im Rahmen des Pflegesatzverfahrens nach § 18 KHG (Vereinbarung der der Pflegesätze) zuständig. Sie ist auch nach dem KHEntgG für Vereinbarungen zum Landesbasisfallwert (§ 10 KHEntgG) und für krankenhausindividuelle Vereinbarungen (§ 11 KHEntgG) zuständig (§ 13 KHEntgG). **835**

Auf **Bundesebene** ist die Schiedsstelle nach § 18 a VI KHG zuständig. Sie ist auch nach dem KHEntgG für Vereinbarungen auf Bundesebene zuständig (§ 9 II KHEntgG). **836**

10 Im Einzelnen s. Schnapp/*Düring* (Fn. 2), Rn. 101 ff.
11 S. hierzu Becker/Kingreen/*Kingreen* (Fn. 7), § 89 Rn. 31.
12 BSGE 91, 153 (156).

II. Rechtsgrundlagen

837 Neben § 18 a KHG und § 13 KHEntgG sind als Rechtsgrundlagen für die (Landes-) Schiedsstellen noch die Rechtsverordnungen der Länder (§ 18 a IV KHG) und für die (Bundes-)Schiedsstelle die Vereinbarung nach § 18 a VI 8 KHG einschlägig.

III. Zuständigkeit

838 Die **(Landes-)Schiedsstelle** nach § 18 a I KHG ist für die Pflegesätze von Krankenhäusern zuständig, die nicht dem Fallpauschalenvergütungssystem unterstehen.[13] Schiedsfähig sind Pflegesatzvereinbarungen, die ganz oder teilweise nicht zustande kommen. Die Bestimmung der nicht schiedsfähigen Gegenstände findet sich in § 18 III BPflV.

839 Für Krankenhäuser, für die das Fallpauschalenvergütungssystem anwendbar ist, bestimmen sich die schiedsfähigen Vereinbarungen nach § 13 iVm §§ 10 und 11 KHEntgG. Die (Landes-)Schiedsämter sind landesweit zuständig (§ 18 a I 1 KHG).[14]

840 Die **(Bundes-)Schiedsstelle** nach § 18 a VI KHG entscheidet in Angelegenheiten mit Wirkung auf Bundesebene. Die schiedsfähigen Gegenstände werden im KHG und in der BPflV im Einzelnen benannt (§ 18 a VI 1 KHG).[15] Es finden sich aber auch im SGB V[16] und im KHEntgG[17] Verweise auf diese Schiedsstelle.

IV. Organisation - Zusammensetzung

841 Die **(Landes-)Schiedsstelle** besteht aus einem neutralen Vorsitzenden sowie aus Vertretern der Krankenhäuser und Krankenkassen in gleicher Zahl (§ 18 a II 1 KHG). Die Zahl der Mitglieder kann durch Landesrechtsverordnung bestimmt werden (§ 18 a IV Nr. 1 KHG). Die Frage nach der **Behördeneigenschaft** der Schiedsstelle wird in Lit. und Rspr. unterschiedlich beantwortet. Anders als die Entscheidungen des Schiedsamtes nach § 89 SGB V haben die Entscheidungen der Schiedsstelle nach § 18 a I KHG keine Verwaltungsaktqualität, da sie von der zuständigen Landesbehörde genehmigt werden müssen (§ 20 I BPflV). Allerdings kann die Handlungsform einer Stelle nicht den Ausschlag für ihre Qualifikation als Behörde iSd § 1 IV VwVfG bzw. der jeweiligen Landesverwaltungsverfahrensgesetze geben. Deshalb spricht nichts dagegen, die Schiedsstelle als Behörde im funktionellen Sinn zu verstehen.[18]

842 Die **(Bundes-)Schiedsstelle** besteht aus einem unparteiischen Vorsitzenden, zwei weiteren unparteiischen Mitgliedern sowie aus Vertretern des Spitzenverbandes Bund der Krankenkassen und der Deutschen Krankenhausgesellschaft in gleicher Zahl (§ 18 a VI 2 KHG). Die **Behördeneigenschaft** dieser Schiedsstelle ist hier schon wegen der Verwaltungsaktqualität ihrer Entscheidungen gegeben (vgl. § 18 a VI 11 KHG).

---

13 S. zur Abgrenzung § 1 I und II KHEntgG; hierzu Rn. 398.
14 Zur Möglichkeit, in einem Land mehrere Schiedsstellen zu errichten, s. § 18 a I 2 KHG.
15 §§ 17 a II 3, 17 b V 1 Nr. 4, 17 c IV 11 KHG; § 15 III BPflV.
16 So im Zusammenhang mit der elektronischen Gesundheitskarte, § 291 a VIId SGB V.
17 §§ 9 II, 10 IX, 21 VI KHEntgG.
18 So Schnapp/*Düring* (Fn. 2), Rn. 188 f.; anders etwa *Quaas/Zuck*, Medizinrecht, 2. Aufl. 2008, § 25 Rn. 294.

V. Verfahren

Die **(Landes-)Schiedsstelle** hat innerhalb von sechs Wochen auf Antrag hin über die Gegenstände zu entscheiden, über die keine Einigung erzielt worden ist (§ 18 III BPflV; § 13 III KHEntgG). Ansonsten richtet sich das Verfahren nach den entsprechenden Landesverordnungen. **843**

Das Verfahren vor der **(Bundes-)Schiedsstelle** ist in einer Vereinbarung nach § 18 a VI 8 KHG festgelegt. **844**

VI. Entscheidung

Bei der Entscheidung muss die **(Landes-)Schiedsstelle** das für die Vertragsparteien geltende Recht beachten (§ 19 I 2 BPflV, § 13 I 2 KHEntgG). Da die Entscheidung der Schiedsstelle genehmigungspflichtig ist und sie damit nur als interner Mitwirkungsakt zu betrachten ist, wird ihr kein Verwaltungsaktcharakter beigemessen.[19] **845**

Die Entscheidung der **(Bundes-)Schiedsstelle** stellt hingegen einen Verwaltungsakt dar. Dies ergibt sich einerseits aus der hier nicht gegebenen Genehmigung, zum anderen aus der gesetzlichen Regelung, die den Rechtsschutz vor den Verwaltungsgerichten eröffnet (§ 18 a VI 11 KHG). **846**

VII. Genehmigung

Auf Antrag einer der Vertragsparteien muss für die Entscheidung der **(Landes-) Schiedsstelle** bei der zuständigen Landesbehörde die Genehmigung eingeholt werden (§ 18 V 1 KHG, § 20 I BPflV, § 14 I KHEntgG). Es kann auch ein Antrag auf Versagung der Genehmigung gestellt werden. Die Genehmigungsbehörde hat die Entscheidung der Schiedsstelle nur einer Rechtskontrolle zu unterwerfen; sie kann keine Zweckmäßigkeitserwägungen anstellen.[20] Die Genehmigungsbehörde kann mit ihrer Genehmigung auch keine Gestaltung der Entscheidung der Schiedsstelle vornehmen. Sie kann die Entscheidung nur genehmigen oder aber die Genehmigung versagen. Bei der Versagung der Genehmigung eines Schiedsspruchs ist die Schiedsstelle auf Antrag verpflichtet, unter Beachtung der Rechtsauffassung der Behörde neu zu entscheiden (§ 20 III BPflV, § 14 III KHEntgG). Damit wird vermieden, dass eine Vertragspartei gegen die Versagungsentscheidung klagen muss, was im Verhältnis zu einer Schiedsstellenentscheidung zeit- und kostenaufwändiger wäre. Bei **Entscheidungen nach dem KHEntgG** kann die Genehmigung mit Nebenbestimmungen versehen werden (§ 14 III 3 KHEntgG). **847**

Für die Entscheidungen der **(Bundes-)Schiedsstelle** ist keine Genehmigung erforderlich. **848**

VIII. Rechtsschutz

Rechtsschutz[21] kann nur gegen die Genehmigung bzw. die Versagung der Genehmigung einer Entscheidung der **(Landes-)Schiedsstelle** vor den Verwaltungsgerichten **849**

19 BVerwGE 94, 301.
20 BVerwGE 91, 363.
21 Hierzu ausführlich Schnapp/*Düring* (Fn. 2), Rn. 253 ff.

eingeholt werden. Ein Vorverfahren findet nicht statt (§ 18 V 2 KHG, § 14 IV 2 KHEntgG).

850 Gegen eine **erteilte Genehmigung** ist nur die **Anfechtungsklage** die statthafte Klageart. Wird die Genehmigung vom Verwaltungsgericht aufgehoben, so hat die Schiedsstelle die Rechtsauffassung des Gerichts bei der erneuten Entscheidung zu beachten (analoge Anwendung des § 20 III BPflV).[22] Eine Vertragspartei kann nicht über eine Verpflichtungsklage die Korrektur einer Entscheidung der Schiedsstelle erreichen, weil der Genehmigungsbehörde keine gestaltende Genehmigungsbefugnis zusteht.[23] Gegen die **Versagung einer Genehmigung** kann eine **Verpflichtungsklage** erhoben werden.[24]

Gegen die Entscheidung der **(Bundes-)Schiedsstelle** ist der Verwaltungsrechtsweg gegeben (§ 18 a VI 11 KHG). Ein Vorverfahren findet nicht statt; die Klage hat keine aufschiebende Wirkung (§ 18 a VI 12 KHG).

D. Soziale Pflegeversicherung (SGB XI)

I. Bereiche

851 In der Sozialen Pflegeversicherung existiert eine **Schiedsstelle**, die der Landesschiedsstelle nach § 114 SGB XI nachgebildet ist (§ 76 SGB XI),[25] und eine bisher im gesamten Sozialrecht so nicht vorhandene **Schiedsstelle Qualitätssicherung** (§ 113 b SGB XI). Weiter sind **besondere Schiedsverfahren** – Entscheidung nur durch die unparteiischen Mitglieder der Schiedsstelle nach § 76 SGB XI – für die Verfahrensregelungen nach § 81 SGB XI (§ 81 II 2, III SGB XI) und die Kürzung von Pflegevergütungen wegen Pflichtverletzungen (§ 115 III 3 SGB XI) vorgesehen.

II. Rechtsgrundlagen

852 Die Rechtsgrundlage für die **(Landes-)Schiedsstellen** nach dem SGB XI findet sich in § 76 SGB XI und in den Schiedsstellen-Verordnungen der Länder (§ 76 V SGB XI). Die Rechtsgrundlage für die **Schiedsstelle Qualitätssicherung** ist § 113 b SGB XI. Diese Schiedsstelle ist auf Bundesebene tätig. Die Geschäftsordnung wird von den Vertragsparteien nach § 113 SGB XI vereinbart (§ 113 b III SGB XI). Die Rechtsgrundlagen für die **besonderen Schiedsverfahren** finden sich in § 81 SGB X und § 115 III 3 und 4 sowie § 116 II SGB XI. Auf diese besonderen Schiedsverfahren wird im Folgenden nicht mehr eingegangen.

III. Zuständigkeit

853 Die **Schiedsstelle nach § 76 SGB XI** ist zuständig für die ihr gesetzlich zugewiesenen Aufgaben. Das sind die Rahmenverträge nach § 75 I SGB XI (§ 75 IV SGB XI), Meinungsverschiedenheiten über die Höhe und Bemessung der Umlage zur Ausbildungsvergütung gemäß § 82 a III SGB XI (§ 82 IV 3 SGB XI), die Pflegesatzver-

22 BVerwG NZS 2003, 426.
23 BVerwG NZS 2003, 426.
24 BVerwG 91, 363.
25 Ausführlich hierzu Schnapp/*Udsching* (Fn. 2), Rn. 315 ff.

einbarungen (§§ 85 Abs. 5, 86 I 2 SGB XI) und die Vergütung der ambulanten Pflegeleistungen und der hauswirtschaftlichen Versorgung (§ 89 III 4 SGB XI).

Die **Schiedsstelle Qualitätssicherung** ist für die gesetzlich zugewiesenen Fälle zuständig (§ 113 b I 2 SGB XI). Das sind – neben den inzwischen obsoleten Zuständigkeiten nach § 113 III und § 115 Ia 9 SGB XI – der den Beschluss der Vertragsparteien nach § 113 SGB XI über den Auftrag zur Entwicklung oder Aktualisierung und die Einführung von Expertenstandards ersetzende Beschluss (§ 113 a I 6 und 7 SGB XI) sowie der Beschluss hinsichtlich der Transparenzvereinbarungen (§ 115 Ia 10 SGB XI). 854

IV. Organisation – Zusammensetzung - Aufsicht

Bei der **Besetzung** der **Schiedsstelle nach § 76 SGB XI** ist der Tatsache Rechnung zu tragen, dass in der Sozialen Pflegeversicherung bei den die Vergütungen bestimmenden **Pflegesatzkommissionen** auch die Sozialhilfeträger und der Verband der privaten Krankenversicherung e. V. beteiligt ist (§ 86 I SGB XI). Diese Beteiligung spiegelt sich auch in der Besetzung der Schiedsstelle, in der neben dem unparteiischen Vorsitzenden und zwei weiteren unparteiischen Mitgliedern, den Vertretern der Pflegekassen und Pflegeeinrichtungen auch ein Vertreter des Verbandes der privaten Krankenversicherung e. V. und ein Vertreter des Sozialhilfeträgers vertreten sind, die auf die Zahl der Vertreter der Pflegekassen angerechnet werden (§ 76 II 1 SGB XI). Bei dem **beschleunigten Verfahren** nach § 76 VI SGB XI kann ein unabhängige Schiedsperson bestellt werden.[26] 855

Die **Schiedsstelle Qualitätssicherung** besteht aus Vertretern des Spitzenverbandes Bund der Pflegekassen und der Vereinigungen der Träger der Pflegeeinrichtungen auf Bundesebene in gleicher Zahl sowie einem unparteiischen Vorsitzenden und zwei weiteren unparteiischen Mitgliedern. Der Schiedsstelle gehört auch ein Vertreter der Arbeitsgemeinschaft der überörtlichen Träger der Sozialhilfe und ein Vertreter der kommunalen Spitzenverbände an; sie werden auf die Zahl der Vertreter des Spitzenverbandes Bund der Pflegekassen angerechnet. Der Schiedsstelle kann auch ein Vertreter des Verbandes der privaten Krankenversicherung e. V. angehören, dieser wird auch auf die Zahl der Vertreter des Spitzenverbandes Bund der Pflegekassen angerechnet. Ein Vertreter der Verbände der Pflegeberufe kann der Schiedsstelle unter Anrechnung auf die Zahl der Vertreter der Vereinigungen der Träger der Pflegeeinrichtungen angehören (§ 113 b II SGB XI). 856

Die **Schiedsstelle nach § 76 SGB XI** hat **Behördeneigenschaft** iSd § 1 II SGB X.[27] Für die **Schiedsstelle Qualitätssicherung** wird Gleiches gelten. 857

Die **Rechtsaufsicht** über die Schiedsstelle nach § 76 SGB XI übt die zuständige Landesbehörde aus (§ 76 IV SGB XI), während die Rechtsaufsicht über die Schiedsstelle Qualitätssicherung vom Bundesministerium für Gesundheit ausgeübt wird (§ 113 b IV SGB XI). 858

26 Hierzu Spickhoff/*Udsching*, Medizinrecht, 2011, SGB XI § 77 Rn. 7.
27 So Schnapp/*Udsching* (Fn. 2), Rn. 339.

V. Verfahren

859 Das Verfahren für die Schiedsstelle nach § 76 SGB XI ist in den Landesschiedsstellenverordnungen und für die Schiedsstelle Qualitätssicherung in der Geschäftsordnung nach§ 113 b III 1 SGB XI[28] geregelt.

VI. Entscheidung

860 Der **Schiedsspruch** der **Schiedsstelle nach § 76 SGB XI** stellt einen Verwaltungsakt dar.[29] Bei der Festsetzung von Pflegesätzen kommt ihm Verbindlichkeit wie eine Pflegesatzvereinbarung zu (§§ 85 V, 89 III 2 SGB XI). Bei einem Schiedsspruch hinsichtlich der durch die Pflegesatzkommissionen zu vereinbarenden Pflegesätze (§ 86 I SGB XI) hat dieser normersetzende Wirkung. Gleiches gilt für den Schiedsspruch hinsichtlich der Rahmenverträge (§ 75 IV SGB XI).[30]

861 Die **Schiedsstelle Qualitätssicherung** ersetzt mit ihren Beschlüssen nicht Vereinbarungen, sondern einen fehlenden Beschluss (§ 113 b I 6 SGB XI). Die Bindungswirkung des Beschlusses ist in Hinblick auf den Auftrag zur Entwicklung oder Aktualisierung von Expertenstandards nur in Richtung auf die Vertragsparteien nach § 113 SGB XI gegeben. Nur der ersetzende Beschluss über die Einführung eines Expertenstandards (§ 113 b I 7 SGB XI) wird auch insofern gegenüber Dritten verbindlich, als die dann so eingeführten Expertenstandards für alle Pflegekassen und ihre Verbände sowie die zugelassenen Pflegeeinrichtungen unmittelbar verbindlich sind (§ 113 b III 2 SGB XI).

VII. Rechtsschutz

862 Der Rechtsschutz vor den Sozialgerichten gegen **Entscheidungen der Schiedsstelle nach § 76 SGB XI** ist in den Fällen des § 85 V 3 und 4 SGB XI bei der Festsetzung von Pflegesätzen ausdrücklich geregelt. Im Falle des § 75 III SGB V fehlt eine solche Regelung, was jedoch den Rechtsschutz nicht ausschließt.[31]

863 Die Rechtsschutzeröffnung gegenüber den **Beschlüssen der Schiedsstelle Qualitätssicherung** ist ebenfalls gesetzlich ausdrücklich vorgesehen (§ 113 b I 3 SGB XI). Damit ist man der Frage enthoben, ob eine Anfechtung eines Beschlusses dieser Schiedsstelle nur in Frage kommt, wenn es sich bei diesen Beschlüssen um Verwaltungsakte iSv § 31 S. 1 SGB X handelt. Eine unmittelbare Rechtswirkung nach außen ist nämlich nur bei den einen Einführungsbeschluss ersetzenden Beschlüssen nach § 113 a I 7 SGB XI wegen der gesetzlich angeordneten Verbindlichkeit der Expertenstandards anzunehmen. **Statthafte Klageart** ist die Anfechtungs- und Verpflichtungsklage (§ 54 I SGG).[32]

28 Nicht zu verwechseln mit der Verfahrensordnung für die Anforderungen an die Entwicklung von Expertenstandards, vgl. § 113 a II SGB XI.
29 Schnapp/*Udsching* (Fn. 2), Rn. 399.
30 Schnapp/*Udsching* (Fn. 2), Rn. 401.
31 Spickhoff/*Udsching* (Fn. 26), SGB XI § 76 Rn. 5.
32 BSGE 102, 126; anders noch – Verpflichtungsklage in Form der Bescheidungsklage - Schnapp/*Udsching* (Fn. 2), Rn. 440.

E. Sozialhilfe (SGB XII)

I. Rechtsgrundlagen

Die Rechtsgrundlage für die SGB XII-Schiedsstellen findet sich in § 80 SGB XII. 864
§ 81 II SGB XII gibt der Landesregierung eine Verordnungsermächtigung über die Bestimmung der Besetzung, des Verfahrens, die Rechtsaufsicht etc.

II. Zuständigkeit

Die Schiedsstellen werden für jedes Land oder Teile eines Landes gebildet (§ 80 I 865
SGB XII). Schiedsstellenfähig sind nur **Vergütungsvereinbarungen** (§§ 77 I 3, 76 II SGB XII). Dies erscheint insofern als problematisch, da Leistung und Vergütung in einem untrennbaren Zusammenhang stehen. Deswegen ist eine bestehende Leistungsvereinbarung Voraussetzung für die Entscheidung über eine Vergütungsvereinbarung.[33]

III. Organisation

Die Schiedsstelle setzt sich aus Vertretern der Träger der Einrichtungen und Ver- 866
tretern der örtlichen und überörtlichen Träger der Sozialhilfe in gleicher Zahl sowie einem unparteiischen Vorsitzenden zusammen (§ 80 II 1 SGB XII). Sie hat **Behördencharakter** iSv § 1 II SGB X.[34]

IV. Verfahren

Das Verfahren ist antragsabhängig (§ 77 I 3 SGB XII). Es gilt der Untersuchungs- 867
grundsatz (§ 20 SGB X).

V. Entscheidung

Die Entscheidung der Schiedsstelle stellt einen **vertragsgestaltenden Verwaltungs-** 868
akt dar.[35]

VI. Rechtsschutz

Gegen die Entscheidung der Schiedsstelle ist der Rechtsweg zu den Sozialgerichten 869
gegeben (§ 77 I 4 SGB XII). Statthafte Klageart ist die **Anfechtungsklage**.[36] Ein Vorverfahren findet nicht statt (§ 77 I 6 SGB XII). Die Klage ist gegen eine Vertragspartei zu richten (§ 77 I 5 SGB XII). Das Gericht kann die Entscheidung der Schiedsstelle nur eingeschränkt überprüfen.[37]

33 S. hierzu im Einzelnen Grube/Wahrendorf/*Schoenfeld* SGB XII, 3. Aufl. 2011, § 80 Rn. 15.
34 LSG Hessen, Urt. v. 25. 2. 2011, L 7 SO 237/10 KL, Rn. 45 (juris.de).
35 LSG Hessen, Urt. v. 25. 2. 2011, L 7 SO 237/10 KL, Rn. 44 (juris.de).
36 S. im Einzelnen Grube/Wahrendorf/*Schoenfeld* (Fn. 33), § 80 Rn. 23 f.
37 Grube/Wahrendorf/*Schoenfeld* (Fn. 33), § 80 Rn. 31; LSG Hessen, Urt. v. 25. 2. 2011, L 7 SO 237/10 KL, Rn. 47 (juris.de).

10. Kapitel. Arzthaftungsrecht

Zur Vertiefung: *Frahm, Nixdorf, Walter,* Arzthaftungsrecht, 4. Aufl. 2009; *Geiß, Greiner,* Arzthaftpflichtrecht, 6. Aufl. 2009; *Steffen, Pauge,* Arzthaftungsrecht, 11. Aufl. 2010.

Kommentare und Handbücher: *Laufs, Kern,* Handbuch des Arztrechts, Kapitel 17–20, 4. Aufl. 2010; *Martis, Winkhart,* Arzthaftungsrecht – Fallgruppenkommentar, 2. Aufl. 2007; *Spickhoff,* Medizinrecht – Kommentar, §§ 823 ff. BGB, 2011.

§ 40 Einleitung

Das Arzthaftungsrecht ist basierend auf möglichen Haftungsbeziehungen zwischen Arzt und Patient auf vertraglicher Grundlage aus den §§ 280 ff. BGB und auf deliktischer Grundlage nach den Regelungen der §§ 823 ff. BGB klassischer Gegenstand des Zivilrechts. 870

Ungeachtet dessen begegnet das Arzthaftungsrecht dem juristischen Praktiker – und damit auch den Studierenden der Rechtswissenschaft – in unterschiedlichster Ausgestaltung. Neben dem klassischen zivilrechtlichen Haftungsansprüchen eines Patienten gegen den Arzt, kann das Arzthaftungsrecht in öffentlich-rechtlichen Rechtsbeziehungen eine Rolle spielen, wenn ein Behandlungsfehler eines öffentlichen Amtsträgers in Rede steht, so etwa bei der Behandlung eines Bundeswehrangehörigen durch einen Truppenarzt der Bundeswehr oder eines Strafgefangenen durch einen Anstaltsarzt. Von praktischer Bedeutung ist darüber hinaus die – zumindest partiell öffentlich-rechtlich zu verortende - ärztliche Behandlung im Rahmen der gesetzlichen Unfallversicherung nach einem Arbeitsunfall oder im Rahmen einer Berufskrankheit. Arbeitsrechtlich eingekleidet kann das Arzthaftungsrecht in Erscheinung treten, wenn als Folge eines Behandlungsfehlers eines angestellten Arztes Regressansprüche des Arbeitgebers gegen den angestellten Arzt bzw. umgekehrt Haftungsfreistellungsansprüche des Arbeitnehmers gegen seinen Arbeitgeber zu beurteilen sind oder der Behandlungsfehler des angestellten Arztes durch Abmahnung oder arbeitsrechtliche Kündigung sanktioniert werden sollen. Versicherungsrechtliche Relevanz kann das Arzthaftungsrecht entfalten, wenn Fragen der Eintrittspflicht eines oder mehrerer Haftpflichtversicherer verschiedener Behandler nach einem Arzthaftungsfall zu beurteilen sind oder der Haftpflichtversicherer nach einem Haftungsfall den Haftpflichtversicherungsvertrag kündigen oder Prämienerhöhungen durchsetzen will.[1] Fragen des ärztlichen Berufsrechtes sind regelmäßig bei Arzthaftungsfällen angesprochen, weil eine ärztliche Fehlbehandlung zugleich auch eine Verletzung der ärztlichen Berufspflicht zur sorgfältigen Behandlung des dem Arzt anvertrauten Patienten nach § 11 I MBO darstellt und damit für den Arzt die Gefahr berufsgerichtlicher Ahndung nach sich zieht. Bei einer Fehlbehandlung durch einen zur vertragsärztlichen Versorgung in der gesetzlichen Krankenversicherung zugelassenen Arzt können zumindest bei groben oder wiederholten Behandlungsfehlern Auswirkungen auf die vertragsärztliche Zulassung des behandelnden Arztes und damit Fragen des ärztlichen 871

1 Hierzu bspw. *Ernst* ZVersWiss 2004, 693.

Zulassungsrechtes zu erörtern sein. Schließlich kann das Arzthaftungsrecht unter dem Blickwinkel von Körperverletzungs- und Tötungsdelikten auch Gegenstand strafrechtlicher Beurteilung sein.

872 Ungeachtet der jeweiligen Einkleidung sind die nachfolgen dargestellten Strukturen der Arzthaftung bei der juristischen Fallbearbeitung im Grundsatz in gleicher Weise zugrunde zu legen.

§ 41 Die Haftungsbeziehungen bei der ärztlichen Behandlung

A. Die Haftungsgrundlagen

I. Die unterschiedlichen Haftungsregime

873 Schadensersatzansprüche geschädigter Patienten können sich grundsätzlich sowohl auf vertraglicher Grundlage aus den §§ 280 ff. BGB als auch auf deliktischer Grundlage aus den §§ 823 ff. BGB ergeben.

1. Das vertragliche Haftungsregime

874 Die vertragliche Haftungsverantwortung knüpft an die mit Abschluss des Behandlungsvertrages begründete vertragliche Pflichtenstellung im Verhältnis der Vertragsparteien untereinander an.

a) Der Behandlungsvertrag als zivilrechtlicher Vertrag

875 Bei dem Behandlungsvertrag handelt es sich unabhängig davon, ob eine stationäre oder eine ambulante Behandlung in Frage steht, grundsätzlich um einen zivilrechtlichen Vertrag. Dies gilt auch dann, wenn auf der Behandlerseite ein öffentlich-rechtlich organisierter Träger, zB ein in der Rechtsform einer Anstalt des öffentlichen Rechts organisiertes Universitätsklinikum, Landes- oder kommunales Krankenhaus tätig wird.

876 Nur ausnahmsweise kann die Behandlung dann öffentlich-rechtlicher Natur sein, wenn die Heilbehandlung Ausfluss hoheitlicher Pflichten ist. In diesem Fall tritt an die Stelle des zivilrechtlichen Haftungsregimes das Staatshaftungsregime aus § 839 BGB iVm Art. 34 GG.[2] Dies ist bspw. bei der ärztlichen Tätigkeit eines von einem Gesundheitsamt oder Versorgungsamt eingesetzten Arztes[3] oder bei der truppenärztlichen Behandlung eines Bundeswehrangehörigen durch einen bundeswehrangehörigen Truppenarzt der Fall.[4] Das gleiche gilt, wenn zum Zwecke der Behandlung des Bundeswehrangehörigen im Rahmen staatlicher Heilfürsorge niedergelassene Ärzte oder sonstige Leistungserbringer eingeschaltet werden.[5] Öffentlich rechtlich zu qualifizieren ist auch die zwangsweise Behandlung von Strafgefangenen,[6] zB bei künst-

---

2 Dazu allgemein *Frahm/Nixdorf/Walter,* Arzthaftungsrecht, 4. Aufl. 2009, Rn. 4; *Martis/Winkhart,* Arzthaftungsrecht – Fallgruppenkommentar, 2. Aufl. 2007, 75; Spickhoff/*Greiner,* Medizinrecht, 2011, BGB §§ 823 ff. Rn. 351 ff.; *Steffen/Pauge,* Arzthaftungsrecht, 11. Aufl. 2010, Rn. 6, 7.

3 BGH NVwZ-RR 2000, 746 = VersR 2001, 1108; NJW 1994, 3012 = VersR 1994, 1228; NJW 1973, 554 = VersR 1973, 58.

4 BGH NJW 2002, 3096 = VersR 2003, 250; NJW 1990, 760 = VersR 1989, 1050.

5 BGH NJW 1996, 2431 = VersR 1996, 976; OLG Brandenburg VersR 2001, 1428; *Frahm/Nixdorf/Walter* (Fn. 2), Rn. 4; anders bei Zivildienstleistenden, BGH VersR 2011, 264.

6 BGH NJW 2002, 3769 = VersR 2002, 1521; NJW 1956, 1399.

licher Ernährung, oder sonstigen zwangsweise untergebrachten Personen, selbst dann, wenn die Unterbringung mit dem Einverständnis des Untergebrachten oder seines Betreuers erfolgt ist.[7] Auch die aufgrund staatlicher Verpflichtung angeordnete Schutzimpfung unterfällt dem öffentlichen Recht,[8] anders aber wenn die Schutzimpfung auf freiwilliger Basis lediglich aufgrund von Empfehlungen öffentlicher Hoheitsträger erfolgt. Schließlich dürfte auch die aufgrund staatlicher Anordnung durchgeführte DNA-Testung mit der Folge hoheitlich zu qualifizieren sein, dass bei ärztlichem Fehlverhalten Amtshaftungsansprüche aus § 839 BGB iVm Art. 34 GG begründet sein können. Ob die Behandlung durch einen im Rettungsdienst tätig werdenden Notarzt öffentlich-rechtlich oder privatrechtlich zu beurteilen ist, richtet sich nach der Ausgestaltung des Rettungsdienstes in den jeweiligen Rettungsdienstgesetzen der Länder.[9]

Von besonderer praktischer Relevanz ist die Beurteilung ärztlicher Tätigkeiten bei **877** Arbeitsunfällen oder Berufskrankheiten im Rahmen der gesetzlichen Unfallversicherung durch von den Trägern der gesetzlichen Unfallversicherung eingesetzte sog. Durchgangsärzte. Diese sind nach § 34 I 3 SGB VII und den Regeln des zwischen den Verbänden der Unfallversicherungsträger und der Kassenärztlichen Bundesvereinigung geschlossenen Vertrages Ärzte/Unfallversicherungsträger[10] nach einem in die Zuständigkeit der gesetzlichen Unfallversicherung fallenden Arbeitsunfall zur weiteren Organisation der Heilbehandlung zunächst einzuschalten. Öffentlich-rechtlich zu beurteilen ist in diesem Zusammenhang lediglich die Entscheidung des Durchgangsarztes, ob der Patient einer besonderen berufsgenossenschaftlichen Heilbehandlung bedarf oder der allgemeinen Heilbehandlung zugeführt werden soll.[11] Nur wenn der Durchgangsarzt bei dieser Weichenstellung einen Fehler begeht, ist dieser öffentlich-rechtlich zu beurteilen, so dass nicht der Durchgangsarzt sondern der Anstellungsträger, also die jeweilige Berufsgenossenschaft, nach amtshaftungsrechtlichen Grundsätzen haftet. Übernimmt der Durchgangsarzt demgegenüber nach erfolgter Weichenstellung selbst die allgemeine Heilbehandlung und treten in diesem Zusammenhang Behandlungsfehler auf, richtet sich die Haftung nach den allgemeinen zivilrechtlichen Grundsätzen.[12] Für den Heilbehandlungsarzt gelten diese Grundsätze nicht.[13]

---

7 BGH NJW 2008, 1444 = VersR 2008, 778; NJW 1985, 677 = VersR 1984, 460.

8 BGH NJW 1994, 3012 = VersR 1994, 1229.

9 BGH MedR 2008, 211; NJW 2005, 429 = VersR 2005, 688 (jeweils öffentlich-rechtlich); aber NJW 1992, 2882 = VersR 1992, 1397 (privatrechtlich); dazu zB *Frahm/Nixdorf/Walter* (Fn. 2), Rn. 4; *Gehrlein*, Grundriss der Arzthaftungspflicht, 2. Aufl. 2006, Rn. 58 a; *Martis/Winkhart* (Fn. 2), 74; Spickhoff/*Greiner* (Fn. 2), BGB §§ 823 ff. Rn. 355; *Steffen/Pauge* (Fn. 2), Rn. 7.

10 www.dguv.de/inhalt/rehabilitation/verguetung/documents/aerzte.pdf.

11 BGH NVwZ-RR 2010, 485 = VersR 2010, 768; NJW 1994, 2417 = VersR 1994, 1195; *Frahm/Nixdorf/Walter* (Fn. 2), Rn. 5; *Geiß/Greiner* (Fn. 2), Rn. A 88; *Steffen/Pauge* (Fn. 2), Rn. 8; Spickhoff/*Greiner* (Fn. 2), BGB §§ 823 ff. Rn. 354; zum Aufgabenbereich eines Durchgangsarztes und eines Heilbehandlungsarztes: BGH NJW 2009, 993 = VersR 2009, 401.

12 BGH NJW 2009, 993 = VersR 2009, 401; NJW 1994, 2417 = VersR 1994, 1195; NJW 1989, 767 = VersR 1988, 1273; OLG Schleswig NJW-RR 2008, 41; vgl. statt vieler *Frahm/Nixdorf/Walter* (Fn. 2), Rn. 5; *Martis/Winkhart* (Fn. 2), 75; *Steffen/Pauge* (Fn. 2), Rn. 8.

13 BGH NJW 2009, 993 = VersR 2009, 401; *Frahm/Nixdorf/Walter* (Fn. 2), Rn. 5; nach § 30 des Vertrages Ärzte/Unfallversicherungsträger gültig ab 1. 1. 2011 werden ab dem 1. 1. 2011 keine H-Ärzte mehr beteiligt. Bereits vor diesem Zeitpunkt beteiligte H-Ärzte können bis zum 31. 12. 2015 unter bestimmten Voraussetzungen als D-Ärzte weiterhin im berufsgenossenschaftlichen D-Arztverfahren beteiligt werden.

b) Der Behandlungsvertrag als Dienstvertrag

878 Der Behandlungsvertrag ist grundsätzlich als Dienstvertrag nach den §§ 611 ff. BGB einzuordnen,[14] aufgrund dessen der vertragschließende Behandler der anderen Vertragspartei gegenüber die Verpflichtung zur Durchführung einer dem jeweiligen zum Zeitpunkt der Behandlung anerkannten ärztlichen Standard entsprechenden Heilbehandlung und einer dem jeweiligen Behandlungsfall entsprechenden ordnungsgemäßen Aufklärung übernimmt. Die vertragliche Verpflichtung ist somit auf die mangelfreie Erbringung einer ärztlichen Dienstleistung beschränkt, während ein irgendwie gearteter Behandlungserfolg nicht geschuldet ist.

879 Ausfluss der Charakterisierung als Dienstvertrag ist zudem, dass der Vertragspartner auf Behandlerseite nach § 613 BGB verpflichtet ist, die vertraglich geschuldete Dienstleistung grundsätzlich persönlich zu erbringen.[15] Dieser Grundsatz persönlicher Leistungserbringung, der standesrechtlich durch § 19 II MBO, sozialversicherungsrechtlich durch § 15 II SGB V und vergütungsrechtlich durch § 4 II 1 GOÄ und Nr. 2.2 EBM[16] abgesichert ist, begründet die Verpflichtung des vertragsschließenden Arztes die wesentlichen Teile der vertraglich geschuldeten Verpflichtungen selbst zu erbringen, ohne jedoch das in einer arbeitsteiligen Medizin zwingend erforderliche Recht zur Delegation geschuldeter Leistungen auf nachgeordnete Ärzte und nichtärztliche Leistungserbringer auszuschließen.

880 Folge der Einordnung des Behandlungsvertrages als Dienstvertrag ist weiter, dass dem Patienten als Vertragspartner nach § 627 I BGB ein jederzeitiges grundloses Kündigungsrecht zukommt,[17] das entsprechend § 628 I BGB den bis zum Zeitpunkt der Kündigung entstandenen Vergütungsanspruch des Arztes allerdings unberührt lässt.

881 Unabhängig von der dienstvertraglichen Einordnung können werkvertragliche Elemente Gegenstand der vertraglichen Verpflichtungen aus dem Behandlungsvertrag werden, soweit es um die Erbringung technischer Leistungen geht.[18] Denkbar ist dies bspw. bei der technischen Anfertigung von Zahnersatz durch einen Zahnarzt, nicht aber bei der Planung oder Insertion des Zahnersatzes. Entsprechendes gilt für die Anfertigung von orthopädischen Prothesen oder Körperersatzteilen, bei der ebenfalls die technische Herstellung selbst werkvertraglichen Grundsätzen unterfällt, während sich die Planung und die operative Integration nach dienstvertraglichen Grundsätzen

---

14 BGH NJW 1986, 2364 = VersR 1986, 866; *Deutsch/Spickhoff* Medizinrecht, 6. Aufl. 2008, Rn. 108; *Frahm/Nixdorf/Walter* (Fn. 2), Rn. 2; *Geiß/Greiner* (Fn. 2), Rn. A 4; *Laufs/Katzenmeier/Lipp*, Arztrecht, 6. Aufl. 2009, 73 Rn. 26; *Martis/Winkhart* (Fn. 2), 62; Spickhoff/*Greiner* (Fn. 2), BGB §§ 823 ff. Rn. 294; *Steffen/Pauge* (Fn. 2), Rn. 11.

15 BGH NJW 2008, 987 = VersR 2008, 493 (zur Stellvertreterabrede in einem Chefarztvertrag); Palandt/*Weidenkaff*, BGB, 70 Aufl. 2011, § 613 Rn. 1.

16 Unter Hinweis auf §§ 14 a, 15 und § 25 Bundesmantelvertrag Ärzte (BMV-Ä) und §§ 14, 20 a und § 28 Bundesmantelvertrag Ärzte/Ersatzkassen (EKV-Ä); vgl dazu die gemeinsame Bekanntmachung der Bundesärztekammer und der Kassenärztlichen Bundesvereinigung vom 29. 8. 2008, Persönliche Leistungserbringung – Möglichkeiten und Grenzen der Delegation ärztlicher Leistungen, DtÄrztBl. 2008, A 2173 – A 2177; *Peikert* MedR 2000, 352; Wenzel/*Steinhilper*, Handbuch des Fachanwalts Medizinrecht, 2007, 1062.

17 *Deutsch/Spickhoff* (Fn. 14), Rn. 127; Palandt/*Weidenkaff* (Fn. 15), § 627 Rn. 2.

18 BGH NJW 1975, 305 = VersR 1975, 347; *Deutsch/Spickhoff* (Fn. 14), Rn. 109; *Geiß/Greiner* (Fn. 2), Rn. A 4; *Frahm/Nixdorf/Walter* (Fn. 2), Rn. 3; *Laufs/Katzenmeier/Lipp* (Fn. 14), 74 Rn. 27; *Martis/Winkhart* (Fn. 2), 62; Spickhoff/*Greiner* (Fn. 2), BGB §§ 823 ff. Rn. 294; *Schellenberg* VersR 2007, 1343.

richtet. Schließlich ist auch die technische Erstellung von Röntgenbildern oder sonstigen bildgebenden Untersuchungen im Gegensatz zu deren Planung und Auswertung nach werkvertraglichen Grundsätzen zu beurteilen. Soweit Vertragspflichten mit werkvertraglichem Charakter betroffen sind, sind auch die Rechtsfolgen unzureichender Pflichterfüllung dem Werkvertragsrecht zu entnehmen. So steht dem Arzt bei derartigen Pflichten grundsätzlich ein Nachbesserungsrecht bei mangelhafter Herstellung des Zahnersatzes, der Prothese oder des Röntgenbildes in entsprechender Anwendung von § 635 I BGB zu.[19] Die übrigen wechselseitigen Pflichten aus dem Behandlungsvertrag und dessen grundsätzliche Klassifikation als Dienstvertrag werden hierdurch allerdings nicht geändert.

Grundsätzlich anderes kann ausnahmsweise dann gelten, wenn der behandelnde Arzt 882 ausdrücklich die vertragliche Verpflichtung zur Herbeiführung eines Behandlungserfolges übernimmt. Liegt ein solcher Fall vor, schuldet der versprechende Arzt aufgrund eines selbständigen vertraglichen Garantieversprechens den von ihm zugesagten Erfolg. Dies kann ganz ausnahmsweise zB bei medizinisch nicht indizierten sog. Schönheitsoperationen der Fall sein. In der Praxis kann aber auch bei derartigen Behandlungen in der Regel nicht angenommen werden, dass der behandelnde Arzt den Eintritt des erstrebten Erfolges tatsächlich garantieren will.[20]

2. Das deliktische Haftungsregime

Die deliktische Haftung für fehlerhaftes ärztliches Handeln findet ihre Grundlage in 883 dem ärztlichen Handeln selbst bzw. der Übernahme der organisatorischen Verantwortung für einen komplexen Behandlungsprozess. Grundsätzlich haftet der die Behandlung selbst Übernehmende wegen der aus der Behandlungsübernahme folgenden Garantenstellung für seine eigenen Fehler nach § 823 I BGB deliktisch, wobei jedoch bei arbeitsteiliger ärztlicher Leistungserbringung die Anforderungen an die Pflichtenstellung der in die Behandlung eingeschalteten Personen variieren können. Eine eigene deliktische Haftung eines Krankenhausträgers kann sich bei Organisationsmängeln ebenfalls aus § 823 I BGB ergeben. Daneben tritt die Haftung des Geschäftsherrn für die in die Behandlung eingeschalteten Verrichtungsgehilfen nach Maßgabe der Regelung des § 831 BGB. Verrichtungsgehilfen sind in diesem Zusammenhang alle in eine Behandlung eingeschalteten, von den Weisungen des Geschäftsherren abhängigen Mitarbeiter unabhängig von deren fachlichen Spezialisierung und dem Rechtsverhältnis, aus dem sich die Weisungsabhängigkeit ergibt, nicht aber rechtlich selbständige Ärzte, die aufgrund eigener Vertragsbeziehungen arbeitsteilig in die Behandlung des Patienten einbezogen sind. Die dem Geschäftsherren in diesem Zusammenhang durch § 831 I BGB eingeräumte Möglichkeit, sich durch den Nachweis ordnungsgemäßer Auswahl und Überwachung des Verrichtungsgehilfen von der eigenen deliktischen Haftung zu exkulpieren, erweist sich in der Praxis aufgrund der hohen Anforderungen, die an die Führung des Entlastungsbeweises von der Rechtsprechung gestellt werden, aufgrund arbeitsrechtlicher Freistellungsansprüche von Verrichtungsgehilfen, die in einem Arbeitsverhältnis zum Geschäftsherren stehen, und aufgrund des annähernden Gleichlaufs von vertraglicher und deliktischer Haftung als weitgehend bedeutungslos.[21]

19 *Frahm/Nixdorf/Walter* (Fn. 2), Rn. 3; *Martis/Winkhart* (Fn. 2), 64; *Schellenberg* VersR 2007, 1343.
20 Dazu *Martis/Winkhart* (Fn. 2), 66.
21 Dazu *Gehrlein* (Fn. 9), Rn. A 44; *Steffen/Pauge* (Fn. 2), Rn. 106, 114.

884 Neben die deliktische Haftungszurechnung über § 831 BGB tritt darüber hinaus die Haftungszurechnung für das Handeln von verfassungsgemäßen Organen nach den §§ 31, 89 BGB, ohne das hierbei eine Entlastungsmöglichkeit besteht. So ist ein Krankenhausträger verpflichtet, für seine verfassungsgemäßen Vertreter einzutreten, wobei zu den verfassungsgemäßen Vertretern aufgrund der bestehenden Weisungsfreiheit in medizinischen Fragen auch der Chefarzt bzw. der den Chefarzt vertretende Oberarzt in Wahrnehmung der Vertretungsfunktion gehört.[22]

II. Die Unterschiede und Gemeinsamkeiten der Haftungsregime

885 Die Unterscheidung der Haftungsregime hat Auswirkungen auf die Person der Haftungsschuldners, weil vertragliche Ansprüche – selbstverständlich – nur gegen den auf der Behandlerseite stehenden Vertragspartner des Behandlungsvertrages geltend gemacht werden können, nicht aber gegen von dem Vertragspartner in die Behandlung eingeschaltete dritte Personen unabhängig davon, ob diese – zB als Arbeitnehmer - in einem rechtlichen Abhängigkeitsverhältnis zu dem vertragsschließenden Behandler stehen oder nicht. Für jene ist vielmehr der vertragbeteiligte Behandler nach Maßgabe der vertraglichen Zurechnungsnorm aus 278 BGB verantwortlich. Deliktische Ansprüche können demgegenüber unabhängig von vertraglichen Pflichtenbeziehungen gegen die jeweiligen Behandler sowie die für die Organisation der Behandlung Verantwortlichen nach Maßgabe der Zurechnungsnormen aus den §§ 31, 89 BGB und § 831 BGB geltend gemacht werden. Zur Festlegung des Haftungsschuldners – und des im Haftungsprozess in Anspruch zu nehmenden Beklagten - ist es deshalb notwendig, die Vertragsbeziehungen in einem ärztlichen Behandlungsfall richtig zu erfassen und die deliktische Haftungsverantwortung zutreffend zuzuordnen.

886 Inhaltlicher Unterschiede ergeben sich demgegenüber aus den unterschiedlichen Haftungsregimen fast ausnahmslos nicht mehr, nachdem mit der Änderung des § 253 II BGB und der gleichzeitigen Aufhebung des § 847 BGB durch das zweite Schadensersatzänderungsgesetz mit Wirkung ab dem 1. 8. 2002 ein Schmerzensgeldanspruch nicht nur im Rahmen deliktischer Haftung, sondern auch bei vertraglicher Haftung begründet sein kann, und die Verjährungsregelungen für deliktische und vertragliche Haftungsansprüche mit Wirkung ab dem 1. 1. 2002 durch das Schuldrechtsmodernisierungsgesetz angeglichen worden sind. Unterschiede bestehen danach nur noch in sog. Altfällen aus der Zeit vor der jeweiligen Gesetzesänderung sowie bei den die Haftungszurechnung für das Verhalten Dritter regelnden Vorschriften nach § 278 BGB für Erfüllungsgehilfen bei der vertraglichen Haftung, bzw. für Verrichtungsgehilfen (§ 831 BGB) bzw. Organe (§§ 31, 89 BGB) bei der deliktischen Haftung.

887 Aus beiden Haftungssystemen folgende Anspruchsgrundlagen stehen grundsätzlich in Anspruchskonkurrenz, können also nebeneinander geltend gemacht werden.

22 BGH NJW 1987, 2925 = VersR 1987, 1040 (Oberarzt als Chefarztvertreter); NJW 1985, 2189 = VersR 1985, 1043 (leitender Abteilungsarzt); NJW 1980, 1901 = VersR 1980, 768 (leitender Chefarzt eines Krankenhauses); *Frahm/Nixdorf/Walter* (Fn. 2), Rn. 53; *Gehrlein* (Fn. 9), Rn. A 42; *Geiß/Greiner* (Fn. 2), Rn. A 60; Spickhoff/*Greiner* (Fn. 2), BGB §§ 823 ff. Rn. 332; *Steffen/Pauge* (Fn. 2), Rn. 115.

B. Der Anspruchsinhaber eines Arzthaftungsanspruches

Ein auf eine vertragliche Anspruchsgrundlage gestützter Arzthaftungsanspruch steht grundsätzlich der Person zu, die Partner des Behandlungsvertrages ist. Der Behandlungsvertrag wird in aller Regel auf der Patientenseite durch den volljährigen, geschäftsfähigen Patienten selbst im eigenen Namen geschlossen. Der Vertragsschluss kann ausdrücklich oder durch konkludentes Handeln, zB durch Aufsuchen der Arztpraxis zum Zwecke der Behandlung erfolgen. Dies gilt sowohl für gesetzlich versicherte Patienten wie für Privatpatienten. Zwar begründet nur der Behandlungsvertrag mit einem Privatpatienten einen unmittelbaren Vergütungsanspruch des Behandlers gegen den Patienten, während bei einem Behandlungsvertrag mit einem gesetzlich versicherten Patienten der Vergütungsanspruch gegen den Patienten ausgeschlossen ist. An dessen Stelle tritt der krankenversicherungsrechtliche Vergütungsanspruch nach Maßgabe der krankenversicherungsrechtlichen Regelungen, der sich bei ambulanter vertragsärztlicher Behandlung gegen die zuständige kassenärztliche Vereinigung und bei stationärer Krankenhausbehandlung gegen die jeweilige Krankenkasse richtet. Die krankenversicherungsrechtlich begründete vergütungsrechtliche Besonderheit lässt den Behandlungsvertrag im Übrigen jedoch unberührt, so dass auch der gesetzlich krankenversicherte Patient aufgrund des geschlossenen Behandlungsvertrages in gleicher Weise gegen seinen Vertragspartner einen uneingeschränkten Behandlungsanspruch erwirbt. 888

Bei Minderjährigen oder in ihrer Geschäftsfähigkeit beschränkten Personen schließt regelmäßig der gesetzliche Vertreter im eigenen Namen einen Vertrag zu Gunsten Dritter, während der minderjährige bzw. in seiner Geschäftsfähigkeit eingeschränkte Patient nicht selbst Vertragspartei wird, wohl aber Inhaber eines eigenen Behandlungsanspruches gegen den Arzt ist.[23] Etwas anderes gilt nur dann, wenn bei Vertragsschluss ausdrücklich und unmissverständlich von dem den Behandlungsvertrag abschließenden gesetzlichen Vertreter erklärt wird, dass er als Vertreter des Minderjährigen in dessen Namen den Behandlungsvertrag abschließen will, oder sonstige Umstände erkennen lassen, dass der Minderjährige selbst Vertragspartei sein soll. Dafür reicht allerdings das alleinige Aufsuchen der Arztpraxis durch den minderjährigen Patienten auch bei Routinebehandlungen nicht aus.[24] 889

Sonderprobleme treten bei der Behandlung bewusstloser Patienten auf, die nicht in der Lage sind, den Behandlungsvertrag selbst abzuschließen. Ist in derartigen Fällen ein Vertragsschluss unter Einschaltung eines Vertreters nicht möglich, bestimmen sich die rechtlichen Verhältnisse nach den Grundsätzen der berechtigten Geschäftsführung ohne Auftrag (GoA).[25] Anspruchsinhaber eines deliktischen Haftungsanspruches ist wiederum der Patient, dem gegenüber der Heileingriff vorgenommen wird. 890

C. Der Anspruchsgegner auf Behandlerseite

Ist der Aktivlegitimierte eines Arzthaftungsprozesses auf der Patientenseite regelmäßig ohne größere Schwierigkeiten bestimmbar, erweist sich die Situation auf der 891

23 BGH NJW 2005, 2069 = VersR 2005, 947; NJW 1989, 1538 = VersR 1989, 253; NJW 1984, 1400 = VersR 1984, 356; *Frahm/Nixdorf/Walter* (Fn. 2), Rn. 6; *Gehrlein* (Fn. 9), Rn. A 5; *Martis/Winkhart* (Fn. 2), 6; *Steffen/Pauge* (Fn. 2), Rn. 13.
24 *Frahm/Nixdorf/Walter* (Fn. 2), Rn. 6.
25 Spickhoff/*Greiner* (Fn. 2), BGB §§ 823 ff. Rn. 296.

Behandlerseite häufig als schwierig.[26] Dabei muss sowohl hinsichtlich der vertraglichen als auch der deliktischen Haftung zwischen originärer Eigenhaftung und abgeleiteter Haftungszurechnung unterschieden werden. Außerdem ist es erforderlich, die Behandlungssituationen im Rahmen ambulanter und stationärer Behandlungen differenziert zu betrachten, wobei die Differenzierung aufgrund der verschiedensten Möglichkeiten ambulanter ärztlicher Leistungserbringung und die vielfältigen Fallgestaltungen ambulanter Tätigkeiten an und von Krankenhäusern erheblich verkompliziert wird.

I. Eigenhaftung und abgeleitete Haftung

892 Zur Bestimmung des Vertragspartners und damit des vertraglichen Haftungsschuldners im Rahmen der Arzthaftung muss deshalb in gleicher Weise bei Privatpatienten wie bei gesetzlich krankenversicherten Patienten jeweils geklärt werden, wer auf Behandlerseite Partei des Behandlungsvertrages ist. Nur diesem gegenüber können nämlich originäre vertragliche Schadensersatzansprüche aus § 280 I BGB bestehen, während gegenüber allen anderen in die Behandlung eingeschalteten ärztlichen oder nichtärztlichen Leistungserbringern, die nicht in einem Vertragsverhältnis zum Patienten stehen, vertragliche Haftungsansprüche grundsätzlich ausscheiden. Hier stellt sich allein die Frage, ob deren Fehlverhalten nach § 278 I BGB dem jeweiligen Vertragspartner zugerechnet werden kann. Voraussetzung hierfür ist, dass die in die Behandlung eingeschaltete Person Erfüllungsgehilfe des auf Behandlerseite stehenden Vertragspartners des Behandlungsvertrages ist, also von diesem weisungsabhängig in die Erfüllung der vertraglichen Verpflichtungen aus dem Behandlungsvertrag eingeschaltet wird.

893 Bei der deliktischen Haftung haftet jeder an einer Behandlung Beteiligte grundsätzlich nach § 823 I BGB für eigenes deliktisches Fehlverhalten persönlich. Darüber hinaus kommt eine Haftungszurechnung nach § 831 I BGB zu Lasten des jeweiligen Geschäftsherrn des handelnden Arztes in Betracht, wenn der handelnde Arzt als deliktsrechtlicher Verrichtungsgehilfe iSv § 831 I BGB eingeordnet werden kann. Die Haftung des Geschäftsherrn entfällt, wenn dieser sich gemäß § 831 I 2 BGB durch Nachweis der ordnungsgemäßen Auswahl und Überwachung der handelnden Person exkulpieren kann.

894 In in der Trägerschaft einer juristischen Person (des öffentlichen oder privaten Rechts) stehenden Krankenhäusern erfolgt die Haftungszurechnung für Fehlverhalten von deren Organen, insbesondere den Chefärzten oder leitenden Ärzten, nach den Haftungszurechnungsnormen der §§ 31, 89 BGB ohne die Möglichkeit einer Entlastung durch den Nachweis ordnungsgemäßer Auswahl oder Überwachung. Für beamtete Ärzte kommt eine Haftungszurechnung nach § 839 I BGB in Betracht, wobei sich der Beamte bei lediglich fahrlässigem deliktischem Fehlverhalten auf das Haftungsprivileg des § 839 I 2 BGB berufen kann, wenn dem Patienten auch ein anderer Haftungsschuldner zur Verfügung steht.

895 Es bedarf daher in jedem Einzelfall der konkreten Analyse nicht nur der der Behandlung zugrunde liegenden Vertragsverhältnisse, sondern auch der in die Behandlung eingeschalteten ärztlichen und nichtärztlichen Personen im Hinblick auf deren Stellung zu dem jeweiligen Partner des Behandlungsvertrages auf Behandlerseite und im

26 Vgl. die Übersicht bei *Jorzig*, FS ARGE Medizinrecht, 2008, 191.

Hinblick auf eine möglicherweise vorhandene Qualifizierung als vertraglicher Erfüllungs- und deliktischer Verrichtungsgehilfe.

II. Die ambulante Behandlung

1. Die ambulante Behandlung durch niedergelassene Ärzte

a) Die Behandlung durch einen einzelnen Arzt

Die Klärung der Passivlegitimation ist in dem Grundfall, in dem die ambulante Behandlung durch den niedergelassenen Arzt in dessen Einzelpraxis erfolgt, in der Regel unproblematisch dahingehend zu beantworten, dass der niedergelassene Arzt alleiniger Vertragspartner des Patienten aus dem Behandlungsvertrag wird. Dies ist auch dann der Fall, wenn für den niedergelassenen Arzt in dessen Praxis ein Urlaubsvertreter tätig wird, der nicht selbst Vertragspartner des Patienten, sondern lediglich Erfüllungsgehilfe des Praxisinhabers ist.[27] Anderes gilt allerdings, wenn der Patient im Urlaub des ihn behandelnden Arztes einen anderen Arzt in dessen Praxis zur Weiterbehandlung aufsucht. In diesem Fall wird regelmäßig ein eigenständiger Behandlungsvertrag geschlossen.[28] Demgegenüber ist der von dem niedergelassenen Arzt in dessen Praxis beschäftigte angestellte Arzt lediglich Erfüllungsgehilfe und wird nicht Vertragspartner des Behandlungsvertrages.[29] Etwas anderes kann im Einzelfall allerdings in Betracht kommen, wenn für den Patienten nicht erkennbar ist, dass der angestellte Arzt als Angestellter tätig wird. Denkbar ist dies zB, wenn auf dem Praxisschild oder dem Briefkopf der Praxis der Arzt nicht als angestellter Arzt kenntlich gemacht wird. In diesem Fall kommt eine vertragliche Haftung des angestellten Arztes unter Rechtsscheingesichtspunkten in Betracht.[30] **896**

Schwierigkeiten bei der Bestimmung der Vertragspartei auf der Behandlerseite können demgegenüber bei der Einschaltung von Konsiliarärzten oder sonstigen Überweisungen auftreten.[31] Unter Berücksichtigung der Umstände des Einzelfalles kann der Vertragspartner des Konsiliararztes entweder der Patient oder der den Konsiliararzt einschaltende, behandlungsführende Arzt sein. In aller Regel wird sowohl bei der Überweisung an einen Arzt des gleichen als auch eines anderen Fachgebietes selbst dann, wenn nur eine Überweisung zur Mitbehandlung erfolgt, ein eigenständiges Vertragsverhältnis zwischen dem Patienten und dem überweisungsempfangenden Arzt festzustellen sein.[32] Entgegenstehendes wird man nur ausnahmsweise annehmen, wenn der behandlungsführende Arzt den Konsiliararzt erkennbar im eigenen Namen einschaltet oder sonstige Umstände erkennen lassen, das kein Vertragsverhältnis zwischen dem Konsiliararzt und dem Patienten begründet werden soll. Auch bei der Einschaltung eines Laborarztes kommt regelmäßig ein Behandlungsvertrag zwischen dem Patienten und dem Laborarzt zustande, wobei der behandelnde Arzt als Vertreter des Patienten **897**

27 BGH NJW 2007, 1682 = VersR 2007, 847; NJW 2000, 2737 = VersR 2000, 1146; *Frahm/Nixdorf/Walter* (Fn. 2), Rn. 12; *Gehrlein* (Fn. 9), Rn. A 16; *Geiß/Greiner* (Fn. 2), Rn. A 16; *Martis/Winkhart* (Fn. 2), 482; Spickhoff/*Greiner* (Fn. 2), BGB §§ 823 ff. Rn. 298; *Steffen/Pauge* (Fn. 2), Rn. 89; *Terbille*, Münchener Anwalts Handbuch Medizinrecht, 2009, § 1 Rn. 124.

28 *Martis/Winkhart* (Fn. 2), 483; *Steffen/Pauge* (Fn. 2), Rn. 89.

29 OLG Frankfurt, VersR 1998, 1282 ; *Steffen/Pauge* (Fn. 2), Rn. 85.

30 So für den Fall der Praxisgemeinschaft *Martis/Winkhart* (Fn. 2), 484.

31 Dazu *Frahm/Nixdorf/Walter* (Fn. 2), Rn. 17; *Gehrlein* (Fn. 9), Rn. A 14; *Steffen/Pauge* (Fn. 2), Rn. 86; *Terbille* (Fn. 27), § 1 Rn. 616.

32 BGH NJW 1999, 2731 = VersR 1999, 1241.

tätig wird. Dies gilt allerdings nicht bei überraschenden oder übermäßig teuren Laborleistungen, mit denen der Patient nicht gerechnet hat und die bei einer medizinisch notwendigen Behandlung nicht erforderlich sind, weil es insoweit an der Vollmachtserteilung durch den Patienten fehlt.[33] Überweist der behandelnde Arzt den Patienten zur Weiterbehandlung an einen anderen Arzt, kommt ein neues Vertragsverhältnis zwischen dem Patienten und dem überweisungsempfangenden Arzt zustande.

898 Die deliktische Haftung richtet sich bei der Behandlung durch einen allein niedergelassenen Arzt grundsätzlich gegen den handelnden Arzt selbst, im Regelfall also gegen den selbst behandelnden Praxisinhaber, bei der Behandlung durch einen angestellten Arzt oder Urlaubsvertreter nach § 823 I BGB auch gegen diese. Für deliktisches Fehlverhalten von Angestellten oder Urlaubsvertretern haftet der Praxisinhaber nach § 831 I BGB mit der Möglichkeit der Exkulpation, weil sowohl der Urlaubsvertreter als auch der angestellte Arzt Verrichtungsgehilfe des Praxisinhabers ist.[34] Verrichtungsgehilfe des behandelnden Arztes kann auch der im ärztlichen Notfalldienst tätige Arzt sein, der im Notfall bei Abwesenheit des behandelnden Arztes tätig wird.[35]

b) Die Behandlung in einer Praxisgemeinschaft

899 Schließen sich Ärzte zu einer sog. Praxisgemeinschaft oder Apparategemeinschaft zusammen, handelt es sich im Regelfall um eine BGB-Gesellschaft zur gemeinsamen Nutzung von Personal, Praxisräumen oder einzelnen Großgeräten. Bei einem derartigen Zusammenschluss übt jeder Arzt seine ärztliche Tätigkeit getrennt voneinander aus. Der Behandlungsvertrag kommt dementsprechend auch nur zwischen dem Patienten und dem jeweils behandelnden Arzt zu Stande.[36] Dies gilt auch dann, wenn der behandelnde Arzt ausnahmsweise von einem anderen Mitglied der Praxisgemeinschaft bei der Behandlung vertreten wird, weil der Vertreter in diesem Fall lediglich Erfüllungsgehilfe des vertretenen Arztes ist.[37] Anders ist die Situation allerdings zu beurteilen, wenn ein anderes Mitglied der Praxisgemeinschaft aufgrund eines gesondert abgeschlossenen Behandlungsvertrages neben dem behandelnden Arzt aufgrund eigener vertraglicher Verpflichtung einen Teil der Behandlung des Patienten eigenständig übernimmt. Die Abgrenzung ist jeweils im Einzelfall vorzunehmen, wobei aus Rechtscheingesichtspunkten aus dem Außenauftritt der Praxisgemeinschaft, zB bei Verwendung eines identischen Briefkopfes oder eines entsprechenden Praxisschildes auf eine gemeinsame vertragliche Verpflichtung aller Ärzte und eine damit korrespondierende Haftung wie in einer Gemeinschaftspraxis geschlossen werden kann.[38]

900 Bei Tätigkeiten einer Praxisgemeinschaft richtet sich die deliktische Haftung wiederum nur gegen den handelnden Arzt.[39] Fehlverhalten des nachgeordneten Personals wird dem handelnden Arzt nach § 831 I BGB unter dem Gesichtspunkt der Haftung

---

33 BGH NJW 2010, 1200 = VersR 2010, 816; NJW 2010, 1203 = VersR 2010, 814; dazu *Spickhoff* JZ 2010, 470.

34 *Martis/Winkhart* (Fn. 2), 482; Spickhoff/*Greiner* (Fn. 2), BGB §§ 823 ff. Rn. 298.

35 BGH NJW 2009, 1740 = VersR 2009, 784.

36 *Frahm/Nixdorf/Walter* (Fn. 2), Rn. 13; *Gehrlein* (Fn. 9), Rn. A 14; *Geiß/Greiner* (Fn. 2), Rn. A 15; *Laufs/Katzenmeier/Lipp* (Fn. 14), 62 Rn. 4; *Martis/Winkhart* (Fn. 2), 475; *Steffen/Pauge* (Fn. 2), Rn. 51; *Terbille* (Fn. 27), § 1 Rn. 120; *Bäune,* FS ARGE Medizinrecht, 2008, 139 (142).

37 *Martis/Winkhart* (Fn. 2), 484.

38 Dazu *Martis/Winkhart* (Fn. 2), 474 (484); Spickhoff/*Greiner* (Fn. 2), BGB §§ 823 ff. Rn. 297; *Steffen/Pauge* (Fn. 2), Rn. 56; *Bäune,* FS ARGE Medizinrecht, 2008, 139 (143).

39 Laufs/Kern/*Schlund,* Handbuch des Arztrechts, 4. Aufl. 2010, § 115 Rn. 12; *Martis/Winkhart* (Fn. 2), 484.

für Verrichtungsgehilfen zugerechnet, wobei beachtet werden muss, dass der Partner der Praxisgemeinschaft grundsätzlich nicht Verrichtungsgehilfe des die Behandlung führenden Arztes ist.[40]

Die gleichen Grundsätze gelten auch für die an sog. Praxisnetzen beteiligten Ärzte.[41] 901
Hierbei handelt es sich ebenfalls um reine BGB-Innengesellschaften, zur Erreichung spezieller Zwecke, zB einer besonderen Qualitätssicherung, eines wirtschaftlichen Einkaufs, die die jeweils gesonderten Vertragsverhältnisse der beteiligten Ärzte zu ihren Patienten unberührt lassen.

c) Die Behandlung durch eine Gemeinschaftspraxis

Demgegenüber handelt es sich bei der früher als Gemeinschaftspraxis bekannten, 902
zulassungs- und standesrechtlich heute als Berufsausübungsgemeinschaft bezeichneten Organisationsform ärztlicher Zusammenarbeit um einen gesellschaftsrechtlichen Zusammenschluss mehrerer Ärzte zur gemeinsamen Erbringung ärztlicher Tätigkeit. Im Regelfall ist eine solche Berufsausübungsgemeinschaft in der Rechtsform einer BGB-Gesellschaft organisiert. Standesrechtlich zulässig und denkbar ist auch die Organisation in der Form einer Partnerschaftsgesellschaft und – soweit nicht die Berufsordnungen der jeweiligen Ärztekammern oder die Heilberufegesetze der Länder dem entgegenstehen – auch die Organisationsform der juristischen Person des privaten Rechts, insbesondere der GmbH.[42]

Vertragspartner des Patienten bei einer in der Rechtsform einer juristischen Person 903
des privaten Rechts organisierten Berufsausübungsgemeinschaft ist ausschließlich die juristische Person des privaten Rechtes.[43] Nur dieser gegenüber können vertragliche Haftungsansprüche bestehen. Die deliktische Haftung aus § 823 I BGB ist wiederum gegen den handelnden Arzt selbst begründet. Der Träger der Praxis, die juristische Person des privaten Rechtes, haftet deliktisch nach § 831 I BGB für nachgeordnetes Personal bzw. unter Berücksichtigung der Zurechnungsnormen nach §§ 31, 89 BGB für deliktisches Fehlverhalten ihrer Organe.

Bei der Partnerschaftsgesellschaft richtet sich die Haftung nach den §§ 7, 8 PartGG. 904
Im Hinblick auf den Abschluss des Behandlungsvertrages ist aufgrund des Verweises in § 7 II PartGG auf § 124 HGB Vertragspartner die Partnerschaftsgesellschaft.[44] Die vertragliche und deliktische Haftung der Partnerschaftsgesellschaft ist auf das Vermögen der Partnerschaftsgesellschaft nach § 8 I PartGG beschränkt. Lediglich der die Behandlung führende Partner haftet bei die berufliche Tätigkeit betreffenden Fehlern gemäß § 8 II PartGG neben der Partnerschaft mit seinem gesamten Vermögen.[45]

---

40 *Martis/Winkhart* (Fn. 2), 484.

41 *Frahm/Nixdorf/Walter* (Fn. 2), Rn. 13; *Steffen/Pauge* (Fn. 2), Rn. 52; *Steffen* MedR 2006, 75.

42 Dazu *Quaas/Zuck*, Medizinrecht, 2. Aufl. 2008, § 14 Rn. 35–37; *Frahm/Nixdorf/Walter* (Fn. 2), Rn. 16; Laufs/Kern/*Schlund* (Fn. 39), § 18 Rn. 17; *Ratzel/Lippert,* Kommentar zur Musterberufsordnung der deutschen Ärzte (MBO), 4. Aufl. 2006, § 18/18 a Rn. 37 – 38; auch vertragsarztrechtlich ist die Organisationsform der GmbH problematisch, weil die Ärzte-Zulassungsverordnung die Ärzte-GmbH nicht erwähnt. Probleme ergeben sich darüber hinaus auch bei der privatärztlichen Abrechnung einer Ärzte-GmbH aus § 4 II MB/KK, vgl. LG Stuttgart MedR 2008, 748.

43 Dazu *Bäune,* FS ARGE Medizinrecht, 2008, 139 (145).

44 *Frahm/Nixdorf/Walter* (Fn. 2), Rn. 15; Laufs/Kern/*Schlund* (Fn. 39), § 18 Rn. 15; *Martis/Winkhart* (Fn. 2), 475; *Bäune,* FS ARGE Medizinrecht, 2008, 139 (143); *Steffen* MedR 2006, 75; *Walter* MedR 2002, 169.

45 *Frahm/Nixdorf/Walter* (Fn. 2), Rn. 15; *Laufs/Katzenmeier/Lipp* (Fn. 14), 63 Rn. 5; Laufs/Kern/*Schlund* (Fn. 39), § 18 Rn. 15; *Martis/Winkhart* (Fn. 2), 475; *Steffen/Pauge* (Fn. 2), Rn. 57; *Terbille*

905 Ist die Berufsausübungsgemeinschaft in der Form einer Gesellschaft bürgerlichen Rechts organisiert, wird nach der Rechtsprechung des BGH zur partiellen Rechtsfähigkeit der BGB-Gesellschaft Vertragspartner des Patienten die BGB-Gesellschaft selbst.[46] Die einzelnen Gesellschafter haften dem Patienten für Schlechtleistung aus dem Behandlungsvertrag gesamtschuldnerisch.[47] Dies gilt auch bei berufsrechtlich zulässigen[48] überörtlichen Berufsausübungsgemeinschaften mit Praxen an mehreren Standorten und – ohne dass insoweit eine höchstrichterliche Klärung bereits vorliegt – auch für fächerübergreifende Gemeinschaftspraxen, in denen Ärzte verschiedener Fachrichtungen zusammenarbeiten.[49]

906 Entgegen der früheren Rechtsprechung des BGH,[50] nach der in einer ärztlichen Gemeinschaftspraxis für deliktisches Fehlverhalten nur der jeweils handelnde Arzt für eigenes Fehlverhalten oder das deliktische Fehlverhalten des nachgeordneten nichtärztlichen oder ärztlichen Personals nach § 831 I BGB haften sollte, während eine Haftungszurechnung für ein deliktisches Fehlverhalten eines anderen Partners der Gemeinschaftspraxis aufgrund des Umstandes, dass dieser nicht als Verrichtungsgehilfe angesehen wurde, ausgeschlossen wurde, erfolgt nach der neueren Rechtsprechung[51] eine Haftungszurechnung deliktischen Fehlverhaltens eines Gemeinschaftspraxispartners auf die anderen Gemeinschaftspraxispartner in entsprechender Anwendung des § 31 BGB, so dass auch deliktisch alle Gemeinschaftspraxispartner für das deliktische Fehlverhalten eines Gemeinschaftspraxispartners eintreten müssen.

d) Die Behandlung in einem Medizinischen Versorgungszentrum

907 Die ambulante Behandlung kann darüber hinaus durch ein Medizinisches Versorgungszentrum (MVZ) iSv § 95 I 2 SGB V erfolgen. Hierbei handelt es sich um eine fachübergreifende, ärztlich geleitete Einrichtung, in der Ärzte, die in das Arztregister eingetragen sind, als Angestellte oder Vertragsärzte tätig sind.[52] Als Träger eines solchen MVZ sind alle rechtlich zulässigen Rechtformen denkbar. Üblicherweise sind die Träger eines MVZ in der Rechtsform einer GmbH organisiert. Bei einer solchen Organisationsform wird der Behandlungsvertrag auf Seiten der ärztlichen Leistungserbringer durch die Trägergesellschaft des MVZ geschlossen. Die Trägergesellschaft ist auch der zutreffende Haftungsschuldner bei vertraglichen Pflichtverletzungen aus

(Fn. 27), § 1 Rn. 122; zur Rechtsanwalts-Partnerschaftsgesellschaft vgl. *Langenkamp/Jaeger* NJW 2005, 3238.

46 BGH NJW 2006, 437 = VersR 2006, 361; NJW 2003, 1803 = VersR 2003, 771; so auch *Steffen/Pauge* (Fn. 2), Rn. 53; *Rehborn* ZMGR 2008, 296.

47 BGH NJW 2006, 437 = VersR 2006, 361; *Frahm/Nixdorf/Walter* (Fn. 2), Rn. 14; *Gehrlein* (Fn. 9), Rn. A 15; *Geiß/Greiner* (Fn. 2), Rn. A 15; *Martis/Winkhart* (Fn. 2), 474; Spickhoff/*Greiner* (Fn. 2), BGB §§ 823 ff. Rn. 297; *Terbille* (Fn. 27), § 1 Rn. 113; *Bäune*, FS ARGE Medizinrecht, 2008, 139 (140); *Walter* MedR 2002, 169; *Schinnenburg* MedR 2000, 311.

48 Dazu BSG MedR 1984, 30; MedR 1993, 279; dazu *Quass/Zuck* (Fn. 42), § 14 Rn. 5; *Walter* MedR 2002,169.

49 *Martis/Winkhart* (Fn. 2), 475.

50 BGH NJW 2000, 2737 = VersR 2000, 1146; NJW 1986, 2364 = VersR 1986, 866.

51 BGH NJW 2003, 1445 = VersR 2003, 650 (für eine BGB-Grundstücksgesellschaft); OLG Koblenz MedR 2005, 294 = VersR 2005, 655 (für eine Gemeinschaftspraxis); OLG Dresden MedR 2009, 410 = GesR 2008, 635 (für eine Gemeinschaftspraxis); zustimmend *Gehrlein* (Fn. 9), Rn. A 15 (analog § 128 HGB); *Geiß/Greiner* (Fn. 2), Rn. A 15; *Laufs/Katzenmeier/Lipp* (Fn. 14), 62 Rn. 4, 371 Rn. 24; Spickhoff/*Greiner* (Fn. 2), BGB §§ 823 ff. Rn. 297; *Steffen/Pauge* (Fn. 2), Rn. 54, 55, 129; *Bäune*, FS ARGE Medizinrecht, 2008, 139 (140); *Steffen* MedR 2006, 75; *Walter* MedR 2002, 169.

52 Näher *Quaas/Zuck* (Fn. 42), § 16 Rn. 4 - 23.

dem Behandlungsvertrag.[53] Demgegenüber ist der im MVZ tätige angestellte Arzt lediglich Erfüllungsgehilfe iSv § 278 BGB, so dass eine eigene vertragliche Haftung ausscheidet.[54] Etwas anderes gilt allerdings dann, wenn die im MVZ zusammengeschlossenen Ärzte nicht als angestellte Ärzte des MVZ tätig werden, sondern unter Aufrechterhaltung ihrer vertragsärztlichen Zulassung als Vertragsarzt im MVZ. Im Regelfall wird dann eine BGB-Gesellschaft als Träger des MVZ bestehend aus den am MVZ als Vertragsärzte tätigen Ärzten vorliegen mit der Folge, dass die BGB-Gesellschaft aufgrund ihrer partiellen Rechtsfähigkeit selbst und die Vertragsärzte als Gesellschafter der BGB-Gesellschaft gesamtschuldnerisch wie in einer Gemeinschaftspraxis haften.[55] Hinsichtlich des nach § 95 I 2, 5 SGB V erforderlichen ärztlichen Leiters eines MVZ kommt eine Haftungszurechnung zu Lasten des Trägers des MVZ nach § 31 BGB in Betracht.[56]

Deliktischer Haftungsschuldner bei einer Behandlung durch ein MVZ ist grundsätzlich der Träger des MVZ. Er hat sich das deliktische Fehlverhalten des nachgeordneten ärztlichen und nichtärztlichen Personals nach den Bestimmungen des § 831 I BGB zurechnen zu lassen.[57] Daneben haftet der jeweils behandelnde Arzt, dem ein deliktisches Fehlverhalten vorzuwerfen ist, deliktisch aus § 823 I BGB. Sind Träger des MVZ Vertragsärzte in Form einer BGB – Gesellschaft, erfolgt entsprechend den für die Gemeinschaftspraxis geltenden Grundsätzen eine Haftungszurechnung gemäß § 31 BGB.[58] 908

2. Die ambulante Behandlung im Krankenhaus

Besondere Probleme treten auf, wenn die ambulante Behandlung durch ein oder an einem Krankenhaus stattfindet. 909

Denkbar sind zum einen Fallkonstellationen, in denen die ambulanten Behandlungen durch einen am Krankenhaus tätigen Arzt durchgeführt werden. Zu dieser Fallgruppe gehört zunächst die ambulante privatärztliche Chefarztbehandlung, die ein am Krankenhaus tätiger Chefarzt mit Liquidationsberechtigung aufgrund einer ihm erteilten Nebentätigkeitsgenehmigung gegenüber Privatpatienten und sog. Selbstzahlern ausführt. Der Behandlungsvertrag kommt in dieser Konstellation zwischen dem Patienten und dem Chefarzt unmittelbar zustande, so dass vertragliche Haftungsansprüche sich auch nur gegen den Chefarzt, nicht aber den Krankenhausträger richten können.[59] Das vom Chefarzt in die Behandlung eingeschaltete ärztliche und nichtärztliche Krankenhauspersonal wird in diesem Kontext als Erfüllungsgehilfe des Chef- 910

53 *Frahm/Nixdorf/Walter* (Fn. 2), Rn. 16; *Quass/Zuck* (Fn. 42), § 16 Rn. 59; *Rehborn* ZMGR 2008, 296; *Bäune*, FS ARGE Medizinrecht, 2008, 139 (145).

54 *Quaas/Zuck* (Fn. 42), § 16 Rn. 59.

55 So auch *Bäune*, FS ARGE Medizinrecht, 2008, 139 (142).

56 *Rehborn* ZMGR 2008, 296.

57 *Rehborn* ZMGR 2008, 296.

58 Vgl. Rn. 906.

59 BGH NJW 1993, 784 = VersR 1993, 357; NJW 1989, 769 = VersR 1988, 1270; *Frahm/Nixdorf/Walter* (Fn. 2), Rn. 20; *Gehrlein* (Fn. 9), Rn. A 11; *Geiß/Greiner* (Fn. 2), Rn. A 19; *Martis/Winkhart* (Fn. 2), 15; Spickhoff/*Greiner* (Fn. 2), BGB §§ 823 ff. Rn. 302; *Steffen/Pauge* (Fn. 2), Rn. 50; zu den Auswirkungen der erforderlichen Abgrenzung zwischen ambulanter und stationärer wahlärztlicher Chefarztbehandlung auf die Haftung des Krankenhausträgers vgl. BGH NJW-RR 2006, 811 = VersR 2006, 791.

arztes tätig, so dass sich der Chefarzt deren vertragliches Fehlverhalten nach § 278 I BGB zurechnen lassen muss.

911 Entsprechendes gilt auch, wenn ein Krankenhausarzt gegenüber gesetzlich krankenversicherten Patienten im Rahmen einer sog. persönlichen Ermächtigung nach § 116 SGB V tätig wird. Wenn die persönliche Ermächtigung dem Krankenhausarzt selbst und nicht dem Krankenhausträger (als sog. Institutsermächtigung) erteilt wird, ist Vertragspartner des Behandlungsvertrages bei einer in Ausübung der erteilten persönlichen Ermächtigung durchgeführten ambulanten Behandlung ausschließlich der Krankenhausarzt,[60] der dementsprechend auch für eigenes vertragliches Fehlverhalten sowie für vertragliche Pflichtverletzung des von ihm in die Behandlung eingeschalteten Personals nach § 278 I BGB haftet. Dies gilt selbst dann, wenn der Patient von seinem Hausarzt an das Krankenhaus überwiesen worden ist[61] oder die Einschaltung des nachgeordneten Personals krankenversicherungsrechtlich und/oder vergütungsrechtlich wegen Verstoßes gegen den Grundsatz der persönlichen Leistungserbringung unzulässig war, der Chefarzt bzw. der persönlich ermächtigte Arzt mithin dritte Personen unter Verstoß gegen vertragsärztliche oder vergütungsrechtliche Pflichten in die Behandlung eingeschaltet hat.[62]

912 Die deliktische Haftung in diesen Fällen folgt wiederum allgemeinen Grundsätzen. Der persönlich handelnde Chefarzt und der persönlich ermächtigte Arzt haften für eigenes deliktisches Fehlverhalten nach § 823 I BGB und für unerlaubte Handlungen des von ihnen eingesetzten Personals nach § 831 I BGB. Die insoweit tätigen nachgeordneten Ärzte haften ihrerseits unmittelbar nach § 823 I BGB.

913 In Betracht kommen darüber hinaus Fallkonstellationen, in denen die ambulante Behandlung nicht durch einen am Krankenhaus tätigen Arzt erbracht wird, sondern durch den Krankenhausträger selbst.[63] Denkbar ist dies bei vor- und nachstationären Behandlungen im Krankenhaus gemäß § 115 a SGB V, bei ambulanten Operationen im Krankenhaus nach § 115 b SGB V, bei der Fortsetzung von Arzneimitteltherapien nach stationärer Krankenhausbehandlung gemäß § 115 c SGB V, bei ambulanten Behandlungen aufgrund von sog. Institutsermächtigungen nach § 116 a SGB V oder bei ambulanten Behandlungen aufgrund strukturierter Behandlungsprogramme oder hochspezialisierter Leistungen nach § 116 b SGB V. An Universitätskliniken kommt darüber hinaus eine ambulante Behandlung zu Zwecken von Forschung und Lehre in sog. Hochschulambulanzen nach § 117 SGB V in Betracht. Schließlich kann die ambulante Behandlung in psychiatrischen Institutsambulanten nach § 118 SGB V oder in sozialpädiatrischen Zentren nach § 119 SGB V stattfinden. In all diesen Fallkonstellationen ist Vertragspartner des Behandlungsvertrages der Krankenhausträger selbst. Vertragliche Schadensersatzansprüche aus § 280 I BGB können sich

60 BGH NJW-RR 2006, 811 = VersR 2006, 791; NJW 2006, 767 = VersR 2006, 409; NJW 1994, 788 = VersR 1994, 425; 1987, 2289 = VersR 1987, 990; *Frahm/Nixdorf/Walter* (Fn. 2), Rn. 20; *Gehrlein* (Fn. 9), Rn. A 11; *Geiß/Greiner* (Fn. 2), Rn. A 18; *Martis/Winkhart* (Fn. 2), 14; Spickhoff/*Greiner* (Fn. 2), BGB §§ 823 ff. Rn. 302; *Steffen/Pauge* (Fn. 2), Rn. 60, 70.

61 BGH NJW-RR 2006, 811 = VersR 2006, 791; *Frahm/Nixdorf/Walter* (Fn. 2), Rn. 20; *Gehrlein* (Fn. 9), Rn. A 11; *Geiß/Greiner* (Fn. 2), Rn. A 18; *Steffen/Pauge* (Fn. 2), Rn. 57.

62 *Martis/Winkhart* (Fn. 2), 14.

63 Dazu *Frahm/Nixdorf/Walter* (Fn. 2), Rn. 21; *Gehrlein* (Fn. 9), Rn. A 11; *Geiß/Greiner* (Fn. 2), Rn. A 20; *Martis/Winkhart* (Fn. 2), 16; Spickhoff/*Greiner* (Fn. 2), BGB §§ 823 ff. Rn. 303; *Steffen/Pauge* (Fn. 2), Rn. 72 - 75; zu den krankenversicherungsrechtlichen Voraussetzungen *Quaas/Zuck* (Fn. 42), § 15 Rn. 76 – 90.

dementsprechend nur gegen den Krankenhausträger, nicht aber gegen das in die Behandlung eingeschaltete Personal richten, weil dieses Personal nicht an den Behandlungsvertrag mit dem Patienten als Vertragspartner beteiligt ist. Deliktische Haftungsansprüche richten sich ebenfalls gegen den Krankenhausträger nach § 831 I BGB, darüber hinaus gegen den einen deliktischen Haftungstatbestand unmittelbar verwirklichenden Arzt nach § 823 I BGB.

Die Zuordnung der Haftungsverantwortung für durch oder an einem Krankenhaus durchgeführte ambulante Behandlung wird dadurch erheblich erschwert, dass für den Patienten häufig nicht erkennbar ist, nach welcher der verschiedenen Behandlungsformen er ambulant im Krankenhaus behandelt wird. Zwar mag ein privat krankenversicherter oder selbst zahlender Patient noch erkennen, dass die ambulante Behandlung durch den Chefarzt aufgrund eines gesonderten Vertragsvertragsverhältnisses mit dem Chefarzt durchgeführt wird. Demgegenüber ist aber für den durchschnittlichen gesetzlich krankenversicherten Patienten nicht mehr unterscheidbar, ob seine Behandlung durch einen persönlich ermächtigten Arzt nach § 116 SGB V oder durch eine der verschiedenen Formen ambulanter Behandlung im Krankenhaus, zB in einer Hochschulambulanz, durch den Krankenhausträger erfolgt. Liegt keine eindeutige Vereinbarung vor, die die Parteien des Behandlungsvertrages erkennen lässt, ist im Zweifel davon auszugehen, dass der Behandlungsvertrag mit demjenigen Leistungserbringer zustande kommt, der sozialversicherungsrechtlich zur Erbringung der Leistung und Abrechnung der hierfür anfallenden Vergütung berechtigt ist.[64] Im Falle der Leistungserbringung aufgrund persönlicher Ermächtigung kommt daher ein Behandlungsvertrag mit dem persönlich ermächtigten Arzt zustande. Im Falle einer Behandlung in einer Hochschulambulanz (§ 117 SGB V) oder aufgrund eines strukturierten Behandlungsprogrammes nach § 116 b SGB V ist Vertragspartner der Krankenhausträger. Gleiches gilt für eine Behandlung im Rahmen vor- oder nachstationärer Behandlung oder einer ambulanten Operation im Krankenhaus. Dies gilt grundsätzlich selbst dann, wenn einzelne krankenversicherungsrechtliche Voraussetzungen der jeweiligen Behandlungsform nicht vorliegen,[65] zB der persönlich ermächtigte Arzt eine Leistung im Rahmen der ihm erteilten persönlichen Ermächtigung erbringen will, die von der persönlichen Ermächtigung gar nicht umfasst ist, oder der Krankenhausträger vor- oder nachstationäre Leistungen außerhalb der hierfür nach § 115 a II SGB V vorgesehenen Zeiträume erbringt bzw. eine ambulante Operation am Krankenhaus durchgeführt wird, ohne dass der Krankenhausträger die nach § 115 b II 2 SGB V erforderliche Anzeige an die Landesverbände der Krankenkassen und die Verbände der Ersatzkassen sowie die Kassenärztliche Vereinigung und den Zulassungsausschuss abgegeben hat.[66] Entsprechend der Zielsetzung des Tätigwerdens ist die ambulante Behandlung als eine des persönlich ermächtigten Krankenhausarztes oder des Krankenhausträgers zu bewerten. Vertragliche Haftungsansprüche richten sich dementsprechend in erster Linie gegen den jeweils Leistungszuständigen. 914

Lässt sich eine sozialversicherungsrechtliche Zuordnung einer im Krankenhaus erbrachten ambulanten Leistung an einen Leistungszuständigen nicht vornehmen, kommt im Zweifel ein Behandlungsvertrag mit dem Krankenhausträger mit der Folge 915

64 *Frahm/Nixdorf/Walter* (Fn. 2), Rn. 19, 21.
65 *Gehrlein* (Fn. 9), Rn. A 11; *Geiß/Greiner* (Fn. 2), Rn. A 20; *Steffen/Pauge* (Fn. 2), Rn. 75.
66 BGH NJW 2006, 767 = VersR 2006, 409; *Steffen/Pauge* (Fn. 2), Rn. 75.

der vertraglichen Haftung des Krankenhausträgers zu Stande.[67] Kommt es aufgrund bestehender Unklarheiten überhaupt nicht zum Abschluss eines Behandlungsvertrages, haftet der Krankenhausträger auf jeden Fall wegen eines aufgrund der herbeigeführten Unklarheiten anzunehmenden Organisationsmangels.[68]

III. Die stationäre Behandlung

916 Im Rahmen der stationären Behandlung werden grundsätzlich drei Vertragskonstellationen unterschieden.

1. Der totale Krankenhausaufnahmevertrag

917 Den Regelfall der stationären Behandlung bildet der totale Krankenhausaufnahmevertrag.[69] Vertragspartner des Patienten ist bei diesem Vertragstyp für sämtliche Krankenhausleistungen – Unterbringung, Verpflegung, pflegerische und ärztliche Versorgung – ausschließlich der Krankenhausträger, der sämtliche Leistungen durch von ihm – nicht zwingend in einem Arbeits- oder Beamtenverhältnis - beschäftigtes Personal erbringt. Will ein Patient bei einem derartigen Vertrag durch einen bestimmten Arzt behandelt werden, muss er im Rahmen seiner Einwilligung in den Eingriff seinen entsprechenden Willen deutlich erkennbar zum Ausdruck bringen.[70] Die Klärung der Frage, wer der zuständige Krankenhausträger ist, ist insbesondere bei in öffentlicher Trägerschaft stehenden Krankenhäusern nicht immer unproblematisch. So ist Träger eines Universitätsklinikums nicht das jeweilige Bundesland, sondern die Universität,[71] sofern das Klinikum nicht als eigenständige juristische Person von der Universität rechtlich verselbständigt ist, ansonsten der rechtlich selbständige Träger des Universitätsklinikums.

918 Pflichtverletzungen bei der Erbringung sämtlicher Leistungsbestandteile des Behandlungsvertrages führen zu einer vertraglichen Haftung des Krankenhausträgers, dem das Fehlverhalten des nachgeordneten ärztlichen und nichtärztlichen Personals nach § 278 BGB zugerechnet wird. Auch die deliktische Haftung trifft den Krankenhausträger nach § 831 I BGB bei deliktischem Fehlverhalten des nachgeordneten ärztlichen und nichtärztlichen Personals. Für deliktisches Fehlverhalten von Chefärzten und den als ständiger Vertreter eines Chefarztes tätigen Oberärzten haftet der Krankenhausträger in entsprechender Anwendung der §§ 31, 89 BGB ohne Entlastungsmöglichkeit.[72] Eine Besonderheit besteht in diesem Zusammenhang bei der deliktischen, nicht aber der vertraglichen Haftung beamteter Ärzte.[73] Deren deliktische

---

67 *Geiß/Greiner* (Fn. 2), Rn. A 20.

68 BGH NJW 2006, 767 = VersR 2006, 409; *Gehrlein* (Fn. 9), Rn. A 11; *Geiß/Greiner* (Fn. 2), Rn. A 20; Martis/Winkhart (Fn. 2), 16; Spickhoff/*Greiner* (Fn. 2), BGB §§ 823 ff. Rn. 304.

69 BGH NJW 2000, 2741 = VersR 2000, 1107; dazu *Frahm/Nixdorf/Walter* (Fn. 2), Rn. 24; *Gehrlein* (Fn. 9), Rn. A 21 – A 22; *Geiß/Greiner* (Fn. 2), Rn. A 26 – A 30; *Martis/Winkhart* (Fn. 2), 651; *Steffen/Pauge* (Fn. 2), Rn. 27; *Gehrlein* VersR 2004, 1488.

70 BGH NJW 2010, 2580 = VersR 2010, 1038; dazu *Bender* VersR 2010, 450; *Diel* ZfSch 2010, 491.

71 BGH NJW 1999, 1779 = VersR 1999, 579; NJW 1986, 1542 = VersR 1986, 465; dazu auch *Gehrlein* (Fn. 9), Rn. A 23; *Steffen/Pauge* (Fn. 2), Rn. 113.

72 BGH NJW 1987, 2925 = VersR 1987, 1040; NJW 1980, 1901 = VersR 1980, 768; *Frahm/Nixdorf/Walter* (Fn. 2), Rn. 53; *Martis/Winkhart* (Fn. 2), 652; Spickhoff/*Greiner* (Fn. 2), BGB §§ 823 ff. Rn. 331; *Steffen/Pauge* (Fn. 2), Rn. 115.

73 BGH NJW 2005, 288 = VersR 2004, 785; NJW 1983, 1314 = VersR 1983, 244; *Frahm/Nixdorf/Walter* (Fn. 2), Rn. 45; *Gehrlein* (Fn. 9), Rn. A 52; *Geiß/Greiner* (Fn. 2), Rn. A 74; Laufs/Kern/

Haftung im Zusammenhang mit einer stationären oder vom Krankenhausträger durchgeführten ambulanten Behandlung[74] richtet sich ausschließlich nach § 839 I 1 BGB mit der Folge, dass ein beamteter Arzt bei Fahrlässigkeit nur in Anspruch genommen werden kann, wenn der Patient nicht auf andere Weise Ersatz verlangen vermag. Da in derartigen Fallkonstellationen regelmäßig ein Haftungsanspruch bei deliktischem Fehlverhalten des nachgeordneten Personals auch gegen den Krankenhausträger eröffnet wird, führt das Haftungsprivileg des § 839 I 2 BGB zum Entfallen der deliktischen Haftung des beamteten Arztes.

Eine entsprechende Haftung trifft auch den Träger eines von einer Hebamme geführten Geburtshauses, die bei der Aufnahme in das Geburtshaus eine umfassende Versorgung vor und nach der Geburt anbietet.[75] 919

Die Haftungszurechnung für vertragliches Fehlverhalten des nachgeordneten Personals erfolgt nach § 278 BGB. Die vertragliche Haftungszurechnung entfällt nicht, wenn sich der Krankenhausträger oder der Träger des Hebammenhauses zur Erfüllung seiner vertraglichen Pflichten außenstehender, frei praktizierender Ärzte im Rahmen eines sog. Konsiliararztverhältnisses bedient. Entsprechendes gilt auch im Hinblick auf die deliktische Haftung zumindest dann, wenn der in seiner Berufsausübung nicht weisungsgebundene Konsiliararzt ähnlich wie ein angestellter Arzt dauerhaft für den Krankenhausträger tätig wird.[76] Demgegenüber scheidet eine Haftungszurechnung aus, wenn der frei praktizierende Arzt im Ausnahmefall aufgrund eigener Vertragsbeziehungen zum Patienten außerhalb des Behandlungsauftrages des Krankenhauses tätig wird.[77] Die Haftungszurechnung entfällt mithin dann, wenn der zugezogene niedergelassene Arzt nicht in die Behandlungsverpflichtung des Krankenhausträgers bzw. Trägers des Hebammenhauses einbezogen wird, sondern aufgrund einer eigenen Vertragsbeziehung eigene und von den Verbindlichkeiten des Krankenhausträgers gesonderte ärztliche Verpflichtung gegenüber dem Patienten erfüllt.[78] In diesem Fall kommt ein eigener Behandlungsvertrag zwischen dem Arzt und dem Patienten mit der Folge zustande, dass bei Verletzungen der Pflichten aus dem Behandlungsvertrag der Arzt selbst aufgrund eigener Vertragsverletzung haftet. 920

Laufs/Kern (Fn. 39) § 105 Rn. 5 - 7; *Martis/Winkhart* (Fn. 2), 654; Spickhoff/*Greiner* (Fn. 2), BGB §§ 823 ff. Rn. 345; *Steffen/Pauge* (Fn. 2), Rn. 130 - 134.

74 Bei ambulanter Behandlung durch einen beamteten Arzt greift § 839 I 1 BGB nur ein, wenn der beamtete Arzt im Rahmen einer vom Krankenhausträger durchgeführten ambulanten Behandlung tätig wird, nicht aber bei einer ambulanten Behandlung aufgrund einer Privatliquidationsbefugnis oder einer persönlichen Ermächtigung, vgl. BGH NJW 2003, 2309 = VersR 2003, 1126; NJW 1993, 784 = VersR 1993, 357; *Frahm/Nixdorf/Walter* (Fn. 2), Rn. 48; *Geiß/Greiner* (Fn. 2), Rn. A 83 – A 84; *Martis/Winkhart* (Fn. 2), 656; Spickhoff/*Greiner* (Fn. 2), BGB §§ 823 ff. Rn. 349 f; *Steffen/Pauge* (Fn. 2), Rn. 133 - 134.

75 BGH NJW 2005, 888 = VersR 2005, 408; OLG Hamm VersR 2006, 512; dazu *Nebendahl*, FS ARGE Medizinrecht, 2008, 237 – 248; *Steffen/Pauge* (Fn. 2), Rn. 49, 104.

76 OLG Brandenburg NJW-RR 2003, 1383 = VersR 2004, 1050; *Gehrlein* (Fn. 9), Rn. A 22; *Gehrlein* VersR 2004, 1488; lediglich berichtend *Martis/Winkhart* (Fn. 2), 653.

77 BGH NJW 2002, 948 = VersR 2002, 1030; NJW 1999, 868 = VersR 1999, 367; *Frahm/Nixdorf/Walter* (Fn. 2), Rn. 60; *Gehrlein* (Fn. 9), Rn. A 22; *Geiß/Greiner* (Fn. 2), Rn. A 27 – A 28; *Martis/Winkhart* (Fn. 2), 653; Spickhoff/*Greiner* (Fn. 2), BGB §§ 823 ff. Rn. 307, letzteres ist nur ganz ausnahmsweise anzunehmen. und wird vorliegen, wenn der hinzugezogene Arzt seine Leistungen gegenüber dem Patienten oder der Kassenärztlichen Vereinigung selbst abrechnet.

78 OLG Stuttgart MedR 2001, 311; MedR 1991, 143 = VersR 1992, 55; *Frahm/Nixdorf/Walter* (Fn. 2), Rn. 60; *Geiß/Greiner* (Fn. 2), Rn. A 67; *Martis/Winkhart* (Fn. 2), 653; Spickhoff/*Greiner* (Fn. 2), BGB §§ 823 ff. Rn. 307.

2. Der gespaltene Krankenhausaufnahmevertrag

921 Den zweiten Vertragstyp für die stationäre Krankenhausbehandlung bildet der sog. gespaltene Krankenhausaufnahmevertrag.[79] Bei diesem Vertragstyp kommt zum einen eine Vertragsbeziehung zwischen dem Patienten und dem Krankenhausträger und zum anderen eine hiervon getrennte Vertragsbeziehung zwischen dem Patienten und einem die ärztliche Versorgung schuldenden Arzt zustande. Der gespaltene Krankenhausaufnahmevertrag bildet den Regelfall für die belegärztliche Versorgung, kommt aber in Ausnahmefällen auch bei der Behandlung von Wahlleistungspatienten durch privat liquidationsberechtigte Chefärzte in Betracht.[80] Den Arztvertrag schließt in der Regel der Belegarzt selbst, während für den privat liquidationsberechtigten Chefarzt der Krankenhausträger als dessen Vertreter tätig wird.[81]

922 Je nach Ausgestaltung des Vertragsverhältnisses zum Patienten schuldet der Arzt die ärztlichen Leistungen allein. Zur Erbringung der stationären ärztlichen Leistungen mit den Mitteln des Krankenhauses ist der Arzt wiederum aufgrund eines gesonderten, mit dem Krankenhausträger abgeschlossenen Belegarztvertrages bzw. der ihm in seinem Chefarztvertrag eingeräumten Privatliquidationsbefugnis berechtigt. Der Krankenhausträger seinerseits schuldet aufgrund des vertraglichen Verhältnisses mit dem Patienten neben der Unterbringung und Verpflegung die pflegerische Versorgung und die Zurverfügungstellung der für die medizinische Versorgung erforderlichen apparativen Ausstattung des Krankenhauses. Außerdem ist der Krankenhausträger für einen geordneten Krankenhausbetrieb verantwortlich.[82]

923 Die vertragliche und deliktische Haftung richtet sich danach, in welchem Bereich eine Pflichtverletzung aufgetreten ist. Liegt die Pflichtverletzung im Zuständigkeitsbereich des Arztes, haftet allein dieser auf vertraglicher oder deliktischer Grundlage für die Folgen des Fehlverhaltens auch dann, wenn das Fehlverhalten durch vom Belegarzt eingeschaltete ärztliche Mitarbeiter des Krankenhausträgers aus dem gleichen Fachgebiet entstanden ist, weil die ärztlichen Mitarbeiter des Krankenhausträgers im Rahmen des gespaltenen Krankenhausaufnahmevertrages bei der Erbringung der ärztlichen Leistungen zumindest dann Erfüllungsgehilfen bzw. Verrichtungsgehilfen des Arztes und nicht des Krankenhausträgers sind, wenn sie dem gleichen Fachgebiet wie der Belegarzt angehören.[83] Nichtärztliche, insbesondere operationsassistierende Mitarbeiter des Krankenhausträgers und Pflegekräfte, die aufgrund konkreter Weisungen des Belegarztes tätig werden, können gleichfalls Erfüllungs-

79 *Frahm/Nixdorf/Walter* (Fn. 2), Rn. 25 – 26, 67; *Gehrlein* (Fn. 9), Rn. A 24 – A 30 a, A 55 – A 56; *Geiß/Greiner* (Fn. 2), Rn. A 31 – A 48, A 68 – A 70; Laufs/Kern/*Genzel/Degener-Hencke* (Fn. 39), § 89 Rn. 12; *Martis/Winkhart* (Fn. 2), 662; *Steffen/Pauge* (Fn. 2), Rn. 28, 96; *Schlosser* MedR 2009, 313.

80 Im Zweifel ist allerdings von einem totalen Krankenhausaufnahmevertrag mit Artzusatzvertrag auszugehen, vgl. BGH NJW-RR 2007, 1122 = VersR 2007, 1228; NJW 1998, 1778 = VersR 1998, 726; *Frahm/Nixdorf/Walter* (Fn. 2), Rn. 30, 65; *Martis/Winkhart* (Fn. 2), 657, 664; *Steffen/Pauge* (Fn. 2), Rn. 33.

81 BGH NJW-RR 1988, 630 = VersR 1987, 1191; *Frahm/Nixdorf/Walter* (Fn. 2), Rn. 67; *Martis/Winkhart* (Fn. 2), 664.

82 Zu der grundsätzlichen Zuständigkeitsabgrenzung vgl. bspw. *Frahm/Nixdorf/Walter* (Fn. 2), Rn. 26; *Geiß/Greiner* (Fn. 2), Rn. A 34 – A 35.

83 *Frahm/Nixdorf/Walter* (Fn. 2), Rn. 26, 62; *Gehrlein* (Fn. 9), Rn. A 26; *Geiß/Greiner* (Fn. 2), Rn. A 39; *Martis/Winkhart* (Fn. 2), 667; Spickhoff/*Greiner* (Fn. 2), BGB §§ 823 ff. Rn. 312, 339; *Steffen/Pauge* (Fn. 2), Rn. 99, 125.

und Verrichtungsgehilfen des Belegarztes sein.[84] Für Fehler seiner eigenen Mitarbeiter und seines Urlaubsvertreters haftet der Belegarzt allein.[85] Der Belegarzt ist darüber hinaus auch für Fehlleistungen verantwortlich, die durch von ihm zugezogene außenstehende, nicht im Krankenhaus beschäftigte Ärzte verursacht werden, sofern diese nicht ihrerseits eine eigenständige Vertragsbeziehung zum Patienten begründen.[86]

Demgegenüber liegt die vertragliche und deliktische Haftungsverantwortung für Fehlleistungen, die nicht in den vertraglichen Zuständigkeitsbereich des Arztes fallen, ausschließlich beim Krankenhausträger. Hierzu gehören zum einen Mängel in den Bereichen Unterkunft, Verpflegung und pflegerische Versorgung,[87] aber auch Fehlleistungen bei der Zurverfügungstellung der apparativen Ausstattung des Krankenhauses oder Fehlleistungen hinsichtlich der Organisation des Krankenhausbetriebes. Werden in die Behandlung des Patienten ärztliche Mitarbeiter des Krankenhauses eingeschaltet, die nicht zum Fachgebiet des Belegarztes gehören, gehört dies ebenfalls zum Verantwortungsbereich des Krankenhausträgers.[88] Der Krankenhausträger haftet im Rahmen der ihm obliegenden Organisations- und Überwachungspflicht auch für ihm bekannte erhebliche Fehlleistungen des Belegarztes, wenn er hiergegen nicht einschreitet, obwohl dies möglich gewesen wäre.[89] 924

Die Haftungsabgrenzung zwischen Belegarzt bzw. privat liquidationsberechtigten Chefarzt auf der einen Seite und dem Krankenhausträger auf der anderen Seite muss im Einzelfall anhand der konkret zwischen Krankenhausträger und Arzt vereinbarten Pflichtenzuordnung ermittelt werden. Für Unklarheiten bei der Aufgabenabgrenzung und damit einhergehende Unsicherheiten über die Zuständigkeit des Arztes bzw. des Krankenhausträgers haben beide in gleicher Weise einzustehen, weil die Pflicht zur ordnungsgemäßen Organisation des jeweiligen Bereiches sowohl den Krankenhausträger als auch den behandelnden Arzt als eigene Verpflichtung trifft.[90] In dieser Konstellation kann es zur gesamtschuldnerischen vertraglichen und deliktischen Haftung sowohl des Belegarztes oder Chefarztes als auch des Krankenhausträgers kommen. Gleiches gilt, wenn ein Belegkrankenhaus damit wirbt, die ärztlichen oder Hebammenleistungen selbst zu erbringen.[91] 925

84 So zB *Frahm/Nixdorf/Walter* (Fn. 2), Rn. 64; *Geiß/Greiner* (Fn. 2), Rn. A 47; *Martis/Winkhart* (Fn. 2), 667; *Steffen/Pauge* (Fn. 2), Rn. 125. In diesen Fällen kommt es regelmäßig zu einer gesamtschuldnerischen Haftung von Belegarzt und Krankenhausträger. *Gehrlein* (Fn. 9), Rn. A 26 sieht die nichtärztlichen Mitarbeiter nicht als Erfüllungsgehilfen des Belegarztes an.

85 BGH NJW 2000, 2737 = VersR 2000, 1146; *Frahm/Nixdorf/Walter* (Fn. 2), Rn. 62; *Geiß/Greiner* (Fn. 2), Rn. A 38; *Martis/Winkhart* (Fn. 2), 666; Spickhoff/*Greiner* (Fn. 2), §§ BGB 823 ff. Rn. 312, 339.

86 BGH NJW 1992, 2962 = VersR 1992, 1263; *Frahm/Nixdorf/Walter* (Fn. 2), Rn. 61, 62; *Geiß/Greiner* (Fn. 2), Rn. A 40, A 69; *Martis/Winkhart* (Fn. 2), 667; Spickhoff/*Greiner* (Fn. 2), BGB §§ 823 ff. Rn. 313. Zur Parallelproblematik beim niedergelassenen Arzt, vgl. Rn. 897.

87 BGH NJW 2000, 2737 = VersR 2000, 1146, hinsichtlich Fehlleistungen des Pflegepersonals kann es daher zu einer gesamtschuldnerischen Haftung von Arzt und Krankenhausträger kommen.

88 *Frahm/Nixdorf/Walter* (Fn. 2), Rn. 26, 63; *Gehrlein* (Fn. 9), Rn. A 27; *Geiß/Greiner* (Fn. 2), Rn. A 41; *Martis/Winkhart* (Fn. 2), 664; Spickhoff/*Greiner* (Fn. 2), BGB §§ 823 ff. Rn. 314, 338; *Steffen/Pauge* (Fn. 2), Rn. 99.

89 BGH NJW 2000, 2737 = VersR 2000, 1146; NJW 1996, 2429 = VersR 1996, 976, *Frahm/Nixdorf/Walter* (Fn. 2), Rn. 64; *Martis/Winkhart* (Fn. 2), 667; *Steffen/Pauge* (Fn. 2), Rn. 97.

90 *Frahm/Nixdorf/Walter* (Fn. 2), Rn. 64; *Geiß/Greiner* (Fn. 2), Rn. A 45.

91 BGH NJW 2005, 888 = VersR 2005, 408; dazu *Nebendahl*, FS ARGE Medizinrecht, 2008, 237 (241).

926 Sind an einem Krankenhaus mehrere Belegärzte unterschiedlicher Fachrichtungen tätig, die in die Behandlung eines Patienten eingeschaltet werden, kommen zwischen dem jeweiligen Belegarzt und dem Patienten jeweils gesonderte Behandlungsverträge zustande, wobei jeder Belegarzt für Fehlleistungen in seinem Bereich vertraglich und deliktisch gesondert haftet. Ist der Belegarzt Mitglied einer als BGB-Gesellschaft geführten Berufsausübungsgemeinschaft, die vor der stationären Behandlung bereits die ambulante Betreuung eines Patienten übernommen hat, setzt sich die im ambulanten Behandlungsverhältnis begründete vertragliche Beziehung des Patienten zu der BGB-Gesellschaft auch in der stationären belegärztlichen Behandlung fort mit der Folge, dass für Fehler bei der belegärztlichen stationären Behandlung nicht nur die BGB-Gesellschaft selbst, sondern auch alle Gesellschafter als Gesamtschuldner haften.[92]

927 Die Haftungsregelungen des gespaltenen Krankenhausaufnahmevertrages gelten in gleicher Weise auch bei der Einschaltung von selbständig tätigen Hebammen in die stationäre geburtshilfliche Versorgung. Im Gegensatz zu der Behandlung durch eine durch das Krankenhaus angestellte Hebamme, bei der der Behandlungsvertrag ausschließlich mit dem Krankenhausträger zustande kommt, tritt die als Beleghebamme selbständig tätige Hebamme im Hinblick auf die vertraglichen Leistungen als Hebamme in ein eigenständiges Vertragsverhältnis zum Patienten. Für Fehler der Hebamme in der Phase vor der Einschaltung eines gynäkologischen Facharztes haftet allein die selbständige Hebamme aufgrund eigener vertraglicher Pflichtenstellung und deliktischem Handeln.[93] Eine Haftung des Belegkrankenhauses bzw. des im Belegkrankenhaus angestellten Gynäkologen oder des selbständig tätigen gynäkologischen Belegarztes wird für Fehler der Hebamme erst begründet, wenn sie eingetreten sind, nachdem der Gynäkologe die Geburtsleitung übernommen hat,[94] was regelmäßig mit der Eingangsuntersuchung der Fall ist. Erst mit diesem Zeitpunkt wird die selbständige Hebamme zum Gehilfen des Gynäkologen. Es kommt dann zur gesamtschuldnerischen Haftung von Krankenhausträger bzw. Belegarzt und der Beleghebamme.

3. Der Krankenhausaufnahmevertrag mit Arztzusatzvertrag

928 Die dritte typische Vertragsgestaltung für die stationäre Krankenhausbehandlung bildet der sog. einheitliche oder totale Krankenhausaufnahmevertrag mit Arztzusatzvertrag. Bei dieser Vertragsgestaltung, die typisch für die wahlärztlicher Behandlung durch einen privatliquidationsberechtigten Chefarzt gegenüber privat krankenversicherten oder selbstzahlenden Patienten ist, kommt einerseits ein Vertragsverhältnis zwischen dem Krankenhausträger und dem Patienten zustande, das den gesamten Bereich der Krankenhausleistungen einschließlich der ärztlichen Leistungen umfasst.

92 Vgl. dazu BGH NJW 2006, 437 = 2006, 361; *Gehrlein* (Fn. 9), Rn. A 26; *Geiß/Greiner* (Fn. 2), Rn. A 15; *Martis/Winkhart* (Fn. 2), 663 (666).

93 *Gehrlein* (Fn. 9), Rn. A 29; *Geiß/Greiner* (Fn. 2), Rn. A 43, A 68; *Martis/Winkhart* (Fn. 2), 669; Spickhoff/*Greiner* (Fn. 2), BGB §§ 823 ff. Rn. 316, 340; *Steffen/Pauge* (Fn. 2), Rn. 101. Unberührt bleibt selbstverständlich die Haftung des Krankenhausträgers für in dieser Phase auftretende Fehlleistungen des eingesetzten eigenen Personals oder bei Wahrnehmung der Überwachungs- und Organisationspflichten, vgl. Rn. 949.

94 BGH NJW 2000, 2737 = VersR 2000, 1146; NJW 1995, 1611 = VersR 1995, 706; *Frahm/Nixdorf/Walter* (Fn. 2), Rn. 64; *Gehrlein* (Fn. 9), Rn. A 29; *Geiß/Greiner* (Fn. 2), Rn. A 44; *Martis/Winkhart* (Fn. 2), 669; *Steffen/Pauge* (Fn. 2), Rn. 103.

Zusätzlich schließt der privatliquidationsberechtigte Arzt mit dem Patienten einen eigenständigen Vertrag, der sich auf die Erbringung der ärztlichen Leistungen durch den Chefarzt erstreckt.[95] Wird ein Patient anlässlich einer stationären Krankenhausbehandlung durch mehrere privatliquidationsberechtigte Chefärzte behandelt, werden jeweils gesonderte Vertragsverhältnisse zu den einzelnen Chefärzten begründet, selbst wenn der Patient aufgrund der Besonderheiten der ärztlichen Leistung, zB bei einem Laborarzt, überhaupt nicht in unmittelbaren Kontakt zu dem Chefarzt tritt (sog. Wahlarztkette).[96]

Bei dieser Vertragsgestaltung haftet der Krankenhausträger als Vertragspartner des 929
Patienten für jegliche vertragliche Fehlleistung des nachgeordneten Personals sowie deliktisch für das Fehlverhalten seiner Verrichtungsgehilfen gemäß § 831 I BGB unabhängig davon, ob der Fehler sich im Bereich der Unterkunft, Verpflegung, pflegerischer Leistung, organisatorischer Mängel oder aber der ärztlichen Versorgung niederschlägt. Für Fehler des liquidationsberechtigten Chefarztes erfolgt eine vertragliche Haftungszurechnung und eine Zurechnung des deliktischen Fehlverhaltens nach § 31, § 89 BGB.[97] Der privat liquidationsberechtigte Arzt haftet seinerseits für Fehler bei der ärztlichen Leistungserbringung sowohl vertraglich als auch deliktisch. Bei derartigen Fehlern kommt es zu einer gesamtschuldnerischen Haftung von Krankenhausträger und privatliquidationsberechtigtem Chefarzt. Das nachgeordnete ärztliche Personal ist bei der Erbringung der ärztlichen Leistungen Erfüllungs- und Verrichtungsgehilfe sowohl des Krankenhausträgers im Rahmen der dem Krankenhausträger obliegenden vertraglichen Verpflichtungen als auch des privatliquidationsberechtigten Chefarztes, soweit es in Erfüllung von dessen vertraglichen Verpflichtungen eingesetzt wird.[98] Dies ist bei dem nachgeordneten ärztlichen Personal regelmäßig, bei Pflegepersonal nur ausnahmsweise der Fall, wenn die Pflegekräfte aufgrund spezifischer ärztlicher Weisungen handeln.[99]

D. Die Notfallbehandlung

In Ausnahmefällen sind Behandlungskonstellationen denkbar, in denen es nicht zum 930
Abschluss eines Behandlungsvertrages kommt, nämlich bei der Notfallbehandlung von zum Zeitpunkt der Behandlung bewusstlosen Personen oder von minderjährigen Patienten, bei denen die notwendige vertragliche Zustimmung des gesetzlichen Vertreters nicht erreichbar ist. Besteht aufgrund der Dringlichkeit der ärztlichen Behandlung nicht die Möglichkeit, die Willenserklärung zum Abschluss eines Behandlungsvertrages durch Einschaltung eines gesetzlichen Vertreters zu erlangen, kann die

95 BGH NJW-RR 2006, 811 = VersR 2006, 791; *Frahm/Nixdorf/Walter* (Fn. 2), Rn. 30, 66; *Gehrlein* (Fn. 9), Rn. A 20, A 31; *Geiß/Greiner* (Fn. 2), Rn. A 49; Laufs/Kern/*Genzel/Degener-Hencke* (Fn. 39), § 89 Rn. 14; *Martis/Winkhart* (Fn. 2), 657.

96 Dazu näher *Quass/Zuck* (Fn. 42), § 13 Rn. 11.

97 BGH NJW 1998, 1778 = VersR 1998, 726; NJW 1985, 2189 = VersR 1985, 1043; *Gehrlein* (Fn. 9), Rn. A 33; *Geiß/Greiner* (Fn. 2), Rn. A 52; *Martis/Winkhart* (Fn. 2), 658; *Steffen/Pauge* (Fn. 2), Rn. 33.

98 BGH NJW 1984, 1400 = VersR 1984, 356; NJW 1983, 1374 = VersR 1983, 244; *Gehrlein* (Fn. 9), Rn. A 35; *Geiß/Greiner* (Fn. 2), Rn. A 53; *Martis/Winkhart* (Fn. 2), 659; Spickhoff/*Greiner* (Fn. 2), BGB §§ 823 ff. Rn. 321, 342; *Steffen/Pauge* (Fn. 2), Rn. 37.

99 BGH NJW 1984, 1400 = VersR 1984, 356; *Frahm/Nixdorf/Walter* (Fn. 2), Rn. 66; *Geiß/Greiner* (Fn. 2), Rn. A 54; Laufs/Kern/*Genzel/Degener-Hencke* (Fn. 39), § 94 Rn. 13; *Martis/Winkhart* (Fn. 2), 659; Spickhoff/*Greiner* (Fn. 2), BGB §§ 823 ff. Rn. 322; *Steffen/Pauge* (Fn. 2), Rn. 37.

Behandlung nach den Regeln über die Geschäftsführung ohne Auftrag durchgeführt werden, wenn die Behandlung dem wirklichen oder mutmaßlichen Willen des Patienten iSv § 683 BGB entspricht.[100] Dies wird regelmäßig bei bewusstlosen Patienten und dringend indizierten Behandlungen anzunehmen sein, wobei die ärztliche Behandlung im Regelfall auf die Behandlungsmaßnahmen zu beschränken ist, die in der konkreten Situation unvermeidbar sind, ohne dass der im Notfall tätige Arzt allerdings von der Verpflichtung entbunden ist, das Krankheitsbild vollständig zu ermitteln.[101] Sofern es nicht möglich ist, nach Abschluss der Behandlung nachträglich einen Behandlungsvertrag abzuschließen oder die Zustimmung des Vertreters herbeizuführen, richtet sich die Haftung für Behandlungsfehler aus dem gesetzlichen Schuldverhältnis der GoA nach § 683 BGB, ohne dass sich der Arzt auf die Haftungsbeschränkung auf Vorsatz und grobe Fahrlässigkeit nach § 680 BGB berufen könnte. Im Rahmen der Festlegung des in der Notfalllage zugrunde zu legenden ärztlichen Standards ist allerdings der Umstand, dass eine Notfallsituation vorliegt, zu berücksichtigen. In einer Notfalllage wird nur der für derartige Notfalllagen geforderte ärztliche Standard geschuldet, der abhängig von der konkreten Notfallsituation ist.[102]

931 Kommt ein Arzt in seiner Freizeit – quasi zufällig – an einen Unfallort und übernimmt die Behandlung einer verunfallten Person, kommt es regelmäßig nicht zum Abschluss eines Behandlungsvertrages. Es gelten die Regeln der GoA, wobei der Arzt sich in derartigen Situationen auf die Haftungsbeschränkung aus § 680 BGB berufen kann.[103]

E. Die öffentlich-rechtliche Behandlung

932 Ebenfalls eine Sondersituation besteht im Rahmen hoheitlicher Behandlungsverhältnisse. In diesen Fallkonstellationen erfolgt die Behandlung nicht aufgrund eines privatrechtlichen Behandlungsvertrages, sondern aufgrund eines öffentlich-rechtlichen Sonderverhältnisses. Ein solches Sonderverhältnis liegt zB bei staatlich angeordneten Schutzimpfungen im Verhältnis zu dem die Impfung durchführenden Arzt, nicht aber schon bei lediglich öffentlich empfohlenen Impfungen vor.[104] Ein öffentlich-rechtliches Behandlungsverhältnis entsteht darüber hinaus bei der ambulanten Behandlung durch von Gesundheits- oder Versorgungsämtern beauftragte Ärzte,[105] bei Tätigwerden des MDK,[106] bei Heilbehandlungen durch den Vertrauensarzt der gesetzlichen Rentenversicherung oder bei der ärztlichen Tätigkeit eines Durchgangsarztes eines gesetzlichen Unfallversicherungsträgers,[107] wenn dieser im Aufgabenbereich des Unfallversicherungsträgers tätig wird, also entscheidet, ob eine spezielle berufsgenossen-

100 Dazu *Frahm/Nixdorf/Walter* (Fn. 2), Rn. 36; *Gehrlein* (Fn. 9), Rn. A 17; *Steffen/Pauge* (Fn. 2), Rn. 76.

101 BGH NJW-RR 2008, 263 = VersR 2008, 221; KG Berlin VersR 1987, 992; *Gehrlein* (Fn. 9), Rn. A 17; *Steffen/Pauge* (Fn. 2), Rn. 77.

102 *Frahm/Nixdorf/Walter* (Fn. 2), Rn. 37; *Gehrlein* (Fn. 9), Rn. A 17; *Steffen/Pauge* (Fn. 2), Rn. 78.

103 OLG München NJW 2006, 1883 = GesR 2006, 206; OLG Düsseldorf NJW 2004, 3640; *Frahm/Nixdorf/Walter* (Fn. 2), Rn. 37; *Deutsch/Spickhoff* (Fn. 14), Rn. 648; *Geiß/Greiner* (Fn. 2), Rn. B 27; *Roth* NJW 2006, 2814; offengelassen bei *Steffen/Pauge* (Fn. 2), Rn. 78.

104 BGH NJW 1994, 3012 = VersR 1994, 1228.

105 BGH MedR 2001, 254 = VersR 2001, 1108; NJW 1973, 554 = VersR 1973, 58.

106 BGH MedR 2006, 652 = VersR 2006, 1684.

107 Zur Abgrenzung von Durchgangsarzt und Heilbehandlungsarzt vgl. BGH NVwZ-RR 2010, 485 = VersR 2010, 768; OLG Karlsruhe GesR 2008, 45.

schaftliche Behandlung erforderlich ist, nicht aber nach Weiterführung der Behandlung, nachdem der Patient in die allgemeine krankenversicherungsrechtliche Heilbehandlung übernommen worden ist.[108] Maßgeblich für die Abgrenzung ist, ob die eigentliche Zielsetzung, in deren Sinne der Arzt tätig geworden ist, hoheitlicher Tätigkeit zuzurechnen ist und ob zwischen dieser Zielsetzung und der schädigenden Handlung ein so enger äußerer und innerer Zusammenhang besteht, dass die Handlung ebenfalls als noch dem Bereich hoheitlicher Betätigung angehörend angesehen werden muss. Nicht entscheidend ist die Person sondern die Funktion des Handelnden, dh die Aufgabe, deren Wahrnehmung die im konkreten Fall ausgeübte Tätigkeit dient.[109] Ein öffentlich-rechtlich ausgestaltetes Behandlungsverhältnis entsteht schließlich auch bei der notärztlichen Versorgung, wenn die notärztliche Versorgung nach jeweiligem Landesrecht hoheitlich ausgestaltet ist.[110] Im stationären Bereich ist eine hoheitliche Heilbehandlung insbesondere bei Zwangsbehandlungen aufgrund durch staatliche Anordnung untergebrachter Personen, zB in der geschlossenen Abteilung einer Psychiatrie[111] oder bei Strafgefangenen[112] oder Untersuchungshäftlingen[113] anzunehmen. Auch die truppenärztliche Versorgung von Bundeswehrsoldaten stellt eine hoheitliche Behandlung dar.[114]

Die Haftung bei derartiger hoheitlicher Behandlung erfolgt ausschließlich nach staats- **933**
haftungsrechtlichen Grundsätzen. Für Behandlungsfehler haftet danach allein der öffentlich-rechtliche Anstellungsträger gemäß Art. 34 GG iVm § 839 BGB. Der Anstellungsträger kann sich bei fahrlässigem Handeln auf das Haftungsprivileg des § 839 I 2 BGB berufen. Demgegenüber ist eine persönliche Haftung des hoheitlich handelnden Arztes sowohl aus Delikt als auch aus Vertrag ausgeschlossen.[115]

§ 42 Die Behandlungsfehlerhaftung

A. Vorbemerkung

Sowohl der auf eine vertragliche als auch der auf eine deliktische Anspruchsgrundlage **934**
gestützte Arzthaftungsanspruch setzt – von den Fällen des Fehlens einer ordnungs-

108 BGH NVwZ-RR 2010, 485 = VersR 2010, 768; NJW 2009, 993 = VersR 2009, 401; NJW 1994, 2417 = VersR 1994, 1195; NJW 1975, 589 = VersR 1975, 283; dazu *Terbille* (Fn. 27), § 1 Rn. 100 – 105; zur Abgrenzung von »Ob« und »Wie« auch BGH v. 4. 3. 2008 – VI ZR 101/07 -; OLG Oldenburg VersR 2010, 1654; OLG Schleswig NJW-RR 2007, 41 = GesR 2007, 469; Spickhoff/*Greiner* (Fn. 2), BGB §§ 823 ff. Rn. 354; *Jorzig* GesR 2009, 400.

109 BGH NVwZ-RR 2010, 485 = VersR 2010, 768; zur vergleichbaren Abgrenzung bei einer Tätigkeit für den MDK: BGH MedR 2006, 652 = VersR 2006, 1684; dazu auch OLG Oldenburg VersR 2010, 1654, in einem Fall, in dem der D-Arzt die Heilbehandlung nach fehlerhafter Auswertung einer Röntgenaufnahme übernommen hat, die vor der Entscheidung zur Übernahme der Heilbehandlung gefertigt worden ist.

110 BGH NVwZ-RR 2010, 502 = GesR 2010, 271; NJW 2005, 429 = VersR 2005, 688; NJW 2003, 1184 = VersR 2003, 732; dazu *Deutsch/Spickhoff* (Fn. 14), Rn. 130; Laufs/Kern/*Kern* (Fn. 39), § 17 a Rn. 75; *Martis/Winkhart* (Fn. 2), 74; *Ehmann* NJW 2004, 2944; *Lippert* VersR 2004, 839.

111 BGH NJW 2008, 1444 = VersR 2008, 778.

112 BGH NJW 2002, 3769 = VersR 2002, 1521.

113 BGH NJW 1996, 2431 = VersR 1996, 976.

114 BGH NJW 2002, 3096 = VersR 2003, 250; NJW 1990, 760 = VersR 1989, 1050.

115 Dazu insgesamt *Frahm/Nixdorf/Walter* (Fn. 2), Rn. 4 – 5; *Geiß/Greiner* (Fn. 2), Rn. A 85 – A 89; *Martis/Winkhart* (Fn. 2), 74; Spickhoff/*Greiner* (Fn. 2) BGB §§ 823 ff. Rn. 351; *Steffen/Pauge* (Fn. 2), Rn. 6 – 10.

gemäßen Einwilligung in den Eingriff abgesehen (dazu unter § 4 - Die Aufklärungsfehlerhaftung) – voraus, dass der behandelnde Arzt unter Verletzung des von ihm anzuwendenden Sorgfaltsmaßstabes einen Behandlungsfehler begangen hat und der Patient hierdurch einen Gesundheitsschaden (sog. Primärschaden) erlitten hat. Der haftungsbegründende Tatbestand des Arzthaftungsanspruches ist dementsprechend nur dann erfüllt, wenn ein Behandlungsfehler vorliegt (dazu → B. I.), der von dem behandelnden Arzt unter Verletzung der anzulegenden Sorgfalt (dazu →B. II.) herbeigeführt worden ist und hierdurch der beim Patienten entstandene Gesundheitsschaden verursacht oder mitverursacht worden ist (dazu → B. III.). Nicht ausreichend ist es demgegenüber, wenn eine durchgeführte ärztliche Behandlung nicht den gewünschten Erfolg zeigt, weil der Arzt aufgrund des Charakters des Behandlungsvertrages als Dienstvertrag nicht den ärztlichen Heilerfolg, sondern lediglich die pflichtgemäße Dienstleistung schuldet. In einem solchen Fall beruht der (unerwünschte) gesundheitliche Zustand des Patienten gerade nicht auf einer ärztlichen Fehlleistung, sondern auf der Grunderkrankung des Patienten selbst. Das darin liegende Schadensrisiko ist dem behandelnden Arzt nicht zuzurechnen.

935 Liegt ein ärztlicher Behandlungsfehler vor, stellt sich die anschließende Frage, welche weiteren, über den eigentlichen gesundheitlichen Primärschaden hinausgehenden Schäden von der Schadensersatzpflicht umfasst sind. Es kann sich hierbei sowohl um Schäden finanzieller Art als auch um gesundheitliche Folgebeeinträchtigungen (sog. Sekundärschäden) handeln. Die Abgrenzung des Umfanges der vom Schadensersatzanspruch umfassten Folgeschäden ist Gegenstand des haftungsausfüllenden Tatbestandes (dazu unter C.).

B. Der haftungsbegründende Tatbestand

I. Die Behandlungsfehlertypen

936 Ohne Anspruch auf Vollständigkeit lassen sich die Behandlungsfehlertypen wie folgt klassifizieren:

- generalisierte Qualitätsmängel
  - Übernahmefehler
  - Organisations- und Koordinationsfehler
- konkrete Qualitätsmängel
  - Therapiewahlfehler
  - Therapiefehler
  - Diagnosefehler
  - Nichterhebung von Diagnose- und Kontrollbefunden
- Fehler bei der therapeutischen Sicherungsaufklärung.

1. Die generalisierten Qualitätsmängel

937 Unter diese Fallgruppe von Behandlungsfehlern lassen sich Konstellationen fassen, die im Vorfeld der eigentlichen Behandlung die Pflichtenstellung eines Arztes oder Krankenhausträgers berühren.[116] Es handelt sich um Fehler, die sich zwar in der

116 Vgl. dazu *Geiß/Greiner* (Fn. 2), Rn. B 11 – B 33; Spickhoff/*Greiner* (Fn. 2), BGB §§ 823 ff. Rn. 23.

konkreten Behandlung niederschlagen, ihre Ursache aber in der Verletzung der dem Arzt oder Krankenhausträger obliegenden generellen Pflichtenstellung finden.

a) Der Übernahmefehler

Ein Übernahmefehler liegt vor, wenn ein Arzt oder Krankenhausträger eine Behandlung übernimmt, von der er weiß oder wissen muss, dass er ihr nicht gewachsen ist. In diesem Fall verletzt der Arzt die ihm obliegende grundsätzliche Verpflichtung, nur solche Behandlungen durchzuführen, zu denen er aufgrund hinreichender Fachkenntnisse sowie der Umstände des Einzelfalles in der Lage ist.[117] 938

Der Übernahmefehler kann zum einen auf unzureichenden Fachkenntnissen beruhen. 939 Diese können dadurch entstehen, dass der Arzt der ihm nicht nur standesrechtlich, sondern auch arzthaftungsrechtlich obliegenden Verpflichtung zur ständigen Weiterbildung in seinem Fachgebiet nicht oder nicht ausreichend nachgekommen ist und deshalb die von ihm gewählte Behandlung nicht dem geforderten medizinischen Standard entspricht.[118] Hiermit korrespondiert die Verpflichtung des Arztes, sich in seinem Fachgebiet unter Verwertung der einschlägigen medizinischen Literatur jederzeit fortzubilden. Dabei wird man von dem niedergelassenen Allgemeinarzt oder Facharzt die regelmäßige Lektüre der für das jeweilige Fachgebiet maßgeblichen inländischen Fachliteratur verlangen können.[119] Es besteht jedoch keine Verpflichtung zur ständigen Lektüre ausländischer Fachzeitschriften, sofern nicht gerade bestimmte vom Arzt verwandte Behandlungsmethoden betroffen sind. Nicht verlangt werden kann vom niedergelassenen Arzt die regelmäßige Lektüre wissenschaftlicher Spezialveröffentlichungen oder Kongressberichte. Entsprechendes gilt auch für Ärzte in regionalen Krankenhäusern. Demgegenüber dürften an Ärzte in Universitätskliniken höhere Anforderungen zu stellen sein.

In die gleiche Kategorie gehört die Übernahme einer Behandlung, für die der Arzt 940 ausbildungsbedingt den Facharztstandard noch nicht erfüllt (sog. Anfängerbehandlung). Kann der Arzt erkennen, dass er die jeweiligen Anforderungen des Facharztstandards entweder allein oder innerhalb der Krankenhausorganisation, in die er eingegliedert ist, nicht gewährleisten kann, stellt die dennoch erfolgende Behandlungsübernahme einen Übernahmefehler dar.[120] So darf eine Operation einen in der Ausbildung befindlichen Arzt nur übertragen werden, wenn dessen Zuverlässigkeit bei ähnlichen Eingriffen bereits festgestellt worden ist. Der »Anfängerarzt« muss schrittweise an den Schwierigkeitsgrad der jeweiligen Operation herangeführt wer-

117 BGH NJW 2005, 888 = VersR 2005, 408; OLG Hamm VersR 2006, 512; OLG Stuttgart VersR 2001, 1560; *Deutsch/Spickhoff* (Fn. 14), Rn. 208; *Ehlers/Broglie*, Arzthaftungsrecht, 4. Aufl. 2008, Rn. 731; *Gehrlein* (Fn. 9), Rn. B 31; *Geiß/Greiner* (Fn. 2) Rn. B 11; *Laufs/Kern* (Fn. 39), § 97 Rn. 21; *Martis/Winkhard* (Fn. 2), 324.

118 *Gehrlein* (Fn. 9), Rn. B 32; *Geiß/Greiner* (Fn. 2), Rn. B 11; Laufs/Kern/*Laufs/Kern* (Fn. 39), § 97 Rn. 16; *Steffen/Pauge* (Fn. 2), Rn. 198.

119 BGH NJW 1991, 1535 = VersR 1991, 469; NJW 1982, 697 = VersR 1982, 147; OLG München VersR 2000, 890; OLG Frankfurt VersR 1998, 1378; *Gehrlein* (Fn. 9), Rn. B 12; *Geiß/Greiner* (Fn. 2), Rn. B 12; Spickhoff/*Greiner* (Fn. 2), BGB §§ 823 ff. Rn. 23; *Steffen/Pauge* (Fn. 2), Rn. 199 – 201; *Terbille* (Fn. 27), § 1 Rn. 623.

120 BGH NJW 1994, 3008 = VersR 1994, 1303; NJW 1993, 2989 = VersR 1993, 1231; NJW 1988, 2298 = VersR 1998, 723; NJW 1984, 655 = VersR 1984, 60; *Deutsch/Spickhoff* (Fn. 14), Rn. 209; *Frahm/Nixdorf/Walter* (Fn. 2), Rn. 95; *Gehrlein* (Fn. 9), Rn. B 34; Laufs/Kern/*Laufs/Kern* (Fn. 39), § 100 Rn. 29; *Martis/Winkhart* (Fn. 2), 17, 24; *Steffen/Pauge* (Fn. 2), Rn. 293 – 294.

den. Darüber hinaus muss sichergestellt sein, dass der in der Ausbildung befindliche Arzt bei seinen Tätigkeiten ordnungsgemäß überwacht wird.[121]

941 Der Facharztstandard muss nicht in der Person des jeweils operierenden Arztes sichergestellt sein. Ausreichend aber auch geboten ist vielmehr, dass der Facharztstandard bei arbeitsteiligem ärztlichen Vorgehen insgesamt sichergestellt ist. Für den geburtshilflich-gynäkologischen Bereich reicht hierfür grundsätzlich die Betreuung durch einen Assistenzarzt aus, wenn ein funktionsfähiger oberärztlicher Rufbereitschaftsdienst gewährleistet ist, sofern nicht eine Risikogeburt zu erwarten ist.[122] Für den Bereich der Anästhesie muss sich der überwachende Facharzt nicht in unmittelbarer Nähe befinden, es reicht vielmehr Sicht- oder Rufkontakt aus.[123] Eine Intubationsnarkose darf allerdings nur durch bzw. in Anwesenheit eines Facharztes oder entsprechend qualifizierten Arztes durchgeführt werden.[124] Für chirurgische Eingriffe, bei denen die Assistenz eines weiteren Arztes notwendig ist, wird gefordert, dass die Operation unter Aufsicht und Anleitung eines jederzeit eingriffsbereiten Facharztes erfolgt, während einfachere Operationen, die auch ohne einen zweiten assistierenden Arzt durchgeführt werden können, auch auf einen noch in der Facharztausbildung befindlichen, im übrigen aber fachlich geeigneten Arzt übertragen werden können.[125]

942 Fehler in diesem Bereich stellen für den die Behandlung übernehmenden Arzt einen Übernahmefehler dar, wenn dieser erkennen konnte, dass er aufgrund seines Ausbildungsstandes den Facharztstandard nicht erfüllt, oder wenn er feststellen konnte, dass der Facharztstandard durch die gewählte Organisation nicht eingehalten wird, nicht aber, wenn er auf die sachgemäße Organisation des Krankenhausträgers vertrauen durfte und das Vertrauen schutzwürdig ist.[126]

943 Ein Übernahmefehler kann des Weiteren im Zusammenhang mit der für eine konkrete Behandlung erforderlichen apparativen Ausstattung entstehen. Übernimmt der Arzt eine Behandlung, die eine bestimmte apparative Ausstattung erfordert, muss nicht nur sichergestellt sein, dass die apparative Ausstattung vorhanden ist.[127] Vielmehr muss der Arzt auch in der Lage sein, die für die Behandlung notwendigen

121 BGH NJW 1993, 2989 = VersR 1993, 1231; NJW 1992, 1560 = VersR 1992, 745; *Deutsch/Spickhoff* (Fn. 14), Rn. 209; *Frahm/Nixdorf/Walter* (Fn. 2), Rn. 92; Laufs/Kern/Laufs/*Kern* (Fn. 39), § 100 Rn. 23; *Martis/Winkhart* (Fn. 2), 21; *Steffen/Pauge* (Fn. 2), Rn. 284 – 289; *Terbille* (Fn. 27), § 1 Rn. 639.

122 BGH NJW 1998, 2737 = VersR 1998, 634; NJW 1994, 3008 = VersR 1994, 1303; *Frahm/Nixdorf/Walter* (Fn. 2), Rn. 92; *Martis/Winkhart* (Fn. 2), 22.

123 BGH NJW 1993, 2989 = VersR 1993, 1231; *Frahm/Nixdorf/Walter* (Fn. 2), Rn. 93; Laufs/Kern/*Laufs/Kern* (Fn. 39), § 100 Rn. 26; *Martis/Winkhart* (Fn. 2), 21; Spickhoff/*Greiner* (Fn. 2), BGB §§ 823 ff. Rn. 10.

124 OLG Zweibrücken VersR 1988, 165; Laufs/Kern/*Laufs/Kern* (Fn. 39), § 100 Rn. 26.

125 BGH NJW 1992, 1560 = VersR 1992, 745; NJW 1984, 655 = VersR 1984, 60; *Frahm/Nixdorf/Walter* (Fn. 2), Rn. 94; Laufs/Kern/*Laufs/Kern* (Fn. 39), § 100 Rn. 25; *Martis/Winkhart* (Fn. 2), 21; Spickhoff/*Greiner* (Fn. 2), BGB §§ 823 ff. Rn. 8, 9, 11; dazu für den Bereich der Telemedizin *Pflüger* VersR 1999, 1070.

126 *Frahm/Nixdorf/Walter* (Fn. 2), Rn. 95; Laufs/Kern/*Laufs/Kern* (Fn. 39), § 100 Rn. 29; *Martis/Winkhart* (Fn. 2), 24; *Steffen/Pauge* (Fn. 2), Rn. 293, 294.

127 BGH NJW 1995, 779 = VersR 1995, 195; NJW 1989, 2321 = VersR 1989, 851; NJW 1978, 2337 = VersR 1978, 1022; *Deutsch/Spickhoff* (Fn. 14), Rn. 415; *Frahm/Nixdorf/Walter* (Fn. 2), Rn. 100; *Gehrlein* (Fn. 9), Rn. B 35; *Geiß/Greiner* (Fn. 2), Rn. B 17; *Martis/Winkhart* (Fn. 2), 324; Spickhoff/*Greiner* (Fn. 2), BGB §§ 823 ff. Rn. 25; *Steffen/Pauge* (Fn. 2), Rn. 196.

Apparaturen zu bedienen und bei Störungen angemessen zu reagieren.[128] Sind diese Voraussetzungen nicht erfüllt, darf der Arzt die Behandlung nicht übernehmen.

Entsprechendes gilt auch im Hinblick auf die Ausstattung mit Medikamenten und sonstigen Hilfsmitteln. Der eine Behandlung übernehmende Arzt muss vor Beginn der Behandlung sicherstellen, dass die für die Behandlung voraussichtlich notwendigen Medikamente bei Bedarf zur Verfügung stehen.[129] Kann er hierzu nicht auf eine Krankenhausapotheke zurückgreifen, muss er in anderer geeigneter Weise die Zugriffsmöglichkeit auf die möglicherweise einzusetzenden Medikamente sicherstellen. Gleiches gilt für die Verfügbarkeit von Blutkonserven, die im Rahmen von Operationen voraussichtlich erforderlich werden. Es dürfen nur Blutkonserven eingesetzt werden, die von zuverlässigen Herstellern stammen oder vom Krankenhausträger auf das Vorliegen etwaiger Verunreinigungen untersucht worden sind.[130] Hiermit im Zusammenhang besteht auch die Verpflichtung, den Patienten auf die Möglichkeit einer Eigenblutspende vor Durchführung einer Operation hinzuweisen, in der voraussichtlich Blutkonserven erforderlich werden.[131] 944

Ein Übernahmefehler steht weiter im Raum, wenn der Behandler außerhalb seines eigentlichen Fachgebietes tätig wird. Dies ist ihm zwar nicht grundsätzlich verwehrt. Überschreitet der Behandler jedoch die Grenzen seines Fachgebietes und wird fachfremd in einem anderen Fachgebiet tätig, so muss er seine Behandlung an den in dem anderen Fachgebiet geforderten Sorgfaltspflichten ausrichten.[132] Dies gilt auch für nicht ärztliche Behandler, wie zB Heilpraktiker, wenn diese ärztliche Leistungen, zB invasive Eingriffe oder Krebstherapien, übernehmen.[133] Übernahmefehler können in diesem Zusammenhang zB auftreten, wenn der behandelnde Arzt es unterlässt, in fachfremden Fragestellungen einen Facharzt des jeweiligen Fachgebietes als Konsiliararzt hinzuzuziehen oder einen Patienten zur Weiterbehandlung an einen Facharzt des maßgeblichen Fachgebietes oder ein Spezialkrankenhaus zu überweisen.[134] 945

b) Der Organisations- und Koordinationsfehler

Organisations- und Koordinationsfehler stehen im Raum, wenn der für die Durchführung der Behandlung zuständige Arzt oder Krankenhausträger die ihm obliegende Pflicht zur sachgerechten Organisation des Umgangs mit dem Patien- 946

128 BGH NJW 1978, 584 = VersR 1978, 82; NJW 1975, 2245 = VersR 1975, 952; *Deutsch/Spickhoff* (Fn. 14), Rn. 408; *Frahm/Nixdorf/Walter* (Fn. 2), Rn. 101; *Geiß/Greiner* (Fn. 2), Rn. B 39; Laufs/Kern/*Laufs/Kern* (Fn. 39), § 98 Rn. 25; *Martis/Winkhart* (Fn. 2), 330; Spickhoff/*Greiner* (Fn. 2), BGB §§ 823 ff. Rn. 23.

129 BGH NJW 1991, 1543 = VersR 1991, 315; *Frahm/Nixdorf/Walter* (Fn. 2), Rn. 102; *Gehrlein* (Fn. 9), Rn. B 38; *Geiß/Greiner* (Fn. 2), Rn. B 21; Laufs/Kern/*Laufs/Kern* (Fn. 39), § 98 Rn. 29; *Martis/Winkhart* (Fn. 2), 330; Spickhoff/*Greiner* (Fn. 2), BGB §§ 823 ff. Rn. 26.

130 BGH NJW 1992, 743 = VersR 1992, 314; *Frahm/Nixdorf/Walter* (Fn. 2), Rn. 102; *Gehrlein* (Fn. 9), Rn. B 38; *Martis/Winkhart* (Fn. 2), 330.

131 Dazu BGH NJW 1992, 743 = VersR 1992, 314; *Steffen/Pauge* (Fn. 2), Rn. 374.

132 BGH NJW 1987, 1482 = VersR 1987, 1089; NJW 1982, 697 = VersR 1982, 147; *Gehrlein* (Fn. 9), Rn. B 33; *Geiß/Greiner* (Fn. 2), Rn. B 13; *Martis/Winkhart* (Fn. 2), 324; Spickhoff/*Greiner* (Fn. 2), BGB §§ 823 ff. Rn. 24.

133 BGH NJW 1991, 1535 = VersR 1991, 469; *Gehrlein* (Fn. 9), Rn. B 33; *Geiß/Greiner* (Fn. 2), Rn. B 13; Spickhoff/*Greiner* (Fn. 2), BGB §§ 823 ff. Rn. 24; *Steffen/Pauge* (Fn. 2), Rn. 162.

134 BGH NJW 2005, 888 = VersR 2005, 408; NJW 1989, 2321 = VersR 1989, 851; NJW 1988, 763 = VersR 1988, 179; *Gehrlein* (Fn. 9), Rn. B 34; *Geiß/Greiner* (Fn. 2), Rn. B 15; *Martis/Winkhart* (Fn. 2), 325; Spickhoff/*Greiner* (Fn. 2), BGB §§ 823 ff. Rn. 25; dazu auch *Nebendahl*, FS ARGE Medizinrecht 2008, 237.

ten und zur ordnungsgemäßen Koordination und Kontrolle der klinischen Abläufe verletzt.

947 Angesprochen ist damit die Verpflichtung des für den Behandlungsablauf Verantwortlichen zur Bereitstellung einer generellen Organisation, die das Auftreten vermeidbarer Fehler ausschließt, und zur Koordination des Zusammenwirkens der in die Heilbehandlung eingeschalteten Personen.[135] Zum Teil stellt der Organisations- und Koordinationsfehler des für die Behandlungsabläufe Verantwortlichen damit das Gegenstück zum Übernahmefehler des in eine arbeitsteilige Organisation eingeschalteten Arztes dar.

948 Es lassen sich Fehler in Bezug auf Verpflichtungen hinsichtlich des eingeschalteten Personals, Fehler hinsichtlich der Verpflichtung zur eindeutigen Regelung von Zuständigkeiten und Vertretungen, Fehler in Zusammenhang mit Verpflichtungen hinsichtlich der apparativen Ausstattung und Medikamentenvorhaltung, Fehler hinsichtlich der allgemeinen Verkehrssicherungspflicht und Fehler im Zusammenhang mit der Organisationspflicht hinsichtlich der Patientenaufklärung unterscheiden.

949 Fehler im Zusammenhang mit der Vorhaltung ausreichenden Personals können auftreten, wenn Behandlungen an unzureichend ausgebildete Ärzte (Stichwort Anfängeroperation) übertragen werden[136] oder wenn der Personaleinsatz in einer Weise erfolgt, dass der notwendige Facharztstandard nicht gewährleistet ist. Das kann bspw. der Fall sein, wenn im Nachtdienst unzureichend ausgebildetes Pflegepersonal eingesetzt wird,[137] wenn ein aufgrund vorangegangenen Nachtdienstes übermüdeter Arzt eingesetzt wird,[138] wenn bei Parallelnarkosen in mehreren Operationssälen eine Unterversorgung mit Anästhesisten besteht[139] oder die Bereitschaftsdienst- und Rufbereitschaftsorganisation mangelhaft ist.[140] Fehler treten weiter auf, wenn ärztliche Aufgaben zu Unrecht auf nichtärztliche Leistungserbringer (Arzthelferinnen, Pflegedienst, Hebammen etc.) übertragen werden.[141]

950 Mängel hinsichtlich der eindeutigen Abgrenzung von Zuständigkeiten und Vertretungen ergeben sich, wenn Unklarheiten bei der Zuständigkeitszuordnung unterschiedlicher ärztlicher Leistungserbringer auftreten, so zB wenn der Pflichtenkreis eines Belegarztes in einem Belegkrankenhaus im Verhältnis zum Pflichtenkreis des Krankenhausträgers nicht oder nicht ordnungsgemäß abgegrenzt ist oder der Krankenhausträger bei offenbar fehlerhaften Verhalten des Belegarztes nicht eingreift.[142] Glei-

135 BGH NJW 2003, 2309 = VersR 2003, 1126; dazu *Deutsch/Spickhoff* (Fn. 14), Rn. 379; *Frahm/Nixdorf/Walter* (Fn. 2), Rn. 96; *Geiß/Greiner* (Fn. 2), Rn. B 18; *Martis/Winkhart* (Fn. 2), 326.; Spickhoff/*Greiner* (Fn. 2), BGB §§ 823 ff. Rn. 26; *Bergmann* VersR 1996, 810; *Deutsch* NJW 2000, 1745.

136 Dazu oben Rn. 940.

137 BGH NJW 1996, 2429 = VersR 1996, 976; dazu *Martis/Winkhart* (Fn. 2), 327.

138 BGH NJW 1986, 776 = VersR 1986, 295; dazu *Deutsch/Spickhoff* (Fn. 14), Rn. 379; *Frahm/Nixdorf/Walter* (Fn. 2), Rn. 99; *Gehrlein* (Fn. 9), Rn. B 40; *Martis/Winkhart* (Fn. 2), 327; *Steffen/Pauge* (Fn. 2), Rn. 238; dazu auch *Ernst* ZVersWiss 2004, 693.

139 BGH NJW 1993, 2989 = VersR 193, 1231; dazu *Gehrlein* (Fn. 9), Rn. B 40; Spickhoff/*Greiner* (Fn. 2), BGB §§ 823 ff. Rn. 31.

140 OLG Düsseldorf VersR 1986, 659; dazu *Frahm/Nixdorf/Walter* (Fn. 2), Rn. 98; *Geiß/Greiner* (Fn. 2), Rn. B 25; *Steffen/Pauge* (Fn. 2), Rn. 237.

141 BGH NJW 1996, 2429 = VersR 1996, 976; NJW 1996, 1597 = VersR 1996, 647; *Gehrlein* (Fn. 9), Rn. B 34, B 40; *Steffen/Pauge* (Fn. 2), Rn. 226; *Terbille* (Fn. 27), § 1 Rn. 635.

142 BGH NJW 2005, 888 = VersR 2005, 408; NJW 2004, 1452 = VersR 2004, 645; NJW 1996, 2429 =

ches gilt, wenn die Abstimmung zwischen Hebammen und ärztlichem Geburtshelfer nicht oder nicht ordnungsgemäß vorgenommen wird.[143] Entsprechendes ist auch für die Abstimmung bei abteilungsübergreifender Behandlung eines Patienten zB im Zusammenhang mit einer Verlegung des Patienten von einer auf die andere Abteilung eines Krankenhauses oder in ein anderes Krankenhaus anzunehmen.[144]

Organisations- und Koordinationsfehler im Zusammenhang mit der Sicherstellung der ausreichenden apparativen Ausstattung und Medikamentenbevorratung können auftreten, wenn der Krankenhausträger die für übernommene Behandlung erforderlichen technischen Geräte nicht oder nicht funktionsbereit vorhält,[145] das eingesetzte Personal das vorhandene Gerät vor dem Einsatz nicht ordnungsgemäß auf seine Funktionsfähigkeit überprüft[146] oder die notwendigen organisatorischen Maßnahmen zur Sicherung einer ausreichenden Medikamentenvorhaltung entweder durch Einschaltung einer Krankenhausapotheke oder durch entsprechende vertragliche Bindungen mit niedergelassenen Apothekern nicht sichergestellt sind.[147] Organisationspflichten bestehen auch im Zusammenhang mit der Verwendung von Blutkonserven.[148] 951

Organisations- und Koordinationsfehler können schließlich auftreten, wenn der für die Organisation eines Krankenhauses Verantwortliche den Patienten nicht in ausreichender Weise vor vermeidbaren Schädigungen schützt. Dies betrifft nicht nur die allgemeine Verkehrssicherungspflicht zB im Zusammenhang mit im Krankenhaus bestehenden Sturz- und Unfallgefahren,[149] sondern auch die in einem Krankenhausbetrieb zu beachtende besondere Verkehrssicherungspflicht im Zusammenhang mit der Nutzung von technischen Hilfsmitteln zB bei der Umbettung im Krankenhausbett,[150] bei der Nutzung von Dusch- oder Krankenstühlen[151] oder bei der Bettung auf Untersuchungsliegen bei der ambulanten Untersuchung.[152] Ebenfalls in diesen Be- 952

VersR 1996, 976; dazu *Gehrlein* (Fn. 9), Rn. B 40; *Martis/Winkhart* (Fn. 2), 327; *Steffen/Pauge* (Fn. 2), Rn. 192.

143 BGH NJW 1996, 2429 = VersR 1996, 976; dazu *Gehrlein* (Fn. 9), Rn. B 34; *Martis/Winkhart* (Fn. 2), 59; *Steffen/Pauge* (Fn. 2), Rn. 226.

144 BGH NJW 2005, 888 = VersR 2005, 408; NJW 1988, 763 = VersR 1988, 179; *Gehrlein* (Fn. 9), Rn. B 34; *Martis/Winkhart* (Fn. 2), 326.

145 BGH NJW 1992, 754 = VersR 1992, 238; NJW 1988, 763 = VersR 1988, 179; *Deutsch/Spickhoff* (Fn. 14), Rn. 408; *Frahm/Nixdorf/Walter* (Fn. 2), Rn. 100, 83; *Gehrlein* (Fn. 9), Rn. B 39; *Martis/Winkhart* (Fn. 2), 329.

146 BGH NJW 1994, 1594 = VersR 1994, 562; NJW 1978, 584 = VersR 1978, 82; NJW 1975, 2245 = VersR 1975, 952; dazu *Ehlers/Broglie* (Fn. 117), Rn. 735; *Frahm/Nixdorf/Walter* (Fn. 2), Rn. 102; *Gehrlein* (Fn. 9), Rn. B 39; Laufs/Kern/*Laufs/Kern* (Fn. 39), § 101 Rn. 16; *Martis/Winkhart* (Fn. 2), 329.

147 BGH NJW 1991, 1543 = VersR 1991, 315; *Frahm/Nixdorf/Walter* (Fn. 2), Rn. 102; *Gehrlein* (Fn. 9), Rn. B 38; Laufs/Kern/*Laufs/Kern* (Fn. 39), § 101 Rn. 17; *Martis/Winkhart* (Fn. 2), 330.

148 BGH NJW 1992, 743 = VersR 1992, 314; NJW 1991, 1948 = VersR 1991, 816; *Frahm/Nixdorf/Walter* (Fn. 2), Rn. 102; *Gehrlein* (Fn. 9), Rn. B 38; *Martis/Winkhart* (Fn. 2), 330.

149 BGH NJW 2005, 2613 = VersR 2005, 1443; NJW 2005, 1937 = VersR 2005, 984 (jeweils zum Sturz im Pflegeheim); KG Berlin MedR 2006, 182 = VersR 2006, 1366 (Sturz aus dem Rollstuhl im Krankenhaus); dazu *Frahm/Nixdorf/Walter* (Fn. 2), Rn. 103; *Gehrlein* (Fn. 9), Rn. B 44; *Martis/Winkhart* (Fn. 2), 744; *Steffen/Pauge* (Fn. 2), Rn. 242.

150 OLG Schleswig NJW-RR 2004, 237 (Verwendung eines Bettgitters); dazu *Gehrlein* (Fn. 9), Rn. B 44.

151 BGH NJW 1991, 2960 = VersR 1991, 1058; NJW 1991, 1540 = VersR 1991, 310; *Gehrlein* (Fn. 9), Rn. B 44; *Geiß/Greiner* (Fn. 2), Rn. A 56; *Martis/Winkhart* (Fn. 2), 330, 760.

152 OLG Hamm MedR 2002, 196; OLG Köln VersR 1990, 1240; dazu *Gehrlein* (Fn. 9), Rn. B. 44; *Martis/Winkhart* (Fn. 2), 330.

reich gehört die Pflicht des Krankenhausträgers zur Wahrung der hygienischen Standards.[153] Schließlich muss der Krankenhausträger sicherstellen, dass ein nach einer Behandlung sedierter Patient sich nach der Behandlung nicht unbemerkt entfernt.[154]

953 Die Organisationspflicht hinsichtlich der Patientenaufklärung umfasst die Verpflichtung sicherzustellen, dass die Aufklärung überhaupt und zur rechten Zeit erfolgt, dass sie von einer zur Aufklärung geeigneten Person durchgeführt wird und das über die richtigen und vollständigen Inhalte aufgeklärt wird.[155]

954 Der für die arbeitsteilige Organisation zuständige Krankenhausträger kommt seiner Organisations- und Koordinationsverantwortung regelmäßig durch Schaffung abstrakter Organisationsanweisungen und klarer Zuständigkeitsregeln nach, die er entweder selbst verfassen muss oder auf leitende Ärzte bzw. Chefärzte delegieren kann.[156] Fehlt es an derartigen abstrakten Regeln, muss im jeweiligen Einzelfall die Organisations- und Zuständigkeitsverteilung durch klar bestimmte Anweisungen geregelt werden. Die Organisations- und Koordinationsverantwortung des Krankenhausträgers umfasst darüber hinaus auch die Verpflichtung, die Einhaltung der abstrakt gesetzten Regeln regelmäßig und angemessen zu kontrollieren. Die Kontrollpflicht gegenüber dem Chefarzt obliegt dem Krankenhausträger und umfasst die dem Chefarzt übertragenen Organisationsaufgaben.[157] Der Chefarzt wiederum muss das ihm nachgeordnete, ärztliche und nichtärztliche Personal durch generelle Anweisungen und Richtlinien, in Sonderfällen auch durch konkrete Weisungen anleiten und gezielt überwachen, die bloße Teilnahme an Visiten reicht nicht aus.[158] Er kann sich hierzu geeigneter Oberärzte bedienen.

2. Konkrete Qualitätsmängel

a) Der Therapiewahlfehler

955 Unter den Begriff des Therapiewahlfehlers werden Fallkonstellationen gefasst, bei denen die vom Arzt angewandte Diagnostik- oder Therapiemethode schon in ihrer Auswahl fehlerhaft gewesen ist.[159] Ein solcher Fehler kann zum einen vorkommen, wenn das Krankheitsbild des Patienten die gewählte Diagnostik- oder Therapiemethode überhaupt nicht veranlasst hat, mithin keine Indikation zur Wahl der Diagnostik- oder Therapiemethode bestanden hat. Denkbar ist das Vorliegen eines Therapiewahlfehlers aber auch bei einer Fehlentscheidung des Arztes zwischen verschiedenen möglichen Methoden.

---

153 BGH NJW 2007, 1682 = VersR 2007, 847; NJW 1978, 1683 = VersR 1978, 764; dazu *Gehrlein* (Fn. 9), Rn. B 36.

154 BGH NJW 2003, 2309 = VersR 2003, 1126; *Frahm/Nixdorf/Walter* (Fn. 2), Rn. 121; *Martis/Winkhart* (Fn. 2), 326; *Steffen/Pauge* (Fn. 2), Rn. 252.

155 BGH NJW-RR 2007, 310 = VersR 2007, 209.

156 Dazu *Frahm/Nixdorf/Walter* (Fn. 2), Rn. 98; *Martis/Winkhart* (Fn. 2), 327; *Bergmann* VersR 1996, 810; *Deutsch* NJW 2000, 1745.

157 BGH NJW 1989, 769 = VersR 1988, 1270; VersR 1979, 844; *Gehrlein* (Fn. 9), Rn. B 40; *Geiß/Greiner* (Fn. 2), Rn. B 30; Laufs/Kern/*Laufs/Kern* (Fn. 39), § 101 Rn. 30; *Martis/Winkhart* (Fn. 2), 327; Spickhoff/*Greiner* (Fn. 2), BGB §§ 823 ff. Rn. 33; *Steffen/Pauge* (Fn. 2), Rn. 229.

158 BGH NJW 1989, 767 = VersR 1988, 1270; NJW 1980, 1901 = VersR 1980, 768; *Frahm/Nixdorf/Walter* (Fn. 2), Rn. 97; *Geiß/Greiner* (Fn. 2), Rn. B 30; Laufs/Kern/*Laufs/Kern* (Fn. 39), § 101 Rn. 33 f.; *Martis/Winkhart* (Fn. 2), 327; Spickhoff/*Greiner* (Fn. 2), BGB §§ 823 ff. Rn. 33; *Steffen/Pauge* (Fn. 2), Rn. 231.

159 So *Geiß/Greiner* (Fn. 2), Rn. B 34; *Martis/Winkhart* (Fn. 2), 768.

Insbesondere in der letztgenannten Konstellation ist allerdings der allgemein anerkannte Grundsatz der ärztlichen Therapiefreiheit zu beachten, der dem Arzt ein weites Ermessen bei der Auswahl zwischen verschiedenen in Betracht kommenden Diagnostik- oder Therapiemethoden einräumt.[160] Nach dem Grundsatz der ärztlichen Therapiefreiheit darf der Arzt zwischen verschiedenen im Wesentlichen als gleichwertig zu erachtenden, eingeführten und bewährten Methoden frei wählen und dasjenige Therapiekonzept wählen, das er für geboten hält.[161] Er muss sich dabei an sachlichen Gründen orientieren, wobei auch die eigene praktische Erfahrung mit der gewählten Methode als ausreichender Grund anzuerkennen ist. **956**

Im Wesentlichen gleichwertig sind Therapiemethoden, wenn sie zu einer höheren Belastung bzw. zu gesteigerten Risiken für den Patienten führen, wenn mit dieser Methode im konkreten Einzelfall aber bessere Heilungs- oder Erfolgschancen verbunden sind oder wenn im Einzelfall besondere Gründe für die Wahl dieser Methode sprechen. In diesem Fall korrespondiert die ärztliche Therapiefreiheit mit seiner Verpflichtung, den Patienten über die verschiedenen Behandlungsmethoden und die damit verbundenen unterschiedlichen Risiken aufzuklären.[162] **957**

Die Grenze der ärztlichen Therapiefreiheit ist erst dann erreicht, wenn der Arzt eine Diagnostik- oder Therapiemethode wählt, die im konkreten Fall unvertretbar ist. Denkbar ist dies zB, wenn die gewählte Methode sowohl hinsichtlich der Risiken als auch hinsichtlich der Heilungs- und Erfolgsaussichten der anderen zur Verfügung stehenden Therapiemethode unterlegen ist. Zwischen Methoden mit gleichen Heilungschancen hat der Arzt in der Regel diejenigen zu wählen, die mit dem geringeren Risiko für den Patienten verbunden ist. Umgekehrtes gilt auch für Methoden mit annähernd gleichen Risiken, bei denen der Arzt sich für diejenige Methode mit den besseren Heilungschancen entscheiden muss.[163] Allerdings ist der Arzt nicht verpflichtet, immer den für den Patienten sichersten Weg zu wählen. Er darf sich auch für eine Methode entscheiden, die mit einem höheren Risiko verbunden ist, wenn diese in den besonderen Sachzwängen des konkreten Falles oder höheren Heilungschancen ihre Rechtfertigung findet.[164] Fehlerhaft ist es allerdings, wenn der Arzt eine Methode wählen will, die nicht mehr dem gebotenen Standard entspricht. Dies ist dann der Fall, wenn eine früher anerkannte Methode durch risikoärmere Methoden in einer Weise verdrängt worden ist, dass die Anwendung der alten Methode von einem sorgfältig handelnden Arzt des jeweiligen Fachgebietes nicht mehr in Betracht gezogen werden würde.[165] **958**

Demgegenüber darf der Arzt sich bei gegebener sachlich-medizinischer Begründung – nach entsprechender Aufklärung des Patienten – auch für eine noch nicht etablierte **959**

---

160 BGH NJW 1989, 1538 = VersR 1989, 253; OLG Naumburg VersR 2006, 979; *Ehlers/Broglie* (Fn. 117), Rn. 724; *Gehrlein* (Fn. 9), Rn. B 24; *Geiß/Greiner* (Fn. 2), Rn. B 34; Laufs/Kern/*Laufs/Kern* (Fn. 39), § 97 Rn. 36; *Martis/Winkhart* (Fn. 2), 322, 768; Spickhoff/*Greiner* (Fn. 2), §§ 823 ff. BGB Rn. 37; *Steffen/Pauge* (Fn. 2), Rn. 188.

161 BGH NJW 1988, 763 = VersR 1989, 179; dazu *Gehrlein* (Fn. 9), Rn. B 27; *Geiß/Greiner* (Fn. 2), Rn. B 35.

162 Laufs/Kern/*Laufs* (Fn. 39), § 60 Rn. 4; *Martis/Winkhart* (Fn. 2), 152, 323.

163 BGH NJW 1988, 763 = VersR 1989, 179; NJW 1987, 2927 = VersR 1988, 82; *Gehrlein* (Fn. 9), Rn. B 28, B 11; *Geiß/Greiner* (Fn. 2), Rn. B 35; *Martis/Winkhart* (Fn. 2), 769.

164 BGH NJW 1987, 2927 = VersR 1988, 82; *Gehrlein* (Fn. 9), Rn. B 28; *Geiß/Greiner* (Fn. 2), Rn. B 35; *Martis/Winkhart* (Fn. 2), 769; *Steffen/Pauge* (Fn. 2), Rn. 189, 192–194.

165 BGH NJW 1988, 763 = VersR 1989, 179; *Gehrlein* (Fn. 9), Rn. B 26; *Martis/Winkhart* (Fn. 2), 769.

Methode (sog. Neuland- oder Außenseitermethode)[166] oder die Verordnung eines noch nicht zugelassenen Medikamentes[167] entscheiden. Selbst die Durchführung von Heilversuchen, also die Anwendung von Methoden, die sich erst in der Erprobung befinden, können in solchen Fällen – wiederum nach entsprechender Aufklärung des Patienten – zulässig sein. Besonders problematisch ist in diesem Zusammenhang die Risikoabwägung. Risiken, die nach dem Stand der Erkenntnis zu der neuen Behandlungsmethode oder dem Heilversuch noch nicht bekannt sind bzw. nicht ernsthaft diskutiert werden, müssen bei der Entscheidung für die Behandlungsmethode nicht berücksichtigt werden. Der Arzt muss jedoch berücksichtigen – und den Patienten im Rahmen der Aufklärung darauf hinweisen -, dass aufgrund des Charakters der Methode als Neulandmethode bzw. Heilversuch in der Langzeitwirkung Risiken auftreten können, die noch nicht bekannt sind. Hiermit korrespondierend muss der Arzt den Patienten und den Therapieverlauf in besonderer Weise überwachen und alle bekannten und medizinisch vertretbaren Sicherheitsmaßnahmen ergreifen, die zur Vermeidung möglicherweise entstehender Risiken in Betracht kommen. Dies setzt sich bei der therapeutischen Sicherungsaufklärung in der Weise fort, dass der Arzt den Patienten nach Abschluss der Behandlung auf die Notwendigkeit hinweisen muss, sich beim Auftreten von Besonderheiten unverzüglich wieder vorzustellen.

b) Der Therapiefehler

960 Unter den Oberbegriff des Therapiefehlers fallen Fehler des Arztes, bei denen zwar die gewählte Therapie nicht zu beanstanden ist, die getroffene Behandlungsmaßnahme oder deren Unterlassen aber gegen gesicherte medizinische Standards verstößt.[168]

961 Ein solcher Fall liegt regelmäßig dann vor, wenn der Arzt bei zutreffend gewählter Behandlungsmethode im konkreten Fall anerkannte Behandlungsmaßnahmen unterlässt, die zur Vermeidung von Schäden hätten ergriffen werden müssen. Dabei ist der Arzt verpflichtet, alle möglichen und zumutbaren Maßnahmen zu ergreifen, um einen erkennbaren Schaden von seinem Patienten abzuwenden. Denkbar ist dies zB, wenn der Arzt die Pflicht zur persönlichen Untersuchung oder Behandlung seines Patienten verletzt, insbesondere gebotene Hausbesuche unterlässt.[169]

962 In die Kategorie der Therapiefehler fällt auch die direkte und unmittelbare Schädigung des Patienten durch falsches ärztliches Vorgehen. Diese Fallkonstellation ist immer dann gegeben, wenn dem Arzt nach korrekter Methodenwahl bei den konkreten einzelnen Behandlungsschritten Fehler unterlaufen. Hierunter fällt zB die vermeidbare Verletzung umgebender Strukturen bei ansonsten ordnungsgemäßem intraoperativem Vorgehen, wie dies zB bei der Verletzung von im Operationsgebiet verlaufenden Nerven,[170] bei der Schädigung von Nerven im Rahmen der OP-Lage-

166 BGH NJW 2007, 2774 = VersR 2007, 1273; NJW 2006, 2477 = VersR 2006, 1073; dazu *Deutsch/Spickhoff* (Fn. 14), Rn. 196; *Gehrlein* (Fn. 9), Rn. B 30; *Geiß/Greiner* (Fn. 2), Rn. B 37; Laufs/Kern/*Laufs/Kern* (Fn. 39), § 97 Rn. 41; *Martis/Winkhart* (Fn. 2), 149; Spickhoff/*Greiner* (Fn. 2), BGB §§ 823 ff. Rn. 39; *Steffen/Pauge* (Fn. 2), Rn. 203; *Katzenmeier* NJW 2006, 2738.

167 BGH NJW 2007, 2767 = VersR 2007, 995; *Geiß/Greiner* (Fn. 2), Rn. B 35; dazu auch *Koenig/Müller* MedR 2008, 190.

168 *Geiß/Greiner* (Fn. 2), Rn. B 75; Spickhoff/*Greiner* (Fn. 2), BGB §§ 823 ff. Rn. 45.

169 BGH NJW 1986, 2367 = VersR 1986, 601; NJW 1979, 1248 = VersR 1979, 376, *Gehrlein* (Fn. 9), Rn. B 13; Laufs/Kern/*Laufs/Kern* (Fn. 39), § 98 Rn. 19; zu zulässigen Modellversuchen nach § 63 IIIc SGB V siehe aber *Roters* ZMGR 2009, 171; zu den Voraussetzungen einer zulässigen Übertragung auf Praxisassistenten vgl. § 15 I BMV-Ä, § 14 I EKV iVm Anlage 8 BMV-Ä, abgedruckt DÄBl 2009, A-838.

rung[171] oder bei der Verletzung weiterer umgebender Strukturen, wie zB die Herbeiführung eines Kieferbruches nach Extraktion eines Weisheitszahnes ohne vorherige Lockerung[172] der Fall sein kann. Zu beachten ist allerdings, dass nicht jede unerwünschte Nebenfolge eines ärztlichen Eingriffs einen Behandlungsfehler darstellt. Ein solcher liegt vielmehr erst dann vor, wenn die unerwünschte Nebenfolge ihre Ursache in unsorgfältigem Vorgehen des Arztes findet.

Ein Therapiefehler tritt in gleicher Weise auf, wenn der Arzt bei chirurgischen, stoff- 963
lichen oder radiologischen Eingriffen das einzuhaltende Maß verfehlt, zB gebotene Medikamente überdosiert[173] oder bei radiologischer Bestrahlung falsche Bestrahlungsdosen[174] wählt. Ein Therapiefehler in diesem Sinne liegt auch vor, wenn der Arzt bei einer dem Standard entsprechenden Behandlung einen begleitenden, vermeidbaren Fehler begeht, zB Operationsbesteck oder Mullkompressen in der Wunde verbleiben,[175] oder Mängel bei der postoperativen Überwachung auftreten.[176] Schließlich können Therapiefehler auch beim Umgang mit technischem Gerät auftreten. So muss der Arzt sich mit der Funktionsweise der eingesetzten Geräte vertraut machen, die eingesetzten Geräte und deren Funktion beim Einsatz überwachen, in der Lage sein, auf vorhersehbare Fehlfunktionen zu reagieren und die vorhandenen apparativen Möglichkeiten bei gegebener Indikation auch nutzen.[177]

Bei der Rezeption und Medikation können Therapiefehler auftreten, wenn der Arzt 964
ein Rezept fehlerhaft, missverständlich oder unvollständig ausstellt. Der Arzt ist bei der Rezeption und Medikation verpflichtet, mögliche Kontraindikationen und Höchstdosierungen zu beachten. Er darf sich dabei grundsätzlich auf Herstellerangaben verlassen, soweit die Unrichtigkeit oder Unvollständigkeit der Herstellerangaben in der vom Arzt heranzuziehenden Fachliteratur nicht bereits erörtert wird.[178] Ist letzteres der Fall, muss der Arzt die entsprechenden ergänzenden Informationen in seine Entscheidung einbeziehen. Der Einsatz eines Medikamentes über dessen arzneimittelrechtlichen Zulassungsumfang hinaus (sog. off-lable-use) ist für sich genommen

170 Vgl. zB OLG Bremen VersR 1990, 385; OLG Düsseldorf VersR 1988, 38 (Lähmung des nervus ischiadicus nach intramuskulärer Injektion immer behandlungsfehlerhaft); dazu *Martis/Winkhart* (Fn. 2), 792.

171 Vgl. zB BGH NJW 1984, 1403 = VersR 1984, 386; OLG Hamm VersR 1998, 1243 (Armplexusparese nach Operation bei Lagerung in sog. Häschenstellung); dazu *Martis/Winkhart* (Fn. 2), 33.

172 Vgl. zB OLG Oldenburg VersR 1998, 1381; dazu *Geiß/Greiner* (Fn. 2), Rn. B 87; *Martis/Winkhart* (Fn. 2), 801.

173 Vgl. zB OLG München VersR 1978, 285 (Überdosierung bei Penicillin-Injektion); dazu Laufs/Kern/*Laufs/Kern* (Fn. 39), § 98 Rn. 23.

174 Vgl. zB OLG Köln VersR 1999, 847 (im konkreten Fall nicht fehlerhaft); siehe auch BGH NJW 1990, 1528 = VersR 1990, 522.

175 BGH VersR 1981, 462; OLG Köln NJW-RR 2001, 91 = VersR 2000, 1150; OLG Koblenz VersR 1999, 1420; dazu *Gehrlein* (Fn. 9), Rn. B 14; *Martis/Winkhart* (Fn. 2), 777.

176 BGH NJW 2003, 2309 = VersR 2003, 1126; dazu *Martis/Winkhart* (Fn. 2), 107; *Steffen/Pauge* (Fn. 2), Rn. 252; OLG München NJW-RR 2006, 33 = GesR 2005, 550, dazu *Martis/Winkhart* (Fn. 2), 545.

177 BGH NJW 1989, 2321 = VersR 1989, 851; NJW 1978, 584 = VersR 1978, 82; dazu *Gehrlein* (Fn. 9), Rn. B 35; Laufs/Kern/*Laufs/Kern* (Fn. 39), § 98 Rn. 25 – 27; *Steffen/Pauge* (Fn. 2), Rn. 196.

178 BGH NJW 2007, 2767 = VersR 2007, 995 (zum Heilversuch mit nicht zugelassenem Medikament); NJW 2005, 1716 = VersR 2005, 834 (lediglich zur Aufklärungspflicht); NJW 1982, 697 = VersR 1982, 147; OLG Naumburg NJW-RR 2004, 964; *Gehrlein* (Fn. 9), Rn. B 49; *Geiß/Greiner* (Fn. 2), Rn. B 35; Laufs/Kern/*Laufs/Kern* (Fn. 39), § 98 Rn. 29; *Martis/Winkhart* (Fn. 2), 108.

allerdings nicht fehlerhaft, vielmehr kann der zulassungsüberschreitende Medikamenteneinsatz durchaus fachärztlichem Standard entsprechen.[179]

965 Ein Therapiefehler kann auch dann vorliegen, wenn der Arzt Maßnahmen ergreift, die mit einem Risiko für den Patienten verbunden sind, wenn die Maßnahmen im konkreten Einzelfall nicht geboten gewesen sind.[180] Je höher oder schwerwiegender das mit einer Maßnahme verbundene Risiko für einen Patienten ist, desto genauer muss der Arzt prüfen, ob die Durchführung der Maßnahme tatsächlich erforderlich ist.

c) Der Diagnosefehler

966 Die dritte Fallgestaltung des konkreten Qualitätsmangels bildet der sog. Diagnosefehler.

967 Allerdings stellt nicht jede ärztliche Fehldiagnose einen Behandlungsfehler dar. Vielmehr ist die objektive Unrichtigkeit einer Diagnose dann dem Arzt nicht als behandlungsfehlerhaft vorzuwerfen, wenn es sich bei der Diagnose um eine in der gegebenen Situation vertretbare Deutung der vorliegenden Befunde handelt, die vorliegenden Befunde also fehlinterpretiert werden.[181] Grund hierfür ist, dass aufgrund der Unterschiedlichkeit des menschlichen Organismus und der Mehrdeutigkeit von Symptomen einer Erkrankung, die auf verschiedenste Ursachen hinweisen können, die Diagnosestellung häufig problematisch ist. Bloße Fehlinterpretationen von Befunden dürfen deshalb nur mit Zurückhaltung als Behandlungsfehler gewertet werden.[182]

968 Etwas anderes gilt allerdings in drei Fallkonstellationen. Zum einen ist eine Fehldiagnose dann als Behandlungsfehler zu werten, wenn sich die Diagnose des Arztes objektiv als unvertretbare diagnostische Fehlbeurteilung darstellt und subjektiv nicht mehr verständlich ist. Zum zweiten liegt ein Diagnosefehler auch dann vor, wenn die Diagnose auf der Unterlassung elementarer Befunderhebung beruht. Schließlich ist der Diagnosefehler dem Arzt als Behandlungsfehler vorwerfbar, wenn der Arzt eine erste Arbeitsdiagnose im weiteren Behandlungsverlauf fehlerhaft nicht überprüft.[183]

969 Eine unvertretbare diagnostische Fehlbeurteilung liegt vor, wenn der Arzt eindeutige Befunde verkennt oder das diagnostische Vorgehen in einer Weise fehlerhaft ist, dass für einen gewissenhaften Arzt bei einer ex ante Betrachtung die Diagnose ärztlich nicht mehr vertretbar ist.[184] Ein objektives Verkennen von eindeutigen Befunden

---

179 BGH NJW 2007, 2767 = VersR 2007, 995; *Geiß/Greiner* (Fn. 2), Rn. B 35; dazu auch *Hart*, FS ARGE Medizinrecht, 2008, 173.

180 *Geiß/Greiner* (Fn. 2), Rn. B 75.

181 Zur Abgrenzung des Diagnosefehlers vom Befunderhebungsfehler vgl. BGH NJW 2011, 1672 = VersR 2011, 400; NJW 2008, 1381 = VersR 2008, 644.

182 BGH NJW-RR 2007, 744 = VersR 2007, 541; NJW 2003, 2827 = VersR 2003, 1256; *Deutsch/Spickhoff* (Fn. 14), Rn. 202; *Ehlers/Broglie* (Fn. 117), Rn. 732; *Frahm/Nixdorf/Walter* (Fn. 2), Rn. 111; *Gehrlein* (Fn. 9), Rn. B 16; *Geiß/Greiner* (Fn. 2), Rn. B 55; Laufs/Kern/*Laufs/Kern* (Fn. 39), § 98 Rn. 7; *Martis/Winkhart* (Fn. 2), 408; Spickhoff/*Greiner* (Fn. 2), BGB §§ 823 ff. Rn. 41; *Steffen/Pauge* (Fn. 2), Rn. 183; *Terbille* (Fn. 27), § 1 Rn. 585; *Rehborn* MDR 2002, 1281.

183 BGH NJW 2003, 2827 = VersR 2003, 1256; OLG Köln VersR 1988, 631; *Frahm/Nixdorf/Walter* (Fn. 2), Rn. 111; *Gehrlein* (Fn. 9), Rn. B 16; *Geiß/Greiner* (Fn. 2), Rn. B 55; Laufs/Kern/*Laufs/Kern* (Fn. 39), § 98 Rn. 6; *Martis/Winkhart* (Fn. 2), 409; *Steffen/Pauge* (Fn. 2), Rn. 184.

184 So OLG München NJW 2006, 1883 = MedR 2006, 478; OLG Hamm VersR 2002, 315; *Steffen/Pauge* (Fn. 2), Rn. 185, die darauf hinweisen, dass eine aus ex ante Sicht festzustellende völlig unvertretbare diagnostische Fehlleistung nicht erforderlich ist; ähnlich auch *Geiß/Greiner* (Fn. 2),

kann immer nur im jeweiligen Einzelfall festgestellt werden und setzt voraus, dass tatsächlich eindeutige, auf eine bestimmte, von der getroffenen Diagnose abweichende Diagnose hindeutende Erkenntnisse vorliegen. Dabei muss der Arzt auch die Ergebnisse solcher Untersuchungen berücksichtigen, deren Durchführung medizinisch nicht geboten war, wenn er die entsprechenden Befunde dennoch – zB aus besonderer Vorsicht – erhoben hat.[185] Ein schlechterdings unverständliches diagnostisches Vorgehen ist gegeben, wenn der Arzt seine Diagnose in einer standardunterschreitenden Art und Weise gewinnt. Dies ist zB bei sog. Ferndiagnosen der Fall, die der Arzt aufgrund mündlicher Berichte des Patienten oder Dritter (sog. Telefondiagnose) ohne notwendige eigene Untersuchung des Patienten trifft.[186]

Der Diagnoseirrtum wird weiterhin dann zum Behandlungsfehler, wenn die Fehldiagnose auf dem Unterlassen elementarer Befunderhebungen beruht.[187] Zur ordnungsgemäßen Diagnostik gehört es, dass der Arzt konkrete Beschwerden des Patienten durch Untersuchung und Anhörung des Patienten unter Ausnutzung aller zur Verfügung stehenden Erkenntnisquellen abklärt, bei Unklarheiten zusätzliche Untersuchungen anordnet und – ggf. – Spezialisten einschaltet.[188] Die Notwendigkeit richtet sich nach objektiven medizinischen Gesichtspunkten und nicht nach den Wünschen des Patienten. Je gefährlicher mögliche in Betracht kommende Erkrankungen sind, desto eher muss der Arzt diese mit differenzialdiagnostischen Erkenntnismitteln abklären. Er muss dabei diejenigen Diagnosemaßnahmen empfehlen, die ein sicheres Ergebnis versprechen. Im jeweiligen Einzelfall ist dabei die Notwendigkeit insbesondere invasiver Diagnostikmaßnahmen im Hinblick auf die damit verbundenen Risiken mit dem Erkenntniswert der zu erwartenden Ergebnisse und der Gefährlichkeit der möglicherweise bestehenden Erkrankung abzuwägen.[189] 970

Schließlich ist der Arzt verpflichtet, eine erste Arbeitsdiagnose anhand der in der Folgezeit gewonnenen Erkenntnisse, insbesondere weiterer erhobener Befunde oder von der Erstdiagnose abweichender Krankheitszeichen zu überprüfen und ggf. anzupassen. Er muss in dem Fall, dass möglicherweise eine bedrohliche Erkrankung vorliegt, unverzüglich für eine differenzialdiagnostische Abklärung der Arbeitsdiagnose Sorge tragen. Entfernt liegende Krankheitsursachen müssen gleichfalls berücksichtigt und abgeklärt werden. Je gefährlicher eine mögliche Erkrankung ist, desto intensiver und schneller muss die Abklärung erfolgen.[190] Selbstverständlich besteht darüber hinaus eine Verpflichtung des Arztes, die einmal vertretbar getroffene Erstdiagnose zu überprüfen und ggf. anzupassen, wenn die auf die Erstdiagnose bezogene Behandlung keine Wirkung zeigt.[191] 971

Rn. B 55; vgl. auch *Martis/Winkhart* (Fn. 2), 410; eine unvertretbare Fehlleistung hält demgegenüber für erforderlich OLG Schleswig GesR 2004, 178.

185 BGH NJW 2011, 1672 = VersR 2011, 400; *Steffen/Pauge* (Fn. 2), Rn. 176.

186 BGH NJW 1979, 1248 = VersR 1979, 376; Laufs/Kern/*Kern* (Fn. 39), § 48 Rn. 5, § 98 Rn. 14.

187 BGH NJW 2003, 2827 = VersR 2003, 1256; NJW 1994, 801 = VersR 1994, 52; *Frahm/Nixdorf/Walter* (Fn. 2), Rn. 112; *Geiß/Greiner* (Fn. 2), Rn. B 65; Laufs/Kern/*Laufs/Kern* (Fn. 39), § 100 Rn. 8; *Martis/Winkhart* (Fn. 2), 410; *Steffen/Pauge* (Fn. 2), Rn. 184.

188 BGH NJW 1998, 814 = VersR 1998, 242; Laufs/Kern/*Laufs/Kern* (Fn. 39), § 98 Rn. 18.

189 BGH NJW 1995, 2410 = VersR 1995, 1055; *Frahm/Nixdorf/Walter* (Fn. 2), Rn. 114; *Geiß/Greiner* (Fn. 2), Rn. B 65; Laufs/Kern/*Kern* (Fn. 39), § 48 Rn. 8, § 98 Rn. 18; *Steffen/Pauge* (Fn. 2), Rn. 186.

190 BGH NJW-RR 2008, 263 = VersR 2008, 221; *Gehrlein* (Fn. 9), Rn. B 20; *Geiß/Greiner* (Fn. 2), Rn. B 65; Laufs/Kern/*Laufs/Kern* (Fn. 39), § 98 Rn. 10; *Martis/Winkhart* (Fn. 2), 410, 421.

191 *Frahm/Nixdorf/Walter* (Fn. 2), Rn. 112; Laufs/Kern/*Laufs/Kern* (Fn. 39), § 48 Rn. 15.

972 Sonderprobleme treten im Zusammenhang mit einem Diagnosefehler auf, wenn der Diagnosefehler aufgrund unzureichender Information durch den Patienten entstanden ist. Grundsätzlich besteht die Verpflichtung des Arztes, alle für die Diagnostik maßgeblichen Sachverhalte bei dem Patienten abzufragen. Der Arzt darf weder darauf vertrauen, dass der Patient von sich aus die für die Diagnostik wesentlichen Sachverhalte mitteilt, noch dass eine vom Patienten getroffene medizinische Bewertung zutreffend ist. Wohl darf sich der Arzt aber auf die Richtigkeit der vom Patienten mitgeteilten Tatsachen verlassen. Bei Zweifeln muss der Arzt die Angaben des Patienten allerdings hinterfragen.[192] Ergibt sich ein Diagnosefehler, weil der Patient – für den Arzt nicht erkennbar – unrichtige Tatsachen mitgeteilt hat, ist dies dem Arzt nicht als Behandlungsfehler vorwerfbar.

973 Auch in der verspäteten Diagnosestellung kann ein Diagnosefehler liegen, wenn dem Arzt die Verzögerung bei der Diagnosestellung als nicht mehr vertretbar vorgeworfen werden kann.[193] Grundsätzlich ist der Arzt verpflichtet, die Diagnostik so schnell wie möglich durchzuführen und vermeidbare Verzögerungen zu vermeiden, um so schnell wie möglich mit der der zutreffenden Diagnose entsprechenden Behandlung beginnen zu können. Bei vermeidbaren Diagnoseverzögerungen stellt sich regelmäßig das Problem der Ursächlichkeit der Verzögerung der Diagnosestellung für den weiteren (unerwünschten) Heilungsverlauf, mithin die Frage der haftungsbegründenden Kausalität.

974 Ein Behandlungsfehler im Zusammenhang mit der getroffenen Diagnostik kann schließlich auftreten, wenn dem Patienten eine falsche Diagnose mitgeteilt wird und der Patient hierdurch in unnötige Besorgnis versetzt wird.[194] Auch wenn es grundsätzlich im pflichtgemäßen Ermessen des Arztes liegt, wie er den Patienten über eine schwere Erkrankung informiert, kann der Arzt die ihm obliegende Verpflichtung zur schonenden Behandlung des Patienten verletzen. Um die Grenze zum behandlungsfehlerfreien Diagnoseirrtum nicht zu verwischen, ist allerdings nicht nur Voraussetzung, dass die Diagnose objektiv falsch ist. Sie muss darüber hinaus jeder hinreichenden tatsächlichen Grundlage entbehren. Außerdem muss hinzu kommen, dass bei dem Patienten als medizinischen Laien die Befürchtung einer schweren, unter Umständen lebensbedrohlichen Erkrankung hervorgerufen wird. Schließlich müssen die Modalitäten der Information durch den Arzt geeignet sein, den Patienten in psychischer Hinsicht schwer zu belasten, insbesondere bei ihm Überreaktionen auszulösen.

d) Die Nichterhebung erforderlicher Diagnose- und Kontrollbefunde

975 Unabhängig von der nach einem Unterlassen elementarer Befunderhebungen gerechtfertigten Annahme eines Diagnosefehlers, kann allein in der Nichterhebung oder dem Unterlassen der Sicherung der erforderlicher Diagnose- und Kontrollbefunde ein Behandlungsfehler liegen.[195] Dies ist immer dann der Fall, wenn der Arzt tatsächlich

192 Zu der Problematik OLG München MedR 2007, 361; *Geiß/Greiner* (Fn. 2), Rn. B 65.

193 OLG Zweibrücken NJW-RR 2008, 537; OLG Hamm VersR 1999, 845; *Geiß/Greiner* (Fn. 2), Rn. B 66; Laufs/Kern/*Laufs/Kern* (Fn. 39), § 98 Rn. 10; *Martis/Winkhart* (Fn. 2), 412.

194 OLG Bamberg VersR 2004, 198; OLG Braunschweig VersR 1990, 57 (zur Haftung eines Heilpraktikers); OLG Köln NJW 1988, 2306 = VersR 1988, 385; *Deutsch/Spickhoff* (Fn. 14), Rn. 202; *Gehrlein* (Fn. 9), Rn. B 23 a; *Martis/Winkhart* (Fn. 2), 413.

195 BGH NJW-RR 2007, 744 = VersR 2007, 541; NJW 2004, 293 = VersR 2004, 259; dazu *Frahm/Nixdorf/Walter* (Fn. 2), Rn. 112; *Gehrlein* (Fn. 9), Rn. B 20; *Martis/Winkhart* (Fn. 2), 322; Spickhoff/*Greiner* (Fn. 2), BGB §§ 823 ff. Rn. 43.

aufgrund des Krankheitsbildes gebotene Befunderhebungen unterlässt bzw. die erhobenen Befunde nicht ausreichend sichert. Welche Befunderhebungen geboten sind, richtet sich nach den Umständen des konkreten Einzelfalles. Hat der Arzt allerdings eine objektiv falsche, dennoch nicht vorwerfbare Fehldiagnose getroffen, liegt also ein behandlungsfehlerfreier Diagnoseirrtum vor, kann ihm nicht zum Vorwurf gemacht werden, dass er Befunde nicht erhoben hat, die er bei zutreffender Diagnose hätte erheben müssen, die aber auf der Basis der irrtümlich, aber behandlungsfehlerfrei getroffenen Diagnose nicht geboten waren.[196]

Ob im konkreten Einzelfall eine bestimmte Diagnosemaßnahme durchzuführen ist, 976
ist immer in Abwägung zwischen den mit der diagnostischen Untersuchungsmethode verbundenen Risiken und dem zu erwartenden Erkenntniswert zu entscheiden. Dabei ist eine Überdiagnostik zu Lasten des Patienten zu vermeiden.[197] Bei der Auswahl zwischen mehreren zur Verfügung stehenden diagnostischen Untersuchungsmethoden ist jeweils im konkreten Einzelfall diejenige auszuwählen, die für den untersuchten Patienten unter Abwägung des zu erzielenden Erkenntniswertes die geringsten Risiken mit sich bringt.[198]

3. Die therapeutische Sicherungsaufklärung

Ein Behandlungsfehler kann auch im Zusammenhang mit Fehlverhalten des Arztes 977
bei der therapeutischen Sicherungsaufklärung auftreten.

Der Arzt ist nicht nur verpflichtet, seine Patienten diagnostisch und therapeutisch 978
ordnungsgemäß zu behandeln (und über die Behandlung und deren Risiken korrekt aufzuklären), sondern ihn auch über alle Umstände zu informieren, die zur Sicherung des Heilerfolges und zu einem therapiegerechten Verhalten erforderlich sind. Der Arzt muss daher dem Patienten diejenigen zur Sicherung des Behandlungserfolges notwendigen Schutz- und Warnhinweise geben, die notwendig sind, um den Patienten in der Lage zu versetzen, an der Heilung in notwendiger Weise mitzuwirken und mögliche Gefährdungen des Heilungserfolges durch patientenseitiges Verhalten zu vermeiden.[199] Die Aufklärung muss grundsätzlich gegenüber dem Patienten selbst erfolgen. Eine Information naher Angehöriger reicht demgegenüber nicht aus.[200]

Die therapeutische Sicherungsaufklärung bezieht sich zum einen auf den Zeitraum 979
vor der eigentlichen Behandlung. Hierzu gehört die Pflicht des Arztes, den Patienten in zutreffender Weise über die Dringlichkeit einer Behandlung aufzuklären.

196 BGH NJW 2011, 1672 = VersR 2011, 400; NJW 2008, 1381 = VersR 2008, 644; OLG Köln NJW 2006, 69 = VersR 2005, 1740; KG Berlin GesR 2004, 136; OLG Brandenburg MedR 2002, 149 = VersR 2002, 313; *Geiß/Greiner* (Fn. 2), Rn. B 64; *Martis/Winkhart* (Fn. 2), 810 – 812.

197 BGH NJW 1995, 2410 = VersR 1995, 1055; *Frahm/Nixdorf/Walter* (Fn. 2), Rn. 114; *Geiß/Greiner* (Fn. 2), Rn. B 65; Laufs/Kern/*Kern* (Fn. 39), § 48 Rn. 9; Spickhoff/*Greiner* (Fn. 2), BGB §§ 823 ff. Rn. 42, 44; *Steffen/Pauge* (Fn. 2), Rn. 186.

198 OLG Schleswig GesR 2004, 178; *Geiß/Greiner* (Fn. 2), Rn. B 65.

199 BGH NJW 2009, 2820 = VersR 2009, 1267; NJW 2008, 2846 = VersR 2008, 1265; NJW 2005, 2614 = VersR 2005, 1238; NJW 2005, 1716 = VersR 2005, 834; *Deutsch/Spickhoff* (Fn. 14), Rn. 201; *Ehlers/Broglie* (Fn. 117), Rn. 770; *Frahm/Nixdorf/Walter* (Fn. 2), Rn. 117; *Gehrlein* (Fn. 9), Rn. B 45 – B 53; *Geiß/Greiner* (Fn. 2), Rn. B 95 – B 109; Laufs/Kern/*Laufs* (Fn. 39), § 58 Rn. 1; *Martis/Winkhart* (Fn. 2), 323; Spickhoff/*Greiner* (Fn. 2), BGB §§ 823 ff. Rn. 49; *Steffen/Pauge* (Fn. 2), Rn. 368 – 370, 373.

200 BGH NJW 1989, 2318 = VersR 1989, 702; dazu *Ehlers/Broglie* (Fn. 117), Rn. 770; *Frahm/Nixdorf/Walter* (Fn. 2), Rn. 118; *Gehrlein* (Fn. 9), Rn. B 47.

Dies gilt insbesondere, wenn der Patient sich einer gebotenen ärztlichen Behandlung nicht unterziehen will. Hierbei muss der Arzt den Patienten nicht nur über die bestehende Erkrankung informieren, sondern auch auf die Gefahren hinweisen, die bei Verzögerung oder Unterlassung der weitergehenden Behandlung entstehen können.[201]

980 In besonderer Weise gefordert ist der Arzt im Rahmen der therapeutischen Sicherungsaufklärung in Fällen, in denen der Patient eine eingeleitete Behandlung einseitig abbricht, insbesondere das Krankenhaus gegen ärztlichen Rat verlässt. In diesem Fall muss der Arzt den Patienten über die mit dem Verlassen des Krankenhauses verbundenen Risiken aufklären. Er muss insbesondere über die mögliche Fristgebundenheit der Fortsetzung einer Behandlung bzw. der Einleitung alternativer Behandlungsmethoden aufgeklärt werden.[202] Ist erkennbar, dass der Patient das Krankenhaus gerade aufgrund der Modalitäten der Krankenhausunterbringung verlässt, muss auch über eine ggf. bestehende ambulante Behandlungsmöglichkeit aufgeklärt werden.[203] Verlässt der Patient das Krankenhaus, ohne dass der Arzt dies bemerkt, oder erhält der Arzt nachträglich von erheblichen Befundergebnissen Kenntnis, ist der Arzt ggf. gehalten, den Patienten zur Durchführung der therapeutischen Sicherungsaufklärung erneut einzubestellen.[204] Eine zunächst unterbliebene Sicherungsaufklärung kann nachgeholt werden, solange dies noch sinnvoll möglich ist.[205]

981 Eine Verpflichtung zur therapeutischen Sicherungsaufklärung besteht schließlich auch nach erfolgreichem Behandlungsverlauf. Hier erstreckt sich die Pflicht des Arztes darauf, dem Patienten diejenigen Informationen zu vermitteln, die zur endgültigen Erreichung bzw. Sicherung des Behandlungserfolges notwendig sind. Hierzu gehören zB Hinweise auf notwendige Kontrolluntersuchungen,[206] Hinweise zur Lebensführung einschließlich Ernährung, sportlicher Betätigung, aber auch Hinweise über eine in einem gewissen Zeitraum oder dauerhaft eingeschränkte Belastbarkeit.[207] Weiterhin muss der Arzt den Patienten darüber informieren, dass die Notwendigkeit zur Wiedervorstellung bei Verschlechterung des Krankheitsbildes besteht.[208] Allerdings besteht in der Regel keine Verpflichtung des Arztes, einen Patienten an von diesem versäumte, früher vereinbarte Vorsorgetermine zu erinnern.[209]

982 Wird der Patient aus der Behandlung entlassen, ohne dass die Behandlung endgültig abgeschlossen ist, ist der Patient vom Arzt auf die Notwendigkeit weiterer gebotener

---

201 BGH NJW 1991, 748 = VersR 1991, 308; NJW 1987, 705 = VersR 1986, 1121; *Frahm/Nixdorf/Walter* (Fn. 2), Rn. 122; *Gehrlein* (Fn. 9), Rn. B 47; Laufs/Kern/*Laufs* (Fn. 39), § 58 Rn. 4; *Martis/Winkhart* (Fn. 2), 97; *Steffen/Pauge* (Fn. 2), Rn. 370.

202 BGH NJW 1987, 705 = VersR 1986, 1121; *Frahm/Nixdorf/Walter* (Fn. 2), Rn. 122; *Gehrlein* (Fn. 9), Rn. B 47; Laufs/Kern/*Laufs* (Fn. 39), § 58 Rn. 4, Fn. 9; *Martis/Winkhart* (Fn. 2), 98; *Steffen/Pauge* (Fn. 2), Rn. 370.

203 BGH NJW 1998, 1782 = VersR 1998, 585; *Gehrlein* (Fn. 9), Rn. B 47.

204 BGH NJW 1991, 748 = VersR 1991, 308; NJW 1987, 705 = VersR 1986, 1121; *Gehrlein* (Fn. 9), Rn. B 48; *Martis/Winkhart* (Fn. 2), 101.

205 BGH NJW 2005, 2614 = VersR 2005, 1238; *Geiß/Greiner* (Fn. 2), Rn. B 97; *Martis/Winkhart* (Fn. 2), 101.

206 BGH NJW 2008, 2846 = VersR 2008, 1265 (Hinweis auf Versagensmöglichkeit bei Sterilisation); NJW 1992, 2961 = VersR 1992, 1229.

207 OLG Bremen VersR 1999, 1151; OLG Köln VersR 1992, 1231; dazu *Gehrlein* (Fn. 9), Rn. B 50; *Martis/Winkhart* (Fn. 2), 102.

208 BGH NJW 2005, 427 = VersR 2005, 228.

209 OLG Koblenz GesR 2010, 546.

Behandlungen hinzuweisen.[210] Dabei hat der Arzt auch eine eventuell bestehende zeitliche Dringlichkeit deutlich zu machen. Ergibt sich eine weitere Behandlungsnotwendigkeit erst aus Befunden, die nach dem Abschluss der Behandlung bei dem Arzt eingehen, hat der Arzt den Patient über die nachträglich eingegangenen Befunde und die sich hieraus ergebenden Konsequenzen zu informieren. Ggf. muss der Patient hierzu erneut einbestellt werden, um dem Patienten die Notwendigkeit der weiteren Behandlung vor Augen zu führen.[211]

Besondere Sorgfalt ist im Zusammenhang mit der vom Arzt verordneten Medika- **983** mentierung aufzuwenden. Der Arzt hat den Patienten über die korrekte Medikamenteneinnahme zu informieren, insbesondere also über die Dosis, mögliche Unverträglichkeiten und Nebenwirkungen. Darüber hinaus hat er die Risiken der Medikamenteneinnahme zu erläutern.[212] Insoweit ist auch die Selbstbestimmungsaufklärung betroffen.[213] Grundsätzlich darf sich der Arzt dabei auf den Inhalt des Beipackzettels verlassen. Er kann aber nicht darauf vertrauen, dass der Patient seinerseits den Beipackzettel tatsächlich liest oder richtig versteht.[214] Weiter ist der Patient über ggf. aus der Medikamenteneinnahme folgende Einschränkungen hinzuweisen, insbesondere eine möglicherweise bestehende eingeschränkte Fahrtüchtigkeit. Der Arzt muss dabei auch ausschließen, dass ein Patient, von dem er weiß, dass er sich ohne Begleitung mit seinem PKW zu einer ambulanten Behandlung in das Krankenhaus begeben hat, nach entsprechender Behandlung bei noch bestehender Fahruntüchtigkeit das Fahrzeug zur Rückfahrt nutzt.[215]

Bei Bluttransfusionen ist auf die Möglichkeit einer HIV-Infektion und die Möglich- **984** keit der Eigenblutspende zur Risikominimierung hinzuweisen.[216]

Besondere Aufklärungspflichten können sich schließlich im Zusammenhang mit Steri- **985** lisationen ergeben. Der Arzt ist nach einer Sterilisation verpflichtet, dem Patienten über die Misserfolgsquote und die Notwendigkeit eines Spermiogramms zu informieren.[217]

Je nach den Umständen des Einzelfalles kann die Intensität der therapeutischen **986** Sicherungsaufklärung unterschiedlich sein. Entscheidend ist, dass es dem Arzt gelingt,

---

210 BGH NJW 1991, 748 = VersR 1991, 308; OLG Köln NJW-RR 2001, 91 = VersR 2000, 1150; dazu *Martis/Winkhart* (Fn. 2), 101.

211 BGH NJW 1991, 748 = VersR 1991, 308; NJW 1985, 2749 = VersR 1985, 1068; *Gehrlein* (Fn. 9), Rn. B 48; *Martis/Winkhart* (Fn. 2), 101.

212 BGH NJW 2005, 1716 = VersR 2005, 834; *Frahm/Nixdorf/Walter* (Fn. 2), Rn. 121; *Gehrlein* (Fn. 9), Rn. B 49; *Geiß/Greiner* (Fn. 2), Rn. B 96; Laufs/Kern/*Laufs* (Fn. 39), § 58 Rn. 8; *Martis/Winkhart* (Fn. 2), 107.

213 Auf die Möglichkeit der Überschneidung von therapeutischer Sicherungsaufklärung und Selbstbestimmungserklärung weisen insbesondere hin: *Geiß/Greiner* (Fn. 2), Rn. B 97; *Martis/Winkhart* (Fn. 2), 108; *Stöhr* GesR 2006, 145; zur Abgrenzung auch OLG Stuttgart VersR 2008, 927; *Hausch* VersR 2007, 167.

214 BGH NJW 1982, 697 = VersR 1982, 147; OLG Naumburg NJW-RR 2004, 964; *Gehrlein* (Fn. 9), Rn. B 49.

215 BGH NJW 2003, 2309 = VersR 2003, 1126; *Frahm/Nixdorf/Walter* (Fn. 2), Rn. 121; *Gehrlein* (Fn. 9), Rn. B 49; *Martis/Winkhart* (Fn. 2), 108; *Steffen/Pauge* (Fn. 2), Rn. 370; dazu *Riemenschneider* MedR 1998, 17; *Riemenschneider/Paetzold* NJW 1997, 2420.

216 BGH NJW 2005, 2614 = VersR 2005 1238; dazu *Gehrlein* (Fn. 9), Rn. B 49; *Geiß/Greiner* (Fn. 2), Rn. B 97; *Zimmermann/Bender* VersR 2008, 1184.

217 BGH NJW 1995, 2407 = VersR 1995, 1099; NJW 1992, 2961 = VersR 1992, 1229; *Gehrlein* (Fn. 9), Rn. B 48; *Geiß/Greiner* (Fn. 2), Rn. B 96; *Martis/Winkhart* (Fn. 2), 105; *Steffen/Pauge* (Fn. 2), Rn. 373.

dem Patienten das für die weitere Lebensführung bzw. den weiteren Behandlungsfortschritt notwendige Wissen nachvollziehbar zu vermitteln. Der Arzt darf dabei gegenüber beratungsresistenten Patienten auch nicht vor deutlichen Worten zurückschrecken.[218]

987 Die Pflicht zur therapeutischen Sicherungsaufklärung kann sich ausnahmsweise auch auf die Aufklärung dritter Personen, insbesondere naher Angehöriger erstrecken.[219] Dritte Personen können darüber hinaus insbesondere im Hinblick auf bestehende Ansteckungsgefahren in den Schutzbereich der Verpflichtung zur therapeutischen Sicherungsaufklärung einbezogen sein und im Falle einer Infektion selbst Schadensersatzansprüche erwerben.[220]

4. Sonderprobleme der ärztlichen Arbeitsteilung

988 In einer modernen, auf fachgebietsbezogene Spezialisierung und versorgungsstufenbezogene Differenzierung aufbauenden Medizin, ist die ärztliche Arbeitsteilung unverzichtbar. Zugleich ergeben sich aus der Arbeitsteilung aber zusätzliche Risiken für den Patienten im Hinblick auf die notwendige Kommunikation und Koordination der in die arbeitsteilige Behandlung eingeschalteten ärztlichen und nichtärztlichen Leistungserbringer. Hierdurch wird die Frage aufgeworfen, inwieweit sich ein in die Behandlung eingeschalteter Behandler auf Ergebnisse oder Vorgaben anderer an der Behandlung beteiligter Leistungserbringer verlassen kann. Dies gilt sowohl für den Bereich der sog. horizontalen Arbeitsteilung als auch für die sog. vertikale Arbeitsteilung. Der Bereich der horizontalen Arbeitsteilung ist bei der weisungsfreien Zusammenarbeit zwischen Ärzten verschiedener Fachrichtung, zwischen Ärzten und rechtlich selbständigen nichtärztlichen Leistungserbringern oder zwischen niedergelassenen Ärzten und Krankenhausärzten betroffen. Die vertikale Arbeitsteilung umfasst den Bereich der weisungsgebundenen Zusammenarbeit zwischen verschiedenen in eine Behandlungsorganisation eingebundenen, untereinander weisungsberechtigten bzw. –abhängigen Leistungserbringern.

a) Der Grundsatz

989 Für sämtliche Formen der Arbeitsteilung bei der Erbringung medizinischer Leistungen gilt zunächst die Verpflichtung aller Beteiligten, die sich aus den Besonderheiten der Arbeitsteilung ergebenden Risiken soweit als möglich zu beherrschen.[221] Dies erfordert zum einen eine klare Abgrenzung der Zuständigkeiten. Die Zuständigkeitsabgrenzung ist bei der Zusammenarbeit von Ärzten unterschiedlicher Fachgebiete durch die Grenzen der Fachgebiete vorgegeben. Die Abgrenzung ergibt sich darüber hinaus aus den eingeführten generellen Übungen der medizinischen Wissenschaft, die häufig in Vereinbarungen der Berufsverbände der typischerweise bei der Arbeitsteilung beteiligten Ärzte unterschiedlicher Fachgebiete niedergelegt

218 *Geiß/Greiner* (Fn. 2), Rn. B 98; Spickhoff/*Greiner* (Fn. 2), BGB §§ 823 ff. Rn. 50.

219 Dazu *Martis/Winkhart* (Fn. 2), 104.

220 BGH NJW 2005, 2614 = VersR 2005, 1238 (HIV-Infektion des Ehepartners); NJW 2000, 1784 = VersR 2000, 725; NJW 1994, 3012 = VersR 1994, 1228 (Polio-Schutzimpfung); *Gehrlein* (Fn. 9), Rn. B 49; *Geiß/Greiner* (Fn. 2), Rn. B 109; *Martis/Winkhart* (Fn. 2), 104; Spickhoff/*Greiner* (Fn. 2), BGB §§ 823 ff. Rn. 51; *Deutsch* VersR 2003, 725.

221 BGH NJW 1999, 1779 = VersR 1999, 579; *Frahm/Nixdorf/Walter* (Fn. 2), Rn. 106; *Gehrlein* (Fn. 9), Rn. B 54; *Geiß/Greiner* (Fn. 2), Rn. B 115; *Martis/Winkhart* (Fn. 2), 54; Spickhoff/*Greiner* (Fn. 2), BGB §§ 823 ff. Rn. 53.

sind.[222] Fehlt es hieran, muss die Abgrenzung der Zuständigkeiten durch allgemeine Absprachen, ggf. auch Absprachen im Einzelfall, festgelegt werden.

Des Weiteren verlangt eine Beherrschung der mit der Arbeitsteilung verbundenen 990 Gefahren die Sicherung eines ausreichenden Kommunikationsflusses. Sämtliche an der Arbeitsteilung beteiligten Leistungserbringer sind daher gehalten, die jeweils anderen Beteiligten sowohl rechtzeitig als auch zutreffend und umfassend nicht nur über das festgestellte Krankheitsbild sowie die erhobenen Befunde und die gefundenen Diagnosen, sondern auch über die hieraus aus der jeweiligen Sicht zu ziehenden therapeutischen Konsequenzen in Kenntnis zu setzen.[223]

Grundsätzlich darf jeder in die ärztliche Arbeitsteilung eingeschaltete Behandler 991 darauf vertrauen, dass auch der weitere in die Behandlung eingeschaltete Arzt eines anderen Fachgebietes seine Aufgaben mit der gebotenen Sorgfalt erfüllt, ohne dass insoweit eine gegenseitige Überwachungspflicht besteht. Es gilt der sog. Vertrauensgrundsatz, der das Vertrauen auf eine standardentsprechende Behandlung des jeweils anderen Arztes schützt.[224]

Der Vertrauensgrundsatz bedeutet allerdings nicht, dass insoweit der Arzt von jeg- 992 licher Verantwortung für das Vorgehen des vor- bzw. nachbehandelnden Arztes entbunden wird. Vielmehr muss jeder Arzt die ihm von einem anderen in die Behandlung eingeschalteten Arzt mitgeteilten Informationen, Vorgaben oder Empfehlungen zumindest einer Plausibilitätskontrolle unterziehen. Erkennt er die Fehlerhaftigkeit oder Unzulänglichkeit mitgeteilter Informationen oder drängt sich eine derartige Fehlerhaftigkeit oder Unzulänglichkeit auf, muss der Arzt dem in geeigneter Weise nachgehen.[225] Unterlässt er dies, begehrt er einen Behandlungsfehler.

b) Die horizontale Arbeitsteilung

Im Bereich der horizontalen Arbeitsteilung wirkt sich dies auf unterschiedliche Kon- 993 stellationen aus.

aa) Die fachübergreifende Zusammenarbeit im Krankenhaus. Ungeachtet der 994 übergreifenden Gesamtverantwortung des Krankenhausträgers führen die oben dargestellten Grundsätze bei der fachübergreifenden medizinischen Zusammenarbeit in einem Krankenhaus zu einer Aufteilung der Verantwortungs- und Haftungszuordnung der in die Behandlung eingeschalteten Krankenhausärzte unterschiedlicher Fachrichtungen. Grundsätzlich ist jeder Arzt für den in seinen fachlichen Zuständigkeitsbereich fallenden Teil der Behandlung verantwortlich.

---

222 BGH NJW 1984, 1400 = VersR 1984, 356; *Frahm/Nixdorf/Walter* (Fn. 2), Rn. 106; *Gehrlein* (Fn. 9), Rn. B 55; *Geiß/Greiner* (Fn. 2), Rn. B 116; Spickhoff/*Greiner* (Fn. 2), BGB §§ 823 ff. Rn. 54; *Steffen/Pauge* (Fn. 2), Rn. 271.

223 BGH NJW 1999, 1779 = VersR 1999, 579; NJW 1994, 797 = VersR 1994, 102; *Frahm/Nixdorf/Walter* (Fn. 2), Rn. 106; *Geiß/Greiner* (Fn. 2), Rn. B 115; Laufs/Kern/*Laufs/Kern* (Fn. 39), § 100 Rn. 12; Spickhoff/*Greiner* (Fn. 2), BGB §§ 823 ff. Rn. 55.

224 BGH NJW 2002, 2944 = VersR 2002, 1026; NJW 1999, 1779 = VersR 1999, 579; *Deutsch/Spickhoff* (Fn. 14), Rn. 381; *Ehlers/Broglie* (Fn. 117), Rn. 759; *Frahm/Nixdorf/Walter* (Fn. 2), Rn. 106; *Gehrlein* (Fn. 9), Rn. B 55; *Geiß/Greiner* (Fn. 2), Rn. B 116; Laufs/Kern/*Laufs/Kern* (Fn. 39), § 100 Rn. 1, 4; *Martis/Winkhart* (Fn. 2), 42; *Steffen/Pauge* (Fn. 2), Rn. 272; *Terbille* (Fn. 27), § 1 Rn. 599; *Deutsch* VersR 2007, 40.

225 BGH NJW 2002, 2944 = VersR 2002, 1026; NJW 1994, 797 = VersR 1994, 102; *Deutsch/Spickhoff* (Fn. 14), Rn. 381; *Gehrlein* (Fn. 9), Rn. B 55; *Geiß/Greiner* (Fn. 2), Rn. B 116; Laufs/Kern/*Laufs/Kern* (Fn. 39), § 100 Rn. 5; *Martis/Winkhart* (Fn. 2), 42; *Steffen/Pauge* (Fn. 2), Rn. 273, 275.

995 Bedeutsam wird dies insbesondere bei der Abgrenzung des Verantwortungsbereiches des Operateurs von dem des Anästhesisten. Der Operateur ist für den operativen Eingriff und die sich daraus ergebenden Risiken zuständig, während dem Anästhesisten die Verantwortung für die Vorbereitung und Durchführung der Narkose obliegt. Dies führt dazu, dass der Operateur für die Indikationsstellung zur Operation, die Operationsaufklärung, die Feststellung der Operationsfähigkeit des Patienten, die Infektionsprophylaxe, die Überprüfung der Lagerung vor der Operation sowie die Durchführung der Operation selbst und die postoperative Nachsorge und therapeutische Nachbehandlung verantwortlich ist.[226] Den Anästhesisten trifft die Verantwortung für die Feststellung der Narkosefähigkeit des Patienten, die Anästhesieaufklärung, die Prämedikation einschließlich der zu diesem Zweck erforderlichen Medikamentengabe, die Entscheidung über das Anlegen einer für die Durchführung der Anästhesie erforderlichen Kanüle, die Durchführung der Anästhesie selbst und deren Kontrolle während der Operation. Außerdem ist der Anästhesist für die Aufrechterhaltung der Vitalfunktionen des Patienten und deren intraoperative Überwachung, zuständig. Er muss die spezifischen Anästhesiekomplikationen beobachten und bei ihrem Auftreten hierauf reagieren.[227] Außerdem obliegt dem Anästhesisten die intraoperative Überwachung der Lagerung des Patienten.[228] Die Verpflichtung des Anästhesisten endet regelmäßig mit Ausleitung der Narkose und Übergabe des Patienten auf die Normalstation. In dieser Phase ist der Anästhesist allerdings noch für die postoperative Kontrolle der Kreislauf- und Atemstabilität und die damit zusammenhängende Medikation des Patienten verantwortlich.[229] Dies gilt auch, soweit Komplikationen in der postoperativen Phase auftreten, die ihre Ursache gerade in der Narkose finden.[230]

996 Die beteiligten Ärzte dürfen sich wechselseitig auf die ordnungsgemäße Leistungserbringung im jeweiligen Verantwortungsbereich des anderen Arztes verlassen.[231] In Zweifelsfällen müssen sich der Operateur und der Anästhesist konkret absprechen.

997 Ebenfalls unter die horizontale Arbeitsteilung fällt die Fallkonstellation, in der der die Behandlung führende Krankenhausarzt einen Krankenhausarzt eines anderen Fachgebietes zur konsiliarischen Mitbeurteilung eines Behandlungsfalles heranzieht. Auch hier ist ungeachtet der Gesamtverantwortung des Krankenhausträgers die Verantwortungs- und Haftungsabgrenzung zwischen den beteiligten Ärzten nach dem Vertrauensgrundsatz vorzunehmen. Da – zumindest bei der stationären Behandlung gesetzlich krankenversicherter Patienten – Vertragsbeziehungen in diesem Fall nur zum Krankenhausträger, nicht aber zu den behandelnden Ärzten zustande kommen, kommen gegen die beteiligten Ärzte allein deliktische Haftungsansprüche in Betracht.

226 BGH NJW 1984, 1400 = VersR 1984, 365 (postoperative Kontrolle einer vom Anästhesisten gelegten Kanüle); NJW 1984, 1403 = VersR 1983, 386 (Kontrolle der Lagerung vor der Operation); *Gehrlein* (Fn. 9), Rn. B 57; Laufs/Kern/*Laufs/Kern* (Fn. 39), § 100 Rn. 8 - 9; *Martis/Winkhart* (Fn. 2), 53.

227 BGH NJW 1991, 1539 = VersR 1991, 694; NJW 1987, 2293 = VersR 1987, 1092; *Ehlers/Broglie* (Fn. 117), Rn. 761; *Gehrlein* (Fn. 9), Rn. B 57; *Martis/Winkhart* (Fn. 2), 52.

228 BGH NJW 1984, 1403 = VersR 1984, 386.

229 BGH NJW 1991, 1539 = VersR 1991, 694; NJW 1990, 759 = VersR 1989, 1296.

230 BGH NJW 1990, 759 = VersR 1989, 1296.

231 BGH NJW 2002, 2944 = VersR 2002, 1026; NJW 1999, 1779 = VersR 1999, 579; *Gehrlein* (Fn. 9), Rn. B 55; *Geiß/Greiner* (Fn. 2), Rn. B 116; Laufs/Kern/*Laufs/Kern* (Fn. 39), § 100 Rn. 4; *Martis/Winkhart* (Fn. 2), 42; Spickhoff/*Greiner* (Fn. 2), BGB §§ 823 ff. Rn. 55; *Steffen/Pauge* (Fn. 2), Rn. 272 - 274.

Der Konsiliararzt haftet in diesen Fällen regelmäßig nur für Mängel, die in seinen durch den konsiliarärztlichen Untersuchungsauftrag begrenzten Zuständigkeitsbereich fallen. Im Rahmen dieses Zuständigkeitsbereiches hat er allerdings sämtliche nötigen Befunderhebungen entweder selbst durchzuführen oder zu veranlassen.[232] Als Ausfluss des Vertrauensgrundsatzes darf der Konsiliararzt darauf vertrauen, von dem die Behandlung führenden Arzt vollständig unterrichtet zu sein. Allerdings muss er – ggfs. durch einen Arztbrief - auf erkennbare Unklarheiten oder Fehler des Untersuchungs- oder Behandlungsauftrages hinweisen und sich hieraus ergebende weitergehende diagnostische Maßnahmen empfehlen. Die Pflichtenstellung des Konsiliararztes kann auch die grundsätzlich bei dem die Behandlung führenden Arzt liegende Verpflichtung umfassen, den Patienten auf die Notwendigkeit und Dringlichkeit weiterer diagnostischer Abklärung hinzuweisen.[233] Bei der konsiliarärztlichen Tätigkeit im Krankenhaus wird man in derartigen Fällen darüber hinaus die Verpflichtung annehmen müssen, den die Behandlung führenden Arzt unmittelbar über die bestehenden Zweifel oder die weiteren diagnostischen Erfordernisse in Kenntnis zu setzen, also eine unmittelbare Abstimmung herbeizuführen.

bb) Das Verhältnis unter niedergelassenen Ärzten oder zu Krankenhausärzten. 998
Im Verhältnis niedergelassener Ärzte zueinander oder zwischen niedergelassenen Ärzten und Krankenhausärzten verschiedener Fachrichtungen geht es ebenfalls um Fragen der horizontalen Arbeitsteilung. Auch hier gilt der Vertrauensgrundsatz mit der korrespondierenden Verpflichtung zur Plausibilitätskontrolle. Sind Ärzte der gleichen Fachrichtung beteiligt, gelten die Grundsätze allerdings nicht. In einem solchen Fall sind die beteiligten Ärzte verpflichtet, die Diagnose eigenständig zu treffen, über die Therapie eigenverantwortlich zu entscheiden und die zu ihrem Fachgebiet gehörenden Befunderhebungen zumindest bei nicht belastenden oder zweifelhaften diagnostischen Maßnahmen eigenständig durchzuführen.[234]

(1) Überweisung zur Weiterbehandlung. Denkbar ist eine solche Fragestellung zum 999
einen in der Konstellation, dass der die Behandlung führende Arzt den Patienten unter gleichzeitiger Beendigung seiner Behandlung zur Weiterbehandlung an einen anderen Arzt einer anderen Fachrichtung (oder an ein Krankenhaus) überweist, weil das sich ergebende Krankheitsbild in die fachliche Zuständigkeit des Facharztes fällt (sog. Weiterüberweisung). In dieser Fallgestaltung geht die Behandlungsverantwortung mit erfolgter Weiterüberweisung und Übernahme der Behandlung durch den Überweisungsempfänger grundsätzlich auf den die Überweisung empfangenden Facharzt über.[235] Der überweisende Arzt ist verpflichtet, den überweisungsempfangenden Arzt vollständig und zeitnah über die von ihm erhobenen Befunde einschließlich der sich hieraus für die Nachbehandlung ergebenden besonderen therapeutischen Konsequenzen zu unterrichten. Er hat darüber hinaus den Patienten über die Notwendigkeit der Weiterbehandlung im Rahmen der sog. therapeutischen Sicherungs-

232 OLG Jena VersR 2008, 401; OLG Köln NJW-RR 2003, 1031; *Gehrlein* (Fn. 9), Rn. B 66; *Geiß/Greiner* (Fn. 2), Rn. B 124; *Martis/Winkhart* (Fn. 2), 46; Spickhoff/*Greiner* (Fn. 2), BGB §§ 823 ff. Rn. 65; *Steffen/Pauge* (Fn. 2), Rn. 280.

233 BGH NJW 1994, 797 = VersR 1994, 102; *Gehrlein* (Fn. 9), Rn. B 66; *Geiß/Greiner* (Fn. 2), Rn. B 125, B 126; *Martis/Winkhart* (Fn. 2), 48.

234 OLG Naumburg VersR 1998, 983; *Deutsch/Spickhoff* (Fn. 14), Rn. 381; *Steffen/Pauge* (Fn. 2), Rn. 281; ähnlich *Martis/Winkhart* (Fn. 2), 43.

235 OLG Köln NJW-RR 1994, 861; *Gehrlein* (Fn. 9), Rn. B 65; *Geiß/Greiner* (Fn. 2), Rn. B 120, B 133; *Martis/Winkhart* (Fn. 2), 49.

aufklärung zu informieren.[236] Der überweisungsempfangende Arzt darf sich im Verhältnis zu einem fachfremden Überweiser grundsätzlich auf die von dem Überweiser mitgeteilten Informationen verlassen. Auch hier besteht die Verpflichtung, erkennbare Fehler oder Unzulänglichkeiten im Sinne einer Plausibilitätskontrolle zB durch Rückfragen bei dem überweisenden Arzt oder mittels selbst zu treffender diagnostischer Maßnahmen nachzugehen. Der überweisungsempfangende Arzt ist verpflichtet, die seiner Behandlung zugrunde liegende Diagnose selbst zu stellen und die Therapie festzulegen.[237]

1000 Entsprechendes gilt auch im Verhältnis zwischen einem Krankenhausarzt und dem nach einer Entlassung aus einer stationären Behandlung weiterbehandelnden Haus- oder Facharzt. Einerseits muss der (rück-) überweisende Krankenhausarzt den die Behandlung wieder übernehmenden Hausarzt über den Entlassungsbefund und die sich hieraus für die Nachbehandlung ergebenden Auswirkungen auf die Therapie einschließlich spezifischer Komplikationen hinweisen.[238] Andererseits darf der Hausarzt den Ergebnissen und Empfehlungen des rücküberweisenden Krankenhausarztes vertrauen, sofern nicht ernste Zweifel an der Richtigkeit des diagnostischen oder therapeutischen Vorgehens im Krankenhaus auftreten.[239] Dabei bestehen gesteigerte Informationspflichten gegenüber dem die Nachbehandlung durchführenden Hausarzt in Fällen, in denen der Patient das Krankenhaus vorzeitig und gegen ärztlichen Rat verlässt.[240]

1001 **(2) Überweisung zur Mitbehandlung.** Von der Konstellation der Weiterbehandlung ist die Fallgestaltung der sog. Mitbehandlung zu unterscheiden. In dieser Fallgestaltung beteiligt der die Behandlung führende Arzt den Arzt eines anderen Fachgebietes bei der von ihm nach wie vor verantworteten Behandlung. Dies kann entweder in der Weise geschehen, dass der die Behandlung führende Arzt den fachfremden Arzt als Konsiliararzt im eigenen Namen einschaltet, also ohne Begründung eines Vertragsverhältnisses zwischen dem Konsiliararzt und dem Patienten. Denkbar ist auch, dass die Behandlung durch den eingeschalteten Facharzt aufgrund eines eigenständigen Vertragsverhältnisses zwischen dem eingeschalteten Facharzt und dem Patienten geschieht. Maßgebliches Abgrenzungskriterium bildet insoweit die berufsrechtliche Zulässigkeit der ärztlichen Tätigkeit sowie die Abrechnungsbefugnis des Arztes. Rechnet dieser mit dem Patienten direkt bzw. mit der zuständigen Kassenärztlichen Vereinigung ab, liegt regelmäßig ein eigenständiges Vertragsverhältnis zwischen einem mitbehandelnden Arzt und dem Patienten vor. Erfolgt die Abrechnung zwischen dem die Behandlung führenden Arzt und dem Konsiliararzt, scheidet ein solches Vertragsverhältnis zwischen Konsiliararzt und Patienten aus.[241]

---

236 BGH NJW 1987, 2927 = VersR 1988, 82; NJW 1981, 2513 = VersR 1981, 954; *Frahm/Nixdorf/Walter* (Fn. 2), Rn. 110; *Geiß/Greiner* (Fn. 2), Rn. B 120; *Martis/Winkhart* (Fn. 2), 49; Spickhoff/*Greiner* (Fn. 2), BGB §§ 823 ff. Rn. 57.

237 *Geiß/Greiner* (Fn. 2), Rn. B 133; Spickhoff/*Greiner* (Fn. 2), BGB §§ 823 ff. Rn. 74.

238 BGH NJW 1987, 2927 = VersR 1988, 82; NJW 1981, 2513 = VersR 1981, 954; *Frahm/Nixdorf/Walter* (Fn. 2), Rn. 110; *Gehrlein* (Fn. 9), Rn. B 64; *Martis/Winkhart* (Fn. 2), 49.

239 BGH NJW 1989, 1536 = VersR 1989, 186; OLG Köln NJW-RR 1993, 1440 = VersR 1993, 1157; *Gehrlein* (Fn. 9), Rn. B 65; *Geiß/Greiner* (Fn. 2), Rn. B 134; *Martis/Winkhart* (Fn. 2), 49; *Steffen/Pauge* (Fn. 2), Rn. 275.

240 BGH NJW 1981, 2513 = VersR 1981, 954; *Gehrlein* (Fn. 9), Rn. B 64.

241 BGH NJW 1999, 2731 = VersR 1991, 1241; *Frahm/Nixdorf/Walter* (Fn. 2), Rn. 107; *Gehrlein* (Fn. 9), Rn. B 66; *Geiß/Greiner* (Fn. 2), Rn. B 122; *Spickhoff/Greiner* (Fn. 2), BGB §§ 823 ff. Rn. 61.

Unabhängig von der Beurteilung der Frage, wer Vertragspartner des Patienten ist, erstreckt sich der Verantwortungsbereich des überweisungsempfangenden Arztes auf den vom überweisenden Arzt festgelegten Untersuchungs- bzw. Behandlungsauftrag. Demgegenüber ist der überweisungsempfangende Arzt nicht zur umfassenden Beratung und Behandlung verpflichtet. Im Rahmen des durch den Überweisungs- bzw. Behandlungsauftrag gezogenen Rahmens ist der überweisungsempfangende Arzt für die Erbringung der ärztlichen Leistung verantwortlich. Er muss diese nicht nur nach dem fachärztlichen Standard entsprechenden Regeln erbringen. Er muss vielmehr auch prüfen, ob die abgeforderten Leistungen im Hinblick auf die mitgeteilte Diagnose und die mitgeteilten Befunde indiziert und ausreichend sind.[242] 1002

Auf die mitgeteilte Diagnose selbst darf sich der überweisungsempfangende Arzt im Sinne des Vertrauensgrundsatzes grundsätzlich verlassen. Er darf auch davon ausgehen, dass die der Diagnose zugrundeliegenden Befunde ordnungsgemäß von dem vorbehandelnden Arzt erhoben worden sind. Bestehen jedoch für den hinzugezogenen Arzt Anhaltspunkte, die Zweifel an der Richtigkeit der übermittelten Diagnose wecken, muss er die Zweifel klären und darf sie nicht auf sich beruhen lassen.[243] Kommt er zu der Erkenntnis, dass über den Überweisungsauftrag hinausgehende weitere Maßnahmen geboten sind, weil entweder die Diagnose unrichtig getroffen ist oder die erbetenen Maßnahmen nicht oder nicht vollständig der Diagnose entsprechen, darf er – von Notfällen abgesehen – die weiteren gebotenen Maßnahmen nicht selbst ergreifen, weil er damit in die Behandlungsverantwortung des überweisenden Arztes eingreifen würde. Er ist jedoch verpflichtet, den überweisenden Arzt auf die aus seiner Sicht bestehende Notwendigkeit weiterer Schritte zu informieren und mit diesem das weitere Vorgehen abzustimmen.[244] Wenn der überweisende Arzt im Rahmen der Abstimmung die Durchführung weiterer Schritte durch den überweisungsempfangenden Arzt konsentiert, ist dieser berechtigt, über den Überweisungs- bzw. Behandlungsauftrag hinaus zu gehen. 1003

Den überweisungsempfangenden Arzt trifft darüber hinaus die Verpflichtung, den überweisenden Arzt nach Abschluss der Behandlung zeitgerecht, ordnungsgemäß und vollständig über das gefundene Ergebnis zu informieren. Er muss dabei auch auf eventuell sich aus seinem Fachgebiet ergebende Therapieempfehlungen hinweisen.[245] Dies gilt erst recht, wenn der Patient die Behandlung gegen ärztlichen Rat abbricht, insbesondere zu einer vorgesehenen Untersuchung nicht erscheint.[246] Andererseits 1004

242 BGH NJW 1994, 797 = VersR 1994, 102; *Frahm/Nixdorf/Walter* (Fn. 2), Rn. 109; *Gehrlein* (Fn. 9), Rn. B 59; *Geiß/Greiner* (Fn. 2), Rn. B 127; *Martis/Winkhart* (Fn. 2), 47; Spickhoff/*Greiner* (Fn. 2), BGB §§ 823 ff. Rn. 67; *Steffen/Pauge* (Fn. 2), Rn. 280; *Terbille* (Fn. 27), § 1 Rn. 602.

243 BGH NJW 1994, 797 = VersR 1994, 102; NJW 1992, 2962 = VersR 1992, 1263; *Frahm/Nixdorf/Walter* (Fn. 2), Rn. 109; *Gehrlein* (Fn. 9), Rn. B 60; *Geiß/Greiner* (Fn. 2), Rn. B 129; Laufs/Kern/*Laufs/Kern* (Fn. 39), § 100 Rn. 10; *Martis/Winkhart* (Fn. 2), 44; Spickhoff/*Greiner* (Fn. 2), BGB §§ 823 ff. Rn. 69; *Terbille* (Fn. 27), § 1 Rn. 603.

244 OLG Jena GesR 2004, 180; *Frahm/Nixdorf/Walter* (Fn. 2), Rn. 109; *Gehrlein* (Fn. 9), Rn. B 61; *Geiß/Greiner* (Fn. 2), Rn. B 130; Spickhoff/*Greiner* (Fn. 2), BGB §§ 823 ff. Rn. 70; *Steffen/Pauge* (Fn. 2), Rn. 280; *Terbille* (Fn. 27), § 1 Rn. 604.

245 BGH NJW 1987, 2927 = VersR 1988, 82; NJW 1981, 2513 = VersR 1981, 954; OLG Schleswig GesR 2006, 376; *Frahm/Nixdorf/Walter* (Fn. 2), Rn. 110; *Gehrlein* (Fn. 9), Rn. B 64; *Martis/Winkhart* (Fn. 2), 49; Spickhoff/*Greiner* (Fn. 2), BGB §§ 823 ff. Rn. 63; *Terbille* (Fn. 27), § 1 Rn. 606.

246 BGH NJW 1981, 2513 = VersR 1981, 954; *Gehrlein* (Fn. 9), Rn. B 64.

darf er darauf vertrauen, dass der ursprünglich überweisende Arzt nach erfolgter Rücküberweisung den von ihm im Arztbrief ausgesprochenen Therapieempfehlungen folgt; eine Rücksprache oder sonstige Kontrolle ist grundsätzlich nicht erforderlich.

1005 Der überweisende Arzt seinerseits behält die Behandlungspflicht gegenüber dem Patienten. Er ist im Zusammenhang mit der erfolgenden Überweisung zur ordnungsgemäßen und vollständigen Information des überweisungsempfangenden Arztes verpflichtet.[247] Er muss darüber hinaus den überweisungsempfangenden Arzt zeitgerecht und ordnungsgemäß auswählen. Dies gilt insbesondere für die Bestimmung des Fachgebietes des die Überweisung empfangenden Arztes.

1006 Nach erfolgter Rücküberweisung darf der überweisende Arzt grundsätzlich im Sinne des Vertrauensgrundsatzes den von dem überweisungsempfangenden Arzt mitgeteilten Befunden vertrauen. Er muss sie in die weitere Therapieentscheidung einbeziehen. Etwas anderes gilt nur dann, wenn der überweisende Arzt im Rahmen der auch hier geforderten Plausibilitätskontrolle erkannt hat oder hätte erkennen können, dass die mitgeteilten Befunde unzureichend oder fehlerhaft sind. In diesem Fall muss der überweisende Arzt die bestehenden Zweifel aufklären und seine weitere Therapieplanung entsprechend anpassen. Gleiches gilt auch bei einer Rücküberweisung eines Patienten aus der stationären Krankenhausbehandlung in den Verantwortungsbereich des Hausarztes.[248]

1007 Grundsätzlich haften die in die medizinische Arbeitsteilung eingeschalteten Ärzte nach den dargestellten Regeln nur für eigenes Fehlverhalten. Anders ist dies nur dann, wenn ein Konsiliararzt nicht aufgrund eines eigenen Vertragsverhältnisses zum Patienten, sondern aufgrund einer vertraglichen Beziehung zum überweisenden Arzt oder Krankenhausträger tätig wird. In diesem Fall ist der Konsiliararzt vertragsrechtlich als Erfüllungsgehilfe des überweisenden Arztes iSv § 278 BGB einzuordnen, mit der Folge, dass dem überweisenden Arzt das fremde Fehlverhalten haftungsrechtlich zugerechnet wird.

1008 **cc) Zusammenarbeit zwischen Belegkrankenhaus und Belegarzt.** Die dargestellten Grundsätze sind in gleicher Weise auf die Zusammenarbeit zwischen einem Belegarzt und einem Belegkrankenhaus anwendbar. Auch in diesem Verhältnis ist grundsätzlich jeder Leistungserbringer für seinen Zuständigkeitsbereich verantwortlich und für Fehler in diesem Zuständigkeitsbereich haftungszuständig. Der Belegarzt haftet dementsprechend für Fehler bei der belegärztlichen Leistungserbringung, während das Belegkrankenhaus für Fehler einstehen muss, die jenseits der belegärztlichen Leistungserbringung bei Erbringung der allgemeinen Krankenhausleistungen auftreten. Besondere Probleme treten auf, wenn der Belegarzt zur Erbringung der ärztlichen Leistung auf Krankenhausärzte zurückgreift, wie dies zB im allgemeinen Stationsdienst, im Bereitschaftsdienst oder bei Notfällen der Fall sein kann. Gerade in diesem Bereich ist eine klare und eindeutige Zuständigkeitsabgrenzung zwischen Krankenhausträger und Belegarzt erforderlich, um aus Zuständigkeitszweifeln folgende Gefährdungen für den Patienten zu vermeiden. Fehlt es an derartigen klaren Zuständig-

247 *Geiß/Greiner* (Fn. 2), Rn. B 121, B 125; *Martis/Winkhart* (Fn. 2), 49.

248 BGH NJW 1989, 1536 = VersR 1989, 186; OLG Köln NJW-RR 1993, 1440 = VersR 1993, 1157; *Gehrlein* (Fn. 9), Rn. B 65; *Geiß/Greiner* (Fn. 2), Rn. B 134; *Martis/Winkhart* (Fn. 2), 49; *Steffen/Pauge* (Fn. 2), Rn. 275.

keitsregelungen, kommt es bei Auftreten von Fehlern in Bereichen, in denen die Zuständigkeit unklar geregelt ist, zu einer kumulativen Haftung von Belegarzt und Krankenhausträger.[249]

1009 Entsprechendes gilt auch für das Verhältnis zwischen einem Träger eines gynäkologischen Belegkrankenhauses und an diesem Krankenhaus tätigen rechtlich selbständigen Beleghebammen.

c) Die vertikale Arbeitsteilung

1010 Bei der vertikalen Arbeitsteilung geht es um die Haftungszuordnung im Verhältnis von in einem Über- bzw. Unterordnungsverhältnis stehenden Leistungserbringern bei vorhandener Weisungsberechtigung bzw. –gebundenheit. Dies betrifft nicht nur das Verhältnis zwischen vorgesetzten und nachgeordneten ärztlichem Personal, sondern auch das Verhältnis zwischen ärztlichen und nichtärztlichen, insbesondere pflegerischen Leistungserbringern.

1011 **aa) Das Zusammenwirken vorgesetzter und nachgeordneter Ärzte.** Bei der Zusammenarbeit vorgesetzter und nachgeordneter Ärzte stellen sich arbeitsteilungsbezogene Fragestellungen aus zwei Perspektiven.

1012 Zum einen geht es um die Frage, welche ärztlichen Leistungen ein vorgesetzter Arzt (Chefarzt, leitender Oberarzt) auf einen nachgeordneten, weisungsabhängigen Arzt übertragen darf. Der vorgesetzte Arzt muss bei der Aufgabenübertragung zum einen sicherstellen, dass der gebotene Facharztstandard gewährleistet ist. Er ist darüber hinaus verantwortlich, dass der angewiesene Arzt die ihm übertragene Aufgabe aufgrund seines Ausbildungsstandes und seiner Fähigkeiten tatsächlich durchführen kann. Darüber hinaus muss eine ordnungsgemäße Kontrolle durch den die Aufgabe übertragenden Arzt sichergestellt sein. Es gelten hier die zur Anfängerbehandlung dargestellten Grundsätze.[250] Verstößt der vorgesetzte Arzt gegen diese Grundsätze und überträgt er eine ärztliche Aufgabe einem hierfür ungeeigneten Arzt oder ist aus anderen Gründen der geforderte Facharztstandard nicht gewährleistet, begeht der vorgesetzte Arzt einen eigenen Behandlungsfehler.

1013 Spiegelbildlich hierzu besteht die Problematik, inwieweit ein nachgeordneter Arzt sich auf Vorgaben oder Anweisungen des vorgesetzten Arztes verlassen darf, ohne sich selbst dem Vorwurf eines Behandlungsfehlers auszusetzen. Der nachgeordnete Assistenzarzt darf grundsätzlich auf die Diagnose und die Indikationsstellung des Chefarztes oder Oberarztes vertrauen und muss sie nicht eigenverantwortlich überprüfen.[251] Gleiches gilt für die Funktionsfähigkeit der vom Krankenhausträger getroffenen Vorsorgemaßnahmen bei Eintritt von Komplikationen.[252] Im Sinne einer Plausibilitätskontrolle hat er allerdings bei konkreten Zweifeln hinsichtlich der Diagnose oder Operationsindikation den Vorgesetzten hierauf hinzuweisen. In gleicher Weise

249 BGH NJW 2000, 2741 = VersR 2000, 1107; *Steffen/Pauge* (Fn. 2), Rn. 278; siehe auch BGH NJW 2005, 888 = VersR 2005, 408; OLG Karlsruhe NJW-RR 2005, 107 = VersR 2005, 1587; *Martis/Winkhart* (Fn. 2), 327.

250 Vgl. Rn. 940.

251 OLG Düsseldorf VersR 2005, 230 (zur gewählten Therapie); OLG München VersR 1993, 1400 (zur vom Oberarzt gebilligten Diagnose); Laufs/Kern/*Laufs/Kern* (Fn. 39), § 100 Rn. 13; *Martis/Winkhart* (Fn. 2), 58; *Steffen/Pauge* (Fn. 2), Rn. 260.

252 BGH NJW 1994, 3008 = VersR 1994, 1303; *Martis/Winkhart* (Fn. 2), 58.

darf der Assistenzarzt eine ihm vom Chefarzt übertragene Operation übernehmen, ohne eigenständig überprüfen zu müssen, ob der geforderte Facharztstandard im Hinblick auf seinen eigenen Ausbildungsstand eingehalten ist, sofern der Assistenzarzt nicht seinerseits erkennen kann, dass der Facharztstandard tatsächlich nicht eingehalten ist.[253] Ein lediglich bei der Operation assistierender Stationsarzt haftet nicht für Fehler des operationsleitenden Chefarztes.[254] Der Assistenzarzt darf darüber hinaus auch auf eine ordnungsgemäße Organisation des Krankenhauses zB hinsichtlich des Notdienstes, der Rufbereitschaft, oder von Vorsorgemaßnahmen etc. vertrauen, sofern ihm nicht der Gewährleistung des Facharztstandes entgegenstehende Organisationsmängel bekannt sind. Im letztgenannten Fall ist der Assistenzarzt wiederum zur Remonstration gegenüber seinem Vorgesetzten verpflichtet, will er sich nicht selbst dem Vorwurf eines Behandlungsfehlers aussetzen.[255]

1014 **bb) Die Übertragung ärztlicher Aufgaben auf nichtärztliche Leistungserbringer.** Ebenfalls in den Bereich der vertikalen Arbeitsteilung gehört die Problematik der Übertragung ärztlicher Aufgaben auf nichtärztliches, regelmäßig pflegerisches Personal.[256]

1015 Auftreten kann diese Fragestellung nur bei Aufgaben, die genuin ärztlicher Zuständigkeit unterliegen. Dies betrifft nicht die Aufgaben der Grund- und Funktionspflege sowie der pflegerischen Ergänzung des ärztlichen Behandlungskonzeptes durch Maßnahmen der Behandlungspflege. Diese Aufgaben fallen originär in die Zuständigkeit des Pflegepersonals, nicht aber des ärztlichen Personals.[257] Insoweit kommt eine Übertragung genuin ärztlicher Aufgaben überhaupt nicht in Frage. Für Fehler in diesem Bereich haften das Pflegepersonal und der Krankenhausträger, nicht aber der die Behandlung führende Arzt.

1016 Eine Haftung des Arztes ergibt sich allerdings, wenn dieser aus ärztlicher Sicht gebotene Pflegemaßnahmen nicht anweist, oder in Fällen, in denen der Arzt seinerseits Weisungen zur pflegerischen Betreuung erteilt, die sich ihrerseits schadensverursachend auswirken, der Arzt also mit seinen Entscheidungen in die pflegerische Kompetenz eingreift.[258] In gleicher Weise kommt eine Haftung in Betracht, wenn die pflegerische Betreuung im Einzelfall ärztliche Anweisungen erfordert, weil sich diese auf das Diagnose- und Therapiekonzept auswirken können.[259] Denkbar ist dies zB bei Weisungen hinsichtlich einer bestimmten, behandlungsinduzierten Lagerung.

253 BGH NJW 1994, 3008 = VersR 1994, 1303; NJW 1993, 2989 = VersR 1993, 1231; Laufs/Kern/*Laufs/Kern* (Fn. 39), § 100 Rn. 14.

254 OLG Zweibrücken NJW-RR 1999, 611 = VersR 2000, 728; dazu *Martis/Winkhart* (Fn. 2), 58 ; *Steffen/Pauge* (Fn. 2), Rn. 260.

255 BGH NJW 1994, 3008 = VersR 1994, 1303.

256 Vgl. hierzu die gemeinsame Veröffentlichung der Bundesärztekammer und der Kassenärztlichen Bundesvereinigung vom 29. 8. 2008, Persönliche Leistungserbringung – Möglichkeiten und Grenzen der Delegation ärztlicher Leistungen, DtÄrztBl. 2008, A 2173 – A 2177; *Frahm* VersR 2009, 1576; *Sträßner* FS ARGE Medizinrecht, 2008, 91; *Spickhoff/Seibl* MedR 2008, 463; *Bergmann* MedR 2009, 1; *Ratzel* ZMGR 2008, 186; *Laufs/Katzenmeier/Lipp* (Fn. 14), 330 Rn. 40 f.; *Terbille* (Fn. 27), § 1 Rn. 610 - 612.

257 BGH NJW 1984, 1400 = VersR 1984, 356; *Gehrlein* (Fn. 9), Rn. B 71; *Steffen/Pauge* (Fn. 2), Rn. 261.

258 BGH NJW 1999, 863 = VersR 1999, 190; NJW 1988, 762 = VersR 1987, 1238 (Dekubitusprophylaxe); dazu *Gehrlein* (Fn. 9), Rn. B 72; *Steffen/Pauge* (Fn. 2), Rn. 262.

259 *Steffen/Pauge* (Fn. 2), Rn. 262.

Im Bereich der Diagnose und Therapie darf der Arzt das Pflegepersonal nur sehr eingeschränkt und unter Berücksichtigung der fachlichen Kenntnisse und Fertigkeiten der jeweiligen Mitarbeiter einsetzen. So ist insbesondere die Festlegung der Medikation Sache des Arztes, während die Verabreichung durch das Pflegepersonal erfolgt.[260] Auch die Einstellung eines Wehentropfes muss durch einen Arzt vorgenommen werden.[261] Die Entscheidung über die Verlegung und den Transport eines Patienten ist ebenso vom Arzt zu treffen,[262] wie die Entscheidung über die Entlassung des Patienten aus der stationären Behandlung. Intravenöse Injektionen von Röntgenkontrastmitteln,[263] die Anlage von Bluttransfusionen und das Wechseln von Blutkonserven[264] sind ebenfalls grundsätzlich durch einen Arzt durchzuführen. Im konkreten Einzelfall – bei Fehlen besonderer Schwierigkeiten – kann die Durchführung intramuskulärer Injektionen und Infusionen auch auf examiniertes Pflegepersonal, nicht auf Krankenpflegehelfer, delegiert werden.[265] Subkutane Injektionen können auch von geeigneten Krankenpflegehelfern ausgeführt werden.[266] In gleicher Weise gehört es zu den Aufgaben des Arztes, Anweisungen zur Dekubitusprophylaxe zu geben, während die Durchführung der Dekubitusprophylaxe wiederum pflegerische Aufgabe ist.[267] 1017

Der Arzt muss die Einhaltung seiner Anweisungen durch das Pflegepersonal überwachen, muss aber nicht die pflegerische Betreuung selbst kontrollieren. 1018

Eine ähnliche Problematik stellt sich auch im Verhältnis zu sonstigen Leistungserbringern. So darf eine Hebamme eine Geburt ohne Beiziehung eines Arztes zumindest dann nicht durchführen, wenn eine Risikogeburt zu erwarten ist oder es unter der Geburt zu kritischen Situationen (zB Herztonabfall) kommt. In diesen Fällen muss auf jeden Fall ein Facharzt beigezogen werden.[268] 1019

II. Der Sorgfaltsmaßstab

1. Die inhaltlichen Anforderungen

Eine Haftung des Arztes wegen eines Behandlungsfehlers setzt eine schuldhaft fehlerhafte Behandlung durch den Arzt voraus. Der Sorgfaltsmaßstab, den der Arzt zugrunde zu legen hat, also der sog. ärztliche Soll-Standard, umfasst die Maßnahmen, die von einem gewissenhaften und aufmerksamen Arzt seines Fachbereiches vorausgesetzt und erwartet werden können.[269] Dabei ist in mehrfacher Hinsicht zu differenzieren. 1020

260 *Steffen/Pauge* (Fn. 2), Rn. 263, 269, 270.

261 OLG Stuttgart VersR 1993, 1358.

262 OLG München VersR 1997, 977; *Gehrlein* (Fn. 9), Rn. B 73; *Steffen/Pauge* (Fn. 2), Rn. 264.

263 *Gehrlein* (Fn. 9), Rn. B 73; *Martis/Winkhart* (Fn. 2), 60; *Terbille* (Fn. 27), § 1 Rn. 611; weiter wohl *Deutsch/Spickhoff* (Fn. 14), Rn. 401.

264 *Gehrlein* (Fn. 9), Rn. B 73; *Martis/Winkhart* (Fn. 2), 60; *Steffen/Pauge* (Fn. 2), Rn. 266.

265 BGH NJW 1979, 1935 = VersR 1979, 718; *Deutsch/Spickhoff* (Fn. 14), Rn. 401; *Gehrlein* (Fn. 9), Rn. B 73; *Martis/Winkhart* (Fn. 2), 61; *Steffen/Pauge* (Fn. 2), Rn. 265.

266 *Steffen/Pauge* (Fn. 2), Rn. 265.

267 Dazu BGH NJW 1988, 762 = VersR 1987, 1238; NJW 1986, 2365 = VersR 1986, 788; *Martis/Winkhart* (Fn. 2), 61; *Steffen/Pauge* (Fn. 2), Rn. 262.

268 OLG Naumburg GesR 2010, 373; OLG Oldenburg VersR 1992, 453; OLG München VersR 1991, 586; OLG Hamm VersR 1991, 228; dazu *Geiß/Greiner* (Fn. 2), Rn. B 140; Laufs/Kern/*Laufs/Kern* (Fn. 39), § 100 Rn. 20; *Martis/Winkhart* (Fn. 2), 60.

269 BGH NJW 2000, 2737 = VersR 2000, 1146; NJW 1999, 1779 = VersR 1999, 579; *Ehlers/Broglie* (Fn. 117), Rn. 727; *Gehrlein* (Fn. 9), Rn. B 9; *Geiß/Greiner* (Fn. 2), Rn. B 2; *Steffen/Pauge* (Fn. 2),

1021 Die Festlegung des bei der jeweiligen Behandlung zugrunde zu legenden Sorgfaltsmaßstabes erfolgt zunächst auf objektiv-typisierender Grundlage.[270] Es kommt daher nicht auf subjektiv-individuelle Fähigkeiten oder Beeinträchtigungen des behandelnden Arztes an. Für die Beurteilung der Sorgfaltswidrigkeit ist daher unerheblich, ob die ärztliche Fehlleistung individuell entschuldbar ist. In Ausnahmefällen können sich allerdings gesteigerte Anforderungen aufgrund herausgehobener Funktionen, zB bei Chefärzten, oder aufgrund von Spezialkenntnissen ergeben.[271]

1022 Der Sorgfaltsmaßstab ist fachgebietsbezogen zu bestimmen, wobei sich die Fachgebiete regelmäßig anhand der ärztlichen Weiterbildungsordnungen abgrenzen lassen.[272] Der Arzt schuldet diejenige Sorgfalt, die von Ärzten seines Fachgebietes verlangt werden. Dies bedeutet, dass an einen Allgemeinarzt andere Sorgfaltsanforderungen gestellt werden müssen, als an einen niedergelassenen Facharzt oder einen Krankenhausarzt. Sowohl bei der ambulanten als auch bei der stationären Behandlung ist grundsätzlich der objektive Facharztstandard, der in dem jeweiligen Fachgebiet gefordert wird, zugrunde zu legen. Dies setzt nicht voraus, dass der behandelnde Arzt selbst Facharzt ist, sondern allein, dass der behandelnde Arzt diejenigen Fähigkeiten vorweist, die bei der konkreten Behandlung dem Facharztstandard entsprechen. Danach ist der alleinige Einsatz eines Assistenzarztes zulässig, wenn die Kenntnisse und Fähigkeiten des Arztes hinsichtlich der konkreten Behandlung auf Facharztniveau angesiedelt sind.[273] Der Facharztstandard kann darüber hinaus bei der Krankenhausbehandlung auch dadurch sichergestellt werden, dass die personelle Besetzung bei der Behandlung insgesamt dem Facharztstandard entspricht. Dies ist insbesondere bei sog. Anfängerbehandlungen zu berücksichtigen. So kann ein noch in der Ausbildung befindlicher Arzt im Rahmen einer Anfängeroperation als Operateur eingesetzt werden, wenn er zum einen das theoretische Wissen zur Durchführung der Operation aufweist und zum anderen bei der Operation ein Facharzt beteiligt ist.[274] Der Facharzt muss mit dem in der Ausbildung befindlichen Arzt vor der Operation das Operationsprozedere besprechen und den Arzt während der Operation überwachen. Er muss hierzu ständig eingriffsbereit und eingriffsfähig sein. Für den Bereich der Anästhesie ist der Facharztstandard grundsätzlich dann gewährleistet, wenn die Anästhesie durch einen Assistenzarzt geleitet wird und ein Facharzt in Sicht- oder Rufnähe eingriffsbereit zur Verfügung

Rn. 157; zum Sorgfaltsmaßstab bei der Behandlung durch einen Heilpraktiker, vgl. BGH NJW 1991, 1535 = VersR 1991, 496; *Steffen/Pauge* (Fn. 2), Rn. 162.

270 BGH NJW 2003, 2311 = VersR 2003, 1128; NJW 1999, 1778 = VersR 1999, 716; *Deutsch/Spickhoff* (Fn. 14), Rn. 210; *Frahm/Nixdorf/Walter* (Fn. 2), Rn. 77; *Gehrlein* (Fn. 9), Rn. B 9; *Geiß/Greiner* (Fn. 2), Rn. B 2; Laufs/Kern/*Laufs/Kern* (Fn. 39), § 97 Rn. 13, 17; *Martis/Winkhart* (Fn. 2), 308; Spickhoff/*Greiner* (Fn. 2), BGB §§ 823 ff. Rn. 7; *Steffen/Pauge* (Fn. 2), Rn. 157; *Terbille* (Fn. 27), § 1 Rn. 565.

271 BGH NJW 1997, 3090 = VersR 1997, 1357; NJW 1987, 1479 = VersR 1987, 686; *Frahm/Nixdorf/Walter* (Fn. 2), Rn. 86; *Gehrlein* (Fn. 9), Rn. B 9; *Geiß/Greiner* (Fn. 2), Rn. B 4; Spickhoff/*Greiner* (Fn. 2), BGB §§ 823 ff. Rn. 12; *Steffen/Pauge* (Fn. 2), Rn. 175.

272 BGH NJW 2000, 2737 = VersR 2000, 1146; NJW 1999, 1778 = VersR 1999, 716; *Deutsch/Spickhoff* (Fn. 14), Rn. 210; *Frahm/Nixdorf/Walter* (Fn. 2), Rn. 85; *Gehrlein* (Fn. 9), Rn. B 9; *Geiß/Greiner* (Fn. 2), Rn. B 2; *Martis/Winkhart* (Fn. 2), 308; *Steffen/Pauge* (Fn. 2), Rn. 161; zum Standard bei der Anwendung invasiver Methoden BGH NJW 1991, 1535 = VersR 1991, 469.

273 *Geiß/Greiner* (Fn. 2), Rn. B 4; *Steffen/Pauge* (Fn. 2), Rn. 286.

274 BGH NJW 1992, 1560 = VersR 1992, 745; *Frahm/Nixdorf/Walter* (Fn. 2), Rn. 94; *Gehrlein* (Fn. 9), Rn. B 42; *Geiß/Greiner* (Fn. 2), Rn. B 3; *Martis/Winkhart* (Fn. 2), 328; Spickhoff/*Greiner* (Fn. 2), BGB §§ 823 ff. Rn. 8, 9; *Steffen/Pauge* (Fn. 2), Rn. 289; *Terbille* (Fn. 27), § 1 Rn. 570.

steht.[275] Allerdings muss eine Intubationsnarkose durch einen Facharzt oder einen entsprechend qualifizierten Arzt durchgeführt werden.[276] Bei der von einem in Ausbildung befindlichen Arzt durchgeführten Geburtsleitung ist es ausreichend aber auch erforderlich, dass eine ausreichende Rufbereitschaft durch Fachärzte sichergestellt ist. Dies erfordert allerdings bei zu erwartenden Risikogeburten die Anwesenheit eines Facharztes in unmittelbarer Eingriffsnähe.[277]

Der Facharztstandard ist nicht nur während der »Regeldienstzeiten« zu gewährleis- 1023
ten, sondern auch an Wochenenden, zu Nachtzeiten oder im ärztlichen Notdienst. Selbst bei Notfällen reduzieren sich die Anforderungen an den notfallmäßig durchzuführenden Eingriff nicht. Im Einzelfall kann es allerdings im Vergleich zu nicht dringlich durchzuführenden Eingriffen bei der Vorbereitung des Eingriffes geminderte Anforderungen geben.[278] Denkbar ist darüber hinaus eine Haftungserleichterung gemäß § 680 BGB in Fallkonstellationen, in denen der Arzt nicht dienstlich, sondern quasi zufällig auf einen Notfall trifft, zB in der Freizeit ärztlich tätig wird.[279]

Der anzulegende Sorgfaltsmaßstab erhöht sich auf den Sorgfaltsmaßstab eines vor- 1024
sichtigen Arztes bei der Anwendung neuer Behandlungsmethoden oder Heilversuche[280] oder bei dem Einsatz von noch nicht zugelassenen Medikamenten.[281] Der Arzt hat in diesen Bereichen mit dem Auftreten unbekannter Risiken zu rechnen. Dieses gesteigerte Risiko muss durch die Erhöhung des Standards auf das Niveau eines vorsichtigen Arztes kompensiert werden.[282]

Der zugrunde zu legende Standard betrifft nicht nur den Bereich der ärztlichen 1025
Tätigkeiten, sondern auch die für eine Behandlung zu fordernde sächliche und personelle Ausstattung, den sog. apparativen und personellen Sollstandard. Der apparative Sollstandard verlangt nicht, dass die jeweiligen Einrichtungen immer dem neuesten Stand entsprechende apparative Ausstattungen vorhalten. Gefordert ist allerdings die der jeweiligen Versorgungsstufe entsprechende apparative Grundausstattung, die naturgemäß bei Krankenhäusern der Grundversorgung niedriger anzusiedeln ist als bei Krankenhäusern der Maximalversorgung (Universitätskliniken) oder spezialisierten Krankenhäusern.[283] Der maßgebliche apparative Sollstandard ist immer dann unter-

275 BGH NJW 1998, 2736 = VersR 1998, 634; NJW 1993, 2989 = VersR 1993, 1231; *Frahm/Nixdorf/Walter* (Fn. 2), Rn. 93; *Gehrlein* (Fn. 9), Rn. B 42; *Geiß/Greiner* (Fn. 2), Rn. B 4; *Martis/Winkhart* (Fn. 2), 328; *Terbille* (Fn. 27), § 1 Rn. 570.

276 BGH NJW 1993, 2989 = VersR 1993, 1231; *Martis/Winkhart* (Fn. 2), 25.

277 BGH NJW 1998, 2736 = VersR 1998, 634; NJW 1994, 3008 = VersR 1998, 1303; *Frahm/Nixdorf/Walter* (Fn. 2), Rn. 92; *Gehrlein* (Fn. 9), Rn. B 42; *Martis/Winkhart* (Fn. 2), 328; *Terbille* (Fn. 27), § 1 Rn. 570.

278 BGH NJW 1998, 814 = VersR 1998, 242; *Gehrlein* (Fn. 9), Rn. B 40; *Geiß/Greiner* (Fn. 2), Rn. B 4, B 27; Laufs/Kern/*Laufs/Kern* (Fn. 39), § 97 Rn. 26; *Martis/Winkhart* (Fn. 2), 328; Spickhoff/*Greiner* (Fn. 2), BGB §§ 823 ff. Rn. 28, wohl für einen herabgesetzten Sorgfaltsmaßstab *Deutsch/Spickhoff* (Fn. 14), Rn. 657.

279 OLG München NJW 2006, 1883 = GesR 2006, 206; OLG Düsseldorf NJW 2004, 3640; *Deutsch/Spickhoff* (Fn. 14), Rn. 658; *Geiß/Greiner* (Fn. 2), Rn. B 27; Spickhoff/*Greiner* (Fn. 2), BGB §§ 823 ff. Rn. 29.

280 BGH NJW 2007, 2774 = VersR 2007, 1273; NJW 2006, 2477 = VersR 2006, 1073.

281 BGH NJW 2007, 2667 = VersR 2007, 995.

282 *Gehrlein* (Fn. 9), Rn. B 30; *Geiß/Greiner* (Fn. 2), Rn. B 2, B 37; Laufs/Kern/*Laufs/Kern* (Fn. 39), § 97 Rn. 42; *Martis/Winkhart* (Fn. 2), 149; *Steffen/Pauge* (Fn. 2), Rn. 203; *Katzenmeier* NJW 2006, 2738.

283 BGH NJW 1992, 754 = VersR 1992, 238; NJW 1989, 2321 = VersR 1989, 851; *Frahm/Nixdorf/Walter* (Fn. 2), Rn. 83, 100; *Gehrlein* (Fn. 9), Rn. B 11; *Geiß/Greiner* (Fn. 2), Rn. B 6; *Laufs/*

schritten, wenn eine apparative Technik für den Patienten risikoärmer oder weniger belastend ist und/oder bessere Heilungschancen verspricht, sofern diese Technik in der Medizin und Wissenschaft im Wesentlichen unumstritten ist und in der Praxis verbreitet angewendet wird.[284] Kapazitätsengpässe bei dem Einsatz im Krankenhaus vorhandener technischer Geräte führen zumindest dann nicht zur Unterschreitung des apparativen Sollstandards, wenn die vorhandene Ausstattung grundsätzlich ausreichend ist, aber im konkreten Fall durch andere Behandlungen ausgelastet ist.[285] Umgekehrt sind Gerätschaften, deren Vorhandensein über den apparativen Sollstandard hinausgehen, dann einzusetzen, wenn sie für die konkrete Behandlung zur Verfügung stehen.[286]

1026 Zum Sollstandard einer Krankenhausversorgung gehört auch die ausreichende Bevorratung mit Medikamenten. Auch in diesem Zusammenhang ist der für Krankenhäuser der jeweiligen Versorgungsstufe übliche Ausstattungsstandard maßgebend. Darüber hinaus ist es geboten, für eine angesetzte Operation voraussichtlich erforderliche Medikamente einsatzbereit zur Verfügung zu halten, selbst wenn sie nicht zur Standardausstattung gehören.[287] Dies gilt auch für teure und selten benötigte, im Einzelfall aber voraussichtlich erforderliche Medikamente.

1027 Der Bestimmung des jeweiligen Sollstandards erfolgt zum Zeitpunkt der konkreten Behandlung. Maßgeblich ist danach jeweils der zum Zeitpunkt der Behandlung festzustellende Facharztstandard.[288] Nachträgliche Erkenntnisse, insbesondere also eine Veränderung des Facharztstandes können sich nicht zum Nachteil des behandelnden Arztes auswirken. Denkbar ist allerdings, dass derartige nachträgliche Erkenntnisse zum Vorteil des Arztes gereichen können, wenn sich aus ihnen ergibt, dass sich die vom Arzt gewählte Vorgehensweise nachträglich als richtig erweist.[289] Das kann der Fall sein, wenn sich ein zum Zeitpunkt einer Operation noch nicht zum Standard gehörendes operatives Vorgehen zwischenzeitlich zum Facharztstandard entwickelt hat oder wenn eine zum Zeitpunkt einer Medikamentenverordnung noch nicht bestehende Indikation nachträglich bestätigt wird.

2. Die Feststellung des maßgeblichen Standards

1028 Entsprechend der Verpflichtung des Arztes, den Patienten nach dem anerkannten und gesicherten Stand der medizinischen Wissenschaft zu behandeln, ist der Standard

Katzenmeier/Lipp (Fn. 14), 320 Rn. 17; *Martis/Winkhart* (Fn. 2), 328; *Steffen/Pauge* (Fn. 2), Rn. 164; *Terbille* (Fn. 27), § 1 Rn. 571; zur Problematik auch *Deutsch/Spickhoff* (Fn. 14), Rn. 415.

284 BGH NJW 1992, 754 = VersR 1992, 238; NJW 1989, 2321 = VersR 1989, 851; *Gehrlein* (Fn. 9), Rn. B 11; *Geiß/Greiner* (Fn. 2), Rn. B 6; Spickhoff/*Greiner* (Fn. 2), BGB §§ 823 ff. Rn. 14; *Steffen/Pauge* (Fn. 2), Rn. 174.

285 OLG Köln VersR 1999, 847; *Martis/Winkhart* (Fn. 2), 329.

286 BGH NJW 1989, 2321 = VersR 1989, 851; NJW 1988, 2949; *Deutsch/Spickhoff* (Fn. 14), Rn. 220; *Frahm/Nixdorf/Walter* (Fn. 2), Rn. 101; *Gehrlein* (Fn. 9), Rn. B 11; *Geiß/Greiner* (Fn. 2), Rn. B 8; *Steffen/Pauge* (Fn. 2), Rn. 175.

287 BGH NJW 1991, 1543 = VersR 1991, 315; *Frahm/Nixdorf/Walter* (Fn. 2), Rn. 102; *Gehrlein* (Fn. 9), Rn. B 38; *Geiß/Greiner* (Fn. 2), Rn. B 9; *Martis/Winkhart* (Fn. 2), 330.

288 BGH NJW 2004, 1452 = VersR 2004, 645; NJW 1983, 2080 = VersR 1983, 729; *Deutsch/Spickhoff* (Fn. 14), Rn. 213; *Frahm/Nixdorf/Walter* (Fn. 2), Rn. 79; *Gehrlein* (Fn. 9), Rn. B 12; *Geiß/Greiner* (Fn. 2), Rn. B 9; Laufs/Kern/*Laufs/Kern* (Fn. 39), § 97 Rn. 13; *Martis/Winkhart* (Fn. 2), 310; Spickhoff/*Greiner* (Fn. 2), BGB §§ 823 ff. Rn. 15; *Steffen/Pauge* (Fn. 2), Rn. 197.

289 *Frahm/Nixdorf/Walter* (Fn. 2), Rn. 80; *Gehrlein* (Fn. 9), Rn. B 12; *Geiß/Greiner* (Fn. 2), Rn. B 9; Laufs/Kern/*Laufs/Kern* (Fn. 39), § 97 Rn. 13; *Martis/Winkhart* (Fn. 2), 310.

zu ermitteln. Die Festlegung des ärztlichen Standards stellt keine juristische, sondern eine medizinische Fragestellung dar, die durch das jeweilige medizinische Fachgebiet erfolgen und im Arzthaftungsprozess durch das Gericht durch Einholung von Sachverständigengutachten nachvollzogen werden muss.[290]

Maßgeblich ist dabei der anerkannte und gesicherte Stand der medizinischen Wissen- 1029
schaft. In einzelnen Forschungszentren vorhandene neue wissenschaftliche Erkenntnisse sind demgegenüber erst dann standardprägend, wenn sie sich zum allgemein anerkannten Stand der Medizin und Wissenschaft entwickelt haben. Der Stand der medizinischen Wissenschaft ist grundsätzlich auf der Basis einschlägiger Fachveröffentlichungen in den medizinischen Fachzeitschriften des jeweiligen Fachgebietes zu ermitteln. Anhaltspunkte zur Ermittlung des jeweiligen Facharztstandards finden sich in vielen Fällen in den Leitlinien ärztlicher Fachgesellschaften, die von der Arbeitsgemeinschaft der wissenschaftlichen Fachgesellschaften – AWMF[291] – gesammelt werden. Derartige Leitlinien existieren für eine Vielzahl von Krankheitsbildern in unterschiedlichsten Entwicklungsstufen.[292] Entsprechend des Grundsatzes der Maßgeblichkeit des Standards zum Zeitpunkt der Behandlung ist bei der Bewertung der standardbildenden Wirkung von Leitlinien der Veröffentlichungsstand der Leitlinie zu berücksichtigen. Auch die jeweilige Entwicklungsstufe darf nicht unbeachtet bleiben, weil die »Höhe« der Entwicklung für den Grad der Verbindlichkeit der Leitlinie maßgeblich ist. Zu berücksichtigen ist schließlich, dass Leitlinien im Allgemeinen Empfehlungen für den Regelfall einer Behandlung geben, dem Arzt mithin ein Abweichen von der Empfehlung in medizinisch-sachlich begründeten Ausnahmefällen durchaus gestatten. Liegen daher medizinisch-sachliche Gründe für eine Abweichung von einer Leitlinienvorgabe vor, kann aus dem von der Leitlinie abweichenden Vorgehen des Arztes nicht auf eine Standardunterschreitung geschlossen werden.[293] Es kommt auch nicht zu einer Beweislastumkehr hinsichtlich des Vorliegens eines Behandlungsfehlers und der haftungsbegründenden Kausalität.

Grundsätzlich nicht standardprägend sind demgegenüber die Richtlinien des Ge- 1030
meinsamen Bundesausschusses der Ärzte bzw. Zahnärzte und Krankenkassen über die ärztliche/zahnärztliche Versorgung nach den §§ 91 ff. SGB V. Gleiches gilt für Richtlinien sonstiger Gremien, insbesondere der Bundesärztekammer. Sie haben allenfalls eine den Standard beschreibende Wirkung. Allerdings können die Richtlinien des Gemeinsamen Bundesausschusses eine Untergrenze für den Standard indizieren, da dasjenige, was in der vertragsärztlichen Versorgung als abrechenbar anerkannt ist, regelmäßig auch dem medizinischen Mindeststandard entspricht. Dies schließt es naturgemäß nicht aus, dass der Facharztstandard höhere Anforderungen stellt. In gleicher Weise wird sich mit indizieller Bedeutung aus der Nichtanerken-

---

290 BGH NJW 2009, 1209 = VersR 2009, 257; NJW 2004, 1452 = VersR 2004, 645; NJW 2002, 2944 = VersR 2002, 1026; *Frahm/Nixdorf/Walter* (Fn. 2), Rn. 81; Laufs/Kern/*Laufs/Kern* (Fn. 39), § 97 Rn. 9; *Martis/Winkhart* (Fn. 2), 309; Spickhoff/*Greiner* (Fn. 2), BGB §§ 823 ff. Rn. 17.

291 Im Internet abrufbar unter www.AWMF.de.

292 Vgl. dazu zB *Kopp/Thole/Selbmann/Ohlenschläger* Deutsches Instrument zur methodischen Leitlinienbewertung (DELBI) – Fassung 2005/2006, www.leitlinien.net.

293 BGH GesR 2008, 361; OLG Naumburg MedR 2002, 471; dazu *Deutsch/Spickhoff* (Fn. 14), Rn. 216; *Frahm/Nixdorf/Walter* (Fn. 2), Rn. 89; *Geiß/Greiner* (Fn. 2), Rn. 9 a; *Laufs/Katzenmeier/Lipp* (Fn. 14), 318 Rn. 10; Laufs/Kern/*Laufs/Kern* (Fn. 39), § 97 Rn. 18 – 20; *Martis/Winkhart* (Fn. 2), 311 - 317; *Steffen/Pauge* (Fn. 2), Rn. 178, 673; *Terbille* (Fn. 27), § 1 Rn. 577 – 578; *Ziegler* VersR 2003, 545.

nung bestimmter Behandlungsmethoden durch den Gemeinsamen Bundesausschuss und Krankenkassen festlegen lassen, dass dasjenige, was nicht zur vertragsärztlichen Versorgung gehört, auch nicht unter den fachärztlichen Standard fällt.[294]

1031 In Einzelfällen haben sich sonstige Richtlinien zum Standard entwickelt. Dies gilt beispielsweise für die Impfempfehlungen der ständigen Impfkommission im Zusammenhang mit der Durchführung von Polio-Schutzimpfungen[295] oder die in den jeweiligen Mutterschaftsrichtlinien[296] enthaltenen Vorgaben. Auch die Leitlinien der Bundesärztekammer für Wiederbelegung und Notfallversorgung sind als standardbildend anerkannt worden.[297] Demgegenüber enthalten beispielsweise die Empfehlungen der Bundesärztekammer zur Sterbehilfe keinen standardprägenden Maßstab. Im Einzelfall ist die Standardfestlegung häufig schwierig, zumal in vielen Fällen keine echten Standards existieren. Lassen sich derartige Standards auch nicht mit Hilfe von Sachverständigen feststellen, kommt auch ein standardunterschreitendes Fehlverhalten des behandelnden Arztes nicht in Betracht.

III. Die haftungsbegründende Kausalität

1032 Die Schadensersatzhaftung des Arztes setzt unabhängig davon, ob sie auf vertragliche oder deliktische Anspruchsgrundlagen gestützt wird, neben dem Vorliegen eines schuldhaften Behandlungsfehlers und einer Gesundheitsschädigung des Patienten (sog. Primärschaden) voraus, dass zwischen dem Behandlungsfehler und dem Primär schaden ein Zurechnungszusammenhang, die sog. haftungsbegründende Kausalität, besteht. Demgegenüber betrifft der Zusammenhang zwischen dem Behandlungsfehler bzw. dem Primärschaden einerseits und den weiteren materiellen oder immateriellen Folgeschäden (Sekundärschäden) andererseits den haftungsausfüllenden Tatbestand.

1. Die grundsätzlichen Anforderungen an den Zurechnungszusammenhang

1033 Das Vorliegen des haftungsbegründenden Tatbestandes ist in Arzthaftungsfällen häufig besonders problematisch, weil der Patient regelmäßig bereits erkrankt, also gesundheitlich beeinträchtigt ist, die Haftung des Arztes aber nur gerechtfertigt ist, wenn die gesundheitliche Schädigung nicht Folge der Grunderkrankung, sondern gerade des schuldhaft verursachten Behandlungsfehlers ist. Um dem Ziel der Arzthaftung gerecht zu werden, dem Patienten nicht das allgemeine Krankheitsrisiko zu nehmen und infolge der Übernahme der Behandlung auf den Arzt zu übertragen, sondern die gesundheitliche Integrität des Patienten vor schuldhafter Fehlbehandlung durch den Arzt zu schützen, ist bei der Feststellung der haftungsbegründenden Kausalität besondere Sorgfalt anzulegen.

1034 Liegt ein Behandlungsfehler durch positives Tun vor, erfordert der notwendige haftungsbegründende Zurechnungszusammenhang, dass die nach dem Facharztstandard gebotene, richtige Behandlung den Eintritt des Primärschadens verhindert hätte. Liegt der Behandlungsfehler in einem Unterlassen, ist die haftungsbegründende

294 Dazu bspw. *Deutsch/Spickhoff* (Fn. 14), Rn. 220; *Frahm/Nixdorf/Walter* (Fn. 2), Rn. 89; *Geiß/Greiner* (Fn. 2), Rn. B 9 a; *Martis/Winkhart* (Fn. 2), 318 – 320; Spickhoff/*Greiner* (Fn. 2), BGB §§ 823 ff. Rn. 21; *Steffen/Pauge* (Fn. 2), Rn. 178, 179.

295 BGH NJW 2000, 1784 = VersR 2000, 725.

296 BGH NJW 2004, 1452 = VersR 2004, 645; *Terbille* (Fn. 27), § 1 Rn. 576.

297 OLG Köln NJW-RR 2003, 458 = VersR 2004, 1453; OLG Hamm NJW-RR 2000, 401 = VersR 2000, 1373.

Kausalität nur gegeben, wenn der Eintritt des Primärschadens bei korrekter Erhebung aller gebotenen Befunde, richtiger Diagnosestellung und korrekter Therapie mit an Sicherheit grenzender Wahrscheinlichkeit vermieden worden wäre. Die bloße Wahrscheinlichkeit oder überwiegende Wahrscheinlichkeit des Nichteintrittes des Primärschadens reicht insoweit nicht aus.[298]

2. Die Unterbrechung des Kausalzusammenhangs

Der Annahme des notwendigen Zurechnungszusammenhanges steht nicht entgegen, **1035** dass der schuldhafte Behandlungsfehler nicht ausschließliche oder alleinige Ursache des Primärschadens ist. Kann eine Mitursächlichkeit festgestellt werden, erfolgt grundsätzlich die Zurechnung des gesamten Primärschadens. Eine Ausnahme besteht nur dann, wenn positiv feststeht, dass der Behandlungsfehler nur einen abgrenzbaren Teil des Primärschadens verursacht hat.[299]

Eine Vorschädigung des Patienten an Körper oder Gesundheit führt nicht zu einem **1036** Entfallen des Zurechnungszusammenhanges und entlastet den Arzt nicht. Dementsprechend kann sich der Arzt nicht darauf berufen, dass der von ihm schuldhaft verursachte Behandlungsfehler bei einem gesunden Patienten nicht zu einem Gesundheitsschaden geführt hätte.[300] Auch der Hinweis auf eine vorhandene Reserveursache, also die Behauptung, dass der Schaden auch ohne den Behandlungsfehler eingetreten wäre, zB, weil eine weitere Schädigungshandlung hinzugetreten ist, die dieselbe gesundheitliche Beeinträchtigung herbeigeführt hätte, oder eine vorhandene Schadensanlage sich verwirklicht hätte, ist grundsätzlich nicht entlastend. Etwas anderes gilt nur dann, wenn der Arzt nachweisen kann, dass die Primärschädigung auch ohne den Behandlungsfehler mit an Sicherheit grenzender Wahrscheinlichkeit eingetreten wäre (sog. hypothetische Kausalität).[301] Ein solcher Beweis wird selten zu führen sein.

Auch der Eintritt eines weiteren Arztes in den Kausalverlauf führt grundsätzlich **1037** nicht zum Wegfall der haftungsbegründenden Kausalität. Vielmehr hat der erstbehandelnde Arzt grundsätzlich für alle Schadensfolgen einzustehen, die durch einen von ihm verschuldeten Behandlungsfehler adäquat kausal herbeigeführt worden sind. Dies gilt auch dann, wenn aufgrund des Behandlungsfehlers eine Nachbehandlung erforderlich geworden ist, in deren Zuge der nachbehandelnde Arzt gleichfalls einen Behandlungsfehler begangen hat. Die gesundheitlichen Folgen dieses zweiten Behandlungsfehlers sind dem erstbehandelnden Arzt ebenfalls zuzurechnen. Dies gilt selbst dann, wenn dem zweitbehandelnden Arzt ein grober Behandlungsfehler unter-

298 *Gehrlein* (Fn. 9), Rn. B 100; *Geiß/Greiner* (Fn. 2), Rn. B 190; *Martis/Winkhart* (Fn. 2), 332; Spickhoff/*Greiner* (Fn. 2), BGB §§ 823 ff. Rn. 117, 143; zur Abgrenzung von haftungsbegründender und haftungsausfüllender Kausalität vgl. BGH NJW 2008, 1381 = VersR 2008, 644.

299 BGH NJW 2005, 2072 = VersR 2005, 942; NJW 2000, 3423 = VersR 2000, 1282; *Frahm/Nixdorf/Walter* (Fn. 2), Rn. 72; *Gehrlein* (Fn. 9), Rn. B 103; *Geiß/Greiner* (Fn. 2), Rn. B 190; *Martis/Winkhart* (Fn. 2), 621; *Steffen/Pauge* (Fn. 2), Rn. 354.

300 BGH NJW 1996, 2425 = VersR 1996, 990 (zur haftungsausfüllenden Kausalität); *Frahm/Nixdorf/Walter* (Fn. 2), Rn. 72; *Geiß/Greiner* (Fn. 2), Rn. B 190; *Martis/Winkhart* (Fn. 2), 622; Spickhoff/*Greiner* (Fn. 2), BGB §§ 823 ff. Rn. 116.

301 BGH NJW 2005, 2072 = VersR 2005, 942; NJW 2005, 1718 = VersR 2005, 836; NJW 1981, 628 = VersR 1981, 131; OLG Schleswig NJW 2005, 439; *Frahm/Nixdorf/Walter* (Fn. 2), Rn. 72; *Gehrlein* (Fn. 9), Rn. B 105; *Geiß/Greiner* (Fn. 2), Rn. B 195; *Martis/Winkhart* (Fn. 2), 622; *Steffen/Pauge* (Fn. 2), Rn. 353.

laufen ist. Der Zurechnungszusammenhang entfällt nur dann, wenn sich der Behandlungsfehler des Zweitbehandlers bei wertender Betrachtung nicht als Folgeschaden aus dem Behandlungsfehler darstellt, sich also das Risiko des Ersteingriffes im weiteren Verlauf nicht mehr ausgewirkt hat.[302] Denkbar ist dies in Fällen, in denen der nachbehandelnde Arzt eine mit der vom Erstbehandler behandlungsfehlerhaft herbeigeführten Gesundheitsschädigung nicht im Zusammenhang stehende Krankheit behandelt, die Zweitbehandlung also durch den Behandlungsfehler des erstbehandelnden Arztes überhaupt nicht ausgelöst worden ist. Der Zurechnungszusammenhang wird weiter dann unterbrochen, wenn der Zweitschädiger in einer besonders intensiven Weise behandlungsfehlerhaft gehandelt hat. Dafür reicht das Vorliegen eines groben Behandlungsfehlers des Zweitschädigers nicht aus. Vielmehr muss der Zweitschädiger in außergewöhnlich hohem Maße gegen ärztliche Regeln und Erfahrungen verstoßen haben. Es muss sich um ein völlig ungewöhnliches oder im außerordentlichen Maße pflichtwidriges Verhalten handeln, so dass bei wertender Betrachtung nur noch ein äußerlicher, gleichsam zufälliger Zusammenhang besteht. Dies kann nur bei Behandlungsfehlern im oberen Bereich des groben Behandlungsfehlers angenommen werden.

1038 Die haftungsbegründende Kausalität kann schließlich auch dann vorliegen, wenn dem Arzt ein schuldhafter Behandlungsfehler gegenüber einer Person unterläuft, der Primärschaden sich aber bei einer anderen Person niederschlägt, zB in Fallkonstellationen, in denen ein Behandlungsfehler zum Verlust eines lebenswichtigen Organes des Patienten führt und ein naher Angehöriger sich deshalb zur Lebendspende eines entsprechenden Organes entschließt.[303] In diesen sog. Herausforderungsfällen ergibt sich die haftungsbegründende Kausalität aus der durch den Behandlungsfehler verursachten Veranlassung zur Spenderentscheidung. Der Kausalzusammenhang ist nicht unterbrochen, wenn das ärztliche Fehlverhalten tatsächlich den Anlass zu der freiwilligen Entscheidung gegeben hat und darüber hinaus die Entscheidung bei wertender Betrachtung unter Berücksichtigung der zugrunde zu legenden Motivation nach den anerkannten gesellschaftlichen Verhaltensregeln zu billigen ist.[304] Hierzu ist es erforderlich, dass die Entscheidung des Angehörigen in einem angemessenen Verhältnis zum möglichen Erfolg steht. Dies ist bei der Spende lebenswichtiger Organe durch nahe Angehörige regelmäßig anzunehmen.

3. Die Sonderregelung des § 830 I BGB

1039 In Ausnahmefällen kann ein deliktischer Arzthaftungsanspruch auch dann bestehen, wenn die haftungsbegründende Kausalität nicht positiv festgestellt werden kann. Die Sonderregelung des § 830 I BGB begründet die deliktische Haftung eines Schädigers nämlich in der – seltenen – Ausnahmesituation, dass mehrere Schädiger für die Verursachung des Schadens in Betracht kommen, jedoch nicht feststellbar ist, welcher von ihnen den Schaden ganz oder teilweise verursacht hat. Anwendbar ist diese

302 BGH NJW 2003, 2311 = VersR 2003, 1128; NJW 1989, 767 = VersR 1988, 1273; *Frahm/Nixdorf/Walter* (Fn. 2), Rn. 73; *Gehrlein* (Fn. 9), Rn. B 108; *Geiß/Greiner* (Fn. 2), Rn. B 191; *Martis/Winkhart* (Fn. 2), 623; Spickhoff/*Greiner* (Fn. 2), BGB §§ 823 ff. Rn. 119; *Steffen/Pauge* (Fn. 2), Rn. 283.

303 BGH NJW 1987, 2925 = VersR 1987, 1040; *Gehrlein* (Fn. 9), Rn. B 101; Laufs/Kern/*Laufs/Kern* (Fn. 39), § 103 Rn. 23; *Martis/Winkhart* (Fn. 2), 625; *Steffen/Pauge* (Fn. 2), Rn. 137, 356.

304 BGH NJW 1987, 2925 = VersR 1987, 1040; *Gehrlein* (Fn. 9), Rn. B 102; Laufs/Kern/*Laufs/Kern* (Fn. 39), § 103 Rn. 23.

Vorschrift nur, wenn bei jedem der Schädiger mit Ausnahme der haftungsbegründenden Kausalität sämtliche haftungsbegründende Tatbestandsmerkmale festgestellt sind.[305] Es muss daher nicht nur jedem der Schädiger ein schuldhafter Behandlungsfehler unterlaufen sein. Hinzu kommen muss, dass der jeweilige Behandlungsfehler für sich genommen geeignet sein muss, den eingetretenen Primärschaden zu verursachen. Weitere Voraussetzung der Anwendbarkeit des § 830 I BGB ist, dass nicht bei einem der möglichen Schädiger der notwendige Zurechnungszusammenhang positiv feststeht. Kann daher die Haftung eines Arztes wegen eines ihm unterlaufenen schuldhaften Behandlungsfehlers auch hinsichtlich der haftungsbegründenden Kausalität zum Primärschaden positiv festgestellt werden, scheidet eine Haftung der weiteren behandelnden Ärzte nach § 830 I BGB aus, wenn der Zurechnungszusammenhang zwischen den von ihnen verursachten schuldhaften Behandlungsfehlern und der gesundheitlichen Primärschädigung nicht sicher fest steht.[306] Sinn der Regelung ist es, die Haftung im Falle der Nebentäterschaft nicht deshalb entfallen zu lassen, weil trotz des Umstandes, dass einer der möglichen Schädiger für die Gesundheitsbeeinträchtigung verantwortlich sein muss, sich alle Schädiger angesichts der nicht positiv feststellbaren Kausalität wechselseitig dadurch zu entlasten versuchen, dass sie auf die Verursachung durch den jeweils anderen verweisen. Ist § 830 I BGB anwendbar, führt dies zur gesamtschuldnerischen Haftung der beteiligten Schädiger.

IV. Die Beweislast hinsichtlich des haftungsbegründenden Tatbestandes

1. Der Grundsatz – volle Beweislast beim Patienten

Grundsätzlich obliegt dem Patienten als Anspruchsteller eines Arzthaftungsanspruches für sämtliche Tatbestandsmerkmale des haftungsbegründenden Tatbestandes – Vorliegen eines schuldhaften Behandlungsfehlers, Eintritt einer gesundheitlichen Primärschädigung sowie Vorliegen der haftungsbegründenden Kausalität zwischen dem Behandlungsfehler und dem Primärschaden – die volle Beweislast.[307] Liegt der Behandlungsfehler in einem positiven Tun, muss der Patient danach beweisen, dass die Behandlung nicht dem geschuldeten medizinischen Soll-Standard entsprochen hat, dass bei dem Patienten eine Gesundheitsbeeinträchtigung eingetreten ist und dass diese Gesundheitsbeeinträchtigung gerade auf dem Behandlungsfehler beruht, also der Primärschaden bei Einhaltung des medizinischen Soll-Standards vermieden worden wäre. Liegt der Behandlungsfehler in einem Unterlassen eines nach dem zugrunde zu legenden medizinischen Soll-Standard gebotenen Tuns, muss der Patient nicht nur beweisen, dass der Arzt eine bestimmte – diagnostische oder therapeutische – Maßnahme unterlassen hat und die Vornahme dieser Maßnahme nach dem zugrunde zu legenden medizinischen Standard geboten gewesen wäre. Er muss außerdem beweisen, dass bei dem Patienten eine Gesundheitsbeeinträchtigung, der Primärschaden, eingetreten ist. Des Weiteren erstreckt sich die Beweislast des Patienten auch auf 1040

305 BGH NJW 1979, 544 = VersR 1979, 226 (zu einem Verkehrsunfall); OLG Koblenz NJW-RR 2005, 1111 = VersR 2006, 123; *Frahm/Nixdorf/Walter* (Fn. 2), Rn. 74; *Gehrlein* (Fn. 9), Rn. B 111; *Martis/Winkhart* (Fn. 2), 621.

306 BGH NJW 1976, 1934 = Vers R 1976, 992 (Verkehrsunfall); *Gehrlein* (Fn. 9), Rn. B 111.

307 BGH NJW 1999, 1778 = VersR 1999, 716; NJW 1999, 860 = VersR 1999, 60; *Frahm/Nixdorf/Walter* (Fn. 2), Rn. 128; *Gehrlein* (Fn. 9), Rn. B 116; *Geiß/Greiner* (Fn. 2), Rn. B 200; Laufs/Kern/*Laufs/Kern* (Fn. 39), § 107 Rn. 24; *Martis/Winkhart* (Fn. 2), 383, 388; Spickhoff/*Greiner* (Fn. 2), BGB §§ 823 ff. Rn. 122; *Steffen/Pauge* (Fn. 2), Rn. 591.

den notwendigen haftungsbegründenden Kausalzusammenhang.[308] Der Patient muss daher beweisen, dass die eingetretene Gesundheitsschädigung bei Vornahme der gebotenen Handlung verhindert worden wäre.

1041 Der Patient hat grundsätzlich den Vollbeweis nach § 286 I ZPO zu führen. Danach muss das Vorliegen des jeweiligen Tatbestandsmerkmales zur Gewissheit des Gerichtes feststehen. Hierfür ist allerdings keine einhundertprozentige Sicherheit oder unumstößliche, quasi naturwissenschaftliche Gewissheit erforderlich. Der notwendige Beweis ist vielmehr geführt, wenn dem Gericht ein für das praktische Leben brauchbarer Grad von Gewissheit vermittelt werden konnte, der Zweifeln Schweigen gebietet, ohne sie völlig auszuschließen.[309] Rein theoretische Zweifel am Vorliegen eines haftungsbegründenden Tatbestandsmerkmales bleiben daher bei der Beweiswürdigung außer acht.

2. Beweiserleichterungen - Beweislastumkehr

1042 Die Verteilung der Beweislast hat im Arzthaftungsprozess nicht selten streitentscheidende Bedeutung, wenn einzelne Tatbestandsmerkmale des haftungsbegründenden Tatbestandes nicht beweisbar sind. Da die Nichterweislichkeit unter strikter Anwendung der Regeln des Vollbeweises immer zu Lasten des Patienten gehen würde, haben sich in der Rechtsprechung Fallgruppen entwickelt, in denen gestützt auf die Besonderheiten des Behandlungsgeschehens und das Gebot prozessualer Waffengleichheit zwischen Patient und Behandler Beweiserleichterungen zugunsten des Patienten eintreten. Regelmäßig führen diese Beweiserleichterungen zu einer Beweislastumkehr mit der Folge, dass der Behandler das Nichtvorliegen des jeweiligen haftungsbegründenden Tatbestandsmerkmales beweisen muss und die Nichterweislichkeit zu seinen Lasten geht.[310] Bei der Anwendung von Beweiserleichterungen muss jeweils genau geprüft werden, auf welches Tatbestandsmerkmal des haftungsbegründenden Tatbestandes sich die Beweiserleichterung erstreckt. Denkbar ist die Erstreckung der Beweislastumkehr sowohl hinsichtlich eines Behandlungsfehlers als auch der haftungsbegründenden Kausalität, als auch eine Kombination von beiden. Darüber hinaus muss beachtet werden, dass die Regeln über die Beweiserleichterung ausschließlich für den haftungsbegründenden, nicht aber für den haftungsausfüllenden Tatbestand Geltung beanspruchen.

a) Der Anscheinsbeweis

1043 Die erste Fallgruppe der Beweiserleichterungen bildet die Fallgruppe des Anscheinsbeweises.

1044 Voraussetzung der Anwendung der Regeln des Anscheinsbeweises ist, dass ein Geschehensablauf feststeht, bei dem nach allgemeiner Lebenserfahrung entweder auf die Verursachung einer bestimmten Folge durch ein feststehendes Verhalten geschlossen werden kann. Alternativ kommt der Anscheinsbeweis auch in Betracht, wenn aus

308 Zu der Diskussion nach Inkrafttreten des Schuldrechtsmodernisierungsgesetzes vgl. *Deutsch/Spickhoff* (Fn. 14), Rn. 176 ff.; *Frahm/Nixdorf/Walter* (Fn. 2), Rn. 129; *Geiß/Greiner* (Fn. 2), Rn. B 213; *Deutsch* JZ 2002, 588; *Katzenmeier* VersR 2002, 1066.

309 BGH NJW 2011, 375 = VersR 2011, 223; NJW 2008, 2846 = VersR 2008, 1265; NJW 2008, 1381 = VersR 2008, 644; *Frahm/Nixdorf/Walter* (Fn. 2), Rn. 174; *Geiß/Greiner* (Fn. 2), Rn. B 200, Rn. E 5; *Martis/Winkhart* (Fn. 2), 388; *Steffen/Pauge* (Fn. 2), Rn. 593.

310 BGH NJW 2004, 2011 = VersR 2004, 909; vgl. auch *Hausch* VersR 2005, 600.

einem feststehenden Ergebnis aufgrund allgemeiner Lebenserfahrung auf die Pflichtwidrigkeit eines Verhaltens rückgeschlossen werden kann.[311] Der Anscheinsbeweis kann sich daher einerseits auf den haftungsbegründenden Tatbestand eines Arzthaftungsanspruches beziehen, wenn ein Behandlungsfehler sowie das Vorliegen eines Primärschadens festgestellt sind und der Zusammenhang zwischen Behandlungsfehler und Primärschaden infrage steht. Andererseits kann der Anscheinsbeweis auch gestatten, von einem festgestellten Primärschaden auf die den Behandlungsfehler begründende Pflichtwidrigkeit rückzuschließen.[312]

Die Anwendung der Regeln des Anscheinsbeweises setzt voraus, dass der beweisbe- **1045**
lastete Patient die Umstände oder den Lebenssachverhalt darlegt und beweist, der nach allgemeiner Lebenserfahrung auf das schadensursächliche Verhalten des Arztes hindeutet. Es muss vom Patienten danach ein Sachverhalt dargestellt und bewiesen werden, der typischerweise nach der Lebenserfahrung entweder den Rückschluss auf die haftungsbegründende Kausalität oder das schuldhafte Fehlverhalten des Arztes gestattet.

Gelingt dem Patienten dies, ist es Sache des Arztes, den Anscheinsbeweis zu erschüt- **1046**
tern. Hierzu muss der Arzt konkrete Tatsachen vortragen und nach dem Maßstab des § 286 I ZPO beweisen, aus denen auf die ernsthafte Möglichkeit eines atypischen Geschehensablaufes bzw. einer anderen Schadensursache geschlossen werden kann.[313] Nicht ausreichend ist der bloße Hinweis des Arztes auf Geschehensabläufe, nach denen eine andere Schadensursache theoretisch in Betracht kommt, oder die Darlegung der theoretischen Möglichkeit eines anderen Verlaufes. Es müssen zumindest konkrete Anhaltspunkte vorliegen, aus denen sich ergibt, dass eine andere Schadensursache oder der andere Verlauf tatsächlich vorliegen kann. Für die Erschütterung des Anscheinsbeweises nicht erforderlich ist allerdings, dass der Arzt den Vollbeweis einer anderen Ursache oder eines anderen Verlaufes führt. Vielmehr fällt die volle Beweislast wieder auf den Patienten zurück, wenn der Arzt den Anscheinsbeweis erschüttert hat.[314]

Die Regeln des Anscheinsbeweises sind im Arzthaftungsrecht nur selten anwendbar. **1047**
Dies beruht auf der Tatsache, dass sich typische Geschehensabläufe angesichts unterschiedlicher Krankheitsbilder, der jeweiligen Eigenarten des menschlichen Organismus und der individuell unterschiedlichen Reaktion des Menschen auf bestimmte Behandlungsmaßnahmen nur sehr selten finden lassen. Die Grundvoraussetzung eines Anscheinsbeweises, nämlich das Vorliegen eines typischen Geschehensablaufes, wird daher nur in den allerseltensten Fällen gegeben sein.

Anerkannt worden sind die Voraussetzungen für einen Anscheinsbeweis zB bei der **1048**
Verursachung einer HIV-Infektion bei einem keiner Risikogruppe angehörenden

311 *Deutsch/Spickhoff* (Fn. 14), Rn. 517; *Frahm/Nixdorf/Walter* (Fn. 2), Rn. 167; *Gehrlein* (Fn. 9), Rn. B 118; *Geiß/Greiner* (Fn. 2), Rn. B 231; Laufs/Kern/*Laufs/Kern* (Fn. 39), § 108 Rn. 2, 4; *Martis/Winkhart* (Fn. 2), 28, 391; *Steffen/Pauge* (Fn. 2), Rn. 594; *Terbille* (Fn. 27), § 1 Rn. 669.

312 *Deutsch/Spickhoff* (Fn. 14), Rn. 518; *Frahm/Nixdorf/Walter* (Fn. 2), Rn. 167; *Gehrlein* (Fn. 9), Rn. B 118; *Laufs/Katzenmeier/Lipp* (Fn. 14), 387 Rn. 55; *Martis/Winkhart* (Fn. 2), 29; Spickhoff/*Greiner* (Fn. 2), BGB §§ 823 ff. Rn. 155.

313 BGH NJW 2005, 2614 = VersR 2005, 1238; *Frahm/Nixdorf/Walter* (Fn. 2), Rn. 167; *Geiß/Greiner* (Fn. 2), Rn. B 231; Laufs/Kern/*Laufs/Kern* (Fn. 39), § 108 Rn. 2; *Martis/Winkhart* (Fn. 2), 29; Spickhoff/*Greiner* (Fn. 2), BGB §§ 823 ff. Rn. 157; *Terbille* (Fn. 27), § 1 Rn. 671.

314 *Deutsch/Spickhoff* (Fn. 14), Rn. 519; Laufs/Kern/*Laufs/Kern* (Fn. 39), § 108 Rn. 2.

Patienten nach einer Bluttransfusion eines an AIDS erkrankten Spenders,[315] nicht aber, wenn der Patient einer Risikogruppe angehört,[316] wenn nicht feststeht, dass die Bluttransfusion von einem infizierten Spender stammt[317] oder die Infektion erst Monate später festgestellt wird.[318] Der Anscheinsbeweis für das Vorliegen des Kausalzusammenhanges kann darüber hinaus gegeben sein, wenn es zeitnah nach einer Punktion des Kniegelenkes zu dem Ausbruch einer Entzündung in diesem Bereich kommt.[319] Denkbar ist ein Anscheinsbeweis im Hinblick auf die haftungsbegründende Kausalität auch bei einer fehlerhaften Medikamentengabe, wenn konkrete Anhaltspunkte vorliegen, dass die Medikamentengabe die Ursache für einen eingetretenen Gesundheitsschaden darstellt.[320] Im Hinblick auf das Vorliegen eines schuldhaften Behandlungsfehlers wurden die Voraussetzungen des Anscheinsbeweises bei der Verursachung von Verbrennungen bei einer Behandlung mit einem Hochfrequenzchirurgiegerät ebenfalls angenommen.[321]

b) Das voll beherrschbare Risiko

1049 Die zweite Fallgruppe der Beweiserleichterungen bildet die Fallgruppe des sog. voll beherrschbaren Risikos. Bei dieser Fallgruppe geht es um Primärschäden, die auf der Verwirklichung von Risiken beruhen, deren sichere Vermeidung von der Behandlerseite verlangt werden kann. Betroffen sind damit regelmäßig nicht die im eigentlichen ärztlichen Handeln liegenden Risiken, sondern solche Risiken, die aus dem Betrieb eines Krankenhauses oder einer Arztpraxis herrühren und auf deren sichere Vermeidung durch den Arzt oder Krankenhausträger der Patient vertrauen kann. Infrage stehen damit Risiken, die bei ordnungsgemäßer Organisation des Behandlungsbetriebes, Koordination des Behandlungsablaufes und deren sachgerechten Kontrolle sicher zu vermeiden sind.[322]

1050 Entsteht in diesen Bereich dem Patienten ein Schaden, entspricht es dem Gebot der prozessualen Waffengleichheit, den Patienten von der Beweislast für die Pflichtwidrigkeit des Vorgehens, also die Schuldhaftigkeit des Behandlungsfehlers, zu entlasten und diese auf den Arzt oder Krankenhausträger zu übertragen. Einerseits muss der Patient nämlich darauf vertrauen können, vor von der Behandlerseite voll beherrschbaren Risiken geschützt zu werden. Andererseits kann die Behandlerseite durch sachgerechte Organisation und Koordination sicher beherrschbare Risiken tatsächlich beherrschen. Hinzu kommt, dass der Patient regelmäßig nicht in der Lage sein wird,

315 BGH NJW 2005, 2614 = VersR 2005, 1238, NJW 1991, 1948 = VersR 1991, 816; dazu *Deutsch/Spickhoff* (Fn. 14), Rn. 520; Laufs/Kern/*Laufs/Kern* (Fn. 39), § 108 Rn. 15; Spickhoff/*Greiner* (Fn. 2), BGB §§ 823 ff. Rn. 160; *Katzenmeier* NJW 2005, 3391.

316 BGH NJW 2005, 2614 = VersR 2005, 1238.

317 OLG Düsseldorf VersR 1998, 310; NJW 1996, 1599 = VersR 1996, 1240; *Steffen/Pauge* (Fn. 2), Rn. 597.

318 KG Berlin VersR 1992, 316.

319 OLG Düsseldorf VersR 1991, 1136; dazu *Jaeger* VersR 1989, 994.

320 BGH NJW 2007, 2787 = VersR 2007, 995.

321 OLG Saarbrücken VersR 1991, 1289; siehe aber auch OLG Zweibrücken VersR 1997, 1281; Laufs/Kern/*Laufs/Kern* (Fn. 39), § 108 Rn. 9.

322 BGH NJW 1999, 1779 = VersR 1999, 579; NJW 1995, 1618 = VersR 1995, 539; *Deutsch/Spickhoff* (Fn. 14), Rn. 541; *Frahm/Nixdorf/Walter* (Fn. 2), Rn. 156; *Gehrlein* (Fn. 9), Rn. B 129; *Geiß/Greiner* (Fn. 2), Rn. B 238; Laufs/Kern/*Laufs/Kern* (Fn. 39), § 109 Rn. 1; *Martis/Winkhart* (Fn. 2), 892; Spickhoff/*Greiner* (Fn. 2), BGB §§ 823 ff. Rn. 161; *Steffen/Pauge* (Fn. 2), Rn. 604; *Terbille* (Fn. 27), § 1 Rn. 672; dazu auch *Jungbecker* VersR 2007, 848.

eine für ihn nicht durchschaubare Krankenhaus- oder Praxisorganisation bzw. deren Fehlerhaftigkeit darzulegen.[323]

Die Beweislastumkehr in Fällen des voll beherrschbaren Risikos beschränkt sich ausschließlich auf die Ebene des Behandlungsfehlers, also das tatsächliche Fehlverhalten und dessen Verschulden bzw. Pflichtwidrigkeit. Tritt daher ein Primärschaden im Gefahrenbereich eines voll beherrschbaren Risikos ein, kommt es zur Beweislastumkehr hinsichtlich des objektiven ärztlichen Fehlverhaltens und der subjektiven Vorwerfbarkeit.[324] Ausgeschlossen ist die Beweislastumkehr demgegenüber dann, wenn der Primärschaden zwar im Bereich des voll beherrschbaren Risikos eingetreten ist, zusätzlich aber eine unerkannte und nicht zu erwartende Disposition des Patienten gegeben ist, die ihn für das verwirklichte Risiko anfällig machen, weil dann aufgrund der besonderen Disposition des Patienten der Gefahrenbereich für die Behandlerseite nicht mehr vollständig beherrschbar ist.[325] Ein Behandlungsfehler kann hier allerdings vorliegen, wenn die besondere Disposition des Patienten fehlerhaft nicht erkannt worden ist.[326] Demgegenüber ist eine Beweislastumkehr im Hinblick auf das Tatbestandsmerkmal der haftungsbegründenden Kausalität unter dem Gesichtspunkt des voll beherrschbaren Risikos ausgeschlossen.[327] 1051

Voll beherrschbare Risiken können typischerweise im Zusammenhang mit der Organisation und Koordination des Behandlungsbetriebes und –geschehens auftreten. Denkbar ist dies zB bei fehlerhaften Einsätzen von Ärzten in der Weiterbildung (sog. Anfängereingriff). Kommt es hierbei zu einer Schädigung des Patienten, liegt die Beweislast, dass die Schädigung nicht auf der fehlenden Übung und Erfahrung des eingesetzten Anfängers beruht, bei dem Krankenhausträger.[328] Gleiches gilt beim Einsatz des Pflegepersonals. Es ist Sache des Krankenhausträgers, Fehlleistungen des Pflegepersonals zB bei der Umlagerung oder dem Transport von Patienten sicher zu vermeiden.[329] In jedem Fall muss ein Sturz des Patienten in diesem Zusammenhang ausgeschlossen werden. Gelingt dies nicht, muss der Krankenhausträger darlegen und beweisen, dass der Vorfall nicht auf einem Fehlverhalten des Pflegepersonals beruht. Anderes gilt allerdings, wenn der Patient ohne Einwirkung 1052

323 *Gehrlein* (Fn. 9), Rn. B 129.

324 BGH NJW 1994, 1594 = VersR 1994, 562; *Frahm/Nixdorf/Walter* (Fn. 2), Rn. 156; *Geiß/Greiner* Rn. B 239, B 240; *Martis/Winkhart* (Fn. 2), 893; Spickhoff/*Greiner* (Fn. 2), BGB §§ 823 ff. Rn. 162; *Steffen/Pauge* (Fn. 2), Rn. 603.

325 BGH NJW 1995, 1618 = VersR 1995, 539; OLG Jena GesR 2007, 404; OLG Schleswig NJW-RR 2004, 237; *Deutsch/Spickhoff* (Fn. 14), Rn. 541; *Frahm/Nixdorf/Walter* (Fn. 2), Rn. 162; *Geiß/Greiner* (Fn. 2), Rn. B 241; *Martis/Winkhart* (Fn. 2), 895; Spickhoff/*Greiner* (Fn. 2), BGB §§ 823 ff. Rn. 163.

326 OLG Jena GesR 2007, 404.

327 BGH NJW 1994, 1594 = VersR 1994, 562; *Frahm/Nixdorf/Walter* (Fn. 2), Rn. 156; *Geiß/Greiner* (Fn. 2), Rn. B 240; Laufs/Kern/*Laufs/Kern* (Fn. 39), § 109 Rn. 4; *Martis/Winkhart* (Fn. 2), 895; Spickhoff/*Greiner* (Fn. 2), BGB §§ 823 ff. Rn. 163.

328 BGH NJW 1993, 2989 = VersR 1993, 1231; NJW 1992, 1560 = VersR 1992, 745; *Deutsch/Spickhoff* (Fn. 14), Rn. 541; *Frahm/Nixdorf/Walter* (Fn. 2), Rn. 163; *Gehrlein* (Fn. 9), Rn. B 134; *Geiß/Greiner* (Fn. 2), Rn. B 241; *Laufs/Katzenmeier/Lipp* (Fn. 14), 413 Rn. 116.

329 BGH NJW 1991, 2960 = VersR 1991, 1058 (Sturz vom Duschstuhl); NJW 1991, 1540 = VersR 1991, 310 (Umlagerung in ein Krankenbett); *Frahm/Nixdorf/Walter* (Fn. 2), Rn. 159; *Gehrlein* (Fn. 9), Rn. B 133; Laufs/Kern/*Laufs/Kern* (Fn. 39), § 109 Rn. 18; *Martis/Winkhart* (Fn. 2), 894, 899; zum Sturz im Pflegeheim BGH NJW 2005, 1937 = VersR 2005, 894 (vernünftiger und vertretbarer Aufwand geschuldet, keine Beweislastumkehr); dazu *Martis/Winkhart* (Fn. 2), 900.

des Pflegepersonals während des Schlafes ohne Anlass aus dem Bett fällt, weil dann der Bereich der vom Krankenhausträger voll beherrschbaren Risiken nicht mehr betroffen ist.[330]

1053 Ebenfalls in die Fallgruppe der Organisation und Koordination des Behandlungsbetriebes und –geschehens gehören die sog. Lagerungsschäden. Es obliegt dem Krankenhausträger und dem für die Operation verantwortlichen Arzt, die sorgfältige und richtige Lagerung des Patienten auf dem Operationstisch sicherzustellen. Kommt es daher intraoperativ zu Lagerungsschäden, obliegt es dem Krankenhausträger darzulegen und zu beweisen, dass der Lagerungsschaden nicht durch eine falsche Lagerung des Armes während der Operation oder ein Versagen technischer Geräte verursacht worden ist.[331] Etwas anderes gilt allerdings dann, wenn der Patienten – unerkannt – auch bei fehlerfreier Lagerung in besonderer Weise für vergleichbare Lagerungsschäden schadensanfällig ist.[332]

1054 Zu den voll beherrschbaren Risiken gehört auch die vollständige Entfernung von Operationsbesteck oder sonstigen Hilfsmitteln – zB eines Tupfers - aus dem Operationsbereich nach Abschluss der Operation.[333]

1055 Der Bereich des voll beherrschbaren Risikos ist schließlich bei dem Komplex der technisch apparativen Ausstattung angesprochen. Der Arzt bzw. der Krankenhausträger muss Risiken, die aus der mangelnden Funktionsfähigkeit bzw. Fehlerhaftigkeit eines eingesetzten technischen Gerätes herrühren, durch ordnungsgemäße Organisation bei der Anschaffung, Wartung, Kontrolle und ggf. Aussonderung technischer Geräte beherrschen.[334] Deswegen obliegt der Behandlerseite die Beweislast für die Tatsache, dass der Einsatz nicht ordnungsgemäß funktionsfähigen Gerätes durch das eingeschaltete Personal nicht pflichtwidrig und daher behandlungsfehlerhaft gewesen ist. Gleiches gilt für den Einsatz unsteriler Injektions- und Infusionshilfsmittel oder von verunreinigten Desinfektionsmitteln.[335]

1056 Besondere Probleme treten im Zusammenhang mit der Einhaltung von Hygienevorschriften auf. Grundsätzlich liegt ein voll beherrschbares Risiko auf jeden Fall dann vor, wenn Bereiche betroffen sind, in denen eine Keimübertragung sicher ausschließbar ist, es sich also um einen hygienisch beherrschbaren Bereich handelt.[336] Dies ist

330 OLG Schleswig NJW-RR 2004, 237; *Gehrlein* (Fn. 9), Rn. B 133; *Martis/Winkhart* (Fn. 2), 899.

331 BGH NJW 1995, 1618 = VersR 1995, 539; NJW 1984, 1403 = VersR 1984, 386; *Deutsch/Spickhoff* (Fn. 14), Rn. 541; *Frahm/Nixdorf/Walter* (Fn. 2), Rn. 161; *Gehrlein* (Fn. 9), Rn. B 131; *Geiß/Greiner* (Fn. 2), Rn. B 244; Laufs/Kern/*Laufs/Kern* (Fn. 39), § 109 Rn. 12; *Laufs/Katzenmeier/Lipp* (Fn. 14), 412 Rn. 114; *Martis/Winkhart* (Fn. 2), 900; *Steffen/Pauge* (Fn. 2), Rn. 618; *Terbille* (Fn. 27), § 1 Rn. 676.

332 BGH NJW 1995, 1618 = VersR 1995, 539; OLG Schleswig SchlHA 2004, 123; OLG Düsseldorf VersR 1992, 1230; *Deutsch/Spickhoff* (Fn. 14), Rn. 541; *Frahm/Nixdorf/Walter* (Fn. 2), Rn. 162; *Gehrlein* (Fn. 9), Rn. B 131; Laufs/Kern/*Laufs/Kern* (Fn. 39), § 109 Rn. 13; *Martis/Winkhart* (Fn. 2), 901; *Steffen/Pauge* (Fn. 2), Rn. 618.

333 BGH NJW 2007, 1682 = VersR 2007, 847; OLG Zweibrücken NJW-RR 2009, 1110 = GesR 2009, 88 (15 cm langer Kirschnerdraht); Laufs/Kern/*Laufs/Kern* (Fn. 39), § 109 Rn. 15, 16.

334 BGH VersR 2007, 1416; NJW 1994, 1594 = VersR 1994, 562; *Frahm/Nixdorf/Walter* (Fn. 2), Rn. 157; *Gehrlein* (Fn. 9), Rn. B 132; *Geiß/Greiner* (Fn. 2), Rn. B 243; Laufs/Kern/*Laufs/Kern* (Fn. 39), § 109 Rn. 7; *Martis/Winkhart* (Fn. 2), 896; *Terbille* (Fn. 27), § 1 Rn. 674.

335 BGH NJW 1982, 699 = BGH VersR 1982, 161 (unsterile Infusion); NJW 1978, 1683 = VersR 1978, 764; *Frahm/Nixdorf/Walter* (Fn. 2), Rn. 157; Laufs/Kern/*Laufs/Kern* (Fn. 39), § 109 Rn. 10, 11; *Martis/Winkhart* (Fn. 2), 907.

336 BGH NJW 2007, 1682 = VersR 2007, 847; NJW 1991, 1541 = VersR 1991, 467; *Frahm/Nixdorf/*

bei einer Keimübertragung durch eine assistierende Arzthelferin im Zusammenhang mit einer Verabreichung einer Spritze der Fall,[337] nicht aber bei einer Keimübertragung durch ein Mitglied eines Operationsteams anlässlich einer hygienisch nicht voll beherrschbaren Operation.[338] Steht die Infektionsquelle nicht fest und kann die mögliche Infektionsquelle auch nicht auf den hygienisch voll beherrschbaren Bereich begrenzt werden, scheidet die Annahme einer Beweislastumkehr aufgrund Vorliegens eines voll beherrschbaren Risikos aus.[339]

Liegen die Voraussetzungen für eine Beweislastumkehr vor, muss der Arzt den Vollbeweis führen, dass ein schuldhafter Behandlungsfehler nicht vorliegt. Dies ist in den Konstellationen eines voll beherrschbaren Risikos nach Verwirklichung eines Primärschadens nur in den seltensten Fällen denkbar. 1057

c) Der grobe Behandlungsfehler

Den wohl wichtigsten Komplex der Beweiserleichterung bzw. Beweislastumkehr bildet der Bereich der groben Behandlungsfehler. 1058

aa) Die Voraussetzungen eines groben Behandlungsfehlers. Das Vorliegen eines groben Behandlungsfehlers führt regelmäßig zur Umkehr der Beweislast hinsichtlich der haftungsbegründenden Kausalität, also des Ursachenzusammenhanges zwischen einem festgestellten groben Behandlungsfehler und dem eingetretenen Primärschaden.[340] Dies gilt nicht nur im Arzt-Patienten-Verhältnis, sondern auch beim Gesamtschuldnerausgleich zwischen Erst- und Zweitschädiger.[341] 1059

Die Rechtfertigung für die Beweislastumkehr beruht nicht auf einer Sanktion für ein besonders hohes Maß ärztlichen Fehlverhaltens, sondern stellt als Ausprägung des Grundsatzes der prozessualen Waffengleichheit einen Ausgleich zugunsten des Patienten dafür dar, dass die Aufklärung des Behandlungsgeschehens wegen des Gewichts des Behandlungsfehlers und seiner Bedeutung für die Behandlung in besonderer Weise erschwert worden ist, so dass der Arzt dem Patienten nach Treu und Glauben den vollen Kausalitätsbeweis nicht zumuten kann.[342] Maßgeblich ist danach die durch das Gewicht des Behandlungsfehlers verursachte erhöhte Unsicherheit über den Ursachenzusammenhang und damit die Verschlechterung der Beweissituation des Patienten. Dies rechtfertigt es auch, bei einer unverhältnismäßigen Häufung einfacher Fehler vom Vorliegen eines groben Behandlungsfehlers auszugehen.[343] 1060

Walter (Fn. 2), Rn. 158; *Gehrlein* (Fn. 9), Rn. B 130; *Geiß/Greiner* (Fn. 2), Rn. B 245; *Martis/Winkhart* (Fn. 2), 905; *Anschlag* MedR 2009, 513.

337 BGH NJW 2007, 1682 = VersR 2007, 847; dazu *Deutsch/Spickhoff* (Fn. 14), Rn. 541; Laufs/Kern/*Laufs/Kern* (Fn. 39), § 109 Rn. 17; *Jungbecker* VersR 2007, 848.

338 BGH NJW 1991, 1541 = VersR 1991, 467.

339 BGH NJW 1999, 3408 = VersR 1999, 1282; *Gehrlein* (Fn. 9), Rn. B 130; *Geiß/Greiner* (Fn. 2), Rn. B 245; Spickhoff/*Greiner* (Fn. 2), BGB §§ 823 ff. Rn. 164.

340 BGH NJW 2004, 2011 = VersR 2004, 909; NJW 2000, 2741 = VersR 2000, 1146; *Deutsch/Spickhoff* (Fn. 14), Rn. 529; *Frahm/Nixdorf/Walter* (Fn. 2), Rn. 138; *Gehrlein* (Fn. 9), Rn. B 140; *Geiß/Greiner* (Fn. 2), Rn. B 251, B 257; *Martis/Winkhart* (Fn. 2), 498; Spickhoff/*Greiner* (Fn. 2), BGB §§ 823 ff. Rn. 168; *Steffen/Pauge* (Fn. 2), Rn. 629; *Dopheide* VersR 2007, 1050.

341 BGH VersR 2009, 1668.

342 BGH VersR 2009, 1668; NJW 1992, 754 = VersR 1992, 238; NJW 1971, 241 = VersR 1971, 227; *Deutsch/Spickhoff* (Fn. 14), Rn. 530; *Frahm/Nixdorf/Walter* (Fn. 2), Rn. 131; *Gehrlein* (Fn. 9), Rn. B 137; *Geiß/Greiner* (Fn. 2), Rn. B 251; Laufs/Kern/*Laufs/Kern* (Fn. 39), § 110 Rn. 6; *Steffen/Pauge* (Fn. 2), Rn. 629.

343 BGH NJW 2001, 2792 = VersR 2001, 1030; NJW 2000, 2741 = VersR 2000, 1146; *Frahm/Nixdorf/*

1061 Ein Behandlungsfehler ist dann als grob einzuordnen, wenn ein eindeutiger, fundamentaler Verstoß gegen bewährte ärztliche Behandlungsregeln oder gesicherte medizinische Erkenntnisse vorliegt, der nach den Umständen des konkreten Falles aus objektiver Sicht nicht mehr verständlich erscheint und einem Arzt schlechterdings nicht unterlaufen darf.[344] Erforderlich sind danach zwei Komponenten. Zum einen muss ein eindeutiger, fundamentaler Verstoß gegen bewährte ärztliche Behandlungsregeln oder gesicherte medizinische Erkenntnisse vorliegen. Es muss daher ein Behandlungsfehler von objektiv erheblichem Gewicht gegeben sein, wobei auch die Häufung mehrerer einfacher Behandlungsfehler in der Gesamtbetrachtung des Behandlungsgeschehens zu einem groben Behandlungsfehler führen kann.[345] Als zweites muss das Maß der Vorwerfbarkeit in einer Weise erheblich gesteigert sind, dass das Fehlverhalten aus objektiver Sicht nicht mehr verständlich erscheint, weil es einem Arzt des entsprechenden Faches schlechterdings nicht unterlaufen darf. Nach dem im Arzthaftungsrecht geltenden objektiven Fahrlässigkeitsbegriff kommt es nicht auf die subjektiven Fähigkeiten des konkreten Arztes an.[346] Dies bedeutet einerseits, dass der Arzt das Vorliegen eines groben Behandlungsfehlers nicht mit auf ihn bezogenen Gründen, die für sich genommen nur ein leichtes persönliches Verschulden begründen würden, in Abrede stellen kann. Umgekehrt führt das Vorliegen eines gesteigerten Sonderwissens hinsichtlich neuartiger Medikamente oder Behandlungsmethoden nicht zu einer Aufwertung eines einfachen Behandlungsfehlers zum groben Behandlungsfehler.[347] Ein grober Behandlungsfehler scheidet danach aus, wenn – nach entsprechender medizinisch-sachverständiger Bewertung – das Vorgehen des Arztes zwar als behandlungsfehlerhaft festgestellt wird, aber aus medizinischer Sicht nachvollziehbar und medizinisch verständlich war.

1062 **bb) Anwendungsbereiche und Rechtsfolgen eines groben Behandlungsfehlers.** Grobe Behandlungsfehler können grundsätzlich in allen Bereichen ärztlicher Tätigkeit auftreten. Dies gilt naturgemäß in erster Linie für grobe Fehler im Zusammenhang mit der Therapiewahl oder der Therapiedurchführung, aber auch für die therapeutische Sicherungsaufklärung.[348] Grobe Fehler können auch im Bereich der Organisations- und Koordinationsfehler auftreten.[349] Die Nichterhebung von Diagnostik- und Kontrollbefunden ist dann grob fehlerhaft, wenn es in erheblichem Ausmaß an der Erhebung grundlegender Diagnose- und Kontrollbefunde fehlt.[350] Im Bereich der

---

Walter (Fn. 2), Rn. 132; *Gehrlein* (Fn. 9), Rn. B 138; *Geiß/Greiner* (Fn. 2), Rn. B 253; *Martis/Winkhart* (Fn. 2), 504; Spickhoff/*Greiner* (Fn. 2), BGB §§ 823 ff. Rn. 169; *Steffen/Pauge* (Fn. 2), Rn. 642; *Gehrlein* VersR 2004, 1488; *Müller* MedR 2001, 487.

344 BGH NJW 2004, 2011 = VersR 2004, 909; NJW 2001, 2795 = VersR 2001, 1116; *Deutsch/Spickhoff* (Fn. 14), Rn. 531; *Frahm/Nixdorf/Walter* (Fn. 2), Rn. 132; *Gehrlein* (Fn. 9), Rn. B 137; *Geiß/Greiner* (Fn. 2), Rn. B 252; Laufs/Kern/*Laufs/Kern* (Fn. 39), § 110 Rn. 11; *Martis/Winkhart* (Fn. 2), 500; *Steffen/Pauge* (Fn. 2), Rn. 522; *Gehrlein* VersR 2004, 1488; *Hausch* VersR 2002, 671.

345 BGH VersR 2009, 1406; NJW 2001, 2792 = VersR 2001, 1030; Spickhoff/*Greiner* (Fn. 2), BGB §§ 823 ff. Rn. 173.

346 BGH NJW 2003, 2311 = VersR 2003, 1128; NJW 1992, 754 = VersR 1992, 238; *Deutsch/Spickhoff* (Fn. 14), Rn. 531; *Frahm/Nixdorf/Walter* (Fn. 2), Rn. 132; *Gehrlein* (Fn. 9), Rn. B 138; *Geiß/Greiner* (Fn. 2), Rn. B 252; Laufs/Kern/*Laufs/Kern* (Fn. 39), § 110 Rn. 11; *Steffen/Pauge* (Fn. 2), Rn. 640.

347 *Gehrlein* (Fn. 9), Rn. B 138.

348 BGH NJW 2009, 2820 = VersR 2009, 1267; Laufs/Kern/*Laufs/Kern* (Fn. 39), § 110 Rn. 27 – 28; Spickhoff/*Greiner* (Fn. 2), BGB §§ 823 ff. Rn. 190.

349 Dazu zB Laufs/Kern/*Laufs/Kern* (Fn. 39), § 110 Rn. 26, 29.

350 BGH NJW 2004, 1871 = VersR 2004, 790 (zur unterlassenen Herzschrittmacherkontrolle); NJW 1995, 778 = VersR 1995, 46 (zur unterlassenen vaginalen Untersuchung); *Frahm/Nixdorf/Walter*

Diagnosefehler kommt ein grober Behandlungsfehler nur bei fundamentalen Diagnoseirrtümern in Betracht.[351] Solche können gegeben sein, wenn die Kenntnis der richtigen Diagnose grundlegend ist und schon von einem Examenskandidaten erwartet werden kann, weil sie zum medizinischen Basiswissen eines Arztes derselben Fachrichtung gehört, wenn die angenommene Ursache so unwahrscheinlich ist, dass ein massiver Verstoß gegen medizinische Erkenntnisse und Erfahrungen zu bejahen ist oder wenn ein von einem zugezogenen Arzt ausdrücklich mitgeteilter Befund verkannt wird.[352] Ein grober Diagnosefehler kommt nur in seltenen Ausnahmefällen in Betracht.

Der grobe Behandlungsfehler führt grundsätzlich zur Beweislastumkehr hinsichtlich **1063** der haftungsbegründenden Kausalität.[353] Demgegenüber wirkt sich der grobe Behandlungsfehler auf die haftungsausfüllende Kausalität generell nicht aus. Nur ausnahmsweise kann dies anders sein, wenn die eingetretenen Sekundärschäden typische Folge des Primärschadens sind und die als grob zu bewertende Missachtung der ärztlichen Verhaltensregeln gerade auch einer solchen Schädigung vorbeugen sollten.[354] Hinsichtlich der Ursächlichkeit des Behandlungsfehlers für andere Sekundärschäden scheidet eine Beweislastumkehr bei groben Behandlungsfehlern aus. Gleiches gilt generell auch für Vermögensschäden des Patienten. In diesen Bereichen ist die haftungsausfüllende Kausalität grundsätzlich vom Patienten zu beweisen, wobei allerdings der gemilderte Beweismaßstab des § 287 I ZPO – sog. Freibeweis – gilt.

cc) Ausnahmen von der Beweislastumkehr. Trotz Vorliegens eines groben Behand- **1064** lungsfehlers kommt in Ausnahmefällen eine Beweislastumkehr hinsichtlich der haftungsbegründenden Kausalität nicht in Betracht.

Dies gilt zunächst für die Fälle, in denen sich gerade nicht dasjenige Risiko verwirk- **1065** licht hat, dessen Nichtbeachtung den Behandlungsfehler als grob erscheinen lässt. Erfasst sind hiervon Fallkonstellationen, in denen zwar ein grober Behandlungsfehler vorgekommen ist, das eingetretene Risiko aber aus einem anderen, abgrenzbaren Umstand herrührt, so dass der grobe Behandlungsfehler das Risikospektrum für den Patienten nicht verändert hat.[355]

Die Beweislastumkehr wegen eines groben Behandlungsfehlers setzt weiter voraus, **1066** dass der grobe Behandlungsfehler im konkreten Einzelfall generell geeignet war, den tatsächlich eingetretenen Primärschaden zu verursachen. Die Beweislastumkehr er-

(Fn. 2), Rn. 132; *Gehrlein* (Fn. 9), Rn. B 151; *Geiß/Greiner* (Fn. 2), Rn. B 267 – B 272 c; Laufs/Kern/*Laufs/Kern* (Fn. 39), § 110 Rn. 17; *Martis/Winkhart* (Fn. 2), 524; Spickhoff/*Greiner* (Fn. 2), BGB §§ 823 ff. Rn. 188; *Steffen/Pauge* (Fn. 2), Rn. 646 – 655.

351 BGH NJW-RR 2007, 744 = VersR 2007, 541; *Gehrlein* (Fn. 9), Rn. B 138; *Geiß/Greiner* (Fn. 2), Rn. B 265; Laufs/Kern/*Laufs/Kern* (Fn. 39), § 110 Rn. 14; *Martis/Winkhart* (Fn. 2), 522; *Steffen/Pauge* (Fn. 2), Rn. 644.

352 So *Geiß/Greiner* (Fn. 2), Rn. B 265 m. w.N; Spickhoff/*Greiner* (Fn. 2), BGB §§ 823 ff. Rn. 187.

353 BGH NJW 2008, 1381 = VersR 2008, 644; NJW 2005, 427 = VersR 2005, 228; *Geiß/Greiner* (Fn. 2), Rn. B 262; Spickhoff/*Greiner* (Fn. 2), BGB §§ 823 ff. Rn. 179.

354 BGH NJW 2005, 427 = VersR 2005, 228; NJW 1988, 2948 = VersR 1989, 145; NJW 1978, 1683 = VersR 1978, 764; *Deutsch/Spickhoff* (Fn. 14), Rn. 539; *Frahm/Nixdorf/Walter* (Fn. 2), Rn. 138; *Gehrlein* (Fn. 9), Rn. B 146; *Geiß/Greiner* (Fn. 2), Rn. B 263; Laufs/Kern/*Laufs/Kern* (Fn. 39), § 110 Rn. 31; *Martis/Winkhart* (Fn. 2), 499.

355 BGH NJW 2005, 427 = VersR 2005, 228; NJW 1981, 2513 = VersR 1981, 954; *Frahm/Nixdorf/Walter* (Fn. 2), Rn. 136; *Gehrlein* (Fn. 9), Rn. B 142; *Geiß/Greiner* (Fn. 2), Rn. B 257; *Martis/Winkhart* (Fn. 2), 521; Spickhoff/*Greiner* (Fn. 2), BGB §§ 823 ff. Rn. 181.

fordert nicht, dass die Schadensverursachung nahe liegt oder wahrscheinlich ist, sondern entfällt erst dann, wenn der haftungsbegründende Ursachenzusammenhang zwischen dem Behandlungsfehler und dem Primärschaden äußerst[356] unwahrscheinlich[357] ist.

1067 In gleicher Weise entfällt die Beweislastumkehr nach einem groben Behandlungsfehler auch nicht aufgrund des Umstandes, dass der Behandlungsfehler nur eine von mehreren Mitursachen für den eingetretenen Primärschaden ist, also neben den Behandlungsfehler weitere Schadensursachen treten, da die Mitursächlichkeit für die Schadenszurechnung ausreichend ist. Gleiches gilt, wenn insoweit eine Ursachenabgrenzung nicht möglich ist, solange nur der grobe Behandlungsfehler an der Schadensverursachung mitgewirkt haben kann und die Mitursächlichkeit nicht äußerst unwahrscheinlich ist.[358] In Fällen der sog. Teilkausalität, in denen der grobe Behandlungsfehler einerseits und ein anderer, dem Arzt nicht als grob fehlerhaft vorzuwerfender Umstand zu abgrenzbaren Schadensanteilen geführt hat, bezüglich des abgrenzbaren Schadensanteils die Ursächlichkeit des groben Behandlungsfehlers mithin äußerst unwahrscheinlich ist, kommt eine Beweislastumkehr wegen des groben Behandlungsfehlers nur im Hinblick auf den dem groben Fehler zuzuordnenden abgrenzbaren Schadensanteil in Betracht.[359]

1068 Der Anwendung einer Beweislastumkehr nach grobem Behandlungsfehler kann schließlich ein eigenes Fehlverhalten des Patienten selbst entgegenstehen. Dies ist denkbar, wenn der Patient gegen ihm erteilte Anweisungen des Arztes verstößt, das Krankenhaus gegen ausdrücklichen ärztlichen Rat nach entsprechender hiervon abratender Belehrung verlässt oder eine empfohlene Therapie oder sonstige Behandlung nicht durchführen lässt[360] oder wenn ein medizinisch kundiger Patient den Arzt über relevante Tatsachen täuscht oder diese ungefragt verschweigt.[361] Entscheidend ist, dass der Patient durch sein Verhalten eine selbständige Komponente gesetzt hat, die

356 Synonym werden in der Rechtsprechung die Formulierungen »völlig unwahrscheinlich« – BGH v. 7. 6. 2011 – VI ZR 87/10; OLG Düsseldorf VersR 2005, 117 –, »gänzlich unwahrscheinlich« – OLG Düsseldorf VersR 2005, 117 – äußerst unwahrscheinlich – BGH NJW 2004, 2011 = VersR 2004, 909; oder »im hohen Maß unwahrscheinlich« – BGH NJW 1995, 778 = VersR 1995, 46; OLG Düsseldorf NJW-RR 2003, 1333 = VersR 2003, 1310 – verwandt, wobei eine Eintrittswahrscheinlichkeit von 10% diese Anforderungen noch nicht erfüllt, vgl. OLG Brandenburg NJW-RR 2003, 1383 = VersR 2004, 1050; OLG Karlsruhe OLGR 2006, 617; *Steffen/Pauge* (Fn. 2), Rn. 636.

357 BGH v. 7. 6. 2011 – VI ZR 87/10; NJW-RR 2010, 833 = VersR 2010, 115; NJW 2008, 1304 = VersR 2008, 490; NJW 2005, 427 = VersR 2005, 228; *Deutsch/Spickhoff* (Fn. 14), Rn. 531; *Frahm/Nixdorf/Walter* (Fn. 2), Rn. 135; *Gehrlein* (Fn. 9), Rn. B 141; *Geiß/Greiner* (Fn. 2), Rn. B 258; Laufs/Kern/*Laufs/Kern* (Fn. 39), § 110 Rn. 32; *Martis/Winkhart* (Fn. 2), 513; *Steffen/Pauge* (Fn. 2), Rn. 635.

358 BGH NJW 2000, 3423 = VersR 2000, 1282; NJW 1997, 796 = VersR 1997, 362; *Deutsch/Spickhoff* (Fn. 14), Rn. 531; *Frahm/Nixdorf/Walter* (Fn. 2), Rn. 136; *Gehrlein* (Fn. 9), Rn. B 141; *Geiß/Greiner* (Fn. 2), Rn. B 260; *Martis/Winkhart* (Fn. 2), 511; Spickhoff/*Greiner* (Fn. 2), BGB §§ 823 ff. Rn. 181; *Steffen/Pauge* (Fn. 2), Rn. 637.

359 BGH NJW 2000, 3727 = VersR 2000, 1146; NJW 1997, 796 = VersR 1997, 362; *Frahm/Nixdorf/Walter* (Fn. 2), Rn. 136; *Gehrlein* (Fn. 9), Rn. B 142; *Geiß/Greiner* (Fn. 2), Rn. B 260; *Martis/Winkhart* (Fn. 2), 510; *Steffen/Pauge* (Fn. 2), Rn. 638; *Müller* MedR 2001, 487.

360 KG Berlin VersR 1991, 928 (Missachtung einer Anweisung zum Ruhigstellen : »grober Behandlungsfehler des Patienten gegen sich selbst«); BGH NJW 1981, 2513 = VersR 1981, 954 (Verlassen des Krankenhauses gegen ärztlichen Rat); OLG Braunschweig VersR 1998, 459 (Missachtung der Empfehlung zum Aufsuchen eines Krankenhauses); BGH NJW 1997, 798 = VersR 1997, 315 (Verzögerung einer dringenden Kaiserschnittentbindung durch die Schwangere).

361 Laufs/Kern/*Laufs/Kern* (Fn. 39), § 110 Rn. 30.

den Heilungserfolg vereitelt hat. In diesem Fall führt das Verhalten des Patienten in gleicher Weise wie der grobe Behandlungsfehler zu Unsicherheiten über die Aufklärbarkeit des Kausalverlaufes. Die entstandenen Unsicherheiten über die haftungsbegründende Kausalität sind dann nicht mehr allein dem durch den Arzt verursachten groben Behandlungsfehler zuzurechnen, so dass eine Umkehr der Beweislast nicht geboten ist.[362] Vielmehr bleibt es bei der Beweislast des Patienten. Für die durch das Verhalten des Patienten hervorgerufene Vereitelung einer selbständigen Komponente für den Heilungserfolg ist der Arzt beweispflichtig.

Schließlich entfällt nach einem groben Behandlungsfehler die haftungsbegründende 1069
Kausalität, wenn der Arzt den Vollbeweis der mangelnden Kausalität führt, er also nachweisen kann, dass die eingetretene Primärschädigung nicht auf dem groben Behandlungsfehler beruht.

d) Beweislastumkehr bei einfachen Befunderhebungsfehlern

Zu einer Beweislastumkehr kann es auch bei groben Befunderhebungsfehlern kom- 1070
men. Ein grober Befunderhebungsfehler liegt erst dann vor, wenn es im erheblichen Maß an der Erhebung einfacher, grundlegender und medizinisch gebotener Diagnose- und Kontrollbefunde fehlt.[363] Ausnahmsweise kommt eine Beweislastumkehr hinsichtlich der haftungsbegründenden Kausalität allerdings auch bei einfachen Befunderhebungsfehlern in Betracht, wenn diese für sich genommen nicht das Maß des groben Behandlungsfehlers erreichen.

Unterlässt der Arzt fehlerhaft die Erhebung gebotener Befunde, verstößt er gegen die 1071
ihm obliegende Verpflichtung zur Befundsicherung und nimmt dem Patienten gleichzeitig die Möglichkeit, den Kausalverlauf zwischen Behandlungsfehler und Primärschaden unter Verwertung der (nicht erhobenen) Befunde nachzuvollziehen. Auch der einfache Befunderhebungsfehler führt daher zu einer Verschlechterung der Beweisbarkeit des Kausalzusammenhanges zwischen Behandlungsfehler und Primärschaden zu Lasten des Patienten, die es unter bestimmten Voraussetzungen rechtfertigt, dem Patienten Beweiserleichterungen hinsichtlich der haftungsbegründenden Kausalität einzuräumen.[364]

Voraussetzung für das Eingreifen der Beweiserleichterung ist zunächst, dass der Arzt 1072
die Erhebung oder die Sicherung medizinisch gebotener Befunde pflichtwidrig unterlassen hat, insoweit mithin ein einfacher Behandlungsfehler vorliegt. Eine pflichtwidrig unterlassene Befunderhebung liegt dann nicht vor, wenn der Arzt irrtümlich

---

362 BGH VersR 2009, 1668; NJW 2005, 427 = VersR 2005, 228; NJW 2004, 2011 = VersR 2004, 909; *Frahm/Nixdorf/Walter* (Fn. 2), Rn. 134; *Gehrlein* (Fn. 9), Rn. B 145; *Geiß/Greiner* (Fn. 2), Rn. 261; *Martis/Winkhart* (Fn. 2), 518; Spickhoff/*Greiner* (Fn. 2), BGB §§ 823 ff. Rn. 182; *Steffen/Pauge* (Fn. 2), Rn. 643.

363 BGH NJW-RR 2010, 833 = VersR 2010, 115; NJW 2004, 1871 = VersR 2004, 790 (zur unterlassenen Herzschrittmacherkontrolle); NJW 1995, 778 = VersR 1995, 46 (zur unterlassenen vaginalen Untersuchung); *Frahm/Nixdorf/Walter* (Fn. 2), Rn. 132, 140; *Gehrlein* (Fn. 9), Rn. B 151; *Geiß/Greiner* (Fn. 2), Rn. B 267 – B 272 c; Laufs/Kern/*Laufs/Kern* (Fn. 39), § 110 Rn. 17; *Martis/Winkhart* (Fn. 2), 524; Spickhoff/*Greiner* (Fn. 2), BGB §§ 823 ff. Rn. 188, 192; *Steffen/Pauge* (Fn. 2), Rn. 646 – 655.

364 BGH v. 7. 6. 2011 – VI ZR 87/10; NJW 2005, 427 = VersR 2005, 228; NJW 2004, 2011 = VersR 2004, 909; NJW 1996, 1589 = VersR 1996, 633; *Frahm/Nixdorf/Walter* (Fn. 2), Rn. 140; *Gehrlein* (Fn. 9), Rn. B 156 – B 157; *Geiß/Greiner* (Fn. 2), Rn. B 296; *Martis/Winkhart* (Fn. 2), 807; Spickhoff/*Greiner* (Fn. 2), BGB §§ 823 ff. Rn. 193; *Steffen/Pauge* (Fn. 2), Rn. 681; *Schultze-Zeu* VersR 2008, 898; *Karmasin* VersR 2009, 1201.

aber nicht behandlungsfehlerhaft von einer objektiv fehlerhaften Diagnose ausgegangen ist, die die Erhebung von Befunden nicht erfordert hat, die bei zutreffender Diagnose zu erheben gewesen wären.[365] Die Einordnung des einfachen Diagnoseirrtums als nicht behandlungsfehlerhaft würde anderenfalls über den »Umweg« des Befunderhebungsfehlers zum Behandlungsfehler mutieren. Die Abgrenzung ist danach vorzunehmen, ob der Schwerpunkt auf dem nicht fehlerhaften Diagnoseirrtum oder dem behandlungsfehlerhaften Befunderhebungsfehler liegt.[366]

1073 Als weitere Voraussetzung für die Beweislastumkehr muss festgestellt werden können, dass der – tatsächlich nicht erhobene – Befund mit hinreichender Wahrscheinlichkeit zu einem reaktionspflichtigen positiven Befundergebnis geführt hätte. Diese Voraussetzung ist nur dann gegeben, wenn – bei ex post-Betrachtung – medizinisch sachverständig die Wahrscheinlichkeit eines positiven reaktionspflichtigen Befundes überwiegt, also mehr als fünfzig Prozent beträgt.[367] Besteht eine solche überwiegende Wahrscheinlichkeit, ist für die weitere Prüfung von dem Vorliegen eines entsprechenden Befundes auszugehen, sofern der Arzt nicht beweisen kann, dass tatsächlich ein entsprechendes Befundergebnis nicht gewonnen worden wäre. Die durch die pflichtwidrig unterlassene Befunderhebung hervorgerufene Unsicherheit darf nämlich nicht zu Lasten des Patienten gehen.

1074 Für eine Beweislastumkehr hinsichtlich der haftungsbegründenden Kausalität ist schließlich erforderlich, dass das Unterlassen der Reaktion auf den – tatsächlich nicht erhobenen – Befund bei Unterstellung des positiven Befundergebnisses seinerseits als grober Behandlungsfehler zu bewerten ist.[368] Dieser kann sowohl im Bereich eines fundamentalen Diagnosefehlers als auch eines groben Therapiefehlers angesiedelt sein und liegt immer dann vor, wenn unter Berücksichtigung des – nicht erhobenen – Befundes und dessen Ergebnisses sich dessen Verkennung als fundamental fehlerhaft oder die Nichtreaktion darauf als grob fehlerhaft darstellen würde.

1075 Entsprechendes gilt auch für die Pflicht des Arztes zur Sicherung tatsächlich erhobener Befunde. Der Arzt ist zur Aufbewahrung der ärztlichen Unterlagen und damit auch der Ergebnisse technischer Befunderhebungen verpflichtet. Gehen solche Unterlagen, wie zB Röntgenaufnahmen oder EKG-Aufzeichnungen, verloren, kann die Schlussfolgerung gerechtfertigt sein, dass die entsprechenden Unterlagen ein reaktionspflichtiges Befundergebnis aufgewiesen hätten, wenn ein solches hinreichend wahrscheinlich war.[369] Auch dann kommt es zur Beweislastumkehr hinsichtlich der

---

365 Vgl. OLG Köln NJW 2006, 69 = VersR 2005, 1740; KG Berlin GesR 2004, 136; OLG Brandenburg MedR 2002, 149; *Frahm/Nixdorf/Walter* (Fn. 2), Rn. 141; Laufs/Kern/*Laufs/Kern* (Fn. 39), § 110 Rn. 17; *Martis/Winkhart* (Fn. 2), 810.

366 BGH NJW 2008, 1381 = VersR 2008, 644; OLG Köln NJW 2006, 69 = VersR 2005, 1740; KG Berlin GesR 2004, 136; OLG Brandenburg MedR 2002, 149.

367 BGH NJW 2004, 2011 = VersR 2004, 909; NJW 1996, 1589 = VersR 1996, 633; OLG Dresden VersR 2004, 648; OLG Köln VersR 2004, 247; *Frahm/Nixdorf/Walter* (Fn. 2), Rn. 141; *Gehrlein* (Fn. 9), Rn. B 158; *Geiß/Greiner* (Fn. 2), Rn. B 296; Laufs/Kern/*Laufs/Kern* (Fn. 39), § 110 Rn. 19; *Martis/Winkhart* (Fn. 2), 817; Spickhoff/*Greiner* (Fn. 2), BGB §§ 823 ff. Rn. 197, 194; *Steffen/Pauge* (Fn. 2), Rn. 685; *Schultze-Zeu* VersR 2008, 868.

368 BGH v. 7. 6. 2011 – VI ZR 87/10; NJW 2004, 2011 = VersR 2004, 909; NJW 1999, 3408 = VersR 1999, 1282; NJW 1996, 1589 = VersR 1996, 633; *Frahm/Nixdorf/Walter* (Fn. 2), Rn. 141; *Gehrlein* (Fn. 9), Rn. B 157; *Geiß/Greiner* (Fn. 2), Rn. B 296; Laufs/Kern/*Laufs/Kern* (Fn. 39), § 110 Rn. 19; Spickhoff/*Greiner* (Fn. 2), BGB §§ 823 ff. Rn. 195; *Steffen/Pauge* (Fn. 2), Rn. 683.

369 BGH NJW 1996, 1589 = VersR 1996, 633 (EKG-Befund); NJW 1996, 779 = VersR 1996, 330

haftungsbegründenden Kausalität, wenn das Verkennen des Befundes einen fundamentalen Diagnoseirrtum dargestellt hätte oder die Nichtreaktion auf den Befund als grob fehlerhaft einzuordnen gewesen wäre.

Auch in den Fällen der unterlassenen Befunderhebung kann selbst bei Vorliegen der Voraussetzungen für eine Beweislastumkehr der Arzt den Vollbeweis der mangelnden Ursächlichkeit zwischen dem Behandlungsfehler und dem Eintritt des Primärschadens führen. 1076

e) Der Dokumentationsmangel

Von erheblicher praktischer Bedeutung ist die Beweislastumkehr wegen möglicher Dokumentationsmängel. 1077

aa) Zweck und Umfang der Dokumentationspflicht. Dem behandelnden Arzt obliegt sowohl auf vertraglicher Grundlage als Nebenpflicht aus dem Behandlungsvertrag als auch als Ausfluss des allgemeinen Persönlichkeitsrechtes des Patienten die Verpflichtung, das Behandlungsgeschehen ordnungsgemäß zu dokumentieren, um eine sichere Grundlage für eine sachgerechte medizinische Behandlung nicht nur durch den behandelnden Arzt und das betreuende Pflegepersonal selbst, sondern auch durch eventuelle Vertreter oder nachbehandelnde Ärzte oder Krankenhäuser sicherzustellen.[370] Die Dokumentation muss geeignet sein, Ärzte und Pflegepersonal über den Verlauf einer Krankheit und die bisherige Behandlung zu informieren. Damit soll der Gefahr Rechnung getragen werden, dass Informationsverluste aufgrund fehlender oder unzureichender Dokumentation bei einer sich länger hinziehenden Behandlung durch den gleichen Arzt oder bei einem Behandlerwechsel eintreten, die den Heilungsverlauf gefährden könnten. Der Zweck der Dokumentation ist danach ausschließlich medizinisch begründet. Demgegenüber dient die Dokumentation nicht dazu, Beweismittel für einen möglichen späteren Arzthaftpflichtprozess zu sichern.[371] 1078

Aus dem Sinn und Zweck der Dokumentationspflicht ergibt sich zugleich auch der notwendige Umfang der Dokumentation, der im Streitfall unter Einschaltung medizinischer Sachverständiger zu ermitteln ist. Dokumentationspflichtig ist dasjenige, was für eine sachgerechte medizinische Behandlung und deren Fortführung erforderlich ist.[372] Demgegenüber muss dasjenige, was medizinisch nicht geboten ist, auch nicht dokumentiert werden. Dokumentationspflichtig sind danach zunächst alle wesentli- 1079

(verschwundenes Röntgenbild); *Frahm/Nixdorf/Walter* (Fn. 2), Rn. 143; *Gehrlein* (Fn. 9), Rn. B 159; *Geiß/Greiner* (Fn. 2), Rn. B 297; *Martis/Winkhart* (Fn. 2), 845; *Steffen/Pauge* (Fn. 2), Rn. 682.

370 BGH NJW 1993, 2375 = VersR 1993, 836; NJW 1988, 762 = VersR 1987, 1238; NJW 1986, 2365 = VersR 1986, 788; OLG Zweibrücken NJW–RR 2000, 235; *Frahm/Nixdorf/Walter* (Fn. 2), Rn. 145; *Gehrlein* (Fn. 9), Rn. B 120, B 121; *Laufs/Katzenmeier/Lipp* (Fn. 14), 302 Rn. 47; Laufs/Kern/*Schlund* (Fn. 39),§ 55 Rn. 5; *Martis/Winkhart* (Fn. 2), 426; Spickhoff/*Greiner* (Fn. 2), BGB §§ 823 ff. Rn. 124; *Steffen/Pauge* (Fn. 2), Rn. 538; *Hausch* VersR 2006, 612; *Muschner* VersR 2006, 621.

371 BGH NJW 1994, 799 = VersR 1994, 682; NJW 1993, 2375 = VersR 1993, 836; *Frahm/Nixdorf/Walter* (Fn. 2), Rn. 145; *Geiß/Greiner* (Fn. 2), Rn. B 202; Laufs/Kern/*Laufs/Kern* (Fn. 39), § 111 Rn. 6; *Laufs/Katzenmeier/Lipp* (Fn. 14), 303 Rn. 49; *Martis/Winkhart* (Fn. 2), 427; *Steffen/Pauge* (Fn. 2), Rn. 540; anders aber Laufs/Kern/*Schlund* (Fn. 39), § 55 Rn. 8.

372 BGH NJW 1999, 3408 = VersR 1999, 1282; NJW 1993, 2375 = VersR 1993, 836; *Frahm/Nixdorf/Walter* (Fn. 2), Rn. 145; *Gehrlein* (Fn. 9), Rn. B 122; *Geiß/Greiner* (Fn. 2), Rn. B 203; *Martis/Winkhart* (Fn. 2), 427; *Steffen/Pauge* (Fn. 2), Rn. 541.

chen medizinischen Fakten und therapeutischen Umstände.[373] Hierzu gehören auf jeden Fall die Ergebnisse der Anamneseerhebung, die durchgeführten Befunderhebungen einschließlich der hierbei gewonnenen Untersuchungsergebnisse. Ebenfalls muss die vom Arzt getroffene Diagnose einschließlich eventueller Verdachtsdiagnosen und die eingeleitete Therapie in der Dokumentation niedergelegt werden. Bei Abweichungen von Standardbehandlungen sind die Abweichungen zu beschreiben. Dokumentationspflichtig ist darüber hinaus die Art und Dosierung der Medikation sowie die Gabe von Blutkonserven einschließlich der entsprechenden Chargennummern, um deren nachträgliche Identifizierung zu ermöglichen.

1080 Im Bereich der Pflege sind all diejenigen Maßnahmen zu dokumentieren, die über die Standard-Grundpflege hinausgehen oder von ihr abweichen.[374] Dies betrifft insbesondere ärztliche Anweisungen zur Pflege, aber auch aus dem Krankheitsbild des Patienten folgende, spezielle pflegerische Notwendigkeiten. Dabei sind sowohl die die pflegerischen Notwendigkeiten begründenden besonderen Umstände als auch die speziellen Anordnungen und deren Durchführung in der Dokumentation niederzulegen. Bestehen im konkreten Einzelfall gesonderte Anforderungen an die Lagerung, sind auch diese Anforderungen und deren Durchführung in die Dokumentation aufzunehmen.[375]

1081 Als Weiteres gehören in die Dokumentation alle wesentlichen Verlaufsdaten.[376] Hiervon umfasst sind die Durchführung der Aufklärung, das OP-Protokoll sowie die wichtigsten Tatsachen zum Behandlungsverlauf. Ergeben sich Besonderheiten oder Abweichungen vom standardgemäßen Vorgehen, ist dies ebenfalls zu dokumentieren. Dies gilt zB für Abweichungen vom standardgemäßen operativen Vorgehen,[377] für einen Wechsel des Operationspersonals,[378] für speziell eingesetzte technische Geräte oder für eingetretene Komplikationen. So sind bei einer unter der Geburt eingetretenen Schulterdystokie sowohl der Eintritt der Komplikation als auch die Maßnahmen zu dokumentieren, die zur Behebung der Komplikation ergriffen worden sind.[379] Bei einer von einem Anfänger durchgeführten Operation muss der Gang der Operation genau beschrieben werden.[380] Es muss darüber hinaus der Dokumentation

---

373 BGH NJW 1994, 799 = VersR 1994, 682; NJW 1989, 2330 = VersR 1989, 512; OLG Naumburg VersR 2008, 1073; OLG Bamberg VersR 2005, 1244; OLG Hamm VersR 2005, 412; *Gehrlein* (Fn. 9), Rn. B 123; *Geiß/Greiner* (Fn. 2), Rn. B 205; Laufs/Kern/*Schlund* (Fn. 39), § 55 Rn. 9; *Martis/Winkhart* (Fn. 2), 428; Spickhoff/*Greiner* (Fn. 2), BGB §§ 823 ff. Rn. 127; *Steffen/Pauge* (Fn. 2), Rn. 541; *Muschner* VersR 2006, 621.

374 BGH NJW 1999, 863 = VersR 1999, 190; NJW 1986, 2365 = VersR 1986, 788; *Frahm/Nixdorf/Walter* (Fn. 2), Rn. 148; *Gehrlein* (Fn. 9), Rn. B 123; *Geiß/Greiner* (Fn. 2), Rn. B 205; Laufs/Kern/*Schlund* (Fn. 39), § 55 Rn. 9; *Martis/Winkhart* (Fn. 2), 431; *Steffen/Pauge* (Fn. 2), Rn. 541.

375 BGH NJW 1999, 863 = VersR 1999, 190 (Lagerung des Beines); NJW 1988, 762 = VersR 1987, 1238; NJW 1986, 2365 = VersR 1986, 788 (jeweils zur Dekubitusprophylaxe); NJW 1984, 1403 = VersR 1984, 386 (intraoperative Lagerung).

376 *Frahm/Nixdorf/Walter* (Fn. 2), Rn. 145; *Gehrlein* (Fn. 9), Rn. B 123; *Martis/Winkhart* (Fn. 2), 428; *Steffen/Pauge* (Fn. 2), Rn. 541.

377 BGH NJW 1989, 2330 = VersR 1989, 512; *Gehrlein* (Fn. 9), Rn. B 123; *Geiß/Greiner* (Fn. 2), Rn. B 205; Laufs/Kern/*Schlund* (Fn. 39), § 55 Rn. 9; *Martis/Winkhart* (Fn. 2), 430; *Steffen/Pauge* (Fn. 2), Rn. 541.

378 OLG Düsseldorf VersR 1991, 1138 (bei Wechsel auf Anfängerarzt); *Gehrlein* (Fn. 9), Rn. B 123; *Geiß/Greiner* (Fn. 2), Rn. B 205; *Martis/Winkhart* (Fn. 2), 431, 435; *Steffen/Pauge* (Fn. 2), Rn. 541.

379 OLG München v. 8. 7. 2010 – 1 U 4550/08.

380 BGH NJW 1985, 2193 = VersR 1985, 782; *Frahm/Nixdorf/Walter* (Fn. 2), Rn. 147; *Geiß/Greiner*

zu entnehmen sein, wie der Anfänger intraoperativ überwacht und kontrolliert worden ist. Je schwieriger eine Behandlung ist, desto gründlicher muss die Dokumentation sein.

Dokumentationsbedürftig sind schließlich alle weiteren für die Sicherung des Behandlungserfolges maßgeblichen Fakten. Hierzu gehören die im Rahmen der therapeutischen Sicherungsaufklärung dem Patienten mitgeteilten Verhaltensanweisungen sowie Besonderheiten im Verhalten des Patienten selbst.[381] Dies gilt zB für ein vom Patienten veranlassten Abbruch der Behandlung, insbesondere das Verlassen des Krankenhauses auf Wunsch des Patienten gegen ärztlichen Rat.[382] In diesem Zusammenhang müssen auch die dem Patienten gegebenen Hinweise im Hinblick auf die Gefahren, die mit dem Abbruch der Behandlung verbunden sind, dokumentiert werden. 1082

Nicht dokumentationsbedürftig sind demgegenüber Routinemaßnahmen sowohl im Bereich der Therapie als auch im Bereich der Pflege.[383] Ob bei einer Befunderhebung gefundene Normalwerte bzw. negative Befunde dokumentationspflichtig sind, richtet sich nach den Umständen des Einzelfalles. Ist es nicht üblich, Normal- oder negative Befunde, wie zB die Fieberfreiheit, zu dokumentieren, kann aus dem Fehlen entsprechender Eintragungen in der Dokumentation nicht darauf geschlossen werden, dass die Befunderhebung nicht erfolgt ist.[384] Anderes gilt allerdings, wenn die Dokumentation aus besonderen Gründen im Einzelfall geboten gewesen ist, zB weil es sich um einen besonders wichtigen Befund handelt oder durch den negativen Befund ein bestimmter Krankheitsverdacht ausgeräumt wird.[385] 1083

Die Dokumentation ist grundsätzlich schriftlich durchzuführen. In der Vergangenheit üblich war die Dokumentation in papierenen Krankenakten, auf Krankenkarteikarten oder sonstigen Vordrucken. Zwischenzeitlich ist es sowohl im ambulanten Bereich, als auch bei der Dokumentation im Krankenhaus üblich, die Dokumentation in elektronischer Form durchzuführen. Eine solche Dokumentation ist ebenfalls ohne weiteres zulässig. Es muss allerdings sichergestellt sein, dass nachträgliche Änderungen in der EDV-Dokumentation nicht vorgenommen worden sind.[386] Zu- 1084

(Fn. 2), Rn. B 208; Laufs/Kern/*Schlund* (Fn. 39), § 55 Rn. 9; *Martis/Winkhart* (Fn. 2), 435; *Terbille* (Fn. 27), § 1 Rn. 683.

381 BGH NJW 1987, 1482 = VersR 1987, 1089 (verweigerte Röntgenkontrolle); OLG Bamberg NJW-RR 2005, 1266 = VersR 2005, 1292 (Verweigerung der Herzinfarktabklärung); OLG Düsseldorf VersR 2003, 1310 (verweigerte Mammographie/Biopsie); OLG Schleswig VersR 2001, 1516; *Frahm/Nixdorf/Walter* (Fn. 2), Rn. 148; Laufs/Kern/*Schlund* (Fn. 39), § 55 Rn. 9; *Martis/Winkhart* (Fn. 2), 431; dazu auch *Schellenberg* VersR 2005, 1620.

382 BGH NJW 1987, 2300 = VersR 1987, 1091; OLG Bamberg NJW-RR 2005, 1266 = VersR 2005, 1292; *Frahm/Nixdorf/Walter* (Fn. 2), Rn. 148; *Gehrlein* (Fn. 9), Rn. B 123; *Martis/Winkhart* (Fn. 2), 432; *Steffen/Pauge* (Fn. 2), Rn. 541.

383 BGH NJW 1995, 1618 = VersR 1995, 539; NJW 1993, 2375 = VersR 1993, 836; *Frahm/Nixdorf/Walter* (Fn. 2), Rn. 147; *Gehrlein* (Fn. 9), Rn. B 123; *Geiß/Greiner* (Fn. 2), Rn. B 205; *Martis/Winkhart* (Fn. 2), 433; *Steffen/Pauge* (Fn. 2), Rn. 543; *Rehborn* MDR 2004, 371.

384 BGH NJW 1993, 2375 = VersR 1993, 836; *Martis/Winkhart* (Fn. 2), 435; *Terbille* (Fn. 27), § 1 Rn. 682.

385 BGH NJW 1995, 1611 = VersR 1995, 706; OLG Stuttgart VersR 1998, 1550; *Geiß/Greiner* (Fn. 2), Rn. B 207; *Martis/Winkhart* (Fn. 2), 436; Spickhoff/*Greiner* (Fn. 2), BGB §§ 823 ff. Rn. 129.

386 BGH NJW 1998, 2736 = VersR 1998, 634; OLG Hamm GesR 2005, 349 = VersR 2006, 842; *Deutsch/Spickhoff* (Fn. 14), Rn. 524; *Frahm/Nixdorf/Walter* (Fn. 2), Rn. 150; *Geiß/Greiner* (Fn. 2), Rn. B 205; *Martis/Winkhart* (Fn. 2), 443; dazu auch *Muschner* VersR 2006, 621; *Hausch* VersR 2006, 612; *Ortner/Geis* MedR 1997, 337.

mindest muss der Arzt plausibel darlegen können, dass seine Eintragungen richtig sind.[387] Zulässig ist es auch, eine in Schriftform gefertigte Dokumentation nach Abschluss der Behandlung elektronisch zu archivieren.[388] Bei der Archivierung muss allerdings darauf geachtet werden, dass die in der Dokumentation enthaltenen Informationen vollständig und lesbar archiviert werden. Selbstverständlich muss bei der Verwendung schriftlicher Dokumentationen sichergestellt sein, dass die Lesbarkeit der Dokumentation dauerhaft erhalten bleibt.

1085 Die Dokumentation muss inhaltlich für den Fachmann verständlich und vollständig sein. Dabei ist es zulässig, übliche Kürzel und Symbole zu verwenden.[389] Die Dokumentation muss für einen Dritten entzifferbar sein, wobei Schwierigkeiten bei der Lesbarkeit einer Verwertung der Dokumentation nicht entgegenstehen,[390] wohl aber die tatsächliche Unlesbarkeit.[391]

1086 Die Dokumentation muss zeitnah zum Behandlungsgeschehen gefertigt werden. Sie muss darüber hinaus zumindest für die Dauer der Aufbewahrungspflicht, die nach dem Abschluss der Behandlung grundsätzlich zehn Jahre beträgt, zur Verfügung stehen, soweit nicht aus besonderen gesetzlichen oder behördlichen Vorgaben längere Aufbewahrungsfristen folgen, wie dies zB im Bereich der Röntgentherapie der Fall ist.[392] Gibt der Arzt oder Krankenhausträger eine Dokumentation oder Teile davon an den Patienten oder Dritte weiter, muss dokumentiert werden, zu welchem Zweck und an wen die Dokumentation weitergegeben worden ist. Auch die Rückgabe der entsprechenden Dokumentationen oder Dokumentationsteile ist seinerseits zu dokumentieren.[393] Erfolgt eine Rückgabe der weitergegebenen Dokumentationsteile nicht, muss der Krankenhausträger – ebenfalls dokumentationspflichtig – für die Rücksendung Sorge tragen. Gehen Dokumentationen oder Teile von ihnen verloren, ohne dass sich der Krankenhausträger für den Verlust entlasten kann, ist dies ebenso wie das Unterlassen der Dokumentation zu bewerten.[394] Gleiches gilt bei gezielten nachträglichen Manipulationen an der Dokumentation.[395] Der Arzt ist daher sowohl bei schriftlicher Dokumentation als auch bei EDV-geführter Dokumentation dringend angehalten, nachträgliche Manipulationen an einer Dokumentation zu unterlassen, will er nicht die Glaubwürdigkeit der Dokumentation ins-

387 OLG Hamm VersR 2006, 842; Laufs/Kern/*Laufs/Kern* (Fn. 39), § 111 Rn. 4; Spickhoff/*Greiner* (Fn. 2), BGB §§ 823 ff. Rn. 126.

388 Dazu *Roßnagel/Wilke* NJW 2006, 2145.

389 BGH NJW 1992, 1560 = VersR 1992, 745 (Kurzbezeichnung); NJW 1984, 1403 = VersR 1984, 386; (Symbol); *Frahm/Nixdorf/Walter* (Fn. 2), Rn. 145; *Geiß/Greiner* (Fn. 2), Rn. B 203, B 204; Laufs/Kern/*Schlund* (Fn. 39),§ 55 Rn. 11; *Martis/Winkhart* (Fn. 2), 428; Spickhoff/*Greiner* (Fn. 2), BGB §§ 823 ff. Rn. 125; *Steffen/Pauge* (Fn. 2), Rn. 542.

390 *Gehrlein* (Fn. 9), Rn. B 123; *Steffen/Pauge* (Fn. 2), Rn. 555.

391 *Geiß/Greiner* (Fn. 2), Rn. B 212; *Martis/Winkhart* (Fn. 2), 446.

392 BGH NJW 1996, 779 = VersR 1996, 330; OLG Hamm VersR 2005, 412; *Deutsch/Spickhoff* (Fn. 14), Rn. 524; *Frahm/Nixdorf/Walter* (Fn. 2), Rn. 151; *Gehrlein* (Fn. 9), Rn. B 122; *Geiß/Greiner* (Fn. 2), Rn. B 212; *Laufs/Katzenmeier/Lipp* (Fn. 14), 305 Rn. 53; Laufs/Kern/*Schlund* (Fn. 39), § 55 Rn. 13; *Martis/Winkhart* (Fn. 2), 440; *Terbille* (Fn. 27), § 1 Rn. 684; *Muschner* VersR 2006, 621.

393 Spickhoff/*Greiner* (Fn. 2), BGB §§ 823 ff. Rn. 132; *Terbille* (Fn. 27), § 1 Rn. 685.

394 BGH NJW 1996, 779 = VersR 1996, 330; *Frahm/Nixdorf/Walter* (Fn. 2), Rn. 152; *Gehrlein* (Fn. 9), Rn. B 114; *Geiß/Greiner* (Fn. 2), Rn. B 212; *Martis/Winkhart* (Fn. 2), 439.

395 OLG Frankfurt VersR 1992, 578 (Radierungen); *Frahm/Nixdorf/Walter* (Fn. 2), Rn. 152; *Geiß/Greiner* (Fn. 2), Rn. B 202; Laufs/Kern/*Laufs/Kern* (Fn. 39), § 111 Rn. 14; *Martis/Winkhart* (Fn. 2), 439; *Steffen/Pauge* (Fn. 2), Rn. 692.

gesamt infrage stellen. Allerdings ist die nachträgliche Ergänzung erkannter Dokumentationslücken beweisrechtlich zulässig, wenn der Arzt Umstände darlegt, aus denen sich die Vertrauenswürdigkeit der nachträglich ergänzten Aufzeichnung ergibt.[396]

bb) Die Auswirkungen eines Dokumentationsmangels. Ein Dokumentationsmangel stellt für sich genommenen keinen Behandlungsfehler dar. Allein das Vorliegen eines Dokumentationsmangels führt daher nicht zur Arzthaftung. Allerdings kann aus dem Umstand, dass eine aus medizinischen Gründen dokumentationsbedürftige Maßnahme nicht dokumentiert worden ist, darauf geschlossen werden, dass die Maßnahme tatsächlich nicht durchgeführt worden ist. Das Unterlassen der Dokumentation einer dokumentationsbedürftigen Maßnahme indiziert das Unterbleiben der Maßnahme.[397] Es obliegt alsdann dem Behandler, mit anderen Mitteln der Beweis zu führen, dass die nicht dokumentierte, aber dokumentationsbedürftige Maßnahme tatsächlich durchgeführt worden ist. Gelingt dem Behandler die entsprechende Beweisführung, bleibt der Dokumentationsmangel ohne Auswirkung. Gelingt die Beweisführung nicht, stellt sich im Einzelfall die Frage, ob aufgrund der mangelhaften Dokumentation das vermutete Unterlassen der Maßnahme einen Behandlungsfehler darstellt. Die Vermutungswirkung beschränkt sich grundsätzlich auf das Unterlassen der Maßnahme selbst. Demgegenüber rechtfertigt der Dokumentationsmangel nicht die Vermutung, dass die nicht dokumentierte Maßnahme zu einem bestimmten, ggf. reaktionspflichtigen Ergebnis geführt hat.[398] Grundsätzlich ist die Beweiserleichterung im Zusammenhang mit Dokumentationsmängeln daher auf das Vorliegen eines Behandlungsfehlers aufgrund – unterstellten – Unterlassens einer gebotenen Maßnahme beschränkt. 1087

Nur ausnahmsweise kann sich die Beweislastumkehr auch auf die haftungsbegründende Kausalität erstrecken. Dies kommt zum einen in Betracht, wenn es sich bei der nicht dokumentierten, aber dokumentationsbedürftigen Maßnahme um eine gebotene Befunderhebung handelt. In einem solchen Fall kann es nach den Grundsätzen der Beweislastumkehr beim Unterlassen gebotener Befunderhebungen[399] zu einer Beweislastumkehr auch hinsichtlich der haftungsbegründenden Kausalität kommen. Zum zweiten kann sich die Beweislastumkehr hinsichtlich der haftungsbegründenden Kausalität auch dann ergeben, wenn die – vom Arzt nicht widerlegte – Vermutung des Unterlassens einer dokumentationsbedürftigen Maßnahme einen Behandlungsfehler indiziert, der seinem Gewicht nach das Maß eines groben Behandlungsfehlers erreicht.[400] Wenn der durch den Dokumentationsmangel indizierte Behandlungsfehler 1088

---

396 BGH NJW 1978, 1681 = VersR 1978, 542; OLG Zweibrücken NJW-RR 2004, 1607; *Frahm/Nixdorf/Walter* (Fn. 2), Rn. 152; *Martis/Winkhart* (Fn. 2), 439; *Muschner* VersR 2006, 621.

397 BGH NJW 1999, 863 = VersR 1999, 190; NJW 1995, 1611 = VersR 1995, 706; *Deutsch/Spickhoff* (Fn. 14), Rn. 523; *Frahm/Nixdorf/Walter* (Fn. 2), Rn. 152; *Gehrlein* (Fn. 9), Rn. B 125; *Geiß/Greiner* (Fn. 2), Rn. B 206; Laufs/Kern/*Laufs/Kern* (Fn. 39), § 111 Rn. 10; *Martis/Winkhart* (Fn. 2), 436; Spickhoff/*Greiner* (Fn. 2), BGB §§ 823 ff. Rn. 123, 167; *Steffen/Pauge* (Fn. 2), Rn. 548, 598; *Hausch* VersR 2006, 612; *Muschner* VersR 2006, 621; *Schellenberg* VersR 2005, 1620; *Müller* MedR 2001, 487.

398 BGH NJW 1999, 3408 = VersR 1999, 1282; NJW 1993, 2375 = VersR 1993, 836; *Deutsch/Spickhoff* (Fn. 14), Rn. 523; *Frahm/Nixdorf/Walter* (Fn. 2), Rn. 144; *Gehrlein* (Fn. 9), Rn. B 125; *Geiß/Greiner* (Fn. 2), Rn. B 206; Laufs/Kern/*Laufs/Kern* (Fn. 39), § 111 Rn. 11; *Martis/Winkhart* (Fn. 2), 439.

399 Vgl. Rn. 1070 ff.

400 BGH NJW 1999, 3408 = VersR 1999, 1282; NJW 1993, 2375 = VersR 1993, 836; *Deutsch/Spickhoff* (Fn. 14), Rn. 523; *Frahm/Nixdorf/Walter* (Fn. 2), Rn. 152; *Gehrlein* (Fn. 9), Rn. B 127; *Geiß/*

daher als grober Behandlungsfehler zu bewerten ist, begründet sich nach den Regeln über die Beweislastumkehr bei Vorliegen eines groben Behandlungsfehlers[401] eine Beweislastumkehr auch hinsichtlich des Ursachenzusammenhanges zwischen Behandlungsfehler und Primärschaden. Ausnahmsweise kann eine Beweislastumkehr hinsichtlich des Ursachenzusammenhanges auch dann in Betracht kommen, wenn die Behandlungsdokumentation insgesamt so unzureichend ist, dass sich hieraus für den Patienten die Aufklärung des Sachverhaltes im Arzthaftungsprozess unzumutbar erschwert.[402] In diesem Fall führt die in besonderem Maße unzureichende Dokumentation zu einer allein vom Arzt veranlassten Erschwerung der Nachverfolgung des eigentlichen Behandlungsgeschehens, die es rechtfertigt, der Behandlerseite die Beweislast für das Fehlen des Ursachenzusammenhanges zwischen dem Behandlungsfehler und der eingetretenen Primärschädigung zu überlasten.

1089 **cc) Das Einsichtsrecht des Patienten.** Unbestrittenermaßen steht dem Patienten sowohl außerprozessual als auch während eines laufenden Arzthaftungsrechtsstreits ein Recht auf Einsicht in die Behandlungsdokumentation zu. Dieses Einsichtsrecht ergibt sich zum einen als Nebenpflicht aus dem Behandlungsvertrag, darüber hinaus aber auch aus dem Selbstbestimmungsrecht des Patienten selbst.[403] Das Einsichtsrecht besteht daher sowohl bei auf vertraglichen Grundlagen beruhenden Behandlungsverhältnissen als auch bei solchen Behandlungen, bei denen es nicht zu einem Vertragsschluss kommt, also allein deliktische Haftungsansprüche in Rede stehen. Das Einsichtsrecht des Patienten ist nicht an die Darlegung eines besonderen Interesses geknüpft.[404] Anders verhält es sich allerdings mit dem Einsichtsrecht der Erben, die zumindest dann, wenn der Arzt vom Patienten nicht von der ärztlichen Schweigepflicht entbunden worden ist, ein besonderes rechtliches Interesse an der Einsicht in die ärztliche Dokumentation darlegen müssen.[405] Dieses besondere rechtliche Interesse kann auch in der Absicht liegen, Arzthaftungsansprüche aus übergegangenem (ererbtem) Recht geltend zu machen.

1090 Das Einsichtsrecht erstreckt sich auf objektive physische Befunde und Berichte über die Behandlungsmaßnahmen sowie sonstige objektivierbare medizinische Tatsachen, nicht jedoch auf subjektive Wertungen des Arztes über den Patienten, dessen Erkrankung oder dritte Personen.[406] Bei psychiatrischen Patienten gelten darüber

---

Greiner (Fn. 2), Rn. B 206, B 250; Laufs/Kern/*Laufs/Kern* (Fn. 39), § 111 Rn. 10; *Martis/Winkhart* (Fn. 2), 440; Spickhoff/*Greiner* (Fn. 2), BGB §§ 823 ff. Rn. 167; *Steffen/Pauge* (Fn. 2), Rn. 549; *Terbille* (Fn. 27), § 1 Rn. 686; *Müller* MedR 2001, 487.

401 Vgl. Rn. 1058 ff.

402 BGH NJW 1984, 1403 = VersR 1984, 386 ; OLG Koblenz VersR 2004, 1323; dazu *Geiß/Greiner* (Fn. 2), Rn. B 248.

403 BVerfG NJW 2006, 1116; NJW 1999, 1777; BGH NJW 1983, 328 = VersR 1983, 264; *Deutsch/Spickhoff* (Fn. 14), Rn. 625; *Frahm/Nixdorf/Walter* (Fn. 2), Rn. 153; *Gehrlein* (Fn. 9), Rn. B 128; Laufs/Kern/*Schlund* (Fn. 39), § 56 Rn. 1, 4; *Martis/Winkhart* (Fn. 2), 446; *Steffen/Pauge* (Fn. 2), Rn. 557; *Hinne* NJW 2005, 2270; *Bemmann* VersR 2005, 760; *Gehrlein* NJW 2001, 2773.

404 BGH NJW 1989, 764 = VersR 1989, 252; NJW 1983, 330 = VersR 1983, 267; *Deutsch/Spickhoff* (Fn. 14), Rn. 625; *Frahm/Nixdorf/Walter* (Fn. 2), Rn. 153; *Gehrlein* (Fn. 9), Rn. B 128; *Martis/Winkhart* (Fn. 2), 447; *Steffen/Pauge* (Fn. 2), Rn. 557; einschränkend für das außerprozessuale Einsichtsrecht Laufs/Kern/*Schlund* (Fn. 39), § 55 Rn. 4, die ein sachliches Interesse des Patienten fordern.

405 BGH NJW 1983, 2627 = VersR 1983, 834; *Deutsch/Spickhoff* (Fn. 14), Rn. 628; *Frahm/Nixdorf/Walter* (Fn. 2), Rn. 155; *Gehrlein* (Fn. 9), Rn. B 128; Laufs/Kern/*Schlund* (Fn. 39), § 56 Rn. 12; *Martis/Winkhart* (Fn. 2), 447; *Steffen/Pauge* (Fn. 2), Rn. 563, 564.

406 BGH NJW 1989, 764 = VersR 1989, 252; NJW 1983, 330 = VersR 1983, 267; *Deutsch/Spickhoff*

hinaus Besonderheiten, wenn die Einsicht in die Dokumentation geeignet ist, den Heilungserfolg des psychisch erkrankten Patienten zu gefährden.[407] Im Zweifel gebührt aufgrund der verfassungsrechtlichen Grundlegung des Einsichtsrechtes dem Einsichtsrecht des Patienten der Vorrang vor dem Geheimhaltungsinteresse des Arztes.

Neben der Einsicht in die Behandlungsdokumentation kann der Patient verlangen, dass ihm auf seine Kosten gefertigte Kopien der Behandlungsdokumentation ausgehändigt werden. Demgegenüber besteht kein Anspruch des Patienten oder dessen Erben auf die Aushändigung von Originalen. Dies gilt sowohl für die schriftliche oder EDV-geführte Behandlungsdokumentation als auch für die Ergebnisse bildgebender Untersuchungen. Bei elektronischer Archivierung einer ehemals schriftlich geführten Behandlungsdokumentation kann der Patient die Einsicht in die Originalbehandlungsdokumentation so lange verlangen, solange diese noch nicht vernichtet ist. Ist die Vernichtung erfolgt, erstreckt sich das Einsichtsrecht auf die elektronisch archivierte Dokumentation. 1091

C. Der haftungsausfüllende Tatbestand

Zum haftungsausfüllenden Tatbestand eines Arzthaftungsanspruches gehört zum einen die Feststellung etwaiger Sekundärschäden und zum zweiten das Vorliegen eines Kausalzusammenhanges zwischen dem Behandlungsfehler und den Sekundärschäden (sog. haftungsausfüllende Kausalität). 1092

I. Mögliche Sekundärschäden

Mögliche Sekundärschäden können sich zum einen als gegenüber der primären Gesundheitsbeeinträchtigung (sog. Primärschaden) nachfolgende, sekundäre Gesundheitsbeeinträchtigungen ergeben. Denkbar sind insoweit Folgeerkrankungen, die erst durch den als Folge des Behandlungsfehlers eingetretenen primären Gesundheitsschaden verursacht worden sind. Ob eine gesundheitliche Beeinträchtigung als Primärschaden oder Sekundärschaden eingeordnet werden muss, ist jeweils im Einzelfall zu entscheiden.[408] 1093

Von besonderer Bedeutung sind darüber hinaus die materiellen Folgeschäden. Hierunter fallen in erster Linie die notwendigen Kosten für die aufgrund des Behandlungsfehlers medizinisch gebotenen Behandlungsmaßnahmen. Dabei ist allerdings die in § 116 SGB X formulierte Legalzession zu beachten, wonach Ansprüche auf die Erstattung von Heilbehandlungskosten, für die ein gesetzlicher Sozialversicherungsträger, zB der Träger der gesetzlichen Krankenversicherung oder der gesetzlichen Unfallversicherung, einzutreten hat, bereits mit Anspruchsentstehung auf den Sozialversicherungsträger übergehen. Für privat versicherte Patienten ergibt sich die Legal- 1094

(Fn. 14), Rn. 626; *Frahm/Nixdorf/Walter* (Fn. 2), Rn. 153; *Gehrlein* (Fn. 9), Rn. B 128; Laufs/Kern/*Schlund* (Fn. 39), § 56 Rn. 5; *Martis/Winkhart* (Fn. 2), 447; insoweit zumindest zweifelnd BVerfG NJW 2006, 1116, dazu *Steffen/Pauge* (Fn. 2), Rn. 559; *Hinne* NJW 2005, 2270.

407 BGH NJW 1989, 764 = VersR 1989, 252; NJW 1985, 674 = VersR 1985, 1171; *Deutsch/Spickhoff* (Fn. 14), Rn. 627; *Frahm/Nixdorf/Walter* (Fn. 2), Rn. 154; *Gehrlein* (Fn. 9), Rn. B 128; Laufs/Kern/*Schlund* (Fn. 39), § 56 Rn. 7; *Martis/Winkhart* (Fn. 2), 448; *Steffen/Pauge* (Fn. 2), Rn. 560; kritisch dazu *Hinne* NJW 2005, 2270 offengelassen in BVerfG NJW 2006, 1116.

408 Dazu beispielhaft BGH NJW 2008, 1381 = VersR 2008, 644.

zession aus § 86 I VVG. Derartige Ansprüche können daher vom geschädigten Patienten nicht im Wege des Arzthaftpflichtanspruches geltend gemacht werden. Anders verhält es sich mit den nicht vom gesetzlichen Sozialversicherungsträger zu erstattenden Heilbehandlungskosten, wie zB etwaige Zuzahlungen zu den Leistungen der gesetzlichen Krankenversicherung.[409] Dies gilt auch für die sog. Praxisgebühr bei der ambulanten Behandlung nach § 28 IV 1 iVm § 62, 2 SGB V, die grundsätzlich erstattungsfähig ist, sofern deren Zahlung durch den Behandlungsfehler verursacht wurde.[410]

1095 Zu den Heilbehandlungskosten gehören auch die von der privaten Krankenversicherung bei privat krankenversicherten Patienten erstatteten Behandlungskosten. In der gesetzlichen Krankenversicherung Versicherte können privatärztliche Leistungen demgegenüber nur ausnahmsweise ersetzt verlangen, wenn diese medizinisch geboten sind oder dem Geschädigten im Einzelfall die Beschränkung auf Leistungen der gesetzlichen Krankenversicherung nicht zumutbar ist.[411] Dies kann zB bei Akupunkturbehandlungen,[412] bei der Leistung von Zahnersatz[413] oder bei besonders schweren Verletzungen[414] der Fall sein. Darüber hinaus sind im Rahmen der stationären Behandlung grundsätzlich nur die Leistungen der allgemeinen Pflegeklasse erstattungsfähig, sofern die höhere Pflegeklasse nicht ausnahmsweise medizinisch geboten ist.[415] Einen Einzelzimmerzuschlag kann der Patient nur erstattet verlangen, wenn er nachweist, dass er die Kosten auch ohne die Regressmöglichkeit gegen den Behandler aufgewandt hätte.[416]

1096 Von den erstattungsfähigen Heilbehandlungskosten umfasst werden sämtliche für die gesundheitliche Wiederherstellung erforderlichen Kosten, also die Kosten der ärztlichen Behandlung und für notwendige Medikamente sowie Heil- und Hilfsmittel. Hierzu gehören auch die Kosten für die Behandlung zur Beseitigung äußerer Spuren der Fehlbehandlung, zB kosmetische Operationen zur Narbenbeseitigung. Eine Grenze ist erst dann erreicht, wenn es sich um geringfügige Narben handelt, deren Beseitigung einen unverhältnismäßig hohen Aufwand erfordert.[417] Besteht nur die Möglichkeit zur teilweisen Wiederherstellung der gesundheitlichen Integrität, erstreckt sich die Ersatzpflicht auch auf die Kosten der hierfür erforderlichen Behandlungen. Heilbehandlungskosten sind ebenfalls für medizinisch gebotene aber im Ergebnis erfolglose Heilbehandlungen zu erstatten. Heilpraktikerkosten oder die Kosten für alternative Heilmethoden sind erstattungsfähig, wenn sie mit hinreichender Wahrscheinlichkeit zumindest der Linderung der Beschwerden dienen und die Schulmedizin im konkreten Fall keine geeignete Behandlungsmethode bietet.[418] Heil-

409 *Küppersbusch*, Ersatzansprüche bei Personenschäden, 9. Aufl. 2006, Rn. 255.
410 *Küppersbusch* (Fn. 409), Rn. 260 mit Fn. 85.
411 BGH NJW 2006, 1271 = VersR 2005, 1559; NJW 2004, 3324 = VersR 2004, 1180; *Küppersbusch* (Fn. 409), Rn. 230; MüKoBGB/*Oetker*, Münchener Kommentar zum BGB, 5. Aufl. 2007, § 249 Rn. 323.
412 KG Berlin NZV 2004, 42.
413 BGH NJW 2004, 3324 = VersR 2004, 1180.
414 OLG München DAR 2004, 651.
415 OLG Nürnberg ZfS 1983, 103; *Küppersbusch* (Fn. 409), Rn. 231; MüKoBGB/*Oetker* (Fn. 411), § 249 Rn. 323.
416 Palandt/*Grüneberg* (Fn. 15), § 249 Rn. 8.
417 BGH NJW 1975, 640 = VersR 1975, 342; KG Berlin VersR 1981, 64; VersR 1980, 873; MüKoBGB/*Oetker* (Fn. 411), § 249 Rn. 325.
418 *Küppersbusch* (Fn. 409), Rn. 228.

behandlungskosten im Ausland können im Einzelfall bei Vorliegen besonderer Umstände erstattungsfähig sein.[419]

Die erstattungsfähigen Kosten erfassen darüber hinaus die Kosten für Maßnahmen, die der Linderung verbleibender gesundheitlicher Schädigungen oder körperlicher Beeinträchtigungen dienen. Hierzu gehören zB die Kosten für Körperersatzstücke (künstliche Gliedmaße, Perücken etc.) oder die Kosten für Rollstühle, Gehhilfen oder Spezialbetten.[420] Ggf. können auch die Kosten für den behindertengerechten Umbau einer Wohnung oder eines Hauses[421] und die Kosten für die Anschaffung eines behindertengerechten Kfz[422] geschuldet sein, wobei allerdings die sich aus dem Umbau oder der Anschaffung ergebenden Wertsteigerungen gegen zu rechnen sind. 1097

Eine weitere mögliche Schadensposition ergibt sich aus den sog. Besuchskosten. Die Kosten, die nahe Angehörige zum Besuch des geschädigten Patienten während eines Krankenhausaufenthaltes aufwenden müssen, sind ersatzfähig, wenn sie der Minderung des Leidens des Patienten dienen.[423] Es handelt sich um einen eigenen Anspruch des Geschädigten,[424] weil der Verzicht des Besuchers auf Kostenersatz dem Schädiger nicht zugute kommen darf. Der Anspruch auf Erstattung der Besuchskosten ist auf nächste Angehörige,[425] also Eltern, Ehepartner oder Lebensgefährten,[426] nicht aber Geschwister[427] beschränkt. Darüber hinaus sind nur die notwendigen Kosten zu erstatten, also die Fahrtkosten entsprechend der wirtschaftlichsten Beförderungsart, notwendige Übernachtungskosten und Verpflegungsmehraufwand sowie unvermeidbarer Verdienstausfall, bei Selbständigen der entgangene Gewinn, nicht aber eine Entschädigung für aufgewandte Freizeit.[428] Die Besuchskosten sind auf das im jeweiligen Einzelfall festzustellende medizinisch Gebotene hinsichtlich der Anzahl der Besuche beschränkt. Bei mehreren für einen Besuch infrage kommenden Angehörigen beschränken sich die Besuchskosten grundsätzlich auf eine Person.[429] 1098

Zu den erstattungsfähigen Kosten gehören darüber hinaus die Kosten der Sicherung des Heilerfolges. Hierunter fallen sowohl Kosten für Kur- und Rehabilitationsmaßnahmen,[430] soweit diese nicht auf gesetzliche Sozialversicherungsträger übergegangen sind (vgl. § 116 SGB X). Tatsächlich angefallene Pflegekosten bei Durchführung der schädigungsbedingten Pflegemaßnahmen durch einen Pflegedienst oder in einem Pflegeheim sind gleichfalls vom haftungsausfüllenden Tatbestand umfasst.[431] Bei – 1099

419 BGH NJW 1969, 2281 = VersR 1969, 1040; OLG Hamburg VersR 1988, 858.
420 Dazu MüKoBGB/*Oetker* (Fn. 411), § 249 Rn. 328 mwN.
421 BGH NJW 2006, 1271 = VersR 2005, 1559; *Küppersbusch* (Fn. 409), Rn. 268; MüKoBGB/*Oetker* (Fn. 411), § 249 Rn. 328.
422 BGH NJW-RR 2004, 671 = VersR 2004, 482; *Küppersbusch* (Fn. 409), Rn. 264.
423 BGH NJW 1991, 2340 = VersR 1991, 559; dazu *Küppersbusch* (Fn. 409), Rn. 236; MüKoBGB/*Oetker* (Fn. 411), § 249 Rn. 383 – 386.
424 BGH NJW 1979, 598 = VersR 1979, 350.
425 BGH NJW 1991, 2340 = VersR 1991, 559; weiter MüKoBGB/*Oetker* (Fn. 411), § 249 Rn. 386.
426 LG Münster NJW 1998, 1801; Palandt/*Grüneberg* (Fn. 15), § 249 Rn. 9; *Küppersbusch* (Fn. 409), Rn. 237 mit Fn. 41.
427 OLG Karlsruhe VersR 1998, 1256; Palandt/*Grüneberg* (Fn. 15), § 249 Rn. 9.
428 BGH NJW 1991, 2340 = VersR 1991, 559; *Küppersbusch* (Fn. 409), Rn. 238; MüKoBGB/*Oetker* (Fn. 411), § 249 Rn. 377.
429 MüKoBGB/*Oetker* (Fn. 411), § 249 Rn. 385 (Beschränkung auf den »billigsten« Angehörigen).
430 OLG Celle VersR 1975, 1103; LG Bonn VersR 1996, 381.
431 Dazu *Küppersbusch* (Fn. 409), Rn. 265; MüKoBGB/*Oetker* (Fn. 411), § 249 Rn. 389.

kostenloser – Pflege durch nahe Angehörige sind die Kosten zu erstatten, die bei Durchführung der Pflege durch Dritte angefallen wären.[432] Der Verdienstausfall, der pflegenden Angehörigen entsteht, ist gleichfalls erstattungsfähig, aber auf die fiktiv berechneten Pflegekosten anzurechnen.[433]

1100 Ersatzfähig sind des Weiteren Anschaffungen, die der Geschädigte aus Anlass der Gesundheitsschädigung vorgenommen hat, wenn die Anschaffungen gerade wegen des Behandlungsfehlers erfolgt sind.[434] Demgegenüber entfällt die Erstattungsfähigkeit bei Anschaffungen, die der Geschädigte sowieso getätigt hätte. Zu erstatten ist deshalb zB eine Lesestoffpauschale in Höhe von etwa 10 € bis 15 € pro Woche für bei einem Krankenhausaufenthalt notwendige zusätzliche Zeitungslektüre,[435] sowie die Kosten für die Unterhaltung während des Krankenhausaufenthaltes. Besondere Anschaffungen, die in diesem Zusammenhang getätigt werden, sind vollständig erstattungsfähig, wenn die Nutzung nach Ende des Krankenhausaufenthaltes entfällt, wie beispielsweise bei der zeitweisen Miete eines Fernsehers. Besteht über den Krankenhausaufenthalt hinaus eine weitergehende Nutzungsmöglichkeit zB beim Kauf eines Fernsehers, ist der Schadensanteil zu schätzen.[436]

1101 Weitere Folgeschäden sind erstattungsfähig, wenn sie mit dem schädigenden Ereignis in einem Kausalzusammenhang stehen. Dies gilt zB für Rechtsanwaltskosten für die außergerichtliche und gerichtliche Vertretung einschließlich der Kosten eines selbständigen Beweisverfahrens. Kosten für Sachverständigengutachten sind erstattungsfähig, soweit sie zu einer zweckentsprechenden Rechtsverfolgung notwendig sind,[437] was regelmäßig für medizinische Gutachten, aber nur ausnahmsweise für Rechtsgutachten anzunehmen ist. Es kommt grundsätzlich nicht darauf an, ob das Gutachten, das der Geschädigte in Auftrag gegeben hat, inhaltlich brauchbar ist. Die Ersatzpflicht entfällt allerdings, wenn der Geschädigte schuldhaft einen ungeeigneten Sachverständigen beauftragt oder das Gutachten auf vom Geschädigten bewusst fehlerhaft mitgeteilten Tatsachen beruht.[438] Zu den erstattungsfähigen Folgeschäden gehören auch schädigungsbedingt höhere Versicherungsprämien und Risikozuschläge auf Versicherungsprämien.[439] Der eigene Zeitaufwand des Geschädigten ist nicht ersatzfähig.[440]

1102 Besondere Probleme ergeben sich im Zusammenhang mit dem sog. Verdienstausfallschaden. Die Arbeitskraft des Geschädigten selbst ist grundsätzlich nicht erstattungsfähig, soweit sich die Beschränkung der Arbeitskraft nicht in einem konkreten Verdienstausfall niederschlägt. Bei einem abhängig beschäftigten Arbeitnehmer erstreckt sich der zu ersetzende Verdienstausfall auf sämtliche entgangene Vergütungsansprüche einschließlich der in der Zeit des Verdienstausfalles angefallener Zulagen zB für

432 BGH NJW 1999, 421 = VersR 1999, 252; *Küppersbusch* (Fn. 409), Rn. 265; MüKoBGB/*Oetker* (Fn. 411), § 249 Rn. 389.

433 MüKoBGB/*Oetker* (Fn. 411), § 249 Rn. 389; vgl. auch OLG Bamberg VersR 2005, 1593.

434 *Küppersbusch* (Fn. 409), Rn. 264.

435 MüKoBGB/*Oetker* (Fn. 411), § 249 Rn. 392; anders OLG Köln VersR 1989, 1309; *Küppersbusch* (Fn. 409), Rn. 239; Palandt/*Grünberg* (Fn. 15), § 249 Rn. 8.

436 MüKoBGB/*Oetker* (Fn. 411), § 249 Rn. 393; einschränkend OLG Köln NJW 1988, 2957.

437 MüKoBGB/*Oetker* (Fn. 411), § 249 Rn. 179, 371.

438 MüKoBGB/*Oetker* (Fn. 411), § 249 Rn. 371.

439 BGH NJW 1984, 2627 = VersR 1984, 690.

440 BGH NJW 1989, 766 = VersR 1989, 188; *Küppersbusch* (Fn. 409), Rn. 216; Palandt/*Grünberg* (Fn. 15), § 249 Rn. 68; MüKoBGB/*Oetker* (Fn. 411), § 249 Rn. 83.

Überstunden oder besondere Erschwernisse, sowie periodisch gezahlte sonstige Arbeitgeberleistungen und Sonderzuwendungen. Zu beachten ist allerdings die in § 6 EFZG vorgesehene Legalzession, nach der der Ersatzanspruch für Zeiten, in denen der Arbeitgeber Entgeltfortzahlungen im Krankheitsfall leistet, auf den Arbeitgeber übergeht. Der Ersatzanspruch kann entweder nach der sog. Bruttolohnmethode (Bruttoentgelt einschließlich der einbehaltenen Lohn- und Kirchensteuer, Solidaritätszuschlag sowie Arbeitnehmeranteile zur Sozialversicherung) oder nach der modifizierten Nettolohnmethode (fiktiver Nettolohn aufgestockt um die auf den Schadensersatz zu zahlende Steuer) berechnet werden.[441] Bei der Anwendung der Bruttolohnmethode muss ggf. korrigierend berücksichtigt werden, dass es infolge steuerlicher Progressionen zu Verschiebungen kommt.

Der Verdienstausfall von Selbständigen ist dann, wenn eine Ersatzkraft eingestellt 1103 wird, nach den (Brutto-) Kosten dieser Ersatzkraft zu berechnen.[442] Kommt es nicht zur Einstellung einer Ersatzkraft, ist die Berechnung auf der Basis der nach dem Betriebsergebnis tatsächlich eingetretenen Gewinnminderung vorzunehmen. Hierzu gehört neben dem entgangenen Nettogewinn zB der Verlust von Aufträgen in der Zukunft. Ersparte Betriebsausgaben sind vorteilsmindernd zu berücksichtigen.[443]

Erfolgt die Schädigung vor Eintritt in das Berufsleben, ist der berufliche Werdegang 1104 unter Berücksichtigung der persönlichen Fähigkeiten und Eigenschaften und den Verhältnissen des Arbeitsmarktes zu schätzen. Es ist grundsätzlich von einem durchschnittlichen beruflichen Erfolg auszugehen.[444] Bei der erforderlichen Prognose sind der Beruf sowie die Vor- und Weiterbildung der Eltern, ihre Qualifikation in der Berufstätigkeit sowie die schulische und berufliche Entwicklung der Geschwister, aber auch bereits erkennbare Begabungen und Fähigkeiten des Geschädigten einzubeziehen.[445] Auch bei Langzeitarbeitslosen kann nicht unterstellt werden, dass sie auf Dauer ohne Erwerbseinkünfte bleiben.

Abweichend von der Grundregel, dass die Beeinträchtigung der Arbeitskraft selbst 1105 nicht erstattungsfähig ist, ist der sog. Haushaltsführungsschaden ersatzfähig. Es handelt sich hierbei um den Schaden, der dadurch entsteht, dass der Geschädigte seinen Unterhaltspflichten nicht nachkommen kann. Wird eine Ersatzkraft zur Führung des Haushalts eingestellt, sind die dafür erforderlichen Kosten erstattungsfähig. Geschieht dies nicht, entsteht ein Ersatzanspruch in Höhe der Aufwendungen (Nettovergütung), die für eine Haushaltsgehilfin erforderlich wären.[446]

Vorteile, die dem Geschädigten im Zusammenhang mit dem schädigenden Ereignis 1106 zufließen, können den Schadensersatzanspruch mindernd beeinflussen. Es muss sich allerdings um Vorteile handeln, die gerade durch das schädigende Ereignis adäquat kausal hervorgerufen worden sind und deren Anrechnung dem Zweck des Schadens-

441 BGH NJW 1999, 3711 = VersR 2000, 65; NJW 1995, 389 = VersR 1995, 104; dazu *Küppersbusch* (Fn. 409), Rn. 95 – 99; MüKoBGB/*Oetker* (Fn. 411), § 252 Rn. 18 - 19.

442 BGH NJW 1997, 941 = VersR 1997, 453; *Küppersbusch* (Fn. 409), Rn. 142; MüKoBGB/*Oetker* (Fn. 411), § 252 Rn. 27.

443 BGH NJW 1994, 654 = VersR 1994, 316; dazu *Küppersbusch* (Fn. 409), Rn. 136 – 153.

444 BGH NJW-RR 1999, 1033 = VersR 2000, 233; *Küppersbusch* (Fn. 409), Rn. 173.

445 BGH VersR 2010, 1607 = GesR 2010, 685.

446 BGH NJW-RR 1992, 792 = VersR 1992, 618; NJW-RR 1990, 34 = VersR 1989, 1273; dazu *Küppersbusch* (Fn. 409), Rn. 188; Palandt/*Sprau* (Fn. 15), § 843 Rn. 8.

ersatzes entspricht.[447] Hierzu gehören zB ersparte Verpflegungsaufwendungen oder Aufwendungen für Unterbringung (Heizung, Strom etc.) bei einem Krankenhausaufenthalt, ersparte Fahrtkosten zur Arbeitsstelle oder sonstige ersparte berufsbedingte Aufwendungen, nicht aber ein aufgrund der Schädigung erfolgter Verzicht zB der Verzicht auf eine bereits geplante Urlaubsreise.[448] Leistungen Dritter an den Geschädigten sind schadensmindernd nur dann zu berücksichtigen, wenn die Anrechnung dem Sinn und Zweck des Schadensersatzes nicht entgegensteht. Danach sind Leistungen, die dem Geschädigten aufgrund bestehender Leistungspflichten von Dritten zufließen, nicht zu berücksichtigen. Dies gilt zB für Ansprüche aus gesetzlichen oder vertraglichen Versicherungen (Unfallversicherung, Krankenversicherung etc.) sowie gesetzliche Unterhaltsansprüche. Auch freigiebige Leistungen Dritter, zB Schenkungen oder Sammlungen, wirken sich nicht schadensmindernd aus.[449] Anders ist die Situation, wenn diese Leistungen gerade mit dem Zweck gewährt worden sind, den Schadensersatzanspruch zu mindern, also im Interesse des Schädigers erfolgen. Eigene Leistungen des Geschädigten sind grundsätzlich ebenfalls nicht schadensmindernd zu berücksichtigen, soweit sie nicht ausnahmsweise im Rahmen der Schadensminderungspflicht des Geschädigten nach § 254 II BGB erbracht werden.[450]

1107 Ein Sonderproblem stellt die Behandlung des Vergütungsanspruches des Arztes für die Behandlung dar, bei der der Behandlungsfehler aufgetreten ist. Soweit die Behandlungskosten bei gesetzlich krankenversicherten Patienten nicht vom Patienten getragen werden, sondern – bei stationären Behandlungen – von der Krankenkasse oder – bei ambulanten Behandlungen – aus dem Gesamthonorarvolumen der Kassenärztlichen Vereinigung, steht dem Patienten kein Rückzahlungsanspruch zu. Bei vorhandener Kausalität kann ein solcher Rückzahlungsanspruch im Einzelfall zugunsten der jeweiligen Krankenkasse bzw. der Kassenärztlichen Vereinigung bestehen. Anders verhält es sich bei vom Patienten selbst zu tragenden Behandlungshonoraren im Falle der privaten Krankenversicherung bzw. privater Zusatzversicherungen. In diesen Fällen erstreckt sich der Rückzahlungsanspruch auf diejenigen Behandlungskosten, die aufgrund des Behandlungsfehlers für den Patienten nutzlos geworden sind.[451] Das kann grundsätzlich nur angenommen werden, wenn eine besonders grobe Pflichtverletzung des Arztes vorliegt oder die ärztliche Dienstleistung unbrauchbar war. Hat der Patient die Arztrechnung noch nicht ausgeglichen, steht ihm insoweit ein Leistungsverweigerungsrecht bzw. ein Anspruch auf Befreiung von einer Verbindlichkeit zu.[452]

II. Zur haftungsausfüllenden Kausalität

1108 Die Berücksichtigung eines Folgeschadens im Rahmen des haftungsausfüllenden Tatbestandes setzt einen ursächlichen Zusammenhang zwischen dem schadensbegrün-

447 BGH NJW 2008, 2773 = VersR 2009, 796; dazu *Küppersbusch* (Fn. 409), Rn. 35; MüKoBGB/*Oetker* (Fn. 411), § 249 Rn. 227–231.

448 BGH NJW 1983, 1107 = VersR 1983, 392; *Küppersbusch* (Fn. 409), Rn. 217; MüKoBGB/*Oetker* (Fn. 411), § 249 Rn. 242.

449 *Küppersbusch* (Fn. 409), Rn. 37, 424.

450 BGH NJW 1974, 602; MüKoBGB/*Oetker* (Fn. 411), § 249 Rn. 262.

451 OLG Hamburg MDR 2006, 873; *Gehrlein* (Fn. 9), Rn. A 38 a; *Geiß/Greiner* (Fn. 2), Rn. A 96; *Martis/Winkhart* (Fn. 2), 681; enger OLG Köln GesR 2003, 85 (nur bei besonders groben Pflichtverletzungen oder im Fall einer wertlosen zahnärztlichen Versorgung); so auch *Frahm/Nixdorf/Walter* (Fn. 2), Rn. 262; *Teumer/Stamm* VersR 2008, 174; *Schütz/Dopheide* VersR 2006, 1440.

452 Laufs/Kern/*Kern* (Fn. 39), § 75 Rn. 18.

denden Verhalten, also dem Behandlungsfehler, und dem eingetretenen Sekundärschaden voraus. Dabei handelt es sich nicht um einen Zusammenhang im Sinne einer naturwissenschaftlichen Ursächlichkeit, sondern um einen normativ begründeten, adäquat kausalen Zurechnungszusammenhang. Der Zurechnungszusammenhang ist gegeben, wenn für den Erfolgseintritt eine überwiegende Wahrscheinlichkeit vorhanden ist.[453]

Danach haftet der pflichtwidrig handelnde Arzt auch für Behandlungsfehler nach- 1109
folgend behandelnder Ärzte. Dies gilt nur dann nicht, wenn der nachbehandelnde Arzt einen neuen Kausalverlauf in Gang setzt, was bei gröbst pflichtwidrigen Verhalten gegeben ist oder in Fällen, in denen keinerlei Behandlungszusammenhang zu der Behandlung des pflichtwidrig vorbehandelnden Arztes besteht.[454] Auch für die Schäden, die der Patient anlässlich einer Krankenhausbehandlung erleidet, die wegen eines Behandlungsfehlers notwendig wurde, ist der notwendige Kausalzusammenhang gegeben.

Besondere Probleme treten bei psychisch bedingten Folgeschäden auf. Auch solche 1110
psychisch bedingten Folgeschäden sind grundsätzlich erstattungsfähig. Dies gilt selbst dann, wenn sie auf einer besonderen Veranlagung, insbesondere psychischen Labilität des geschädigten Patienten beruhen.[455] Der Zurechnungszusammenhang entfällt bei sog. Rentenneurosen.[456] Eine solche nur mit großer Zurückhaltung anzunehmende Rentenneurose ist in Fällen gegeben, in denen eine völlig unangemessene Verarbeitung einer körperlichen Beeinträchtigung aufgrund unbewusster Begehrensvorstellung des Patienten zum Ausscheiden aus dem Erwerbsleben geführt hat. Dies setzt voraus, dass der geschädigte Patient die körperliche Schädigung lediglich zum Anlass nimmt, den Schwierigkeiten und Belastungen des Erwerbslebens auszuweichen und quasi in die Verrentung flüchtet. Darüber hinaus scheidet eine Zurechnung von psychischen Folgeschäden aus, wenn das schädigende Ereignis lediglich ganz geringfügig war (sog. Bagatelleingriff) und nicht auf eine bereits vorhandene Neigung des Patienten zu psychischer Fehlverarbeitung getroffen ist.[457] Es muss ein derartig grobes Missverhältnis zwischen dem schädigungsbedingten Anlass und der psychischen Folge vorliegen, dass die psychische Folge schlechterdings nicht mehr verständlich erscheinen lässt.

III. Beweisfragen

Die Beweislast für sämtliche Voraussetzungen des haftungsausfüllenden Tatbestandes 1111
obliegt grundsätzlich dem Patienten. Im Gegensatz zum haftungsbegründenden Tat-

453 BGH NJW 2008, 1381 = VersR 2008, 644; NJW 1987, 705 = VersR 1986, 1121; *Gehrlein* (Fn. 9), Rn. B 112; *Geiß/Greiner* (Fn. 2), Rn. B 192; *Martis/Winkhart* (Fn. 2), 619; *Steffen/Pauge* (Fn. 2), Rn. 351.

454 BGH NJW 2003, 2311 = VersR 2003, 1128; NJW 1989, 767 = VersR 1988, 1273; *Deutsch/Spickhoff* (Fn. 14), Rn. 429; *Frahm/Nixdorf/Walter* (Fn. 2), Rn. 73; *Gehrlein* (Fn. 9), Rn. B 77, B 108; *Geiß/Greiner* (Fn. 2), Rn. B 191; *Martis/Winkhart* (Fn. 2), 623; *Steffen/Pauge* (Fn. 2), Rn. 283, 355.

455 BGH NJW 2004, 1945 = VersR 2004, 874; NJW 2000, 862 = VersR 2000, 372 (jeweils zu Verkehrsunfällen); *Gehrlein* (Fn. 9), Rn. B 113; *Geiß/Greiner* (Fn. 2), Rn. B 193; Laufs/Kern/*Laufs/Kern* (Fn. 39), § 106 Rn. 9; *Steffen/Pauge* (Fn. 2), Rn. 357.

456 BGH NJW 1983, 340 = VersR 1982, 1141; NJW 1979, 1935 = VersR 1979, 718; *Gehrlein* (Fn. 9), Rn. B 114; *Geiß/Greiner* (Fn. 2), Rn. B 193; Laufs/Kern/*Laufs/Kern* (Fn. 39), § 106 Rn. 9; Spickhoff/*Greiner* (Fn. 2), BGB §§ 823 ff. Rn. 120; *Steffen/Pauge* (Fn. 2), Rn. 357.

457 BGH NJW 2004, 1945 = VersR 2004, 874; NJW 1996, 2425 = VersR 1996, 990; *Gehrlein* (Fn. 9), Rn. B 114; *Geiß/Greiner* (Fn. 2), Rn. B 193; *Steffen/Pauge* (Fn. 2), Rn. 357.

bestand gilt allerdings für den haftungsausfüllenden Tatbestand das – mildere – Beweismaß des § 287 I BGB – sog. Freibeweis. Danach reicht es aus, wenn der Richter den Eintritt des Sekundärschadens und das Vorliegen der haftungsausfüllenden Kausalität mit überwiegender Wahrscheinlichkeit in freier Beweiswürdigung feststellen kann.[458]

1112 Die für den haftungsbegründenden Tatbestand geltenden Beweiserleichterungen gelten für den haftungsausfüllenden Tatbestand grundsätzlich nicht. Nur in seltenen Ausnahmefällen kann sich bei Vorliegen eines groben Behandlungsfehlers die für die haftungsbegründende Kausalität geltende Beweislastumkehr auch auf die haftungsausfüllende Kausalität erstrecken, wenn der eingetretene gesundheitliche Sekundärschaden eine typische Folge der Primärverletzung darstellt.[459] Bei allen anderen Sekundärschäden, insbesondere sämtlichen materiellen Sekundärschäden, scheidet die Anwendung der Grundsätze der Beweislastumkehr nach einem groben Behandlungsfehler zwingend aus.

IV. Sonderfälle

1. Sonderproblem: »Kind als Schaden«

1113 In Ausnahmefällen kann der Unterhaltsaufwand für ein ungewolltes Kind zum Umfang des zu erstattenden Schadens gehören. Denkbar ist dies in auf einem Behandlungsfehler beruhenden Fällen einer ungewünschten Geburt nach fehlgeschlagener Sterilisation bzw. bei Fehlen eines Hinweises auf ein verbleibendes »Restrisiko«,[460] bei fehlerhafter genetischer Beratung,[461] bei Versagen eines ärztlich verordneten Verhütungsmittels ohne Hinweis auf die Misserfolgsmöglichkeit,[462] bei unterlassenem Hinweis auf die Gefahr einer Mehrlingsschwangerschaft nach einer Hormonbehandlung[463] oder bei fehlerhaftem oder unterbliebenem Schwangerschaftsabbruch. Letzteres gilt allerdings nur, wenn der Schwangerschaftsabbruch rechtmäßig gewesen wäre.[464] Sofern der Schutzzweck des Behandlungsvertrages gerade auch auf die Ver-

---

458 BGH NJW 2011, 375 = VersR 2011, 223; NJW 2008, 1381 = VersR 2008, 644; NJW 1987, 705 = VersR 1986, 1121; *Frahm/Nixdorf/Walter* (Fn. 2), Rn. 174, 273; *Gehrlein* (Fn. 9), Rn. B 115; *Geiß/Greiner* (Fn. 2), Rn. B 229; *Martis/Winkhart* (Fn. 2), 619; *Steffen/Pauge* (Fn. 2), Rn. 351.

459 BGH NJW 2005, 427 = VersR 2005, 228; NJW 1978, 1683 = VersR 1978, 764; *Frahm/Nixdorf/Walter* (Fn. 2), Rn. 138; *Gehrlein* (Fn. 9), Rn. B 146; *Geiß/Greiner* (Fn. 2), Rn. B 263; Laufs/Kern/*Laufs/Kern* (Fn. 39), § 110 Rn. 31; *Martis/Winkhart* (Fn. 2), 620; ähnlich *Steffen/Pauge* (Fn. 2), Rn. 678.

460 BVerfG NJW 1998, 519 = VersR 1998, 190; BGH NJW 2008, 2846 = VersR 2008, 1265; NJW 1995, 2407 = VersR 1995, 109; *Deutsch/Spickhoff* (Fn. 14), Rn. 443; *Frahm/Nixdorf/Walter* (Fn. 2), Rn. 176; *Gehrlein* (Fn. 9), Rn. B 79, B 80; *Geiß/Greiner* (Fn. 2), Rn. B 180; Laufs/Kern/*Laufs/Kern* (Fn. 39), § 99 Rn. 16; *Martis/Winkhart* (Fn. 2), 735, 737; Spickhoff/*Greiner* (Fn. 2), BGB §§ 823 ff. Rn. 100; *Steffen/Pauge* (Fn. 2), Rn. 305.

461 BVerfG NJW 1988, 519 = VersR 1998, 190; BGH NJW 1997, 1638 = VersR 1997, 698; NJW 1994, 788 = VersR 1994, 425; vgl. aber auch BGH NJW 2005, 891 = VersR 2005, 411; *Deutsch/Spickhoff* (Fn. 14), Rn. 431; *Frahm/Nixdorf/Walter* (Fn. 2), Rn. 176; *Gehrlein* (Fn. 9), Rn. B 93; *Geiß/Greiner* (Fn. 2), Rn. B 177; Laufs/Kern/*Laufs/Kern* (Fn. 39), § 99 Rn. 14; *Martis/Winkhart* (Fn. 2), 485; Spickhoff/*Greiner* (Fn. 2), BGB §§ 823 ff. Rn. 98; *Steffen/Pauge* (Fn. 2), Rn. 339.

462 BGH NJW 2007, 989 = VersR 2007, 109; NJW 1998, 155 = VersR 1997, 1422; *Deutsch/Spickhoff* (Fn. 14), Rn. 442; *Geiß/Greiner* (Fn. 2), Rn. B 186; Laufs/Kern/*Laufs/Kern* (Fn. 39), § 99 Rn. 16.

463 OLG Hamm NJW 1993, 795 = VersR 1993, 1273.

464 BGH NJW 2006, 1660 = VersR 2006, 702; NJW 2003, 3411 = VersR 2003, 1541; NJW 2002, 2636 = VersR 2002, 1148; OLG Köln MedR 2010, 41; zu den in der Rechtsprechung gestellten Anforderungen: *Deutsch/Spickhoff* (Fn. 14), Rn. 440; *Frahm/Nixdorf/Walter* (Fn. 2), Rn. 178;

meidung des »Habens eines Kindes« gerichtet ist, werden auch die für das Kind anfallenden Unterhaltskosten von der Schadensersatzpflicht umfasst. Der Schaden liegt daher nicht in dem Kind als solchem, sondern in den mit dem Unterhalt des Kindes verbundenen Unterhaltskosten.

Der Höhe nach umfasst der Schaden die für einen einem durchschnittlichen Lebenszuschnitt entsprechenden Unterhalt erforderlichen Kosten, wobei in der Vergangenheit zur Bestimmung des Barexistenzminimums auf die Regelsätze für minderjährige Kinder nach der seit dem 1. 1. 2008 außer Kraft getretenen Regelbetragsverordnung vom 6. 4. 1998 – das Existenzminimum liegt bei 135%[465] – und heute auf den Mindestunterhaltsbetrag aus § 1612 a BGB zurückgegriffen werden kann.[466] Erhöhend zu berücksichtigen ist darüber hinaus der Betreuungsunterhalt, also der Wert der von den Eltern dem Kind erbrachten pflegerischen Dienstleistungen.[467] Bei einer durch den Arzt schuldhaft verursachten Geburt eines behinderten Kindes ist der Betrag wegen des behinderungsbedingten Sonderbedarfes zu erhöhen.[468] Das Kindergeld ist voll anzurechnen.[469] Der Ersatz des Unterhaltsaufwandes ist (zunächst) auf den Unterhalt bis zur Vollendung des 18. Lebensjahres begrenzt.[470] Eine Ersatzpflicht wegen des Verdienstausfalles der Eltern, die wegen der Kinderbetreuung die Arbeit aufgeben, besteht grundsätzlich nicht.[471] 1114

2. Sonderproblem: Schädigung dritter Personen

Ein weiteres Sonderproblem besteht in Fällen, in denen sich der Schaden nicht bei dem Geschädigten, sondern bei dritten Personen niederschlägt. 1115

Eine Haftungserstreckung kommt nach den Grundsätzen eines Vertrages zugunsten Dritter gemäß § 328 BGB in Betracht, wenn die Eltern für ihr Kind einen Behandlungsvertrag im eigenen Namen abschließen. Dies gilt aufgrund eines Vertrages mit Schutzwirkung zugunsten Dritter gemäß § 328, § 242 BGB auch bei der Einbeziehung eines ungeborenen Kindes in den Schutzbereich des von der Mutter bzw. den Eltern geschlossenen Behandlungsvertrages über die Durchführung der 1116

Gehrlein (Fn. 9), Rn. B 88 – B 91 b; *Geiß/Greiner* (Fn. 2), Rn. B 150 – B 168; Laufs/Kern/*Laufs/Kern* (Fn. 39), § 99 Rn. 7; *Martis/Winkhart* (Fn. 2), 750; Spickhoff/*Greiner* (Fn. 2), BGB §§ 823 ff. Rn. 80, 81; *Steffen/Pauge* (Fn. 2), Rn. 324.

465 BGH NJW 2007, 989 = VersR 2007, 109; *Frahm/Nixdorf/Walter* (Fn. 2), Rn. 181; *Geiß/Greiner* (Fn. 2), Rn. B 185; Laufs/Kern/*Laufs/Kern* (Fn. 39), § 99 Rn. 17.

466 Zu den Berechnungsgrundlagen vgl. *Frahm/Nixdorf/Walter* (Fn. 2), Rn. 181; *Gehrlein* (Fn. 9), Rn. B 82, B 91 a; *Geiß/Greiner* (Fn. 2), Rn. B 185; *Martis/Winkhart* (Fn. 2), 728, 741.

467 BGH NJW 2007, 989 = VersR 2007, 109 (im Streitfall 135% des Regelunterhaltsbetrages als angemessen anerkannt).

468 *Deutsch/Spickhoff* (Fn. 14), Rn. 446; *Frahm/Nixdorf/Walter* (Fn. 2), Rn. 181 (Mehraufwand nach den Pflegeversicherungsrichtlinien); *Gehrlein* (Fn. 9), Rn. B 84; *Geiß/Greiner* (Fn. 2), Rn. B 185; *Martis/Winkhart* (Fn. 2), 729, 742; *Steffen/Pauge* (Fn. 2), Rn. 314; *Huber* MedR 2008, 712; zur Berechnung beispielhaft OLG Schleswig OLGR 2007, 859.

469 BGH NJW 1980, 1452 = VersR 1980, 558; *Frahm/Nixdorf/Walter* (Fn. 2), Rn. 181; *Geiß/Greiner* (Fn. 2), Rn. B 185; *Martis/Winkhart* (Fn. 2), 730, 74; *Steffen/Pauge* (Fn. 2), Rn. 314.

470 BGH NJW 1980, 1452 = VersR 1980, 558 (mit dem Hinweis auf die Möglichkeit eines den nachfolgenden Zeitraum erfassenden Feststellungsantrages); *Frahm/Nixdorf/Walter* (Fn. 2), Rn. 181; *Gehrlein* (Fn. 9), Rn. B 84; *Geiß/Greiner* (Fn. 2), Rn. B 185; *Martis/Winkhart* (Fn. 2), 742; Spickhoff/*Greiner* (Fn. 2), BGB §§ 823 ff. Rn. 84.

471 BGH NJW 1997, 1638 = VersR 1997, 698; *Gehrlein* (Fn. 9), Rn. B 84; *Geiß/Greiner* (Fn. 2), Rn. B 175, B 186; Laufs/Kern/*Laufs/Kern* (Fn. 39), § 99 Rn. 17; *Martis/Winkhart* (Fn. 2), 730, 742.

Geburt.[472] Die Einbeziehung des Kindes in den Schutzbereich des Vertrages setzt sich auch über die Geburt hinaus hinsichtlich der der Geburt folgenden Behandlung fort. Denkbar ist darüber hinaus die Einbeziehung der Eltern in den Schutzbereich eines für ein Kind geschlossenen Behandlungsvertrages, in dessen Folge es zu einer Schädigung des Kindes kommt. Der den Eltern entstehende, erhöhte Unterhalts- und Betreuungsaufwand für die Pflege und Versorgung des geschädigten Kindes ist erstattungsfähig.[473] In den Schutzbereich des von der Mutter des Kindes anlässlich der Geburt geschlossenen Behandlungsvertrages sind regelmäßig der eheliche und auch der nichteheliche Vater einbezogen.[474]

1117 In deliktischer Hinsicht steht dem vor oder in der Geburt geschädigten Kind nach seiner Geburt ein deliktischer Ersatzanspruch gegen den behandlungsfehlerhaft handelnden Arzt zu.

1118 In gleicher Weise kann die Ehefrau – nicht aber das Kind - für die Beeinträchtigung durch eine Schwangerschaft nach fehlgeschlagener Sterilisation des Ehemannes Ersatz verlangen.[475] Entsprechendes gilt im Verhältnis der gegenwärtigen Partner einer nichtehelichen Lebensgemeinschaft.[476] Deliktische Schadensersatzansprüche können auch dem Ehepartner oder Lebensgefährten eines Patienten bei eigener Schädigung nach schuldhafter Fehlbehandlung des Patienten wegen einer Infektion oder einer unterlassenen Sicherungsaufklärung über Infektionserkrankungen (HIV, Hepatitis C) zustehen.[477] Die psychisch vermittelten Beeinträchtigungen eines Dritten nach behandlungsfehlerhafter Schädigung eines Patienten kommen als ersatzfähige Schäden bei nahen Angehörigen eingeschränkt nur dann in Betracht, wenn die psychische Beeinträchtigung eine Gesundheitsstörung mit eigenem Krankheitswert darstellt.[478] Hierzu müssen die Beeinträchtigungen das Maß desjenigen deutlich übersteigen, was beim Tod oder einer Erkrankung eines nahen Angehörigen an Folgen typischerweise eintritt.

1119 Schließlich kann das durch einen Behandlungsfehler veranlasste freiwillige Verhalten eines Dritten dann zu einem eigenen Ersatzanspruch des Dritten führen, wenn das

---

472 BGH NJW 1992, 2962 = VersR 1992, 1263; NJW 1989, 1538 = VersR 1989, 253; *Deutsch/Spickhoff* (Fn. 14), Rn. 433; *Gehrlein* (Fn. 9), Rn. A 59; *Geiß/Greiner* (Fn. 2), Rn. A 93; Laufs/Kern/*Kern* (Fn. 39), § 39 Rn. 29; *Steffen/Pauge* (Fn. 2), Rn. 145; Spickhoff/*Greiner* (Fn. 2), BGB §§ 823 ff. Rn. 360.

473 BGH NJW 1989, 1538 = VersR 1989, 253; NJW 1984, 1400 = VersR 1984, 356; *Gehrlein* (Fn. 9), Rn. A 59; *Geiß/Greiner* (Fn. 2), Rn. A 93; *Steffen/Pauge* (Fn. 2), Rn. 146.

474 BGH NJW 2007, 989 = VersR 2007, 109; NJW 2002, 1489 = VersR 2002, 767 (Einbeziehung in den Schutzbereich im konkreten Fall verneint); *Frahm/Nixdorf/Walter* (Fn. 2), Rn. 181; Laufs/Kern/*Kern* (Fn. 39), § 39 Rn. 37; *Martis/Winkhart* (Fn. 2), 728; offen gelassen bei *Gehrlein* (Fn. 9), Rn. B 91 a; *Geiß/Greiner* (Fn. 2), Rn. B 150; *Steffen/Pauge* (Fn. 2), Rn. 343; dazu auch *Mörsdorf-Schulte* NJW 2007, 964.

475 BGH NJW 1995, 2407 = VersR 1995, 1099; *Frahm/Nixdorf/Walter* (Fn. 2), Rn. 182; *Gehrlein* (Fn. 9), Rn. B 82, B 84; *Geiß/Greiner* (Fn. 2), Rn. A 94; *Martis/Winkhart* (Fn. 2), 741; *Steffen/Pauge* (Fn. 2), Rn. 306.

476 BGH NJW 2007, 989 = VersR 2007, 109; *Frahm/Nixdorf/Walter* (Fn. 2), Rn. 181; *Martis/Winkhart* (Fn. 2), 741 (gilt nicht für zukünftige Partner).

477 BGH NJW 2005, 2614 = VersR 2005, 1238; *Gehrlein* (Fn. 9), Rn. B 101; *Geiß/Greiner* (Fn. 2), Rn. A 94; Laufs/Kern/*Kern* (Fn. 39), § 39 Rn. 37; *Martis/Winkhart* (Fn. 2), 172; Spickhoff/*Greiner* (Fn. 2), BGB §§ 823 ff. Rn. 361.

478 BGH NJW 1989, 2317 = VersR 1989, 853; OLG Koblenz MedR 2005, 416 = VersR 2005, 1400; *Deutsch/Spickhoff* (Fn. 14), Rn. 433; *Geiß/Greiner* (Fn. 2), Rn. A 94; Laufs/Kern/*Laufs/Kern* (Fn. 39), § 103 Rn. 22.

freiwillige Verhalten des Dritten bei wertender Betrachtung dem Schädiger zuzurechnen ist. Dies ist bei der Veranlassung einer Lebendspende eines nahen Angehörigen nach vorangegangenem durch einen Behandlungsfehler verursachten Organverlust eines Patienten regelmäßig anzunehmen.[479]

D. Mitverschulden

Das Mitverschulden des Patienten kann nach § 254 BGB nur in seltenen Fällen zu einer Minderung oder einem Entfallen des Arzthaftungsanspruches führen. 1120

Ausnahmsweise kommt die schadensmindernde Berücksichtigung des Mitverschuldens allerdings in Betracht, wenn der geschädigte Patient durch eigenes schuldhaftes Verhalten eine alleinige oder wesentliche Ursache für das schädigende Ereignis gesetzt hat. Dies kann zB der Fall sein, wenn der Patient trotz ausdrücklichen Befragens durch den Arzt anamnestisch bedeutsame Umstände verschweigt oder ihm ausdrücklich erteilte Therapiehinweise missachtet und damit den Eintritt des Schadens mitverursacht.[480] Voraussetzung ist jeweils, dass der Arzt den Patienten im Rahmen der Anamneseerhebung ausdrücklich befragt und ihn im Zusammenhang mit der therapeutischen Sicherungsaufklärung ausdrücklich auf die Mitwirkungspflicht hingewiesen hat. Von sich aus muss der Patient demgegenüber in aller Regel weder die Bedeutsamkeit besonderer Umstände im Rahmen der Anamneseerhebung noch einer bestimmten den Behandlungserfolg fördernden oder sichernden Verhaltensweise erkennen, sofern sich dies nicht ausnahmsweise jedem medizinischen Laien aufdrängen müsste oder der Patient aufgrund entsprechender Kenntnisse von den Notwendigkeiten wusste.[481] Eine solche Konstellation ist allerdings nur mit erheblicher Zurückhaltung anzunehmen. 1121

§ 43 Die Aufklärungsfehlerhaftung

Die Haftung wegen einer fehlerhaften Aufklärung steht selbständig neben der Behandlungsfehlerhaftung des Arztes. Die Haftung wegen eines Aufklärungsmangels beruht auf völlig anderen Grundlagen als die Behandlungsfehlerhaftung. Eine Mischung der Haftungstatbestände und Haftungsvoraussetzungen muss daher auf jeden Fall vermieden werden, wobei zu beachten ist, dass die Verletzung der Pflicht zur therapeutischen Sicherungsaufklärung einen Behandlungsfehler und nicht etwa einen Aufklärungsmangel darstellt. 1122

479 BGH NJW 1987, 2925 = VersR 1987, 1040; *Gehrlein* (Fn. 9), Rn. A 60, B 102; *Geiß/Greiner* (Fn. 2), Rn. A 93; Laufs/Kern/*Laufs/Kern* (Fn. 39), § 103 Rn. 23; *Martis/Winkhart* (Fn. 2), 625; *Steffen/Pauge* (Fn. 2), Rn. 356.

480 BGH NJW 2003, 2309 = VersR 2003, 1126; NJW 2002, 2944 = VersR 2002,1026 (Mitverschulden jeweils verneint); *Deutsch/Spickhoff* (Fn. 14), Rn. 468; *Frahm/Nixdorf/Walter* (Fn. 2), Rn. 173; *Gehrlein* (Fn. 9), Rn. A 38 c; *Geiß/Greiner* (Fn. 2), Rn. A 98; *Martis/Winkhart* (Fn. 2), 670; *Steffen/Pauge* (Fn. 2), Rn. 362.

481 BGH NJW 1997, 1635 = VersR 1997, 449; *Frahm/Nixdorf/Walter* (Fn. 2), Rn. 173; *Geiß/Greiner* (Fn. 2), Rn. A 99.

A. Der rechtliche Ausgangspunkt

1123 Der Arzt ist zur Aufklärung des Patienten über den beabsichtigten Heileingriff und dessen Modalitäten verpflichtet, um der grundgesetzlichen Garantie des Selbstbestimmungsrechtes des Patienten aus Art. 2 I GG sowie der ebenfalls grundgesetzlich gewährleisteten Menschenwürde (Art. 1 I GG) und dem Recht auf körperliche Unversehrtheit (Art. 2 II GG) Rechnung zu tragen.[482] Der grundgesetzlichen Wertung ist zu entnehmen, dass der Patient die Möglichkeit haben muss, eine eigene, willensmängelfreie informierte und selbstbestimmte Entscheidung über einen beabsichtigten Heileingriff und damit einen zielgerichteten Eingriff in seine körperliche Unversehrtheit zu treffen. Nur so ist es möglich, den Patienten nicht als duldendes Objekt ärztlicher Behandlung, sondern als die Entscheidung zum Heileingriff willentlich und wissentlich mittragendes Subjekt zu behandeln. Diese grundgesetzlichen Wertungen sind sowohl bei der Ausgestaltung des deliktischen Haftungsregimes als auch bei der Interpretation wechselseitiger vertraglicher Verpflichtungen aus dem Behandlungsvertrag zu berücksichtigen.

1124 Im Hinblick auf deliktische Anspruchsgrundlagen schlägt sich dies in dem in der Rechtsprechung allgemein anerkannten Grundsatz nieder, dass ein ohne eine wirksame rechtfertigende Einwilligung vorgenommener ärztlicher Heileingriff trotz der vom Arzt erstrebten Heilungsabsicht tatbestandlich eine rechtswidrige Körperverletzung iSv § 823 I BGB und § 223 StGB darstellt.[483] Es bedarf dementsprechend einer gesondert festzustellenden Rechtfertigung für den Heileingriff, um die deliktische Haftung aus den §§ 823 ff. BGB zu vermeiden. Eine solche Rechtfertigung stellt die Einwilligung des Patienten in den Heileingriff dar, wenn sie willensmängelfrei abgegeben worden ist. Die ärztliche Aufklärung verfolgt dementsprechend den Zweck, den Patienten zur willensmängelfreien Einwilligung in den ärztlichen Heileingriff zu befähigen. Mängel der Aufklärung machen eine vom Patienten erteilte Einwilligung unwirksam. Sie kann keine rechtfertigende Wirkung entfalten, so dass der Tatbestand einer rechtswidrigen und schuldhaften unerlaubten Handlung iSv § 823 I BGB erfüllt ist.

1125 Zugleich stellt die Pflicht zur Aufklärung über die vorgesehene Behandlung und deren Modalitäten eine vertragliche Verpflichtung des Arztes oder Krankenhausträgers aus dem Behandlungsvertrag dar. Es handelt sich nicht lediglich um eine Nebenpflicht, sondern um eine Hauptpflicht.[484] Dies ergibt sich nicht nur aus der verfassungsrechtlichen Bedeutung der Aufklärung zur Sicherung des Selbstbestimmungsrechtes des Patienten, sondern auch aus dem Umstand, dass es sich bei der

---

482 BVerfG NJW 2005, 1103 = MedR 2005, 91; NJW 1999, 1777 = MedR 1999, 180 (zur Einsicht in Krankenakten); BGH NJW 1989, 1533 = VersR 1989, 514; grundlegend BGH NJW 1959, 811 = VersR 1959, 153; dazu *Deutsch/Spickhoff* (Fn. 14), Rn. 248; *Ehlers/Broglie* (Fn. 117), Rn. 833; *Gehrlein* (Fn. 9), Rn. C 4; *Martis/Winkhart* (Fn. 2), 81.

483 BGH NJW 1980, 1905 = VersR 1981, 456; *Deutsch/Spickhoff* (Fn. 14), Rn. 452; *Frahm/Nixdorf/Walter* (Fn. 2), Rn. 186; *Ehlers/Broglie* (Fn. 117), Rn. 833; *Gehrlein* (Fn. 9), Rn. C 3; *Martis/Winkhart* (Fn. 2), 82; *Steffen/Pauge* (Fn. 2), Rn. 366; zu recht kritisch Laufs/Kern/*Laufs* (Fn. 39), § 59 Rn. 2; § 64 Rn. 21.

484 BGH NJW 1984, 1807 = VersR 1984, 538; *Gehrlein* (Fn. 9), Rn. C 5; Laufs/Kern/*Laufs* (Fn. 39), § 57 Rn. 14; Spickhoff/*Wellner* (Fn. 2), BGB §§ 823 ff. Rn. 200; anders *Ehlers/Broglie* (Fn. 117), (nur Nebenpflicht); ohne Zuordnung *Deutsch/Spickhoff* (Fn. 14), Rn. 249; *Frahm/Nixdorf/Walter* (Fn. 2), Rn. 186. In BGH NJW 2005, 1718 = VersR 2005, 839, wird die Pflicht zur Selbstbestimmungsaufklärung als Nebenpflicht aus dem Behandlungsvertrag bezeichnet.

Aufklärungspflicht um eine ärztliche Berufspflicht handelt, die eng mit der Behandlungspflicht des Arztes zusammenhängt.[485]

Sowohl der Umfang der Aufklärungspflichten als auch die Rechtsfolgen von Aufklärungspflichtverletzungen sowie die Verteilung der Beweislast sind bei deliktischer und vertraglicher Anspruchsgrundlage identisch. Die infolge einer Aufklärungspflichtverletzung eintretende Haftung erfordert nicht, dass die Behandlung selbst fehlerhaft ausgeführt worden ist. Vielmehr tritt die Haftung auch bei behandlungsfehlerfreiem ärztlichem Heileingriff ein.[486] Allerdings erfordert die Haftung zumindest das Entstehen von mit einem Eingriff verbundenen nachteiligen Folgen für den Patienten, während ohne solche nachteiligen Folgen ein Arzthaftungsanspruch nicht besteht. Mit dem Eingriff verbundene Beschwerlichkeiten reichen allerdings aus.[487] Die Haftungsfolgen sind auf die mit dem Eingriff verbundenen Beeinträchtigungen beschränkt. 1126

B. Der Aufklärungsmangel

Voraussetzung für einen auf einer fehlerhaften Aufklärung beruhenden Arzthaftungsanspruch ist in erster Linie das Vorliegen eines Aufklärungsmangels entsprechend den nachstehend dargestellten Grundsätzen. 1127

I. Der Inhalt der Aufklärung

Die Aufklärungspflicht des Arztes hat verschiedene Bezugspunkte. In Abgrenzung zu der einen Behandlungsfehler darstellenden therapeutischen Sicherungsaufklärung[488] stellt die Selbstbestimmungsaufklärung den Oberbegriff für die Informationen an den Patienten als Voraussetzung für die den Eingriff in die körperliche Integrität des Patienten rechtfertigende Einwilligung des Patienten dar. Die Selbstbestimmungsaufklärung unterteilt sich wiederum in die Diagnoseaufklärung, die Behandlungs- oder Verlaufsaufklärung und die Risikoaufklärung.[489] 1128

1. Die Diagnoseaufklärung

Die Diagnoseaufklärung betrifft die Information des Patienten über die vom Arzt festgestellte Krankheit. Über die erhobenen Befunde und die gefundene Diagnose ist der Patient auf jeden Fall dann zu informieren, wenn gerade die Diagnose Gegenstand 1129

485 BGH NJW 1984, 1807 = VersR 1984, 538; *Gehrlein* (Fn. 9), Rn. C 5.

486 BGH NJW 1989, 1538 = MedR 1989, 139; *Frahm/Nixdorf/Walter* (Fn. 2), Rn. 186; *Gehrlein* (Fn. 9), Rn. C 3; *Martis/Winkhart* (Fn. 2), 82.

487 BGH NJW 1987, 1481 = VersR 1987, 667; *Frahm/Nixdorf/Walter* (Fn. 2), Rn. 186.

488 Vgl. oben Rn. 977 ff.

489 Zu den zum Teil abweichenden Begrifflichkeiten und Abgrenzungen vgl. zB *Deutsch/Spickhoff* (Fn. 14), Rn. 266; *Ehlers/Broglie* (Fn. 117), Rn. 862 – 868; *Laufs/Katzenmeier/Lipp* (Fn. 14), 106 Rn. 14; Laufs/Kern/*Laufs* (Fn. 39), § 59 Rn. 13, 16, 21; *Martis/Winkhart* (Fn. 2), 87; Spickhoff/*Wellner* (Fn. 2), BGB §§ 823 ff. Rn. 200 – 203; *Steffen/Pauge* (Fn. 2), Rn. 366 wählt statt des Begriffes der Selbstbestimmungsaufklärung den Begriff der Eingriffsaufklärung; *Geiß/Greiner* (Fn. 2), Rn. C 18, C 84 differenzieren zwischen der Verlaufs- und der Behandlungsaufklärung; *Frahm/Nixdorf/Walter* (Fn. 2), Rn. 186 wählen für die Behandlungs- bzw. Verlaufsaufklärung den Begriff der Eingriffsaufklärung. Auswirkungen für die Rechtsanwendung ergeben sich aus der unterschiedlichen Begrifflichkeit nicht; zum Überblick vgl. auch *Kern* GesR 2009, 1; *Martis* MDR 2009, 611.

des Arztvertrages ist, wie etwa bei der Einholung einer ärztlichen Zweitmeinung.[490] Der Patient ist über die getroffene Diagnose auch dann – in begründeten Fällen sogar schriftlich – zu informieren, wenn er ausdrücklich fragt.[491] Darüber hinaus besteht eine Verpflichtung zur Information auch ohne konkrete Nachfrage, wenn die Kenntnis der Diagnose für die Entscheidungsfindung des Patienten bei der Wahl zwischen mehreren Behandlungsalternativen oder sonst im Rahmen der Verlaufs- oder Risikoaufklärung[492] von Bedeutung ist.[493] Gleiches gilt, wenn die Kenntnis der Diagnose den Patienten für den Arzt erkennbar bei weiteren Lebensentscheidungen beeinflussen kann.[494]

1130 Bei schweren, unheilbaren Erkrankungen ist der Arzt verpflichtet, die Diagnose mit der gebotenen therapeutischen Rücksichtnahme zu erläutern, will er sich nicht dem Vorwurf eines Behandlungsfehlers aussetzen.[495] In Einzelfällen, insbesondere bei psychisch kranken Patienten kann die Mitteilung der Diagnose das Leben oder die Gesundheit des Patienten ernsthaft gefährden und daher aus therapeutischen Gründen zu unterlassen sein.[496] Ungesicherte Verdachtsdiagnosen hinsichtlich schwerer Erkrankungen – zB einen Hirntumor - darf der Arzt dem Patienten nicht eröffnen.[497] Die fehlerhafte Mitteilung einer auf einem einfachen, nicht behandlungsfehlerhaften Diagnoseirrtum beruhenden fehlerhaften Diagnose begründet keinen Behandlungsfehler.[498]

2. Die Behandlungs- oder Verlaufsaufklärung

1131 Die Behandlungsaufklärung muss sich zunächst auf die vom Arzt beabsichtigte Art der Behandlung erstrecken, um den Patienten in die Lage zu versetzen zu erkennen, welcher konkrete Eingriff auf ihn zukommt. Dies bedeutet auch, dass der Arzt den Patienten bei einer beabsichtigten radiologischen Behandlung über die vorgesehene Bestrahlungsart informieren muss.[499] Bei nur relativ indizierten operativen Eingriffen

490 *Deutsch/Spickhoff* (Fn. 14), Rn. 267.

491 BVerfG NJW 2005, 1103 = MedR 2005, 91; *Ehlers/Broglie* (Fn. 117), Rn. 864; *Gehrlein* (Fn. 9), Rn. C 15; *Geiß/Greiner* (Fn. 2), Rn. C 82; Laufs/Kern/*Laufs* (Fn. 39), § 59 Rn. 14; *Martis/Winkhart* (Fn. 2), 91; Spickhoff/*Wellner* (Fn. 2), BGB §§ 823 ff. Rn. 202.

492 BGH NJW 1959, 814 = VersR 1959, 312 (Aufklärung über eine Krebsdiagnose als Voraussetzung für die Einwilligung in eine Strahlentherapie); *Ehlers/Broglie* (Fn. 117), Rn. 865; *Gehrlein* (Fn. 9), Rn. C 15; *Martis/Winkhart* (Fn. 2), 91.

493 BGH NJW 2005, 1718 = VersR 2005, 836; *Deutsch/Spickhoff* (Fn. 14), Rn. 267; Laufs/Kern/*Laufs* (Fn. 39), § 59 Rn. 14; *Martis/Winkhart* (Fn. 2), 91; Spickhoff/*Wellner* (Fn. 2), BGB §§ 823 ff. Rn. 202.

494 *Geiß/Greiner* (Fn. 2), Rn. C 82; *Martis/Winkhart* (Fn. 2), 91.

495 BGH NJW 1959, 814 = VersR 1959, 312; *Ehlers/Broglie* (Fn. 117), Rn. 865; *Gehrlein* (Fn. 9), Rn. C 15; Laufs/Kern/*Laufs* (Fn. 39), § 59 Rn. 14; *Martis/Winkhart* (Fn. 2), 91; *Steffen/Pauge* (Fn. 2), Rn. 458, der darauf hinweist, dass eine schonungslose Aufklärung einen Behandlungsfehler darstellen kann.

496 *Deutsch/Spickhoff* (Fn. 14), Rn. 267; *Gehrlein* (Fn. 9), Rn. C 15; *Ehlers/Broglie* (Fn. 117), Rn. 864; Laufs/Kern/*Laufs* (Fn. 39), § 59 Rn. 13; *Martis/Winkhart* (Fn. 2), 91.

497 OLG Köln NJW 1987, 2936 = VersR 1988, 139; OLG Frankfurt NJW-RR 1995, 1048 = VersR 1996, 101 (Verpflichtung zum Hinweis auf den Grad der Wahrscheinlichkeit einer Verdachtsdiagnose); *Ehlers/Broglie* (Fn. 117), Rn. 866; *Geiß/Greiner* (Fn. 2), Rn. C 82; Laufs/Kern/*Laufs* (Fn. 39), § 59 Rn. 15; *Martis/Winkhart* (Fn. 2), 92.

498 OLG Köln NJW 1998, 3423 = VersR 1999, 98 (zur Aufklärungspflicht über aufgrund eines Diagnoseirrtums nicht erkannte Behandlungsalternativen); *Geiß/Greiner* (Fn. 2), Rn. C 24; *Martis/Winkhart* (Fn. 2), 92.

499 *Geiß/Greiner* (Fn. 2), Rn. C 18.

muss dem Patienten die Notwendigkeit der Operation im Vergleich zu anderen in Betracht kommenden Behandlungsmethoden erläutert werden.[500] Außerdem muss der Patient zumindest in groben Zügen über die beabsichtigte Vorgehensweise bei der Operation in Kenntnis gesetzt werden.[501] Dies erfordert keineswegs die Darstellung einzelner Behandlungsschritte oder zu wählender operativer Techniken. Aufklärungsbedürftig ist demgegenüber die Wahl des operativen Zuganges, wenn alternaiv zur Verfügung stehende Zugangsmöglichkeiten unterschiedliche Risiken mit sich bringen.[502] Aufklärungsbedürftig ist auch die Dringlichkeit der Operation.[503] Zu der Behandlungs- oder Verlaufsaufklärung gehört darüber hinaus die Darstellung der Tragweite, der Schwere und des voraussichtlichen Verlaufes der Behandlung. Folgen, die regelmäßig mit Eingriffen der gewählten Art verbunden sind, müssen dem Patienten ebenfalls mitgeteilt werden.

Gegenstand der Behandlungs- und Verlaufsaufklärung ist des Weiteren die Darstellung vorhersehbarer Operationserweiterungen. Der Patient muss daher deshalb darüber aufgeklärt werden, dass bei einem bestimmten Verlauf oder einem bestimmten intraoperativen Befund eine Operationserweiterung möglich oder unvermeidbar wird, wenn dies voraussehbar ist.[504] Dem Patienten ist in gleicher Weise auch das Risiko erforderlicher Nachoperationen im Rahmen der Behandlungsaufklärung darzustellen.[505] **1132**

Schließlich gehört zu der gebotenen Aufklärung eine Darstellung des Misserfolgsrisikos, ohne dass allerdings die medizinischen Gründe für bestehende Misserfolgsrisiken erläutert werden müssen.[506] Dies gilt sowohl für das Risiko, dass der beabsichtigte Behandlungserfolg nicht erreicht wird, als – erst recht –für die Gefahr einer möglichen Verschlechterung des Gesundheitszustandes infolge des beabsichtigten Eingriffes. Demgegenüber besteht in diesem Zusammenhang nicht die Verpflichtung, auf auf vermeidbaren Behandlungsfehlern beruhende Misserfolgsrisiken hinzuweisen.[507] **1133**

Der Grad der Dringlichkeit eines vom Arzt vorgeschlagenen Eingriffes ist ebenfalls aufklärungsbedürftig. Bei relativ indizierten Eingriffen muss der Patient darauf hinge- **1134**

500 BGH NJW 2003, 1862 = VersR 2003, 858; NJW 2000, 1788 = VersR 2000, 766; *Frahm/Nixdorf/Walter* (Fn. 2), Rn. 196; *Ehlers/Broglie* (Fn. 117), Rn. 867; *Gehrlein* (Fn. 9), Rn. C. 27; *Geiß/Greiner* (Fn. 2), Rn. C 18, C 19; *Martis/Winkhart* (Fn. 2), 87, 129.

501 BGH NJW 1971, 1887 = VersR 1971, 929; *Ehlers/Broglie* (Fn. 117), Rn. 867; *Gehrlein* (Fn. 9), Rn. C 27; Laufs/Kern/*Laufs* (Fn. 39), § 59 Rn. 16 f.; *Martis/Winkhart* (Fn. 2), 87.

502 BGH NJW 2007, 217 = VersR 2007, 66; *Geiß/Greiner* (Fn. 2), Rn. C 24; nicht aber bei gleichartigen Risiken, vgl. OLG Hamm MedR 2006, 288; OLG Oldenburg VersR 1997, 978.

503 BGH NJW 2003, 1862 = VersR 2003, 858; NJW 1992, 2354 = VersR 1992, 747; *Gehrlein* (Fn. 9), Rn. C 27, C 44; *Geiß/Greiner* (Fn. 2), Rn. C 90; *Martis/Winkhart* (Fn. 2), 128; *Steffen/Pauge* (Fn. 2), Rn. 468.

504 BGH NJW 1989, 1541 = VersR 1989, 289; OLG Naumburg NJW-RR 2004, 315; *Frahm/Nixdorf/Walter* (Fn. 2), Rn. 212; *Ehlers/Broglie* (Fn. 117), Rn. 887; *Gehrlein* (Fn. 9), Rn. C 27, C 52; *Geiß/Greiner* (Fn. 2), Rn. C 20, C 104; *Martis/Winkhart* (Fn. 2), 204.

505 BGH NJW 1996, 3073 = VersR 1996, 1239; NJW 1996, 779 = VersR 1996, 330; *Frahm/Nixdorf/Walter* (Fn. 2), Rn. 196; *Geiß/Greiner* (Fn. 2), Rn. C 20; Laufs/Kern/*Laufs* (Fn. 39), § 59 Rn. 22 Fn. 32; *Steffen/Pauge* (Fn. 2), Rn. 438.

506 BGH NJW 1991, 2349 = VersR 1991, 227 (kosmetische Operation); NJW 1990, 2929 = VersR 1990, 1010; *Gehrlein* (Fn. 9), Rn. C 49, C 45; *Geiß/Greiner* (Fn. 2), Rn. C 93; Laufs/Kern/*Laufs* (Fn. 39), § 59 Rn. 20, § 60 Rn. 3; *Martis/Winkhart* (Fn. 2), 134; *Steffen/Pauge* (Fn. 2), Rn. 434.

507 BGH NJW 1992, 1558 = VersR 1992, 358; NJW 1985, 2193 = VersR 1985, 736; *Frahm/Nixdorf/Walter* (Fn. 2), Rn. 186; *Geiß/Greiner* (Fn. 2), Rn. C 12; Laufs/Kern/*Laufs* (Fn. 39), § 60 Rn. 3; *Martis/Winkhart* (Fn. 2), 134; *Steffen/Pauge* (Fn. 2), Rn. 441.

wiesen werden, dass und mit welchem Risiko ein Aufschieben oder gänzliches Unterlassen des Eingriffes möglich ist.[508] Dem Patienten muss ein realistisches Bild davon vermittelt werden, welche Folgen ein vorübergehendes Aufschieben oder ein Verzicht auf die vom Arzt vorgeschlagene Therapie für ihn hat. Dies gilt umso mehr bei diagnostischen Eingriffen ohne therapeutischen Eigenwert.[509] Hier muss die Aufklärung noch detaillierter sein und auch entfernt liegende Risiken angemessen darstellen.

1135 Zu der Behandlungs- und Verlaufsaufklärung gehört des Weiteren die Aufklärung über bestehende Behandlungsalternativen. Auf jeden Fall muss der Arzt einen Patienten bei nur bestehender relativer Indikation für eine Therapie über die alternativ zur Verfügung stehenden Behandlungsmöglichkeiten und deren medizinische Rangfolge informieren.[510] Kann ein operativer Eingriff durch eine konservative Therapie ersetzt oder zumindest zeitlich hinausgeschoben werden, muss der Patient hierüber aufgeklärt werden.[511]

1136 Die Aufklärungspflicht erstreckt sich weiterhin auf ggf. vorhandene Behandlungsalternativen. Ausgangspunkt ist dabei, dass die Wahl der richtigen Behandlungsmethode grundsätzlich Sache des Arztes ist. Der Arzt muss daher nicht ungefragt die verschiedenen in Betracht kommenden Behandlungsalternativen mit deren Für und Wider erläutern, solange seine Behandlung dem geforderten Soll-Standard entspricht und im Vergleich zu anderen, ebenso indizierten und standardgemäßen Methoden im Hinblick auf bestehende Heilungschancen und mit der Behandlung verbundenen Belastungen und Risiken für den Patienten zumindest gleichwertig ist.[512] In diesem Fall darf der Arzt unter mehreren gleichermaßen geeigneten Behandlungsmethoden diejenigen wählen, die er für die geeignetste hält, etwa weil er hiermit die meiste Erfahrung hat.

1137 Eine Aufklärungspflicht über Behandlungsalternativen entsteht demgegenüber zum einen dann, wenn der Patient ausdrücklich nach möglichen Behandlungsalternativen fragt.[513] Zum anderen ist die Aufklärung über Behandlungsalternativen dann geboten, wenn diese zu jeweils unterschiedlichen Belastungen für den Patienten führen oder unterschiedliche Risiken oder Erfolgschancen bieten.[514] Aufklärungsbedürftig ist eine

508 BGH NJW 2003, 1862 = VersR 2003, 858; NJW 1997, 1637 = VersR 1997, 451; *Frahm/Nixdorf/Walter* (Fn. 2), Rn. 196; *Gehrlein* (Fn. 9), Rn. C 35; *Geiß/Greiner* (Fn. 2), Rn. C 19; *Martis/Winkhart* (Fn. 2), 130; *Steffen/Pauge* (Fn. 2), Rn. 447.

509 BGH NJW 2009, 1209 = VersR 2009, 257; OLG Bremen VersR 2004, 911; OLG Koblenz NJW-RR 2002, 816; VersR 2003, 1313; *Frahm/Nixdorf/Walter* (Fn. 2), Rn. 200; *Gehrlein* (Fn. 9), Rn. C 9; *Geiß/Greiner* (Fn. 2), Rn. C 8; Laufs/Kern/*Laufs* (Fn. 39), § 60 Rn. 8; *Martis/Winkhart* (Fn. 2), 130.

510 BGH NJW 2003, 1862 = VersR 2003, 858; NJW 2000, 1788 = VersR 2000, 766; *Deutsch/Spickhoff* (Fn. 14), Rn. 269; *Ehlers/Broglie* (Fn. 117), Rn. 885; *Frahm/Nixdorf/Walter* (Fn. 2), Rn. 204; *Gehrlein* (Fn. 9), Rn. C 35; *Geiß/Greiner* (Fn. 2), Rn. C 19; Laufs/Kern/*Laufs* (Fn. 39), § 60 Rn. 5; *Martis/Winkhart* (Fn. 2), 131; Spickhoff/*Wellner* (Fn. 2), BGB §§ 823 ff. Rn. 208; *Steffen/Pauge* (Fn. 2), Rn. 449.

511 BGH NJW 2000, 1788 = VersR 2000, 766; OLG Dresden VersR 2003, 1257.

512 BGH NJW 2004, 3703 = VersR 2005, 227; NJW 1982, 2121 = VersR 1982, 771; *Deutsch/Spickhoff* (Fn. 14), Rn. 270; *Ehlers/Broglie* (Fn. 117), Rn. 885; *Frahm/Nixdorf/Walter* (Fn. 2), Rn. 204; *Gehrlein* (Fn. 9), Rn. C 31; *Geiß/Greiner* (Fn. 2), Rn. C 22; *Martis/Winkhart* (Fn. 2), 180; *Steffen/Pauge* (Fn. 2), Rn. 443.

513 BGH NJW 1982, 2121 = VersR 1982, 771.

514 BGH NJW 2006, 2477 = VersR 2006, 1073; NJW 2005, 1718 = VersR 2005, 836; *Deutsch/Spickhoff*

Behandlungsalternative in diesem Sinne, wenn die alternativ zur Verfügung stehende Behandlungsmethode bei gleichwertigen Belastungen und Risiken eine höhere Erfolgsaussicht verspricht oder wenn bei gleichwertigen Erfolgsaussichten die alternative Methode mit niedrigeren Belastungen oder Risiken verbunden ist. Dies ist nicht schon bei lediglich geringfügig niedrigeren Komplikationsraten einer Behandlungsmethode der Fall. Vielmehr muss es sich um einen Unterschied von einigem Gewicht handeln.[515] Maßgeblich ist dabei das Maß der Auswirkungen auf die Lebensführung des Patienten im Falle der Risikoverwirklichung. Zu berücksichtigen sind die zum Zeitpunkt der Entscheidung bekannten Risiken selbst dann, wenn die wissenschaftliche Diskussion über die mit der Maßnahme verbundenen Risiken noch nicht abgeschlossen ist, solange nur in der medizinischen Wissenschaft anerkannte Hinweise auf bestimmte Risiken vorliegen.[516] Der Patient muss in der Lage sein zu erkennen, in welcher Weise sich die eine oder andere Behandlungsmöglichkeit auf seine spätere Lebensführung auswirken kann.

Die Aufklärungspflicht wird nicht dadurch ausgeschlossen, dass die alternative Be- **1138**
handlungsmethode lediglich zu einer Linderung der Beschwerden führt, wenn die Alternative mit deutlich geringeren Risiken oder Beeinträchtigungen verbunden ist.[517]

Auf ein alternativ in Betracht kommendes, neuartiges Verfahren muss der Arzt ohne **1139**
ausdrückliche Nachfrage des Patienten nicht hinweisen.[518] Etwas anderes gilt erst dann, wenn sich das Verfahren weitgehend durchgesetzt hat. Die Verpflichtung zur Darstellung von Behandlungsalternativen scheidet auch bei echten Behandlungsalternativen aus, wenn im konkreten Einzelfall die alternative Behandlungsmethode tatsächlich nicht durchführbar ist.[519] Dies kann aus in dem konkreten Krankheitsbild liegenden Gründen der Fall sein. Denkbar ist aber auch, dass die Behandlungsmethode aufgrund fehlender apparativer oder personeller Voraussetzungen des behandelnden Krankenhauses ausscheidet. Grundsätzlich besteht ohne ausdrückliche Nachfrage des Patienten keine Aufklärungspflicht über eine bessere Ausstattung und modernere Behandlung in Großkrankenhäusern, sofern nur die personelle und sachliche Ausstattung des Krankenhauses dem für die jeweilige Versorgungsebene geforderten Mindeststandard entspricht.[520] Nur in seltenen Ausnahmefällen kommt ohne vorherige Nachfrage des Patienten eine Aufklärungspflicht in Betracht, wenn die

---

(Fn. 14), Rn. 270; *Ehlers/Broglie* (Fn. 117), Rn. 885; *Frahm/Nixdorf/Walter* (Fn. 2), Rn. 204; *Geiß/Greiner* (Fn. 2), Rn. C 23, C 33; *Laufs/Katzenmeier/Lipp* (Fn. 14), 112 Rn. 26; Laufs/Kern/*Laufs* (Fn. 39), § 60 Rn. 6; *Martis/Winkhart* (Fn. 2), 158; *Steffen/Pauge* (Fn. 2), Rn. 449.

515 BGH NJW 2005, 1718 = VersR 2005, 836 (»wesentlich unterschiedliche Risiken und Erfolgschancen«); *Geiß/Greiner* (Fn. 2), Rn. C 23.

516 BGH NJW 2006, 2477 = VersR 2006, 1073 - Robodoc; NJW 1996, 776 = VersR 1996, 233; *Frahm/Nixdorf/Walter* (Fn. 2), Rn. 204; *Geiß/Greiner* (Fn. 2), Rn. C 24; Laufs/Kern/*Laufs* (Fn. 39), § 60 Rn. 4; *Martis/Winkhart* (Fn. 2), 159; Spickhoff/*Wellner* (Fn. 2), BGB §§ 823 ff. Rn. 209; *Steffen/Pauge* (Fn. 2), Rn. 448.

517 BGH NJW 2000, 1788 = VersR 2000, 766; OLG Karlsruhe OLGR 2003, 233; *Geiß/Greiner* (Fn. 2), Rn. C 29; *Martis/Winkhart* (Fn. 2), 167.

518 BGH NJW 1988, 1516 = VersR 1988, 495; NJW 1984, 1810 = VersR 1984, 470; *Geiß/Greiner* (Fn. 2), Rn. C 40; *Laufs/Katzenmeier/Lipp* (Fn. 14), 113 Rn. 27; Laufs/Kern/*Laufs* (Fn. 39), § 60 Rn. 7; *Martis/Winkhart* (Fn. 2), 182; Spickhoff/*Wellner* (Fn. 2), BGB §§ 823 ff. Rn. 214; *Steffen/Pauge* (Fn. 2), Rn. 456.

519 *Deutsch/Spickhoff* (Fn. 14), Rn. 270; *Ehlers/Broglie* (Fn. 117), Rn. 883; Laufs/Kern/*Laufs* (Fn. 39), § 60 Rn. 5.

520 BGH NJW 1988, 2302 = VersR 1988, 914; NJW 1988, 763 = VersR 1988, 179; *Ehlers/Broglie* (Fn. 117), Rn. 884; *Frahm/Nixdorf/Walter* (Fn. 2), Rn. 205; *Gehrlein* (Fn. 9), Rn. C 38; *Geiß/*

sachliche Ausstattung des Krankenhauses an der untersten Bandbreite des geforderten Soll-Standards liegt und der Patient in einem anderen Krankenhaus mit besserer sachlicher und personeller Ausstattung eine deutlich bessere Heilungschance hätte.[521] Eine besondere Aufklärungspflicht besteht schließlich, wenn die von dem Arzt verwendete apparative Ausstattung nicht mehr dem geforderten Mindeststandard entspricht[522] oder wenn sich ein neues und anderweitig praktiziertes Verfahren weitgehend durchgesetzt hat und für den Patienten deutlich risikoärmer ist.[523]

1140 Will sich der Arzt für eine Behandlungsmethode entscheiden, die nicht oder noch nicht dem geforderten Soll-Standard entspricht, muss der Arzt auf jeden Fall über die dem geforderten Standard entsprechende Behandlungsalternativen aufklären. Dies gilt in gleicher Weise, wenn der Arzt sich für eine sog. Neulandmethode oder Außenseitermethode entscheiden will. Hier muss der Arzt nicht nur auf die alternativ zur Verfügung stehenden anerkannten Behandlungsmethoden hinweisen, sondern darüber hinaus deutlich machen, dass es sich bei der von ihm vorgeschlagenen Methode um eine neue, noch nicht allgemein anerkannte Methode handelt und dass die Methode sowohl hinsichtlich der langfristigen Wirksamkeit als auch hinsichtlich unbekannter Risiken nicht endgültig abgesichert ist.[524]

1141 Insgesamt muss die Aufklärung den Patienten in die Lage versetzen, sich willensmängelfrei und informiert für die eine und gegen die andere zur Verfügung stehende Behandlungsmethode zu entscheiden.

3. Die Risikoaufklärung

1142 Zu der ordnungsgemäßen Aufklärung gehört als Weiteres die sog. Risikoaufklärung.

1143 Zweck der Risikoaufklärung ist es, den Patienten ein Bild von den durch die Behandlung möglicherweise ungewollt herbeigeführten Auswirkungen auf seine weitere Lebensführung zu geben und ihn in die Lage zu versetzen, sich unter Abwägung der bestehenden Risiken und deren Auswirkungen einerseits und dem Zweck der Behandlung sowie deren Erfolgsaussichten und Belastungen andererseits willentlich für oder gegen den vorgeschlagenen Eingriff zu entscheiden. Dem Patienten sind zu diesem Zweck die Risiken nicht in allen medizinischen Details zu erläutern. Vielmehr muss die Aufklärung dazu führen, dass der Patient sich über die bei einer ordnungsgemäßen Durchführung des Eingriffes bestehenden spezifischen Risiken im Großen und Ganzen ein Bild machen kann. Dem Patienten muss die »Stoßrichtung« eines möglichen Risikos verdeutlicht werden.[525]

Greiner (Fn. 2), Rn. C 37; Laufs/Kern/*Laufs* (Fn. 39), § 60 Rn. 6; *Martis/Winkhart* (Fn. 2), 195; Spickhoff/*Wellner* (Fn. 2), BGB §§ 823 ff. Rn. 213; *Steffen/Pauge* (Fn. 2), Rn. 451.

521 BGH NJW 1989, 2321 = VersR 1989, 851; *Frahm/Nixdorf/Walter* (Fn. 2), Rn. 205; *Gehrlein* (Fn. 9), Rn. C 38; *Geiß/Greiner* (Fn. 2), Rn. C 37, C 40; *Martis/Winkhart* (Fn. 2), 195; *Steffen/Pauge* (Fn. 2), Rn. 449, 450.

522 BGH NJW 1992, 754 = VersR 1992, 240; in einer solchen Konstellation dürfte regelmäßig in der Übernahme der Behandlung bei unzureichender Ausstattung ein Behandlungsfehler liegen.

523 BGH NJW 2006, 2108 = VersR 2006, 838; NJW 1988, 763 = VersR 1988, 240; *Frahm/Nixdorf/Walter* (Fn. 2), Rn. 205; *Geiß/Greiner* (Fn. 2), Rn. C 37, C 40; *Martis/Winkhart* (Fn. 2), 195.

524 BGH NJW 2006, 2477 = VersR 2007, 1073 – Robodoc; *Ehlers/Broglie* (Fn. 117), Rn. 885; *Gehrlein* (Fn. 9), Rn. C 39; *Geiß/Greiner* (Fn. 2), Rn. C 21; *Laufs/Katzenmeier/Lipp* (Fn. 14), 113 Rn. 28; *Martis/Winkhart* (Fn. 2), 149; Spickhoff/*Wellner* (Fn. 2), BGB §§ 823 ff. Rn. 214; *Steffen/Pauge* (Fn. 2), Rn. 455, 462.

525 BGH NJW 2006, 2108 = VersR 2006, 838; NJW 1991, 2346 = VersR 1991, 777; *Frahm/Nixdorf/*

Die Aufklärungsbedürftigkeit eines Risikos richtet sich nicht allein nach der Komplikationshäufigkeit und insbesondere nicht nach mehr oder weniger sicher nachgewiesenen prozentualen Eintrittswahrscheinlichkeiten hinsichtlich eines bestimmten Risikos. Entscheidend ist vielmehr, dass in erster Linie das Maß der Beeinträchtigung der späteren Lebensführung des Patienten bei tatsächlicher Risikoverwirklichung dem Patienten verdeutlicht wird.[526] Je intensiver sich die Verwirklichung eines Risikos auf die Lebensführung des Patienten auswirkt, desto eher und intensiver ist auf das Risiko hinzuweisen. Über Risiken, die im Falle ihrer Verwirklichung zu einer empfindlichen Veränderung der späteren Lebensführung führen können, wie zB das Risiko der Querschnittslähmung, ist dementsprechend auch dann aufzuklären, wenn die Komplikationswahrscheinlichkeit nur äußerst gering ist.[527] Das gilt selbst hinsichtlich minder schwerer aber die Lebensführung beeinträchtigender Risiken, wenn über stärker belastende Risiken aufgeklärt worden ist.[528] Darüber hinaus besteht die Verpflichtung des Arztes, auf mit einer Behandlung verbundene spezifische Risiken, also solche Risiken, die dem Eingriff spezifisch anhaften, ungeachtet des Grades der Realisierungswahrscheinlichkeit auf jeden Fall hinzuweisen, selbst wenn sich die Realisierungswahrscheinlichkeit im Promillebereich bewegt.[529] Etwas anderes gilt in seltenen Ausnahmefällen nur dann, wenn ein eingriffsspezifisches Risiko derart außergewöhnlich und unvorhersehbar ist, dass es für die Einwilligung des Patienten ohne Bedeutung ist. Dies kann nur bei extrem seltenen oder geringfügigen Risiken der Fall sein. Die einem Eingriff spezifisch anhaftenden Risiken können regelmäßig nur auf der Basis medizinischer Sachverständigengutachten ermittelt werden. 1144

Auswirkungen auf den Umfang der Risikoaufklärung hat auch der Grad der Eingriffsindikation. Selbst bei vital indizierten Eingriffen, insbesondere Notfalleingriffen, entfällt die Aufklärungspflicht nicht. Dem Patienten muss zumindest eine allgemeine Vorstellung über die Schwere des Eingriffs und die damit verbundenen spezifischen 1145

Walter (Fn. 2), Rn. 196; *Gehrlein* (Fn. 9), Rn. C 18, C 41; *Geiß/Greiner* (Fn. 2), Rn. C 86; *Laufs/Katzenmeier/Lipp* (Fn. 14), 109 Rn. 19; Laufs/Kern/*Laufs* (Fn. 39), § 60 Rn. 1; *Martis/Winkhart* (Fn. 2), 83, 118; Spickhoff/*Wellner* (Fn. 2), BGB §§ 823 ff. Rn. 232; *Steffen/Pauge* (Fn. 2), Rn. 466; *Martis* MDR 2009, 611.

526 BGH NJW 2010, 3230 = VersR 2010, 1220; NJW 2006, 2108 = VersR 2006, 838; NJW 2000, 1784 = VersR 2000, 725; OLG Frankfurt VersR 2004, 1053; (zur mangelnden Aussagekraft von Risikostatistiken); *Ehlers/Broglie* (Fn. 117), Rn. 868, 873; *Frahm/Nixdorf/Walter* (Fn. 2), Rn. 200; *Gehrlein* (Fn. 9), Rn. C 18, C 19; *Geiß/Greiner* (Fn. 2), Rn. C 42; Laufs/Kern/*Laufs* (Fn. 39), § 60 Rn. 3; *Laufs/Katzenmeier/Lipp* (Fn. 14), 111 Rn. 23; *Martis/Winkhart* (Fn. 2), 84, 138; Spickhoff/*Wellner* (Fn. 2), BGB §§ 823 ff. Rn. 232; *Steffen/Pauge* (Fn. 2), Rn. 378, 380.

527 BGH NJW 2011, 375 = VersR 2011, 223 (Risiko eines cerebralen Hygroms); NJW 2010, 3230 = VersR 2010, 1220 (Risiko der Querschnittlähmung); NJW 2007, 217 = VersR 2007, 66 (Risiko der Falschgelenkbildung); NJW 2000, 1784 = VersR 2000, 725 (Risiko der Kinderlähmung nach Polioimpfung); NJW 1996, 777 = VersR 1996, 195; NJW 1995, 2410 = VersR 1995, 1055; (Risiko der Querschnittlähmung nach Myelographie); NJW 1991, 2346 = VersR 1991, 777 (differenzierend hinsichtlich der Ursache des Risikos der Querschnittlähmung nach Bandscheiben-OP); *Frahm/Nixdorf/Walter* (Fn. 2), Rn. 200; *Gehrlein* (Fn. 9), Rn. C 21; *Geiß/Greiner* (Fn. 2), Rn. C 61; Laufs/Kern/*Laufs* (Fn. 39), § 60 Rn. 3; *Martis/Winkhart* (Fn. 2), 142; *Steffen/Pauge* (Fn. 2), Rn. 388, 414.

528 BGH NJW 2007, 217 = VersR 2007, 66.

529 BGH NJW 2011, 375 = VersR 2011, 223 »wenn sich das Risiko sehr selten verwirklicht«); NJW 2010, 3230 = VersR 2010, 1220; NJW 2000, 1784 = VersR 2000, 725; NJW 1996, 779 = VersR 1996, 330 (Letalitätsrisiko nach Gallenblasen-OP); *Frahm/Nixdorf/Walter* (Fn. 2), Rn. 199; *Geiß/Greiner* (Fn. 2), Rn. C 44; Laufs/Kern/*Laufs* (Fn. 39), § 60 Rn. 3; *Martis/Winkhart* (Fn. 2), 138; *Steffen/Pauge* (Fn. 2), Rn. 402.

Risiken vermittelt werden.[530] Ist eine Behandlung demgegenüber nicht dringend indiziert, muss dem Patienten ein Bild über die bestehenden Risiken in einer Weise vermittelt werden, dass dieser auch unter Berücksichtung möglicherweise entfernt liegender Risiken die Entscheidung für die Durchführung des Eingriffs bzw. für einen Verzicht auf den Eingriff treffen kann.[531] Der Patient ist dabei nicht nur über die mit dem Eingriff verbundenen spezifischen Risiken, sondern auch über weitere, nicht ganz seltene andere Risiken zu informieren.

1146 Über die allgemeinen, mit jeder Operation verbundenen Operationsrisiken muss der Patient nur dann nicht aufgeklärt werden, wenn die Risiken und deren Schwere bekannt sind. Dies dürfte hinsichtlich der typischen Gefahren von Wundinfektionen, Narbenbrüchen, der Gefahr von Nachblutungen, des Eintritts vorübergehender anästhesiebedingter Nervschäden sowie von Thrombosen und Embolien regelmäßig der Fall sein.[532] Insoweit kann hier – einzelfallbezogen und abhängig von der konkreten Behandlungssituation – ausnahmsweise eine Aufklärungspflicht entfallen. Dies gilt jedoch dann nicht, wenn der Patient die Risiken erkennbar unterschätzt oder die allgemeinen Operationsrisiken im Einzelfall bei ihrer Verwirklichung zu weitreichenden Folgen führen können.[533] Es empfiehlt sich daher im Regelfall auch über die allgemeinen Operationsrisiken aufzuklären.

1147 Über unbekannte Risiken und solche, die lediglich auf Außenseitermeinungen beruhen, muss nicht aufgeklärt werden.[534] Dies gilt auch für Risiken, die außerhalb des maßgeblichen Fachgebietes in wissenschaftlichen Fachzirkeln diskutiert werden, deren Kenntnis aber noch nicht zum Standard des Fachgebietes des behandelnden Arztes gehört.[535] Entscheidet sich der Arzt allerdings für die Anwendung einer noch nicht allgemein anerkannten Behandlungsmethode oder führt er einen Heilversuch durch, muss er sich über die spezifischen Risiken dieser Methode konkret informieren. Er muss den Patienten auch über das Vorhandensein noch nicht abschließend geklärter

530 BGH NJW 1984, 1397 = VersR 1984, 465; *Ehlers/Broglie* (Fn. 117), Rn. 878; *Frahm/Nixdorf/Walter* (Fn. 2), Rn. 199; *Gehrlein* (Fn. 9), Rn. C 18; *Geiß/Greiner* (Fn. 2), Rn. C 11; Laufs/Kern/*Laufs* (Fn. 39), § 60 Rn. 1, 3; *Steffen/Pauge* (Fn. 2), Rn. 440.

531 BGH NJW 2009, 1209 = VersR 2009, 257; OLG Bremen VersR 2004, 911; OLG Koblenz NJW-RR 2002, 816 = VersR 2003, 1313; OLG Oldenburg NJW 1997, 1642 = VersR 1997, 1493; *Ehlers/Broglie* (Fn. 117), Rn. 878; *Frahm/Nixdorf/Walter* (Fn. 2), Rn. 200; *Gehrlein* (Fn. 9), Rn. C 19; Laufs/Kern/*Laufs* (Fn. 39), § 60 Rn. 5; *Laufs/Katzenmeier/Lipp* (Fn. 14), 109 Rn. 20; *Martis/Winkhart* (Fn. 2), 129.

532 BGH NJW 2000, 3423 = VersR 2000, 1282 (fortdauernde Schmerzen); NJW 1996, 778 (allgemeines Infektionsrisiko); *Ehlers/Broglie* (Fn. 117), Rn. 870; *Frahm/Nixdorf/Walter* (Fn. 2), Rn. 203; *Gehrlein* (Fn. 9), Rn. C 28; *Geiß/Greiner* (Fn. 2), Rn. C 47; *Martis/Winkhart* (Fn. 2), 123; Spickhoff/*Wellner* (Fn. 2), BGB §§ 823 ff. Rn. 233; *Steffen/Pauge* (Fn. 2), Rn. 480.

533 BGH NJW 1994, 2414 = VersR 1994, 1302 (Infektionsrisiko bei Kniegelenkpunktion); NJW 1992, 743 = VersR 1992, 314; *Frahm/Nixdorf/Walter* (Fn. 2), Rn. 203; *Geiß/Greiner* (Fn. 2), Rn. C 47; *Laufs/Katzenmeier/Lipp* (Fn. 14), 111 Rn. 24; *Martis/Winkhart* (Fn. 2), 124.

534 BGH NJW 2011, 375 = VersR 2011, 223; NJW 2010, 3230 = VersR 2010, 1220; anders wenn es sich um ernst zu nehmende Stimmen in einer noch nicht abgeschlossenen wissenschaftlichen Diskussion handelt, vgl. BGH NJW 1996, 776 = VersR 1996, 223; OLG Koblenz NJW 1999, 3419; *Frahm/Nixdorf/Walter* (Fn. 2), Rn. 201; *Martis/Winkhart* (Fn. 2), 138; *Steffen/Pauge* (Fn. 2), Rn. 448; dazu auch *Ehlers/Broglie* (Fn. 117), Rn. 871 (»Einzelstimmen in der Literatur und auf Kongressen verpflichten den Arzt zur Beschäftigung mit dem Risiko«).

535 BGH NJW 2011, 375 = VersR 2011, 223; NJW 2010, 3230 = VersR 2010, 1220 (Haftung entfällt mangels schuldhafter Pflichtverletzung); OLG Düsseldorf VersR 1996, 377 (Aidsinfektion nach Bluttransfusion im Jahr 1984); *Frahm/Nixdorf/Walter* (Fn. 2), Rn. 201, 214; *Gehrlein* (Fn. 9), Rn. C 17; *Geiß/Greiner* (Fn. 2), Rn. C 46; *Laufs/Katzenmeier/Lipp* (Fn. 14), 111 Rn. 24.

Risiken in Kenntnis setzen, wobei in Abgrenzung zu bloßen Vermutungen, sich die Einschätzungen zumindest zum Maß der »konkreten Vermutungen« verdichtet haben müssen. Darüber hinaus gehört bei der Anwendung neuer Behandlungsmethoden und medizinischer Heilversuche zu einer ordnungsgemäßen Risikoaufklärung auch der Hinweis darauf, dass mit der Methode bisher nicht bekannte Risiken verbunden sein können, also ein Bereich verbleibt, für den eine Risikoeinschätzung nicht möglich ist.[536]

Die Pflicht zur Risikoaufklärung besteht nicht nur bei therapeutischen, sondern auch bei diagnostischen Eingriffen. Haben die diagnostischen Eingriffe keinen therapeutischen Eigenwert, sind darüber hinaus gesteigerte Anforderungen an die Intensität der Risikoaufklärung zu stellen. Auch entfernt liegende Risiken müssen angemessen dargestellt werden. Der Patient muss darüber hinaus über die Notwendigkeit des diagnostischen Eingriffes sowie über Alternativen informiert werden, damit er sich über die Chancen und Risiken des diagnostischen Eingriffes sowie die damit verbundenen Belastungen willensmängelfrei entscheiden kann.[537] 1148

Erst recht bedarf es einer sorgfältigen Risikoaufklärung bei der Durchführung fremdnütziger Blutspenden,[538] da diese schon definitionsgemäß ohne Vorteil für den Spender sind. 1149

Die Verpflichtung zur Risikoaufklärung erstreckt sich in gleicher Weise auf die Medikamentengabe. Dies gilt zunächst für den Einsatz aggressiver Medikamente, der mit einem ärztlichen Eingriff gleichzusetzen ist.[539] Gleiches gilt auch für die Risiken bei Impfungen.[540] Darüber hinaus ist der Patient beim erstmaligen Einsatz eines Medikamentes über die mit der Medikamenteneinnahme verbundenen Nebenwirkungsrisiken zu informieren. Dies gilt auch im Falle eines Medikamentenwechsels, selbst wenn die mit dem neuen Medikament verbundenen Risiken im Vergleich zu dem »Alt-Medikament« geringer sind.[541] Insoweit ist neben der Risikoaufklärung auch die therapeutische Sicherungsaufklärung und damit die Behandlungsfehlerhaftung tangiert.[542] Die Aufklärung kann im Normalfall durch Hinweis auf die Pa- 1150

536 BGH NJW 2007, 2774 = VersR 2007, 1273 - Racz-Katheter; NJW 2006, 2477 = VersR 2006, 1073 – Robodoc; *Frahm/Nixdorf/Walter* (Fn. 2), Rn. 201; *Gehrlein* (Fn. 9), Rn. C 39; *Geiß/Greiner* (Fn. 2), Rn. C 39, 46; *Martis/Winkhart* (Fn. 2), 148; *Steffen/Pauge* (Fn. 2), Rn. 455, 462; *Terbille* (Fn. 27), § 1 Rn. 470; *Bender* VersR 2009, 113; *Katzenmeier* NJW 2006, 2738; *Vogeler* MedR 2008, 697; ebenso bei einem medikamentösen Heilversuch, vgl. BGH NJW 2007, 2767 = VersR 2007, 995; dazu *Koenig/Müller* MedR 2008,190; *Hart* MedR 2007, 631; *Katzenmeier* JZ 2007, 1108.

537 BGH NJW 2009, 1209 = VersR 2009, 257; OLG Koblenz NJW-RR 2002, 816 = VersR 2003, 1313; *Frahm/Nixdorf/Walter* (Fn. 2), Rn. 200; *Ehlers/Broglie* (Fn. 117), Rn. 879; *Gehrlein* (Fn. 9), Rn. C 24; *Geiß/Greiner* (Fn. 2), Rn. C 49; Laufs/Kern/*Laufs* (Fn. 39), § 60 Rn. 8 - 10; *Martis/Winkhart* (Fn. 2), 127, 130.

538 BGH NJW 2006, 2108 = VersR 2006, 838; *Deutsch/Spickhoff* (Fn. 14), Rn. 290; *Frahm/Nixdorf/Walter* (Fn. 2), Rn. 200; *Geiß/Greiner* (Fn. 2), Rn. C 49; *Martis/Winkhart* (Fn. 2), 145; Spickhoff/*Wellner* (Fn. 2), BGB §§ 823 ff. Rn. 238; *Steffen/Pauge* (Fn. 2), Rn. 472; *Spickhoff* NJW 2006, 2075; *Gödicke* MedR 2006, 658.

539 BGH NJW 2005, 1716 = VersR 2005, 834; *Deutsch/Spickhoff* (Fn. 14), Rn. 274 (zu infundierten Medikamenten); *Gehrlein* (Fn. 9), Rn. C 23; *Martis/Winkhart* (Fn. 2), 108.

540 BGH NJW 2000, 1784 = VersR 2000, 725 (Polio-Impfung); OLG Köln MedR 2009, 669 = VersR 2009, 1269 (begrenzte Aufklärungspflicht bei Hepatitis-A Impfung).

541 BGH NJW 2007, 2771 = VersR 2007, 999; *Frahm/Nixdorf/Walter* (Fn. 2), Rn. 196; *Geiß/Greiner* (Fn. 2), Rn. C 49; *Martis/Winkhart* (Fn. 2), 108, 144; *Terbille* (Fn. 27), § 1 Rn. 427; allgemein zur Aufklärung vor dem Einsatz von Medizinprodukten, *Deutsch* VersR 2006, 1145.

542 *Gehrlein* (Fn. 9), Rn. B 49; *Geiß/Greiner* (Fn. 2), Rn. B 97; Laufs/Kern/*Laufs* (Fn. 39), § 58 Rn. 8; *Martis/Winkhart* (Fn. 2), 109; dazu auch *Riemenschneider/Paetzold* NJW 1997, 2420.

ckungsbeilage und die dort enthaltenen Warnhinweise geschehen. Bei schwerwiegenden Risiken reicht ein solcher Hinweis allerdings nicht aus. Vielmehr muss der Arzt ausdrücklich auf derartige schwerwiegende Folgen hinweisen.[543]

1151 Bei der Gabe von nicht zugelassenen Medikamenten ist zu unterscheiden. Handelt es sich um Medikamente, die für einen bestimmten Indikationsbereich nicht zugelassen sind, deren Anwendung in den Indikationsbereich aber üblich ist (sog. Off-Label-Use), richtet sich die Risikoaufklärung nach den allgemeinen Grundsätzen. Entspricht die Gabe des noch nicht zugelassenen Medikamentes demgegenüber noch nicht allgemeiner Üblichkeit oder handelt es sich gar um einen »zulässigen« Medikamentenversuch, gelten die für neue Behandlungsmethoden entwickelten Grundsätze. Der Patient ist daher auf die noch nicht anerkannte allgemeine Üblichkeit und das Fehlen der Zulassung hinzuweisen. Der Arzt muss den Patienten darüber hinaus über Risiken, für die eine konkrete Vermutung spricht, informieren und darüber in Kenntnis setzen, dass die Möglichkeit besteht, dass weitere, noch unbekannte Risiken mit der Medikamenteneinnahme verbunden sein können.[544]

4. Besonderheiten bei sog. Schönheitsoperationen

1152 Besonderheiten hinsichtlich der Aufklärung bestehen bei medizinisch nicht indizierten kosmetischen Operationen, sog. Schönheitsoperationen. Bei derartigen Operationen muss der Patient deutlich darauf hingewiesen werden, dass die Operation medizinisch nicht indiziert ist und daher nicht durchgeführt werden muss.[545] Ihm muss mit aller Deutlichkeit vor Augen geführt werden, welche kosmetischen Verbesserungen mit der beabsichtigten Operation im günstigsten Fall erreicht werden können. Auch die Möglichkeit und der Grad der Wahrscheinlichkeit des Nichterreichens des gewünschten Erfolges muss Inhalt der Aufklärung sein. Der Patient muss des Weiteren darüber informiert werden, dass es ggf. zu einer Verschlechterung des Erscheinungsbildes kommen kann. Dies gilt insbesondere, wenn bleibende Entstellungen nicht auszuschließen sind. Über die mit dem Eingriff verbundenen Risiken ist intensiv und schonungslos aufzuklären.[546] Die Aufklärung muss umso ausführlicher geschehen, je weniger sich eine medizinische Indikation für den Eingriff finden lässt.

1153 Diese Grundsätze gelten auch für sonstige medizinisch nicht indizierte Eingriffe wie zB fremdnützige Blutspenden.[547] Sie sind allerdings auf kosmetische Eingriffe nicht anwendbar, die medizinisch indiziert sind, so zB bei Verbrennungsoperationen.

543 BGH NJW 2005, 1716 = VersR 2005, 834; *Deutsch/Spickhoff* (Fn. 14), Rn. 274; *Frahm/Nixdorf/Walter* (Fn. 2), Rn. 196, 121; *Gehrlein* (Fn. 9), Rn. B 49, C 23; *Martis/Winkhart* (Fn. 2), 108; *Steffen/Pauge* (Fn. 2), Rn. 476; *Stöhr* GesR 2006, 145.

544 BGH NJW 2007, 2771 = VersR 2007, 999; NJW 2007, 2767 = VersR 2007, 995; dazu *Hart*, FS ARGE Medizinrecht, 2008, 173; *Koenig/Müller* MedR 2008, 190; *Vogeler* MedR 2008, 697; *Hart* MedR 2007, 631; *Katzenmeier* JZ 2007, 1108.

545 BGH NJW 1991, 2349 = VersR 1991, 227; *Gehrlein* (Fn. 9), Rn. C 8; *Geiß/Greiner* (Fn. 2), Rn. C 9; *Martis/Winkhart* (Fn. 2), 131; zum Piercing durch einen nichtärztlichen Piercer, vgl. LG Koblenz MedR 2007, 738; kritisch dazu *Berntzen* MedR 2007, 739.

546 BGH NJW 2006, 2108 = VersR 2006, 227; NJW 1991, 2349 = VersR 1991, 227; *Deutsch/Spickhoff* (Fn. 14), Rn. 289; *Ehlers/Broglie* (Fn. 117), Rn. 878; *Gehrlein* (Fn. 9), Rn. C 8; *Martis/Winkhart* (Fn. 2), 131; Spickhoff/*Wellner* (Fn. 2), BGB §§ 823 ff. Rn. 238; *Steffen/Pauge* (Fn. 2), Rn. 471; *Terbille* (Fn. 27), § 1 Rn. 466 – 469; *Martis* MDR 2009, 611.

547 BGH NJW 2006, 2108 = VersR 2006, 838; Laufs/Kern/*Laufs* (Fn. 39), § 59 Rn. 23; *Steffen/Pauge* (Fn. 2), Rn. 472.

5. Die wirtschaftliche Aufklärung

Grundsätzlich obliegt dem Arzt nicht die Verpflichtung, den Patienten über die mit einer allgemeinmedizinischen Behandlung verbundenen Kosten zu informieren. In diesem Zusammenhang reicht bei Zweifeln an der Erstattungsfähigkeit der entstehenden Kosten durch die Krankenversicherung regelmäßig der Hinweis des Arztes aus, dass die Krankenversicherung des Patienten die Kosten möglicherweise nicht übernimmt und der Patient deshalb vor der Behandlung eine Abklärung mit der Krankenversicherung vornehmen soll.[548] Gleiches gilt, wenn der Arzt erkennen kann, dass bei sonstigen ärztlichen Leistungen die gesetzliche oder private Krankenversicherung die Kosten nicht übernehmen wird. In gleicher Weise besteht die Verpflichtung des Arztes, den Patienten darauf hinzuweisen, dass sonstige Leistungen nicht von der gesetzlichen Krankenversicherung übernommen werden. Dies gilt zum einen für nicht erfolgversprechende Therapien (Stichwort: Wunderheiler), zum zweiten für die sog. IGeL-Leistungen (individuelle Gesundheitsleistungen), die nicht zum Leistungsspektrum der gesetzlichen Krankenversicherung gehören, und zum dritten für kosmetische Operationen.[549] Gefordert wird vom Arzt kein umfassender Preisvergleich, sondern lediglich der Hinweis auf die Möglichkeit der fehlenden Erstattungspflicht.[550] 1154

Rechtsfolge eines Fehlers bei der wirtschaftlichen Aufklärung ist regelmäßig nicht die Schadensersatzhaftung des Arztes, sondern allein das Entfallen seines Honoraranspruches. 1155

Besteht neben einer von der gesetzlichen Krankenversicherung getragenen Behandlungsmöglichkeit eine Behandlungsalternative, die nicht zum Leistungsspektrum der gesetzlichen Krankenversicherung gehört, ist der Arzt grundsätzlich verpflichtet, den Patienten auf diese Möglichkeit hinzuweisen, wenn die Behandlungsmöglichkeit deutlich risikoärmer ist oder einen größeren Heilerfolg verspricht.[551] Mit dem Hinweis muss die Darstellung der fehlenden Erstattungspflicht der gesetzlichen Krankenversicherung verbunden sein. Der Arzt muss darüber hinaus bei einer echten Alternative zwischen stationärer und ambulanter Therapie auch über die wirtschaftlichen Folgen der verschiedenen Behandlungen aufklären.[552] 1156

---

548 BGH NJW 2000, 2349 = VersR 2000, 999; *Deutsch/Spickhoff* (Fn. 14), Rn. 280; *Geiß/Greiner* (Fn. 2), Rn. A 7, A 96; Laufs/Kern/*Laufs* (Fn. 39), § 61 Rn. 17; *Martis/Winkhart* (Fn. 2), 111; Spickhoff/*Wellner* (Fn. 2), BGB §§ 823 ff. Rn. 204; *Steffen/Pauge* (Fn. 2), Rn. 375; *Schelling* MedR 2004, 422; *Stöhr* MedR 2004, 156; zu den Unterschieden bei gesetzlich und privat krankenversicherten Patienten, vgl. *Martis/Winkhart* (Fn. 2), 111, 112.

549 OLG Stuttgart VersR 2003, 462; Laufs/Kern/*Laufs* (Fn. 39), § 61 Rn. 18; *Martis/Winkhart* (Fn. 2), 116; zur Aufklärungspflicht bei drohenden Nachbehandlungskosten nach § 52 SGB V *Teichner/Schröder* MedR 2009, 586.

550 *Geiß/Greiner* (Fn. 2), Rn. A 7, A 96; anders stellt sich die Situation aber bei der privatärztlichen Chefarztbehandlung im Krankenhaus dar, vgl. zu den Anforderungen bei Abschluss einer Wahlleistungsvereinbarung BGH NJW-RR 2004, 1428 = VersR 2005, 120; NJW 2004, 686 = VersR 2004, 1007; NJW 2004, 684 = VersR 2004, 1007; dazu *Steffen/Pauge* (Fn. 2), Rn. 30.

551 So *Martis/Winkhart* (Fn. 2), 116; *Schelling* MedR 2004, 422; wohl auch Laufs/Kern/*Laufs* (Fn. 39), § 61 Rn. 17; weitergehend (generelle Hinweispflicht) *Hart* MedR 1999, 47; *Rumler-Detzel* VersR 1998, 546; ablehnend *Steffen/Pauge* (Fn. 2), Rn. 376.

552 BGH NJW 1983, 2630 = VersR 1983, 443 ; LG Karlsruhe NJW-RR 2005, 1690 = VersR 2006, 1217; *Laufs/Katzenmeier/Lipp* (Fn. 14), 108 Rn. 18; *Martis/Winkhart* (Fn. 2), 111; *Schelling* MedR 2004, 422.

III. Die Intensität der Aufklärung

1. Grundsätzliches

1157 Entsprechend dem Zweck der Aufklärung, den Patienten in die Lage zu versetzen, willensmängelfrei und bewusst in eine vorgeschlagene Operation einwilligen zu können bzw. diese abzulehnen, muss die Aufklärung in einer dem Verständnishorizont des Patienten entsprechenden Weise erfolgen. Dabei ist es weder notwendig noch geboten, dem Patienten medizinische Details über den Eingriff oder medizinische Wirkungszusammenhänge im Zusammenhang mit der Risikoaufklärung zu vermitteln. Vielmehr reicht es aus, den Patienten in einer Weise zu informieren, dass er eine allgemeine Vorstellung von dem Eingriff, den mit dem Eingriff verbundenen Belastungen und den mit dem Eingriff verbundenen spezifischen und allgemeinen Risiken erwirbt.[553] Geboten ist eine Aufklärung »im Großen und Ganzen«, die dem Patienten die Stoßrichtung des Risikos erkennen lässt. Je belastender sich ein Risiko nach dessen Verwirklichung auf die weitere Lebensführung des Patienten auswirkt, desto intensiver muss die Aufklärung sein.

2. Keine Verharmlosung

1158 Der Arzt muss die mit einer Behandlung verbundenen Belastungen und Risiken dem Patienten in einer den Belastungen und Risiken entsprechenden angemessenen Weise mitteilen. Zwar ist es nicht gefordert und in aller Regel nicht geboten, prozentuale Angaben über Risikoverwirklichungswahrscheinlichkeiten mitzuteilen. Dem Patienten muss jedoch ein realistisches Bild von dem Grad der Wahrscheinlichkeit des Risikoeintrittes vermittelt werden. Verharmlosungen oder Verniedlichungen des Risikos haben dabei zu unterbleiben, weil der Patient ansonsten nicht in der Lage ist, sich ein zutreffendes Bild von den auf ihn zukommenden, mit einer Behandlung verbundenen Risiken zu machen.[554] So darf der Arzt bestehende schwerwiegende Risiken hinsichtlich dauerhafter Schädigungen nicht durch den verniedlichenden Hinweis auf allgemeine, vorübergehende Schädigungen verdecken.[555] Bei Operationen mit hohem Misserfolgsrisiko muss insbesondere bei nur relativ bestehender Indikation auch das Misserfolgsrisiko und – ggf. – die Möglichkeit der Verschlechterung der gesundheitlichen Situation deutlich angesprochen werden.[556] Anderenfalls ist der Patient nicht in der Lage, unter Abwägung der mit einer Behandlung verbundenen Chancen und Risiken eine zutreffende Entscheidung über die Durchführung des vorgeschlagenen Eingriffes zu treffen.

---

553 BGH NJW 2006, 2108 = VersR 2006, 838; NJW 1991, 2346 = VersR 1991, 777; *Deutsch/Spickhoff* (Fn. 14), Rn. 282; *Frahm/Nixdorf/Walter* (Fn. 2), Rn. 196; *Gehrlein* (Fn. 9), Rn. C 18, C 41; *Geiß/Greiner* (Fn. 2), Rn. C 86; Laufs/Kern/*Laufs* (Fn. 39), § 60 Rn. 1; *Martis/Winkhart* (Fn. 2), 83, 118; *Steffen/Pauge* (Fn. 2), Rn. 466.

554 BGH NJW 1994, 793 = VersR 1994, 102; NJW 1992, 2351 = VersR 1992, 960; *Frahm/Nixdorf/Walter* (Fn. 2), Rn. 196; *Gehrlein* (Fn. 9), Rn. C 43; *Geiß/Greiner* (Fn. 2), Rn. C 90; *Martis/Winkhart* (Fn. 2), 126; *Steffen/Pauge* (Fn. 2), Rn. 473.

555 BGH NJW 2006, 2108 = VersR 2006, 838 (Risiken bei Blutspenden); NJW 1999, 863 = VersR 1999, 190 (zum – nicht ausreichenden - Hinweis auf das Risiko vorübergehender Lähmungen bei dauerhafter Nervschädigung); *Martis/Winkhart* (Fn. 2), 126.

556 BGH NJW 1992, 108 = VersR 1992, 358; NJW 1990, 2929 = VersR 1990, 1010; NJW 1991, 2349 = VersR 1991, 227 (kosmetische Operation); *Gehrlein* (Fn. 9), Rn. C 45; *Geiß/Greiner* (Fn. 2), Rn. C 93; Laufs/Kern/*Laufs* (Fn. 39), § 60 Rn. 3; *Martis/Winkhart* (Fn. 2), 135; *Steffen/Pauge* (Fn. 2), Rn. 473.

3. Die Dringlichkeit des Eingriffs

Die Aufklärung muss sich auch auf die Dringlichkeit des Eingriffes erstrecken. Nur 1159
bei sachgerechter Information über die Dringlichkeit eines Eingriffs kann der Patient nämlich entscheiden, ob er den Eingriff unverzüglich durchführen lässt oder zunächst weitere Abklärungen vornehmen lässt, andere Behandlungsmethoden versucht oder sich in die Behandlung eines anderen Arztes begibt. Dem Patienten muss daher dargestellt werden, ob ein Eingriff unaufschiebbar ist bzw. ob er – ggf. wie lange – verzögert werden kann.[557] Im letztgenannten Fall muss der Patient ergänzend darauf hingewiesen werden, welche Risiken mit einem Aufschieben oder gänzlichen Unterlassen des Eingriffes verbunden sind. Dies gilt erst recht, wenn ein operativer Eingriff durch eine konservative Therapie ersetzt werden kann oder der operative Eingriff zumindest deswegen verschoben werden könnte.[558]

IV. Der Aufklärungspflichtige

Jeder Arzt ist grundsätzlich für die ordnungsgemäße Aufklärung über die von ihm 1160
selbst durchgeführten Behandlungsmaßnahmen verantwortlich, soweit sein Fachgebiet betroffen ist. Demnach muss der Operateur auf das Operationsrisiko einschließlich möglicher operationsbedingter Lagerungsschäden hinweisen. Der Anästhesist ist für die Aufklärung über die mit der Anästhesie verbundenen Risiken zuständig, während der Strahlentherapeut über etwaige mögliche Strahlenschäden aufklären muss. Etwaige Fehler im Bereich eines Arztes einer Fachrichtung stellen grundsätzlich die Ordnungsgemäßheit der Aufklärung oder Behandlung des jeweils anderen Arztes einer anderen Fachrichtung nicht infrage, sofern der Arzt der anderen Fachrichtung nicht positive Kenntnis von dem Mangel der Aufklärung hat.[559] Es gilt insoweit der Vertrauensgrundsatz. Eine fehlerhafte Operationsaufklärung macht daher den Eingriff zwar rechtswidrig, führt aber nicht zur Haftung des an der Operation beteiligten Anästhesisten, solange dieser nicht positive Kenntnis von der fehlerhaften Operationsaufklärung hat.

Die Aufklärungspflicht trifft zunächst den Arzt, der den Eingriff selbst vornimmt.[560] 1161
Auch der die Überweisung zur Operation ausstellende Arzt soll aufgrund seiner Therapieempfehlung für die Aufklärung verantwortlich sein.[561] Das ist zumindest für einen niedergelassenen Überweiser bei einer Einweisung zur stationär im Krankenhaus durchzuführenden Operation zweifelhaft. Aufklärungsverpflichtet ist auf jeden

557 BGH NJW 2003, 1862 = VersR 2003, 858; NJW 1992, 2354 = VersR 1992, 747; NJW 1990, 2928 = VersR 1990, 1238; *Frahm/Nixdorf/Walter* (Fn. 2), Rn. 196; *Gehrlein* (Fn. 9), Rn. C 44; *Geiß/Greiner* (Fn. 2), Rn. C 91, C 92; *Martis/Winkhart* (Fn. 2), 128; *Steffen/Pauge* (Fn. 2), Rn. 398.

558 BGH NJW 2000, 1788 = VersR 2000, 766 (Vermeidung einer Operation durch konservative Behandlung); NJW 1998, 1784 = VersR 1998, 716 (zeitliche Verschiebung einer Operation); *Gehrlein* (Fn. 9), Rn. C 44; *Geiß/Greiner* (Fn. 2), Rn. C 91, C 92; *Martis/Winkhart* (Fn. 2), 129; *Steffen/Pauge* (Fn. 2), Rn. 447, 449.

559 OLG Karlsruhe OLGR 2004, 237; *Frahm/Nixdorf/Walter* (Fn. 2), Rn. 215; *Gehrlein* (Fn. 9), Rn. C 57; *Geiß/Greiner* (Fn. 2), Rn. C 106, C 107; Laufs/Kern/*Laufs* (Fn. 39), § 62 Rn. 3; *Martis/Winkhart* (Fn. 2), 209; *Steffen/Pauge* (Fn. 2), Rn. 504; *Katzenmeier* MedR 2004, 34.

560 *Frahm/Nixdorf/Walter* (Fn. 2), Rn. 215; *Gehrlein* (Fn. 9), Rn. C 56; *Geiß/Greiner* (Fn. 2), Rn. C 106; *Laufs/Katzenmeier/Lipp* (Fn. 14), 118 Rn. 38; Laufs/Kern/*Laufs* (Fn. 39), § 62 Rn. 1; *Martis/Winkhart* (Fn. 2), 209; *Steffen/Pauge* (Fn. 2), Rn. 504; *Katzenmeier* MedR 2004, 34.

561 BGH NJW 1980, 1905 = VersR 1981, 456; 1980, 633 = VersR 1980, 68; *Frahm/Nixdorf/Walter* (Fn. 2), Rn. 215; nicht aber der lediglich einen Eingriff empfehlende Konsiliararzt, OLG Oldenburg NJW 1996, 1601 = VersR 1996, 1111; siehe dazu unten Rn. 1165.

Fall der Arzt, der rein tatsächlich die aufklärungsbedürftige Behandlung übernimmt, also zB als aufnehmender Krankenhausarzt die Entscheidung über die Durchführung eines Eingriffes trifft.[562] In einer arbeitsteiligen Organisation, insbesondere in einem Krankenhaus, ist die Verantwortung für die Aufklärung regelmäßig in der Arbeitsteilung zugrundeliegenden organisatorischen Bestimmungen festgelegt. Für die ordnungsgemäße Organisation ist der Krankenhausträger verantwortlich. Neben die Eigenhaftung des oder der für die Aufklärung verantwortlichen Ärzte tritt daher die vertragliche und deliktische Haftung des Krankenhausträgers für den einen Aufklärungsfehler begründenden Organisationsmangel.[563]

1162 Der für die Aufklärung verantwortliche Arzt muss die Aufklärung nicht selbst durchführen, sondern kann sie auf eine geeignete andere Person delegieren. Grundsätzlich ausgeschlossen ist allerdings die Delegation auf nichtärztliches Personal.[564] Demgegenüber ist es ohne weiteres zulässig, die Aufklärung auf einen noch in der Ausbildung befindlichen Assistenzarzt zu übertragen. Der aufklärende Arzt muss nicht Facharzt sein. Er muss jedoch ausreichend mit dem medizinischen Gegebenheiten vertraut sein und die erforderliche Qualifikation besitzen, um die konkret beim Patienten vorliegende Erkrankung beurteilen und die mit dem geplanten Eingriff verbundenen Risiken einschätzen zu können.[565] Ggf. muss der delegierende Arzt die für die Aufklärung erforderlichen Kenntnisse des aufklärenden Arztes in geeigneter Weise sicherstellen. Außerdem muss der für die Behandlung verantwortliche Arzt die Ordnungsgemäßheit der Aufklärung in geeigneter Weise kontrollieren, wobei strenge Anforderungen zu stellen sind. Erfüllt werden kann dies etwa durch ein jeweils präoperativ erfolgtes Gespräch mit dem Patienten und/oder durch Einblick in die Aufklärungsurkunde.[566] Unterlaufen dem aufklärenden Arzt, auf den die Aufklärung delegiert worden ist, bei der Aufklärung Fehler, führt dies grundsätzlich zum rechtwidrigen Heileingriff und damit zur Haftung nicht nur des aufklärenden Arztes, sondern auch des für die Aufklärung verantwortlichen Behandlers.[567] Ausnahmsweise kann die Haftung des nicht aufklärenden Operateurs – mangels Verschuldens - entfallen, wenn klare Organisationsanweisungen bestehen, deren Einhaltung regelmäßig kontrolliert wird und im konkreten Fall keine Anhaltspunkte für eine mangelhafte Aufklärung zu erkennen sind.[568]

---

562 BGH NJW 1992, 2351 = VersR 1992, 960; *Gehrlein* (Fn. 9), Rn. C 57; *Martis/Winkhart* (Fn. 2), 212; *Steffen/Pauge* (Fn. 2), Rn. 507.

563 BGH NJW-RR 2007, 310 = VersR 2007, 209 (zur Organisationsverantwortung des Chefarztes); *Frahm/Nixdorf/Walter* (Fn. 2), Rn. 215; *Gehrlein* (Fn. 9), Rn. C 57; *Geiß/Greiner* (Fn. 2), Rn. C 108, C 109; Laufs/Kern/*Laufs* (Fn. 39), § 62 Rn. 2; *Martis/Winkhart* (Fn. 2), 212; *Steffen/Pauge* (Fn. 2), Rn. 509.

564 BGH NJW 1974, 604 = VersR 1974, 486; *Deutsch/Spickhoff* (Fn. 14), Rn. 306; *Ehlers/Broglie* (Fn. 117), Rn. 840; *Frahm/Nixdorf/Walter* (Fn. 2), Rn. 215; *Gehrlein* (Fn. 9), Rn. C 56; *Laufs/Katzenmeier/Lipp* (Fn. 14), 118 Rn. 38; *Martis/Winkhart* (Fn. 2), 211; *Steffen/Pauge* (Fn. 2), Rn. 509; *Terbille* (Fn. 27), § 1 Rn. 389.

565 OLG Karlsruhe NJW-RR 1998, 459; OLG Dresden GesR 2003, 157; *Frahm/Nixdorf/Walter* (Fn. 2), Rn. 215; *Gehrlein* (Fn. 9), Rn. C 56; *Martis/Winkhart* (Fn. 2), 210; *Steffen/Pauge* (Fn. 2), Rn. 505, 506; zu eng *Ehlers/Broglie* (Fn. 117), Rn. 840, die eine Delegation auf jüngere Stations- oder Assistenzärzte ablehnen.

566 BGH NJW-RR 2007, 310 = VersR 2007, 209.

567 BGH NJW-RR 2007, 310 = VersR 2007, 209; NJW 2007, 217 = VersR 2007, 66; *Frahm/Nixdorf/Walter* (Fn. 2), Rn. 215; *Gehrlein* (Fn. 9), Rn. C 56; *Geiß/Greiner* (Fn. 2), Rn. C 108 (Garantenstellung des aufklärenden Arztes); *Martis/Winkhart* (Fn. 2), 211.

568 BGH NJW-RR 2007, 310 = VersR 2007, 209; OLG Karlsruhe NJW-RR 1998, 459; *Frahm/*

1163 Eine weitere Haftungsgrundlage kann sich darüber hinaus aus der Organisationspflicht des Krankenhausträgers und des Chefarztes ergeben. Beide müssen durch geeignete organisatorische Maßnahmen und Kontrollen sicherstellen, dass die Ordnungsgemäßheit der Aufklärung gewährleistet ist.[569] Dies erfordert vom Chefarzt die Erteilung ordnungsgemäßer Anweisungen zur Aufklärung. Regelmäßig geschieht dies durch entsprechende abstrakte Vorgaben für die Durchführung der Aufklärung. Bei seltenen Eingriffen ist es darüber hinaus unter Umständen geboten, Anweisungen zur Aufklärung im Einzelfall zu erteilen. Außerdem muss in geeigneter Weise die Einhaltung der erteilten Anweisungen kontrolliert werden. Unterlassungen in diesem Bereich führen zur originären Haftung des für die Organisation verantwortlichen Krankenhausträgers und Chefarztes aufgrund eines eigenen Organisationsfehlers im Zusammenhang mit der Aufklärung, die neben die abgeleitete Haftung des Krankenhausträgers für Erfüllungs- oder Verrichtungsgehilfen nach § 278, § 831 BGB tritt.

1164 Eine ohne ausreichende Operationsaufklärung durchgeführte Operation stellt einen rechtswidrigen Heileingriff dar, die auch dann zur Haftung der an der Operation beteiligten Operateure führt, wenn diese die Aufklärung nicht selbst durchgeführt haben. Unter Anwendung des Vertrauensgrundsatzes können das Verschulden und damit die Haftung der operierenden Ärzte allerdings entfallen, wenn der Behandler auf die Ordnungsgemäßheit der Aufklärung – bei Anlegung eines strengen Maßstabes - ohne Fahrlässigkeit vertrauen konnte.[570] Erforderlich hierfür ist, dass durch geeignete organisatorische Maßnahmen und Kontrollen sichergestellt ist, dass die Ordnungsgemäßheit der Aufklärung gewährleistet ist. Dies kann zB durch ein Gespräch mit dem Patienten, ob die Aufklärung durchgeführt worden ist, und durch die Kontrolle des Aufklärungsbogens und der Einwilligungserklärung durch Einsicht in die Krankenakte vor Beginn der Operation geschehen.

1165 Bei horizontaler Arbeitsteilung zwischen mehreren an der Behandlung beteiligten Ärzten, trifft grundsätzlich jeden in die Arbeitsteilung eingeschalteten Arzt die Aufklärungspflicht in seinem Fachgebiet. Der aufgrund Überweisung in die Behandlung einbezogene Arzt ist daher grundsätzlich für die von ihm durchgeführte Behandlung und die mit der Behandlung verbundenen Risiken aufklärungspflichtig, während der überweisende Arzt für die sich aus seinem Fachgebiet ergebenden Behandlungsmöglichkeiten aufklärungsverpflichtet ist.[571] Erfolgt eine Überweisung zum Zwecke einer Operation, ist für die Aufklärung über die Operationsindikation grds. der die Operation veranlassende überweisende Arzt zuständig, sofern der Überweisungsempfänger nicht die Entscheidung zur Operation aufgrund überlegener Fachkunde abschließend treffen soll.[572] Im Verhältnis zwischen Hausarzt und Facharzt liegt die Aufklärungs-

---

Nixdorf/Walter (Fn. 2), Rn. 215; *Laufs/Katzenmeier/Lipp* (Fn. 14), 119 Rn. 39; *Martis/Winkhart* (Fn. 2), 210; Spickhoff/*Wellner* (Fn. 2), BGB §§ 823 ff. Rn. 279; *Steffen/Pauge* (Fn. 2), Rn. 506; dazu auch *Hausch* VersR 2009, 1178.

569 BGH NJW-RR 2007, 310 = VersR 2007, 209; *Deutsch/Spickhoff* (Fn. 14), Rn. 345; *Frahm/Nixdorf/Walter* (Fn. 2), Rn. 215; *Gehrlein* (Fn. 9), Rn. C 57; *Geiß/Greiner* (Fn. 2), Rn. C 108, C 109; Laufs/Kern/*Laufs* (Fn. 39), § 62 Rn. 2; *Martis/Winkhart* (Fn. 2), 212; *Steffen/Pauge* (Fn. 2), Rn. 509.

570 BGH NJW-RR 2007, 310 = VersR 2007, 209.

571 BGH NJW 1990, 2929 = VersR 1990, 1010; *Gehrlein* (Fn. 9), Rn. C 57; *Geiß/Greiner* (Fn. 2), Rn. C 110; Laufs/Kern/*Laufs* (Fn. 39), § 62 Rn. 3; *Martis/Winkhart* (Fn. 2), 213; *Steffen/Pauge* (Fn. 2), Rn. 508; *Katzenmeier* MedR 2004, 34.

572 Instruktiv insoweit OLG Köln GesR 2010, 409.

pflicht für vom Facharzt veranlasste Eingriffe regelmäßig bei dem überweisungsempfangenden Facharzt.[573] Bei einer »Querüberweisung« zwischen Fachärzten unterschiedlicher Fachrichtungen darf der überweisungsempfangende Arzt so lange auf die Ordnungsgemäßheit der Untersuchung, Behandlung und Aufklärung durch den überweisenden Arzt vertrauen, solange ihm nicht Anhaltspunkte dafür vorliegen, dass insoweit Mängel aufgetreten sind.[574] Er muss daher nicht über Risiken einer beim überweisenden Arzt durchzuführenden Behandlung aufklären.[575] Diese Regeln gelten grundsätzlich auf in Fällen einer Überweisung an einen spezialisierten Fachmann im Ausland.[576]

1166 Selbstverständlich gilt der Vertrauensgrundsatz im Rahmen der Aufklärung nur im Verhältnis von Ärzten unterschiedlicher Fachrichtungen. Bei Überweisungen innerhalb des gleichen Fachgebietes ist jeder beteiligte Arzt vollumfänglich für die Aufklärung verantwortlich.

V. Der Aufklärungsadressat

1167 Die Aufklärung muss grundsätzlich derjenigen Person erteilt werden, die für die Erteilung der Einwilligung in den beabsichtigten ärztlichen Heileingriff zuständig ist. In aller Regel ist dies der Patient selbst. Probleme können sich jedoch in drei Fallkonstellationen ergeben, nämlich bei Minderjährigen, bei willensunfähigen Kranken und bei ausländischen Patienten.

1. Der minderjährige Patient

a) Der Grundfall

1168 Bei ärztlichen Heileingriffen gegenüber minderjährigen Patienten liegt die Einwilligungszuständigkeit grundsätzlich bei den Personensorgeberechtigten.[577] Dies sind im Regelfall beide Eltern. Bei geschiedenen Eltern richtet sich die Einwilligungszuständigkeit nach der entsprechenden familiengerichtlichen Sorgerechtsentscheidung. Praktische Schwierigkeiten können sich insoweit bei nach ausländischem Recht geschlossenen Ehen und erst recht bei einer nach ausländischem Recht durchgeführten Scheidung ergeben. Hier muss der Arzt in Zweifelsfällen durch Nachfrage die Personensorgeberechtigung klären.

---

573 BGH NJW 1979, 1933 = VersR 1979, 720; OLG Koblenz NJW-RR 2005, 1111 = VersR 2006, 123; *Martis/Winkhart* (Fn. 2), 213; *Steffen/Pauge* (Fn. 2), Rn. 508; *Katzenmeier* MedR 2004, 34; weitergehend hinsichtlich einer Aufklärungspflicht des Hausarztes aber BGH NJW 1980, 1905 = VersR 1981, 456; 1980, 633 = VersR 1980, 68; so auch *Frahm/Nixdorf/Walter* (Fn. 2), Rn. 215; bei Abgabe einer Therapieempfehlung durch den Hausarzt sieht eine Aufklärungspflicht begründet OLG Oldenburg VersR 1999, 1422; nicht aber bei einer Empfehlung durch einen Konsiliararzt, vgl. OLG Oldenburg NJW 1996, 1601 = VersR 1996, 1111.

574 Zu den Grenzen zulässigen Vertrauens bei der Aufklärung OLG Köln NJW-RR 2009, 960 = VersR 2009, 1670 (Zwitteroperation).

575 OLG Stuttgart VersR 1991, 1060; OLG Düsseldorf NJW 1984, 2636 = VersR 1984, 643; *Geiß/Greiner* (Fn. 2), Rn. C 110; *Martis/Winkhart* (Fn. 2), 214.

576 Zweifelnd *Geiß/Greiner* (Fn. 2), Rn. C 111.

577 BGH NJW 2007, 217 = VersR 2007, 66; BGH NJW 1989, 1538 = VersR 1989, 253; *Deutsch/Spickhoff* (Fn. 14), Rn. 317; *Frahm/Nixdorf/Walter* (Fn. 2), Rn. 210; *Gehrlein* (Fn. 9), Rn. C 60; *Geiß/Greiner* (Fn. 2), Rn. C 114; Laufs/Kern/*Laufs* (Fn. 39), § 62 Rn. 7; *Martis/Winkhart* (Fn. 2), 217; *Steffen/Pauge* (Fn. 2), Rn. 511.

Im Hinblick auf die grundsätzlich bestehende Einwilligungszuständigkeit und damit korrespondierende Aufklärungsbedürftigkeit beider Elternteile, sind in der ärztlichen Praxis drei Fallkonstellationen zu unterscheiden.[578] 1169

Bei sog. Routinebehandlungen, also Behandlungen aufgrund leichterer Erkrankungen oder Verletzungen, darf der Arzt grundsätzlich darauf vertrauen, dass der mit dem Minderjährigen zur Behandlung erschienene Elternteil vom jeweils anderen Elternteil zur alleinigen Erteilung der Einwilligung in die ärztliche Behandlung ermächtigt ist, solange dem Arzt nicht der Ermächtigung entgegenstehende Umstände positiv bekannt sind. Der Arzt darf in diesen Fällen auch ohne ausdrückliche Nachfrage auf das Vorliegen der Ermächtigung und damit die alleinige Einwilligungszuständigkeit des zur Behandlung erschienenen Elternteiles vertrauen. Nur dieses Elternteil muss aufgeklärt werden. 1170

Handelt es sich um erheblichere Erkrankungen mit nicht unbedeutenden Behandlungsrisiken, kann der Arzt nicht ohne weiteres von dem Bestehen einer Ermächtigung des erschienenen Elternteils durch den nicht erschienenen Elternteil zur Einwilligung in die beabsichtigte Behandlung ausgehen. Vielmehr muss der Arzt das Bestehen der Ermächtigung positiv abklären. Regelmäßig reicht hierfür die entsprechende Nachfrage bei dem erschienenen Elternteil aus. Der Arzt darf dabei auf die Richtigkeit der ihm auf eine solche Nachfrage erteilen Antwort so lange vertrauen, solange ihm nicht Anhaltspunkte bekannt sind, die der Annahme einer Ermächtigung zur Einwilligung entgegenstehen. Teilt das erschienene Elternteil auf konkrete Nachfrage das Vorliegen einer Ermächtigung mit, reicht die Aufklärung des erschienenen Elternteiles aus. 1171

Wieder anders verhält es sich bei schweren Erkrankungen, die mit Risiken verbunden sind, die für die weitere Lebensführung des Minderjährigen mit schweren Beeinträchtigungen einhergehen können.[579] In derartigen Konstellationen ist grundsätzlich nicht vom Vorliegen einer Ermächtigung zur Erteilung einer Einwilligung von einem an den anderen Elternteil auszugehen. Der Arzt muss deshalb grundsätzlich beide Eltern über den beabsichtigten Eingriff ordnungsgemäß aufklären. Nur dann, wenn ein Elternteil ausdrücklich, unmissverständlich und willensmängelfrei auf die Aufklärung verzichtet, reicht ausnahmsweise die Aufklärung eines Elternteiles aus. 1172

b) Der einsichtsfähige Minderjährige

Besondere Probleme treten bei der Behandlung von Minderjährigen auf, die nach ihrem geistigen Entwicklungsstand die notwendige Einsichtsfähigkeit aufweisen, um die beabsichtigte Behandlung selbst beurteilen zu können.[580] Das Vorliegen der Einsichtsfähigkeit ist nicht schematisch an bestimmte Lebensaltersstufen zu knüpfen, 1173

578 BGH NJW 2010, 2430 = VersR 2010, 1183; NJW 2007, 217 = VersR 2007, 66; NJW 2000, 1784 = VersR 2000, 725; NJW 1988, 2946 = VersR 1989, 145; *Deutsch/Spickhoff* (Fn. 14), Rn. 317; *Frahm/Nixdorf/Walter* (Fn. 2), Rn. 210; *Gehrlein* (Fn. 9), Rn. C 61 – C 63; *Geiß/Greiner* (Fn. 2), Rn. C 114; *Laufs/Katzenmeier/Lipp* (Fn. 14), 120 Rn. 42; Laufs/Kern/*Laufs* (Fn. 39), § 62 Rn. 13; *Martis/Winkhart* (Fn. 2), 217; Spickhoff/*Wellner* (Fn. 2), BGB §§ 823 ff. Rn. 276, 277; *Steffen/Pauge* (Fn. 2), Rn. 513; *Terbille* (Fn. 27), § 1 Rn. 482.

579 Dazu BGH NJW 2007, 215 = VersR 2007, 66.

580 BGH NJW 2007, 217 = VersR 2007, 66; NJW 1991, 2344 = VersR 1991, 812; *Ehlers/Broglie* (Fn. 117), Rn. 855 – 857; *Frahm/Nixdorf/Walter* (Fn. 2), Rn. 191; *Gehrlein* (Fn. 9), Rn. C 64; *Geiß/Greiner* (Fn. 2), Rn. C 115; *Laufs/Katzenmeier/Lipp* (Fn. 14), 119 Rn. 41; Laufs/Kern/*Laufs* (Fn. 39), § 62 Rn. 9; *Martis/Winkhart* (Fn. 2), 218; *Steffen/Pauge* (Fn. 2), Rn. 512; *Terbille*

sondern ist abhängig von dem Entwicklungsstand des Minderjährigen und der Schwere und Gefährlichkeit der Erkrankung und insbesondere deren Auswirkung auf die spätere Lebensführung. Es ist deshalb Aufgabe des Arztes, die Einsichtsfähigkeit des Minderjährigen zu beurteilen. Hierzu muss er sich in Zweifelsfällen aller ihm zur Verfügung stehenden Hilfsmittel bedienen. Dies macht nicht nur eine Befragung von Eltern und Kind erforderlich, sondern kann ggf. auch die Rücksprache mit einem ansonsten behandelnden Kinder- und Jugendarzt oder die Einschaltung eines Jugendpsychologen erforderlich machen.

1174 Die Einsichtsfähigkeit des Minderjährigen beseitigt nicht die Einwilligungszuständigkeit der personensorgeberechtigten Eltern. Diese müssen mithin unabhängig von der Einsichtsfähigkeit des Minderjährigen über den beabsichtigten Eingriff aufgeklärt werden. Allerdings ist dem einsichtsfähigen Minderjährigen eine kumulativ hinzutretende eigene Einwilligungszuständigkeit einzuräumen.[581] Die Einwilligungszuständigkeit ist bei bestehender Einsichtsfähigkeit nicht auf mindergewichtige Eingriffe beschränkt und schließt insbesondere auch vital indizierte Eingriffe nicht aus.[582] Allerdings wird die Verweigerung der Einwilligung in einen vital indizierten Eingriff durch den Minderjährigen dem Arzt Anlass geben müssen, die Frage der Einsichtsfähigkeit nochmals kritisch zu hinterfragen.

1175 Der Arzt darf den beabsichtigten Heileingriff gegenüber dem einsichtsfähigen Minderjährigen nur durchführen, wenn nach erfolgter Aufklärung der Sorgeberechtigten und des Minderjährigen sowohl die Einwilligung der sorgeberechtigten Eltern als auch des einsichtsfähigen Minderjährigen vorliegt. Verweigern die Eltern die Einwilligung, kann diese ggf. durch einen durch vormundschaftsgerichtliche Entscheidung nach § 1666 III BGB zu bestellenden Betreuer ersetzt werden.[583] Verweigert umgekehrt der einsichtsfähige Minderjährige die Einwilligung in den beabsichtigten Heileingriff, hat der Eingriff zu unterbleiben. Dem einsichtsfähigen Minderjährigen ist nämlich in gleicher Weise wie einem Volljährigen das »Recht zur Krankheit« als Ausfluss des allgemeinen Persönlichkeitsrechts zuzubilligen.[584]

c) Schranken des Einwilligungsrechtes der Sorgeberechtigten

1176 Das Recht der sorgeberechtigten Eltern zur Verweigerung der Einwilligung in einen ärztlichen Heileingriff nach entsprechender Aufklärung besteht nicht unbegrenzt. Es unterliegt vielmehr den von Gesetzes wegen gezogenen Schranken des Sorgerechtes. Dementsprechend dürfen Eltern ihre Zustimmung zu einem beabsichtigten Heileingriff nicht aus unvernünftigen Gründen verweigern.[585] Probleme treten insoweit ins-

---

(Fn. 27), § 1 Rn. 482; dazu umfassend *Nebendahl* MedR 2009, 197; *Diederichsen* FS Hirsch, 355; *Wölk* MedR 2001, 80; zur Problematik bei minderjährigen Eltern, vgl. *Kern* MedR 2005, 628.

581 *Nebendahl* MedR 2009, 197.

582 *Nebendahl* MedR 2009, 197.

583 *Frahm/Nixdorf/Walter* (Fn. 2), Rn. 210; *Gehrlein* (Fn. 9), Rn. C 65; Laufs/Kern/*Laufs* (Fn. 39), § 62 Rn. 11; *Martis/Winkhart* (Fn. 2) 219; *Nebendahl* MedR 2009, 197.

584 *Nebendahl* MedR 2009, 197.

585 OLG München NJW-RR 202, 811; OLG Stuttgart VersR 1987, 515; *Frahm/Nixdorf/Walter* (Fn. 2), Rn. 210; *Gehrlein* (Fn. 9), Rn. C 65; *Laufs/Katzenmeier/Lipp* (Fn. 14), 121 Rn. 43; Laufs/Kern/*Laufs* (Fn. 39), § 62 Rn. 11; *Martis/Winkhart* (Fn. 2), 217; *Steffen/Pauge* (Fn. 2), Rn. 514; *Spickhoff* NJW 2003, 1701; *Bender* MedR 1999, 260; zur strafrechtlichen Bewertung einer Tetanusimpfung bei einem minderjährigen Zeugen Jehovas gegen den Willen der Eltern, vgl. AG Nordenham MedR 2008, 225 = VersR 2007, 1418; zum umgekehrten Fall des religiös motivierten Operationswunsches der Eltern, siehe *Putzke* NJW 2008, 1568.

besondere auf, wenn eine Zustimmungsverweigerung aus weltanschaulichen oder religiösen Gründen erfolgt. In diesem Fall muss sehr genau geprüft werden, ob diese Gründe im Hinblick auf das Interesse des Minderjährigen als unvernünftig bewertet werden können.

Der Arzt darf in derartigen Fällen die Verweigerung der Einwilligung durch die Eltern nicht unberücksichtigt lassen, sondern muss die verweigerte Zustimmung durch einen vom Vormundschaftsgericht nach den § 1666 BGB bestellten Betreuer[586] oder in besonders eilbedürftigen Fällen durch vorläufige gerichtliche Anordnung[587] ersetzen lassen. Nur in seltenen Ausnahmefällen bei Gefahr in Verzug darf der Arzt einen zweifelsfrei gebotenen Eingriff ohne Einschaltung des Vormundschaftsgerichtes nach den Voraussetzungen des rechtfertigenden Notstandes durchführen.[588] 1177

2. Psychisch Kranke und sonstige Geschäftsunfähige

Bei der Behandlung psychisch Kranker und sonstiger Geschäftsunfähiger ist zu differenzieren. Soweit der psychisch Kranke trotz seiner Erkrankung einwilligungsfähig ist, ist die notwendige Eingriffseinwilligung durch ihn zu erteilen.[589] Dementsprechend ist er der richtige Aufklärungsadressat. Fehlt allerdings die Einwilligungsfähigkeit, muss die Einwilligung durch den gesetzlichen Vertreter bzw. den bestellten Betreuer erteilt werden, nachdem dieser vorher ordnungsgemäß aufgeklärt worden ist. Allerdings kann der Betreuer nach § 1904 I BGB nicht wirksam in einen ärztlichen Eingriff einwilligen, der mit schwerwiegenden Risiken für Leben und Gesundheit des Patienten verbunden ist, insbesondere die Gefahr mit sich bringt, dass der Patient bei dem Eingriff stirbt.[590] In diesem Fall ist die Zustimmung des Vormundschaftsgerichtes erforderlich. 1178

Bei vital indizierten, dringenden Eingriffen kann von einer mutmaßlichen Einwilligung ausgegangen werden, wenn die Einwilligung des Betreuers nicht rechtzeitig beschafft werden kann. 1179

Sonderprobleme treten im Zusammenhang mit einem beabsichtigten Abbruch einer Behandlung bei irreversibler Erkrankung auf. Ist der Patient einwilligungsfähig und hat die Krankheit einen irreversiblen tödlichen Verlauf erreicht, müssten lebenserhaltende oder lebensverlängernde Maßnahmen unterbleiben, wenn dies dem zuvor geäußerten Willen des Patienten – etwa in einer sog. Patientenverfügung – entspricht. Kann ein solcher Wille nicht festgestellt werden, kommt es auf den mutmaßlichen Willen des Patienten an. Ist auch dieser nicht sicher ermittelbar, ist der Arzt gehalten, die gebotenen lebensverlängernden Maßnahmen zu ergreifen. 1180

586 *Frahm/Nixdorf/Walter* (Fn. 2), Rn. 210; *Gehrlein* (Fn. 9), Rn. C 65; Laufs/Kern/*Laufs* (Fn. 39), § 62 Rn. 11; *Martis/Winkhart* (Fn. 2), 219.

587 OLG Celle NJW 1995, 792 = MDR 1994, 487.

588 *Frahm/Nixdorf/Walter* (Fn. 2), Rn. 210; *Laufs/Katzenmeier/Lipp* (Fn. 14), 121 Rn. 43; *Martis/Winkhart* (Fn. 2), 218; *Bender* MedR 1999, 260; AG Nordenham MedR 2008, 225 = VersR 2007, 1418.

589 *Frahm/Nixdorf/Walter* (Fn. 2), Rn. 211; *Martis/Winkhart* (Fn. 2), 219; *Gründel* NJW 2002, 2987; *Hennies* MedR 1999, 341; *Wigge* MedR 1996, 291; *Kern* MedR 1993, 245.

590 BGH NJW 2005, 2385 = VersR 2005, 1249; NJW 2003, 1588 = VersR 2003, 861; *Frahm/Nixdorf/Walter* (Fn. 2), Rn. 211; *Gehrlein* (Fn. 9), Rn. C 65; *Laufs/Katzenmeier/Lipp* (Fn. 14), 121 Rn. 44; Laufs/Kern/*Laufs* (Fn. 39), § 62 Rn. 12; *Martis/Winkhart* (Fn. 2) 219 f.; *Hennies* MedR 1999, 341.

1181 Ein bestellter Betreuer kann die Einwilligung in ärztlich gebotene lebenserhaltende oder –verlängernde Maßnahmen nur mit Zustimmung des Vormundschaftsgerichtes verweigern, das seine Entscheidung an den genannten Kriterien, insbesondere einer vorliegenden Patientenverfügung zu orientieren hat.[591] Die Zustimmung ist allerdings dann nicht erforderlich, wenn eine derartige Behandlung nicht indiziert ist, nicht mehr sinnvoll ist oder aus sonstigen Gründen nicht möglich ist.[592]

3. Bestehende Sprachprobleme

1182 Probleme bei der Aufklärung können sich auch aus vorhandenen sprachlichen Barrieren ergeben. Grundsätzlich muss der Arzt sicherstellen, dass der Patient durch die vom Arzt geleistete Aufklärung eine zutreffende Vorstellung des Eingriffs und seiner Risiken entwickeln kann. Er muss daher die Gefahr sprachlicher Missverständnisse ausschließen.[593]

1183 Insbesondere bei ausländischen Patienten muss sich der Arzt dementsprechend über die Sprachkenntnisse und Verständnismöglichkeiten des Patienten Klarheit verschaffen. Dies kann zB im Rahmen des notwendigen Arzt-Patienten-Gespräches bei der Anamneseerhebung geschehen. Lässt der Patient hierbei erkennen, dass er die Fragen des Arztes versteht, und gibt er sinnvolle Antworten auf die entsprechenden Fragen, darf der Arzt davon ausgehen, dass der Patient ein ausreichendes Sprachverständnis hat.[594] In gleicher Weise kann der Arzt bei einem längere Zeit in Deutschland lebenden Ausländer grundsätzlich auf dessen Verständnisfähigkeit schließen, wenn im Arzt-Patienten-Gespräch vom Patienten der Eindruck vermittelt worden ist, den Arzt verstanden zu haben.[595] Es obliegt in derartigen Fällen dem Patienten, den Arzt auf sprachlich bedingte Verständnisschwierigkeiten hinzuweisen und ggf. auf die Beiziehung eines Dolmetschers zu drängen. Bei einer weitreichenden Operation muss sich das mit der Aufklärung vermittelte Verständnis des ausländischen Patienten auch auf die psychosozialen Folgen des beabsichtigten Eingriffs erstrecken;[596] hierbei ist besondere Vorsicht walten zu lassen.

1184 In Zweifelsfällen muss der Arzt allerdings eine sprachkundige Person als Dolmetscher hinzuziehen, wenn zu befürchten ist, dass der Patient die ärztlichen Erläuterungen nicht oder nicht richtig versteht.[597] Nicht notwendig ist es, dass es sich um einen

591 Dazu BGH NJW 2005, 2385 = VersR 2005, 1249 (zu einer ärztlich nicht »gebotenen« Fortsetzung der künstlichen Ernährung im Pflegeheim); BGH NJW 2003, 1588 = VersR 2003, 861; *Gehrlein* (Fn. 9), Rn. C 65; *Martis/Winkhart* (Fn. 2), 220; *Steffen/Pauge* (Fn. 2), Rn. 503; *Spickhoff* NJW 2003, 1701.

592 BGH NJW 2005, 2385 = VersR 2005, 1249; NJW 2003, 1588 = VersR 2003, 2297; LG Berlin NJW 2006, 3014.

593 OLG München VersR 2002, 717; OLG Nürnberg VersR 1996, 1372; *Ehlers/Broglie* (Fn. 117), Rn. 850; *Frahm/Nixdorf/Walter* (Fn. 2), Rn. 213; *Gehrlein* (Fn. 9), Rn. C 46; *Geiß/Greiner* (Fn. 2), Rn. C 113; *Martis/Winkhart* (Fn. 2), 222; *Steffen/Pauge* (Fn. 2), Rn. 482; *Muschner* VersR 2003, 826.

594 OLG Nürnberg NJW-RR 2002, 1255 = MedR 2003, 172; OLG Hamm VersR 2002, 192.

595 KG Berlin GesR 2004, 409; OLG München GesR 2003, 239 = VersR 2002, 717; OLG Karlsruhe MedR 2002, 104; OLG Brandenburg MedR 1998, 470; dazu auch *Martis/Winkhart* (Fn. 2), 223; *Muschner* VersR 2003, 826.

596 Vgl. OLG München VersR 2002, 717 (Sterilisation in Zusammenhang mit einer Entbindung bei einer aus einem fremden Kulturkreis stammenden Frau mit rudimentären Deutschkenntnissen, Aufklärung »nix Baby mehr«); dazu *Martis/Winkhart* (Fn. 2), 224.

597 *Ehlers/Broglie* (Fn. 117), Rn. 850; *Frahm/Nixdorf/Walter* (Fn. 2), Rn. 213; *Gehrlein* (Fn. 9), Rn.

amtlich bestellten Dolmetscher handelt. Die Übersetzungsperson muss jedoch sowohl sprachlich als auch intellektuell in der Lage sein, die vom Arzt gelieferte Aufklärung zutreffend zu übersetzen. Es können daher ohne weiteres auch fremdsprachiges Pflegepersonal oder sonstige sprachkundige Dritte zur Übersetzung herangezogen werden, selbst wenn diese nicht heilberuflich tätig sind.[598] Besondere Zurückhaltung ist allerdings bei der Beiziehung sprachkundiger Familienangehöriger des Patienten zu wahren, weil durch den Arzt nicht sicher ausgeschlossen werden kann, dass die Übersetzungsperson unerkennbar eigene Interessen in die Übersetzung einfließen lässt und dadurch die Aufklärung nicht nur übersetzt, sondern inhaltlich verändert. Dies gilt insbesondere bei Eingriffen gegenüber Patienten anderer Kulturkreise, bei denen die Gefahr einer kulturellen Überlagerung bei der Entscheidungsfindung über einen ärztlichen Heileingriff besteht.

Bei nicht dringlichen Eingriffen sind die Anforderungen an die Verständnisprüfung höher. Im Zweifel muss die Behandlung bis zur Hinzuziehung eines geeigneten Sprachkundigen verschoben werden.[599] Bei dringlichen Operationen kann ausnahmsweise eine Aufklärung in Zeichensprache ausreichen, wenn ein Dolmetscher nicht zur Verfügung steht.[600] Ist auch dies nicht realisierbar kommt eine Rechtfertigung des Eingriffs in ganz dringenden Fällen auch ohne erfolgte Aufklärung nach den Grundsätzen der mutmaßlichen Einwilligung in Betracht.[601] 1185

Sprachbedingte Verständnisprobleme im Zusammenhang mit der Aufklärung können darüber hinaus auftreten, wenn die Aufklärung durch einen ausländischen Arzt durchgeführt wird, der nicht ausreichend der deutschen Sprache mächtig ist.[602] Auch in diesen Konstellationen ist es Sache des Arztes sicherzustellen, dass sprachbedingte Missverständnisse bei der Aufklärung vermieden werden. Dies kann ebenfalls die Notwendigkeit begründen, einen Dolmetscher beizuziehen. 1186

VI. Der Zeitpunkt der Aufklärung

Die Aufklärung muss so rechtzeitig erfolgen, dass der Patient noch in der Lage ist, durch hinreichende Abwägung der für und gegen den Eingriff sprechenden Gründe seine Entscheidungsfreiheit und damit sein Selbstbestimmungsrecht in angemessener Weise zu wahren. Ihm muss hierzu eine ausreichende Überlegungsfreiheit ohne vermeidbaren Zeitdruck verschafft werden. 1187

1. Die stationäre Behandlung

Bei stationären Eingriffen soll die Aufklärung über den beabsichtigten Eingriff und die mit dem Eingriff verbundenen Risiken zumindest bei schwierigen und risikorei- 1188

C 46; *Geiß/Greiner* (Fn. 2), Rn. C 113; *Martis/Winkhart* (Fn. 2), 222; *Steffen/Pauge* (Fn. 2), Rn. 482; *Muschner* VersR 2003, 826.

598 KG Berlin MedR 2009, 47 = VersR 2008, 1649; OLG Karlsruhe VersR 1997, 241 (Putzfrau als Dolmetscher); OLG Nürnberg VersR 1996, 1372 (mit Ausländer verheiratete Ärztin); OLG München VersR 1993, 1488 (Krankenschwester als Dolmetscher).

599 *Muschner* VersR 2003, 826.

600 OLG Nürnberg VersR 1996, 1372; *Deutsch/Spickhoff* (Fn. 14), Rn. 318; *Gehrlein* (Fn. 9), Rn. C 46; *Martis/Winkhart* (Fn. 2), 224; *Steffen/Pauge* (Fn. 2), Rn. 483; *Muschner* VersR 2003, 826.

601 *Deutsch/Spickhoff* (Fn. 14), Rn. 318; *Frahm/Nixdorf/Walter* (Fn. 2), Rn. 213; *Martis/Winkhart* (Fn. 2), 224; *Muschner* VersR 2003, 826.

602 AG Leipzig MedR 2003, 582; *Deutsch/Spickhoff* (Fn. 14), Rn. 318; *Geiß/Greiner* (Fn. 2), Rn. C 113; *Martis/Winkhart* (Fn. 2), 225.

chen Eingriffen grundsätzlich bereits bei Festlegung des Operationstermins erfolgen, auch wenn dieser Zeitpunkt ggf. Wochen vor dem eigentlichen Operationstermin liegt.[603] Dies gilt jedenfalls dann, wenn zu diesem Zeitpunkt die für die Operationsindikation wesentlichen Untersuchungsbefunde bereits vorliegen, der Operationstermin mithin nicht nur »vorsorglich« vereinbart wird. Fehlen noch Untersuchungsbefunde, die für die abschließende Operationsentscheidung relevant sind, soll die Aufklärung erfolgen, sobald die Untersuchungsergebnisse vorliegen.[604]

1189 Ungeachtet dessen kann eine Aufklärung nach diesem Zeitpunkt immer noch rechtzeitig sein und eine wirksame Einwilligung des Patienten begründen, wenn der Patient noch genügend Zeit hat, sich innerlich frei für oder gegen den geplanten Eingriff zu entscheiden. Bei einfachen Eingriffen oder solchen mit wenig einschneidenden Risiken ist dies bei einer Aufklärung im Verlauf des Vortages des Eingriffes bis in den Nachmittag hinein noch der Fall, weil der Patient bis zu diesem Zeitpunkt in ausreichender Weise Nutzen und Risiken der Operation unbedrängt abwägen kann.[605] Demgegenüber dürfte eine Aufklärung am späten Abend, ggf. sogar nach bereits durchgeführter präoperativer Prämedikation auch in solchen Fällen nicht mehr ausreichend sein. Auch über kleine Eingriffe mit nur geringen oder wenig einschneidenden Risiken und die normalen Narkoserisiken muss der Patient erst am Vortrag der Operation aufgeklärt werden.[606]

1190 Eine am Nachmittag einer Operation erfolgte Aufklärung ist allerdings dann nicht mehr ausreichend, wenn der Patient dabei für ihn überraschend erstmalig von gravierenden, die weitere Lebensführung einschneidend beeinflussenden Risiken erfährt.[607] In derartigen Fällen muss dem Patienten genügend Zeit gegeben werden, sich mit den erstmalig bekannt gegebenen schwerwiegenden Folgen für die zukünftige Lebensgestaltung auseinanderzusetzen. In diesen Konstellationen ist es daher grundsätzlich erforderlich, den Patienten eine längere Überlegungsfrist – mindestens zwei Tage - einzuräumen. Dies gilt allerdings dann nicht, wenn die Ärzte den Patienten vor der eigentlichen Aufklärung in mehreren Gesprächen schrittweise den beabsichtigten Eingriff und die damit verbundenen Risiken erläutert haben (sog. Stufenaufklärung), so dass dem Patienten vor dem eigentlichen Aufklärungsgespräch die wesentlichen Risiken und deren möglichen Auswirkungen bereits bekannt sind.[608] Bei

603 BGH NJW 2003, 2012 = VersR 2003, 1441; NJW 1992, 2351 = VersR 1992, 960; *Deutsch/Spickhoff* (Fn. 14), Rn. 311; *Frahm/Nixdorf/Walter* (Fn. 2), Rn. 217; *Gehrlein* (Fn. 9), Rn. C 49; *Geiß/Greiner* (Fn. 2), Rn. C 97; Laufs/Kern/*Laufs* (Fn. 39), § 62 Rn. 6; *Martis/Winkhart* (Fn. 2), 202; Spickhoff/*Wellner* (Fn. 2), BGB §§ 823 ff. Rn. 274; *Steffen/Pauge* (Fn. 2), Rn. 492, 493.

604 BGH NJW 1992, 2351 = VersR 1992, 960; OLG Stuttgart VersR 2002, 1428; *Martis/Winkhart* (Fn. 2), 203; *Hoppe* NJW 1998, 782.

605 BGH NJW 2003, 2012 = VersR 2003, 1441; NJW 1998, 2734 = VersR 1998, 766; *Deutsch/Spickhoff* (Fn. 14), Rn. 311; *Frahm/Nixdorf/Walter* (Fn. 2), Rn. 217; *Gehrlein* (Fn. 9), Rn. C 49; *Geiß/Greiner* (Fn. 2), Rn. C 98; *Laufs/Katzenmeier/Lipp* (Fn. 14), 123 Rn. 49; *Martis/Winkhart* (Fn. 2), 197; Spickhoff/*Wellner* (Fn. 2), BGB §§ 823 ff. Rn. 274; *Steffen/Pauge* (Fn. 2), Rn. 486.

606 BGH NJW 1998, 2734 = VersR 1998, 766; NJW 1992, 2351 = VersR 1992, 960; *Deutsch/Spickhoff* (Fn. 14), Rn. 311; *Frahm/Nixdorf/Walter* (Fn. 2), Rn. 217; *Gehrlein* (Fn. 9), Rn. C 49; *Martis/Winkhart* (Fn. 2), 202; *Steffen/Pauge* (Fn. 2), Rn. 484.

607 BGH NJW 2003, 2012 = VersR 2003, 1441; NJW 1998, 2734 = VersR 1998, 766; *Frahm/Nixdorf/Walter* (Fn. 2), Rn. 217; *Gehrlein* (Fn. 9), Rn. C 49; *Martis/Winkhart* (Fn. 2), 197, 203; Spickhoff/*Wellner* (Fn. 2), BGB §§ 823 ff. Rn. 275; *Steffen/Pauge* (Fn. 2), Rn. 484.

608 OLG Celle VersR 2004, 384; OLG Karlsruhe OLGR 2003, 313; *Frahm/Nixdorf/Walter* (Fn. 2), Rn. 217; *Gehrlein* (Fn. 9), Rn. C 49; *Martis/Winkhart* (Fn. 2), 201, 204; *Steffen/Pauge* (Fn. 2), Rn. 485.

einer solchen Vorgehensweise kommt es im Aufklärungsgespräch nicht zu der erstmaligen Konfrontation des Patienten mit den einschneidenden Risiken und damit nicht zu einer die Entscheidungsfreiheit des Patienten beeinträchtigenden Überraschungssituation. Es reicht dann eine Aufklärung am Vortag aus. Ebenfalls ausreichend kann bei derart schwerwiegenden Eingriffen eine Aufklärung am Vortag der Operation sein, wenn der Patient trotz erfolgter Aufklärung auf die Operation am Folgetag drängt.[609]

Auf jeden Fall verspätet ist die Aufklärung, die erst nach präoperativ erfolgter Beruhigungs-, Narkose- oder Schmerzmittelgabe[610] oder gar erst »vor der Tür des Operationssaals« erfolgt, weil der Patient dann nicht mehr die notwendige Entscheidungsfreiheit für und gegen die Operation inne hat.[611] Er fühlt sich dann bereits in einen Operationsablauf integriert, den er nicht mehr unterbrechen kann. Dies gilt auch dann, wenn dem Patienten die Aufklärungsunterlage bereits längere Zeit vorher überlassen worden ist, er sie aber erst nach Verabreichung einer Beruhigungsspritze kurz vor der Operation unterzeichnet.[612] 1191

Bei medizinisch nicht indizierten Operationen ist es ebenfalls erforderlich, den Patienten mindestens zwei Tage zur Überlegung einzuräumen.[613] Dieser Zeitraum kann sich sogar noch verlängern, wenn es im Einzelfall geboten ist, dem Patienten die Gelegenheit zu verschaffen, eine Zweitbeurteilung vor Durchführung der medizinisch nicht indizierten Operation einzuholen. 1192

2. Die ambulante Behandlung

Die Aufklärung vor ambulanten Eingriffen richtet sich prinzipiell nach denselben Grundsätzen. Auch bei ambulanten Eingriffen muss sichergestellt sein, dass dem Patienten nach durchgeführter Aufklärung die notwendige Entscheidungsfreiheit verbleibt. 1193

Bei durchschnittlichen ambulanten Eingriffen reicht es allerdings aus, wenn die Aufklärung am Tag des Eingriffes durchgeführt wird. In derartigen Fällen ist aber mit besonderer Sorgfalt auf die Modalitäten der Aufklärung zu achten. Das Aufklärungsgespräch muss deutlich von der operativen Phase getrennt sein. Insbesondere darf es nicht erst im Operationssaal durchgeführt werden, um bei dem Patienten nicht den Eindruck zu erwecken, dass er bereits in einer Weise in das Operationsgeschehen integriert ist, dass er sich aus diesem nicht mehr lösen kann.[614] Es muss sichergestellt sein, dass der Patient nach durchgeführter Aufklärung unbeeinflusst den weiteren Fortgang bis hin zur Operation durch eigene Entscheidung unterbrechen kann. 1194

609 OLG Düsseldorf NJW-RR 1996, 347; *Frahm/Nixdorf/Walter* (Fn. 2), Rn. 217.

610 BGH NJW 1998, 1784 = VersR 1998, 716; OLG Düsseldorf VersR 2004, 912; *Frahm/Nixdorf/Walter* (Fn. 2), Rn. 217; *Geiß/Greiner* (Fn. 2), Rn. C 100; *Martis/Winkhart* (Fn. 2), 198, 202.

611 BGH NJW 1998, 1784 = VersR 1998, 716; NJW 1994, 3009 = VersR 1994, 1235; *Geiß/Greiner* (Fn. 2), Rn. C 100; Laufs/Kern/*Laufs* (Fn. 39), § 62 Rn. 6; *Martis/Winkhart* (Fn. 2), 198; *Steffen/Pauge* (Fn. 2), Rn. 486, 491.

612 BGH NJW 1998, 1784 = VersR 1998, 716; *Martis/Winkhart* (Fn. 2), 198.

613 OLG Frankfurt MedR 2006, 294 (kosmetische Operation); *Deutsch/Spickhoff* (Fn. 14), Rn. 311; *Martis/Winkhart* (Fn. 2), 198, 202.

614 BGH NJW 2003, 2012 = VersR 2003, 1441; NJW 1994, 3009 = VersR 1994, 1235; *Frahm/Nixdorf/Walter* (Fn. 2), Rn. 218; *Gehrlein* (Fn. 9), Rn. C 50; *Geiß/Greiner* (Fn. 2), Rn. C 98; *Laufs/Katzenmeier/Lipp* (Fn. 14), 123 Rn. 48; Laufs/Kern/*Laufs* (Fn. 39), § 62 Rn. 6; *Martis/Winkhart* (Fn. 2), 199, *Steffen/Pauge* (Fn. 2), Rn. 489; *Rohde* VersR 1995, 391.

1195 Anders zu beurteilen sind allerdings umfangreichere oder risikobehaftetere ambulante Eingriffe, die angesichts der immer stärkeren Verlagerung operativer Eingriffe in den ambulanten Bereich immer häufiger auftreten. Bei derartigen Eingriffen reicht eine Aufklärung am Tag der Operation nicht aus. Vielmehr muss die Aufklärung früher, zB im Zusammenhang mit vorangehenden Untersuchungen oder bei der Festlegung des Operationstermins durchgeführt werden.[615] Ggf. muss der Patient zur Durchführung der Aufklärung gesondert einbestellt werden.

3. Diagnostische Eingriffe

1196 Die Wahl des Zeitpunktes für die Eingriffsaufklärung bei diagnostischen Eingriffen ist in gleicher Weise wie bei ambulanten Eingriffen zu beurteilen. Grundsätzlich reicht bei risikoarmen diagnostischen Eingriffen die Aufklärung am Tag des Eingriffes aus.[616] Auch hier muss der Patient allerdings die Möglichkeit haben, sich gegen den Eingriff zu entscheiden, so dass eine Aufklärung im oder unmittelbar vor dem Untersuchungsraum, in dem der Eingriff durchgeführt werden soll, nicht mehr ausreichend ist. Dies gilt erst recht, wenn dem Patienten zugleich verdeutlicht wird, dass ohne den diagnostischen Eingriff die für den Folgetag geplante Operation nicht durchgeführt werden kann.[617]

1197 Bei diagnostischen Eingriffen, die mit einem eigenen nicht unerheblichen Gefährdungspotential verbunden sind, muss die Aufklärung entsprechend früher durchgeführt werden.[618]

4. Die Operationserweiterung

1198 Ist vor Durchführung einer geplanten Operation bereits voraussehbar, dass es unter Umständen zu einer Erweiterung der Operation kommen kann, muss sich die Operationsaufklärung auch auf die mögliche Operationserweiterung, deren Belastungen und speziellen Risiken erstrecken.[619] Verletzt der Arzt diese Verpflichtung, darf er bei intraoperativ sich ergebender Notwendigkeit zur Erweiterung der Operation die Erweiterung nicht vornehmen. Vielmehr muss er, soweit dies möglich ist, die Operation beenden und den Patienten zunächst über die Notwendigkeit der Erweiterung aufklären.[620] Eine Fortsetzung der Operation kommt nur ausnahmsweise nach den Grundsätzen der mutmaßlichen Einwilligung in Betracht. Dies kann entweder der Fall bei einer nur geringfügigen Erweiterung der Operation sein, die höchstens mit

---

615 BGH NJW 2003, 2012 = VersR 2003, 1441; NJW 1994, 3009 = VersR 1994, 1235; *Frahm/Nixdorf/Walter* (Fn. 2), Rn. 218; *Gehrlein* (Fn. 9), Rn. C 50; *Martis/Winkhart* (Fn. 2), 199; Spickhoff/*Wellner* (Fn. 2), BGB §§ 823 ff. Rn. 275; *Steffen/Pauge* (Fn. 2), Rn. 489; *Rohde* VersR 1995, 391.

616 BGH NJW 1996, 777 = VersR 1996, 195; NJW 1995, 2410 = VersR 1995, 1055; *Frahm/Nixdorf/Walter* (Fn. 2), Rn. 218; *Gehrlein* (Fn. 9), Rn. C 51; *Geiß/Greiner* (Fn. 2), Rn. C 98; *Martis/Winkhart* (Fn. 2), 200.

617 BGH NJW 1995, 2410 = VersR 1995, 1055; OLG Koblenz NJW-RR 2002, 816 = VersR 2003, 1313; Laufs/Kern/*Laufs* (Fn. 39), § 62 Rn. 6; *Martis/Winkhart* (Fn. 2), 200.

618 BGH NJW 1996, 777 = VersR 1996, 195; NJW 1995, 2410 = VersR 1995, 1055; *Frahm/Nixdorf/Walter* (Fn. 2), Rn. 218.

619 BGH NJW 2005, 2072 = VersR 2005, 942; NJW 1993, 2372 = VersR 1993, 703; *Frahm/Nixdorf/Walter* (Fn. 2), Rn. 212; *Geiß/Greiner* (Fn. 2), Rn. C 20; *Laufs/Katzenmeier/Lipp* (Fn. 14), 124 Rn. 52; *Martis/Winkhart* (Fn. 2), 204; *Steffen/Pauge* (Fn. 2), Rn. 488; dazu auch *Dettmeyer/Madea* MedR 1998, 247.

620 BGH NJW 2005, 2072 = VersR 2005, 942; NJW 1993, 2372 = VersR 1993, 703; *Gehrlein* (Fn. 9), Rn. C 52; *Martis/Winkhart* (Fn. 2), 204.

Risiken verbunden ist, die mit den aufgeklärten Risiken der Grundoperation in ihrer Bedeutung vergleichbar sind.[621] In Fällen, in denen eine Unterbrechung der Operation aus medizinischen Gründen nicht möglich ist, muss der Arzt zur Vermeidung einer Behandlungsfehlerhaftung die erweiterte Operation vollenden; er kann sich im Hinblick auf den Aufklärungsmangel nicht auf eine rechtfertigende mutmaßliche Einwilligung berufen.[622]

Bei nicht vorhersehbaren intraoperativ auftretenden Erweiterungsnotwendigkeiten **1199** oder dem Auftreten vorher nicht erkennbarer und daher nicht aufgeklärter erhöhter Risiken hat der Arzt soweit möglich und vertretbar die Operation ebenfalls abzubrechen und den Patienten nach Abklingen der Narkosewirkung ordnungsgemäß aufzuklären. Erst nach Vorliegen der entsprechenden Einwilligung darf die entsprechende Operation fortgesetzt werden. Ist der Abbruch der Operation allerdings medizinisch unvertretbar oder liegt eine absolute Operationsindikation vor, muss der Arzt die Operation erweitert zu Ende führen. Er kann von einer mutmaßlichen Einwilligung des Patienten ausgehen, wenn ein verständiger Patient – in der konkreten Situation – dem Eingriff oder dessen medizinisch bedingter Fortsetzung zugestimmt hätte.[623]

Besonderheiten bestehen insoweit im Hinblick auf verschiedene Entbindungsmetho- **1200** den, weil bei einem intraoperativ notwendigen Wechsel des Entbindungskonzeptes bereits definitionsgemäß ein Abbruch des Eingriffes ausscheidet. Aus diesem Grunde muss eine werdende Mutter bereits dann über die Möglichkeit einer Kaiserschnittentbindung aufgeklärt werden, wenn vor der Entbindung erkennbar ist, dass ein Kaiserschnitt notwendig werden könnte.[624] Hierfür reicht allerdings allein die theoretische Möglichkeit der späteren Notwendigkeit einer Kaiserschnittentbindung nicht aus. Vielmehr bedarf es konkreter Tatsachen bzw. deutlicher Anzeichen, die auf die spätere Notwendigkeit einer Kaiserschnittentbindung bzw. das Vorliegen einer echten Entscheidungsalternative zwischen natürlicher Geburt und Kaiserschnittentbindung hinweisen.

Die Durchführung der Aufklärung und die Einholung der Einwilligung in den **1201** alternativ durchzuführenden Kaiserschnitt müssen bereits zu einem Zeitpunkt erfolgen, in dem die werdende Mutter noch einwilligungsfähig ist. Regelmäßig sollte die diesbezügliche Aufklärung vor Einleitung der Geburt erfolgen. Die Aufklärung ist auf jeden Fall verspätet, wenn die Presswehen bereits eingesetzt haben oder starke Schmerzmittel eine freie Entscheidung der werdenden Mutter nicht mehr zulassen.[625]

621 Dazu OLG Hamm VersR 2003, 1544 = OLGR 2002, 309; *Gehrlein* (Fn. 9), Rn. C 67; *Martis/Winkhart* (Fn. 2), 204, 227.

622 Nach *Frahm/Nixdorf/Walter* (Fn. 2), Rn. 212; *Geiß/Greiner* (Fn. 2), Rn. C 104, sind bei nicht aufgeklärten aber vorhersehbaren intraoperativen Erweiterungen die Grundsätze der mutmaßlichen Einwilligung nicht anwendbar; vgl. auch *Steffen/Pauge* (Fn. 2), Rn. 496, 497.

623 BGH NJW 2000, 885 = VersR 2000, 603; NJW 1993, 2372 = VersR 1993, 703; OLG Naumburg NJW-RR 2004, 315; *Frahm/Nixdorf/Walter* (Fn. 2), Rn. 212; *Gehrlein* (Fn. 9), Rn. C 52; *Geiß/Greiner* (Fn. 2), Rn. C 103; *Martis/Winkhart* (Fn. 2), 205; *Steffen/Pauge* (Fn. 2), Rn. 498, 499.

624 BGH NJW 2004, 3703 = VersR 2005, 227; NJW 1993, 2372 = VersR 1993, 703; *Frahm/Nixdorf/Walter* (Fn. 2), Rn. 196, 212; *Gehrlein* (Fn. 9), Rn. C 53; *Geiß/Greiner* (Fn. 2), Rn. C 99; *Martis/Winkhart* (Fn. 2), 206; *Steffen/Pauge* (Fn. 2), Rn. 487; *Bender* NJW 1999, 2706.

625 BGH NJW 1993, 2372 = VersR 1993, 703; *Gehrlein* (Fn. 9), Rn. C 53; *Geiß/Greiner* (Fn. 2), Rn. C 99; *Martis/Winkhart* (Fn. 2), 207; *Steffen/Pauge* (Fn. 2), Rn. 487.

5. Notfalloperationen

1202 Bei notfallmäßig durchgeführten Operationen reicht eine Aufklärung unmittelbar vor dem Eingriff aus. Darüber hinaus ist in Fällen, in denen aufgrund des Zustandes des Patienten eine Aufklärung vor der Notfalloperation nicht durchführbar ist und die Einwilligung eines gesetzlichen Vertreters nicht erreichbar ist, regelmäßig von der mutmaßlichen Einwilligung des Patienten zur Vornahme der dringend indizierten Notfalloperation auszugehen.[626]

VII. Die Form der Aufklärung

1203 Grundsätzlich erfordert eine wirksame Aufklärung die Führung eines Aufklärungsgespräches zwischen dem aufklärenden Arzt und dem Aufklärungsadressaten, regelmäßig dem Patienten, in dem der Arzt dem Patienten die aufklärungsbedürftigen Umstände nachvollziehbar verdeutlicht.[627] Denkbar ist in – seltenen - Ausnahmefällen auch die Aufklärung auf telefonischem Weg, wenn der Arzt sich davon überzeugen kann, dass der Patient seine Hinweise und Informationen verstanden hat.[628] Die Schriftform der Aufklärung ist keineswegs geboten, sondern lediglich aus Beweissicherungsgründen anzuraten. Umgekehrt ersetzt die Vorlage eines Aufklärungsformulars das geforderte Arzt-Patienten-Aufklärungsgespräch nicht. Das Aufklärungsformular kann lediglich ein Hilfsmittel sein, um das Arzt-Patienten-Gespräch vorzubereiten und die Aufklärung zu erleichtern. Auch die Unterzeichnung des Aufklärungsbogens durch den Patienten reicht nicht aus. Dies gilt auch für fremdnützige Blutspenden.[629] Lediglich bei Routineeingriffen, wie zB die Aufklärung über die Risiken einer Impfung gegen Kinderlähmung, kann die Aushändigung eines Merkblattes ausnahmsweise ausreichend sein. Das gilt allerdings nur, wenn der Erziehungsberechtigten zugleich die Möglichkeit zu weiteren Informationen durch ein Gespräch nachvollziehbar angeboten wird.[630]

1204 Darüber hinaus entfaltet die auf einem Aufklärungsbogen schriftlich niedergelegte Einwilligungserklärung des Patienten indizielle Bedeutung dafür, dass ein mündliches Aufklärungsgespräch stattgefunden hat. Finden sich in dem Aufklärungsbogen handschriftliche Eintragungen des Arztes oder ist die Durchführung des Aufklärungsgespräches in der Behandlungsdokumentation unter Angabe von Aufklärungszeitpunkt und Aufklärungsgegenstand festgehalten, soll dem Arzt »im Zweifel geglaubt

626 OLG Naumburg NJW-RR 2008, 270 = VersR 2008, 224; *Deutsch/Spickhoff* (Fn. 14), Rn. 311; *Gehrlein* (Fn. 9), Rn. C 66, C 67; *Geiß/Greiner* (Fn. 2), Rn. C 103; *Martis/Winkhart* (Fn. 2), 204; *Steffen/Pauge* (Fn. 2), Rn. 498.

627 BGH NJW-RR 2007, 310 = VersR 2007, 209; NJW 2003, 2012 = VersR 2003, 1441; NJW 1985, 1399 = VersR 1985, 361; *Ehlers/Broglie* (Fn. 117), Rn. 860; *Frahm/Nixdorf/Walter* (Fn. 2), Rn. 197; *Gehrlein* (Fn. 9), Rn. C 47; *Geiß/Greiner* (Fn. 2), Rn. C 87; Laufs/Kern/*Laufs* (Fn. 39), § 62 Rn. 14; *Laufs/Katzenmeier/Lipp* (Fn. 14), 122 Rn. 45; *Martis/Winkhart* (Fn. 2), 267; Spickhoff/*Wellner* BGB §§ 823 ff. Rn. 272; *Steffen/Pauge* (Fn. 2), Rn. 475.

628 So BGH NJW 2010, 2430 = VersR 2010, 1183, zur Anästhesie - Aufklärung eines Vaters vor einer (einfachen) Leistenhernien - Operation der minderjährigen Tochter nach vorheriger Führung eines Aufklärungsgespräches mit der Mutter; Spickhoff/*Wellner* (Fn. 2), BGB §§ 823 ff. Rn. 272.

629 BGH NJW 2006, 2108 = VersR 2006, 838; *Deutsch/Spickhoff* (Fn. 14), Rn. 290; *Geiß/Greiner* (Fn. 2), Rn. C 49; *Martis/Winkhart* (Fn. 2), 145; *Steffen/Pauge* (Fn. 2), Rn. 472; *Spickhoff* NJW 2006, 2075; *Gödicke* MedR 2006, 568.

630 BGH NJW 2000, 1784 = VersR 2000, 725; *Deutsch/Spickhoff* (Fn. 14), Rn. 308; *Frahm/Nixdorf/Walter* (Fn. 2), Rn. 197; *Gehrlein* (Fn. 9), Rn. C 47; *Geiß/Greiner* (Fn. 2), Rn. C 87; Spickhoff/*Wellner* (Fn. 2), BGB §§ 823 ff. Rn. 272.

werden«, dass die Aufklärung tatsächlich ordnungsgemäß stattgefunden hat.[631] Gleiches gilt, wenn der Arzt nachweisen kann, dass er in ständiger Übung richtig und vollständig aufklärt, sofern feststeht, dass ein Aufklärungsgespräch überhaupt stattgefunden hat.[632] Bei einer »gewissen Anfangswahrscheinlichkeit« für die Richtigkeit der Darstellung der Behandlerseite kann das Gericht aus der Parteivernehmung des Arztes die sichere Überzeugung gewinnen, dass der Patient ordnungsgemäß aufgeklärt worden ist.

VIII. Die Verzichtbarkeit der Aufklärung

In seltenen Ausnahmekonstellationen ist die Durchführung eines Aufklärungsgespräches nicht erforderlich. Hierfür reicht es allerdings nicht aus, dass der Arzt meint, dass die Aufklärung für den Patienten nicht gesundheitsfördernd ist. Ein therapeutisch begründeter Aufklärungsverzicht kommt nur in sehr engen Grenzen in Betracht.[633] 1205

1. Der erklärte Aufklärungsverzicht

Es besteht die Möglichkeit, dass der Patient auf die Durchführung der Aufklärung verzichtet. An einen solchen Aufklärungsverzicht sind allerdings strenge Anforderungen zu stellen. Insbesondere muss der Aufklärungsverzicht willensmängelfrei, eindeutig und unmissverständlich erfolgen.[634] Der Patient muss sich der Tragweite des Eingriffes bewusst sein. Hierzu muss er auch die möglichen Folgen eines Eingriffes kennen. Dies wiederum wird überhaupt erst nach erfolgter Information durch den Arzt möglich sein, weil der Arzt erst dann sicherstellen kann, dass der Patient nicht über die möglichen Folgen des beabsichtigten Eingriffes irrt. Letztlich wird ein wirksamer Aufklärungsverzicht daher überhaupt nur dann in Frage kommen, wenn der Patient sich in einem Arzt-Patienten-Gespräch eindeutig der Durchführung der Aufklärung widersetzt und erklärt, den Eingriff unabhängig von den möglichen – auch schwerwiegenden – Folgen des Eingriffs durchführen zu lassen. Dieser Verzicht sollte vom Arzt auf jeden Fall dokumentiert werden. 1206

2. Der voraufgeklärte Patient

Eine Aufklärung kann des Weiteren dann entfallen, wenn der Patient bereits »voraufgeklärt« ist. Dies kann zum einen der Fall sein, wenn der Patient aufgrund eigener medizinischer Kenntnisse ein hinreichendes Bild von dem Eingriff besitzt.[635] Dies 1207

631 BGH NJW 1985, 1399 = VersR 1985, 361; *Frahm/Nixdorf/Walter* (Fn. 2), Rn. 228; *Gehrlein* (Fn. 9), Rn. C 70; *Geiß/Greiner* (Fn. 2), Rn. C 88, C 134; *Laufs/Katzenmeier/Lipp* (Fn. 14), 122 Rn. 46; Laufs/Kern/*Laufs* (Fn. 39), § 62 Rn. 16; *Martis/Winkhart* (Fn. 2), 267; *Steffen/Pauge* (Fn. 2), Rn. 515.

632 BGH NJW 2004, 3703 = VersR 2005, 227; NJW 1999, 863 = VersR 1999, 210 (in den beiden letzten Entscheidungen keine ausreichende Aufklärung); NJW 1994, 3009 = VersR 1994, 1225; OLG Hamm v. 12. 5. 2010 – 3 U 134/09 –; OLG Schleswig MedR 1996, 272; *Frahm/Nixdorf/Walter* (Fn. 2), Rn. 228; *Gehrlein* (Fn. 9), Rn. C 70; *Geiß/Greiner* (Fn. 2), Rn. C 134; Laufs/Kern/*Laufs* (Fn. 39), § 62 Rn. 16; *Martis/Winkhart* (Fn. 2), 267; *Steffen/Pauge* (Fn. 2), Rn. 515.

633 BGH NJW 1983, 328; OLG München VersR 2002, 986 (zur therapeutischen Sicherungsaufklärung).

634 BGH NJW 1973, 556 = VersR 1973, 244; *Frahm/Nixdorf/Walter* (Fn. 2), Rn. 191; *Gehrlein* (Fn. 9), Rn. C 14; *Geiß/Greiner* (Fn. 2), Rn. C 16; Laufs/Kern/*Laufs* (Fn. 39), § 60 Rn. 17; *Martis/Winkhart* (Fn. 2), 226.

635 BGH NJW 1996, 788 = VersR 1996, 211; OLG Hamm VersR 1998, 322; *Frahm/Nixdorf/Walter*

kann sich auch auf Teile der Aufklärung beziehen. So muss eine Krankenschwester nicht über das allgemeine Infektionsrisiko einer Operation aufgeklärt werden.[636]

1208 Die Aufklärungsbedürftigkeit entfällt weiter dann, wenn der Patient von dem vorbehandelnden Haus- oder Facharzt über den Eingriff und die maßgeblichen Risiken bereits aufgeklärt worden ist.[637] Der den Eingriff durchführende Arzt trägt allerdings das Risiko der fehlerhaften oder unterlassenen Aufklärung, so dass ein Verzicht auf die Aufklärung in derartigen Fällen nur dann geboten ist, wenn der Arzt tatsächlich die »Voraufklärung« sicherstellen kann.

1209 Die Aufklärungsbedürftigkeit entfällt weiter dann, wenn der Patient im nahen zeitlichen Zusammenhang über eine gleichartige Operation mit unveränderten Risiken bereits aufgeklärt worden ist.[638] Die Ausnahmekonstellation greift nur bei Bestehen eines zeitlichen Zusammenhanges ein. Bei der Festlegung der Grenzen eines derartigen zeitlichen Zusammenhanges kann nicht auf abstrakte Zeitraume zurückgegriffen werden. Vielmehr kommt es darauf an, ob der Patient im Hinblick auf die seit dem vorangegangenen, gleichgelagerten Eingriff vergangene Zeit die Aufklärung noch in einer Weise in Erinnerung hat, dass er willensmängelfrei in den erneuten Eingriff einwilligen konnte. Dies ist darüber hinaus nur dann gegeben, wenn tatsächlich eine gleichgelagerte Risikosituation besteht. Das ist ausgeschlossen, wenn dem Patienten nach Verlust eines Organes im nahen zeitlichen Zusammenhang ein weiteres Parallelorgan, zB eine zweite Niere, entnommen werden soll, weil sich die Auswirkungen auf die weitere Lebensführung bei der Zweitoperation in völlig anderer Weise darstellen. Auch hier trägt der behandelnde Arzt darüber hinaus das Risiko, dass die Aufklärung bei der Erstoperation ordnungsgemäß erfolgt ist.

3. Die mutmaßliche Einwilligung

1210 Schließlich kann die Aufklärungsbedürftigkeit in Fällen der mutmaßlichen Einwilligung entfallen. Denkbar ist dies in Notfällen, bei bewusstlosen Patienten oder bei erstmaliger intraoperativer Feststellung des aufklärungsbedürftigen Zustandes im Zusammenhang mit Operationserweiterungen sowie in sonstigen Fallkonstellationen, in denen sich die Aufklärung und Einholung der Einwilligung des Patienten bzw. seines gesetzlichen Vertreters nicht zeitgerecht herbeiführen lassen. Die mutmaßliche Einwilligung in den Eingriff besteht, wenn angenommen werden kann, dass ein verständiger Patient in den Eingriff bzw. dessen Fortsetzung nach ordnungsgemäßer Aufklärung eingewilligt hätte.[639] Angesichts des Selbstbestimmungsrechtes des kon-

---

(Fn. 2), Rn. 192; *Gehrlein* (Fn. 9), Rn. C 13, C 58; *Geiß/Greiner* (Fn. 2), Rn. C 112; Laufs/Kern/*Laufs* (Fn. 39), § 60 Rn. 15; *Martis/Winkhart* (Fn. 2), 225; *Steffen/Pauge* (Fn. 2), Rn. 510.

636 BGH NJW 1996, 788 = VersR 1996, 211.

637 BGH NJW 1994, 2414 = VersR 1994, 1302; *Frahm/Nixdorf/Walter* (Fn. 2), Rn. 192; *Gehrlein* (Fn. 9), Rn. C 13, C 58; *Geiß/Greiner* (Fn. 2), Rn. C 112; *Martis/Winkhart* (Fn. 2), 225; *Steffen/Pauge* (Fn. 2), Rn. 510.

638 BGH NJW 2007, 217 = VersR 2007, 66 (zwei vorausgegangene Aufklärungsgespräche); NJW 2003, 2012 = VersR 2003, 1441 (Abstand 1,5 Monate); OLG Koblenz VersR 2005, 118 (unter Rückgriff auf eine mutmaßliche Einwilligung); OLG Köln MedR 2004, 567; *Frahm/Nixdorf/Walter* (Fn. 2), Rn. 192; *Gehrlein* (Fn. 9), Rn. C 13, C 58; Laufs/Kern/*Laufs* (Fn. 39), § 60 Rn. 15; *Martis/Winkhart* (Fn. 2), 225; Spickhoff/*Wellner* (Fn. 2), BGB §§ 823 ff. Rn. 234.

639 BGH NJW 1991, 2342 = VersR 1991, 547; NJW 1989, 1541 = VersR 1989, 289; *Frahm/Nixdorf/Walter* (Fn. 2), Rn. 212; *Gehrlein* (Fn. 9), Rn. C 66, C 67; *Geiß/Greiner* (Fn. 2), Rn. C 102; Laufs/Kern/*Laufs* (Fn. 39), § 60 Rn. 11; *Martis/Winkhart* (Fn. 2), 226; Spickhoff/*Wellner* (Fn. 2), BGB §§ 823 ff. Rn. 283; *Steffen/Pauge* (Fn. 2), Rn. 496.

kret betroffenen Patienten muss der Arzt bei der Beurteilung der mutmaßlichen Einwilligung allerdings bekannte Vorstellungen des Patienten berücksichtigen, auch wenn diese nicht dem Leitbild des verständigen Patienten entsprechen.

Das Vorliegen einer mutmaßlichen Einwilligung ist typischerweise bei vital indizierten Eingriffen und Eingriffen, für die in zeitlicher und sachlicher Hinsicht eine absolute Indikation besteht, anzunehmen.[640] Bei der unvorhersehbaren intraoperativen Erweiterung eines Eingriffes kommt eine mutmaßliche Einwilligung in Betracht, wenn die Operationserweiterung aus medizinischen Gründen dringend geboten und eine »Operationsunterbrechung« medizinisch erheblich nachteilig ist, oder wenn es sich um eine nur geringfügige Operationserweiterung mit höchstens vergleichbaren Risiken im Hinblick auf die Ausgangsoperation handelt.[641] 1211

Bei nicht vital oder nur relativ indizierten Eingriffen kommt über die belanglose Operationserweiterung hinaus eine mutmaßliche Einwilligung regelmäßig nicht in Betracht. Gleiches gilt in Fällen, in denen der Patient seinen gegenteiligen Willen ausdrücklich geäußert hat.[642] 1212

C. Kausalitätsprobleme

Die Haftung des Arztes wegen eines Aufklärungsmangels und der darauf beruhenden Unwirksamkeit der Einwilligung in den ärztlichen Heileingriff ist auf die durch den Aufklärungsmangel verursachten Primärschäden beschränkt. Dabei kommt es nicht auf eine Kausalität im naturwissenschaftlichen Sinn, sondern eine normativ begründete Ursächlichkeitsfeststellung an. 1213

I. Der Grundsatz

Schadensersatzbegründend sind nur solche Schäden, die infolge der aufgrund unzureichender Aufklärung rechtswidrigen Behandlung eingetreten sind.[643] Hierzu gehören regelmäßig die in der durchgeführten Operation liegenden unmittelbaren körperlichen Beeinträchtigungen und deren Folgen. Beruht der Schaden demgegenüber auf der Grunderkrankung, scheidet auch bei unzureichender Aufklärung ein Haftungsanspruch aus. Gleiches gilt für den Fall durch die Aufklärung nicht gedeckter intraoperativer Operationserweiterung, wenn der eingetretene Schaden nicht durch die Erweiterung, sondern bereits durch die Ausgangsoperation herbeigeführt worden 1214

640 OLG Naumburg NJW-RR 2008, 270 = VersR 2008, 224; OLG Zweibrücken NJW-RR 2000, 27 = VersR 1999, 1546; *Frahm/Nixdorf/Walter* (Fn. 2), Rn. 212; *Gehrlein* (Fn. 9), Rn. C 66; *Geiß/Greiner* (Fn. 2), Rn. C 102; *Martis/Winkhart* (Fn. 2), 227; *Steffen/Pauge* (Fn. 2), Rn. 498, 499.

641 Dazu OLG Koblenz NJW 2006, 2928 = VersR 2007, 796; OLG Hamm VersR 2003, 1544 = OLGR 2002, 309; Laufs/Kern/*Laufs* (Fn. 39), § 60 Rn. 13; *Martis/Winkhart* (Fn. 2), 227, anders aber S. 204; Spickhoff/*Wellner* (Fn. 2), BGB §§ 823 ff. Rn. 283. *Frahm/Nixdorf/Walter* (Fn. 2), Rn. 212 (für mehr als belanglose Eingriffe); *Gehrlein* (Fn. 9), Rn. C 67; *Geiß/Greiner* (Fn. 2), Rn. C 104, schließen die mutmaßliche Einwilligung bei vorhersehbaren Operationserweiterungen grundsätzlich aus; dagegen OLG Koblenz, aaO.

642 BGH NJW 2000, 885 = VersR 2000, 603 (bei strafrechtlicher Beurteilung); *Gehrlein* (Fn. 9), Rn. C 67; *Geiß/Greiner* (Fn. 2), Rn. C 104, C 105; *Martis/Winkhart* (Fn. 2), 228; *Steffen/Pauge* (Fn. 2), Rn. 498.

643 BGH NJW 2008, 2344 = VersR 2008, 1668; NJW 1992, 754 = VersR 1992, 240; NJW 1989, 1533 = VersR 1989, 514; *Frahm/Nixdorf/Walter* (Fn. 2), Rn. 188; *Gehrlein* (Fn. 9), Rn. C 78; *Geiß/Greiner* (Fn. 2), Rn. C 147; *Martis/Winkhart* (Fn. 2), 253; *Steffen/Pauge* (Fn. 2), Rn. 529.

ist.[644] Demgegenüber kommt es für die Kausalitätsbeurteilung nicht darauf an, ob die Behandlung behandlungsfehlerhaft erfolgt ist.

II. Die hypothetische Kausalität

1215 Der haftungsbegründende Kausalzusammenhang zwischen dem aufgrund mangelhafter Aufklärung rechtswidrigen Eingriff und dem Schaden kann darüber hinaus bei tatsächlich gegebener Ursächlichkeit in Fällen der hypothetischen Kausalität entfallen.

1. Die anderweitige Schadensursache

1216 Denkbar ist dies zum einen, wenn der konkrete Gesundheitsschaden auch bei Wahl einer anderen, rechtmäßigen Behandlungsalternative in gleicher Weise aufgetreten wäre.[645] Gleiches gilt auch bei Vorliegen einer besonderen Schadensanlage des Patienten, die auch ohne die aufgrund unzureichender Aufklärung rechtswidrige ärztliche Heilbehandlung zu dem konkret eingetretenen Schaden geführt hätte.[646] In beiden Fällen ist der Arzt für das Vorliegen des hypothetischen Kausalverlaufes beweispflichtig.

2. Die hypothetische Einwilligung

1217 Ebenfalls als Kausalitätsproblem stellt sich die hypothetische Einwilligung des Patienten dar. Der haftungsbegründende Kausalzusammenhang zwischen der mangelhaften Aufklärung und dem eingetretenen Primärschaden und damit die Haftung des Arztes entfallen nämlich, wenn der Patient auch bei einer ordnungsgemäßen Aufklärung in den konkreten Eingriff eingewilligt hätte.[647]

1218 Im Wege einer abgestuften Darlegungs- und Beweislast muss zunächst der Arzt im Arzthaftungsprozess vortragen, dass der Patient bei ordnungsgemäßer Einwilligung sein Einverständnis in den konkreten Eingriff erklärt hätte. Der Patient kann diesen Einwand dadurch entkräften, dass er dem Gericht plausibel macht, dass er sich bei ordnungsgemäßer Aufklärung in einem echten Entscheidungskonflikt befunden hätte. Erforderlich sind allein die Darlegung und der Beweis der den Entscheidungskonflikt begründenden Tatsachen. Der Patient muss nachvollziehbar machen, dass er sich bei ordnungsgemäßer Aufklärung ernsthaft die Frage gestellt hätte, ob er dem Eingriff zum damaligen Zeitpunkt zugestimmt hätte. Demgegenüber muss der Patient nicht darlegen, wie er den Entscheidungskonflikt gelöst hätte. Für das Vorliegen eines Entscheidungskonfliktes kommt es auf den konkret betroffenen Patienten und nicht

644 BGH NJW 2005, 2072 = VersR 2005, 942; OLG Koblenz NJW-RR 2003, 1607 = VersR 2004, 246; OLG Karlsruhe GesR 2003, 239; *Gehrlein* (Fn. 9), Rn. C 78; *Martis/Winkhart* (Fn. 2), 254.

645 BGH NJW 2005, 2072 = VersR 2005, 942; NJW 2005, 1718 = VersR 2005, 836; *Frahm/Nixdorf/Walter* (Fn. 2), Rn. 188; *Gehrlein* (Fn. 9), Rn. C 79; *Geiß/Greiner* (Fn. 2), Rn. C 151.

646 BGH NJW 1987, 1481 = VersR 1987, 667; NJW 1985, 676 = VersR 1985, 60; *Frahm/Nixdorf/Walter* (Fn. 2), Rn. 225; *Gehrlein* (Fn. 9), Rn. C 79; *Geiß/Greiner* (Fn. 2), Rn. C 152; *Laufs/Katzenmeier/Lipp* (Fn. 14), 129 Rn. 62; *Martis/Winkhart* (Fn. 2), 263; *Steffen/Pauge* (Fn. 2), Rn. 353.

647 BGH NJW 2007, 2771 = VersR 2007, 999 NJW 2005, 1718 = VersR 2005, 836; *Deutsch/Spickhoff* (Fn. 14), Rn. 334; *Frahm/Nixdorf/Walter* (Fn. 2), Rn. 221, 222; *Gehrlein* (Fn. 9), Rn. C 72 – C 75; *Geiß/Greiner* (Fn. 2), Rn. C 137 – C 142; Laufs/Kern/*Laufs* (Fn. 39), § 63 Rn. 3; *Martis/Winkhart* (Fn. 2), 228; Spickhoff/*Wellner* (Fn. 2), BGB §§ 823 ff. Rn. 280; *Steffen/Pauge* (Fn. 2), Rn. 521 – 524; dazu auch *Martis* MDR 2009, 611; *Schellenberg* VersR 2008, 1298.

auf die Sicht eines »vernünftigen« Patienten an. Es ist Sache des Gerichtes im Rahmen der Beweiswürdigung die vom Patienten zur Begründung des Entscheidungskonfliktes vorgetragenen Tatsachen im Hinblick auf die Plausibilität des Vorliegens eines Entscheidungskonfliktes zu werten, wobei nicht zu hohe Anforderungen gestellt werden dürfen.[648] Dabei muss das Gericht in der Regel den Patienten persönlich anhören.[649]

Liegt kein echter Entscheidungskonflikt vor, ist die mangelhafte Aufklärung für den 1219 Schadenseintritt nicht kausal geworden, die Haftung des Arztes entfällt. Demgegenüber muss der Arzt bei Feststellung des Entscheidungskonfliktes seinerseits nachweisen, dass der Patient trotz des Entscheidungskonfliktes bei ordnungsgemäßer Aufklärung in den konkreten, durch den behandelnden Arzt durchgeführten Eingriff eingewilligt hätte.[650] Der Beweis, an den strenge Anforderungen zu stellen sind, wird nur selten zu führen sein. Er kann geführt werden, wenn der Arzt nachvollziehbar darlegt und beweist, dass der vom Patienten hinzugezogene Arzt seines Vertrauens den Patienten aufgrund objektiver Kriterien von der Einwilligung in die Operation überzeugt hätte.[651]

III. Der Schutzzweck der Aufklärung

Die Haftung des Arztes wegen einer mangelhaften Aufklärung kann darüber hinaus – 1220 ausnahmsweise – dann entfallen, wenn es an dem am Schutzzweck der Aufklärungspflicht orientierten Zurechnungszusammenhang zwischen der Aufklärungspflichtverletzung und dem konkreten Schaden fehlt. Eine Haftung des Arztes scheidet nämlich aus, wenn sich der Schaden außerhalb des Schutzbereiches der dem Arzt obliegenden Aufklärungsverpflichtung niederschlägt.[652] Dies ist der Fall, wenn es an einem Zusammenhang zwischen der konkreten Aufklärungspflichtverletzung und dem eingetretenen Schaden fehlt.

Ist bereits die sog. Grundaufklärung, also die allgemeine Aufklärung über Art und 1221 Schweregrad des Eingriffs und die Stoßrichtung des Risikos durch Angabe des jeweils schwersten Risikos nicht erteilt worden, kommt eine Haftungsbeschränkung nicht in Betracht.[653] In diesem Fall sind die Mängel der Aufklärung so schwerwiegend, dass sich der Patient kein zutreffendes Bild von den mit dem Eingriff auf ihn zukom-

648 BGH NJW 2007, 2771 = VersR 2007, 999; NJW 2005, 1718 = VersR 2005, 836; NJW 2005, 1364 = VersR 2005, 694; instruktiv insoweit OLG München v. 6. 8. 2010 – 1 U 24647/10 –; *Frahm/Nixdorf/Walter* (Fn. 2), Rn. 222; *Gehrlein* (Fn. 9), Rn. C 74; *Geiß/Greiner* (Fn. 2), Rn. C 138; *Laufs/Katzenmeier/Lipp* (Fn. 14), 128 Rn. 62; 143 Rn. 88; *Martis/Winkhart* (Fn. 2), 230; Spickhoff/*Wellner* (Fn. 2), BGB §§ 823 ff. Rn. 281; *Steffen/Pauge* (Fn. 2), Rn. 522.

649 BGH NJW 2010, 3230 = VersR 2010, 1220; NJW 2007, 2771 = VersR 2007, 999; NJW 2005, 1364 = VersR 2005, 694; *Deutsch/Spickhoff* (Fn. 14), Rn. 334; *Frahm/Nixdorf/Walter* (Fn. 2), Rn. 222, 271; *Gehrlein* (Fn. 9), Rn. C 75; *Geiß/Greiner* (Fn. 2), Rn. C 142; *Martis/Winkhart* (Fn. 2), 231; *Steffen/Pauge* (Fn. 2), Rn. 523.

650 Dazu BGH NJW 1996, 3073 = VersR 1996, 1240; *Steffen/Pauge* (Fn. 2), Rn. 527.

651 OLG Karlsruhe VersR 2001, 860; *Gehrlein* (Fn. 9), Rn. C 77; *Martis/Winkhart* (Fn. 2), 235; *Spickhoff* NJW 2002, 1758.

652 BGH NJW 2006, 2477 = VersR 2006, 1073; NJW 2001, 2798 = VersR 2001, 592; NJW 2000, 1784 = VersR 2000, 725; *Deutsch/Spickhoff* (Fn. 14), Rn. 612; *Gehrlein* (Fn. 9), Rn. C 82;*Geiß/Greiner* (Fn. 2), Rn. C 156; *Martis/Winkhart* (Fn. 2), 255; *Steffen/Pauge* (Fn. 2), Rn. 532, 534.

653 BGH NJW 2001, 2798 = VersR 2001, 592; NJW 1996, 777 = VersR 1996, 195; *Frahm/Nixdorf/Walter* (Fn. 2), Rn. 223; *Gehrlein* (Fn. 9), Rn. C 83; *Geiß/Greiner* (Fn. 2), Rn. C 157; Laufs/Kern/*Laufs* (Fn. 39), § 63 Rn. 8; *Martis/Winkhart* (Fn. 2), 255; *Steffen/Pauge* (Fn. 2), Rn. 534.

menden Belastungen machen konnte. Dies ist in Konstellationen gegeben, in denen überhaupt keine Aufklärung erfolgt ist, und bei fehlerhaften Aufklärungen, die derart gehaltlos sind, dass sie dem Patienten nicht einmal einen Eindruck von dem schwerstmöglichen Risiko im Hinblick auf die zukünftige Lebensführung vermitteln konnten. Bei einem derartigen Mangel entfällt die Haftung auch dann nicht, wenn sich ein nicht aufklärungsbedürftiges Risiko verwirklicht hat.

1222 Gleiches dürfte auch gelten, wenn der Arzt vor Anwendung einer sog. Neulandmethode nicht darauf hingewiesen hat, dass er eine Neulandmethode anwenden will, und der Patient vorträgt, dass er sich bei Kenntnis dieses Umstandes auf eine Operation überhaupt nicht eingelassen hätte.[654]

1223 Ist demgegenüber die Grundaufklärung ordnungsgemäß erfolgt und liegt der Mangel der Aufklärung in anderen Gründen, scheidet die Haftung aus, wenn sich ein nicht aufklärungsbedürftiges Risiko verwirklicht, sofern sich das verwirklichte Risiko innerhalb des mit der Grundaufklärung vermittelten allgemeinen Schweregrades des Eingriffes sowie der Art der Belastungen bewegt, also insbesondere in Art und Schwere unterhalb des im Rahmen der Grundaufklärung dargestellten schwersten Risikos liegt.[655]

1224 Verwirklicht sich demgegenüber nach ordnungsgemäß erfolgter Grundaufklärung ein aufklärungspflichtiges Risiko, ist zu unterscheiden. Hat der Arzt ungeachtet sonstiger Mängel der Aufklärung über das Risiko aufgeklärt, das sich verwirklicht hat, ist es unerheblich, dass er andere, nicht realisierte Risiken nicht benannt hat.[656] Die Haftung entfällt. Demgegenüber bleibt die Haftung des Arztes bestehen, wenn der Aufklärungsmangel gerade im Hinblick auf das Risiko vorliegt, das sich verwirklicht hat.[657] In diesem Fall haftet der Arzt für sämtliche Folgen des Eingriffes, auch wenn sie – zusätzlich – auf Risiken beruhen, über die ordnungsgemäß aufgeklärt worden ist.

D. Die Darlegungs- und Beweislast

1225 Im Grundsatz liegt die Beweislast für die vollständige und richtige Aufklärung und die rechtfertigende Wirkung der Einwilligung in einen ärztlichen Heileingriff auf Seiten des Arztes.[658] Der Arzt muss deshalb beweisen, dass er die Aufklärung ordnungsgemäß durchgeführt hat. Dies gilt für sämtliche Voraussetzungen einer ordnungsgemäßen Aufklärung, also sowohl für die Behandlungs- bzw. Verlaufserklärung

654 BGH NJW 2007, 2774 = VersR 2007, 1273 – Racz-Katheter; *Frahm/Nixdorf/Walter* (Fn. 2), Rn. 224 mit Fn. 254; *Bender* VersR 2009, 176; anders BGH NJW 2006, 2477 = VersR 2006, 1073 – Robodoc.

655 BGH NJW 1996, 777 = VersR 1996, 195; NJW 1991, 2346 = VersR 1991, 777; *Deutsch/Spickhoff* (Fn. 14), Rn. 339; *Frahm/Nixdorf/Walter* (Fn. 2), Rn. 223; *Gehrlein* (Fn. 9), Rn. C 84; *Geiß/Greiner* (Fn. 2), Rn. C 157; Laufs/Kern/*Laufs* (Fn. 39), § 63 Rn. 8; *Martis/Winkhart* (Fn. 2), 257; *Steffen/Pauge* (Fn. 2), Rn. 534, 535.

656 BGH NJW 2006, 2477 = VersR 2006, 1073; NJW 2001, 2798 = VersR 2001, 592; NJW 2000, 1784 = VersR 2000, 725; *Deutsch/Spickhoff* (Fn. 14), Rn. 339; *Frahm/Nixdorf/Walter* (Fn. 2), Rn. 224; *Gehrlein* (Fn. 9), Rn. C 85; *Geiß/Greiner* (Fn. 2), Rn. C 157; *Martis/Winkhart* (Fn. 2), 259; *Steffen/Pauge* (Fn. 2), Rn. 532.

657 BGH NJW 2001, 2798 = VersR 2001, 592; NJW 1989, 1533 = VersR 1989, 514; *Gehrlein* (Fn. 9), Rn. C 85; *Geiß/Greiner* (Fn. 2), Rn. C 157; *Martis/Winkhart* (Fn. 2), 258; *Steffen/Pauge* (Fn. 2), Rn. 537.

658 *Frahm/Nixdorf/Walter* (Fn. 2), Rn. 227; *Martis/Winkhart* (Fn. 2), 263.

einschließlich der Aufklärung über echte Behandlungsalternativen als auch für die Risikoaufklärung. Auch die Wahl des richtigen Zeitpunktes für die Aufklärung hat der Arzt zu beweisen. In gleicher Weise trifft den Arzt die Beweislast für ihn entlastende Umstände bei nicht oder nicht ausreichend erfolgter Aufklärung. Dies gilt sowohl für den Aufklärungsverzicht des Patienten als auch für die Voraussetzungen der mutmaßlichen Einwilligung oder der hypothetischen Kausalität aufgrund eines hypothetischen Kausalverlaufes oder einer besonderen Schadensanlage. Bei dem Einwand der hypothetischen Einwilligung gelten die dargestellten Grundsätze der gestuften Darlegungs- und Beweislast.

Der Patient ist demgegenüber beweisbelastet für das Vorliegen einer echten und daher aufklärungspflichtigen Behandlungsalternative.[659] In gleicher Weise trifft den Patienten die Beweislast für die Ursächlichkeit des wegen des Aufklärungsmangels rechtswidrigen Eingriffs für den Primärschaden, wenn nicht feststeht, dass der Primärschaden auf dem Eingriff und nicht auf der Grunderkrankung oder auf einer nicht aufgeklärten Operationserweiterung statt auf der aufgeklärten Ausgangsoperation beruht.[660] Behauptet der Patient, dass der Arzt die Beantwortung weiterer von ihm im Aufklärungsgespräch gestellten Fragen verweigert oder diese Fragen falsch beantwortet hätte, trifft ihn gleichfalls die Beweislast.[661] Beruft sich der Patient darauf, dass der Arzt eine von ihm unterzeichnete Aufklärungsurkunde nachträglich verändert hat[662] oder er eine einmal wirksam erteilte Einwilligung widerrufen hat,[663] ist er hierfür beweispflichtig. 1226

Ist streitig, ob ein bestimmtes Risiko aufklärungsbedürftig ist, liegt die Darlegungslast für die Aufklärungsbedürftigkeit zunächst beim Patienten, der die Aufklärungsbedürftigkeit behaupten muss. Es ist dann Sache des Arztes, entweder die fehlende Aufklärungsbedürftigkeit oder die Durchführung der Aufklärung zu beweisen.[664] Die streitige Frage kann regelmäßig durch Einholung eines Sachverständigengutachtens geklärt werden. 1227

An den von dem Arzt zu führenden Beweis dürfen keine zu hohen Anforderungen gestellt werden. Den Angaben des Arztes über die erfolgte Aufklärung ist im Zweifel zu glauben, wenn seine Darstellung in sich schlüssig ist und »einiger Beweis« für ein Aufklärungsgespräch erbracht worden ist.[665] Im Zweifel bedarf es hierzu der persönlichen Anhörung des Arztes über die Durchführung des Aufklärungsgespräches. Dabei kann auch dann, wenn der Arzt keine konkrete Erinnerung an das tatsächlich 1228

659 OLG Karlsruhe OLGR 2002, 20; *Frahm/Nixdorf/Walter* (Fn. 2), Rn. 229; *Martis/Winkhart* (Fn. 2), 266.

660 BGH NJW 1992, 754 = VersR 1992, 238; NJW 1986, 1541 = VersR 1986, 183; *Frahm/Nixdorf/Walter* (Fn. 2), Rn. 229, 188; *Steffen/Pauge* (Fn. 2), Rn. 529, 702.

661 BGH NJW 1980, 1903 = VersR 1980, 676; *Frahm/Nixdorf/Walter* (Fn. 2), Rn. 229.

662 OLG Koblenz NJW-RR 2003, 1607 = VersR 2004, 246; OLG Saarbrücken OLGR 1997, 286; OLG Frankfurt VersR 1994, 986; *Frahm/Nixdorf/Walter* (Fn. 2), Rn. 229; *Gehrlein* (Fn. 9), Rn. C 71; *Martis/Winkhart* (Fn. 2), 266; *Steffen/Pauge* (Fn. 2), Rn. 704.

663 BGH NJW 1980, 1903 = VersR 1980, 676; *Gehrlein* (Fn. 9), Rn. C 69; *Geiß/Greiner* (Fn. 2), Rn. C 136; *Martis/Winkhart* (Fn. 2), 266; *Steffen/Pauge* (Fn. 2), Rn. 705.

664 *Frahm/Nixdorf/Walter* (Fn. 2), Rn. 227; *Geiß/Greiner* (Fn. 2), Rn. C 132, nicht entscheidungserheblich in BGH NJW 1999, 2823 = VersR 1999, 1515,

665 BGH NJW 1985, 1399 = VersR 1985, 361; OLG Schleswig NJW-RR 1996, 348 = VersR 1996, 634; *Frahm/Nixdorf/Walter* (Fn. 2), Rn. 228; *Gehrlein* (Fn. 9), Rn. C 70; *Geiß/Greiner* (Fn. 2), Rn. C 134; Laufs/Kern/*Laufs* (Fn. 39), § 62 Rn. 17; *Martis/Winkhart* (Fn. 2), 267, 273; *Steffen/Pauge* (Fn. 2), Rn. 515, 696.

durchgeführte Aufklärungsgespräch hat, aus der Angabe des Arztes, wie er gewöhnlich aufklärt, auf die Durchführung eines ordnungsgemäßen Aufklärungsgespräches geschlossen werden, wenn der Arzt darstellen kann, wie er gewöhnlich aufklärt und dass er im vorliegenden Fall von dem gewöhnlichen Vorgehen nicht abgewichen ist.[666] Demgegenüber werden an den vom Arzt zu führenden Beweis einer hypothetischen Einwilligung des Patienten strenge Anforderungen gestellt.[667]

1229 Die schriftliche Dokumentation des Aufklärungsgespräches, insbesondere die Verwendung von Aufklärungsbögen, begründet mit indizieller Wirkung die Vermutung, dass der Patient tatsächlich in einem Arzt-Patienten-Gespräch aufgeklärt worden ist.[668] Aus dem bloßen Vorhandensein einer unterzeichneten Aufklärungsurkunde folgt allerdings nicht, das über die Inhalte der Aufklärungsurkunde im Rahmen des Aufklärungsgespräches gesprochen worden ist.[669] Die Indizwirkung wird verstärkt, wenn sich bspw. aus Eintragungen in dem Aufklärungsformular und/oder handschriftlichen Skizzen über den Operationszugang erkennen lässt, dass das Aufklärungsformular tatsächlich die Grundlage für das Aufklärungsgespräch gebildet hat. In diesem Fall muss der Patient die Indizwirkung des von ihm unterzeichneten Aufklärungsbogens durch substantiierte Darstellung eines abweichenden tatsächlichen Verlaufes entkräften. Demgegenüber erstreckt sich die Indizwirkung nicht darauf, dass der Patient den Aufklärungsbogen tatsächlich gelesen oder verstanden hat.[670] Im Rahmen der gerichtlichen Beweiswürdigung sind der entsprechende Tatsachenvortrag des Patienten sowie ggf. weitere Zeugenvernehmungen gegenüber den Angaben des Arztes in dessen persönlicher Anhörung zu dem durchgeführten Aufklärungsgespräch sowie dem Inhalt des Aufklärungsbogens und der sonstigen ärztlichen Dokumentation gegeneinander abzuwägen.

§ 44 Rechtsfolgen der Arzthaftung und Verjährung

A. Der Schadensersatzanspruch

1230 Die Rechtsfolgen eines Arzthaftungsanspruches können auf den Ersatz des durch einen ärztlichen Behandlungsfehlers oder ein Aufklärungsversäumnis entstandenen immateriellen und des materiellen Schadens gerichtet sein.

I. Der Ersatz des immateriellen Schadens

1231 Seit Inkrafttreten des zweiten Schadensersatzrechtsänderungsgesetzes zum 1. 8. 2002 ist durch Neufassung des § 253 II BGB normiert, dass Schmerzensgeld entgegen der

---

666 OLG Karlsruhe NJW 1998, 1800; OLG Schleswig NJW-RR 1996, 348 = VersR 1996, 634; vgl. aber auch OLG Koblenz NJW-RR 2004, 166 = VersR 2005, 695; dazu *Frahm/Nixdorf/Walter* (Fn. 2), Rn. 228; *Gehrlein* (Fn. 9), Rn. C 70; *Geiß/Greiner* (Fn. 2), Rn. C 134.

667 BGH NJW 2007, 2771 = VersR 2007, 999; NJW 2007, 2767 = VersR 2007, 995; *Gehrlein* (Fn. 9), Rn. C 77; *Geiß/Greiner* (Fn. 2), Rn. C 137; *Martis/Winkhart* (Fn. 2), 229; *Steffen/Pauge* (Fn. 2), Rn. 699.

668 BGH NJW-RR 2001, 1431 = VersR 2002, 120.

669 Zu den Grenzen der Indizwirkung vgl. BGH NJW 1999, 863 = VersR 1999, 190; *Frahm/Nixdorf/Walter* (Fn. 2), Rn. 228; *Gehrlein* (Fn. 9), Rn. C 71; *Geiß/Greiner* (Fn. 2), Rn. C 134; *Martis/Winkhart* (Fn. 2), 270; *Steffen/Pauge* (Fn. 2), Rn. 517.

670 BGH NJW 1985, 1399 = VersR 1985, 361; *Frahm/Nixdorf/Walter* (Fn. 2), Rn. 228; *Geiß/Greiner* (Fn. 2), Rn. C 135; *Martis/Winkhart* (Fn. 2), 271; *Steffen/Pauge* (Fn. 2), Rn. 517.

in § 847 BGB aF normierten alten Rechtslage nicht nur in Fällen unerlaubter Handlung, sondern auch bei vertraglichen Pflichtverletzungen in Betracht kommen kann, die zu einer Schädigung des Körpers oder der Gesundheit geführt haben. Für Fallgestaltungen, bei denen das schädigende Ereignis nach dem 31. 7. 2002 stattgefunden hat, ist daher auch hinsichtlich der Rechtsfolge der Schmerzensgeldhaftung eine Unterscheidung zwischen einer deliktischen und einer vertraglichen Anspruchsgrundlage nicht mehr notwendig. Demgegenüber ist die Unterscheidung bei sogenannten Altfällen, bei denen das schädigende Ereignis vor dem 1. 8. 2002 stattgefunden hat, noch zu berücksichtigen.

1. Die Faktoren für die Bemessung des Schmerzensgeldes

Die Höhe des Schmerzensgeldes ist im Arzthaftungsprozess nach § 287 ZPO durch 1232
gerichtliche Schätzung nach freiem Ermessen festzulegen.[671] In der Praxis erfolgt regelmäßig eine Orientierung anhand von Musterfällen, die in sogenannten Schmerzensgeldtabellen[672] gesammelt sind. Bei der Bemessung der Schmerzensgeldhöhe sind zum einen in der Person des Geschädigten liegende Umstände zu berücksichtigen. Hierzu gehören die Auswirkungen, die die Schädigung auf den Geschädigten und dessen zukünftige Lebensgestaltung haben. Dies betrifft sowohl das psychische und physische Wohlbefinden und das Leistungsvermögen des Geschädigten als auch dessen Berufstätigkeit sowie die sozialen Beziehungen, in die der Geschädigte vor dem schädigenden Ereignis einbezogen war.[673] Schmerzensgeldrelevant ist daher zB ein schädigungsbedingter Verlust des Arbeitsplatzes oder die infolge der Schädigung eintretende Zerrüttung einer Ehe. Zu berücksichtigen ist weiter das Lebensalter des Geschädigten. Dies gilt insbesondere bei Dauerschädigungen. Ebenfalls von Bedeutung für die Höhe des Schmerzensgeldes ist das Schmerzempfinden des Geschädigten, also die Frage, inwieweit der Geschädigte die ihn treffende Schädigung empfinden kann. Zu berücksichtigen ist bei der Bemessung des Schmerzensgeldes schließlich auch, inwieweit der Geschädigte das schädigende Ereignis mitverursacht oder mitverschuldet hat.

In der Person des Schädigers liegende Umstände können ebenfalls für die Bemessung 1233
des Schmerzensgeldes relevant sein.[674] So führt ein – in Arzthaftungsfällen selten gegebenes – grob fahrlässiges Fehlverhalten des Schädigers zu einer Erhöhung des Schmerzensgeldes. Zu berücksichtigen sind darüber hinaus auch die persönlichen Lebensverhältnisse des Schädigers. Auch dieser Gesichtspunkt hat in Arzthaftungsfällen angesichts regelmäßig vorhandener Haftpflichtversicherungen keine wesentliche Bedeutung. Bedeutsam und das Schmerzensgeld erhöhend kann es allerdings sein, wenn es bei der Abwicklung des Schadensersatzanspruches zu nicht nachvollziehbaren Verzögerungen im Regulierungsverhalten durch den Schädiger kommt.[675] Dies ist allerdings nicht schon dann der Fall, wenn der Schädiger sich gegen ihm gegenüber erhobene Arzthaftungsvorwürfe mit rechtlichen Mitteln zur Wehr setzt.

671 Dazu grundsätzlich *Müller*, FS ARGE Medizinrecht, 2008, 227; *Teipel*, FS ARGE Medizinrecht, 2008, 265.
672 Vgl. *Hacks/Ring/Böhm*, Schmerzensgeld Beträge 2011, 29. Aufl. 2010; *Slizyk*, Beck´sche Schmerzensgeldtabelle, 5. Aufl. 2006.
673 Dazu allgemein *Küppersbusch* (Fn. 409), Rn. 275 – 277, 282.
674 *Küppersbusch* (Fn. 409), Rn. 278.
675 *Küppersbusch* (Fn. 409), Rn. 277.

1234 Schließlich müssen bei der Bemessung des Schmerzensgeldes alle sonstigen das schädigende Ereignis begleitenden Umstände berücksichtigt werden.

2. Einmalzahlung und Schmerzensgeldrente

1235 Das Schmerzensgeld wird grundsätzlich in Form einer Einmalzahlung gewährt.

1236 Im Arzthaftungsprozess muss der Geschädigte dabei das von ihm geforderte Schmerzensgeld nicht beziffern.[676] Es ist vielmehr ohne weiteres möglich und allgemein üblich, einen unbezifferten Klageantrag zu stellen und die Festsetzung der Höhe des Schmerzensgeldes in das Ermessen des Gerichtes zu stellen. In diesem Fall hat das Gericht nach § 287 ZPO die Höhe des Schmerzensgeldes nach freiem gerichtlichem Ermessen zu schätzen. Erforderlich ist jedoch die Angabe des Mindestbetrages für das Schmerzensgeld.[677] Dies ist nicht nur für die Festlegung der gerichtlichen Zuständigkeit zwischen Amtsgericht und Landgericht, sondern auch für die Bestimmtheit des Klageantrages iSv § 253 II Nr. 2 ZPO erforderlich. Darüber hinaus kann ohne die Angabe eines Mindestbetrages in Fällen, in denen das Gericht ein Schmerzensgeld niedriger festsetzt, als es der geschädigte Patient erwartet hat, die für eine Berufung notwendige Beschwer nicht festgestellt werde. Die Angabe eines Mindestbetrages für das Schmerzensgeld hindert das Gericht nicht, einen höheren, auch einen 20 % übersteigenden Schmerzensgeldbetrag zuzuerkennen.[678]

1237 Neben der Einmalzahlung kommt die Festsetzung einer Schmerzensgeldrente in Betracht. Voraussetzung ist, dass bei dem Geschädigten irreversible oder lang anhaltende Dauerschäden aufgetreten sind, so dass der Geschädigte seine Schädigung immer wieder neu als schmerzhaft empfindet.[679] Dies kann nur bei erheblichen Dauerschäden der Fall sein. Eine Kombination einer Schmerzensgeld-Einmalzahlung und einer Schadensrente ist möglich. Allerdings darf das Gericht bei einer auf eine Einmalzahlung gerichteten Schmerzensgeldklage nicht von sich aus das Schmerzensgeld in eine Einmalzahlung und eine Schmerzensgeldrente aufteilen, weil es in einem solchen Fall an dem erforderlichen Klageantrag auf Zahlung einer Schmerzensgeldrente fehlt.[680] In derartigen Fällen hat das Gericht durch einen richterlichen Hinweis auf eine aus Sicht des Gerichtes zutreffende Antragstellung hinzuwirken.

II. Der materielle Schadensersatz

1238 Bei der Bemessung des materiellen Schadensersatzes sind alle durch das schädigende Ereignis adäquat kausal verursachten Vermögensschäden auszugleichen. Der Schadensausgleich richtet sich nach § 249 I BGB – Naturalrestitution - und der in Arzthaftungsfällen regelmäßig ergänzend heranzuziehenden Vorschrift des § 249 II 1 BGB, nach der bei Verletzung einer Person alternativ zur Naturalrestitution der Schadensersatz in Geld geschuldet wird. Außerdem ist der entgangene Gewinn nach § 252 BGB zu erstatten.

676 *Frahm/Nixdorf/Walter* (Fn. 2), Rn. 263; *Gehrlein* (Fn. 9), Rn. E 5.
677 BGH NJW 1996, 2425 = VersR 1996, 990; *Frahm/Nixdorf/Walter* (Fn. 2), Rn. 263; *Gehrlein* (Fn. 9), Rn. E 5.
678 BGH NJW 1996, 2425 = VersR 1996, 990.
679 *Küppersbusch* (Fn. 409), Rn. 298.
680 BGH NJW 1998, 3411 = VersR 1998, 1565; *Frahm/Nixdorf/Walter* (Fn. 2), Rn. 264.

Wirtschaftliche Vorteile, die dem geschädigten Patienten infolge des schädigenden Ereignisses zufließen, können im Wege des Vorteilsausgleiches bei der Berechnung des materiellen Schadens zu berücksichtigen sein. Der dem Geschädigten zufließende Vorteil muss jedoch gerade durch das schädigende Ereignis adäquat kausal hervorgerufen sein. Der Vorteil kann auch in der Vermeidung von Verlusten liegen. Dies gilt beispielsweise für ersparte Verpflegungsaufwendungen oder ersparte Aufwendungen für die Unterbringung (Heizkosten, Strom etc.) bei einem Krankenhausaufenthalt sowie für ersparte Fahrtkosten zur Arbeitsstelle oder sonstige ersparte berufsbedingte Aufwendungen.[681] Ein infolge eines schädigenden Ereignisses eingetretener Konsumverzicht, zB der Verzicht auf eine geplante Urlaubsreise, stellt demgegenüber keinen adäquat kausalen Vorteil des Geschädigten dar.[682] Die Vorteilsausgleichung scheidet des Weiteren aus, wenn die Anrechnung des Vorteils dem Zweck der Ersatzpflicht widerspricht. Deshalb können im Rahmen des Vorteilsausgleichs weder die nach arbeitsrechtlichen Grundsätzen erfolgende Entgeltfortzahlung im Krankheitsfall auf den Verdienstausfallanspruch des geschädigten Patienten angerechnet werden, noch die aufgrund bestehender vertraglicher Verpflichtungen erbrachten Leistungen Dritter, insbesondere Leistungen von gesetzlichen Sozialversicherungsträgern. Auch freigebige Leistungen Dritter, die zB aufgrund von Sammlungen oder Schenkungen dem Geschädigten zum Zwecke der Minderung seines Leidens zugewandt werden, sind nach ihrer Zweckrichtung nicht auf den Schadensersatzanspruch anzurechnen.[683] Etwas anderes gilt nur dann, wenn die freigiebigen Leistungen gerade zu dem Zweck erfolgt sind, den Schädiger zu entlasten. 1239

Im Arzthaftungsprozess muss der materielle Schadensersatzanspruch im Wege der Leistungsklage geltend gemacht werden, wenn der Schaden bei Klagerhebung bereits entstanden ist und die Schadensentwicklung zum Zeitpunkt der letzten mündlichen Verhandlung in der Tatsacheninstanz abgeschlossen ist.[684] Ist der Schaden lediglich teilweise entstanden, kann der Geschädigte den bereits entstandenen Teilschaden mittels Leistungsklage gerichtlichen verfolgen und damit eine Feststellungsklage gerichtet auf die Feststellung der Ersatzpflicht hinsichtlich zukünftig entstehender Schäden kombinieren. In diesem Fall ist es aber auch möglich, nur eine Feststellungsklage zu erheben. Eine Aufteilung in eine Teilleistungsklage und eine ergänzende Feststellungsklage ist regelmäßig nicht erforderlich.[685] 1240

Das notwendige Rechtsschutzinteresse für die Feststellungsklage setzt voraus, dass der Patient aus seiner Sicht bei verständiger Würdigung mit der Möglichkeit künftiger Folgeschäden rechnen kann.[686] An die Darlegung sind keine hohen Anforderungen zu stellen. Das Feststellungsinteresse scheidet danach nur dann aus, wenn aus Sicht des Klägers bei verständiger Würdigung kein Grund besteht, mit dem Eintritt eines zukünftigen Schadens wenigstens zu rechnen. 1241

---

681 Palandt/*Grüneberg* (Fn. 15), Vorb v § 249 Rn. 93.

682 BGH NJW 1983, 1107 = VersR 1983, 392; *Küppersbusch* (Fn. 409), Rn. 217; MüKoBGB/*Oetker* (Fn. 411), § 249 Rn. 242.

683 *Küppersbusch* (Fn. 409), Rn. 37, 424.

684 *Gehrlein* (Fn. 9), Rn. E 6; *Martis/Winkhart* (Fn. 2), 457.

685 BGH NJW 2003, 2827 = VersR 2003, 1256; *Frahm/Nixdorf/Walter* (Fn. 2), Rn. 266; *Gehrlein* (Fn. 9), Rn. E 6; *Martis/Winkhart* (Fn. 2), 458.

686 BGH NJW 2001, 1431 = VersR 2001, 874; *Frahm/Nixdorf/Walter* (Fn. 2), Rn. 266; *Gehrlein* (Fn. 9), Rn. E 6; *Martis/Winkhart* (Fn. 2), 457.

B. Verjährung

I. Die Verjährungsfrist

1242 Mit Inkrafttreten des Schuldrechtsmodernisierungsgesetzes zum 1. 1. 2002 beträgt die regelmäßige Verjährungsfrist sowohl für vertragliche als auch für deliktische Schadensersatzansprüche nach § 195 BGB drei Jahre. Die nach altem Verjährungsrecht bestehenden unterschiedlichen Verjährungsfristen für vertragliche Ansprüche (30 Jahre) und deliktische Ansprüche (drei Jahre) sind entfallen. Das alte Verjährungsrecht hat damit – unter Berücksichtigung der Übergangsvorschrift in Art. 229 § 6 I EGBGB – nur noch für Fälle Bedeutung, in denen der Schaden vor dem 1. 1. 2002 entstanden ist und die zu diesem Zeitpunkt noch nicht verjährt waren. Bei derartigen Fällen führt die Anwendung des Übergangsrechtes hinsichtlich der vertraglichen Verjährungsfrist dazu, dass mit dem 1. 1. 2002 eine dreijährige Verjährungsfrist zu laufen begonnen hat, sofern die kenntnisbezogenen Voraussetzungen des Verjährungsbeginns, nämlich die erforderliche Kenntnis oder grob fahrlässige Unkenntnis von den schadensbegründenden Umständen bereits vor dem 1. 1. 2002 vorgelegen haben. Die Verjährungsfrist für deliktische Schadensersatzansprüche hat auch nach altem Recht bereits drei Jahre umfasst. Auch die deliktischen Schadensersatzansprüche, die vor dem 1. 1. 2002 entstanden sind, sind daher spätestens zum 31. 12. 2004 verjährt, sofern die erforderlichen subjektiven Voraussetzungen vorgelegen haben.

II. Der Beginn des Laufs der Verjährungsfrist

1243 Die nach § 195 BGB bestehende dreijährige Verjährungsfrist beginnt nach § 199 I BGB mit Ablauf des Jahres, in dem der Anspruch entstanden ist und in dem der geschädigte Patient von dem Schaden und der Person des Ersatzpflichtigen Kenntnis erlangt hat oder grob fahrlässig nicht erlangt hat. Unabhängig von der Möglichkeit der Kenntnisnahme beträgt die Verjährungsfrist nach § 199 II BGB höchstens 30 Jahre ab dem schädigenden Ereignis.

1244 Für den Beginn der Verjährung von Arzthaftungsansprüchen kommt es mithin entscheidend darauf an, wann die subjektiven Voraussetzungen für den Verjährungsbeginn vorliegen. Ansprüche, die auf einen Behandlungsfehler gestützt werden, und Ansprüche, die auf Aufklärungsfehlern beruhen, können in unterschiedlicher Zeit verjähren.

1. Die Behandlungsfehlerhaftung

a) Die positive Kenntnis

1245 Für die Behandlungsfehlerhaftung ist die geforderte positive Kenntnis von den den Anspruch begründenden Umständen gegeben, wenn der Patient diejenigen Behandlungstatsachen positiv kennt, die ein ärztliches Fehlverhalten, das Vorliegen eines Primärschadens und den ursächlichen Zusammenhang zwischen dem Primärschaden und dem Behandlungsfehler bei objektiver Betrachtung nahelegen.[687] Der Patient muss hierzu den konkreten Behandlungsverlauf zumindest in Grundzügen überbli-

687 BGH NJW-RR 2010, 681 = VersR 2010, 214; NJW 2001, 885 = VersR 2001, 108; NJW 1999, 2734 = VersR 1999, 1149 (jeweils zur Verjährung nach § 852 I BGB aF); *Frahm/Nixdorf/Walter* (Fn. 2), Rn. 251, 237; *Geiß/Greiner* (Fn. 2), Rn. D 4; *Martis/Winkhart* (Fn. 2), 882, 855; *Steffen/Pauge* (Fn. 2), Rn. 568, 569.

cken können. Dazu gehört die Kenntnis über die wesentlichen tatsächlichen Umstände des Behandlungsverlaufes, hinsichtlich des Eintretens von Komplikationen und der ergriffenen Maßnahmen. Außerdem müssen dem Patienten die Tatsachen bekannt sein, aus denen sich ein vom geforderten medizinischen Standard abweichendes ärztliches Vorgehen ergibt. Nicht erforderlich ist demgegenüber, dass der Patient auf der Basis der bei ihm vorhandenen Kenntnisse die zutreffenden medizinischen oder juristischen Schlussfolgerungen gezogen hat.[688] Für den Verjährungsbeginn ist auch nicht erforderlich, dass der Patient die Einschätzung gewonnen hat, dass ein haftungsbegründender Behandlungsfehler vorgelegen hat.

Die erforderliche Kenntnis von der Person des Ersatzpflichtigen liegt vor, wenn der 1246
Patient weiß, welcher Arzt die Behandlung durchgeführt hat. Ihm müssen Namen, Anschrift und Aufgabenstellung bekannt sein, wobei bei einem Krankenhausarzt auch die Adresse des Krankenhauses ausreichend ist.[689] Darüber hinaus muss der Patient wissen, dass der Arzt in die Behandlung eingeschaltet war und als Schädiger in Betracht kommt. Stehen unterschiedliche Schädiger kumulativ als Haftungsschuldner in Frage, kommt es auf die Kenntnis hinsichtlich jedes einzelnen Schädigers an.[690] Insoweit können unterschiedliche Verjährungsfristen gegenüber den verschiedenen in eine ärztliche Behandlung eingeschalteten Ärzten laufen. Etwas anderes gilt allerdings bei alternativer Haftungsverantwortung. Hier beginnt die Verjährungsfrist erst dann, wenn die Zweifel über den richtigen Haftungsschuldner geklärt sind.[691]

Die Kenntnis des Geschädigten muss sich darüber hinaus auch auf den Schaden 1247
beziehen. Erforderlich ist hierfür nicht, dass der Geschädigte den Schadensumfang insgesamt übersehen kann. Vielmehr reicht es insoweit aus, dass der Patient überhaupt den Eintritt eines Primärschadens feststellen kann.[692] Weitergehende Kenntnisse über zukünftige Folgeschäden sind demgegenüber nicht erforderlich. Schon bei Kenntnis des Primärschadens ist nämlich die Erhebung einer Feststellungsklage möglich. Die Wirkung der Verjährung umfasst in diesem Fall nicht nur den Primärschaden, sondern sämtliche voraussehbaren Folgeschäden.[693] Etwas anderes gilt ausnahmsweise nur für Folgeschäden, die nicht voraussehbar gewesen sind. Für diese läuft gegebenenfalls eine gesonderte Verjährungsfrist, sobald der Geschädigte von der Möglichkeit des Eintritts der – früher nicht voraussehbaren – Folgeschäden erlangt hat.

Das für den Verjährungsbeginn erforderliche Wissen des Patienten muss kein sicheres 1248
Wissen sein. Erforderlich ist, dass der Patient auf der Basis des bei ihm vorhandenen Tatsachenwissens hinsichtlich des Ablaufes der Behandlung und der Person des Schädigers in der Lage ist, eine Feststellungsklage mit einiger Aussicht auf Erfolg zu

688 BGH NJW 1984, 661; VersR 1983, 1158; *Frahm/Nixdorf/Walter* (Fn. 2), Rn. 239; *Geiß/Greiner* (Fn. 2), Rn. D 5; *Martis/Winkhart* (Fn. 2), 860; *Steffen/Pauge* (Fn. 2), Rn. 568.

689 BGH NJW 2001, 885 = VersR 2001, 108; *Geiß/Greiner* (Fn. 2), Rn. D 6; *Martis/Winkhart* (Fn. 2), 857.

690 BGH NJW 2001, 964 = VersR 2001, 381; *Geiß/Greiner* (Fn. 2), Rn. D 6; *Martis/Winkhart* (Fn. 2), 858.

691 BGH NJW 1999, 2734 = VersR 1999, 1149.

692 BGH NJW-RR 2006, 712 = VersR 2006, 1090; NJW 2000, 861 = VersR 2000, 331; *Frahm/Nixdorf/Walter* (Fn. 2), Rn. 242; *Gehrlein* (Fn. 9), Rn. D 7; *Geiß/Greiner* (Fn. 2), Rn. D 10; *Martis/Winkhart* (Fn. 2), 865; *Steffen/Pauge* (Fn. 2), Rn. 575.

693 BGH NJW 2000, 861 = VersR 2000, 331; NJW 1997, 2448 = VersR 1997, 1111.

erheben.[694] Hierfür reicht noch nicht die Kenntnis vom Misserfolg der Behandlung aus. Vielmehr muss dem Patienten bekannt sein, dass der Misserfolg durch pflichtgemäße Maßnahmen hätte vermieden werden können.

b) Die grob fahrlässige Unkenntnis

1249 Die nach § 199 I Nr. 2 BGB erforderliche grob fahrlässige Unkenntnis der für den Verjährungsbeginn maßgeblichen Umstände über den Behandlungsverlauf und die Person des Schädigers ist gegeben, wenn der geschädigte Patient die geforderte Kenntnis vom Behandlungsverlauf und der Person des Schädigers zwar nicht positiv hat, sich die Kenntnis aber in zumutbarer Weise ohne nennenswerte Mühe hätte beschaffen können.[695] Dies ist erst dann der Fall, wenn der Geschädigte eine sich ihm ohne Weiteres anbietende, auf der Hand liegende Erkenntnismöglichkeit nicht wahrnimmt, obwohl die Kenntniserlangung weder besondere Kosten noch nennenswerte Mühen verursacht. Es ist mithin ein Verhalten des Geschädigten erforderlich, mit dem der Geschädigte sich rechtsmissbräuchlich der sich aufdrängenden Erkenntnis verschließt. Hierfür reicht das Unterlassen der Einsichtnahme in angebotene Krankenunterlagen nicht aus, wohl aber der Verzicht auf die Einsichtnahme in tatsächlich zur Verfügung gestellte Kopien der Behandlungsdokumentation nach entsprechender Anforderung durch einen beauftragten Rechtsanwalt.

c) Die Zurechnung fremden Wissens

1250 Bei Geschäftsunfähigen oder beschränkt Geschäftsfähigen kommt es für die Beurteilung auf die Kenntnis des gesetzlichen Vertreters an.[696] Gleiches gilt für die Kenntnis bzw. grob fahrlässige Unkenntnis eines von dem Patienten eingeschalteten Rechtsanwaltes, die dem Patienten als dessen Wissensvertreter zugerechnet wird.[697]

1251 Steht der Arzthaftungsanspruch einer öffentlich-rechtlichen Körperschaft oder sonstigen Behörde zu, was insbesondere infolge der in § 116 SGB X geregelten Legalzession im Hinblick auf Sozialversicherungsträger der Fall sein kann, ist für die Kenntnis vom Schaden und der Person des Ersatzpflichtigen auf die Kenntnis der nach der behördlichen Organisation zuständigen, mit der Vorbereitung und Verfolgung von Schadensersatzansprüchen betrauten Mitarbeiter der Körperschaft oder Behörde abzustellen.[698] Regelmäßig sind dies die Mitarbeiter der jeweiligen Regressabteilung. Die Kenntnis sonstiger Mitarbeiter ist demgegenüber nicht maßgeblich.

---

694 BGH NJW 2001, 885 = VersR 2001, 108; *Geiß/Greiner* (Fn. 2), Rn. D 6; *Steffen/Pauge* (Fn. 2), Rn. 568.

695 BGH NJW-RR 2010, 681 = VersR 2010, 214; NJW-RR 2010, 681 = VersR 2010, 214; NJW 2003, 288 = VersR 2003, 75; NJW 1995, 776 = VersR 1995, 659; *Frahm/Nixdorf/Walter* (Fn. 2), Rn. 237; *Geiß/Greiner* (Fn. 2), Rn. D 8; *Martis/Winkhart* (Fn. 2), 858; *Steffen/Pauge* (Fn. 2), Rn. 571.

696 BGH NJW 2007, 217 = VersR 2007, 66; NJW 1995, 776 = VersR 1995, 659; NJW 1994, 803 = VersR 1993, 1550; *Frahm/Nixdorf/Walter* (Fn. 2), Rn. 244; *Gehrlein* (Fn. 9), Rn. D 6; *Geiß/Greiner* (Fn. 2), Rn. D 9; *Martis/Winkhart* (Fn. 2), 861.

697 BGH NJW 2007, 217 = Vers 2007, 66; NJW 1989, 2323 = VersR 1989, 914; *Frahm/Nixdorf/Walter* (Fn. 2), Rn. 244; *Gehrlein* (Fn. 9), Rn. D 6; *Geiß/Greiner* (Fn. 2), Rn. D 9; *Martis/Winkhart* (Fn. 2), 862.

698 BGH NJW 2000, 1411 = VersR 2000, 1277; NJW 1996, 2508 = VersR 1996, 1126; *Frahm/Nixdorf/Walter* (Fn. 2), Rn. 246; *Geiß/Greiner* (Fn. 2), Rn. D 9; *Martis/Winkhart* (Fn. 2), 864.

2. Die Aufklärungsfehlerhaftung

Die Verjährung von Ersatzansprüchen, die auf ärztliche Aufklärungsfehler gestützt werden, richtet sich nach den gleichen Grundsätzen. 1252

Hat überhaupt keine Aufklärung stattgefunden, liegt die erforderliche Kenntnis für den geschädigten Patienten regelmäßig mit Beendigung der Behandlung vor, weil ihm die Person des behandelnden Arztes als Schädiger, der Eintritt des unerwünschten Behandlungserfolges und der Umstand, dass keine Aufklärung stattgefunden hat, in diesem Falle mit Beendigung der Behandlung bereits bekannt sind oder zumindest bekannt sein müssen. 1253

Problematischer verhält es sich bei zwar erfolgter aber unzureichender Aufklärung. In diesem Fall müssen dem Patienten nämlich die Umstände bekannt sein, aus denen sich die unzureichende Aufklärung ergibt. Insbesondere muss der Patient wissen, dass das verwirklichte Risiko ein spezifisches Risiko des Eingriffes und daher aufklärungsbedürftig gewesen ist. Dem Patienten ist allerdings zuzumuten, sein Wissen hinsichtlich der Aufklärungsbedürftigkeit durch einfache zumutbare Maßnahmen zu vervollständigen. Bei Aufklärungsmängeln trifft den geschädigten Patienten daher eine Erkundigungspflicht zum Umfang der Aufklärungsbedürftigkeit.[699] 1254

III. Die Hemmung der Verjährung

Die Hemmung der Verjährung von Arzthaftungsansprüchen richtet sich nach den allgemeinen Vorschriften der §§ 203 ff. BGB. 1255

Von besonderer Bedeutung ist dabei die Regelung in § 203 S. 1 BGB, wenn zwischen dem geschädigten Patienten und dem Schädiger bzw. dessen Haftpflichtversicherung Vergleichsverhandlungen geführt werden. Derartige Vergleichsverhandlungen begründen eine Hemmung der Verjährung. Dabei reicht jede Korrespondenz über den Schadensfall aus, sofern der Schädiger nicht von vornherein und unmissverständlich jede Einstandspflicht verneint.[700] Die Hemmung der Verjährung während derartiger Vergleichsverhandlungen umfasst selbstverständlich nur die an der Verhandlung Beteiligten. Werden daher Vergleichsverhandlungen zwischen dem geschädigten Patienten und einem Haftpflichtversicherer geführt, muss klargestellt werden, für wen der Haftpflichtversicherer tätig wird. Dies ist insbesondere notwendig, wenn nicht nur die Haftung des Krankenhausträgers, sondern auch der behandelnden Ärzte im Raum steht. 1256

Die Hemmung endet mit Abbruch der Verhandlungen. Ein solcher Abbruch liegt erst dann vor, wenn eine Partei die Fortsetzung der Verhandlungen klar und eindeutig verweigert.[701] Besondere Probleme können im Einzelfall auftreten, wenn derartige Verhandlungen »stillschweigend einschlafen«. 1257

---

699 BGH NJW 1976, 363 = VersR 1976, 293; OLG München MedR 2006, 431 = VersR 2006, 705; *Frahm/Nixdorf/Walter* (Fn. 2), Rn. 238; *Gehrlein* (Fn. 9), Rn. D 9; *Geiß/Greiner* (Fn. 2), Rn. D 14; *Martis/Winkhart* (Fn. 2), 863.

700 BGH NJW 2001, 885 = VersR 2001, 108; NJW 1998, 2819 = VersR 1998, 1295; *Frahm/Nixdorf/Walter* (Fn. 2), Rn. 253, 249; *Gehrlein* (Fn. 9), Rn. D 10; *Geiß/Greiner* (Fn. 2), Rn. D 11.

701 BGH NJW-RR 2005, 1044 = VersR 2005, 699; NJW 1998, 2819 = VersR 1998, 1295; *Frahm/Nixdorf/Walter* (Fn. 2), Rn. 249; *Gehrlein* (Fn. 9), Rn. D 10; *Geiß/Greiner* (Fn. 2), Rn. D 11;

1258 Ebenfalls zu einer Hemmung der Verjährung führt die Anrufung der von den Ärztekammern eingerichteten Schlichtungsstellen für Arzthaftpflichtfragen.[702] Die Durchführung eines solchen außergerichtlichen Schlichtungsverfahrens stellt einen Teil der Verhandlungen über den Ersatzanspruch iSv § 203 BGB dar. Die hemmende Wirkung der Einleitung eines Schlichtungsverfahrens beginnt erst mit Zustimmung der jeweils anderen Partei zur Durchführung des Schlichtungsverfahrens. Lehnt die Partei die Durchführung des Schlichtungsverfahrens ab, kommt es nicht zur Hemmung. Die hemmende Wirkung erfasst ausschließlich die an dem Schlichtungsverfahren beteiligten Personen. Bei der Einleitung arzthaftungsrechtlicher Schlichtungsverfahren ist daher darauf zu achten, dass sämtliche als Schädiger in Betracht kommenden Personen - Krankenhausträger und beteiligte Ärzte - in dem Schlichtungsverfahren beteiligt werden. Anderenfalls kann es dazu kommen, dass gegenüber den nicht in das Schlichtungsverfahren einbezogenen Schädigern im Verlauf des Schlichtungsverfahrens die Verjährung der diesen gegenüber bestehenden Arzthaftungsansprüche eintritt.

702 BGH NJW 1983, 2075 = VersR 1983, 690; OLG Zweibrücken NJW-RR 2001, 667; OLG Oldenburg NJW 1993, 2997 = VersR 1993, 1357; *Deutsch/Spickhoff* (Fn. 14), Rn. 583; *Ehlers/Broglie* (Fn. 117), Rn. 156; *Frahm/Nixdorf/Walter* (Fn. 2), Rn. 256; *Geiß/Greiner* (Fn. 2), Rn. D 11; *Martis/Winkhart* (Fn. 2), 872; *Steffen/Pauge* (Fn. 2), Rn. 584; zu der Tätigkeit der Schlichtungsstellen, vgl. *Katzenmeier* FS ARGE Medizinrecht, 2008, 201; *Scheppokat/Neu* VersR 2002, 397.

11. Kapitel. Gesundheitsstrafrecht

Literatur: *Böcher*, Präimplantationsdiagnostik und Embryonenschutz – zu den Problemen der strafrechtlichen Regelung eines neuen medizinischen Verfahrens, 2004; *Böckenförde-Wunderlich*, Präimplantationsdiagnostik als Rechtsproblem, 2002; *Dufkova*, Die Zulässigkeit und Strafbarkeit der Organentnahme zu Transplantationszwecken im Vergleich zu klinischen Sektionen, MedR 1998, 304; *Eidam*, Wider die Bevormundung eines selbstbestimmten Sterbens, GA 2011, 232; *Gaede*, Durchbruch ohne Dammbruch – Rechtssichere Neuvermessung der Grenzen strafloser Sterbehilfe, NJW 2010, 2925; *Giwer*, Rechtsfragen der Präimplantationsdiagnostik, 2001; *Grewel*, Zwischen Lebensrettung und Euthanasie – das tödliche Dilemma der Transplantationsmedizin, ZRP 1995, 217; *Gropp*, Hypothetische Einwilligung im Strafrecht?, FS Schroeder, 2006, 197; *Hecker*, Strafrecht AT und BT: Sterbehilfe durch Behandlungsabbruch, JuS 2010, 1027; *Hilgendorf*, Scheinargumente in der Abtreibungsdiskussion – am Beispiel des Erlanger Schwangerschaftsfalls, NJW 1996, 758; *Hörr*, Passive Sterbehilfe und betreuungsgerichtliche Kontrolle, Augsburg 2010; *Hoyer*, Embryonenschutz und Menschenwürde, FS Rolinski, 2002, 81; Ingelfinger, Patientenautonomie und Strafrecht bei der Sterbebegleitung, JZ 2006, 821; *Kargl*, Körperverletzung durch Heilbehandlung, GA 2001, 538; *König*, Strafbarer Organhandel, 1999; *Küper*, Mensch oder Embryo? Der Anfang des »Menschseins« nach neuem Strafrecht, GA 2001, 515; *Kuhlen*, Ausschluss der objektiven Erfolgszurechnung bei hypothetischer Einwilligung des Betroffenen, JR 2004, 227; *ders.*, Hypothetische Einwilligung und Erfolgsrechtfertigung, JZ 2005, 713; *Lüttger*, Der Beginn der Geburt und das Strafrecht, JR 1971, 133; *Merkel*, Aktive Sterbehilfe – Anmerkungen zum Stand der Diskussion und zum Gesetzgebungsvorschlag des »Alternativ-Entwurfs Sterbebegleitung«, FS Schroeder, 2006, 297; *ders.*, Ärztliche Entscheidung über Leben und Tod in der Neonatalmedizin – Ethische und strafrechtliche Probleme, JZ 1996, 1145; *Mitsch*, Die hypothetische Einwilligung im Arztstrafrecht, JZ 2005, 279; *Otto*, Einwilligung, mutmaßliche, gemutmaßte und hypothetische Einwilligung, Jura 2004, 679; *Peter*, Arbeitsteilung im Krankenhaus aus strafrechtlicher Sicht, 1992; *Puppe*, Die strafrechtliche Verantwortlichkeit des Arztes bei mangelnder Aufklärung über eine Behandlungsalternative – Zugleich Besprechung von BGH, Urteile vom 3. 3. 1994 und 29. 6. 1995, GA 2003, 764; *Renzikowski*, Die strafrechtliche Beurteilung der Präimplantationsdiagnostik, NJW 2001, 2753; *Rönnau*, Einschränkung der Strafbarkeit des Arztes wegen hypothetischer Einwilligung des Patienten in den Eingriff, JZ 2004, 801; *Rosenau*, Die Neuausrichtung der passiven Sterbehilfe – Der Fall Putz im Urteil des BGH vom 25. 6. 2010 – 2 StR 454/09, FS Rissing-van Saan, 2011, 547; *Roxin/Schroth* (Hrsg.), Handbuch des Medizinstrafrechts, 4. Aufl. 2010 (lesenswert sind auch die Vorauflagen); *Saliger*, Sterbehilfe ohne Strafrecht?, KritV 2001, 382; *Schroth*, Die Cross-over-Spende – die Notwendigkeit einer gesetzesüberschreitenden Rechtsfortbildung, FS Böttcher, 2007, 535; *Ulsenheimer*, Arztstrafrecht in der Praxis, 4. Aufl. 2008; *Ulsenheimer*, Der Arzt im Strafrecht, in: Laufs/Kern, Handbuch des Arztrechts, 4. Aufl. 2010, 23. Kapitel; *Verrel*, Ein Grundsatzurteil? – Jedenfalls bitter nötig! Besprechung der Sterbehilfeentscheidung des BGH vom 25. 6. 2010 – 2 StR 454/09 (Fall Fulda), NStZ 2010, 671.

§ 45 Beginn und Ende des strafrechtlichen Rechtsgüterschutzes

A. Unterschiedlich geschützte Daseinsphasen

Ob, unter welchen Voraussetzungen und in welchem Maße ein bestimmtes ärztliches 1259
Handeln strafrechtlich geboten oder verboten ist, hängt entscheidend davon ab, **welches Rechtsgut** und welcher Rechtsgutsträger von dem jeweiligen Eingriff betroffen ist. Steht beispielsweise das Rechtsgut »Leben« auf dem Spiel, so sind Regelungsdichte und -intensität des Strafrechts in Bezug auf das »Ob« und »Wie« eines ärzt-

lichen Handelns, das auf dieses Rechtsgut Einfluss nimmt, regelmäßig höher,[1] als wenn es nur um die körperliche Unversehrtheit eines Rechtsgutsträgers[2] oder gar nur um dessen persönlichen Lebens- und Geheimbereich[3] geht.

1260 Die Reichweite des strafrechtlichen Schutzes hängt aber nicht nur vom Wert des durch ärztliches Handeln betroffenen Rechtsguts und vom Grad seiner Betroffenheit ab, sondern auch davon, **wessen Rechtsgüter** betroffen sind. So wird etwa das Rechtsgut »Leben« tatbestandlich umfassender und auch in den Rechtsfolgen mit größerer Härte geschützt, wenn es sich um das Leben eines »Menschen« handelt,[4] als wenn »Ungeborene«[5] vor einem Schwangerschaftsabbruch bewahrt werden sollen. Gegenüber fahrlässigen Verletzungshandlungen ist das »ungeborene« Leben strafrechtlich sogar überhaupt nicht geschützt, gegenüber vorsätzlichen jedenfalls nur eingeschränkter[6] und mit geringerem Strafmaß[7] als bei entsprechenden Beeinträchtigungen »menschlichen« Lebens. Auch die körperliche Integrität der (lebenden) Leibesfrucht genießt keinen strafrechtlichen Schutz, während die körperliche Integrität eines schon Verstorbenen gegen eigenmächtige Organentnahmen[8] sowie gegen die Wegnahme von Körperteilen[9] jedenfalls in gewissem Umfang strafrechtlich abgesichert ist.

1261 Das Ausmaß, in dem Rechtsgüter gegen ärztliches Handeln oder Unterlassen strafrechtlich abgeschirmt sind, **differiert also je nach der Daseinsphase**, in der sich der Träger dieses Rechtsguts zum Tatzeitpunkt gerade befindet. Demnach gilt es, diese Daseinsphasen scharf gegeneinander abzugrenzen, bevor bezogen auf jede einzelne Daseinsphase der konkrete Schutzumfang bestimmt werden kann, den die verschiedenen Rechtsgüter in dieser Daseinsphase jeweils durch die ihnen geltenden Strafrechtsnormen erhalten.

1262 Der umfassendste und intensivste strafrechtliche Rechtsgüterschutz widmet sich dabei der Daseinsphase **»menschlichen« Lebens**, so dass Beginn und Ende dieser Phase festgelegt werden müssen. Hinsichtlich der vor Beginn menschlichen Lebens gelegenen Daseinsphase ist zwischen intrakorporalem und extrakorporalem **ungeborenen Leben** zu unterscheiden, da für Ersteres die §§ 218 ff. StGB, für Letzteres dagegen das ESchG sowie das StZG einschlägig sind, dh voneinander abweichende Normregime mit wiederum voneinander abweichendem Schutzzweck und -umfang. In der Daseinsphase **nach dem Ende menschlichen Lebens** können neben dem TPG insbesondere §§ 168; 203 IV StGB einen Rechtsgüterschutz gegenüber ärztlichem Handeln garantieren, der allerdings (wie der für die Frühphase gewährte) hinter dem für die menschliche Lebensspanne gültigen zurückbleibt. Je nachdem, in welcher Daseinsphase sich der Rechtsgutsträger bzw. das Rechtsgutssubjekt zum Tatzeitpunkt befindet, lässt sich von ihm, der strafrechtlichen Terminologie folgend,[10] als von einem »Ungeborenen« (bis einschließlich der achten Schwangerschaftswoche: Em-

1 Vgl. den 16. Abschnitt des StGB.
2 Vgl. den 17. Abschnitt des StGB.
3 Vgl. den 15. Abschnitt des StGB.
4 Vgl. §§ 211 ff.; 221 f. StGB.
5 Vgl. §§ 218 ff. StGB
6 Vgl. § 218 a StGB.
7 Vgl. § 218 StGB.
8 Vgl. § 19 II TPG.
9 Vgl. § 168 StGB.
10 Vgl. etwa §§ 219 StGB; 6 ESchG.

bryo; ab der neunten Schwangerschaftswoche: Fötus), einem »Menschen« oder einem »Verstorbenen« sprechen.

B. Abgrenzung zwischen »ungeborenem« und »menschlichem« Leben

I. Beginn menschlichen Lebens

Mit dem Statuswechsel vom Ungeborenen zum Menschen geht zugleich ein Wechsel 1263
im strafrechtlichen Normregiment von §§ 218 ff. StGB zu §§ 211 ff.; 222; 223 ff. StGB einher. Die insoweit entscheidende zeitliche Zäsur soll dabei nach Rechtsprechung und ganz herrschender Lehre durch den **Beginn der Eröffnungswehen** markiert werden.[11] Dies wird aus dem Wortlaut des ehemaligen, bis zum Inkrafttreten des 6. StrRG 1998 gültigen § 217 I StGB abgeleitet: »Eine Mutter, welche ihr nichteheliches Kind in oder gleich nach der Geburt tötet, wird mit Freiheitsstrafe nicht unter drei Jahren bestraft«. Wie sich aus der Legaldefinition des Begriffs »Kind« in § 176 I StGB ergibt, sind damit »Personen« unter 14 Jahren gemeint, wobei der Begriff »Person« vom Gesetz allgemein (vgl. etwa § 223 StGB) synonym mit dem des »Menschen« iSd § 212 I StGB verwendet wird. § 217 I aF StGB sollte also nicht etwa einen Spezialtatbestand zu § 218 I StGB bilden, um die in § 218a StGB genannten Straflosigkeitsgründe für einen Schwangerschaftsabbruch gerade bei nichtehelichem Nachwuchs auszuschließen, sondern stellte eine Privilegierung zu § 212 I StGB für die Tötung nichtehelicher Menschen durch ihre Mutter »in oder gleich nach der Geburt« dar. Inzident ergab sich aus § 217 I aF StGB damit, dass nach der Terminologie des Gesetzes »in der Geburt« bereits der Status eines »Kindes«, dh einer Person bzw. eines Menschen, erreicht war. Da § 217 I aF StGB innerhalb der Geburtsphase nicht mehr differenzierte, lag es nahe, für den Beginn des Kindes und damit Menschenstatus auf das Einsetzen der Eröffnungswehen statt erst auf die späteren Press- bzw. Austreibungswehen abzustellen.[12] Mit der Aufhebung des § 217 I aF StGB hat der Gesetzgeber diese Grenze zwischen ungeborenem und menschlichem Leben auch nicht etwa verschieben wollen, sondern lediglich eine rechtlich fragwürdige Privilegierung für die Tötung nichtehelicher Kinder aufheben wollen (vgl. Art. 6 V GG).

Abgesehen von diesem rechtshistorischen Argument spricht auch die **gesteigerte** 1264
Schutzbedürftigkeit des »in der Geburt« befindlichen Wesens dafür, ihm bereits zu diesem Zeitpunkt den verstärkten strafrechtlichen Schutz zukommen zu lassen, der an das Erreichen des Daseinsstatus eines »Menschen« geknüpft ist. Denn ab dem Einsetzen der Eröffnungswehen ist generell auch mit Geburtshilfe bezweckenden Maßnahmen zu rechnen, die zugleich ein erhöhtes Schädigungspotential für das in der Geburt befindliche Wesen mit sich bringen.[13] Insbesondere gegen fahrlässige Schädigungen gewährt das Strafrecht aber dem Ungeborenen noch keinen Schutz, da

11 RGSt 1, 447; 9, 131; BGH NJW 1984, 674; *Fischer*, StGB, 58. Aufl. 2011, Vor §§ 211–216 Rn. 2; LK/*Jähnke*, 11. Aufl. 2005, Vor § 211 Rn. 3; SK-StGB/*Rudolphi*/*Rogall*, 113. EL, Vor § 218 Rn. 64; *Küper* GA 2001, 515 (517); aA *Saerbeck*, Beginn und Endes des Lebens als Rechtsbegriffe, 1974, S. 94 ff.; NK-StGB/*Neumann* 3. Aufl. 2010, Vor § 211 Rn. 9.

12 RGSt 9, 131; 26, 178; BGHSt 10, 5; 31, 348; 32, 195; statt aller *Küper* GA 2001, 515 (517); *Lüttger* JR 1971, 133; *ders.* NStZ 1983, 481.

13 RGSt 9, 131; Schönke/Schröder/*Eser*, StGB, 28. Aufl. 2010, Vor §§ 211 ff. Rn. 13; *Maurach*/*Schroeder*/*Maiwald*, Strafrecht BT I, 10. Aufl. 2009, § 1 Rn. 8; *Lüttger* JR 1971, 133.

§ 218 StGB eine vorsätzliche Begehung voraussetzt und §§ 222; 229 StGB als Erfolg ausdrücklich den Tod eines »Menschen« bzw. die Körperverletzung einer »Person« fordern. Dass der Menschenstatus mit dem Einsetzen der Eröffnungswehen schon erklommen ist, führt außerdem dazu, dass eine Straflosigkeit nach § 218 a StGB im Falle der Tötung eines in der Geburt befindlichen Menschen nicht mehr in Betracht kommt.

II. Interferenzbereich zwischen ungeborenem und menschlichem Leben

1265 Problematisch bleibt der Strafrechtsschutz auf dieser Basis allerdings im sog. Interferenzbereich zwischen Ungeborenen- und Menschenschädigung, dh konkret, wenn die **schädigende Handlung** noch vor Einsetzen der Eröffnungswehen vorgenommen wurde, der **Schädigungserfolg** dagegen erst am »in der Geburt« befindlichen oder sogar bereits vollendet geborenen Menschen eingetreten ist. Findet die auf Tötung des noch Ungeborenen abzielende Handlung beispielsweise nach der 24. Schwangerschaftswoche statt, so beträgt das Risiko einer Lebendgeburt als (mehr oder weniger rasch nach der Geburt versterbender) Mensch statistisch deutlich mehr als 50 %.[14] Es fragt sich daher, ob in diesen Fällen noch der Tatbestand des § 218 StGB eingreift, so dass die Tötung bei einer medizinischen Indikation nach § 218 a II StGB straflos wäre, oder ob stattdessen ein Menschen-Tötungsdelikt mit erhöhtem Strafrahmen und eingeschränkten Straflosigkeitsgründen begangen worden ist.

1266 Um die Abgrenzung zwischen §§ 218 ff. StGB einerseits und §§ 211 ff.; 222 StGB andererseits hier leisten zu können, muss nach den Wertungen gefragt werden, die den Gesetzgeber dazu veranlasst haben, die strafrechtliche Haftung zu verschärfen, sobald sich die Tat nicht mehr gegen Ungeborene, sondern gegen Menschen richtet: In Bezug auf die (werdende) Mutter könnte diese Wertung darin bestehen, dass für sie während der **Schwangerschaft eine besondere Konfliktlage** besteht,[15] da sie durch die Schwangerschaft in vielfältiger Weise in ihrer Handlungsfreiheit beschränkt ist und ihr daher eine strafbewehrte »Pflicht zur Austragung der Schwangerschaft« nur eingeschränkt zugemutet werden kann. Diese Überlegung erklärt aber nicht, dass auch bei einem Schwangerschaftsabbruch durch einen Dritten gegen den Willen der Schwangeren (beispielsweise durch den Erzeuger, der sich seiner Unterhaltspflicht entziehen will) eine sehr viel niedrigere Strafrahmenobergrenze gilt[16] als bei einer Menschentötung.[17] Eine fahrlässige Tötung durch denselben gegen den Willen der (werdenden) Mutter handelnden Dritten bzw. eine bloße Körperverletzung bliebe sogar straflos, wenn sie sich gegen einen Ungeborenen richtete, ohne dass irgendeine besondere Konfliktlage dieses Dritten dessen Privilegierung gegenüber einem Täter, der aus denselben Gründen einen »Menschen« verletzt, legitimieren könnte.

1267 Daraus folgt, dass das StGB ganz allgemein den Rechtsgütern Ungeborener offenbar nicht denselben Wert beimisst wie den vergleichbaren Rechtsgütern von Menschen.[18]

---

14 *Sprang/Neerhof* Journal of the American Medical Association (JAMA) 1998, 744 (745).

15 BVerfGE 39, 47 f.; 88, 255 ff.; so auch noch Schönke/Schröder/*Eser*, StGB, 25. Aufl. 1997, Vor § 218 Rn. 5 mwN, jetzt anders Schönke/Schröder/*Eser* (Fn. 13), Vor § 218 Rn. 9; *Eser/Koch* Schwangerschaftsabbruch im internationalen Vergleich, Teil 3, 1999, 577 ff.

16 § 218 StGB: maximal 3 Jahre Freiheitsstrafe.

17 § 212 StGB: maximal 15 Jahre, § 211 StGB: zwingend lebenslängliche Freiheitsstrafe.

18 SK-StGB/*Rudolphi/Rogall*, 113. EL, § 218 Rn. 1; *Göllner*, Aktuelle strafrechtliche Fragestellungen zur Präimplantationsdiagnostik, 2008, 53; *Hilgendorf* NJW 1996, 761; Roxin/Schroth/*Merkel*, Handbuch des Medizinstrafrechts, 4. Aufl. 2010, S. 333.

Umgekehrt ausgedrückt heißt das, dass der Verletzung von Ungeborenen in deren Rechtsgütern ein **geringerer Erfolgsunwert** zukommt als der Verletzung von Menschen in ihren entsprechenden Rechtsgütern. Der Erfolgsunwert speziell einer Tötung leitet sich nun aus dem gesamten Prozess ab, innerhalb dessen sich die Todesursache im Körper des zunächst noch lebenden Opfers entfaltet und es schließlich zu Tode bringt. Damit der Erfolgsunwert der Tötung eines Menschen erreicht wird, muss sich demgemäß der gesamte Prozess von der ersten schädigenden Einwirkung auf den Körper bis zum bitteren (tödlichen) Ende gerade an einem Menschen entfaltet haben. Wenn auch nur ein einziger kurzer Moment zu Beginn dieses Prozesses noch in die Daseinsphase eines »bloßen« Ungeborenen fällt, so kann sich der volle Erfolgsunwert eines am Menschen begangenen Tötungsdelikts nicht mehr einstellen. Die §§ 211 ff.; 222 StGB (und aus denselben Gründen übrigens auch die §§ 223 ff. StGB) können dann nicht mehr eingreifen – genauso wenig wie sie ohne den letzten kurzen Moment, in dem der Tod eintritt, eingreifen können.

Der geringere Erfolgsunwert eines Schwangerschaftsabbruchs kann hingegen in der- 1268
artigen Überlappungsfällen durchaus noch erreicht und sogar mehr oder weniger deutlich übertroffen werden, je nachdem, wie lange die »menschliche« Daseinsphase bis hin zum Todeseintritt letztlich währt. Demzufolge lässt sich hier eine Bestrafung nach § 218 StGB jedenfalls legitimieren, wobei eine volle Ausschöpfung des Strafrahmens umso mehr angezeigt ist, je größer die zeitliche Differenz zwischen Einsetzen der Eröffnungswehen und Todeserfolg ausfällt. Gegebenenfalls kann so auch ein Todeseintritt nach mehrjährigem Menschendasein strafrechtlich noch als »bloßer« Schwangerschaftsabbruch (zugunsten des Täters!) zu bewerten sein, **wenn die schädigende Einwirkung bereits erfolgte, bevor die Eröffnungswehen einsetzten**, und sich im Todeserfolg zu guter Letzt doch noch die Gefährlichkeit jener vorgeburtlichen schädigenden Einwirkung verwirklicht.[19]

An der erforderlichen Gefahrrealisierung fehlt es aber, wenn »in der Geburt« oder 1269
danach eine **zweite schädigende Einwirkung** auf den schon vorgeschädigten (jetzt:) Menschen stattfindet, die dessen Leben gegenüber der sonst zu erwartenden Spanne weiter verkürzt. Insoweit kommt es nicht darauf an, ob der Neugeborene ohne die zweite schädigende Einwirkung »lebensfähig« gewesen wäre oder sonst innerhalb absehbarer Zeit an der ersten Einwirkung ohnehin verstorben wäre.[20] Jedenfalls wurde hier der Erfolgsunwert einer Menschentötung vollständig verwirklicht, so dass der Täter, falls er bei seiner zweiten Einwirkung auf das Opfer Tötungsvorsatz aufweist, gem. §§ 211; 212 StGB bestraft werden kann. In diesem Fall darf ihm der Tod desselben Wesens nicht aufgrund der vorgeburtlichen Einwirkung noch ein weiteres Mal gem. § 218 StGB angelastet werden: Der niedrigere Erfolgsunwert des Schwangerschaftsabbruchs geht vielmehr in dem höheren der Menschentötung auf. Ebenso wenig kann der Täter dann aber neben dem vollendeten Totschlag bzw. Mord auch noch wegen versuchten Schwangerschaftsabbruchs belangt werden,[21] denn auch insoweit gilt: Das niedrigere Handlungsunrecht, das mit einer vorsätzlichen Ab-

19 RGSt 4, 380; BGHSt 10, 5; 13, 21 (24); LK/*Kröger* 11. Aufl. 2005, § 218 Rn. 15; *Lackner/Kühl*, StGB, 27. Aufl. 2010, § 218 Rn. 4; *Arzt/Weber/Heinrich/Hilgendorf*, Strafrecht BT, 2. Aufl. 2009, § 5 Rn. 28; *Roxin* JA 1981, 542, 546; aA NK-StGB/*Merkel* (Fn. 11), § 218 Rn. 82; Roxin/Schroth/*Merkel* (Fn. 18), 330.

20 NK-StGB/*Merkel* (Fn. 11), § 218 Rn. 83; Roxin/Schroth/*Merkel* (Fn. 18), 335 f.

21 AA NK-StGB/*Merkel* (Fn. 11), § 218 Rn. 84; Roxin/Schroth/*Merkel* (Fn. 18), 336.

bruchshandlung begangen wurde, wird verdrängt von dem schwereren Handlungsunrecht, das einer vorsätzlichen Menschentötungshandlung innewohnt.

1270 Dieselben Grundsätze finden Anwendung, wenn der Täter es nach seiner vorgeburtlichen schädigenden Einwirkung **unterlässt, eine ihm mögliche menschenlebensverlängernde Handlung vorzunehmen.** Aufgrund seiner vorgeburtlichen schädigenden Einwirkung erwächst dem Täter hier eine Garantenstellung aus **Ingerenz** in Bezug auf das gefährdete Dasein. Kommt der Täter in oder nach der Geburt dieser Garantenpflicht nicht nach, so macht er sich gem. §§ 211; 212; 13 StGB strafbar und ihm kann das Erfolgsunrecht der durch Unterlassen begangenen Tötung nicht ein weiteres Mal über § 218 StGB zur Last gelegt werden. Dasselbe gilt für das Handlungsunrecht, das mit dem jeweils von Tötungsvorsatz getragenen Verhalten verbunden war, so dass auch eine Strafbarkeit wegen versuchten Schwangerschaftsabbruchs hinter der vorsätzlichen Menschentötung durch Unterlassen zurücktritt.[22]

1271 Vorrangig gegenüber dem vorsätzlichen Schwangerschaftsabbruch ist allerdings nur die vorsätzliche, nicht die fahrlässige Menschentötung: Hat der Täter nach der vorsätzlichen vorgeburtlich-schädigenden Einwirkung eine **zweite schädigende Einwirkung fahrlässig** in oder nach der Geburt vollzogen, so kann ihm zwar das verwirklichte Erfolgsunrecht nur einmal gem. § 222 StGB zugerechnet werden. Wegen des damit aber noch nicht abgegoltenen Handlungsunrechts, das in der vorgeburtlichen Betätigung von Tötungsvorsatz liegt, treten zu § 222 StGB tateinheitlich gegebenenfalls §§ 218; 22 StGB hinzu. Auch dieses ausnahmsweise Nebeneinander von (vorsätzlichem) Schwangerschaftsabbruch und (fahrlässiger) Menschentötung gilt für Begehungs- und Unterlassenskonstellationen gleichermaßen.

C. Abgrenzung zwischen Menschenleben und Tod

1272 Wie der Beginn, so geht auch das Ende menschlichen Lebens mit einem Wechsel des strafrechtlichen Normregimes einher: Ein Tötungsdelikt nach den §§ 211 ff.; 222 StGB kommt dann nicht mehr in Betracht, aber auch Körperverletzungs- oder Eigentums- und Vermögensdelikte scheiden gegenüber dem Verstorbenen aus. An die Stelle der Normen zum Schutze lebender Menschen treten allerdings andere, die sich den Rechtsgütern Verstorbener widmen, zB §§ 168; 189; 203 IV StGB oder § 19 I TPG. Es ergibt sich daher (auch) aus strafrechtlicher Sicht die Notwendigkeit, das Ende menschlichen Lebens, dh den Zeitpunkt, zu dem der Tod eines Menschen eingetreten ist, präzise zu bestimmen. Im Zeitalter von Organtransplantationen, Gentechnologie und intensivmedizinischer Betreuung, in dem es möglich ist, Hirntote und Apalliker ebenso wie anenzephale Neugeborene am »Leben« zu halten, stellt sich die Frage der Abgrenzung zwischen Leben und Tod ganz anders als für *Friedrich Carl von Savigny*, der noch feststellen konnte, der Tod des Menschen sei »ein so einfaches Naturereignis«, dass dasselbe keine »genauere Feststellung seiner Elemente nötig mache«.[23] Dennoch enthält das **StGB** seit seinem Inkrafttreten 1871 und bis heute **keine Definition des Todesbegriffs.**

22 AA Roxin/Schroth/*Merkel* (Fn. 18), S. 336.
23 *V. Savigny*, System des heutigen Römischen Rechts, Bd. 2, 1840, S. 17.

I. Todeskonzept orientiert am TPG

Und auch der Gesetzgeber des 1997 in Kraft getretenen TPG hat bewusst auf eine Festlegung des Todeszeitpunkts verzichtet (»Wir haben Wochen darum gerungen, Formulierungen zu finden, die sicherstellen, dass es keine Definition von Tod und schon gar keine Gleichstellung von Tod und Hirntod gibt. Dies heißt aber für jeden Juristen ..., dass die Behauptung, hier sei der Hirntod als Tod definiert, falsch ist.«[24]). Eine Organentnahme »bei toten Spendern« soll zwar nach § 3 I 1 Nr. 2 TPG nur zulässig sein, wenn »der Tod des Organspenders nach Regeln, die dem Stand der Erkenntnisse der medizinischen Wissenschaft entsprechen, festgestellt ist«. Damit wird der **Todesbegriff aber gerade nicht definiert, sondern vorausgesetzt**[25] und lediglich bei der Feststellung, ob dessen (ungenannt bleibende) Voraussetzungen erfüllt sind, auf den jeweiligen Stand der medizinischen Wissenschaft verwiesen. 1273

Gemäß § 5 I 2 TPG braucht die Feststellung des Todes nur »durch einen Arzt« (statt durch zwei Ärzte, wie es § 5 I 1 TPG sonst fordert) zu geschehen, »wenn der endgültige, nicht behebbare Stillstand von Herz und Kreislauf eingetreten ist und seitdem mehr als drei Stunden vergangen sind«. Aus dieser Regelung folgt jedoch nicht, dass erst drei Stunden nach dem irreversiblen Herz-Kreislauf-Stillstand bei einem Menschen von dessen Tod auszugehen ist, sondern lediglich, dass dieser Erfolg dann ärztlicherseits kaum noch verkannt werden kann.[26] Die durch § 5 I 1 TPG eröffnete Möglichkeit einer früheren Todesfeststellung »durch zwei dafür qualifizierte Ärzte« zeigt vielmehr, dass der Tod objektiv jedenfalls bereits vor dem in § 5 I 2 TPG bezeichneten Zeitpunkt eingetreten sein kann – **unter Umständen sogar schon vor dem irreversiblen Stillstand des Herz-Kreislauf-Systems.** 1274

Schließlich erklärt § 3 II Nr. 2 TPG eine Organentnahme »bei toten Spendern« für unzulässig, bis »der endgültige, nicht mehr behebbare Ausfall der Gesamtfunktion des Großhirns, des Kleinhirns und des Hirnstamms nach Verfahrensregeln, die dem Stand der Erkenntnisse der medizinischen Wissenschaft entsprechen, festgestellt ist«. Dieser Ausfall sämtlicher Hirnteile bzw. Teilhirne wird medizinisch als Gesamthirntod bezeichnet. Überwiegend wird der Tod des Gesamthirns mit dem des Menschen gleichgesetzt, ohne dass sich dies allerdings zwingend aus § 3 II Nr. 2 TPG ableiten lässt.[27] Mit dem Wortlaut dieser Vorschrift ließe sich vielmehr auch die Annahme eines vom Gesamthirntod unabhängigen Zeitpunkts für den Menschentod vereinbaren, zu dem dann der Gesamthirntod als kumulativ zu erfüllende Voraussetzung 1275

---

24 *Rüttgers*, Stenographischer Bericht über die 189. Sitzung des Deutschen Bundestages am 25. 6. 1997, 13. Wahlperiode, S. 16444 (B).

25 *Lackner/Kühl* (Fn. 19), Vor § 211 Rn. 4; NK-StGB/*Neumann* (Fn. 11), Vor § 211 Rn. 24; MüKo-StGB/*Schneider* 2003, Vor § 211 ff. Rn. 18; Soergel/*Stein* BGB § 1922 Rn. 3; *Angstwurm* in: Firnkorn, Hirntod als Todeskriterium, 2000, S. 8; *Forel* Jura 2001, 77; Laufs/Kern/*Ulsenheimer*, Handbuch des Arztrechts,4. Aufl. 2010, § 142 Rn. 4; *Merkel* Jura 1999, 113 (114); *ders.*, Früheuthanasie, 2001, S. 113; *Otto,* Strafrecht BT, 7. Aufl. 2005, § 2 Rn. 13; *Sachs* in: Firnkorn (Fn. 25), 62 f.; *Schuchardt*, Stenographischer Bericht über die 189. Sitzung des Deutschen Bundestages am 25. 6. 1997, 13. Wahlperiode, 16447 (A).

26 BT-Drucks. 13/8027, 8; *Saliger* KritV 2001, 410.

27 MüKoStGB/*Tag*, 2007, § 3 TPG Rn. 10; *Fischer* (Fn. 11), § 168 Rn. 14 f.; *Bruns/Debang/Andreas* ArztR 1998, 283; *Dufková* MedR 1998, 305; Höfling/*Höfling/Rixen,* TPG, 2003, § 3 Rn. 11; *Ingelfinger*, Grundlagen und Grenzbereiche des Tötungsverbots, 2004, 140 f.; *Küper,* Strafrecht BT, 7. Aufl. 2008, 302; *Küpper,* Strafrecht BT 1, 2. Aufl. 2001, I § 1 Rn. 7; *Quaas/Zuck,* Medizinrecht, 2. Aufl. 2008, Rn. 179; *Rixen*, Lebensschutz am Lebensende, 1999, S. 382; *Saliger* KritV 2001, 411 f.; *Tröndle,* FS Hirsch, 1999, 781; *Wallrabenstein* JA 1999, 128.

für eine Organentnahme hinzutreten müsste. Beispielsweise könnte der Menschentod an den Eintritt eines irreversiblen Herz-Kreislauf-Stillstands gebunden sein, ob dieser nun früher oder später erfolgt als der Gesamthirntod. Der Gesetzgeber jedenfalls hat sich bei der Abfassung des TPG bewusst und gezielt um Offenheit im Hinblick auf den Zeitpunkt des Menschentodes bemüht, um insoweit eine Entscheidung zwischen unterschiedlichen Menschenbildern zu vermeiden. Stattdessen hat er sich darauf beschränkt, den **Gesamthirntod als Mindestvoraussetzung für eine Organentnahme an »toten Spendern«**[28] festzusetzen, ohne sich dazu zu äußern, ab wann überhaupt von »toten Spendern« iSd TPG oder gar iSd gesamten Strafrechts ausgegangen werden soll.

II. Todeskonzept orientiert am medizinischen Erkenntnisstand

1276 Angesichts der Indifferenz des Gesetzeswortlauts nimmt es nicht wunder, dass im Laufe der Interpretationsgeschichte des StGB ganz unterschiedliche Todeskonzepte einander abgelöst haben, die sich jeweils nicht etwa auf eine veränderte Gesetzeslage oder vertiefte Gesetzeserkenntnis berufen haben, sondern nur den fortschreitenden Erkenntnisstand der medizinischen Wissenschaft nachvollzogen und ihm Rechnung getragen haben. Bis zur **Entdeckung des sog. dissoziierten Hirntods 1959**[29] war es innerhalb der Medizinwissenschaften unstreitig, dass Hirn- und Herztod einander unauflöslich binnen weniger Minuten gegenseitig bedingen und dass Letzterer zudem zwingend zum (allerdings erst) allmählichen Absterben auch aller übrigen Organe, Gewebe und Zellen bis hin zum Totaltod sämtlicher Körperzellen führen musste.[30] Die vermeintliche Zwangsläufigkeit eines engen zeitlichen Zusammenhangs zwischen Hirn- und Herztod legte es nahe, das kumulative Erfülltsein beider Todeskriterien für den -eintritt vorauszusetzen, so dass ein hirntoter Mensch zunächst weiterhin als lebend galt und demgemäß bis zu seinem Herztod unter dem Schutz der §§ 211 ff. StGB stand.[31]

1277 Mit der erstmaligen Beobachtung von Hirntoten, deren Herz entweder spontan oder nach künstlicher Beatmung bzw. sonstigen Wiederbelebungsmaßnahmen erneut zu schlagen begann und über längere Zeit zu schlagen fortfuhr, stellte sich aber die Frage nach dem Ende menschlichen Lebens in einem anderen Licht: Infolge seiner verglichen mit dem Herzen geringeren Toleranz gegenüber Sauerstoffmangel ließ sich der Tod des Hirns anders als der des Herzens hier nicht mehr rückgängig machen. Bestand nun eine strafbewehrte Pflicht des Arztes, Atmung und Kreislauf des hirntoten Menschen so lange wie möglich aufrechtzuerhalten? Noch problematischer begann die Rechtslage zu erscheinen, als **1967 in Südafrika die erste Transplantation des Herzens eines Hirntoten** an einen Herzkranken gelang: Sollte sich der damalige Operateur, der medizinische Pionier *Christiaan Barnard*, damit tatsächlich wegen vorsätzlicher Tötung durch aktives Tun strafbar gemacht haben?

28 *Fischer* (Fn. 11), Vor §§ 211–216 Rn. 8; *Lackner/Kühl* (Fn. 19), Vor § 211 Rn. 4; *Otto*, Strafrecht BT, 2. Aufl. 2002, § 2 Rn. 13; MüKoStGB/*Schneider* (Fn. 25), Vor §§ 211 ff. Rn. 18; Schroth/König/Gutmann/Oduncu/*Schroth*, Kommentar zum Transplantationsgesetz, 2005, TPG Vor §§ 3 und 4 Rn. 38; *Wessels/Hettinger*, Strafrecht BT I, 34. Aufl. 2010, Rn. 22.

29 *Mollarét/Goulon*, Le coma dépassé, 1959.

30 *Stratenwerth*, FS Engisch, 1969, 534.

31 Roxin/Schroth/*Imbach* (Fn. 18), 1. Aufl. 2000, S. 203; Höglinger/Kleinert/*Patzelt*, Hirntod und Organtransplantation, 1998, 17; *Rixen* (Fn. 27), 72 ff.; *Schöning* NJW 1968, 189.

Im Gefolge dieser medizinischen Revolution setzte sich auf juristischer Ebene international, aber auch national binnen weniger Jahre die These durch, dass **Hirn- und Menschentod einander begrifflich gleichzusetzen seien.**[32] Kritiker haben diesen partiellen Entzug des Strafrechtsschutzes gegenüber zwar hirn-, aber noch nicht herztoten Menschen als »pragmatische Umdefinition des Todes zu fremden Zwecken der Transplantationsmedizin« bezeichnet.[33] Hinter der Verabsolutierung des Hirntodkriteriums stehe das reduzierte Menschenbild einer partikularischen, eindimensionalen Zerebralideologie (»reduktionistischer Enzephalozentrismus«).[34] Immerhin könnten hirntote Menschen bei Aufrechterhaltung ihres Herz-Kreislauf-Systems verschiedenste eindeutige Lebensäußerungen zeigen: Sie verfügten dann über einen rosig durchbluteten warmen Leib, schwitzten und entwickelten gegebenenfalls Fieber, veränderten ihren Blutdruck und Puls und könnten sogar noch Kinder zeugen oder eine Schwangerschaft austragen.[35] 1278

Die Befürworter des Hirntodkriteriums weisen darauf hin, dass alle diese residualen Vitalfunktionen keine spezifisch menschliche Lebendigkeit mehr bedeuteten, sondern durch vegetative Subsysteme wie Rückenmark, Nerven und Muskulatur außerhalb jeglichen Bewusstseins selbstregulativ gesteuert würden.[36] Menschliches Leben ende nicht erst, wenn der ganze Organismus in allen seinen Teilen bis zur letzten Zelle abgestorben sei, sondern schon, wenn der **Organismus als Ganzes und übergeordnete Einheit endgültig desintegriert sei,**[37] weil das Gehirn als zentrales Steuerungs- und Abstimmungsorgan für sämtliche Einzelfunktionen unwiederbringlich ausgefallen ist.[38] 1279

Allein ein irreversibler **Großhirntod**, wie er etwa im berühmten apallischen Syndrom-Fall *Quinlan*[39] vorlag (bis schließlich nach zehn Jahren Bewusstlosigkeit der Herz-Kreislauf-Stillstand eintrat) oder im terminalen Stadium einer Alzheimer-Demenz[40] sowie bei anenzephalen Neugeborenen (die Bezeichnung Anencephalus = griechisch ohne Gehirn ist irreführend)[41] in Betracht kommt, soll nach in Deutschland herrschender Ansicht jedoch noch nicht ausreichen, da Restzweifel darüber bestünden, ob damit wirklich bereits der Verlust jeder geistigen Wahrnehmungsfähigkeit einhergehe.[42] Dagegen wird insbesondere in Amerika, teilweise aber auch in Deutschland geltend gemacht,[43] nach dem unaufhebbaren Fehlen großhirngebunde- 1280

32 Vgl. Roxin/Schroth/*Oduncu* (Fn. 18), 2. Aufl. 2001, 235 f.; Roxin/Schroth/*Imbach* (Fn. 18), 1. Aufl. 2000, S. 204 ff.

33 *Beckmann* ZRP 1996, 221; *Grewel* ZRP 1995, 217; *Höfling* MedR 1996, 6; Hoff/in der Schmitten/*Meran/Poliwoda*, Wann ist der Mensch tot?, 1995, 70; Höglinger/Kleinert/*Meran/Poliwoda* (Fn. 31), 84.

34 *Höfling*, Hinter dem Hirntodkonzept steckt ein reduziertes Menschenbild, Frankfurter Rundschau v. 10. 8. 1994, S. 16; *Wagner* ZME 1998, 64.

35 Hoff/in der Schmitten/*Jonas* (Fn. 33), 22 f.; *Schlake/Roosen*, Der Hirntod als der Tod des Menschen, 2. Aufl. 2001, 54; *Wagner* ZME 1998, 61.

36 Roxin/Schroth/*Imbach* (Fn. 18), 1. Aufl. 2000, 225; *Schlake/Roosen* (Fn. 35), 69 ff.

37 Roxin/Schroth/*Oduncu* (Fn. 18), 2. Aufl. 2001, 230/244.

38 *Haeffner* Stimmen der Zeit 1996, 807 (812); Roxin/Schroth/*Schroth* (Fn. 18), 448.

39 University Publications of America, In the matter of Karen Quinlan, Bd. I, 1975, S. 450 ff., Bd. 2, 1975, 91 ff.

40 *Zimmeck*, Die Reichweite des Lebensrechts im technologischen Zeitalter, 2009, 107.

41 Roxin/Schroth/*Oduncu* (Fn. 18), 2. Aufl. 2001, 220; *Spittler* JZ 1997, 747 (749); *Zimmeck* (Fn. 40), 111.

42 *Zimmeck* (Fn. 40), 114.

43 *Dahl*, Xenotransplantation – Tiere als Organspender für Menschen?!, 2000, 25 f.; *Schlake/Roosen* (Fn. 35), S. 74.

ner, charakteristisch menschlicher Fähigkeiten wie Sprechen, Denken, Bewusst- und Selbstbewusstsein lasse sich auch kein menschlich-personales Leben mehr feststellen, sondern nur noch der Tod.[44] Solange immerhin noch der vegetative Hirnstamm als Steuerungszentrum für Atem, Herz- und Kreislauftätigkeit intakt ist, bleibt der Organismus jedoch noch ein Ganzes, dh eine integrierte Einheit,[45] die qualitativ etwas anderes und mehr ist als die bloße Summe aller Organe. Entgegen dem britischen Recht[46] wird in Deutschland aber auch der bloße **Ausfall des Hirnstamms** nicht als Todeskriterium akzeptiert, solange der (dann allerdings unvermeidlich und unmittelbar bevorstehende) Großhirntod noch nicht eingetreten ist.[47] Es soll also erst der irreversible **Gesamthirntod** sein, der den endgültigen Zusammenbruch des Organismus als funktionelle Einheit begründet.

1281 Gerade ein solches Abheben auf die verloren gegangene funktionelle Einheit müsste aber konsequenterweise dazu führen, auch den irreversiblen **Herz-Kreislauf-Stillstand** als (alternatives) Todeskriterium neben dem Gesamthirntod anzuerkennen.[48] Spätestens 30 Minuten nach Unterbrechung der Blutzufuhr und damit Sauerstoffversorgung kann das menschliche Hirn auch intensivmedizinisch keinesfalls mehr wiederbelebt werden und hat seine integrative Funktion für den Organismus damit endgültig verloren.[49] Rechtlich ist eine Wiederbelebung bereits dann ausgeschlossen, wenn der Patient die dazu erforderlichen Maßnahmen verbindlich untersagt hat und anschließend in eine seit mindestens zwei Minuten bestehende Bewusstlosigkeit versunken ist.[50] Klinische Studien belegen nämlich, dass eine spätere Wiederbelebung des Herz-Kreislauf-Systems nach jedenfalls zweiminütiger Bewusstlosigkeit nicht mehr zu erwarten ist.[51] Der Hirntod ist dann allerdings noch nicht eingetreten, sondern erst in weiteren maximal 28 Minuten irreversibel zu erwarten. Müssten diese zusätzlichen Minuten erst verstreichen, bevor mit der Organentnahme an einem solchen sog. **Non-Heart-Beating-Donor** begonnen werden kann, so wäre es infolge des bestehenden Sauerstoffmangels zwangsläufig, dass die dringend benötigten zusätzlichen, zuvor noch uneingeschränkt funktionstüchtigen Spenderorgane inzwischen Schaden genommen haben.[52] Strafrechtlich könnte daher – ausgelöst wiederum durch medizinische Erfordernisse – die Entwicklung bevorstehen, dass es für den menschlichen Tod als ausreichend betrachtet wird, wenn **(alternativ) entweder der Gesamthirn- oder der Herztod** unumkehrbar stattgefunden hat.[53]

44 *Kurthen/Reuter* Med Klinik 1989, 483 (484); *Veatch* Transplantation Ethics, 2000, 100 f.

45 *Wissenschaftlicher Beirat der Bundesärztekammer* Dt. Ärzteblatt 1993, 2177 (2178); *Zimmeck* (Fn. 40), 113.

46 Statement issued by the honorary secretary of the Conference of Medical Royal Colleges and their Faculties in the United Kingdom on 11 October 1976, British Medical Journal 1976 (Vol. 2), 1187 f.

47 Roxin/Schroth/*Imbach* (Fn. 18), 1. Aufl. 2000, 216; Roxin/Schroth/*Schroth* (Fn. 18), 4. Aufl. 2010, 452; *Zimmeck* (Fn. 40), 123.

48 So *Zimmeck* (Fn. 40), 150.

49 Roxin/Schroth/*Imbach* (Fn. 18), 1. Aufl. 2000, 206; *Thews/Vaupel* Vegetative Physiologie, 2005, 156.

50 *Zimmeck* (Fn. 40), 99.

51 *DuBois* Issues in Law & Medicine 2002 (Vol. 18), 21 (32); *Ethics Committee/American College of Critical Medicine/Society of Critical Care* Critical Care Medicine 2001 (Vol. 29), 1826 (1827); *Youngner/Arnold/DeVita* The Hastings Center Report 1999 (Vol. 29, No. 6), 14 (15 ff.); *Zamperetti/Bellomo/Ronco* Journal of Medical Ethics 2003 (Vol. 29), 182 (183).

52 *DuBois* Issues in Law & Medicine 2002 (Vol. 18), 21 (34).

53 So *Deutsch/Spickhoff,* Medizinrecht, 6. Aufl. 2008, Rn. 713 f.; Bernat/*Schick*, Ethik und Recht an der Grenze zwischen Leben und Tod, 1993, 129 f.; *Saerbeck* (Fn. 11), 149.

§ 46 Strafrechtlicher Schutz ungeborenen Lebens

A. Unterscheidung zwischen intra- und extrauterinem ungeborenem Leben

Hinsichtlich des strafrechtlichen Schutzes ungeborenen Lebens ist zwischen intra- und extrauterinem Leben zu unterscheiden, da für Ersteres die §§ 218 ff. StGB, für Zweitgenanntes dagegen das ESchG einschlägig ist. Intrauterines Leben beginnt gem. § 218 I 2 StGB erst mit »Abschluss der Einnistung des befruchteten Eies in der Gebärmutter« (**Nidation**), extrauterines Leben gem. § 8 I ESchG dagegen bereits mit der **Kernverschmelzung** von Samen und Eizelle. Der gesamte Prozess der Einnistung dauert im Falle einer natürlichen Befruchtung bis zum Ende der zweiten Schwangerschaftswoche,[54] so dass erst ab diesem Zeitpunkt eine Strafbarkeit des Schwangerschaftsabbruchs nach § 218 I 1 StGB in Betracht kommt. Im Falle einer künstlichen Befruchtung greift der Schutz des ESchG dagegen schon ab dem Zeitpunkt ein, ab dem eine »entwicklungsfähige« befruchtete Eizelle vorliegt, dh eine solche, die sich unter den »dafür erforderlichen weiteren Voraussetzungen zu teilen und zu einem Individuum zu entwickeln vermag«, § 8 I ESchG. 1282

Von ungeborenem Leben ist also jedenfalls (gleich, ob intra- oder extrauterin) nicht etwa erst die Rede, wenn sich ein Hirn(teil) entwickelt hat[55] (erst nach der vierten Schwangerschaftswoche) und/oder die Herztätigkeit eingesetzt hat[56] (etwa ab der dritten Schwangerschaftswoche). Es muss aber unter den »dafür erforderlichen weiteren Voraussetzungen« zumindest beides als in der Zukunft möglich prognostizierbar sein, damit überhaupt »Leben« festgestellt werden kann. Wenn nach den obigen Ausführungen[57] Hirn- und Herztod alternativ das Ende menschlichen Lebens bezeichnen, so erscheint es folgerichtig, die **Erwartbarkeit von Hirn- und Herztätigkeit kumulativ** für die Fähigkeit vorauszusetzen, sich zu einem (menschlichen) Individuum fortzuentwickeln. 1283

B. Strafrechtlicher Schutz gegen Schwangerschaftsabbrüche

I. Überblick über das gesetzliche Schutzkonzept

Eine Strafbarkeit nach § 218 I StGB kommt also nur in Betracht, wenn innerhalb der Zeitspanne zwischen Nidation und Beginn der Eröffnungswehen auf den Ungeborenen eingewirkt wird und er infolge der Einwirkung verstirbt. Dabei wird der Ungeborene in der Entwicklungsphase bis zum Abschluss der Organogenese als **Embryo** bezeichnet, anschließend (ca. ab Beginn der neunten Schwangerschaftswoche) als **Fetus.** 1284

Durch § 218 ff. StGB geschützt wird allein das Leben des Ungeborenen, nicht dagegen auch dessen körperliche Integrität oder diejenige der Schwangeren.[58] Letztere wird vielmehr lediglich durch §§ 223 ff. StGB vor einem gesundheitsbeeinträchti- 1285

54 *Lackner/Kühl* (Fn. 19), § 218 Rn. 8.
55 So aber MüKoStGB/*Gropp* (Fn. 25), § 218 Rn. 6.
56 Roxin/Schroth/*Merkel* (Fn. 18), 313 f.
57 Rn. 1281.
58 NK-StGB/*Merkel* (Fn. 11), § 218 Rn. 7; SK-StGB/*Rudolphi/Rogall*, 113. EL, Vor § 218 Rn. 57 f.

genden Schwangerschaftsabbruch bewahrt, der nicht mit ihrer Einwilligung geschieht.[59] Dies gilt auch, wenn der Schwangerschaftsabbruch unsorgfältig durchgeführt wurde und deshalb die Schwangere mehr als erforderlich körperlich beeinträchtigt hat. Auch wenn der Schwangerschaftsabbruch auf eine für den Fetus unnötig schmerzvolle Weise durchgeführt worden ist, begründen diese Qualen weder eine Strafbarkeit nach §§ 223 ff. StGB noch auch nur nach §§ 218 ff. StGB: Entscheidend für die Strafbarkeit wegen Schwangerschaftsabbruchs ist nämlich allein, ob der Todeserfolg als solcher vom Täter straflos bewirkt wurde, während der Ungeborene gegen den Eintritt aller Durchgangs- und Nebenerfolge auf dem Wege zum Tode hin keinen strafrechtlichen Schutz genießt.[60]

1286 Darüber hinaus bezieht sich der Schutz durch §§ 218 ff. StGB nur auf vorsätzliche Tötungen, wobei allerdings neben vorsätzlichen Tötungshandlungen auch vorsätzliche Tötungen durch **Unterlassen** in Betracht kommen, sofern es sich bei dem Täter um einen Garanten iSd § 13 StGB handelt. Garantenpflichtig für das Leben des Ungeborenen sind neben der Schwangeren auch der mit ihrer Behandlung betraute Arzt sowie der Erzeuger des Ungeborenen.[61] In allen drei Fällen handelt es sich dabei um **Beschützergaranten**, so dass bereits aus der Garantenstellung jeweils auch die täterschaftliche Verantwortlichkeit für einen etwaigen Taterfolg resultiert.[62]

1287 Eine Strafbarkeit des Schwangerschaftsabbruchs kann aber nach § 218 a StGB entfallen, wenn der Abbruch erstens durch einen Arzt und zweitens mit Einwilligung der Schwangeren vorgenommen wurde sowie drittens darüber hinaus noch gewisse weitere Voraussetzungen erfüllt sind, die in den vier Absätzen des § 218 a StGB benannt werden und je nach angewendetem Absatz unterschiedlich sind. Die vier Absätze des § 218 a StGB differieren aber nicht nur in den Voraussetzungen, unter denen sie Straffreiheit gewähren, sondern auch in der konkreten Deliktsebene, auf der die Straffreiheit eintritt: Während unter den in Abs. 1 aufgeführten Voraussetzungen »der Tatbestand des § 218 … nicht verwirklicht« ist, bewerten die Abs. 2 und 3 einen Schwangerschaftsabbruch unter den dort genannten Voraussetzungen als »nicht rechtswidrig« und Abs. 4 ordnet an, dass »die Schwangere … nicht nach § 218 StGB strafbar« sei, sofern die dafür vorausgesetzten Umstände vorliegen. Demnach handelt es sich bei den in **Abs. 1** aufgeführten Voraussetzungen um ein **negatives Tatbestandsmerkmal** (dh um ein solches, das nicht erfüllt sein darf, damit der Tatbestand insgesamt verwirklicht ist), bei den **Abs. 2 und 3** dagegen jeweils um **Rechtfertigungsgründe** und bei **Abs. 4** um einen **persönlichen Strafausschlussgrund** allein für die Schwangere.[63]

II. Überblick über die historische Entwicklung

1288 Hinter dieser formalen Differenzierung nach der Deliktsebene, auf der die Straffreiheit gegebenenfalls eintritt, steht eine entsprechend unterschiedliche materielle Bewertung der Umstände, welche die Straffreiheit bewirken. Diese differenzierende Bewertung beruht im Wesentlichen auf den **beiden Abtreibungsurteilen des BVerfG von 1975 und 1993**, die sich jeweils auf frühere Fassungen des § 218 a StGB bezogen,

59 *Lackner/Kühl* (Fn. 19), § 218 Rn. 3; *Arzt/Weber* (Fn. 19), § 5 Rn. 35.
60 Roxin/Schroth/*Merkel* (Fn. 18), 312.
61 NK-StGB/*Merkel* (Fn. 11), § 218 Rn. 95, 99, 100; Roxin/Schroth/*Merkel* (Fn. 18), 325.
62 *Herzberg*, Täterschaft und Teilnahme, 1977, 83.
63 SK-StGB/*Rudolphi/Rogall*, 113. EL, § 218 a Rn. 1.

beide für verfassungswidrig erklärten und den Gesetzgeber zu der jetzigen Fassung des § 218 a StGB bewogen. Als mit dem Grundrecht auf Leben (Art. 2 II 1 GG) unvereinbar verwarf das BVerfG[64] zunächst 1975 die ein Jahr zuvor vom bundesdeutschen Gesetzgeber eingeführte **Fristenregelung,**[65] die jeden von einem Arzt mit Einwilligung der Schwangeren innerhalb der ersten zwölf Schwangerschaftswochen durchgeführten Abbruch für gerechtfertigt erklärte. Nach der ein Jahr später vom bundesdeutschen Gesetzgeber in Kraft gesetzten **Indikationenregelung**[66] mussten dann bestimmte Umstände (= Indikationen) zur Einhaltung der Zwölf-Wochen-Frist hinzutreten, damit ein vom Arzt mit Einwilligung der Schwangeren vorgenommener Schwangerschaftsabbruch gerechtfertigt war: Entweder musste der Schwangerschaftsabbruch zur Abwendung einer Lebens- oder schwerwiegenden Gesundheitsgefahr für die Schwangere angezeigt sein **(= medizinische Indikation)** oder die Schwangerschaft musste auf einem Sexualdelikt beruhen **(= kriminologische Indikation)** oder eine Fortsetzung der Schwangerschaft durfte der Schwangeren nicht zugemutet werden können, weil entweder schwerwiegende Gesundheitsschäden beim Kind zu erwarten waren **(= genetische Indikation)** oder die Gefahr einer sozialen Notlage für die Schwangere bestand **(= soziale Indikation).**

Da in der ehemaligen DDR seit 1972 eine Fristenregelung galt,[67] sah sich der Gesetz- **1289**
geber 1992 zu einer Neufassung des § 218 a StGB für das mittlerweile wiedervereinigte Deutschland gezwungen, die einen Kompromiss zwischen der bisherigen Rechtslage in West- und in Ostdeutschland bilden sollte. Diese Neufassung[68] übernahm zwar von der zuvorigen westdeutschen Regelung die medizinische und die kriminologische Indikation, ersetzte aber die genetische und die soziale Indikation durch ein sog. Beratungsmodell, wonach innerhalb der ersten zwölf Schwangerschaftswochen nach Beratung der Schwangeren und mit deren Einwilligung von einem Arzt vorgenommene Abbrüche generell gerechtfertigt seien. Wieder ein Jahr später wurde aber auch dieses **erste Beratungsmodell** vom BVerfG[69] als verfassungswidrig aufgehoben, da das bloße Vorangehen einer Beratung nicht ausreiche, um jeden daraufhin durchgeführten Schwangerschaftsabbruch – unabhängig vom Gewicht der dafür bestehenden Gründe – als gerechtfertigt und damit nicht nur als straflos, sondern als im Einklang mit der gesamten Rechtsordnung stehend einzustufen.

1995 kam daraufhin die jetzige Gesetzesfassung[70] zustande, die zwar daran festhielt, **1290**
dass es sich bei medizinischer (Abs. 2) und kriminologischer Indikation (Abs. 3) jeweils um Rechtfertigungsgründe handelt, die aber zugleich das als verfassungswidrig verworfene erste durch ein modifiziertes **zweites Beratungsmodell** (Abs. 1) ersetzte: Dass der Abbruch innerhalb der ersten zwölf Schwangerschaftswochen nach Beratung der Schwangeren mit deren Einwilligung von einem Arzt vorgenommen wurde, genügt danach nicht mehr, um die Tat in jedem Fall mit Wirkung für die gesamte Rechtsordnung als gerechtfertigt anzusehen, sondern es sei dann lediglich

64 BVerfGE 39, 1.
65 BGBl. 1974 I 1297.
66 BGBl. 1976 I 1213.
67 §§ 153 ff. StGB-DDR iVm Gesetz über die Unterbrechung der Schwangerschaft v. 9. 3. 1972 (GBl. I 89).
68 BGBl. 1992 I 1398.
69 BVerfGE 88, 203.
70 BGBl. 1995 I 1050.

»der Tatbestand des § 218 StGB nicht verwirklicht«. Unter den in Abs. 1 genannten Voraussetzungen soll eine Abtreibung daher zwar tatbestandslos im Sinne des Strafrechts sein, dennoch aber rechtswidrig im Sinne der übrigen Rechtsordnung bleiben können (nicht müssen). Die Differenzierung zwischen »nur« straftatbestandslosen und in jeder Beziehung rechtmäßigen Schwangerschaftsabbrüchen wirkt sich immerhin darin aus, dass nur letztgenannte aus der gesetzlichen Krankenversicherung finanziert werden dürfen, während bei erstgenannten allenfalls ein Sozialhilfeanspruch in Betracht kommt.[71]

1291 Die gesetzgeberische Entscheidung, ungeachtet einer etwaigen Rechtswidrigkeit im Einzelfall generell auf eine Pönalisierung aller nach Beratung erfolgten Schwangerschaftsabbrüche innerhalb der ersten zwölf Wochen zu verzichten, beruht auf der Hoffnung, das ungeborene Leben besser als mit der »Keule des Strafrechts« dadurch schützen zu können, dass die Schwangere durch den daran geknüpften Strafverzicht dazu bewogen wird, sich einer Beratung über psychosoziale und wirtschaftliche Hilfsmöglichkeiten im Falle einer Fortsetzung der Schwangerschaft zu öffnen.[72] Gemäß § 219 II 1 StGB hat die **Beratung nach dem SchKG** durch eine anerkannte Schwangerschaftskonfliktberatungsstelle zu erfolgen. Nach § 5 I SchKG dient die Beratung zwar dem »Schutz des ungeborenen Lebens«, ist aber zugleich »ergebnisoffen zu führen«. Den Ländern obliegt es gem. §§ 3; 13 SchKG, sowohl ein »ausreichendes Angebot wohnortnaher Beratungsstellen« als auch »ambulanter und stationärer Einrichtungen zur Vornahme von Schwangerschaftsabbrüchen« sicherzustellen. Der Arzt, der den Abbruch der Schwangerschaft vornimmt, ist nach § 219 II 3 StGB als Berater ausgeschlossen und macht sich, falls er diesem Verbot zuwiderhandelt, nach § 218 c I Nr. 4 StGB strafbar. Die Beratung muss gem. § 218 a I Nr. 1 StGB spätestens drei Tage vor dem Schwangerschaftsabbruch durchgeführt worden sein.

III. Abwägung zwischen den Interessen des Ungeborenen und der Schwangeren

1292 Fast 97% aller Schwangerschaftsabbrüche werden in Deutschland unter den Voraussetzungen des § 218 a I StGB vollzogen.[73] Auf die medizinische Indikation entfallen demgegenüber nur 2,5%, auf die kriminologische Indikation etwa 0,5% aller Schwangerschaftsabbrüche.[74] Beide Indikationen gleichen sich darin, dass sie jeweils **Spezialfälle zum allgemeinen rechtfertigenden Notstand**, also zu § 34 StGB, regeln.[75] Als bedrohtes und nur durch den Schwangerschaftsabbruch zu rettendes Rechtsgut gilt es jeweils zunächst, das Selbstbestimmungsrecht der abbruchswilligen Schwangeren zu beachten, die bereits durch die Fortsetzung der Schwangerschaft und erst recht durch die Geburt eines Kindes in ihrer zukünftigen Lebensführung eingeschränkt wäre. In den Fällen einer kriminologischen Indikation befindet sich die Schwangere aufgrund des an ihr begangenen Sexualdelikts notwendig in einem Defensivnotstand,[76] so dass ihr Interesse an der Wiederherstellung uneingeschränkter

71 BVerfGE 88, 314 (321).
72 NK-StGB/*Merkel* (Fn. 11), § 218 a Rn. 50.
73 BT-Drucks. 14/6635, 2.
74 *Dt. Gesellschaft f. Gynäkologie u. Geburtshilfe*, Schwangerschaftsabbruch nach Pränataldiagnostik, 4; BT-Drucks. 14/6635, 2.
75 BGHSt 38, 158; Schönke/Schröder/*Eser* (Fn. 13), § 218 a Rn. 22; LK/*Kröger*, 11. Aufl. 2005, Vor §§ 218 ff. Rn. 38; SK-StGB/*Rudolphi/Rogall*, 113. EL, § 218 a Rn. 16 mwN.
76 Roxin/Schroth/*Merkel* (Fn. 18), S. 376.

Selbstbestimmung besonders schützenswert erscheint (vgl. § 228 BGB). Bei der medizinischen Indikation tritt zu der Gefahr für das Selbstbestimmungsrecht noch diejenige für das Leben bzw. die Gesundheit der Schwangeren, die von dem Ungeborenen ausgeht und für diese ebenfalls einen Defensivnotstand begründet.[77]

Auf der anderen Seite steht bei der Interessenabwägung freilich das Leben des (mehr **1293**
oder weniger weit entwickelten) Ungeborenen, das aber **als Gefahrenquelle in einem Defensiv- anders als in einem Aggressivnotstand** jedenfalls **nicht abwägungsfest garantiert** ist. Aus dem gegenüber einem Totschlag (§ 212 StGB) deutlich herabgesetzten Strafrahmen für einen Schwangerschaftsabbruch (§ 218 StGB) geht hervor, dass das Leben eines Ungeborenen für die Rechtsordnung ohnehin einen niedrigeren Wert besitzt als das Leben eines Menschen.[78] Je weiter sich der Ungeborene von seinem Entwicklungsstand her allerdings einem Menschen angenähert hat, desto mehr steigt proportional dazu auch der Wert des ungeborenen Lebens, das bei einem etwaigen Schwangerschaftsabbruch zugunsten der auf Seiten der Schwangeren involvierten Rechtsgüter geopfert würde.[79] Dementsprechend sieht § 218 a III StGB für die **kriminologische Indikation** eine Höchstfrist von zwölf Wochen seit der Empfängnis bis zum Schwangerschaftsabbruch vor. Eine **medizinische Indikation** ist demgegenüber nach § 218 a II StGB zwar noch bis zum Beginn der Geburt möglich, doch muss auch hier die Gefahr für das Leben bzw. die Gesundheit der Schwangeren umso dringlicher sein, je näher der Beginn der Geburt rückt.

Auch an das Gewicht der »**schwerwiegenden Beeinträchtigung des körperlichen** **1294**
oder seelischen Gesundheitszustands der Schwangeren« sind mit zunehmender Geburtsnähe verschärfte Anforderungen zu stellen. Dabei ist insbesondere zu berücksichtigen, dass zu befürchtende Beeinträchtigungen allein des seelischen Gesundheitszustands über 90% der Fälle bilden, in denen eine medizinische Indikation festgestellt wird.[80] In diesen hohen Anteil sind vor allem die Fälle eingegangen, die nach der früher (1976 bis 1992) gültigen Indikationenregelung als **genetische oder soziale Indikationen** eingestuft worden wären. Zur Abtreibung berechtigte zwar schon seinerzeit nicht unmittelbar die genetische oder sonst vorgeburtliche Schädigung des Ungeborenen, sondern erst die dadurch begründete Unzumutbarkeit für die Schwangere, ihre Schwangerschaft weiter fortzusetzen. Für eine auf die seelischen Beeinträchtigungen der Schwangeren gestützte Abtreibung nach heutigem Recht braucht aber nicht einmal mehr zwingend eine objektiv schwerwiegende Beeinträchtigung des Fetus in dessen Gesundheitszustand vorzuliegen, solange nur die Schwangere subjektiv schwerwiegend unter ihm leidet.[81]

Als schwerwiegende seelische Beeinträchtigungen in diesem Sinne sind jedenfalls **1295**
suizidale Neigungen anzuerkennen, denen die Schwangere bei einem Nichtabbruch

77 *Faßbender* NJW 2001, 2745 (2750); *Hoerster*, Abtreibung im säkularen Staat, 2. Aufl. 1995, 29; *Ipsen* JZ 2001, 989 (992); *Köhler* GA 1988, 443 f.; *Roxin*, FS Jescheck, 1985, 475 ff.; *ders.* Strafrecht AT I, § 16 Rn. 79; *Maurach/Schroeder/Maiwald* (Fn. 13), § 6 Rn. 24; LK/*Jähnke*, 11. Aufl. 2005, § 212 Rn. 10; *Hirsch*, FS Eser, 2005, 309 (320); *Renzikowski*, Notstand und Notwehr, 1994, 268; dagegen aber *Merkel* (Fn. 25), S. 612 ff.; *Pawlik*, Der rechtfertigende Notstand, 2002, 327 ff.; wieder anders SK-StGB/*Horn*, 50. EL, § 212 Rn. 24.

78 *Göllner* (Fn. 18), 53; Roxin/Schroth/*Merkel* (Fn. 18), S. 333.

79 SK-StGB/*Rudolphi/Rogall*, 113. EL, § 218 Rn. 1; *Hilgendorf* NJW 1996, 761.

80 Siehe Nachweise bei LK-StGB/*Kröger* § 218 a Rn. 40; ausländische Zahlen bei *Gross* Cambridge Quarterly of Healthcare Ethics 1999, 449 (455) Fn. 13.

81 BGH NJW 2010, 2674.

der Schwangerschaft Folge leisten könnte.[82] Auch die physischen und psychischen Belastungen, die Drillings- und noch höhergradige **Mehrlingsschwangerschaften** nach der Geburt regelmäßig mit sich bringen, vermögen bis zu deren Beginn eine Reduktion auf Zwillinge zu rechtfertigen.[83] Zulässig soll dabei sogar die gezielte Auswahl eines genetisch oder sonst vorgeburtlich geschädigten Fetus zum selektiven Fetozid sein, da die seelische Beeinträchtigung durch dessen Geburt für die Schwangere mutmaßlich am höchsten wäre.[84]

1296 Die entsprechenden Gefahren müssen allerdings immer **»nach ärztlicher Erkenntnis«** bestehen, dh aus der objektiven ex ante-Sicht eines approbierten Humanmediziners, der die Sachlage mit allen ihm verfügbaren Mitteln aufgeklärt hat und seine Diagnose daraufhin nach dem gegenwärtigen Stand der medizinischen Wissenschaft erstellt hat.[85] Es darf sich bei diesem die Indikationslage feststellenden Arzt allerdings nicht um denselben handeln, der später den indizierten Schwangerschaftsabbruch eigenhändig durchführt, da dieser sich sonst allein wegen der damit verbundenen (abstrakten) Gefahr einer Befangenheit nach § 218 b I 1 StGB strafbar macht.

1297 Droht der Schwangeren nach derartig verobjektivierter »ärztlicher Erkenntnis« eine seelische Beeinträchtigung durch die oder nach der Geburt, so ändert auch ein etwaiges Vorverschulden der Schwangeren an ihrer Lage nichts daran, dass der Schwangerschaftsabbruch zum Zeitpunkt der »ärztlichen Erkenntnis« medizinisch indiziert war.[86] Allenfalls ließe sich an eine Strafbarkeit der Schwangeren nach § 218 StGB, wegen ihres schuldhaften Vorverhaltens denken (sog. **actio illicita in causa**), doch würde dies voraussetzen, dass sie bereits bei ihrem Vorverhalten vorsätzlich im Hinblick auf einen dadurch ermöglichten späteren Schwangerschaftsabbruch und dessen Rechtfertigung gehandelt hätte.[87] Doch selbst in einem solchen Ausnahmefall kommt für die Schwangere immer noch ein fakultatives Absehen von Strafe nach § 218 a IV 2 StGB in Betracht, wenn sie sich zum Zeitpunkt ihres Vorverhaltens »in besonderer Bedrängnis befunden hat«.

C. Strafrechtlicher Schutz extrauteriner Embryos

I. Durch das ESchG geschützte Rechtsgüter

1298 Das ESchG schützt in diametralem Unterschied zu § 218 StGB Embryos, die niemals eine Nidation erfahren haben, sei es, dass sie von Anfang an extrakorporal erzeugt wurden, sei es, dass sie dem Körper einer Frau vor Abschluss der Nidation entnommen wurden (vgl. § 2 I ESchG). Während eine Abtreibungshandlung sich also notwendig intrauterin auf den Embryo auswirken muss, kommt für Delikte nach dem ESchG nur ein **extrakorporaler Tatort** in Betracht.[88]

1299 Abgesehen vom anderen Tatort schützt das ESchG den Embryo aber vor allem in ganz anderen Rechtsgütern als § 218 StGB, nämlich nicht wie dieser in dessen

82 SK-StGB/*Rudolphi/Rogall*, 113. EL, § 218 a Rn. 40; Roxin/Schroth/*Merkel* (Fn. 18), S. 364.
83 Roxin/Schroth/*Merkel* (Fn. 18), S. 373.
84 SK-StGB/*Rudolphi/Rogall*, 113. EL, § 218 a Rn. 49; Roxin/Schroth/*Merkel* (Fn. 18), S. 374 f.
85 SK-StGB/*Rudolphi/Rogall*, 113. EL, § 218 a Rn. 51 f.
86 Roxin/Schroth/*Merkel* (Fn. 18), S. 367.
87 Generell ablehnend BGH NJW 1983, 2267; *Roxin* (Fn. 77), § 15 Rn. 68 ff.
88 Roxin/Schroth/*Merkel* (Fn. 18), S. 314 f.

Leben:[89] Das zeigt sich schon daran, dass das ganze ESchG keine Norm enthält, die (wie § 218 StGB) das schlichte Töten eines Embryos jedenfalls grundsätzlich unter Strafe stellt. § 2 I ESchG bedroht zwar denjenigen mit Strafe, der einen Embryo »veräußert oder zu einem nicht seiner Erhaltung dienenden Zweck abgibt, erwirbt oder verwendet«. Jedes bloße Töten unter den Begriff des Verwendens zu subsumieren, verletzte aber die von Art. 103 II GG errichtete Wortlautgrenze.[90] **»Verwendet« wird der Embryo, indem er zu irgendeinem Zweck eingesetzt bzw. genutzt wird,**[91] wobei eine solche Nutzziehung zwar mit seinem Töten einhergehen kann, andererseits aber auch eine »nutzlose« Tötung denkbar ist, die allein deswegen erfolgt, weil der Embryo selbst nutzlos erscheint. Wird ein Embryo beispielsweise getötet, weil keine Möglichkeit mehr besteht, durch seine Implantation eine Schwangerschaft herbeizuführen, so fehlt es an einem Verwenden und die Tötung bleibt tatbestandslos.[92] Derartige aus tatsächlichen Gründen **nicht mehr implantierbare Embryos werden als »verwaist« bezeichnet.** Ihre Verwaisung beruht dann darauf, dass die Frau, von der die befruchtete Eizelle stammt, entweder nicht mehr implantationsfähig oder -willig ist, zB aufgrund eines Unfalls, einer auf natürlichem Wege eingetretenen Schwangerschaft oder auch einer Präimplantationsdiagnostik mit ungünstigem Ergebnis.

Findet sich für einen solchen Embryo eine aufnahmebereite »Adoptivmutter«, so darf 1300 der Embryo zwar trotz des grundsätzlichen **Verbots einer »gespaltenen Mutterschaft«** (vgl. § 1 I Nr. 2 ESchG) übertragen werden, da insoweit ein rechtfertigender Notstand nach § 34 StGB vorliegt.[93] Wenn sich aber wie in den meisten Fällen keine potentielle Mutter zur Aufnahme des Embryos bereit erklärt und demgemäß keine Implantationschance mehr für ihn besteht, so wäre es umgekehrt sogar strafbar, weiter für seine extrakorporale Fortentwicklung zu sorgen (§ 2 II ESchG) – und jedenfalls straflos, ihn stattdessen zu töten, ob nun durch aktives Tun (Wegschütten des Embryos) oder durch bloßes Unterlassen (Verzicht auf seine weitere Kultivierung in der Petrischale).[94] Lebensschutz betreibt das Gesetz auf diese Weise nicht, genauso wenig übrigens wie in Bezug auf **geklonte Embryos**, die gem. § 6 II ESchG bei Strafe nicht auf eine Frau übertragen werden dürfen und so faktisch zum Tode verurteilt werden.[95]

Der Embryonenschutz, um den es hier geht, muss sich also auf ein anderes embryo- 1301 nales Rechtsgut beziehen als auf das Leben. Um welches Rechtsgut es sich dabei handelt, wird mit Blick auf die Forschung an embryonalen Stammzellen besonders deutlich: **Embryonale Stammzellen sind zwar nicht »totipotent«** iSd § 8 I ESchG, dh sie vermögen sich als vereinzelte Zelle unter keinen Umständen mehr zu einem Individuum zu entwickeln. Immerhin sind sie aber noch **»pluripotent«**, können sich also durch Teilung zu verschiedensten Organen und Gewebetypen ausdifferenzieren und bergen daher ein erhebliches Potential zur Heilung diverser menschlicher Krankheiten.[96] Zur Gewinnung embryonaler Stammzellen sind insbesondere drei Verfahren

89 BGH NJW 2010, 2674.
90 Roxin/Schroth/*Schroth* (Fn. 18), S. 556.
91 BGH NJW 2010, 2675; Roxin/Schroth/*Schroth* (Fn. 18), S. 552.
92 BGH NJW 2010, 2676; *Hoyer* FS Rolinski, 2002, S. 85.
93 AA Roxin/Schroth/*Schroth* (Fn. 18), S. 537 (556).
94 *Böcher*, Präimplantationsdiagnostik und Embryonenschutz, 2004, S. 96 ff.
95 Günther/Taupitz/Kaiser/*Günther*, ESchG, 2008, § 6 Rn. 22 (»strafbewehrte indirekte Tötungspflicht«).
96 *Groebner/David/Franz* Der Internist 2006, 502 ff.

bekannt: Erstens können eigens Eizellen in vitro befruchtet werden, um dann später deren Blastozysten die Stammzellen entnehmen zu können, zweitens können bereits vorhandene Embryonen geklont werden, dh totipotente Zwillinge von zuvor in vitro befruchteten Eizellen hergestellt werden, und drittens können die oben bereits angesprochenen verwaisten Embryonen für die Gewinnung von Stammzellen »ausgeschlachtet« werden.

1302 In tatsächlicher Hinsicht gleichen sich allerdings alle drei Verfahrenswege darin, dass sie (nach gegenwärtigem Stand der Medizin) **unweigerlich den Tod des Embryos zur Folge haben.** In rechtlicher Hinsicht gleichen sie sich darin, dass sie jeweils straftatbestandsmäßig sind, obwohl die Embryonentötung selbst (wie festgestellt) im ESchG nicht mit Strafe bedroht wird. Das erstgenannte Verfahren ist nach § 1 I Nr. 2 ESchG strafbar, da die in vitro-Fertilisation hier eindeutig nicht erfolgt, um eine Schwangerschaft herbeizuführen.[97] Das zweitgenannte Verfahren verstößt ebenso eindeutig gegen § 6 I ESchG und alle drei Verfahrensarten verwirklichen zudem auch § 2 I ESchG,[98] da jeweils ein Embryo »zu einem nicht seiner Erhaltung dienenden Zweck«, nämlich zu Forschungs- und perspektivisch mittelbar zu Heilungszwecken, »verwendet« wird.[99] §§ 1 I Nr. 2; 6 I ESchG greifen ein, obwohl durch die dort beschriebenen Verhaltensweisen zusätzliches Leben zustande gebracht und eben nicht getötet wird. Und § 2 I ESchG greift auch nicht schon wegen der Tötung ein, sondern erst wenn die Tötung zu Forschungszwecken geschieht – weil erst dann eine Verwendung (Nutzziehung) im oben angesprochenen Sinne stattfindet. Ein verwaister Embryo darf also zwar in rein destruktiver Absicht getötet werden, aber nicht in konstruktiver Absicht, etwa für ein Forschungsprojekt.[100] Es bedarf nicht einmal einer Tötung, sondern es würde zB auch eine nicht tödliche Verletzung zu Forschungszwecken ausreichen (wenn dies medizinisch möglich wäre), damit ein Verwenden des Embryos zu anderen Zwecken als seiner Erhaltung iSd § 2 I ESchG vorläge.

1303 Der Strafgrund dieser Norm besteht also allein darin, dass der Embryo zur Erreichung oder Förderung ihm fremder Zwecke instrumentalisiert worden ist, unabhängig davon, ob diese Instrumentalisierung nun auf tödliche oder nicht tödliche Weise erfolgt. Indem § 2 I ESchG ein bloßes Instrumentalisierungsverbot aufstellt, richtet sich der durch ihn bewirkte Rechtsgüterschutz aber **nicht auf das Leben des Embryos, sondern allein auf dessen Würde.**[101] Dieselbe Schutzrichtung verfolgen im Übrigen auch die anderen Strafnormen des ESchG, zB § 1 I Nr. 2, indem dort unter Strafe gestellt wird, wer einen Embryo in vitro herstellt, um ihn später zu instrumentalisieren, statt eine Schwangerschaft damit herbeiführen zu wollen. Auch § 6 I ESchG dient nicht dem Lebensschutz (ganz im Gegenteil), sondern will die würdewidrige »Knechtung« unterbinden, die in der lückenlosen und planmäßigen Determination seiner gesamten genetischen Ausstattung durch einen anderen liege.[102]

97 Roxin/Schroth/*Schroth* (Fn. 18), 537.

98 Zweifelnd für Klonen mittels der Kerntransfertechnik Roxin/Schroth/*Schroth* (Fn. 18), 4. Aufl., 539; Roxin/Schroth/*Gutmann* (Fn. 18), 2. Aufl. 2001, S. 355.

99 *Schroth* in: Roxin/Schroth (Fn. 18), S. 536.

100 *Hoyer,* FS Rolinski, 2002, 85.

101 *Ipsen* JZ 2001, 989; *Neumann* ARSP 1998, 153; Roxin/Schroth/*Schroth* (Fn. 18), 556.

102 Günther/Taupitz/Kaiser/*Günther* (Fn. 95), § 6 Rn. 4; *Bayertz,* GenEthik: Probleme der Technisierung menschlicher Fortpflanzung, 1987, 288; *Benda* Aus Politik und Zeitgeschichte B 3/1985, 18, 31; *Glauben* DRiZ 1997, 307 f.; *Habermas* SZ v. 17./18. 1. 1998; *ders.* DIE ZEIT v. 12. 3. 1998, 41; *Jung* ZStW 1988, 1, 34 mwN; Präsident der BÄK *Vilmar* in Presseerklärung vom 9. 1. 1998.

Ein Verlust »bloß« seines Lebens ist dem extrakorporalen Embryo somit zumutbar, 1304
ohne dass es dafür auf die Voraussetzungen des § 218 a StGB ankäme. Geschieht die Tötung aber unter Instrumentalisierung des Embryos zu Forschungszwecken, so verstößt sie gegen Art. 1 I GG und wird deshalb absolut und abwägungsfrei untersagt. **Das Leben ist eben in unserer Rechtsordnung »der Güter höchstes nicht«**, es darf aus verschiedenen Gründen in gerechtfertigter oder sogar tatbestandsloser Form verletzt werden. Zwar bildet das menschliche Leben die vitale Basis auch für die **Menschenwürde.** Allein diese aber stellt sich als oberstes und schlechthin unantastbares Rechtsgut dar, das auch, um den Tod eines anderen Menschen abzuwenden, nicht verletzt werden darf und selbst den Tod seines Trägers überdauert.[103]

II. Rechtliche Zulässigkeit des Stammzellenimports

Das ESchG beruht also auf der Annahme, dass erstens bereits der befruchteten Eizelle 1305
uneingeschränkte Würde zukommt[104] und dass zweitens diese Würde durch eine verbrauchende Embryonenforschung missachtet wird. Deshalb wird jeglicher Verbrauch von Embryonen zwecks Gewinnung und Erforschung embryonaler Stammzellen in Deutschland durch § 2 I ESchG unter Strafe gestellt **(Inlandstat).** Im Ausland ist die Embryonenherstellung und -tötung zu Forschungszwecken dagegen teilweise zumindest unter bestimmten Voraussetzungen zulässig **(Auslandstat).** Bestellt ein in Deutschland tätiger Mediziner zu Forschungszwecken deswegen Stammzellen, die im Ausland legal für ihn gewonnen und dann nach Deutschland importiert werden sollen, so macht er sich wegen Anstiftung zu § 2 I ESchG strafbar, obwohl dieser Tatbestand auf den Täter der Auslandstat gem. §§ 3 ff. StGB nicht anwendbar ist und entsprechende ausländische Tatbestände ohnehin nicht existieren.[105] Nach § 9 II 2 StGB gilt aber für den im Inland handelnden Teilnehmer an einer Auslandstat das deutsche Strafrecht auch dann, wenn die Tat nach ausländischem Tatortrecht nicht mit Strafe bedroht ist.

Anders verhält es sich dagegen mit einer **Bestellung von Stammzellen, die im Aus-** 1306
land bereits unter Verbrauch von Embryonen gewonnen wurden und nunmehr lediglich noch nach Deutschland importiert werden müssen: Hier kommt eine Teilnahme des deutschen Forschers an der schon beendeten Auslandstat nicht mehr in Betracht, so dass auch § 9 II 2 StGB ausscheidet. Verschafft sich der deutsche Forscher die Stammzellen aus dem Ausland oder verwendet er bereits importierte Stammzellen im Inland zu Forschungszwecken, so greift also das deutsche ESchG von 1990 mangels zum Tatzeitpunkt noch lebenden Embryos nicht mehr ein. Von dieser Strafbarkeitslücke drohte nach Einschätzung des deutschen Gesetzgebers ein Anreiz für deutsche Forscher auszugehen, sich die benötigten Stammzellen (straflos) aus dem Ausland zu beschaffen – was wiederum im Ausland dazu angereizt hätte, sich bereits im Vorgriff auf zu erwartende Bestellungen, um die künftige Nachfrage prompt befriedigen zu können, ganze Stammzelllinien anzulegen und in entsprechendem Umfang Embryonen zunächst herzustellen und dann zu vernichten.[106]

103 *Hoyer*, FS Rolinski, 2002, 85 f.

104 *Benda* NJW 2001, 2147 f.; *Düwell* EthikMed 1999, 9; *Kollek* Präimplantationsdiagnostik, weibliche Autonomie und Recht, S. 206.

105 AA Roxin/Schroth/*Schroth* (Fn. 18), 542 unter Verweis auf § 2 StZG, der aber nur die Einfuhr und Verwendung embryonaler Stammzellen betrifft, nicht die Anstiftung zu ihrer Gewinnung.

106 Roxin/Schroth/*Schroth* (Fn. 18), 543.

1307 Um derartige Anreize zu gegen die Würde ausländischer Embryonen verstoßendem Verhalten auszuschließen, hat der Gesetzgeber deshalb 2002 das (2008 letztmals geänderte) **StZG**[107] in Kraft gesetzt, das in § 13 I eigens auch eine Strafvorschrift **zum Schutze der Menschenwürde im Ausland befindlicher Embryonen** enthält. Danach macht sich strafbar, wer ohne Genehmigung embryonale Stammzellen entweder selbst aus dem Ausland einführt oder (nachdem sie bereits ins Inland gelangt sind) hier verwendet. Durch eine nach § 6 I StZG erteilte Genehmigung der zuständigen Behörde (vgl. § 7 I StZG) wird also der Tatbestand des § 13 I StZG ausgeschlossen, dh es handelt sich insoweit um ein negatives Tatbestandsmerkmal. Ein Anspruch auf Erteilung einer solchen Genehmigung besteht nur unter den in § 6 IV StZG aufgeführten Umständen, dh es müssen erstens die Voraussetzungen des § 4 II StZG und zweitens die Voraussetzungen des § 5 StZG erfüllt sein sowie drittens letztere durch eine Stellungnahme der zuständigen Ethik-Kommission gem. § 9 StZG geprüft worden sein.

1308 Innerhalb der Voraussetzungen des § 4 II StZG sind wiederum drei zu unterscheiden, die für eine Genehmigung kumulativ vorliegen müssen, nämlich erstens dass die embryonalen Stammzellen im Ausland nach dortigem Recht legal **vor dem 1. 5. 2007 gewonnen** wurden, zweitens dass die Embryonen ursprünglich geschaffen wurden, um mit ihnen eine Schwangerschaft zu erzeugen, dafür aber endgültig nicht mehr benötigt werden **(verwaiste Embryonen)**, und dass drittens der Embryo dem ausländischen Stammzellenproduzenten **unentgeltlich überlassen** wurde. Die Stichtagsregelung in § 4 II 1 a StZG bezweckt zu verhindern, dass Embryonen eigens mit Rücksicht auf die im Übrigen erfüllten Voraussetzungen für eine Importgenehmigung getötet werden und der Gesetzgeber so ungewollt an ihrer gezielten Instrumentalisierung zu Forschungszwecken mitwirkt.[108] Als das StZG Anfang Juli 2002 in Kraft trat, sah es als Stichtag demnach zunächst den 1. 1. 2002 vor – und erst als derartig betagte Stammzelllinien zu Forschungszwecken nicht mehr geeignet erschienen, wurde der Stichtag im Rahmen einer Gesetzesänderung 2008 auf den jetzt gültigen 1. 5. 2007 verschoben.[109]

1309 Als weitere Genehmigungsvoraussetzung sehen § 6 IV iVm § 5 StZG vor, dass die angestrebten Forschungsziele sich erstens voraussichtlich nur mit embryonalen Stammzellen erreichen lassen **(Erforderlichkeit)** und zweitens »hochrangig« sind **(Verhältnismäßigkeit).** Dass sowohl Erforderlichkeit als auch Verhältnismäßigkeit in diesem Sinne gegeben sind, muss schließlich auch noch von der gem. § 8 StZG gebildeten zentralen **Ethik-Kommission geprüft** worden sein, deren Stellungnahme für die Genehmigungsbehörde allerdings gem. § 6 V StZG nicht zwingend verbindlich ist. Insgesamt versucht der Gesetzgeber des StZG also durch ein feinziseliertes System an Genehmigungsvoraussetzungen einerseits sicherzustellen, dass es nicht aus dem Inland heraus zu Anreizen für eine Tötung im Ausland befindlicher Embryonen zu Forschungszwecken kommen kann, andererseits dem Gewicht dieser Forschungszwecke dennoch über eine Genehmigung in verhältnismäßiger Weise Rechnung getragen werden kann.

107 BGBl. 2008 I 1708.
108 Roxin/Schroth/*Schroth* (Fn. 18), 543.
109 Vgl. BT-Drucks. 16/383; Annahme des Entwurfs BT-Drucks. 16/7981.

III. Rechtliche Zulässigkeit der Präimplantationsdiagnostik

Ungeklärt war nach der bisherigen Gesetzeslage, unter welchen Voraussetzungen die sog. Präimplantationsdiagnostik (PID) strafbar ist, die dazu dient, das genetische Material eines in vitro erzeugten Embryos auf Erbkrankheiten zu untersuchen, damit die Frau, von der die befruchtete Eizelle stammt, sich auf der Basis der dabei erzielten Ergebnisse besser informiert dafür oder dagegen entscheiden kann, in eine Implantation des untersuchten Embryos einzuwilligen. Um das genetische Material untersuchen zu können, muss von dem extrakorporal hergestellten, mehrzelligen Embryo mindestens eine Zelle enzymatisch oder mechanisch abgespalten werden, die sich dann ihrerseits durch Teilungen so lange vermehrt, bis genügend Zellmasse für eine biochemische Diagnostik (Biopsie) zur Verfügung steht. Ist die abgespaltene Zelle selbst noch totipotent (sog. **»frühe« PID** im Blastomerenstadium),[110] so liegt ein Fall des Klonens vor, das gem. § 6 I ESchG eindeutig strafbar ist. Außerdem wird der abgespaltene Embryo im Rahmen der Biopsie zerstört, um Analysedaten über seinen genetischen »Zwilling« zu erhalten, dh er wird zu einem nicht seiner Erhaltung dienenden Zweck verwendet, was gem. § 2 I ESchG nochmals strafbar ist.[111] 1310

Schwieriger zu beurteilen war die Rechtslage, wenn für die PID eine lediglich noch pluripotente Zelle abgespalten und analysiert wird (sog. **»späte« PID** im Blastozysten- oder Trophoblastenstadium).[112] Der verbliebene Embryo nimmt dadurch unmittelbar keinen Schaden, da die verbleibenden embryonalen Zellen die abgespaltene aufgrund ihrer Pluripotenz zu ersetzen vermögen.[113] Gemäß den obigen Ausführungen[114] geht es dem ESchG aber ohnehin nicht darum, körperliche Schäden vom Embryo (bis hin zu seiner Tötung) abzuwenden, sondern um den Schutz seiner Würde vor Instrumentalisierung. Eine Entwürdigung des Embryos könnte nun in **drei Tathandlungen** zu sehen sein: erstens bereits in der in vitro-Fertilisation (IVF), die erfolgt, um später eine PID vorzunehmen und bei ungünstigem Ergebnis auf eine Implantation des Embryos verzichten zu können, zweitens in der späteren PID selbst, die erfolgt, um eine informierte Entscheidung über das weitere Schicksal des Embryos fällen zu können, und drittens in der schließlichen Entscheidung über den Embryo aufgrund der PID, die bei einem ungünstigen Ergebnis etwa darin bestehen kann, dass der Embryo »verworfen« wird. Wegen einer Entwürdigung bereits durch die IVF selbst kommt § 1 I Nr. 2 ESchG in Betracht, wegen einer Entwürdigung durch die anschließende PID und ein etwaiges Verwerfen des Embryos § 2 I ESchG. 1311

Um mit dem zeitlich spätesten möglichen Anknüpfungspunkt für eine Strafbarkeit zu beginnen: Dass die »bloße« Tötung eines verwaisten Embryos gerade kein Verwenden bedeutet, sondern den Verzicht auf eine weitere Verwendung (= zweckgerichtete Nutzung),[115] wurde bereits oben[116] dargelegt. Auch mit der zeitlich vorangegangenen 1312

110 *Einbecker Empfehlungen* Der Gynäkologe 2005, 555; *Gounalakis* Embryonenforschung und Menschenwürde, 2006, 20.

111 BGH NJW 2010, 2674; *Gounalakis* (Fn. 110), 40; *Laufs* EthikMed 1999, 56; Roxin/Schroth/*Schroth* (Fn. 18), 551; *Ratzel* in Ratzel/Luxenburger, Handbuch Medizinrecht, 2008, § 27 Rn. 16; *Renzikowski* NJW 2001, 2754.

112 *Dije*, Präimplantationsdiagnostik aus rechtlicher Sicht, Anhang; *Gounalakis* (Fn. 110), 18; Günther/Taupitz/Kaiser/*Günther* (Fn. 95), Einf B Rn. 99; *Kollek* (Fn. 104), 65 f.

113 BGH NJW 2010, 2674; *Renzikowski* NJW 2001, 2756.

114 Rn. 1303.

115 BGH NJW 2010, 2675; Roxin/Schroth/*Schroth* (Fn. 18), 552.

116 Rn. 1299.

PID wird der Embryo nicht verwendet,[117] sondern lediglich geprüft, ob er zur Herbeiführung einer Schwangerschaft verwendet werden soll (tatbestandslos) oder eben nicht verwendet werden soll (ebenfalls tatbestandslos). Tatbestandsmäßig kann damit allein die künstliche Befruchtung sein, die zwar einerseits dem Zweck dient, eine Schwangerschaft herbeizuführen, falls die PID zu einem günstigen Ergebnis gelangt, andererseits aber auch dem Zweck dient, eine Schwangerschaft zu vermeiden, falls die PID ein ungünstiges Ergebnis aufzeigt. In der Literatur wurden die tatbestandlichen Voraussetzungen des § 1 I Nr. 2 ESchG bei einer derartig janusköpfigen Zweckrichtung teilweise mit der Begründung verneint, die »dominante Absicht« bzw. »Zentralmotivation« der an einer IVF Beteiligten bestehe darin, eine Schwangerschaft herbeizuführen.[118] Immerhin wird hier aber die künstliche anstatt einer biologisch ebenso möglichen natürlichen Befruchtung zumeist eigens deswegen gewählt, um gar nicht erst den belastenden Weg über eine Schwangerschaft mit Pränataldiagnostik (PND) sowie etwaigem medizinisch indizierten Schwangerschaftsabbruch beschreiten zu müssen. Der Zweck für die Wahl gerade einer künstlichen statt der natürlichen Befruchtung besteht in einem solchen Fall durchaus darin, die sonst zwangsläufige **»Schwangerschaft auf Probe« zu vermeiden**, denn wäre es hauptsächlich darum gegangen, iSd § 1 I Nr. 2 ESchG »eine Schwangerschaft der Frau herbeizuführen, von der die Eizelle stammt«, dann hätte diese ja regelmäßig auf die Möglichkeit einer unstrittig zulässigen PND mit anschließender Abtreibung verwiesen werden können.[119]

1313 Der BGH hatte deshalb die Strafbarkeit einer zwecks PID vorgenommenen IVF nicht generell verneinen wollen[120] und stattdessen eine **differenzierte Lösung in Anlehnung an § 3 S. 2 ESchG** entwickelt.[121] Danach ist eine künstliche Befruchtung zwecks geschlechtsgebundener Auswahl einer bestimmten Samenzelle ausnahmsweise gerechtfertigt, wenn sie dazu dient, das Kind vor einer »schwerwiegenden geschlechtsgebundenen Erbkrankheit zu bewahren«. Wenn die Frau bei der Gefahr schwerwiegender geschlechtsgebundener Erbkrankheiten nicht auf die Möglichkeit einer »Schwangerschaft auf Probe« mit PND und etwaiger Abtreibung verwiesen wird,[122] dann müsse dies doch bei ebenso schwerwiegenden, nicht geschlechtsgebundenen Erbkrankheiten analog gelten.[123] Darüber hinaus ließ sich auch an eine **analoge Anwendung des § 218 a II StGB** in der Weise denken, dass eine künstliche Befruchtung immer dann zulässig ist, wenn sie dazu dienen soll, in einer dadurch ermöglichten PID festzustellen, ob bei entsprechendem Befund innerhalb einer PND der Schwangerschaftsabbruch medizinisch indiziert wäre.[124]

1314 Die planwidrige Gesetzeslücke als Voraussetzung für eine solche täterbegünstigende Analogie ergab sich daraus, dass die PID als medizinisches Verfahren erst 1990 im

117 BGH NJW 2010, 2673.

118 *Duttge* GA 2002, 247 f.; Günther/Taupitz/Kaiser/*Günther* (Fn. 95), Vor § 1 Rn. 38, § 1 I Nr. 2 Rn. 21; *Renzikowski* NJW 2001, 2755; *Schneider* MedR 200, 362; Roxin/Schroth/*Schroth* (Fn. 18), 548; *ders.* NStZ 2009, 234; aA *Beckmann* MedR 2001, 169 f.

119 *Riedel* in: Friedrich-Ebert-Stiftung (Hrsg.), Reproduktionsmedizin im internationalen Vergleich, 2008, 100 Fn. 160.

120 BGH NJW 2010, 2674.

121 BGH NJW 2010, 2674 f.

122 BT-Drucks. 11/8057, 15.

123 BGH NJW 2010, 2675.

124 So auch Roxin/Schroth/*Schroth* (Fn. 18), 557; *Hufen* MedR 2001, 440 (450); aA *Böckenförde-Wunderlich*, Präimplantationsdiagnostik als Rechtsproblem, 2002, S. 145.

Ausland entwickelt wurde[125] und bei der Verabschiedung des ESchG im selben Jahr demzufolge noch nicht vom Gesetzgeber berücksichtigt werden konnte.[126] Ein vergleichbarer Interessenkonflikt wie bei § 3 S. 2 ESchG bzw. § 218 a II StGB besteht bei einer auf schwerwiegende genetische Risiken beschränkten PID ebenfalls.[127] Zugleich verhindert eine solche differenzierende Lösung, dass der Wunsch der Eltern, zu einem ihren Idealvorstellungen möglichst perfekt entsprechenden **»Designerbaby«** zu gelangen, letztlich in eine Embryonenselektion nach beliebigen genetischen Merkmalen mündet.[128]

Den Gesetzgeber hat die vom BGH aufgezeigte Gesetzeslücke jedenfalls zum Tätigwerden veranlasst, da »Fragen des Lebensschutzes ... nicht durch Richterrecht«,[129] sondern vorzugsweise durch demokratisch legitimierte Volkvertreter entschieden gehörten. Von Dezember 2010 bis Februar 2011 sind deshalb gleich **drei fraktionsübergreifende Gesetzentwürfe** in den Deutschen Bundestag eingebracht worden, die sich in ihrer Regelungsrichtung allerdings stark voneinander unterschieden: 1315

Der sog. **Göring-Eckardt-Entwurf**[130] sah ein ausdrückliches und ausnahmsloses Verbot der PID vor, das als § 15 a in das GenDG eingeführt werden und in dessen § 25 a zudem auch strafbewehrt werden sollte. Ein persönlicher Strafausschließungsgrund sollte wegen ihrer regelmäßig »schwierigen persönlichen Lage«[131] nur den Erzeugern des untersuchten Embryos zugutekommen. Die Unterscheidung zwischen lebenswertem und unwertem Leben, auf deren Ermöglichung die PID abziele, verstoße gegen die Menschenwürde (Art. 1 GG), das Recht auf Leben (Art. 2 II GG) sowie das Verbot, Menschen mit Behinderungen zu diskriminieren (Art. 3 III 2 GG).[132] 1316

Der sog. **Flach-Entwurf**[133] wollte zwar die PID grundsätzlich ebenfalls unter Strafe stellen und dazu als neue Vorschrift § 3 a in das ESchG einführen. Dessen Abs. 2 sollte jedoch zugleich zwei Rechtfertigungsgründe für die PID eröffnen, nämlich einerseits eine »hohe Wahrscheinlichkeit für eine schwerwiegende Erbkrankheit« aufgrund einer entsprechenden genetischen Disposition der Erzeuger (Satz 1), andererseits zur Feststellung einer »mit hoher Wahrscheinlichkeit zu einer Tot- oder Fehlgeburt« des Embryos führenden Schädigung (Satz 2). Als hohe Wahrscheinlichkeit sollte dabei bereits ein Risiko von 2550% gelten.[134] Im Übrigen knüpfte der in Satz 1 aufgeführte Rechtfertigungsgrund mit dem Begriff der »schwerwiegenden Erbkrankheit« an die schon vom BGH gezogene Parallele zu § 3 S. 2 ESchG an und nannte als bloßes Beispiel dafür genetische oder chromosomale Anomalien, die eine geringe Lebenserwartung bedingen.[135] 1317

---

125 Günther/Taupitz/Kaiser/*Günther* (Fn. 95), Einf A Rn. 197; *Giwer* Rechtsfragen der Präimplantationsdiagnostik, 2001, 59; Roxin/Schroth/*Schroth* (Fn. 18), 557.
126 BGH NJW 2010, 2674.
127 *Schroth* in: Roxin/Schroth (Fn. 18), 550.
128 BGH NJW 2010, 2675.
129 BT-Drucks. 17/5452, 2.
130 BT-Drucks. 17/5450.
131 BT-Drucks. 17/5450, 13.
132 BT-Drucks. 17/5450, 8 f.
133 BT-Drucks. 17/5451.
134 BT-Drucks. 17/5451, 10.
135 BT-Drucks. 17/5451, 10.

1318 Der sog. **Roespel-Entwurf**[136] lehnte dagegen den Begriff der »schwerwiegenden Erbkrankheit« ab, da er »ohne weitere Konkretisierungen nicht zur Abgrenzung des rechtlich Zulässigen vom rechtlich Unzulässigen« tauge.[137] Deshalb sollte diesem Entwurf zufolge § 3 S. 2 ESchG auch ersatzlos gestrichen, dafür aber wiederum ein neuer § 3 a in das ESchG eingeführt werden. Im Unterschied zum Flach-Entwurf sah § 3 a Abs. 2 des Roespel-Entwurfs jedoch nur einen einzigen Rechtfertigungsgrund vor, nämlich die hohe Wahrscheinlichkeit einer Tot- oder Fehlgeburt oder eines Todes im ersten Lebensjahr aufgrund entsprechender genetischer oder chromosomaler Disposition der Erzeuger. Erst zu einem späteren Zeitpunkt oder gar nicht tödliche schwerwiegende Erbkrankheiten rechtfertigten dem Roespel-Entwurf zufolge also auch bei einer noch so hohen Wahrscheinlichkeit keine PID. Anders als im Flach-Entwurf sollte eine PID auch nicht dazu dienen dürfen, spontane, nicht in den Genen der Erzeuger angelegte Chromosomenstörungen festzustellen, selbst wenn diese zwingend eine Tot- oder Fehlgeburt des untersuchten Embryos zur Folge hätten. Nach beiden zuletzt genannten Entwürfen durfte die PID jedenfalls nur von einem Arzt in einer dafür zertifizierten Einrichtung mit Zustimmung sowohl der Ethik-Kommission als auch der zuvor medizinisch und psychosozial beratenen potentiellen Mutter durchgeführt werden.

1319 Am 7. 7. 2011 hat sich der Deutsche Bundestag in 3. Lesung mit 326 Stimmen für den Fach-Entwurf entschieden, der es im Wesentlichen dabei belässt, die Rechtslage klarzustellen, die schon bisher zumindest vom BGH dem ESchG entnommen worden ist. Der auf ein striktes Verbot der PID gerichtete Göring-Eckhardt-Entwurf erhielt 260 Stimmen, während der als Kompromissvorschlag konzipierte Röspel-Entwurf bereits in 2. Lesung mit nur 58 Stimmen scheiterte.

§ 47 Strafrechtlicher Schutz menschlichen Lebens

A. System der Tötungsdelikte

1320 Das schon vorgeburtlich durch § 218 StGB geschützte Rechtsgut »Leben« wird in und nach der Geburt noch verstärkt strafrechtlich abgesichert, nämlich ohne die in § 218 a StGB enthaltenen Einschränkungen, mit verschärftem Strafrahmen (§ 212 StGB) und auch gegen bloß fahrlässige Verletzungshandlungen (§ 222 StGB). Geschützt bleibt auch die vorgeburtlich durch das ESchG gewährleistete Würde, allerdings nicht durch einen eigenen Gesetzesabschnitt im StGB, sondern indem verschiedene Teilaspekte der Würde jeweils gesondert vor Verletzungshandlungen bewahrt werden, zB die sexuelle Selbstbestimmung durch §§ 174 ff. StGB oder die Intimsphäre durch § 201 a StGB. Innerhalb der Tötungsdelikte führt eine **zusätzliche Verletzung der Würde des Opfers** dazu, dass über den Grundtatbestand des § 212 StGB hinaus auch der Qualifikationstatbestand des **§ 211 StGB** verwirklicht ist: Die Tötung eines Menschen zur Befriedigung des Geschlechtstriebs, aus Habgier oder um eine andere Straftat zu ermöglichen bzw. zu verdecken, »verwendet« diesen iSd § 2 I ESchG, degradiert ihn also zum Nutz- oder Störobjekt bei der Erreichung ihm vom Täter aufgezwungener Zwecke.

136 BT-Drucks. 17/5452.
137 BT-Drucks. 17/5452, 9.

Keine Verletzung der Würde, sondern allein des Lebens erfolgt dagegen, soweit die Tötung mit der tatsächlichen oder zumindest mutmaßlichen Einwilligung des Opfers geschieht, also im Bereich der sog. Sterbehilfe. Wie § 216 StGB beweist, führt allein die **Einwilligung des Opfers** zwar noch nicht dazu, dass die Tötung gerechtfertigt oder gar tatbestandslos ist. Immerhin bewirkt die von § 216 StGB beschriebene qualifizierte Einwilligung (in Form eines ausdrücklichen und ernstlichen Tötungsverlangens) aber, dass nur noch ein **privilegiertes Tötungsdelikt** vorliegt und demgemäß keine Bestrafung nach § 212 StGB oder gar nach § 211 StGB mehr in Betracht kommt.[138] 1321

Der Begriff »Sterbehilfe« für derartige mit Einwilligung des Getöteten begangene Tötungen ist allerdings höchst missverständlich: Ginge es um bloße **Beihilfe zur Selbsttötung** eines anderen, so läge nämlich gerade **kein Fall der »Sterbehilfe«** vor und es wäre deshalb auch nicht einmal der Tatbestand des § 216 StGB erfüllt – geschweige denn der irgendeines schwereren Tötungsdelikts. § 216 StGB unterscheidet klar zwischen Täter (»jemand«) und Opfer (dem »Getöteten«), so dass sich nach dieser Norm nur strafbar machen kann, wer eine der drei Täterschaftsformen des § 25 StGB (unmittelbare, mittelbare oder Mittäterschaft) verwirklicht. Im Falle einer bloßen Suizidbeihilfe findet somit weder eine Verletzung der Würde des Sterbewilligen noch auch nur die (täterschaftliche) Tötung eines anderen statt. Tatbestandsmäßige Sterbehilfe ist also auf der einen Seite von tatbestandsloser Suizidbeihilfe abzugrenzen. 1322

B. Hilfe im Sterben

Auf der anderen Seite unterscheidet die Sterbehilfe sich auch von sog. »Hilfe im Sterben«, die sich auf eine bloße Bekämpfung von Schmerzen und sonstigen Leiden beschränkt, also nur das **»Wie« des Sterbens** betrifft, aber auf das »Ob« und »Wann« des Versterbens ohne Einfluss bleibt. Durch bloße Hilfe im Sterben wird demzufolge jedenfalls kein Tötungsdelikt begangen, gleich ob sie mit oder ohne Einwilligung des Verstorbenen erfolgt. Wird sie gegen oder ohne den Willen des Verstorbenen geleistet, so kommt allerdings ein **Körperverletzungsdelikt** in Betracht. Wird sie ihm gegen oder ohne seinen Willen vorenthalten, so ist eine Körperverletzung durch Unterlassen zu erwägen, falls der Unterlassende sich in einer Garantenstellung iSd § 13 StGB befindet, und ansonsten eine unterlassene Hilfeleistung gem. § 323 c StGB zu prüfen. 1323

Insbesondere der **Arzt**, der die medizinische Behandlung des Sterbenden übernommen hat, **ist Beschützergarant** sowohl für dessen Leben als auch für dessen körperliche Integrität. Eine Beeinträchtigung der körperlichen Integrität liegt aber sowohl in den Schmerzen, die der Sterbende infolge seiner Krankheit erdulden muss, als auch in der Bewusstseinseintrübung, die mit der Verabreichung schmerzstillender oder lindernder Mittel gegebenenfalls einhergeht. Sowohl eine aktive Schmerzbekämpfung als auch das Unterlassen einer Schmerzbekämpfung führen daher zur Strafbarkeit des Arztes wegen Körperverletzung, sofern keine (tatsächliche oder zumindest mutmaßliche) Einwilligung des Sterbenden das betreffende Verhalten abdeckt.[139] Dabei kommt es nicht darauf an, ob die Einwilligung des Opfers im Rahmen 1324

138 SK-StGB/*Sinn*, 125. EL, § 216 Rn. 2.
139 Roxin/Schroth/*Schroth* (Fn. 18), 85 f.

der Körperverletzungsdelikte bereits den Tatbestand ausschließt oder erst als Rechtfertigungsgrund beachtlich ist. Welche »Hilfe im Sterben« jeweils rechtlich gewollt ist, lässt sich nicht nach objektiven Maßstäben festlegen, sondern muss vom Sterbenden selbst entschieden werden:[140] **voluntas aegroti suprema lex.**

C. Indirekte Sterbehilfe

1325 Schwieriger als die Fälle der lebenserwartungsneutralen Hilfe im Sterben sind die Fälle der sog. indirekten Sterbehilfe rechtlich einzuordnen. Es geht dabei um die **Verabreichung schmerzstillender oder -lindernder Mittel** an einen Sterbenden, die möglicherweise oder sogar sicher zu einer **Verkürzung von dessen ohnehin begrenzter Lebenserwartung** führen. Wegen dieser Lebensverkürzung geht es insoweit um ein (zumindest versuchtes) Tötungsdelikt, so dass allein die Einwilligung des Sterbenden hier – anders als für die Hilfe im Sterben – gem. § 216 StGB noch keine Straflosigkeit zu bewirken vermag. Dennoch besteht grundsätzliche Einigkeit darüber, dass auch die indirekte Sterbehilfe wie die Hilfe im Sterben straflos ist, sofern sie mit tatsächlicher oder zumindest mutmaßlicher Einwilligung des Sterbenden geleistet wird.[141] Fehlt es an einer solchen zumindest mutmaßlichen Einwilligung, so begründet die indirekte Sterbehilfe allerdings den objektiven Tatbestand eines Tötungsdelikts und es hängt dann lediglich vom Wissensstand des Täters ab, ob er wegen Totschlags oder wegen fahrlässiger Tötung zu bestrafen ist. Streitig ist im Zusammenhang mit der indirekten Sterbehilfe, ob deren **Straflosigkeit schon auf der Tatbestands- oder erst auf der Rechtswidrigkeitsebene** eintritt. Eine Straflosigkeit auf der Tatbestandsebene könnte sich darauf stützen, dass die mit der indirekten Sterbehilfe verbundene Gefahr einer Lebensverkürzung als erlaubtes Risiko eingeordnet wird.[142] Eine Straflosigkeit auf der Rechtswidrigkeitsebene könnte sich daraus ergeben, dass wegen der dem Sterbenden drohenden Schmerzen ein rechtfertigender Notstand bejaht wird,[143] der die Verabreichung des lebensverkürzenden Schmerzmittels erforderlich macht. Unabhängig vom deliktssystematischen Standort, auf dem die Straflosigkeit begründet wird, sind die dafür ausschlaggebenden materiellen Wertungen dieselben:

1326 Der Zuwachs an Lebensqualität für den ohnehin Sterbenden, der aufgrund schmerzstillender Mittel eintritt, wiegt den Verlust an Lebensquantität, der aufgrund desselben Mittels eintritt, immerhin bis zu einem gewissen Grade auf – so weit, dass kein strafwürdiges Unrecht mehr verbleibt, wenn zu dem genannten positiven Effekt dann noch die tatsächliche oder zumindest mutmaßliche Einwilligung des Sterbenden hinzutritt, der zuvor über die »Doppelwirkung« des Schmerzmittels aufgeklärt wurde. **Einwilligung in die Verkürzung der Lebensquantität und Verbesserung der Lebensqualität zusammengenommen** sollen also den Unrechtsausschluss bewirken können.[144]

140 *Bockelmann,* Strafrecht des Arztes, 1968, 58.

141 BGH NJW 2010, 2967; BGHSt 42, 301; *Merkel,* FS Schroeder, 2006, 297; Roxin/Schroth/*Roxin* (Fn. 18), 86.

142 Schönke/Schröder/*Eser* (Fn. 13) Vor §§ 211 ff. Rn. 26; *Engisch,* FS Bockelmann, 1979, 532.

143 MüKoStGB/*Schneider* (Fn. 25), Vor §§ 211 f. Rn. 99; *Dölling,* FS Gössel, 2002, 212; *Merkel,* FS Schroeder, 2006, 308 Fn. 35; *Merkel* JZ 1996, 1148; Roxin/Schroth/*Roxin* (Fn. 18), 87 Fn. 10; *Schreiber* NStZ 1986, 340 f.

144 *Merkel,* FS Schroeder, 2006, 310.

Offen bleibt auf dieser Basis einerseits, wie viel an Lebensverkürzung sein darf, und andererseits, wie deutlich der Gewinn an Lebensqualität sein muss. Der BGH[145] hat eine indirekte Sterbehilfe bislang nur bei **»Sterbenden«** für zulässig erachtet, dh bei Personen, deren Sterbeprozess hin zum nahe bevorstehenden Tod bereits begonnen hat und allenfalls noch geringfügig verlängert, aber nicht mehr nachhaltig in seinem Verlauf beeinflusst werden kann. In der Literatur[146] wird der Rahmen für indirekte Sterbehilfe dagegen überwiegend weiter gesteckt, indem bereits **»tödlich Kranke«** in sie einbezogen werden, dh Personen, von denen zwar feststeht, dass sie irreversibel an einer tödlichen Krankheit zu sterben verurteilt sind, aber nicht, wann dies der Fall sein wird.[147] Auch müssten es nicht notwendig **körperliche Schmerzen** sein, um derentwillen die indirekte Sterbehilfe geleistet wird, sondern könnten auch **andere schwere Leiden** sein, zB Panikzustände aus Angst vor dem bevorstehenden Tod.[148] 1327

Strittig ist schließlich auch, welche **subjektiven Voraussetzungen** auf Seiten des Sterbehelfers an eine zulässige indirekte Sterbehilfe zu stellen sind: Die herrschende Auffassung fordert insoweit, dass der Sterbehelfer bei seinem Tun von der Absicht zur Schmerzlinderung motiviert gewesen sein muss, während er die damit verbundene Lebensverkürzung lediglich **als mögliche oder allenfalls sichere Nebenfolge in Kauf genommen** haben darf.[149] Zutreffend erscheint hier jedoch die Gegenauffassung, derzufolge es ausreicht, wenn der Sterbehelfer um die segensreiche Wirkung des von ihm verabreichten Schmerzmittels gewusst hat.[150] Dass es ihm auf diese segensreiche Wirkung nicht ankam, verringert diese nicht, und dass es ihm stattdessen auf eine Lebensverkürzung für den Patienten ankam, verschlimmert diese nicht. Bloßes **Gesinnungsunrecht** aber vermag keinen legitimen Strafgrund abzugeben. 1328

D. Aktive Sterbehilfe

Die sog. aktive Sterbehilfe ist dagegen nach § 216 StGB strafbar, auch wenn sie bezwecken sollte, einen Sterbenden auf dessen Verlangen von schwersten Schmerzen zu erlösen.[151] Im Unterschied zur indirekten bewirkt die aktive Sterbehilfe nämlich keine Befreiung von Schmerzen vor dem Tod, sondern eine Befreiung von Schmerzen erst im Tod und durch den Tod. Gegeneinander abzuwägen sind hier also nicht der Gewinn an Lebensqualität und ein Verlust an Lebensquantität, sondern ein schmerzfreies Nichtleben und ein schmerzvolles Leben. Dass ein an unerträglichen Schmerzen leidender Patient dabei subjektiv die Alternative des schmerzfreien Nichtlebens vorzieht, genügt nicht zur Rechtfertigung der aktiven Sterbehilfe, wie gerade § 216 StGB beweist.[152] **Objektiv aber kann die Rechtsordnung kein noch so schmerzbeladenes Leben als »lebensunwert« einstufen**, dh als negativen Wert selbst gegenüber 1329

145 BGHSt 42, 305; vgl. auch die Grundsätze der BÄK zur ärztlichen Sterbebegleitung DÄBl. 2011, 346 ff.
146 Roxin/Schroth/*Roxin* (Fn. 18), 89 Fn. 16.
147 So BGHSt 40, 257.
148 Roxin/Schroth/*Roxin* (Fn. 18), 89 Fn. 18.
149 Roxin/Schroth/*Roxin* (Fn. 18), 91 Fn. 24; *Schöch* NStZ 1997, 409 (411).
150 *Merkel* FS Schroeder, 2006, 316.
151 Satzger/Schmitt/Widmaier/*Momsen,* StGB, 2010, Vor §§ 211 ff. Rn. 26; Roxin/Schroth/*Schroth* (Fn. 18), 104; aA *Merkel,* FS Schroeder, 2006, 320 f.
152 BGHSt 37, 379.

dem Tod.[153] Sie kann ein schmerzerfülltes Leben nicht einmal als weniger schützenswert einstufen als ein schmerzfreies, wie sich in Fällen der sog. Pflichtenkollision zeigt. Erst recht vermögen noch so erhebliche Schmerzen den Wert eines Lebens nicht auf Null oder sogar auf Minus zu reduzieren.

1330 Im Unterschied zur aktiven Sterbehilfe **straflos bleibt dagegen die Suizidbeihilfe.** Eine Strafbarkeit wegen Beihilfe setzt nämlich gem. § 27 StGB immer eine rechtswidrige Haupttat voraus, woran es im Falle eines bloßen Suizids eben fehlt.[154] Wegen ihrer unterschiedlichen Rechtsfolgen müssen aktive Sterbehilfe und Suizidbeihilfe durch aktives Tun daher voneinander abgegrenzt werden.

1331 Aktive Sterbehilfe besteht in der täterschaftlichen Tötung eines Sterbewilligen, während bei der Suizidbeihilfe umgekehrt der Sterbewillige sich selbst täterschaftlich tötet. Von der ganz herrschenden Lehre und bei § 216 StGB auch von der Rechtsprechung wird die Abgrenzung zwischen Täterschaft und Teilnahme nach der sog. **Tatherrschaftslehre** vollzogen.[155] Im Unterschied zur Rechtsprechung engt die herrschende Lehre den Begriff der zu beherrschenden »Tat« bei § 216 StGB aber in einer am spezifischen Schutzzweck der Norm orientierten Weise ein:[156]

1332 Es muss sich bei diesem Schutzzweck um einen solchen handeln, der bei der Suizidbeihilfe gerade nicht einschlägig ist und so die gesetzlich angeordnete Differenzierung in den Rechtsfolgen zwischen aktiver Sterbehilfe und Suizidbeihilfe zu erklären vermag. Die einzige ersichtliche Erklärung der unterschiedlichen Rechtsfolgen liegt darin, dass man von einer Person, die den Wunsch äußert, von einem anderen getötet zu werden, niemals sicher weiß, ob der geäußerte Todeswunsch wirklich jene letzte Entschlossenheit erreicht hat, die notwendig wäre, um selbst den unmittelbar todbringenden Akt vorzunehmen.[157] Der Wunsch, nicht mehr länger leben zu wollen, lässt sich jedenfalls leichter äußern als eigenhändig umsetzen. Erst dadurch, dass der Todeswillige selbst den letzten seiner Vorstellung nach noch erforderlichen Akt zur Erfüllung seines Todeswunsches ausführt, wird sichtbar, dass sein Todeswunsch fest genug war, um auch die **»Feuerprobe des ohne weitere Zwischenakte todbringenden Moments«** zu bestehen. Will die Rechtsordnung verhindern, dass auch Todeswünsche verwirklicht werden, die dieser Feuerprobe nicht gewachsen gewesen wären, so muss sie demzufolge jede Tötung auf Verlangen strafbar stellen, wohingegen sie davon bei bloßer Beihilfe zur Selbsttötung absehen kann.

1333 Daraus folgt aber zugleich, dass es für die »Tat«herrschaft darauf ankommen muss, **wer den unmittelbar todbringenden Moment beherrscht hat**, während die demgegenüber vorgelagerten Tatstadien insoweit vernachlässigt werden können.[158] Hat

153 AA *Merkel*, FS Schroeder, 2006, 312 Fn. 59.

154 Roxin/Schroth/*Roxin* (Fn. 18), 105 Fn. 69; *ders.*, FS Dreher, 1977, 331 ff.

155 Vgl. allgemein *Roxin* Täterschaft und Teilnahme, 8. Aufl. 2006, 127 ff.; speziell zu § 216 StGB Schönke/Schröder/*Eser* (Fn. 13) § 216 Rn. 11; BGHSt 19, 39; BGH GA 1986, 508; NJW 1987, 1092; NStZ 1995, 230; NStZ 2003, 538; OLG München NJW 1987, 2940; OLG Nürnberg JZ 2003, 745.

156 *Arzt* JR 1986, 309; *Herzberg* JA 1985, 137; *ders.* NJW 1986, 1635 (1638 ff.); *ders.* JuS 1988, 771; *Hohmann/König* NStZ 1989, 304; *Jakobs*, Tötung auf Verlangen, Euthanasie und Strafrechtssystem, 1998, 25 f.; *ders.*, Strafrecht AT, 2. Aufl. 1993, 21. Abschnitt Rn. 58 a; *Kühl* JR 1988, 338; *Otto*, FS Tröndle, 1989, 157 ff.; *Roxin* NStZ 1987, 345 (347); *Schroeder* ZStW 1994, 565 (579); *Wessels/Hettinger* (Fn. 28) Rn. 162 ff.

157 *Roxin* NStZ 1987, 348.

158 *Roxin* NStZ 1987, 347; Roxin/Schroth/*Roxin* (Fn. 18), 106 f.; SK-StGB/*Sinn*, 125. EL, § 216 R. 11 aE.

der Sterbewillige also jedenfalls den letzten seiner Vorstellung nach noch notwendigen Tatbeitrag zu seiner eigenen Tötung selbst vorgenommen, so ist er unmittelbarer Täter eines Suizids. Eine aktive Sterbehilfe durch einen als Mit- oder mittelbaren Täter einzustufenden weiteren Tatbeteiligten scheidet dann aus:

Die **Mittäterschaft** an einer Straftat zeichnet sich nämlich gem. § 25 II StGB **1334** dadurch aus, dass die betreffenden Tatbeteiligten sich wechselseitig rechtswidrige Tatbeiträge zusagen und ihnen daher jeweils der durch die eigene Zusage vom anderen erwirkte Tatbeitrag zugerechnet werden kann. Wer sich an seiner eigenen Tötung zu beteiligen verspricht, sagt damit aber keinen rechtswidrigen Tatbeitrag zu, so dass mangels »Unrechtspakts« auch eine gegenseitige Unrechtszurechnung entfallen muss.[159]

Eine **mittelbare Täterschaft** kraft Wissens- oder Willensüberlegenheit über den **1335** unmittelbar sich selbst tötenden Sterbewilligen kommt demgegenüber zwar in Betracht, wenn die (allerdings streitigen) allgemeinen Kriterien des § 25 I Alt. 2 StGB erfüllt sind.[160] Ist dies der Fall, so wird dadurch jedoch trotzdem keine Strafbarkeit wegen aktiver Sterbehilfe begründet, da es dann zwingend an einer wirksamen Einwilligung und erst recht an einem »ernstlichen« Verlangen iSd § 216 StGB fehlt.[161] Die mittelbare Täterschaft bezieht sich dann vielmehr genauso auf einen Totschlag oder sogar einen Mord, wie wenn der Getötete überhaupt keinen Sterbewunsch geäußert oder auch nur empfunden hätte.

Eine gem. § 216 StGB strafbare aktive Sterbehilfe setzt somit voraus, dass der **1336** Sterbewillige erstens jedenfalls nicht selbst als unmittelbarer Täter den todbringenden Moment beherrschte, dass dieser Moment vielmehr zweitens vom potentiellen Sterbehelfer täterschaftlich beherrscht wurde und dass diese Beherrschung drittens erfolgte, weil der Sterbewillige sie ausdrücklich und ernstlich verlangt hatte. **Unter einem Todesverlangen ist dabei ein Plus gegenüber einer bloßen Einwilligung in die eigene Tötung zu verstehen:** Es genügt nicht, dass das Opfer sich zur Duldung der an ihm verübten Tat bereit erklärt hatte, sondern es muss unmissverständlich seine eigene Präferenz für den Eintritt seines Todes bekundet und den Täter im Hinblick auf diese Präferenz zur Tat aufgefordert haben.[162] **»Ernstlich«** ist ein solches Verlangen nur, wenn der Sterbewillige zum Zeitpunkt seiner Äußerung erstens voll schuldfähig war (§§ 19–21 StGB), zweitens keinem Irrtum über seine künftig zu erwartende Lebensqualität und -quantität unterlag sowie drittens nicht unter Zwang, dh dem Einfluss von Nötigungsmitteln (§ 240 StGB), stand.[163] Der BGH hat in einer neueren Entscheidung darüber hinaus nur »einen von innerer Festigkeit und Zielstrebigkeit getragenen Todeswunsch«[164] als ernstlich gelten lassen.

---

159 *Fischer* (Fn. 11), § 216 Rn. 4; *Roxin* NStZ 1987, 347.
160 *Herzberg* (Fn. 62), 35 f.; SK-StGB/*Hoyer*, 32. EL, § 25 Rn. 52 ff.
161 Schönke/Schröder/*Eser* (Fn. 13), Vor §§ 211 ff. Rn. 37.
162 SK-StGB/*Horn*, 50. EL, § 216 Rn. 8.
163 Schönke/Schröder/*Eser* (Fn. 13), § 216 Rn. 8.
164 BGH NStZ 2011, 340 (341).

E. Passive Sterbehilfe

1337 Anders als die aktive bleibt die sog. passive Sterbehilfe grundsätzlich straflos.[165] Passive Sterbehilfe leistet derjenige, der darauf verzichtet, den Tod eines tatsächlich oder zumindest mutmaßlich Sterbewilligen zu verhindern, obwohl er dies könnte. In Betracht kommt hier somit ohnehin **allenfalls eine Unterlassensstrafbarkeit**, entweder als Garant iSd § 13 I StGB wegen unechten Unterlassungsdelikts oder als Nichtgarant wegen unterlassener Hilfeleistung nach § 323 c StGB.

1338 Der Grund für die unterschiedlichen Rechtsfolgen aktiver und passiver Sterbehilfe liegt darin, dass die obigen Erwägungen zur Strafwürdigkeit der aktiven Sterbehilfe[166] bei ihrem passiven Pendant nicht passen: **Der bloß Unterlassende nimmt einem Sterbewilligen gerade nicht jenen unmittelbar todbringenden Akt ab**, durch den dieser auf nicht mehr zu bezweifelnde Weise seine bis zum Äußersten verfestigte Tatentschlossenheit unter Beweis stellt. Auch wenn der Sterbewillige lediglich seinen »natürlichen« oder ihm von dritter Hand zugefügten Tod hinzunehmen bereit ist, so beherrscht der angesichts dessen passiv bleibende Sterbehelfer den todbringenden Moment doch jedenfalls nicht mehr als der Sterbewillige selbst, nimmt ihm also wiederum die (buchstäblich) letzte Entscheidung nicht ab.

1339 Daher besteht weitgehend Einigkeit darüber, dass eine Strafbarkeit nach §§ 216; 13 StGB für einen passiven Sterbehelfer mit Garantenstellung jedenfalls grundsätzlich ebenso wenig besteht wie eine Strafbarkeit nach § 323 c StGB für einen passiven Sterbehelfer ohne Garantenstellung.[167] Die deliktssystematische Kategorie, mit deren Hilfe sich dieses Ergebnis erzielen lässt, ist die **Einwilligung:**[168] Anders als bei einer Tötung durch aktives Tun wird sie bei einer Tötung durch Unterlassen als hinreichend akzeptiert, um die Tatbestandsmäßigkeit oder jedenfalls die Rechtswidrigkeit einer Tat auszuschließen. Dafür bedarf es allerdings einer wirksamen Einwilligung, wobei sich diese Wirksamkeit nach denselben Maßstäben beurteilt wie die oben angesprochene Ernstlichkeit eines Tötungsverlangens bei der aktiven Sterbehilfe.[169]

1340 Probleme ergeben sich auf dieser Basis, wenn der Sterbewillige im Rahmen seines selbst aktiv ausgelösten oder zumindest passiv hingenommenen Sterbeprozesses **bereits das Bewusstsein verloren** hat, vom passiven Sterbehelfer aber noch gerettet werden könnte. Hier ließe sich sagen, dass nunmehr wieder der rettungsfähige passive Sterbehelfer den todbringenden Moment allein beherrscht und deshalb als Garant eine Tötung auf Verlangen durch Unterlassen begeht, wenn er weiter untätig bleibt (für einen Nichtgaranten käme dementsprechend eine unterlassene Hilfeleistung in Betracht). Der BGH hat dies in seinem sog. **Wittig-Urteil**[170] auch tatsächlich so gesehen, ist damit aber auf scharfe Kritik im Schrifttum gestoßen:[171] Indem der Sterbewillige versucht hat, sich selbst aktiv zu töten oder zumindest bewusstlos in

165 BGHSt 40, 257 (262); *Fischer* (Fn. 11), §§ 211–216 Rn. 19; Roxin/Schroth/*Roxin* (Fn. 18), 92; Satzger/Schmitt/Widmaier/*Momsen* (Fn. 151), Vor §§ 211 ff. Rn. 28.

166 Rn. 1332.

167 StA München NStZ 2011, 346; *Duttge* MedR 2011, 37; aA allerdings BGHSt 32, 367 ff.; ablehnend dazu Schönke/Schröder/*Eser* (Fn. 13), Vor §§ 211 ff. Rn. 43; Roxin/Schroth/*Roxin* (Fn. 18), 93.

168 Schönke/Schröder/*Eser* (Fn. 13), § 216 Rn. 10; *Duttge* MedR 2011, 38; *Eidam* GA 2011, 242.

169 Rn. 1336.

170 BGHSt 32, 374.

171 Schönke/Schröder/*Eser* (Fn. 13), Vor §§ 211 ff. Rn. 43; Roxin/Schroth/*Roxin* (Fn. 18), 93 f.; *ders.* NStZ 1987, 346; krit. auch StA München NStZ 2011, 346.

den Tod hinüberzudämmern, hat er seinen Todeswunsch bis zum letzten Moment durchgehalten, in dem er überhaupt noch einen Willen bilden konnte, und damit, soweit es ihm physisch möglich war, jede Feuerprobe auf die Festigkeit seines Entschlusses bestanden.

F. Sterbehilfe durch Behandlungsabbruch

Aufgrund ihrer unterschiedlichen Rechtsfolgen müssen aktive und passive Sterbehilfe 1341
sorgfältig voneinander abgegrenzt werden. Schwierigkeiten bereitet dies vor allem in Fällen, in denen die bislang durchgeführte medizinische Behandlung eines Sterbewilligen durch ein Verhalten abgebrochen wird, das sich **von seinem äußeren Erscheinungsbild her** als ein **aktives Tun** darstellt, zB das Abstellen eines technischen Beatmungsgeräts oder das Einstellen der künstlichen Ernährung über eine Magensonde. Gleich ob es sich bei dem Täter nun um den behandelnden Arzt des Sterbewilligen oder um einen Dritten handelt, wäre es für ihn jedenfalls günstiger, wenn sein Verhalten als bloßes Unterlassen bewertet würde und damit die Möglichkeit einer das Unrecht ausschließenden tatsächlichen oder mutmaßlichen Einwilligung bestünde.

Bisherige Rechtsprechung und herrschende Lehre[172] wollen aktive und passive Ster- 1342
behilfe hier nicht nach faktisch-naturalistischen, sondern nach normativ-bewertenden Gesichtspunkten voneinander abgrenzen und gelangen so zugunsten des Täters zu dem Ergebnis, ein sog. **»Unterlassen durch Tun« (omissio qua commissio),** dh einen Fall strafloser passiver Sterbehilfe, anzunehmen. Dieses Ergebnis ist schon seit Langem weitgehend anerkannt, **soweit der behandelnde Arzt eine von ihm selbst zuvor eingeleitete technische Behandlung wieder abbricht:**[173] Hätte dieser Arzt nämlich die technische Behandlung von Anfang an gar nicht erst aufgenommen, so läge eindeutig ein Fall bloßer passiver Sterbehilfe vor. Der Arzt darf aber des damit einhergehenden Privilegs, dass eine wirksame Einwilligung möglich ist, nicht dadurch verlustig gehen, dass er dem Patienten durch die Behandlungsaufnahme zunächst einmal zu einer längeren Lebensdauer verhilft – sonst wäre es für jeden Arzt, der Strafbarkeitsrisiken vermeiden will, ratsam, seinen auf Hilfe angewiesenen Patienten sogleich versterben zu lassen. Ein weiteres Argument, das dafür spricht, den technischen Behandlungsabbruch durch einen behandelnden Arzt nur als Unterlassen zu werten, besteht darin, dass man sich vorstellt, derselbe Patient wäre von Anfang an nur manuell statt mit technischen Behandlungsmitteln versorgt worden: Hätte es der Arzt beispielsweise eines Tages eingestellt, dem Patienten weiterhin Infusionen mit einer lebensnotwendigen Nährlösung zu verabreichen, so könnte ihm ab diesem Tage wiederum allenfalls ein Unterlassen vorgeworfen werden – der Einsatz der modernen Gerätemedizin darf aber nicht die Konsequenz auslösen, dass sich die strafrechtliche Haftung des Arztes hin zum aktiven Tun verschärft.

Obwohl beide genannten Argumente nicht einschlägig sind, wenn die **technische** 1343
Behandlung von einem Dritten abgebrochen wird, hat der BGH in einem neueren Urteil auch dies als gerechtfertigt eingestuft.[174] Dem Urteil zugrunde lag ein Fall, in dem die beiden Kinder einer seit über fünf Jahren in einem Pflegeheim irreversibel im

---

172 BGH NJW 2010, 2966; BGHSt 40, 265 f.; *Duttge* MedR 2011, 37; 7Roxin/Schroth/*Roxin* (Fn. 18), 95; *ders.*, FS Engisch, 1969, 396; *ders.* NStZ 1987, 349.

173 Vgl. Schönke/Schröder/*Stree* (Fn. 13), Vor §§ 13 ff. Rn. 160.

174 BGH NJW 2010, 2967 f.

Wachkoma (apallisches Syndrom) befindlichen Frau den Schlauch durchtrennt hatten, über den sie nach dem Willen der Heimleitung auch künftig mittels einer Magensonde künstlich ernährt werden sollte. Da die Frau, kurz bevor sie in das Wachkoma verfiel, es ihren Kindern gegenüber ausdrücklich abgelehnt hatte, in einer solchen Lage künstlich weiter ernährt zu werden, sah der BGH die Voraussetzungen einer **Einwilligung in den Behandlungsabbruch**[175] als gegeben an, **ohne dass es insoweit auf »eine Differenzierung zwischen aktivem und passivem Handeln nach äußerlichen Kriterien« ankomme.**[176]

1344 Dass dieses Urteil im Ergebnis billigenswert erscheint, beruht allerdings nur auf dem Wachkoma, in dem sich die Patientin zum Zeitpunkt der Einstellung ihrer künstlichen Ernährung befand. Stellte man sich stattdessen eine zur Tatzeit zwar schwer kranke, aber handlungsfähige Patientin vor, die ihre sie im Pflegeheim besuchenden Kinder zum Durchtrennen des Ernährungsschlauchs aufgefordert hätte, so läge nämlich genau die Situation vor, derentwegen § 216 StGB eine Tötung auf Verlangen durch aktives Tun verbietet:[177] Der verbal seine Sterbewilligkeit Beteuernde scheut letztlich davor zurück, seiner Beteuerung selbst die entsprechende Aktion folgen zu lassen. Erst seine Suizidunfähigkeit zur Tatzeit führt dazu, dass die Rechtsordnung denjenigen, der zuvor seinen Sterbewunsch bekundet hat, nicht mehr darauf verweisen kann, diesem Wunsch dann doch auch selbst Taten folgen zu lassen. Also wird man eine einwilligungsfähige Tötung durch Unterlassen aus normativer Sicht auch erst dann zugestehen dürfen, wenn der tatsächlich oder mutmaßlich in den Behandlungsabbruch Einwilligende zum Tatzeitpunkt **irreversibel suizidunfähig** war, anderenfalls aber eine zumindest nach § 216 StGB strafbare aktive Sterbehilfe annehmen müssen.

G. Sterbehilfe aufgrund einer Patientenverfügung

I. Antezipierte Einwilligung des Patienten

1345 Liegt im Sinne der bisher erarbeiteten Grundsätze normativ ein Fall der passiven Sterbehilfe vor, so kann eine wirksame Einwilligung des Sterbewilligen auf dreierlei Weise zustande kommen: erstens durch aktuell (= unmittelbar vor der Tat) ausdrücklich oder konkludent erklärte **Einwilligung**, zweitens durch antezipiert in Form einer sog. **Patientenverfügung** erklärte Einwilligung[178] und drittens durch **mutmaßliche Einwilligung**, falls eine tatsächliche (aktuell oder antezipiert abgegebene) Willensäußerung infolge irreversiblen Verlusts der Einwilligungsfähigkeit nicht mehr eingeholt werden kann. Die Voraussetzungen für eine rechtswirksame Patientenverfügung sind durch das 2009 in Kraft getretene 3. Gesetz zur Änderung des Betreuungsrechts in den §§ 1901 a ff. BGB explizit geregelt worden.[179]

1346 Das Bedürfnis für eine solche gesetzliche Regelung war dadurch entstanden, dass zwischen Zivil- und Strafsenaten des BGH, aber auch im Schrifttum zuvor Uneinigkeit darüber bestand,[180] ob und unter welchen Bedingungen eine Patientenverfügung

175 BGH NJW 2010, 2967.
176 BGH NJW 2010, 2967.
177 Ebenso *Fischer* (Fn. 11), Vor § 211 Rn. 20.
178 *Eidam* GA 2011, 240; *Gaede* NJW 2010, 2926.
179 BGBl. 2009 I 2286.
180 *Höfling/Rixen* JZ 2003, 884 (885 ff.); *Ingelfinger* JZ 2006, 821; *Otto* NJW 2006, 2218 f.; *Saliger* MedR 2004, 240 f.; *Sternberg-Lieben*, FS Eser, 2005, 1198 ff.

überhaupt als **»eigenständige Legitimationsgrundlage«**[181] für eine passive Sterbehilfe – neben aktuell erklärter und mutmaßlicher Einwilligung – anzuerkennen sei. Während der 1. Strafsenat des BGH einer etwaigen Patientenverfügung stets nur die Bedeutung beimaß, als widerlegliches Indiz für den mutmaßlichen Willen des Komapatienten zum Tatzeitpunkt zu dienen,[182] stufte der 12. Zivilsenat des BGH sie zumindest ab dem Moment als strikt bindend ein, ab dem das Leiden des einwilligungsunfähig gewordenen Patienten einen »irreversibel tödlichen Verlauf angenommen hat«.[183] Der neue § 1901 a III BGB geht noch über diese Zivilrechtsprechung hinaus, indem dort eine **Bindungswirkung der Patientenverfügung »unabhängig von Art und Stadium« der Erkrankung** angeordnet wird. Dafür muss die Verfügung gem. § 1901 a I BGB allerdings von einem einwilligungsfähigen Volljährigen in Schriftform abgefasst worden sein, ohne dass es andererseits einer notariellen Beurkundung oder ärztlichen Aufklärung und Beratung bedarf.[184] In ihrer zeitlichen Geltung unterliegt die Verfügung zwar keiner automatischen Befristung, sie kann jedoch formlos jederzeit ausdrücklich oder konkludent widerrufen werden.

Soweit eine wirksame Patientenverfügung vorliegt und deren Festlegungen noch auf 1347
die aktuelle Lebens- und Behandlungssituation des Patienten passen, ist diese somit rechtsverbindlich und es darf nicht stattdessen auf einen möglicherweise andersgerichteten mutmaßlichen Willen des nunmehr einwilligungsunfähigen Patienten zur Tatzeit abgestellt werden. Mutmaßungen über den aktuellen Willen eines einwilligungsunfähigen Patienten sind also umgekehrt nur erlaubt, wenn es entweder überhaupt an einer Patientenverfügung oder zumindest an deren Wirksamkeitserfordernissen fehlt oder die Lebens- und Behandlungssituation des Patienten sich seit dessen Verfügung wesentlich geändert hat.[185] Zu den **Wirksamkeitserfordernissen einer Patientenverfügung** gehören neben den in § 1901 a I BGB speziell benannten (Volljährigkeit/damalige Einwilligungsfähigkeit/Schriftform/kein Widerruf) auch die von §§ 134; 138 BGB generell geregelten, dass die Erklärung nicht gesetzes- oder sittenwidrig erscheint. Wegen Gesetzeswidrigkeit nichtig wäre etwa eine Patientenverfügung, die sich darauf richtete, aktive Sterbehilfe im oben angesprochenen Sinne gewährt zu erhalten.[186] Dass eine unter Einhaltung aller Wirksamkeitserfordernisse abgefasste Patientenverfügung nicht mehr auf die aktuelle Lebens- oder Behandlungssituation des Patienten passt, kann sich beispielsweise daraus ergeben, dass seitdem neue medizinische Behandlungsmethoden entwickelt wurden, die verbesserte Chancen auf eine Linderung oder gar Heilung der Leiden eröffnen, um deren Vermeidung es dem Patienten einstmals in seiner Verfügung ging.[187]

II. Mutmaßliche Einwilligung des Patienten

Erst wenn es entweder an jeglicher oder zumindest an einer wirksamen und »passen- 1348
den« Patientenverfügung fehlt, darf und muss gem. § 1901 a II BGB der mutmaßliche Wille des einwilligungsunfähigen Patienten festgestellt und auf dieser Grundlage über eine passive Sterbehilfe entschieden werden. Die mutmaßliche Einwilligung ist also

181 *Verrel* NStZ 2003, 450.
182 BGHSt 40, 263.
183 BGHZ 154, 205 Rn. 42, 45.
184 BT-Drucks. 16/8442, 14.
185 BT-Drucks. 16/8442, 15.
186 BT-Drucks. 16/8442, 7 f.
187 Deutscher Juristentag 2006, Abteilung Strafrecht, II, 8.

subsidiär nicht nur gegenüber einer aktuell einholbaren, sondern auch gegenüber einer »passenden« antezipierten Äußerung des Patienten.[188] Darüber hinaus wird die Annahme einer mutmaßlichen Einwilligung durch § 1901 a II BGB an einen sog. **Betreuervorbehalt** gebunden, dh ohne oder gegen den Willen eines bestellten oder eigens zu bestellenden Betreuers darf die passive Sterbehilfe nicht auf einen nur mutmaßlichen Willen des Patienten gestützt werden.[189]

1349 Auch eine stellvertretende Einwilligung des Betreuers in die passive Sterbehilfe auf der Grundlage eines vom Betreuer gemutmaßten entsprechenden Patientenwillens wird allerdings gem. § 1904 II; IV BGB nur gültig, wenn **neben dem Betreuer auch noch entweder das Betreuungsgericht oder der behandelnde Arzt** ebenfalls zu dem Ergebnis gelangt, die passive Sterbehilfe stimme mit dem mutmaßlichen Patientenwillen überein. Bei der Feststellung dieses mutmaßlichen Willens sind nach § 1901 a II 3 BGB als Indizien unter anderem auch etwaige frühere Äußerungen des Patienten zu berücksichtigen, die sich nicht in einer wirksamen Patientenverfügung niedergeschlagen haben, zB mangels Einhaltung des Schriftform- oder Volljährigkeitserfordernisses. Um Missbrauch zu verhindern, bedarf es aber jedenfalls mindestens zweier übereinstimmend zur Annahme einer mutmaßlichen Einwilligung gelangender Beurteilungsinstanzen (davon eine: der Betreuer), damit auf ihrer Grundlage passive Sterbehilfe geleistet werden darf.[190]

1320 Einer neueren Entscheidung des BGH zufolge sollen die genannten **prozeduralen Absicherungen**, unter denen allein eine mutmaßliche Einwilligung des Patienten in passive Sterbehilfe angenommen werden darf, nicht nur im Zivilrecht gelten, sondern **»auch für das Strafrecht Wirkung entfalten«.**[191] Wegen des verfassungsrechtlich gebotenen Schutzes des menschlichen Lebens müssten nämlich »strenge Beweisanforderungen« an die Feststellung eines auf passive Sterbehilfe gerichteten mutmaßlichen Patientenwillens erhoben werden.[192] Demzufolge scheint es auch im Strafrecht keine wirksame mutmaßliche Einwilligung in eine passive Sterbehilfe geben zu sollen, ohne dass Betreuer und Betreuungsgericht bzw. behandelnder Arzt zu einer einvernehmlichen Einschätzung des mutmaßlichen Patientenwillens gelangt sind.

1351 In der Literatur wird dagegen zu Recht eingewandt, es könne nicht allein die formelle Betreuungsrechtswidrigkeit eines Behandlungsabbruchs schon zu dessen Einstufung als rechtswidrige Tötung führen. Anderenfalls würden die **Tötungsdelikte in bloße Verfahrensschutzvorschriften umgedeutet**, dh von Verletzungs- zu abstrakten Gefährdungsdelikten denaturiert.[193] Ob nun der Betreuer oder ein Dritter mit oder ohne Genehmigung des Betreuungsgerichts bzw. Einvernehmen des behandelnden Arztes zu der Einschätzung gelangt, der Patient wäre mutmaßlich mit passiver Sterbehilfe einverstanden: Sofern diese Einschätzung nur im Ergebnis zutreffend erscheint, kann die passive Sterbehilfe zwar weiterhin als zivilrechts-, nicht aber mehr als strafrechtswidrig angesehen werden.[194]

188 BGHZ 154, 205 Rn. 44.

189 BGHZ 154, 205 Rn. 32.

190 Vgl. BT-Drucks. 16/8442, 19.

191 BGH StV 2011, 283 f.; zust. *Gaede* NJW 2010, 2926 f.

192 BGH StV 2011, 284.

193 *Rosenau*, FS Rissing-van Saan, 2011, 443; *Verrel* NStZ 2010, 675; *ders.* NStZ 2011, 277; *Wolfslast* StV 2011, 288 f.

194 *Verrel* NStZ 2010, 674.

§ 48 Strafrechtlicher Schutz der körperlichen Integrität

A. Einwilligung in lebensgefährliche körperliche Eingriffe

Während die Einwilligung in vorsätzliche Tötungshandlungen gem. § 216 StGB unwirksam bleibt, gilt dies für vorsätzliche Körperverletzungshandlungen gem. § 228 StGB grundsätzlich nicht: Lediglich dann, wenn eine **Körperverletzung trotz der Einwilligung gegen die guten Sitten verstößt**, bleibt diese ausnahmsweise unwirksam. Bei der Definition des Begriffs der »guten Sitten« darf schon wegen des in Art. 103 II GG verankerten strafrechtlichen Bestimmtheitsgrundsatzes nicht auf ein diffuses »Anstandsgefühl aller billig und gerecht Denkenden« rekurriert werden.[195] Es muss vielmehr an gesetzliche Wertungen angeknüpft werden, wobei sich insbesondere eine Orientierung an § 216 StGB anbietet:[196] 1352

Hält der Täter es beispielsweise ernsthaft für möglich, dass er mit seiner Handlung unmittelbar zur Tötung eines anderen Menschen ansetzt, so macht er sich mit dieser Handlung trotz etwaiger Einwilligung seines Opfers zumindest nach §§ 216 II; 22 StGB strafbar. Daraus lässt sich ableiten, dass das Gesetz Handlungen, von denen man ex ante ernsthaft für möglich halten muss, sie könnten unmittelbar zur Tötung eines anderen Menschen führen, grundsätzlich missbilligt.[197] Demnach verstößt eine Körperverletzung trotz Einwilligung regelmäßig **gegen die guten Sitten, wenn sie das Opfer in eine konkrete Lebensgefahr bringt.**[198] 1353

Wie die obige Diskussion zur indirekten Sterbehilfe zeigt,[199] ist aber auch eine konkret mit dem Risiko einer Lebensverkürzung verbundene Handlung nicht stets rechtswidrig, zB dann nicht, wenn sie zur Schmerzlinderung beim deswegen mit ihr einverstandenen Patienten dient. Auch diese Wertung lässt sich im Wege eines erst recht-Schlusses von den Tötungs- auf die Körperverletzungsdelikte übertragen: Dient ein konkret lebensgefährlicher körperlicher Eingriff der Schmerzlinderung oder sogar Heilung des Betroffenen von einer Krankheit, so bleibt dessen Einwilligung trotz § 228 StGB wirksam.[200] Dabei kommt es nicht darauf an, ob durch die wirksame Einwilligung bereits die Tatbestandsmäßigkeit oder erst die Rechtswidrigkeit der Körperverletzung entfällt.[201] Jedenfalls kann eine **Einwilligung nur wirksam** sein, **wenn der körperliche Eingriff entweder nicht konkret lebensgefährlich oder medizinisch indiziert war**, um eine Krankheit zumindest zu lindern. 1354

B. Ärztliche Heileingriffe

In der letztgenannten Konstellation eines medizinisch indizierten körperlichen Eingriffs spricht man von einem »ärztlichen Heileingriff«, weil es sich bei dem Täter dann regelmäßig, wenn auch nicht zwingend um einen approbierten Arzt handelt. Der **mit Einwilligung des Patienten** vorgenommene ärztliche Heileingriff löst also, 1355

195 So aber BGHSt 4, 32; dagegen SK-StGB/*Horn*/*Wolters*, 57. EL, § 228 Rn. 8.
196 *Fischer* (Fn. 11), § 228 Rn. 7.
197 BGHSt 49, 173.
198 BGHSt 49, 44; Roxin/Schroth/*Schroth* (Fn. 18), 44.
199 Rn. 1325.
200 *Fischer* (Fn. 11), § 228 Rn. 4.
201 Vgl. dazu NK-StGB/*Paeffgen* (Fn. 11), § 228 Rn. 8; Roxin/Schroth/*Schöch* (Fn. 18), 53 Fn. 1, 2.

da medizinisch indiziert, selbst wenn er konkret lebensgefährlich ist, unstreitig **keine Strafbarkeit wegen Körperverletzung** aus. Realisiert sich das Risiko dieses Eingriffs, indem der Patient daran verstirbt, so scheidet aufgrund der Einwilligung des Patienten in den medizinisch indizierten Heilversuch auch eine Strafbarkeit wegen fahrlässiger Tötung nach § 222 StGB aus, denn der **Einwilligung in eine unvorsätzliche Tötungshandlung steht § 216 StGB** schon von seinem Wortlaut her (»durch ein ausdrückliches Tötungsverlangen bestimmt«) **nicht entgegen.**[202]

1356 Während also der ärztliche Heileingriff mit Einwilligung des Patienten entweder schon tatbestandslos oder jedenfalls gerechtfertigt ist, wird seit einer Entscheidung des Reichsgerichts[203] von 1894 darum gestritten, ob dies auch für den **ärztlichen Heileingriff ohne Einwilligung des Patienten** gilt – einfach weil er zu Heilzwecken medizinisch indiziert war und gegebenenfalls auch tatsächlich zum Heilungserfolg geführt hat.[204] Im Schrifttum wird es überwiegend als mit dem Wortlaut des § 223 I StGB unvereinbar angesehen, hier dennoch eine tatbestandsmäßige körperliche Misshandlung oder Gesundheitsschädigung anzunehmen.[205] »Körperlich misshandelt« worden (1. Alt.) ist nämlich nur, wer durch üble, unangemessene Behandlung eine mehr als unerhebliche Beeinträchtigung entweder seines körperlichen Wohlbefindens oder seiner Körpersubstanz erlitten hat.[206] Dass eine Handlung jemanden in dessen »Gesundheit schädigt« (2. Alt.) setzt voraus, dass durch diese Handlung ein pathologischer Zustand entweder hervorgerufen oder jedenfalls gesteigert wurde.[207] Wer eine bestehende Krankheit heile oder lindere, steigere aber das körperliche Wohlbefinden, statt es zu beeinträchtigen, und verbessere einen pathologischen Zustand, statt ihn zu verschlechtern.[208] Zudem lasse sich ein nach allen medizinischen Regeln (= lege artis) vorgenommener Heileingriff nicht als üble, unangemessene Behandlung einstufen und ein Arzt so einem Messerstecher gleichsetzen. Strittig ist innerhalb dieser Auffassung, ob der objektive Tatbestand des § 223 I StGB nur bei erfolgreichem Heileingriff entfallen soll, während bei erfolglosem Heileingriff allenfalls der Körperverletzungsvorsatz nicht gegeben sei (so die sog. **»Erfolgstheorie«),**[209] oder ob erfolgsunabhängig stets und erst der lege artis durchgeführte Heileingriff den objektiven Tatbestand ausschließe (so die sog. **»lege artis-Theorie«).**[210]

1357 Ständige Rechtsprechung und ihr folgende Teile des Schrifttums sehen es dagegen als verfassungsrechtlich geboten und (noch) mit dem Wortlaut des § 223 I StGB vereinbar an, den **eigenmächtigen ärztlichen Heileingriff als tatbestandsmäßige Kör-**

202 SK-StGB/*Hoyer*, 39. EL, Anh. zu § 16 Rn. 96.
203 RGSt 25, 345 ff.
204 Schönke/Schröder/*Eser/Sternberg-Lieben* (Fn. 13), § 223 Rn. 30 ff.; *Fischer* (Fn. 11), § 223 Rn. 9; LK-StGB/*Lilie* 11. Aufl. 2005, Vor § 223 Rn. 3; *Lackner/Kühl* (Fn. 19), § 223 Rn. 8; *Hardwig* GA 1965, 161 ff.; *Kaufmann* ZStW 1961, 372 f.; *Maurach/Schroeder/Maiwald* (Fn. 13), § 8 Rn. 23 f.; *Roxin* (Fn. 77), § 13 Rn. 22 ff.; *Weigend* ZStW 1986, 47 f., 60 f.
205 Schönke/Schröder/*Eser/Sternberg-Lieben* (Fn. 13), § 223 Rn. 30 ff.; *Lackner/Kühl* (Fn. 19), § 223 Rn. 8; LK/*Lilie* Vor § 223 Rn. 3 ff.; *Schmidhäuser*, Strafrecht BT, 2. Aufl. 1993, 1/5; *Bockelmann* JZ 1962, 525; *ders.* ZStW 1993, 105; *Müller* DRiZ 1998, 115; *Meyer* GA 1998, 418.
206 Schönke/Schröder/*Eser/Sternberg-Lieben* (Fn. 13), § 223 Rn. 3.
207 Schönke/Schröder/*Eser/Sternberg-Lieben* (Fn. 13), § 223 Rn. 5.
208 Schönke/Schröder/*Eser/Sternberg-Lieben* (Fn. 13), § 223 Rn. 32.
209 *Bockelmann* (Fn. 140), 67 ff.; *Gössel/Dölling* Strafrecht BT 1, 2. Aufl. 2004, § 12 Rn. 73; *Hardwig* GA 1965, 163; wohl auch LK/*Lilie* 11. Aufl. 2005, Vor § 223 Rn. 3.
210 *Fischer* (Fn. 11), § 223 Rn. 13; *Engisch* ZStW 1958, 5; *Hirsch,* GS Zipf, 1999, 355; *Schmidt,* Der Arzt im Strafrecht,1939, S. 69 ff.; *Welzel,* Das deutsche Strafrecht, 11. Aufl. 1969, 289.

perverletzung einzustufen.[211] Zur durch Art. 2 I GG gewährleisteten »freien Entfaltung seiner Persönlichkeit« gehöre nämlich auch das **körperbezogene Selbstbestimmungsrecht** jedes Patienten, das vom Staat daher auch strafrechtlich wirksam geschützt werden müsse.[212] Die §§ 239; 240 StGB sicherten dieses körperbezogene Selbstbestimmungsrecht aber nur unzureichend ab, nämlich allein gegen Angriffe auf die körperliche Fortbewegungsfreiheit (§ 239 StGB) bzw. durch Gewalt oder Drohung (§ 240 StGB). Um das körperbezogene Selbstbestimmungsrecht im verfassungsrechtlich gebotenen Umfang strafrechtlich zu schützen, müsse der Wortlaut des § 223 I StGB daher extensiv ausgelegt werden: Immerhin sei kein chirurgischer Eingriff, nicht einmal die Verabreichung einer Infusion möglich, ohne dabei die Integrität mindestens einer Hautgewebezelle jedenfalls vorübergehend und in geringfügigem Umfang zu verletzen, dh die Körpersubstanz zu beeinträchtigen und einen pathologischen Zustand herbeizuführen.[213] Mehr als unerheblich sei dieser körperbezogene Effekt wegen der damit verbundenen Hinwegsetzung über die Patientenautonomie durch das eigenmächtige ärztliche Vorgehen.[214] Diese Missachtung der Patientenautonomie entfalle erst infolge einer Einwilligung des Patienten in den Eingriff, so dass angesichts der dann allein verbleibenden, rein körperlichen Verletzung entweder schon der Tatbestand wegen Unerheblichkeit nicht mehr erfüllt oder die Tat jedenfalls gerechtfertigt sei.[215]

C. Ärztliche Aufklärung und sonstige Einwilligungsvoraussetzungen

I. Aufklärung als Voraussetzung einer wirksamen Einwilligung

Folgt man der zuletzt dargestellten Auffassung, so stellt sich auch beim ärztlichen Heileingriff die **Frage, unter welchen Voraussetzungen eine vom Patienten erklärte Einwilligung wirksam ist.** Folgt man dagegen der oben zuerst aufgeführten Ansicht im Schrifttum, so stellt sich die Frage nur bei medizinisch nicht indizierten ärztlichen Eingriffen,[216] zB bei einer kosmetischen Operation, einem Schwangerschaftsabbruch ohne medizinische Indikation, einer Eizellenentnahme zwecks in vitro-Fertilisation oder auch einer Blutspende (Organspenden sind spezialgesetzlich im TPG geregelt, das eine Sperrwirkung gegenüber §§ 223 ff. StGB entfaltet).[217] 1358

Unabhängig davon, ob der Eingriff des Arztes medizinisch indiziert war, ist es für eine Einwilligung des Patienten jedenfalls notwendig, dass er zur Zeit seiner – ausdrücklich oder konkludent abgegebenen – Einwilligungserklärung keinen »wesentlichen« Willensmängeln unterlag. Dazu muss der Patient zumindest über die für eine Einwilligung erforderliche **Einsichts- und Urteilsfähigkeit** verfügt haben. Diese ist nicht mit zivilrechtlicher Geschäftsfähigkeit oder Volljährigkeit iSd § 2 BGB gleich- 1359

---

211 RGSt 25, 375; 38, 34; BGHSt 11, 112; 16, 309; 35, 246; BGHZ 29, 33; 85, 327; 108, 153; BGH NJW 2000, 885; NStZ 1996, 34; NStZ-RR 2007, 340 (341); NStZ 2011, 343; LK/*Lilie* 11. Aufl. 2005, Vor § 223 Rn. 6; *Jescheck/Weigend*, Strafrecht AT, 5. Aufl. 1996, § 34 III 3 a; *Kargl* GA 2001, 538 (541 ff.)

212 *Joost* in: Roxin/Schroth (Fn. 18), 401 ff.

213 NK-StGB/*Paeffgen* (Fn. 11), § 223 Rn. 58.

214 SK-StGB/*Horn/Wolters*, 57. EL, § 223 Rn. 35.

215 Roxin/Schroth/*Joost* (Fn. 18), 404 ff.

216 Roxin/Schroth/*Schöch* (Fn. 18), 53.

217 Vgl. Rn. 1389.

zusetzen, sondern von der individuellen geistigen Reife des Patienten abhängig, regelmäßig aber ab Vollendung des 16. Lebensjahres anzunehmen.[218] Darüber hinaus darf der Patient zu seiner Einwilligungserklärung nicht durch **Nötigungsmittel** iSd § 240 StGB bewegt worden sein.[219] Schließlich darf die Erklärung nicht auf **unfreiwilligen Wissensmängeln** beruhen.

II. Umfang der gebotenen Aufklärung

1360 Um einen derartigen »**informed consent**« herzustellen und damit zu verhindern, dass er sich selbst wegen des Eingriffs strafbar macht, obliegt es dem Arzt, seinen Patienten **über sämtliche Umstände aufzuklären, von denen ein »verständiger Patient« seine Entscheidung über den Eingriff möglicherweise abhängig machen würde**[220] und von denen der konkrete Patient möglicherweise noch nichts weiß, aber wissen möchte. Einstellen darf der Arzt seine Aufklärungsbemühungen also, sobald der (einsichts- und urteilsfähige) Patient erklärt, auf jede (weitere) Aufklärung zu verzichten, weil er entweder schon alle für ihn maßgeblichen Umstände kenne oder aber von ihnen keine weitere Kenntnis erhalten wolle, sondern insoweit dem ärztlichen Urteil vertraue.[221] Solange es an einer solchen Erklärung des Patienten aber fehlt, muss der Arzt von sich aus die für einen »verständigen Patienten« entscheidungsrelevanten Umstände mitteilen – und darüber hinaus auch alle weiteren Umstände, nach denen der konkrete Patient ihn fragt oder von denen er aufgrund seiner bisherigen Erfahrungen mit dem Patienten vermuten kann, dass sie für diesen entscheidungsrelevant sein könnten.[222]

1361 Solange es an Anhaltspunkten dafür fehlt, dass der individuelle Patient mehr oder weniger Informationen wünscht, als es ein »verständiger Patient« täte, kann sich der Arzt also am Maßstab jenes verständigen Patienten orientieren. Verständigerweise hängt der Aufklärungsbedarf eines Patienten aber nicht nur von seinem subjektiven Vorwissen ab, sondern auch noch von zwei objektiven Umständen des Einzelfalls: einerseits der Eilbedürftigkeit eines ärztlichen Eingriffs und andererseits seiner Zwangsläufigkeit. Generell lässt sich sagen, dass die **Anforderungen an eine hinreichende Aufklärung um so geringer sind, je eilbedürftiger ein ärztlicher Eingriff ist und je zwingender er medizinisch angezeigt ist.**[223] Dementsprechend lassen sich ärztliche Eingriffe in vier Indikationsstufen einteilen, die sich voneinander durch unterschiedliche Gründlichkeitsniveaus in Bezug auf die jeweils zu gewährende ärztliche Aufklärung abheben:[224]

1362 Am gründlichsten muss die Aufklärung vor einem **medizinisch nicht indizierten Eingriff** ausfallen (1. Stufe)[225] – insbesondere muss dem Patienten hier auch die fehlende medizinische Indikation des ins Auge gefassten ärztlichen Eingriffs verdeut-

---

218 Vgl. § 2 II 3 TPG; Roxin/Schroth/*Schroth* (Fn. 18), 33 f.

219 Schönke/Schröder/*Lenckner/Sternberg-Lieben* (Fn. 13), Vor §§ 32 ff Rn. 48; Roxin/Schroth/*Schroth* (Fn. 18), 35 f.

220 Roxin/Schroth/*Schöch* (Fn. 18), 54 Fn. 5.

221 Roxin/Schroth/*Schöch* (Fn. 18), 71 Fn. 108.

222 Roxin/Schroth/*Schöch* (Fn. 18), 70 Fn. 99; *Ulsenheimer*, Arztstrafrecht in der Praxis, 4. Aufl. 2007, § 1 Rn. 78.

223 BGH NStZ 2011, 344; Roxin/Schroth/*Joost* (Fn. 18), 419 Fn. 132 ff.; Roxin/Schroth/*Schöch* (Fn. 18), 67 Fn. 78.

224 Vgl. *Ulsenheimer* (Fn. 222), § 1 Rn. 71 ff.

225 Vgl. § 8 II 1 TPG.

licht werden.[226] Schon weniger gründlich braucht die Aufklärung vor einem **zwar medizinisch indizierten, aber nicht zwingenden Eingriff** zu erfolgen (2. Stufe),[227] bei dem also jedenfalls keine sich zu verschlimmern drohende, sondern nur eine Krankheit vorliegt, mit der sich der Patient unter Umständen auch arrangieren könnte. Noch weniger Gründlichkeit ist vor einem **zwingend medizinisch indizierten Eingriff** geboten (3. Stufe), bei dem also zumindest langfristig eine Chronifizierung der Krankheit, Siechtum oder Tod droht.[228] Fast auf jede Aufklärung verzichtet werden darf schließlich, wenn der **Eingriff zur Lebensrettung** erfolgt und zeitlich zugleich **unaufschiebbar** ist (4. Stufe).[229]

III. Zeitpunkt und Form der Aufklärung

Ein verständiger Patient würde darüber hinaus das Bedürfnis empfinden, die ihm erteilte Aufklärung zunächst zu verarbeiten, noch einmal zu durchdenken und eventuell mit Angehörigen zu diskutieren, bevor er über seine Einwilligung entscheidet. Deshalb ist die Aufklärung grundsätzlich mindestens 24 Stunden vor dem geplanten Eingriff durchzuführen,[230] es sei denn, der Eingriff ist zeitlich unaufschiebbar, um den angestrebten Heileffekt erzielen zu können[231] (vgl. die in Rn. 103 aufgeführte 4. Indikationsstufe). Generell muss die **Aufklärung um so frühzeitiger geschehen, je schwerwiegender die dem Patienten abverlangte Entscheidung für diesen ist.** Gerade bei ärztlichen Eingriffen mit einem erheblichen Gefährdungspotential muss also die oben benannte Mindestfrist von 24 Stunden gegebenenfalls deutlich überschritten werden, um dem Patienten zusätzliche Überlegungs- und Beratungszeit einzuräumen.[232] **1363**

Von ihrer Form her hat die Aufklärung entweder ausschließlich **innerhalb eines mündlichen Gesprächs oder in einer sog. »Stufenaufklärung«** zu erfolgen. Diese besteht darin, dass der Patient zunächst ein schriftliches Merkblatt erhält, das der Arzt dann anschließend in einem mündlichen Gespräch noch einmal mit ihm durchgeht, erläutert und vertieft.[233] Stets bedarf es also (zumindest auch) eines mündlichen Gesprächs, das auf den individuellen Wissens- und Verständnishorizont des Patienten Rücksicht nehmen und von einem Arzt höchstpersönlich mit dem Patienten geführt werden muss, nämlich entweder von dem behandelnden oder einem von diesem qua Delegation damit beauftragten Arzt.[234] **1364**

IV. Inhalt der Aufklärung

Ihrem Inhalt nach besteht eine vollständige Aufklärung grundsätzlich aus drei Teilen: erstens einer **Diagnoseaufklärung,**[235] innerhalb derer dem Patienten der Grund für den ärztlichen Eingriff erklärt wird, nämlich unter welcher Krankheit er leidet sowie welche Risiken und Einschränkungen in der weiteren Lebensführung die Krankheit **1365**

226 Roxin/Schroth/*Joost* (Fn. 18), 420.
227 Roxin/Schroth/*Schöch* (Fn. 18), 69.
228 *Ulsenheimer* (Fn. 222), § 1 Rn. 75 Fn. 688.
229 *Ulsenheimer* (Fn. 222), § 1 Rn. 75 Fn. 690 f.
230 *Ulsenheimer* (Fn. 222), § 1 Rn. 117 c Fn. 950 f., 955.
231 OLG München GesR 2007, 112, 114; vgl. Rn. 1362.
232 BGH NJW 1995, 2411.
233 *Ulsenheimer* (Fn. 222), § 1 Rn. 79, 121.
234 Roxin/Schroth/*Schöch* (Fn. 18), 63; *Ulsenheimer* (Fn. 222), § 1 Rn. 104 a.
235 Vgl. dazu *Ulsenheimer* (Fn. 222), § 1 Rn. 63.

mit sich bringt, wenn sie ärztlicherseits nicht behandelt wird. Darauf folgt zweitens eine **Therapieverlaufsaufklärung,**[236] innerhalb derer der Arzt dem Patienten eine bestimmte Behandlungsmethode für dessen Krankheit vorschlägt, die einzelnen dazu künftig durchzuführenden Behandlungsschritte erläutert und die mit ihnen verbundenen Chancen und Risiken abschätzt. Den Abschluss bildet die sog. **Alternativenaufklärung,**[237] innerhalb derer der Arzt dem Patienten auch etwa in Betracht kommende andere Behandlungsmethoden und die in ihrem Rahmen gegebenenfalls erforderlichen Behandlungsschritte schildert sowie ihre Vor- und Nachteile im Vergleich zu seinem eigenen Behandlungsvorschlag auflistet. Insgesamt sollte sich der Arzt darauf beschränken, die Folgen und ihre Wahrscheinlichkeiten nur darzustellen, die sich bei einer etwaigen Nichtbehandlung der Krankheit bzw. bei einer Behandlung auf die eine oder andere Weise ergäben. Die Bewertung aller Vor- und Nachteile, Chancen und Risiken auf der Basis der ihm gegebenen Informationen selbst vorzunehmen, kann und darf der Arzt seinem Patienten nicht abnehmen,[238] es sei denn, der Patient erklärt nach erfolgter Aufklärung oder unter Verzicht auf eine (weitere) Aufklärung, dass er sich im Vertrauen auf seinen Arzt dessen Ratschluss unterwerfen wolle.

D. Hypothetische Einwilligung

1366 Wie sich aus den vorstehenden Darlegungen ergibt, sind die rechtlichen Anforderungen an eine hinreichende Aufklärung und damit an eine wirksame Einwilligung hoch. Zahlreiche Fehlerquellen in Bezug auf den Inhalt, die Gründlichkeit, Zeitpunkt und Form der Aufklärung sowie die Person des Aufklärenden führen dazu, dass sich der behandelnde Arzt wegen seines Eingriffs nach § 223 I StGB strafbar machen kann, selbst wenn dieser (so die Rechtsprechung)[239] subjektiv in »bester Absicht« vorgenommen wurde, objektiv medizinisch indiziert war, lege artis durchgeführt wurde und zu einem vollständigen Heilungserfolg geführt hat. Immerhin hält die Rechtsprechung jedoch ein haftungseinschränkendes Korrektiv zugunsten des Arztes bereit: Das Unrecht der Tat entfalle trotz mangelnder bzw. unwirksamer Einwilligung, **wenn der Patient im hypothetischen Falle, dass er vor dem Eingriff ordnungsgemäß aufgeklärt worden wäre, in diesen eingewilligt hätte.**[240] Bei einer solchen »hypothetischen Einwilligung« habe sich das Risiko, den »wahren Willen« des Patienten zu verkennen, nämlich nicht im Körperverletzungserfolg verwirklicht,[241] so dass es am Zurechnungszusammenhang zwischen Aufklärungsmangel und Erfolgseintritt fehle.[242]

1367 Eine derartige hypothetische Einwilligung ist konstruktiv **von der mutmaßlichen Einwilligung zu unterscheiden:** Letztere bildet einen Rechtfertigungsgrund und

236 Nur begrifflich abweichend *Ulsenheimer* (Fn. 222), § 1 Rn. 64 f.

237 BGH NStZ 2011, 343; vgl. auch Roxin/Schroth/*Schöch* (Fn. 18), 70 Fn. 100; *Ulsenheimer* (Fn. 222), § 1 Rn. 82 Fn. 712.

238 BGH NJW 1988, 763; NJW 2005, 1718; NJW 2006, 2477 f.

239 Vgl. Rn. 1357.

240 BGH JZ 1964, 232; MDR 1996, 23 (24); JZ 2004, 800; NStZ 2004, 42; Schönke/Schröder/*Eser/Sternberg-Lieben* (Fn. 13), § 223 Rn. 40 e.

241 Roxin/Schroth/*Schroth* (Fn. 18), 132 Fn. 19/20.

242 *Kuhlen* JR 2004, 227; *ders.*, FS Müller-Dietz, 2001, 439 ff.; *ders.* JZ 2005, 713 (715); *Mitsch* JZ 2005, 279 (283 f.); *ders.* JZ 2005, 718; *Rönnau* JZ 2004, 801 f.; *Otto* Jura 2004, 679 (682), kritisch *Gropp*, FS Schroeder, 2006, 197 ff.

kommt nur in Betracht, wenn eine auf hinreichender Aufklärung beruhende Entscheidung des Betroffenen vor dem Eingriff nicht eingeholt werden konnte, ohne den Eingriffszweck zu gefährden.[243] Die hypothetische Einwilligung ist von ihren Voraussetzungen her weiter, da sie auch dann durchgreifen kann, wenn hinreichend Zeit zur Verfügung stand, um den Patienten korrekt aufzuklären und seine Entscheidung abzuwarten. In ihren Rechtsfolgen bleibt die hypothetische Einwilligung dagegen hinter der mutmaßlichen zurück, da der Eingriff infolge ihrer nicht etwa rechtmäßig wird, sondern rechtswidrig bleibt und sich diese Rechtswidrigkeit nur eben nicht im Körperverletzungserfolg ausgewirkt hat.[244]

Die von der Zivilrechtsprechung entwickelte und von der Strafrechtsprechung übernommene Rechtsfigur der hypothetischen Einwilligung ist im strafrechtlichen Schrifttum allerdings (noch) **sehr umstritten:**[245] Wäre der Patient ordnungsgemäß aufgeklärt und seine Einwilligung eingeholt worden, so wäre zwar nicht die Verletzung seines Körpers, wohl aber die Verletzung seines körperbezogenen Selbstbestimmungsrechts ausgeblieben. Meines Erachtens ist es daher inkonsequent, einerseits die Tatbestandsmäßigkeit eines eigenmächtigen Heileingriffs damit zu begründen, er verletze immerhin das körperbezogene Selbstbestimmungsrecht des Patienten,[246] andererseits dann aber durch die Anerkennung der rechtlichen Bedeutung einer hypothetischen Einwilligung außer Acht zu lassen, dass die tatbestandsmäßige Verletzung des körperbezogenen Selbstbestimmungsrechts dem eigenmächtigen Heileingriff durchaus zugerechnet werden kann. 1368

Wird demgegenüber der Auffassung der Rechtsprechung gefolgt, so **entfällt infolge einer hypothetischen Einwilligung der Rechtswidrigkeitszusammenhang zwischen Aufklärungsmangel und Erfolg.**[247] Statt einer Strafbarkeit wegen vollendeter kommt dann allenfalls noch eine wegen versuchter Körperverletzung in Betracht. Doch wird sich der Arzt insoweit regelmäßig darauf berufen können, er habe eine hypothetische Nichterteilung der Einwilligung von Anfang an nicht ernstlich für möglich gehalten und nur deshalb überhaupt auf eine (gründlichere) Aufklärung verzichtet. Kann dem Arzt diese Einlassung nicht widerlegt werden, so entfällt der Rechtsprechung zufolge nach dem in dubio pro reo-Satz sein Vorsatz und damit jede Strafbarkeit wegen Körperverletzung.[248] Selbst wenn der Arzt nur irrig angenommen haben sollte, der Patient würde unter der Hypothese hinreichender Aufklärung seine Einwilligung erteilt haben, handelte er ohne Vorsatz und könnte daher allenfalls noch wegen fahrlässiger Körperverletzung bestraft werden. 1369

E. Ärztliche Kunstfehler

Bis auf die wenigen Fälle, in denen der Arzt dem vermuteten Patientenwillen bewusst zuwiderhandelt, wird es wegen Aufklärungsmängeln daher nicht zu einer Strafbarkeit 1370

243 Schönke/Schröder-*Lenckner/Sternberg-Lieben* (Fn. 13), Vor §§ 32 ff Rn. 54; Roxin/Schroth/*Schroth* (Fn. 18), 40.
244 Roxin/Schroth/*Schroth* (Fn. 18), 133 Fn. 22.
245 Ablehnend *Puppe* GA 2003, 764 (772); *Otto* Jura 2004, 679 (682 f.).
246 Vgl. Rn. 981357
247 Roxin/Schroth/*Schroth* (Fn. 18), 132; *Ulsenheimer* (Fn. 222), § 1 Rn. 132.
248 BGH NStZ-RR 2004, 16 (17); vgl. auch BGH NJW 80, 1333; NJW 1984, 1397 (1399); NJW 1991, 2344; NJW 1994, 2414; NJW 1998, 2734; aA *Roxin* (Fn. 77), § 13 Rn. 123 ff.

nach § 223 StGB, sondern allenfalls nach § 229 StGB kommen. Dasselbe gilt für sonstige Fehler, die dem Arzt bei der Behandlung eines Patienten gegebenenfalls unterlaufen. Neben Aufklärungs- gibt es nämlich noch zwei weitere Typen von Behandlungsfehlern, die zu einer Strafbarkeit des Arztes wegen Körperverletzung führen können und daher im Folgenden anzusprechen sind:[249] einerseits sog. »Kunstfehler«, dh **Verstöße gegen die ärztlichen leges artis,**[250] und andererseits Organisationsfehler, dh Mängel bei der Arbeitsteilung zwischen mehreren Beteiligten an einem ärztlichen Eingriff.[251]

1371 Weicht ein Arzt bei der Behandlung von den anerkannten Regeln der ärztlichen Kunst ab, so begründet dies allein allerdings noch kein rechtswidriges Verhalten. Denn grundsätzlich **kann ein Patient auch in die Anwendung einer neuartigen, ungewöhnlichen Behandlungsmethode wirksam einwilligen** und dadurch die Tatbestandsmäßigkeit oder jedenfalls Rechtswidrigkeit des von seiner Einwilligung umfassten ärztlichen Handelns entfallen lassen. Zu einer wirksamen Einwilligung bedarf es aber auch in diesen Fällen einer vorherigen Aufklärung des Patienten. Wird eine von den leges artis abweichende ärztliche Behandlung in Erwägung gezogen, so muss sich die Aufklärung unter anderem auch darauf beziehen, dass von den anerkannten Regeln abgewichen werden soll, sowie vor allem darauf, weshalb bestimmte Regeln anerkannt sind und der Arzt im konkreten Fall dennoch von ihnen abzuweichen empfiehlt.[252]

1372 Es bedarf daher bei Verstößen gegen die leges artis stets einer **besonders gründlichen Aufklärung**, damit eine etwaige Einwilligung wirksam werden kann.[253] Ohne eine diesen qualifizierten Anforderungen genügende Aufklärung ist davon auszugehen, dass sich eine vom Patienten erteilte Einwilligung nur auf eine ärztliche Behandlung entsprechend den leges artis bezieht und ein davon abweichendes ärztliches Vorgehen demzufolge nicht abdeckt.[254] Bei genauer Betrachtung bilden Kunst- und Aufklärungsfehler somit keine voneinander unabhängigen Behandlungsfehler, sondern ein Kunstfehler ist beachtlich, wenn ihm ein Aufklärungsfehler zugrunde liegt. Immerhin indiziert ein Kunstfehler wegen des dadurch ausgelösten besonderen Aufklärungsbedarfs aber, dass zuvor ein Aufklärungsfehler begangen wurde und deshalb eine zumindest fahrlässige Körperverletzung in Betracht kommt. Daher bleibt es unentbehrlich, die Voraussetzungen zu klären, unter denen ein Verstoß gegen die ärztlichen lege artis vorliegt, dh zunächst einmal den Maßstab der ärztlichen Kunstgerechtigkeit näher zu bestimmen.

I. Facharztstandard als Maßstab für eine kunstgerechte Behandlung

1373 Die Regeln der ärztlichen Kunst orientieren sich nach herrschender Auffassung am **Standard eines erfahrenen Facharztes,**[255] der an Stelle des Täters mit dem konkreten

249 Roxin/Schroth/*Schroth* (Fn. 18), 129; *Ulsenheimer* (Fn. 222), § 1 Rn. 37.
250 Ablehnend zum Begriff des Kunstfehlers *Ulsenheimer* (Fn. 222), § 1 Rn. 39; *Schreiber* MedSach 1976, 71; *Spann/Eisenmenger* Der Chirurg 1979, 199.
251 Vgl. dazu Rn. 1383 ff.
252 BGH NStZ 2011, 344; Roxin/Schroth/*Schöch* (Fn. 18), 70; *Ulsenheimer* (Fn. 222), § 1 Rn. 85.
253 Roxin/Schroth/*Schroth* (Fn. 18), 43.
254 *Fischer* (Fn. 11), § 223 Rn. 9 aE.
255 BGHZ 88, 254; BGH NJW 1993, 2990; MDR 1999, 676; BGHSt 43, 311; BGH NJW 2000, 2758; JZ 1987, 879; OLG Oldenburg MDR 1993, 956; OLG Hamm MedR 2006, 359.

Eingriff befasst ist. Dabei ist es weder notwendig noch hinreichend, dass der Täter formell über die Facharztqualifikation und zudem noch über praktische Erfahrungen verfügt, sondern allein ausschlaggebend, ob er den Eingriff materiell so durchführt, wie es ein erfahrener Facharzt täte.[256] Das hypothetische Verhalten eines erfahrenen Facharztes ergibt sich dabei aus der Summe aller medizinwissenschaftlich gesicherten Erkenntnisse und praktisch anerkannten Erfahrungen zum Zeitpunkt des realen Tatverhaltens **(ex ante-Maßstab).**[257]

Da das medizinische Wissen permanent fortschreitet, verschärft sich mit entsprechen- 1374
der Geschwindigkeit auch der Facharztstandard ständig. Daraus ergibt sich für den konkreten Arzt die **Obliegenheit, sich selbst regelmäßig beruflich fortzubilden**, um den sich weiterentwickelnden Standards auch künftig gerecht werden zu können. Verzichtet der Arzt darauf, seinen Wissensstand durch Studium der einschlägigen Fachzeitschriften permanent zu aktualisieren, so kann er sich im Falle eines darauf beruhenden Kunstfehlers nicht darauf berufen, er habe es eben nicht besser gewusst.[258] Selbst wenn sein Wissensmangel sich in der aktuellen Behandlungssituation etwa wegen einer besonderen Eilbedürftigkeit oder wegen Arbeitsüberlastung nicht mehr beheben ließe, so kann ihm grundsätzlich zumindest ein sog. **»Übernahmeverschulden«** vorgeworfen werden. Als verschuldetes Unrecht wird ihm dann statt der kunstfehlerhaften Durchführung des Eingriffs schon dessen Übernahme in Kenntnis des Umstands angelastet, dass er sein Fachwissen vor dem Eingriff nicht auf den letzten Stand gebracht hat.[259] Selbst wenn zu diesem Zeitpunkt kein anderer besser qualifizierter Arzt erreichbar und sofortiges Retten medizinisch indiziert war, können Unrecht und Schuld des Arztes immer noch darin liegen, dass er zB überhaupt den Notdienst übernommen hat, ohne sich dafür zuvor ausreichend vorbereitet zu haben.

Entsprechendes gilt auch, wenn der Arzt nicht mangels Fachwissens, sondern man- 1375
gels **personeller, sachlicher oder organisatorischer Hilfsmittel** daran gehindert ist, den Facharztstandard zur Tatzeit einzuhalten.[260] Konnte der Arzt bei Übernahme einer Behandlung absehen, dass er mangels der dafür erforderlichen Infrastruktur den Eingriff nicht so durchführen können werde, wie ein Facharzt dies für erforderlich hielte, so begründet auch dies wieder das Handlungsunrecht und die Schuld einer fahrlässigen Körperverletzung. Bleiben Kenntnisse oder Handlungsmöglichkeiten des Täters hinter dem Facharztstandard zurück, so entlastet ihn dies also nur für den Fall, dass diese Defizite für ihn zum Zeitpunkt der Behandlungsübernahme nicht erkennbar waren.[261]

Ob ein etwaiges **Sonderwissen oder Sonderfähigkeiten des Arztes** ihn umgekehrt 1376
belasten, dh den Facharztstandard für ihn verschärfen, ist dagegen streitig.[262] Meines Erachtens muss eine über das Niveau eines erfahrenen Facharztes hinaus befähigte

256 *Opderbecke/Weißauer* MedR 1993, 449; Roxin/Schroth/*Schroth* (Fn. 18), 148; *Ulsenheimer* Der Gynäkologe 1993, 349.

257 OLG Hamm MedR 2006, 359; BGH NJW 2000, 2754; NStZ 2003, 658; *Maihofer* Archiv für Ohren, Nasen- und Kehlkopfheilkunde 1966, 514; Laufs/Kern/*Ulsenheimer* (Fn. 25), § 139 Rn. 24.

258 Roxin/Schroth/*Schroth* (Fn. 18), 150 Fn. 91; *Ulsenheimer* (Fn. 222), § 1 Rn. 22 a.

259 Roxin/Schroth/*Schroth* (Fn. 18), 149; *Ulsenheimer* (Fn. 222), § 1 Rn. 22.

260 OLG Hamm GesR 2005, 462; *Ulsenheimer* (Fn. 222), § 1 Rn. 23.

261 Roxin/Schroth/*Schroth* (Fn. 18), 150.

262 Ablehnend Roxin/Schroth/*Schroth* (Fn. 18), 151.

medizinische Koryphäe ihre individuellen Sonderkompetenzen ebenso ausschöpfen wie jeder unterdurchschnittlich Begabte auch. Bei einem mit modernsten technischen Mitteln begangenen Vorsatzdelikt käme auch niemand auf den Gedanken, den Täter deswegen freizusprechen, weil ein durchschnittlicher Täter derartige Mittel gar nicht besessen und einzusetzen gewusst hätte. Wenn Sonderfähigkeiten und -wissen aber sogar das schwerere Unrecht eines Vorsatzdelikts zu begründen vermögen, dann müssen sie dazu erst recht im Hinblick auf das leichtere Unrecht eines Fahrlässigkeitsdelikts imstande sein.[263]

1377 Liegen aber keine Anhaltspunkte dafür vor, dass der Täter über ein vom Facharztstandard (nach oben oder unten) abweichendes individuelles Leistungsvermögen verfügt, so bleibt es bei diesem Standard als Sorgfaltsmaßstab. **Von ärztlichen Standesorganisationen aufgestellte Richtlinien** können diese Standards schon deswegen nicht verschieben, weil es ihnen dafür nach Art. 20 III GG an der notwendigen Gesetzgebungskompetenz fehlt.[264] Auch zu einer Beweislastumkehr können sie im Strafverfahren wegen des dort geltenden in dubio pro reo-Satzes nicht führen.[265] Schließlich lassen sie sich im Strafprozess auch nicht als antezipierte Sachverständigengutachten verwerten, da es dafür gem. § 79 II StPO unparteilicher Gutachter bedürfte.[266] Aus diesem Grunde können solche Richtlinien **lediglich deklaratorisch** Standards wiedergeben, die auch sonst verbindlich wären, nicht aber konstitutiv auf Standards einwirken, indem sie diese verschärfen oder abschwächen.[267]

1378 Innerhalb des vom Facharztstandard gezogenen Rahmens gilt für jeden Arzt der **Grundsatz der Methoden- oder Therapiefreiheit.** Besteht also im einschlägigen Verkehrskreis der erfahrenen Fachärzte (noch) keine Einigkeit darüber, welche von mehreren Heilungsmethoden unter den gegebenen Umständen die bessere Aussicht auf Heilung oder die geringeren Risiken bietet, so stellt sich die Wahl keiner der Alternativen als kunstfehlerhaft dar.[268] Es gelten dann aber die oben geschilderten »normalen« Aufklärungspflichten, dh der Arzt ist grundsätzlich auch zu einer Alternativenaufklärung gehalten,[269] darf dem Patienten aber die von ihm bevorzugte Alternative empfehlen[270] und kann sich damit auch begnügen, wenn der Patient dem Urteil seines Arztes vertrauen will und deshalb auf eine Alternativenaufklärung verzichtet.

II. Typen möglicher Kunstfehler

1379 Verstöße gegen die leges artis sind während sämtlicher Phasen einer ärztlichen Behandlung möglich: Chronologisch am frühesten innerhalb der Behandlung kann dem

---

263 Im Ergebnis auch BGH VersR 1987, 687; OLG Oldenburg VersR 1989, 402; *Ulsenheimer* (Fn. 222), § 1 Rn. 25; Laufs/Kern/*Ulsenheimer* (Fn. 25), § 139 Rn. 19; Schönke/Schröder/*Cramer/Sternberg-Lieben* (Fn. 13), § 15 Rn. 139; BGH NJW 1987, 1479 mAnm *Deutsch.*

264 *Taupitz,* Die Standesordnungen der freien Berufe, 1991, S. 748; *Ulsenheimer* (Fn. 222), § 1 Rn. 18 d.

265 *Jorzig/Feifel* GesR 2004, 312; *Ulsenheimer* (Fn. 222), § 1 Rn. 18 i; aA wohl Roxin/Schroth/*Schroth* (Fn. 18), 147.

266 *Dressler* FS Geiß, 2000, 385; *Ulsenheimer* (Fn. 222), § 1 Rn. 18 h.

267 OLG Hamm NJW 2000, 1802; für eine nur eingeschränkte Heranziehung *Jorzig/Feifel,* GesR, 2004, 312.

268 BGH NJW 1982, 2122; Roxin/Schroth/*Schroth* (Fn. 18), 148; *Weißauer* Anästhesiologie und Intensivmedizin 1994, 205.

269 Vgl. Rn. 1365.

270 OLG Düsseldorf VersR 1991, 1176; *Ulsenheimer* (Fn. 222), § 1 Rn. 82.

Arzt ein **Diagnosefehler** unterlaufen, worunter etwas anderes als eine Fehldiagnose zu verstehen ist. Während sich das Erstelltwordensein einer Fehldiagnose stets erst aus einer ex post-Perspektive ergibt, beruht ein Diagnosefehler darauf, dass die vom Arzt erstellte Diagnose schon von Anfang an (ex ante) nicht aus einer tragfähigen Datenbasis schlüssig abgeleitet worden ist.[271] Entweder hat sich der Arzt bereits bei der Erhebung des Befunds nicht kunstgerecht verhalten, indem er etwa keine Anamnese oder keine Voruntersuchung des Patienten durchgeführt hat, oder er hat den ermittelten Befund fehlerhaft ausgewertet, indem er es etwa versäumt hat, die dadurch nahegelegten Schlussfolgerungen zu ziehen.[272]

An die Diagnose schließt sich die Wahl einer bestimmten Behandlungsmethode an, **1380** was dem Arzt die Gelegenheit zu einem **Methodenwahlfehler** verschafft. Der Arzt muss sich nach erstellter Diagnose einen Überblick über die insoweit in Betracht kommenden Behandlungsalternativen sowie ihre Vor- und Nachteile verschaffen und in den Grenzen der oben angesprochenen ärztlichen Methoden- und Therapiefreiheit daraus einen auf den individuellen Patienten zugeschnittenen, in sich schlüssigen Behandlungsvorschlag entwickeln.[273]

Hat der Patient diesen Behandlungsvorschlag akzeptiert oder stattdessen eine der ihm **1381** vorgestellten Behandlungsalternativen bevorzugt, so stellt sich für den Arzt die Aufgabe, die gewählte Behandlungsmethode fachgerecht anzuwenden, wobei ihm **Methodenanwendungsfehler** unterlaufen können. Zur richtigen Methodenanwendung rechnet etwa, dass dem Arzt keine Fehldosierung der vom Patienten einzunehmenden Arznei unterläuft, dass er nicht das zu verschreibende Medikament verwechselt oder eine Medikamentenverwechslung durch unklare Schreibweise auf dem Rezept provoziert bzw. dass er bei einer Operation den zu behandelnden Patienten oder die zu behandelnde Körperpartie verwechselt.[274]

Über die korrekte Methodenanwendung hinaus muss der Arzt schließlich noch **1382** etwaigen Risiken und Nebenfolgen seiner Behandlung entgegenzuwirken versuchen, zB indem er Hygienevorschriften beachtet,[275] für eine schonende Lagerung des Patienten sorgt[276] oder bei Abschluss einer Operation kontrolliert, dass keine Fremdkörper im Operationsgebiet verbleiben.[277] Genügt der Arzt diesen Pflichten nicht, so muss er sich wegen eines **Absicherungs- und Überwachungsfehlers** verantworten.[278]

F. Ärztliche Organisationsfehler

Als dritte und letzte Fehlerkategorie nach Aufklärungsmängeln und Verstößen gegen **1383** die leges artis bleiben noch sog. Organisationsfehler anzusprechen. Die Möglichkeit zu derartigen Organisationsfehlern ergibt sich daraus, dass innerhalb einer komplexen

271 *Ulsenheimer* (Fn. 222), § 1 Rn. 41.
272 BGHZ 132, 47 ff.; 159, 48; BGHSt 3, 91; LG Frankfurt a. M. VersR 1975, 935; OLG Düsseldorf VersR 1986, 893.
273 *Ulsenheimer* (Fn. 222), § 1 Rn. 44.
274 *Ulsenheimer* (Fn. 222), § 1 Rn. 46.
275 BGH NStZ 2001, 188.
276 BGH NJW 1984, 1403; *Eberhardt* MedR 1986, 117.
277 Roxin/Schroth/*Schroth* (Fn. 18), 130 Fn. 11.
278 *Ulsenheimer* (Fn. 222), § 1 Rn. 42.

ärztlichen Behandlung wegen der unterschiedlichen dabei zu erfüllenden Aufgaben zumeist ein **arbeitsteiliges Vorgehen** effektiver und im Interesse des Patienten auch erfolgversprechender erscheinen wird. Jeder an einer solchen Arbeitsteilung Beteiligte ist dann wiederum dazu verpflichtet, den von ihm übernommenen Part lege artis zu erledigen, dh Kunstfehler im oben beschriebenen Sinne dabei zu vermeiden.[279] Damit ein an der Arbeitsteilung Beteiligter einen Organisationsfehler begehen kann, darf nun aber nicht er selbst, sondern muss ein anderer an der Arbeitsteilung Beteiligter einen Kunstfehler begangen haben. **Der Organisationsfehler des einen liegt also darin, dass er den Kunstfehler des anderen jedenfalls nicht verhindert**, unter Umständen sogar durch seinen eigenen Arbeitsbeitrag erst ermöglicht hat.

1384 Das rechtliche Problem, das sich bei der Prüfung eines Organisationsfehlers stellt, besteht darin, inwieweit man innerhalb einer auf Arbeitsteilung aufbauenden Organisation nicht nur für seine eigenen Kunstfehler verantwortlich gemacht werden kann, sondern auch für die Kunstfehler anderer, die man nicht verhindert hat. Würde jeder an einer Arbeitsteilung Beteiligte nach denselben Maßstäben für die Kunstfehler Dritter haften wie jener Dritte selbst, so wäre eine echte Arbeitsteilung gar nicht möglich, da jeder Beteiligte ständig alle anderen bei deren Aufgabenerledigung überwachen müsste, statt sich auf seinen eigenen Arbeitsbeitrag konzentrieren zu können.[280] Da eine solche Konzentration auf die jeweils eigene Funktion innerhalb der Organisation aber effizienter für einen möglichst hohen »Output« an Heilerfolgen sorgt als eine permanente gegenseitige Bespitzelung, dürfen die Verantwortungskreise der Beteiligten einander grundsätzlich nicht überschneiden. Ein Organisationsfehler darf daher nur in Ausnahmefällen bejaht werden, während im Übrigen der sog. **»Vertrauensgrundsatz«** gilt,[281] dh jeder sich auf die pflichtgemäße Aufgabenerfüllung durch sämtliche anderen verlassen darf. Damit bleibt nur noch die Frage offen, ob und in welchen Ausnahmefällen dieser Vertrauensgrundsatz begrenzt und also diesem zuwider ein Organisationsfehler angenommen werden muss.

I. Horizontale Arbeitsteilung

1385 Dabei ist zunächst zwischen horizontaler und vertikaler Arbeitsteilung zu unterscheiden, denn nur bei letzterer bestehen Weisungsbefugnisse auf der einen Seite sowie Weisungsunterworfenheit auf der anderen Seite, während bei ersterer zunächst einmal von der Alleinzuständigkeit jedes Beteiligten für seinen Aufgabenbereich auszugehen ist. Bei horizontaler Arbeitsteilung zwischen mehreren Ärzten gilt der Vertrauensgrundsatz so lange, wie der eigentlich unzuständige Arzt nicht sicher davon weiß oder zumindest konkrete Anhaltspunkte dafür hat, dass der eigentlich zuständige Arzt seine Aufgaben nicht lege artis erfüllt. Erst wenn einem Arzt **konkrete Verdachtsmomente**[282] aufgefallen sind oder zugetragen werden, denen er nachgehen könnte und die es nahelegen, dass sein Kollege nicht mehr ohne weitere Überprüfung vertrauenswürdig erscheint, dann muss er diesen Verdachtsmomenten eben auch nachgehen und darf den Kollegen nicht mehr länger einfach nur ungeprüft gewähren lassen.[283] Vermag er selbst

279 Rn. 1379 ff.

280 Roxin/Schroth/*Schroth* (Fn. 18), 134.

281 *Peter*, Arbeitsteilung im Krankenhaus aus strafrechtlicher Sicht, S. 12; *Roxin* (Fn. 77), § 24 Rn. 3; *Ulsenheimer* (Fn. 222), § 1 Rn. 144; *Wilhelm*, Verantwortung und Vertrauen bei Arbeitsteilung in der Medizin, 1984, S. 57; *dies.* Jura 1985, 186.

282 *Ulsenheimer* (Fn. 222), § 1 Rn. 145.

283 Roxin/Schroth/*Schroth* (Fn. 18), 135 f.

mangels Weisungsbefugnis nicht zu gewährleisten, dass der Kollege sich künftig pflichtgemäß verhält, so muss er sich notfalls an den gemeinsamen Vorgesetzten oder ein Aufsichtsorgan wenden und dort seine Verdachtsgründe melden.

II. Vertikale Arbeitsteilung

Innerhalb vertikaler Arbeitsteilung ist zu differenzieren zwischen der Verantwortlichkeit eines Vorgesetzten für etwaiges pflichtwidriges Verhalten seiner Delegaten einerseits und der Verantwortlichkeit jener Delegaten für etwaige pflichtwidrige Weisungen ihres Vorgesetzten andererseits. Ein Vorgesetzter darf sich auf pflichtmäßiges Verhalten seiner Delegaten nur dann und nur insoweit verlassen, wie er diese Delegaten sorgfältig ausgewählt, ihnen ihre Aufgaben zugewiesen und sie darin konkret eingewiesen hat.[284] Insbesondere muss der Vorgesetzte dabei die Gefahr ausschließen, dass sich für bestimmte Aufgaben aufgrund unklarer Zuständigkeiten überhaupt niemand verantwortlich fühlt (negativer Kompetenzkonflikt). Trifft den Vorgesetzten weder ein Auswahl- noch ein Delegations- noch ein Instruktionsverschulden in diesem Sinne, so gilt für ihn der Vertrauensgrundsatz wiederum mit derselben Reichweite wie bei horizontaler Arbeitsteilung, dh der Vorgesetzte haftet für pflichtwidriges Verhalten seiner Delegaten nur, wenn er davon entweder sicher wusste oder dafür über konkrete Anhaltspunkte verfügte.[285] Muss sich der Vorgesetzte dagegen einen **Auswahl-, Delegations- oder Instruktionsfehler** vorwerfen lassen, so besteht gerade in diesem Fehler der notwendige konkrete Anhaltspunkt für einen Verdacht, aufgrund dessen der **Vertrauensgrundsatz erschüttert** ist. 1386

Auch der Delegat darf grundsätzlich auf die Pflichtmäßigkeit einer ihm erteilten Weisung vertrauen und diese also ausführen. Kommen ihm insoweit dennoch Zweifel, so muss er zwar beim Weisungsgeber remonstrieren, darf aber regelmäßig wiederum vertrauen, wenn dieser seine Weisung trotzdem aufrechterhält. Nur wenn die Rechtswidrigkeit der empfangenen Weisung ihm entweder **sicher bekannt oder jedenfalls offensichtlich** war,[286] trifft ihn bei deren Befolgung auch eine persönliche strafrechtliche Verantwortlichkeit.[287] 1387

§ 49 Organ- und Gewebetransplantationen

A. Sonderregelungen für Organ- und Gewebetransplantationen

Werden einem lebenden Menschen ohne dessen Einwilligung Organe oder Gewebe zu Transplantationszwecken entnommen, so hat der Täter damit unstreitig sämtliche Tatbestandsmerkmale des § 223 StGB verwirklicht. In jedem Fall scheidet dann auch eine Rechtfertigung der Tat wegen Notstands aus, da **im Missbrauch eines Menschen als »lebendes Ersatzteillager« eine Verletzung von dessen Würde liegt**[288] und somit die Tat niemals »angemessenes Mittel« iSd § 34 S. 2 StGB sein kann.[289] Wird das zu Transplantationszwecken benötigte Organ oder Gewebe stattdessen einem bereits 1388

284 *Wilhelm* (Fn. 281), 117; *dies.* Jura 1985, 187.
285 *Ulsenheimer* (Fn. 222), § 1 Rn. 174.
286 *Wilhelm* Jura 1985, 187.
287 *Wilhelm* (Fn. 281), 123.
288 BT-Drucks. 4/650, 160.
289 SK-StGB/*Günther* § 34 Rn. 51.

verstorbenen Menschen entnommen, so käme jedenfalls eine Strafbarkeit nach § 168 StGB wegen Störung der Totenruhe in Betracht, denn auch nach dem Tode erlischt der Anspruch auf einen staatlichen Schutz der Menschenwürde nicht abrupt, sondern verblasst erst allmählich mit zunehmender Entfernung vom Zeitpunkt des Todeseintritts.[290] Selbst wenn ein lebender Mensch eines seiner Organe verkauft hat, so könnte dessen anschließende Entnahme rechtswidrig bleiben, da die damit begangene Körperverletzung trotz der Einwilligung »gegen die guten Sitten« iSd § 228 StGB verstoßen könnte.[291]

1389 Dennoch scheidet in allen diesen Fällen eine Strafbarkeit nach den §§ 223 ff. StGB bzw. § 168 StGB aus, da das **TPG** seit seinem Inkrafttreten 1997[292] als **lex specialis** für Organ- und seit 2007 auch für Gewebeentnahmen[293] jene Normen verdrängt.[294] Um das TPG anwenden zu können, muss es sich bei dem Tatobjekt allerdings zunächst einmal um ein Organ bzw. um Gewebe handeln. Der **Begriff des Organs** wird durch § 1 a Nr. 1 TPG legaldefiniert (funktional selbstständiger Körperteil), der des **Gewebes** durch § 1 a Nr. 4 TPG (mindestens eine Körperzelle). Blut und Blutbestandteile werden durch § 1 II Nr. 2 TPG aus dem Anwendungsbereich des TPG ausgeklammert, so dass insoweit die §§ 223 ff.; 168 StGB als lex generalis maßgeblich bleiben. Unter den Begriff des Organs fallen gem. § 1 a Nr. 3 TPG sowohl regenerierungsfähige als auch nicht regenerierungsfähige Körperteile, unter den Begriff des Gewebes beispielsweise Haut und Knochenmark, aber auch Ei- und Samenzellen.[295]

1390 Strafvorschriften, die daran anknüpfen, dass ein Organ oder Gewebe unerlaubt entnommen oder nach seiner Entnahme unerlaubt verwendet wurde, enthält das TPG in seinen §§ 18, 19. Dabei unterscheidet es zwischen Organ- und Gewebehandel einerseits sowie sonstigen Organ- und Gewebeentnahmen andererseits. Während **bei einem Handeltreiben die Einwilligung des Organ- oder Gewebespenders stets unbeachtlich** und der Spender selbst gem. § 18 I, IV TPG strafbar bleibt, hängt die Strafbarkeit sonstiger Entnahmen nach § 19 TPG davon ab, ob eine wirksame Einwilligung entweder des (lebenden) Spenders oder einer Näheperson des (toten) Spenders vorliegt.

B. Organ- und Gewebehandel

I. Begriff des Handeltreibens

1391 Dem Begriff des Handeltreibens unterfallen **alle auf einen Umsatz der betreffenden Tatobjekte gerichteten, eigennützigen Bemühungen.**[296] Strafbar wegen Organ- oder Gewebehandels macht sich nach § 18 I TPG nicht nur, wer selbst Handel treibt, sondern auch, wer Organe oder Gewebe, die Gegenstand verbotenen Handeltreibens

290 *Maurach/Schroeder/Maiwald*, Strafrecht BT II, 9. Aufl. 2005, § 62 Rn. 1 (»Mephisto-Urteil«).

291 Vgl. dazu *Fischer* (Fn. 11), § 228 Rn. 24 a; SK-StGB/*Horn/Wolters* § 228 Rn. 8 a; BT-Drucks. 13/4355, 29.

292 BGBl. I 1997 2631.

293 BGBl. I 2007 2206.

294 Schroth/König/Gutmann/Oduncu/*Schroth* § 19 TPG Rn. 163 ff. mwN; *Niedermair* Körperverletzung mit Einwilligung und die Guten Sitten, 1999, 223 ff.

295 Roxin/Schroth/*König* (Fn. 18), 509.

296 BSG JZ 2004, 465; Roxin/Schroth/*König* (Fn. 18), 513; Roxin/Schroth/*Schroth* (Fn. 18), 481 Fn. 42.

sind, lediglich entnimmt, auf einen anderen überträgt oder sich übertragen lässt. Die Strafbarkeit wegen Organ- und Gewebehandels erstreckt sich daher über den Händler hinaus stets auch auf den Spender und den Empfänger, den Explanteur und den Implanteur der von einem anderen gehandelten Organe und Gewebe.

Zudem ist der Begriff des Handeltreibens selbst bereits außerordentlich weit, da er erstens **schon bloße Bemühungen um einen Umsatz** erfasst und zweitens diese Bemühungen sich nicht einmal unbedingt auf einen eigenen täterschaftlichen Umsatz zu richten brauchen, sondern auch auf die **Förderung fremden Umsatzes** beziehen können.[297] Neben dem vollendeten Umsatz werden also auch der versuchte und sogar der nur vorbereitete Umsatz unter Strafe gestellt,[298] neben tatherrschaftlichen Beiträgen zum Umsatz sollen auch materielle Teilnahmehandlungen täterschaftsbegründend wirken.[299] Zwar muss der Handeltreibende seinen Tatbeitrag subjektiv **aus eigennützigen Motiven** erbringen, doch bedarf es dafür nicht unbedingt der Erwartung geldwerter Vorteile.[300] Ausreichend soll es vielmehr auch sein, wenn der Täter in der Hoffnung auf objektiv feststellbare immaterielle Vorteile gehandelt hat, zB mit der Organspende an seinen Ehepartner diesen dazu bewegen will, einen Trennungsentschluss fallen zu lassen. 1392

II. Schutzzweck des Handelsverbots

Dass § 18 TPG den Organ- und Gewebehandel derart umfassend pönalisiert, selbst wenn er mit Einwilligung des Spender betrieben wird, könnte sich aus dem Rechtsgut erklären, auf dessen Schutz der Gesetzgeber damit abzielte, nämlich der **Menschenwürde des Spenders:**[301] Indem er seinen eigenen Körper zum Objekt eines Handels, zum »lebenden Ersatzteillager« degradiere, wirke er an einem Vorgang mit, der nicht mit seiner auch für ihn selbst unverfügbaren und unverzichtbaren Subjektqualität vereinbar sei. Von einem liberalen Grundrechtsverständnis her fragt sich aber schon, ob Art. 1 GG tatsächlich eine Pflicht des Menschenwürdeträgers gegen sich selbst zu entnehmen ist und nicht nur ein Recht auf Achtung durch den Staat und Schutz gegen Dritte.[302] 1393

Dass § 18 TPG eine solche »Grundpflicht zu menschenwürdegerechtem Verhalten« noch dazu strafbewehrt hätte, passt vor allem auch nicht zu den drei in § 17 TPG geregelten Ausnahmen vom Verbot des Handeltreibens: Gemäß § 17 S. 1 TPG ist ein Handel mit Organen und Gewebe erstens nur verboten, wenn diese der »Heilbehandlung eines anderen zu dienen bestimmt sind« **(Heilbehandlungsklausel).** Tatbestandslos ist demgemäß der Handel mit Organen, die zu Forschungszwecken verwendet werden sollen, oder mit Gewebe, das zu kosmetischen Operationen eingesetzt werden soll – obwohl die Würde des Spenders bei einer dieser Zweckrichtungen doch zumindest nicht weniger betroffen wäre als bei einer Spende zu Heilzwecken.[303] 1394

297 Roxin/Schroth/*König* (Fn. 18), 521.
298 Vgl. Roxin/Schroth/*König* (Fn. 18), 513; Interfraktioneller Entwurf BT-Drucks. 13/4355, S. 30.
299 Roxin/Schroth/*König* (Fn. 18), 527.
300 BSG JZ 2004, 466; Roxin/Schroth/*König* (Fn. 18), 518 f.
301 Interfraktioneller Entwurf BT-Drucks. 13/4355, S. 29.
302 Ebenso Roxin/Schroth/*König* (Fn. 18), 506; *Schroeder* ZRP 1997, 265; Roxin/Schroth/*Schroth* (Fn. 18), 479; *ders.* JZ 1997, 1150 f.; *ders.* FS Roxin, 2001, 878.
303 Roxin/Schroth/*König* (Fn. 18), 512; Schroth/König/Gutmann/Oduncu/*Schroth* Vor § 17 TPG Rn. 15.

1395 Ein Handeltreiben soll nach § 17 S. 2 Nr. 1 TPG zweitens auch erlaubt sein, wenn die eigennützige Motivation des Handeltreibenden nur in der Erwartung eines »angemessenen Entgelts« für der Heilbehandlung dienende Maßnahmen besteht **(Entgeltklausel).** Ein Kaufpreis für das Organ bzw. Gewebe darf also zwar weder gewährt noch angenommen werden,[304] wohl aber eine angemessene Vergütung für alle Dienst- und Werkleistungen, angefangen von der Entnahme bis hin zur schließlichen Übertragung. Nun wirkt ein Arzt, der die Organentnahme gegen angemessenes Entgelt durchführt, an einer etwaigen Menschenwürdeverletzung aber jedenfalls nicht weniger mit als der Spender, der sie gegen angemessenes Entgelt zulässt. Überhaupt ist nicht ersichtlich, inwiefern es von der »Angemessenheit« einer Gegenleistung abhängen sollte, ob diese Leistung als strafwürdiger Beitrag zu einer Menschenwürdeverletzung einzustufen ist.[305]

1396 Drittens erklärt schließlich § 17 S. 2 Nr. 2 TPG auch das Handeltreiben mit aus Organen oder Gewebe bestehenden oder sie enthaltenden Arzneimitteln für nicht tatbestandsmäßig **(Arzneimittelklausel).** Dass der Gesetzgeber diese Ausnahme vorgesehen hat, trägt dem Gesundheitsinteresse aller Patienten Rechnung, deren Heilungsaussichten von derartigen Medikamenten abhängen. Wenn aber im Einsatz der eigenen Organe und Gewebe zu Handelszwecken ein würdeloses Verhalten zu sehen sein sollte, dann müsste das konsequenterweise auch bei Veräußerung dieser Organe oder Gewebe an einen Arzneimittelhersteller gelten.[306]

1397 Um die in § 17 TPG angeordneten Einschränkungen des Handelsverbots erklären zu können, muss dieses also auf andere Weise legitimiert werden als unter Rückgriff auf den Schutz der Menschenwürde. Stattdessen könnte der Verbotszweck darin bestehen, der **Gefahr vorzubeugen, dass durch den Handel einerseits die finanzielle Notlage von potentiellen Spendern sowie andererseits die gesundheitliche Notlage von potentiellen Empfängern der gehandelten Organe bzw. Gewebe ausgebeutet werden kann.**[307] § 18 TPG beschriebe dann ein abstraktes Gefährdungsdelikt und bildete gewissermaßen einen Spezialtatbestand zum Wucher,[308] bei dem es aber (anders als bei § 291 StGB) nicht darauf ankommt, ob im Einzelfall ein »auffälliges Missverhältnis« zwischen Leistung und Gegenleistung vorliegt. Ein solcher Legitimationsgrund für das Handelsverbot vermag auch zu erklären, weshalb es nur für zu Heilzwecken bestimmte Organe und Gewebe gilt (weil nur insoweit typischerweise eine gesundheitliche Notlage auf Empfängerseite besteht), weshalb es nicht für die Gewährung oder Annahme eines »angemessenen Entgelts« gilt (weil dann gerade keine Notlage ausgebeutet wird) und weshalb Arzneimittel von dem Verbot ausgeklammert bleiben (weil der Arzneimittelmarkt ohnehin durch das AMG reguliert wird).[309]

1398 Ausgehend von einem solchen Schutzzweck des Handelsverbots lässt sich schließlich auch die für ein Handeltreiben konstitutive »eigennützige« Motivation näher bestimmen: Soweit dem Spender vom Empfänger beispielsweise eine bestimmte Gegenleistung für transplantierte Organe nur deswegen gewährt wird, weil der Spender keinen

304 BT-Drucks. 13/4355, S. 30: »Dies schließt ein Entgelt für das Organ, Organteil oder Gewebe aus«.
305 Roxin/Schroth/*König* (Fn. 18), 522.
306 Roxin/Schroth/*König* (Fn. 18), 510.
307 BT-Drucks. 13/4355, S. 15, 29; *Schroth* JZ 1997, 1150.
308 Ablehnend Roxin/Schroth/*Schroth* (Fn. 18), 480; *ders.* JZ 2004, 469.
309 Vgl. § 17 I 2 Nr. 1 TPG; BT-Drucks. 16/3146, S. 35.

Vermögensschaden infolge der Entnahme erleiden will, liegt noch keine Eigennützigkeit vor.[310] Denn damit versucht weder der Spender, eine gesundheitliche Notlage des Empfängers auszubeuten, noch umgekehrt dieser eine finanzielle Notlage von jenem. Lässt sich der Spender beispielsweise gegen das Entnahmerisiko auf Kosten des Empfängers durch eine **Berufsunfähigkeitsversicherung** absichern, so spendet er deswegen noch nicht eigennützig,[311] denn jede Versicherungsleistung dient allein dem Schadensausgleich und schafft keine darüber hinausgehende Bereicherung.[312] Am notwendigen Eigennutz fehlt es auch, wenn dem Spender **Dankbarkeitsgaben in so geringfügiger Höhe** in Aussicht gestellt werden, dass ihretwegen keine verständige Person in der wirtschaftlichen Lage des Spenders in die Organentnahme einwilligte.[313] Denn das Versprechen eines so geringfügigen Ausgleichs für die mit einer Spende verbundenen Nichtvermögensschäden vermag nicht einmal die abstrakte Gefahr zu begründen, dass dadurch eine Notlage entweder des Spenders oder des Empfängers ausgebeutet werden könnte.

C. Organ- und Gewebespenden durch Lebende

Die Strafbarkeit sonstiger, dh vom Gesetz nicht als »Handel« eingestufter, Organ- oder Gewebeentnahmen beurteilt sich nach § 19 TPG. Anders als eine zu Handelszwecken erteilte **kann eine Einwilligung** zu sonstigen Zwecken **jedenfalls unter bestimmten Voraussetzungen strafrechtlich wirksam sein.** Diese Voraussetzungen differieren allerdings wiederum danach, ob sich die Einwilligung auf eine Lebendspende oder auf eine postmortale Spende bezieht. Die strafrechtlichen Wirksamkeitsvoraussetzungen für eine Lebendspende werden nämlich in § 19 I TPG, die davon abweichenden für eine postmortale Spende in § 19 II TPG benannt. 1399

I. Rechtliche Voraussetzungen für eine Lebendspende

Wie sich aus der Verweisung in § 19 I Nr. 1 TPG auf § 8 I TPG ergibt, muss der Organ- bzw. Gewebespender, um wirksam einwilligen zu können, erstens sowohl **volljährig** als auch **einwilligungsfähig** sein (Nr. 1 a) und zweitens zuvor in verständlicher Form **gründlichst aufgeklärt** worden sein (Nr. 1 b). Die Einwilligung ist drittens nur wirksam, wenn sie sich auf die Entnahme durch einen **Arzt** bezieht (Nr. 4). Viertens beschränkt § 19 II Nr. 2 iVm § 8 I 2 TPG den Kreis derjenigen, zugunsten derer der Spender überhaupt nur in eine Entnahme nicht regenerationsfähiger Organe einwilligen kann: Danach muss der Spender dem in Aussicht genommenen Empfänger seines Organs **»in besonderer Verbundenheit offenkundig nahestehen«.** 1400

Der Zweck dieser Beschränkung des Empfängerkreises besteht darin, der Gefahr entgegenzuwirken, dass statt altruistischer insgeheim doch eigennützige Motive hinter der Einwilligung stehen und daher »in Wahrheit« ein Fall des (wenn auch verdeckten) Organhandels vorliegt.[314] Zwar kann eine selbstlose Anteilnahme am ge- 1401

310 Roxin/Schroth/*König* (Fn. 18), 518; Roxin/Schroth/*Schroth* (Fn. 18), 494 Fn. 84.
311 BT-Drucks. 13/587, S. 6; BT-Drucks. 13/4355, S. 30.
312 Im Ergebnis auch Roxin/Schroth/*König* (Fn. 18), 515; Roxin/Schroth/*Schroth* (Fn. 18), 494 f.
313 Roxin/Schroth/*König* (Fn. 18), 516 f.; *ders.* Strafbarer Organhandel, 1999, 162 ff.; Schroth/König/Gutmann/Oduncu/*König* § 18 TPG Rn. 29; *Weber*, Der Begriff des Handeltreibens, 2008, 118 f.
314 BT-Drucks. 13/4355, 20.

sundheitlichen Schicksal eines anderen grundsätzlich auch gegenüber Menschen empfunden werden, zu denen keine besondere persönliche Nähebeziehung besteht – wie auch umgekehrt eine familieninterne Organspende durchaus auf eigennützigen Beweggründen beruhen kann.[315] Der Gesetzgeber hat sich aber mit der Beschränkung des Empfängerkreises dafür entschieden, die **abstrakt betrachtet größere Gefahr eines verdeckten Organhandels** bei einer Spende an jemanden außerhalb dieses engen Empfängerkreises für eine Strafbarkeit ausreichen zu lassen. Da es sich beim Organhandel selbst wiederum um ein abstraktes Gefährdungsdelikt im Hinblick auf eine Ausbeutung der Beteiligten wegen ihrer gesundheitlichen bzw. finanziellen Notlage handelt, begnügt sich der Gesetzgeber hier als Strafgrund mit der **abstrakten Gefahr einer abstrakten Gefahr.**[316]

II. Besonderheiten der Cross-over-Spende

1402 Diese Vorverlagerung des Rechtsgüterschutzes ins »Vorfeld des Vorfeldes«[317] hat Rechtsprechung und Schrifttum dazu veranlasst, dem allzu hart erscheinenden Gesetz eher entgegenzusteuern und bei seiner Auslegung daher größtmögliche Milde walten zu lassen. Diese Tendenz zeigt sich insbesondere bei der rechtlichen Beurteilung der sog. Cross-over-Spende. Dabei geht es um Fälle, in denn zwei einander zunächst unbekannte Ehepaare jeweils das Problem haben, dass eine Organspende zwischen den miteinander Verheirateten wegen Blutgruppeninkompatibilität nicht in Betracht kommt. Weisen die vier Beteiligten nun Blutgruppen auf, die es medizinisch möglich machten, die Organe der beiden potentiellen Spender kreuzweise auf die beiden potentiellen Empfänger aus dem jeweils anderen Paar zu transplantieren, so stößt dies aber wiederum juristisch auf Schwierigkeiten. Denn nach § 8 I 2 TPG müssen Spender und Empfänger sich erstens nahestehen, zweitens in besonderer persönlicher Weise miteinander verbunden sein und drittens diese Voraussetzungen offenkundig erfüllen. **Während das »Nahestehen« die äußere Beziehung zwischen den Beteiligten kennzeichnet, geht es bei der »besonderen persönlichen Verbundenheit« um die inneren Zusammengehörigkeitsgefühle.**[318]

1403 Für ein Nahestehen ist es nach Auffassung des BSG »nicht ausreichend …, wenn sich der persönliche Kontakt zwischen den Partnern der Lebendspende einzig auf den Zweck der Durchführung der Organspende beschränkt«.[319] Ebenso wenig könne die besondere persönliche Verbundenheit »allein aus der Schicksalsgemeinschaft oder dem Gleichklang der Lebensverhältnisse hergeleitet werden«.[320] Es sei stattdessen »zu fordern, dass die persönliche Verbindung zwischen den Ehepaaren so stark ist, dass ihr Fortbestehen über die Operation hinaus erwartet werden kann. Notwendig ist eine Beziehung, die aus Sicht der Beteiligten grundsätzlich auf eine unbefristete Dauer angelegt ist«.[321] Statt einer bereits längerfristig bestehenden Beziehung begnügt sich das BSG also mit einer **als längerfristig prognostizierbaren Beziehung**, ohne al-

315 Kritisch deswegen Roxin/Schroth/*Schroth* (Fn. 18), 478 f.
316 Kritisch deswegen Schroth/König/Gutmann/Oduncu/*Gutmann* § 8 TPG, Rn. 26 ff.; Schroth/König/Gutmann/Oduncu/*Schroth* § 19 Rn. 43 ff.; *Schroth* JZ 2004, 472.
317 So Roxin/Schroth/*Schroth* (Fn. 18), 487.
318 Roxin/Schroth/*Schroth* (Fn. 18), 484.
319 *Schroth* JZ 2004, 468.
320 *Schroth* JZ 2004, 468.
321 *Schroth* JZ 2004, 468.

lerdings zu erläutern, unter welchen Umständen die Berechtigung zu einer solchen Prognose als »offenkundig« iSd § 8 I 2 TPG anerkannt werden kann.

Richtig ist jedenfalls, dass in der besonderen Situation vor einer Cross-over-Spende die Gefahr einer gegenseitigen Ausbeutung der finanziellen Notlage eines Spenders bzw. gesundheitlichen Notlage eines Empfängers nicht einmal abstrakt gegeben ist.[322] Wenn aber deswegen mit den kreuzweisen Spenden weder ein offener Organhandel vorgenommen wird noch ein verdeckter Organhandel vorgenommen zu werden droht, dann dürfen diese mangels legitimen Strafgrunds auch nicht strafbar sein. **§ 8 I 2 TPG muss also einschränkend ausgelegt werden:**[323] »Offenkundig« ist dabei aber meines Erachtens nicht ein Nahestehen in besonderer persönlicher Verbundenheit zwischen den beiden Ehepaaren, sondern nur innerhalb jedes der beiden Ehepaare. Jeder Spender lässt sich ein Organ »zum Zwecke der Übertragung« zwar nicht desselben, aber immerhin des gleichen Organs auf seinen Ehegatten entnehmen. Das sollte für § 8 I 2 TPG ausreichen.[324] 1404

D. Postmortale Organ- und Gewebespenden

Im Unterschied zur Lebendspende, bei der der mögliche Empfängerkreis gesetzlich beschränkt ist,[325] sieht das Gesetz für die postmortale Organspende **keine Beschränkung auf bestimmte Empfänger** vor. Aus der in § 2 II 2 TPG erteilten Erlaubnis, dass die Einwilligung »auf bestimmte Organe oder Gewebe beschränkt werden« darf, lässt sich sogar im Umkehrschluss ableiten, dass eine Beschränkung auf bestimmte Empfänger bei der postmortalen Spende unwirksam bleiben soll.[326] Ein weiterer Unterschied zur Lebendspende besteht darin, dass diese nur von einem volljährigen und einwilligungsfähigen Spender höchstpersönlich erklärt werden kann (§ 8 I Nr. 1a TPG), während bei der postmortalen Spende sowohl eine Einwilligung zu Lebzeiten durch den Spender (§ 3 I 1 Nr. 1 TPG) als auch eine Einwilligung nach dessen Tode durch nächste Angehörige (§ 4 I 2 TPG) in Betracht kommt. Insbesondere braucht der in eine Organentnahme nach seinem Tod Einwilligende nicht unbedingt volljährig zu sein, sondern es genügt gem. § 2 II 3 TPG grundsätzlich, dass er zum Zeitpunkt seiner Erklärung bereits das 16. Lebensjahr vollendet hatte. 1405

I. Zustimmungs- und Widerspruchslösungen

Rechtsvergleichend betrachtet ist es durchaus nicht selbstverständlich, dass es für eine postmortale Spende überhaupt einer Einwilligung, dh einer vorherigen Zustimmung des über das betroffene Rechtsgut Dispositionsbefugten, bedarf. Gesetzesmodelle, die eine derartige Einwilligung voraussetzen, damit eine postmortale Organentnahme durchgeführt werden darf, heißen »Zustimmungslösungen«. Innerhalb der Zustimmungslösungen wird wiederum zwischen Konzeptionen unterschieden, innerhalb derer ausschließlich der Einwilligung des später verstorbenen Organspenders Wirksamkeit zuerkannt wird **(enge Zustimmungslösung)**, und solchen, in denen auch bestimmte Totensorgeberechtigte nach dem Tode des Organspenders wirksam ihre 1406

322 *Schroth* JZ 2004, 469 f.
323 *Schroth* FS Böttcher, 2007, 544 ff.
324 Im Ergebnis auch Roxin/Schroth/*Schroth* (Fn. 18), 490 f.
325 Rn. 1401.
326 Im Ergebnis ebenso Roxin/Schroth/*Schroth* (Fn. 18), 460 Fn. 55.

Einwilligung erklären können **(erweiterte Zustimmungslösung).**[327] Der deutsche Gesetzgeber hat sich also für eine erweiterte Zustimmungslösung entschieden, während beispielsweise in Japan die enge Zustimmungslösung gilt.[328]

1407 Den Zustimmungslösungen stehen auf internationaler Ebene die sog. »Widerspruchslösungen« gegenüber, denen zufolge eine postmortale Organspende grundsätzlich zulässig ist, es sei denn, es liegt ein Widerspruch des über das betreffende Rechtsgut Dispositionsbefugten vor. Innerhalb der Widerspruchslösungen lässt sich danach differenzieren, ob der erforderliche Widerspruch nur von der Person wirksam eingelegt werden kann, der ein Organ nach ihrem Tod entnommen werden soll **(enge Widerspruchslösung)**, oder darüber hinaus nach deren Tod auch vom Totensorgeberechtigten **(erweiterte Widerspruchslösung).** Eine Widerspruchslösung liegt beispielsweise den gesetzlichen Regelungen in Österreich[329] und Spanien[330] zugrunde. Tendenziell ermöglicht naturgemäß die enge Widerspruchslösung am meisten postmortale Organentnahmen, die enge Zustimmungslösung am wenigsten.[331]

1408 Die **deutsche erweiterte Zustimmungslösung** stellt einen Kompromiss zwischen den Extrempositionen dar, der dem Willen des verstorbenen potentiellen Organspenders dadurch relativ weitgehend Rechnung trägt, dass auch der Totensorgeberechtigte an den mutmaßlichen Willen des Verstorbenen gebunden bleibt (§ 4 I 4 TPG) und sich jedenfalls über dessen zu Lebzeiten erklärten Widerspruch gegen eine Organentnahme nicht hinwegsetzen kann (§ 3 II Nr. 1 TPG). Soweit ein tatsächlich erklärter oder mutmaßlicher Wille des Verstorbenen feststellbar ist, erkennt das TPG diesen somit als verbindlich an, und nur für den Fall, dass kein auch nur mutmaßlicher Wille des Verstorbenen erkennbar ist, wird dem Totensorgeberechtigten eine selbstständige Entscheidungsbefugnis über die postmortale Organentnahme zugestanden.[332] Diese eher dem Selbstbestimmungsrecht des Verstorbenen als dem Gesundheitsinteresse potentieller Organempfänger Vorrang einräumende Gesetzeskonzeption führt dazu, dass in Deutschland eine **deutliche Diskrepanz zwischen dem Angebot an Organen und der Nachfrage danach** besteht[333] – ein Organmangel also, dem nur durch Organimporte aus dem eher Widerspruchslösungen zuneigenden Ausland jedenfalls halbwegs abgeholfen werden kann.

II. Rechtliche Voraussetzungen für eine postmortale Spende

1409 Die Voraussetzungen, unter denen eine postmortale Organentnahme strafbar ist, ergeben sich aus § 19 II TPG iVm den weiteren Vorschriften des TPG, auf die dort verwiesen wird: Strafbar ist danach erstens jede Organentnahme unter Verstoß gegen §§ 3 I 1 Nr. 1; 4 I 2 TPG, dh ohne die **Einwilligung entweder des Verstorbenen oder eines von dessen nächsten Angehörigen.** Dabei wird der Begriff des entscheidungsbefugten nächsten Angehörigen durch §§ 1 a Nr. 5; 4 II 1 TPG näher erläutert (persönlicher Kontakt zum Verstorbenen innerhalb der letzten beiden Jahre vor dessen Tod nötig). Bei mehreren gleichrangigen nächsten Angehörigen braucht zwar

327 Vom BVerfG gebilligt in NJW 1999, 3403.
328 Vgl. Roxin/Schroth/*Schroth* (Fn. 18), 454.
329 Roxin/Schroth/*Bruckmüller/Schumann* (Fn. 18), 813 ff.
330 Roxin/Schroth/*Muñoz Conde* (Fn. 18), 866 ff.
331 Höfling/*Lang* (Fn. 27), § 11 TPG Rn. 35.
332 Roxin/Schroth/*Schroth* (Fn. 18), 452.
333 Roxin/Schroth/*Schroth* (Fn. 18), 446.

nur einer von ihnen zuzustimmen, es kann aber andererseits jeder einzelne von ihnen wirksam widersprechen, § 4 II 3 TPG. Eine Person, die dem Verstorbenen »bis zu seinem Tode in besonderer persönlicher Verbundenheit offenkundig nahegestanden hat«, steht nächsten Angehörigen gleich, § 4 II 5 TPG, eine Person, welcher der Verstorbene die Entscheidung über eine Organspende übertragen hat, geht nächsten Angehörigen vor, § 4 III TPG.

Strafbar ist zweitens jede Organentnahme unter Verstoß gegen § 3 II Nr. 1 TPG, dh 1410
entgegen einem Widerspruch des Verstorbenen. Die Entscheidungsbefugnis des nächsten Angehörigen bleibt also subsidiär gegenüber jeder früheren Erklärung des Verstorbenen, ob diese nun schriftlich oder nur mündlich abgegeben wurde. Strafbar ist drittens jede Organentnahme unter Verstoß gegen § 3 I 1 Nr. 3 TPG, dh nur in eine **ärztliche Organentnahme** kann überhaupt wirksam eingewilligt werden.

Viertens muss vor der Organentnahme gem. § 3 I 1 Nr. 2 TPG der **Tod des Organ-** 1411
spenders »nach Regeln, die dem Stand der Erkenntnisse der medizinischen Wissenschaft entsprechen«, **festgestellt worden** sein. Dazu muss gem. §§ 3 II Nr. 2; 5 I TPG entweder durch zwei Ärzte unabhängig voneinander der Gesamthirntod des Organspenders diagnostiziert worden sein oder durch einen Arzt der Herz-Kreislauf-Stillstand, wenn seitdem mindestens drei Stunden vergangen sind.

Ist zum Zeitpunkt der Organentnahme der Tod des Spenders tatsächlich noch nicht 1412
eingetreten und stirbt dieser erst infolge der Organentnahme, so wird eine etwaige Strafbarkeit nach § 19 II iVm § 3 I 1 Nr. 2; II Nr. 2 TPG allerdings durch diejenige wegen vorsätzlichen oder fahrlässigen Tötungsdelikts verdrängt.[334] Dies ergibt sich schon daraus, dass es sich bei den §§ 211 ff.; 222 StGB um Verletzungsdelikte mit verschärftem Strafrahmen handelt, während eine Strafbarkeit nach den zuvor genannten Vorschriften des TPG nur der **abstrakten Gefährlichkeit einer unsorgfältigen Todesfeststellung vorbeugen** soll. Die besagten Vorschriften des TPG kommen letztlich also nur zur Anwendung, wenn der Tod des Organspenders zum Zeitpunkt der -entnahme tatsächlich bereits eingetreten war oder dies zumindest in dubio pro reo angenommen werden muss und lediglich die Todesfeststellung nicht lege artis auf die in § 5 TPG beschriebene Weise erfolgte.[335]

334 Roxin/Schroth/*Schroth* (Fn. 18), 462.
335 Roxin/Schroth/*Schroth* (Fn. 18), 462.

12. Kapitel. Ethik

§ 50 Erheblichkeit des Ethik-Topos im Recht

Dass Ethik im Gesundheitsrecht, ja im Recht überhaupt, als ausdrücklicher Topos aufgeführt wird, ist erst seit wenigen Jahrzehnten zu beobachten. Früher war dieser Aspekt entweder zu selbstverständlich, um erwähnt zu werden, oder er spielte einfach keine besondere Rolle, aus welchen Gründen auch immer. Wenn man dagegen heute das Recht durchmustert (und übrigens nicht nur das Recht, sondern ebenso auch die Verwaltung oder den privaten wirtschaftlichen Sektor), so ist »Ethik« als Tatbestandsmerkmal, Richtwert, Befassungsaufgabe, Abwägungsfaktor, Handlungsmotiv usw. aus der Realität nicht mehr wegzudenken. 1413

Nicht von ungefähr kam diese Erscheinung vor noch nicht einmal einem **halben Jahrhundert im Bereich der Medizin und des Gesundheitswesens** auf. Die ärztliche Kunst ließ immer mehr Therapiemöglichkeiten real werden (1967 etwa fand die erste erfolgreiche Herzverpflanzung am Menschen statt),[1] Biologie und Genetik begannen, Genome zu entschlüsseln, und verschiedene Lebenswissenschaften arbeiteten daran, bis dahin sicher geglaubte Bedingungen der vitalen Reproduktion zu verändern (so wurden zB Klonierungen und künstliche Befruchtungen denkbar).[2] Die menschlichen Fähigkeiten schienen allenthalben Grenzen zu sprengen, und die Sorge kam auf, dass dabei Fragen der Grundlagen und der Moral aus dem Blick gerieten. Jedenfalls war es der **Weltärztebund**, der daraufhin **1964** (seither mehrfach aktualisierte und erweiterte) **»Ethische Grundsätze für die Forschung am Menschen«** beschloss.[3] 1414

Mit dieser Thematisierung wurde augenscheinlich ein zunehmendes Notwendigkeitsgefühl der Zeit getroffen. Der Wunsch nach neuer Nachdenklichkeit bei den Entscheidungsträgern, nach wieder mehr Beachtung von Gemeinverträglichkeit, Generationengerechtigkeit und Gewissenhaftigkeit, also dem, was man unter dem Kennwort »Ethik« zusammenfassen konnte, machte sich breit. Und nicht nur die verschiedenen Vorschriftengeber nahmen diese Stimmung auf, indem sie entsprechende Vorgaben oder Beratungserfordernisse in ihre Regelwerke einfügten, über internationale Konventionen, nationale Gesetze bis zu korporativen Statuten. Auch im übrigen Gesellschaftsbereich vollzog sich diese Entwicklung unübersehbar. Heute gibt es **Ethikkommissionen, Ethikkomitees, Ethikräte, Ethikbeiräte, Ethikbeauftragte etc. auf den unterschiedlichsten Feldern.** Das Europäische Parlament und verschiedene deutsche Bundesministerien etwa haben Ethikbeiräte, und bei der EU-Kommission gibt es einen Ethikausschuss, der sich mit Befangenheiten, Interessenkonflikten und Anstandsfristen befasst.[4] Selbst eine Gruppierung wie die Deutsche Gesellschaft für 1415

1 Prof. *Christian Barnard* am Groote-Schuur-Krankenhaus in Kapstadt.

2 Das erste geklonte Tier, das sog. Klon-Schaf »Dolly«, wurde 1996 am Roslin-Institut in Edinburgh erzeugt (Prof. *Ian Wilmut*); bereits 1978 wurde das erste Retortenbaby, *Louise Brawn*, geboren (als wissenschaftlicher Mentor gilt Prof. *Robert G. Edwards* von der Cambridge-University).

3 Sog. »Deklaration von Helsinki«, in deutscher Fassung beispielsweise abrufbar unter: http://www.bundesaerztekammer.de/downloads/DeklHelsinki2008.pdf.

4 Wegen der steigenden Ethikwichtigkeit auch in anderen (europäischen) Staaten haben sich zudem auf zwischenstaatlicher Ebene mittlerweile viele Konsultations- und Diskussionsforen gebildet, abge-

Politikberatung hat ein Mitglied zum Ethikbeauftragten bestellt. Und alle möglichen **Wirtschaftsunternehmen** sehen unter dem Stichwort **»corporate social responsability«** ethische Rückbesinnung als Teil ihrer Imagekampagnen und Vertriebsstrategien an. Die Wichtigkeit ethischer Ausrichtung in den verschiedenen Lebensbereichen wird auch dadurch belegt, dass es schon private Einrichtungen gibt, die **entsprechende Fortbildung** anbieten. So will beispielsweise die »Stiftung Wittenberg-Zentrum für Globale Ethik« Führungskräften aus Wirtschaft und Politik ethische Orientierung vermitteln.

1416 In Deutschland gibt es **auf Bundesebene in der politischen Willensbildung** bzw. Entscheidungsberatung seit einigen Jahren sogar eine **institutionalisierte Ethikeinbindung.** Durch Regierungsbeschluss wurde als »nationales Forum des Dialogs über ethische Fragen der Lebenswissenschaften« **2001** der **Nationale Ethikrat** eingerichtet.[5] Seine Aufgabe war es, den einschlägigen interdisziplinären Diskurs zu bündeln, die gesellschaftliche und politische Debatte zu organisieren, für die Öffentlichkeit Informationsangebote anzubieten, Stellung zu aktuellen lebenswissenschaftlichen Fragen zu beziehen sowie »Empfehlungen für politisches und gesetzgeberisches Handeln« zu unterbreiten. Da der Nationale Ethikrat wegen seiner einseitig exekutivischen Einsetzung trotz profunder Arbeit aber immer unter dem Vorurteil litt, eine Interessen gerichtete Unterstützungseinrichtung der Regierung zu sein, wurde er **2007** durch den **Deutschen Ethikrat** ersetzt. Dieser hat mit Bundestag und Bundesregierung nun zwei gleichgeordnete Adressaten und wurde zudem gezielt **durch Gesetz errichtet.**[6] Seine Aufgabenbestimmung lautet ähnlich wie die des Nationalen Ethikrates, hat jedoch bei der Fokussierung auf die Lebenswissenschaften ausdrücklich ein »insbesondere« eingefügt bekommen, so dass auch darüber hinausgehende Themenfelder zur Bearbeitung offen stehen. Zum Beispiel hat sich so der Deutsche Ethikrat öffentlich etwa zu »Demenz – Ende der Selbstbestimmung?«, »Ressourcenallokation im Gesundheitswesen« oder »Die Ernährung der Weltbevölkerung – eine globale ethische Herausforderung« geäußert.

A. Allgemeines Verhältnis

1417 Für das **Recht** war und ist die **Berücksichtigung ethischer Gesichtspunkte** eigentlich eine **Selbstverständlichkeit.** Daran ändert auch nichts, dass zunächst einmal die begriffliche und kategoriale Trennung von Moral (Ethik) und Recht als eine ganz wichtige Errungenschaft der Moderne gilt und zu den Grundlagen der heutigen Normwissenschaften zählt.[7] Das Nebeneinander stellt sich als eine ebenso befruchtende wie spannungsreiche Symbiose unterschiedlicher Steuerungskräfte dar.

---

sehen von speziellen bi- oder trilateralen Treffen zB organisiert von der WHO, der UNESCO, dem Europarat oder der Europäischen Kommission (dort etwa: das sog. »NEC-Forum« [NEC = National Ethic Councils or Commissions] oder der »International Dialogue on Bioethics«).

5 Der betreffende Erlass v. 2. 5. 2001 blieb unveröffentlicht. Die einschlägige Kabinettsvorlage aber ist abrufbar unter: http://www.ethikrat.org/ueber_uns/Einrichtungserlass.html.

6 Gesetz zur Errichtung des Deutschen Ethikrates (EthRG) v. 16. 7. 2007, BGBl. I 1385. Dazu etwa *Schmidt-Jortzig,* FS Bull, 2011; *Ahlswede,* Der Nationale und der Deutsche Ethikrat, 2009; oder *Kreutz* Recht und Politik 2008, 6.

7 Zum Verhältnis von Recht und Moral (bzw. Ethik) gibt es eine nahezu unübersehbare Zahl literarischer Äußerungen; vgl. hier lediglich: *Braun* JuS 1994, 727; *Hilgendorf,* Recht und Moral, Aufklärung und Kritik 1/2001, 72; *ders.* JuS 2008, 761 (763); oder *Volkmann,* Gute policey oder Das Recht als Vehikel der Mehrheitsmoral, FAZ v. 29. 4. 2008, 8. Erinnert sei auch an den programma-

Rein **formell** sind Ethik und Recht jedenfalls deutlich zu unterscheiden. Das Recht geht von festliegenden, vorgegebenen Bestimmungen aus, die ihren Geltungsgrund jenseits von subjektiven Werturteilen haben. Seine Vorschriften richten sich auch nicht vorrangig nach sittlichen Kriterien, sondern entstehen aus bestimmten Verfahrensprozessen, die alle möglichen Anstöße und Motive in sich vereinen. Das **Recht sichert seine Befolgung** außerdem **durch** allfällige **Zwangsmaßnahmen**, die vom Staat angedroht, festgesetzt und vollzogen werden. Und das gilt für alle anderen Handlungsanleitungen (Normen), auch die ethischen, nirgendwo. 1418

Aber **materiell** hat das Recht notwendigerweise den Anspruch richtig zu sein,[8] und dazu gehört eben auch die Berücksichtigung des ethisch Angebrachten. Das Recht soll (wie es in Art. 28 II 1 GG heißt) die »Angelegenheiten der (…) Gemeinschaft regeln« und dabei das Gemeinwohl verwirklichen. Es geht also darum, mit den Mitteln des Rechts die gemeinschaftlichen Bedürfnisse der Menschen zu erfüllen (und zwar möglichst nachhaltig), ihre täglichen Probleme zufriedenstellend zu lösen (oder jedenfalls einer Lösung näher zu bringen) sowie das Gefüge der staatlichen Funktionseinheiten zu ordnen (damit sie die ihnen zugewiesenen öffentlichen Aufgaben wirksam erfüllen können). Und das alles soll so trefflich wie möglich geschehen. Für den Anspruch des Rechts auf Richtigkeit kommt es dabei nicht so sehr darauf an, ob dieses Ziel auch tatsächlich erreicht werden kann, sondern darauf, dass es unbeirrt angestrebt wird. 1419

Das in diesem Sinne »Richtige« bemisst sich aber nicht nur nach Faktenlage und Logik, mithin objektiv. Vielmehr muss es - zumal in der Demokratie, wo es auf die Akzeptanz bei den Bürgern ankommt - gleichzeitig in den Augen der Regelungsadressaten, dh bei den Menschen auch subjektiv als trefflich erachtet werden. Das Zufriedensein der Menschen mit dem Recht hängt eben (neben der objektiven Stimmigkeit der Regelungen) auch von emotionalen Bedingungen ab. Das Recht muss demgemäß, da und soweit es Befindlichkeiten bei den Menschen anspricht, ihrem Gefühl Rechnung tragen, was in der Regelungssituation als moralisch angemessen empfunden, dh ethisch erwartet wird. Insoweit auch subjektiv richtig zu sein, heißt mithin, von den Menschen als gerecht angesehen zu werden. Der Wertungsbegriff »gerecht« erfasst juristisch das, was unter den Rechtsgenossen als ethisch angebracht erscheint.[9] Im **Staatsrecht** ist deshalb geläufig, dass **nicht nur die Rechtsgemäßheit, sondern auch die Gerechtigkeit vom Rechtsstaatsprinzip umfasst** werden und als seine formelle und materielle Seite zu unterscheiden sind. Die Formel von **»Gesetz und Recht«** in Art. 20 III GG gibt diesen Doppelgehalt schlagend wieder.[10] Der ideale Rechtsstaat ist deshalb auf die Idee der Gerechtigkeit ausgerichtet,[11] und letztlich sollen die Instrumente formeller Rechtsstaatlichkeit auch nur sie befördern. Im 1420

tischen Satz des letzten Ministerpräsidenten der DDR, *Lothar de Maiziere*, bei seiner Regierungserklärung zur deutschen Wiedervereinigung: »Wir geben uns nicht der Illusion hin, dass Moral und Recht identisch wären, dass wir mit Hilfe des Rechts Moral erzwingen könnten« (Protokolle d. Volkskammer DDR, 10. WP, Bd. 1, 3. Tgg., 41, 43).

8 Hierzu ausführlich (auch aus einem diskurstheoretischen Ansatz begründet) *Alexy* ARSP 2009, 151; sowie bereits *ders.*, Begriff und Geltung des Rechts, 4. Aufl. 2005, 29 ff.

9 Ähnlich *Alexy* ARSP 2009, 151 (159).

10 Dazu *Schmidt-Aßmann*, Der Rechtsstaat, HStR II, 3. Aufl. 2004, § 26 Rn. 41 f.

11 BVerfGE 3, 225 (237 f.); 7, 89 (92), 194 (197); 27, 167 (173); 45, 142 (167); 49, 148 (164); 74, 129 (152).

Konflikt zwischen beiden Rechtsstaatselementen müssen demzufolge die Gerechtigkeitsforderungen immer die Oberhand behalten.[12]

1421 Schon **substantiell** also hat das Recht auf **Gerechtigkeitsaspekte** und damit auf **ethische Kategorien** einzugehen (und wird dies auch tunlichst immer beachten). Am treffendsten wird das in der auf *Horaz*[13] zurückgehenden Sentenz ausgedrückt, die als Leitspruch der University of Pennsylvania (Philadelphia) fungiert: »Leges sine moribus vanae« (Gesetze ohne Moral bleiben leer).

1422 Auch **aus rein pragmatischen Gründen** schließlich müssen bei aller begrifflichen, kategorialen Unterscheidung der diversen Normquellen Rechtsvorschriften immer danach trachten, mit den moralischen Vorstellungen der Adressaten übereinzustimmen (oder ihnen jedenfalls nicht zuwider zu laufen). Das ist eine Frage der Gesetzesakzeptanz. Widersprechen nämlich Bestimmungen dem Billigkeitsgefühl der Menschen, leidet die Wirksamkeit der getroffenen Regelungen, weil die Menschen sich dann nicht bzw. nicht buchstabengetreu (mehr) daran halten und eigene, nun auch nicht unbedingt gemeinschaftsdienliche Verhaltenswege finden. Langfristig nähme die Folgebereitschaft des Publikums insgesamt Schaden. Und schlimmstenfalls erlischt das Vertrauen in die Problemlösungskompetenz des Staates, er verliert seine Autorität.

B. Spezielle Rezeptionen (insbesondere im Gesundheitsrecht)

1423 Es war nur eine Frage der Zeit, bis in Deutschland auch der **Gesetzgeber** das **Bedürfnis nach** wieder stärkerer **ethischer Entscheidungsüberprüfung** in seine Vorgaben aufnahm. Und nach allem, was schon über die besondere Sensibilität der Menschen für die Entwicklungen auf dem Medizinsektor gesagt wurde, nimmt es nicht Wunder, dass hierfür das **Gesundheitsrecht** sich als **exemplarisch** erwies.

1424 Wenn nicht alles täuscht, war es als erstes das **Arzneimittelgesetz** (AMG), welches in einer Novelle von 1994 für das In-Szene-Setzen eines bestimmten Vorhabens (dort: die **klinische Prüfung eines Arzneimittels am Menschen**) die **zustimmende Bewertung** »von einer nach Landesrecht gebildeten unabhängigen **Ethik-Kommission**« zur Voraussetzung machte.[14] Und auch das Verfahren der landesrechtlich einzusetzenden Ethik-Kommissionen wird anschließend noch näher bestimmt (§ 42 I AMG).

1425 Durch die »Richtlinie 2001/20/EG des Europäischen Parlaments und des Rates vom 4. 4. 2001 zur Angleichung der Rechts- und Verwaltungsvorschriften der Mitgliedstaaten über die Anwendung der guten klinischen Praxis bei der Durchführung von

12 Solche Konflikte aufzulösen, ist vorrangig Aufgabe des Gesetzgebers. Wo das nicht gelingt, wird aber notfalls auch die Verfassungsgerichtsbarkeit der Gerechtigkeit zum Durchbruch verhelfen müssen. BVerfGE 3, 225 (238): »Ein legitimer Grund, die Rechtssicherheit in gewissem Umfang und für gewisse Zeit einzuschränken, wird für den Gesetzgeber insbesondere dann gegeben sein, wenn er solche Einschränkungen um der Verwirklichung materialer Gerechtigkeit willen selbst setzt oder doch hinnimmt«.

13 *Horaz* Carmina, Buch III, Ode 24, 35.

14 § 40 I 2 AMG (1976), eingefügt durch das Fünfte Gesetz zur Änderung des Arzneimittelgesetzes v. 9. 8. 1994, BGBl. I 2071. Zum systematischen Ansatz: *Pestalozza,* Ethikkommissionen und die klinische Prüfung von Arzneimitteln aus deutscher Sicht, Humboldt Forum Recht 2007, 177.

klinischen Prüfungen mit Humanarzneimitteln«[15] erhielt diese legislatorische Entwicklung dann den entscheidenden Auftrieb. Die deutsche Legislative setzte die Vorgaben zügig um.

Heute gibt es auf vielen weiteren Feldern die **gesetzliche Pflicht**, Menschen unmittelbar berührende **ärztliche und medizinwissenschaftliche Handlungsabsichten** vorher durch eine nach Landesrecht eingerichtete **Ethik-Kommission** gutheißen zu lassen (zB §§ 20 I, 22 MPG, 8 III TPG, 8 I Nr. 7 TFG).[16] Und mit dem **Stammzellgesetz** von 2002 wurde zum ersten Mal auch unmittelbar bundesrechtlich ein Ethikgremium eingesetzt, nämlich die **»Zentrale Ethikkommission«**, welche beantragte einschlägige Forschungsvorhaben prüfen und bewerten muss.[17] Zuletzt hat etwa wieder das **Gendiagnostikgesetz** von 2009 festgelegt, dass genetische Reihenuntersuchungen erst begonnen werden dürfen, wenn die vom Gesetz eingeführte **Gendiagnostik-Kommission** das Vorhaben in einer schriftlichen Stellungnahme bewertet hat, bei der auch begutachtet wird, ob »die Untersuchung in diesem Sinne ethisch vertretbar ist«.[18] 1426

Im **ärztlichen Berufsrecht** schließlich, das landesrechtlich geregelt ist, sind heute gleichfalls Ethikkommissionen installiert. Nach § 15 der von der Bundesärztekammer entwickelten Musterberufsordnung müssen bei den (Landes)Ärztekammern und den medizinischen Fakultäten bzw. Hochschulen jeweils Ethikkommissionen errichtet werden, die entsprechende Forschungsvorhaben zu begutachten haben.[19] Ähnliches gilt auch für andere Heilberufe. Und für ethische Rücksichtnahmen bei der praktischen Patientenbehandlung gibt es außerdem entsprechende Richtlinien. 1427

§ 51 Gründe für die geforderte besondere Ethikrelevanz

Nur kurz sei auch darauf eingegangen, woher denn das allgemeine und immer **stärkere Bedürfnis nach** – letztlich auch rechtlich vorgeschriebener - (zusätzlicher) **ethischer Bewertung und Kontrolle von wissenschaftlichen oder politischen Vorhaben** rühren mag. Denn die Entwicklung ist eben unübersehbar. Neben der schon angesprochenen Furcht vor einer Entgrenzung der wissenschaftlichen Fortschritte, speziell der medizinischen, spielen dafür abstrakt-generell sicherlich viele und unterschiedlichste Faktoren eine Rolle. Sie verlässlich auszumachen, ist vollständig auch 1428

15 ABl. EG 2001 L 121, 34, Erwägungsgrund 2 sowie Art. 3 II lit. a: »Der Schutz der Prüfungsteilnehmer wird durch eine Risikobewertung auf der Grundlage (ua) … der Prüfungen der Ethik-Kommissionen… sichergestellt«.

16 Untergesetzlich, dh auf Verordnungsebene findet sich Ähnliches etwa in §§ 28 b I, 28 g RöV, BGBl. 1987 I 114, oder § 92 StrlSchV, BGBl. 2001 I 1714. Vgl. im Übrigen auch § 15 I TierSchG.

17 §§ 8 f. StZG, BGBl. I 2002, 2277, mit VO über die Zentrale Ethikkommission v. 18. 7. 2002, BGBl. I 2663.

18 § 16 II 2 GenDG, BGBl. 2009 I 2529. Zusammensetzung und Aufgaben der Gendiagnostik-Kommission werden in § 23 GenDG geregelt.

19 MBO-Ä, abrufbar unter: http://www.bundesaerztekammer.de/downloads/MBOStand20061124.pdf. Dazu den detaillierten Kommentar von *Ratzel/Lippert,* Kommentar zur Musterberufsordnung der Deutschen Ärzte (MBO), 3. Aufl. 2002. Als landesrechtliches Beispiel sei verwiesen auf Schleswig-Holstein: Heilberufekammergesetz v. 29. 2. 1996, GVOBl SchlH 2458, seither mehrfach geändert; oder Berufsordnung der Ärztekammer Schleswig-Holstein v. 3. 2. 1999, Amtl. Anz. [Beilage zum ABl. SH] 1999, 66, seither mehrfach geändert.

kaum möglich. Vieles bleibt da im Unwägbaren; Konformismen, Stimmungen, Befindlichkeiten wirken mit.

1429 Zum einen dürften bereits **technische, formale Entwicklungen** den Eindruck verbreiteter öffentlicher Unmäßigkeit und Orientierungslosigkeit befördern, denen nun entgegen gewirkt werden müsste. Dazu tragen beim Publikum allein schon die unbegrenzten Informations- und Kommunikationsmöglichkeiten bei, durch welche man heute mit allen Unglücken, Verbrechen und Lebensabgründen in der Welt konfrontiert wird. Man baut dazu dann unwillkürlich Empathie auf, sieht die eigenen Ordnungs- und Gerechtigkeitsmaßstäbe herausgefordert und fragt nach den Ursachen, nach den Schuldigen. Plakativ wird in dem Zusammenhang vom allgemeinen Werteverlust gesprochen, der offenbar alle modernen Sozialitäten kennzeichne[20] und Gegenstrategien nötig mache. Hinzu kommt, dass in den informierten Gesellschaften, also dem Ideal der Demokratie, die Notwendigkeit steigt, für alle öffentlichen Entscheidungen – insbesondere die, die etwas Eingefahrenes verändern sollen - den sozialen Konsens zu finden oder jedenfalls um ihn zu werben. Wenn diese Rückkoppelung zu fehlen scheint, keimt rasch der Verdacht, dass die Entscheider wohl den kritischen Diskurs zu scheuen hätten (erinnert sei nur an das Szenario bei »Stuttgart 21«). Vielfältig wird heute überhaupt die Entanonymisierung der öffentlichen Vorgänge gefordert. Das zeigt sich bei allen hochentwickelten, komplizierten Organisationen, Bürokratien und Verfahren, nicht nur beim Staat, weil (und soweit) der Einzelne sie immer weniger durchschauen kann. Transparenz und persönliche Verantwortung sind hiergegen die Devise, und dafür werden intrinsische Maßstäbe gebraucht.

1430 Zum anderen mögen bei den Menschen – nicht zuletzt in Deutschland – schlimme **historische Erfahrungen mit skrupellosen Herrschaftssystemen**, die offensichtlich mit dem Verlust jeglicher moralischer Maßstäbe zusammenhingen, ihre Spuren hinterlassen haben (Nationalsozialismus, aber auch Pol-Pot-Regime oder Taliban-Terror). Die gängigen Mechanismen zur Abwehr solcher Entwicklungen scheinen jeweils versagt zu haben. Sie waren offenbar zu systemverflochten, ihre Ansätze zu technokratisch. Die eigentlich zum Einspruch aufgerufenen Funktionsträger und Fachleute schweigen eben eher. Und heute meint man nun mitunter, solche Erscheinungen wieder zu beobachten. Ohnehin wird dem reinen Expertentum immer mehr misstraut. Zu oft hat man die Spezialisten schon in die Irre laufen sehen. Augenscheinlich geraten viel zu rasch außerfachliche Kriterien oder auch nur schlicht Vernunftargumente aus dem Blick. Der denkende, kritische Zeitgenosse jedenfalls wünscht sich in dieser Situation wieder stärkere Verankerung der öffentlichen Willensbildungsprozesse und Abläufe im wirklich Wichtigen, Grundlegenden, Werthaltigen, Gemeinverträglichen.

1431 Schließlich sind noch **zwei fundamentale gesellschaftswissenschaftliche Entwicklungen** zu registrieren, die bei dem Ruf nach stärkerer Ethikeinbindung mitspielen könnten. Zunächst geht es dabei um die **Bewertungsmaßstäbe für öffentliches und soziales Handeln**. Sie werden - so scheint es - immer kleinteiliger und spezieller. Völker, Staaten, Institutionen oder auch die (verfasste) Gemeinschaft als klassische

20 Als Indizien dafür werden verschiedene Erscheinungen angeführt: die wachsende Gewaltbereitschaft in der Gesellschaft, die verbreitete Wegguckmentalität, vielfache Raffgier oder eine hedonistische Ich-Bezogenheit.

Bestimmungsgrößen für Politik, Recht und öffentlichen Einsatz rücken in den Hintergrund. Das Individuum tritt selbstbewusst an ihre Seite; im Völkerrecht etwa hat es mittlerweile längst eigene Rechtssubjektivität erlangt. Die allgemeinen Anstrengungen richten sich demzufolge vermehrt auf das Wohl des einzelnen Menschen.[21] Folge ist die **verstärkte Forderung nach Beachtung von Menschenrechten und Minderheiteninteressen und nach »sozialer Gerechtigkeit«**.

Sodann ist – was zusammen mit der Interessenindividualisierung in der Politik Anlass zu weiterer Bedenkentragung, Rücksichtnahme und Zögerlichkeit sein muss – einfach zu konzedieren, dass es heute bei **Politik, Wissenschaft und Ökonomie** oft um **Entscheidungen** geht, die **sehr viel weiterreichende Folgen für die Menschheit haben als früher** und deshalb eben auch wesentlich grundsätzlichere Abwägungen verlangen. Man denke nur an Fragen der Gentechnik, der Atomkraft, der Klimapflege oder an Weichenstellungen von weltwirtschaftlicher Tragweite. Wir erwarten dann zu Recht eine intensive Berücksichtigung auch aller Auswirkungen für die Lebensverhältnisse späterer Generationen. Die im politischen Betrieb mittlerweile installierte sog. **»Technikfolgenabschätzung«** ist da eine erste Gegenvorkehrung.[22] **Nachhaltigkeit** bei den Entscheidungen und Regelungen scheint aber noch viel grundsätzlicher gefordert zu sein. 1432

Da **»Ethik« als Sammelbegriff für all diese Bedürfnisse** gilt und in der öffentlichen Wahrnehmung das Kennwort für jene Anleitungen abgibt, welche die Menschen sich wieder wünschen und in denen sie Halt zu finden hoffen, gerät nahezu automatisch die **Ethikforderung** zunehmend in den Fokus **förmlicher Vorschreibung**. 1433

§ 52 Was ist eigentlich »Ethik«

Schon aus systematischen Gründen interessiert deshalb, was denn Ethik nun genau meint. Und wo wie im Gesundheitsrecht der Topos vermehrt zu einem veritablen gesetzlichen Tatbestandsmerkmal geworden ist, muss diese Klärung schon juristisch entschieden verlangt werden. Vor allem aber scheint sich die Forderung nach ethischer Reflexion ja auch an den Durchschnittsbürger, an jeden Einzelnen in der Gesellschaft zu richten, und er also muss deren Bedingungen verstehen können. Jenseits spezieller Einzelverpflichtung verlangen bei anstehenden gesellschaftlichen Entscheidungen zusätzlich noch die Medien, die politische Debatte und die öffentliche Meinung ganz allgemein eine Berücksichtigung ethischer Gesichtspunkte. Überhaupt hat sich der Topos längst verselbständigt und führt ein formelhaftes Eigenleben 1434

---

21 In der Wissenschaft hat sich geradezu eine eigene Forschungsrichtung herausgebildet, die sich mit den Bedingungen von Wohlbefinden und Lebenszufriedenheit beim Menschen beschäftigt (sog. »Glücksforschung«); vgl. nur *Bergheim,* Die glückliche Variante des Kapitalismus (Deutsche Bank Research v. 2. 4. 2007); *Frey,* Happiness: A Revolution in Economics, 2008; s. aber auch den »Stiglitz-Report« (*Stiglitz/Sen/Fitoussi* Report of the Commission on the Measurement of Economic Performance and Social Progress, 2009, 12); *Krämer,* Wen beglückt das BIP?, WISO direkt. Dezember 2009; oder »Glück, BIP und Ungleichheit«, FAZ v. 16. 12. 2009, 13.

22 S. insoweit das 1995 gegründete Institut für Technikfolgenabschätzung und Systemanalyse (ITAS), welches über das »Büro für Technikfolgenabschätzung beim Deutschen Bundestag« (TAB) das deutsche Parlament berät (dazu § 56 a GO-BT und den Wirkungsbericht in BT-Drucks. 17/3010) sowie im Auftrag der European Assessment Group (ETAG) das Europäische Parlament. – Weiter greifend jetzt bereits *Lund,* Gesetzesfolgenabschätzung auf europäischer Ebene und in Deutschland, VR 2011, 87.

fern der eigentlichen Zusammenhänge.[23] Gerade der Nichtwissenschaftler, der schlicht im Leben stehende Mitbürger also, muss mithin erfassen können, was eigentlich Ethik ist und woran er durch sie gebunden werden soll.

A. Inhalt und Maßstab

1435 Das **juristische Schrifttum** bietet hierzu offenkundig **wenig Hilfe**; man hat vielmehr den Eindruck, die Rechtswissenschaft wolle sich bewusst heraushalten. Auch ein Blick in die **philosophische Fachliteratur bringt** indessen **nicht viel weiter**, denn man sieht schnell, dass dort Festlegungen und Definitionen oft überhaupt nicht gegeben werden oder jedenfalls weit auseinander gehen. So weist etwa – um die **zwei Eckpunkte der Diskussion** zu kennzeichnen – *Otfried Höffe* **Ethik als die Philosophie von Moral und Sittlichkeit** aus,[24] für *Rolf Gröschner* dagegen ist **Ethik einzig eine bestimmte, nämlich die gemeinschaftsbezogene Dimension der Moral.**[25] Deutlich wird daraus immerhin, dass die **Differenzen** offenbar **um die Zweckhaftigkeit von Ethik** kreisen. Soll sie sich damit begnügen, ihre Normen aus der vorgefundenen Moralität der Menschen rein deskriptiv-empirisch zu gewinnen, dann zu ordnen und zu einem Regelgebäude zusammenzufassen? Oder darf und muss sie doch auf bestimmte Ziele ausgehen, also lenken wollen sowie gestaltend und edukatorisch wirken? Das ist augenscheinlich die Kardinalfrage.

1436 Nimmt man den *Höffe*schen Ansatz zunächst als Ausgangspunkt, so hat man wenigstens erst einmal eine Basis. Ethik ist dann das, was sich methodisch aus den subjektiven moralischen Reaktionen der vielen Einzelnen herausfiltern, kritisch analysieren und womöglich verallgemeinern lässt. Oder anders ausgedrückt: **Ethik ist** das Bewusstmachen und Begründen, das Ordnen und Aufbereiten – kurz, **die systematische und kritische Reflexion – der spontanen individuellen Moralvorstellungen.** Die österreichische Bundes-Ethikkommission hat dies 2009 in einer Stellungnahme griffig zusammengefasst: »Zwischen Moral und Ethik (sei systematisch) deutlich zu unterscheiden. Ethik ist eine kritische Theorie der Moral, kann aber selbst keine moralischen Regeln aufstellen. Sie formuliert Prinzipien, Normen und Methoden zur Beurteilung moralischer Überzeugungen und Wertsysteme«.[26]

1437 **Ethik** liefert damit gewissermaßen eine **Überhöhung der persönlichen Moralität.** Sie verschafft ihr Abstraktion, Generalisierbarkeit und dadurch breitere Akzeptanz. Persönliche, für sich bleibende Moralität scheint ja im allgemeinen Diskurs als ein wichtiger Maßstab übertönt zu werden; zu ihr äußert man sich auch nur verschämt, ungern öffentlich. Und das gilt nicht nur für den Begriffsgebrauch, sondern ebenso materiell für das jeweils eigene Darauf-eingestellt-Sein. Der ursprünglich individuelle

23 So gibt es an einer bekannten deutschen Universität etwa eine Professur für Umwelt-, Agrar- und Ernährungsethik, geführt von einem philosophisch promovierten Theologen.

24 Alle drei Begriff seien im Grunde synonym, bezeichneten ein und dasselbe einmal griechisch (Ethik), einmal lateinisch (Moral) und einmal deutsch (Sittlichkeit). Vgl. zuletzt etwa *Höffe*, Wirtschaftlichkeit und Ethik in der universitären Krankenversorgung in: Katzenmeier/Bergdolt (Hrsg.) Das Bild des Arztes im 21. Jahrhundert, 2009, 61 (62): Ethik sei insoweit »die Theorie der höchsten Stufe des Normativen«.

25 ZB *Gröschner* in: Gröschner/Dierksmeier/Henkel/Wiehart, Rechts- und Staatsphilosophie: Ein dogmenphilosophischer Dialog, 2000, 262. Vielleicht als »Zweckhaftigkeitslehre« zu bezeichnen.

26 Bundeskanzleramt Österreich (Hrsg.), Forschung an humanen embryonalen Stammzellen. Stellungnahme der Bioethikkommission beim Bundeskanzleramt, 2009, 19.

Ansatz erhält nun aber eine Erhöhung. Sie erfolgt durch Verwissenschaftlichung, und diese bewirkt dann Objektivierung. Sie verdeckt allerdings womöglich auch ihren Ursprung und Kern, nämlich die persönliche Sittlichkeitsorientierung, und läuft damit Gefahr, von der eigentlichen Anstrengung, die jedem Einzelnen aufgegeben ist, abzulenken. Ethik ist eben auf tagtägliche Ausfüllung durch die persönliche Moralität angewiesen. Und die **Forderung nach ethischer Kontrolle der Entscheidungen und Handlungsweisen in der sozialen Gemeinschaft** ist letztlich nichts anderes als der **Appell an die eigene Moralität der Akteure.**[27]

Man kann diesen subjektiven Grundgehalt der Ethik aber vielleicht doch noch hinter sich lassen. Seit *Kant* jedenfalls hegt die Philosophie die ausdrückliche Hoffnung, eine **Objektivierung der Moralität** (oder jedenfalls eines bestimmten Kreises ihrer Grundregeln) lasse sich **mit Hilfe der Vernunft** erreichen. Das scheint gewiss ein verlockender Ansatz zu sein. Er ist logisch schlüssig, überzeugt theoretisch und würde in das Gedankenschema passen. Aber hält er auch konkret und praktisch durch? Immerhin soll Ethik ja eine Anleitung für ein gutes, untadeliges Leben in der Wirklichkeit sein. Und an der Realitätstauglichkeit des Vernunftkorrektivs bestehen da wohl doch Zweifel; man darf sich insoweit keiner Illusion hingeben. Bereits strukturell nämlich ist Vernunft eben nichts Einheitliches, Absolutes, sondern läuft bei den Menschen uU auf ganz unterschiedliche Antworten hinaus. Welcher Politiker ist denn nicht der Überzeugung, seine intensiv erstrebten Regelungsziele seien von purer Vernunft getragen; aber wie heftig man sich dann mit den entsprechenden Programmen der Konkurrenz in den Haaren liegt, zeigt doch die tägliche Erfahrung. Auch konzeptionell sind Produkte der Vernunft zudem nie endgültig, sie lassen sich immer noch weiterentwickeln und übertreffen. Und dass Vernunft schließlich als überhaupt maßgebende (alleinige) Richtschnur für das eigene Leben bei den Menschen unumstritten sei, wird man ja leider auch nicht sagen können. Ganz nüchtern und unambitioniert kann man deshalb in der Tat zunächst nur konstatieren, Ethik sei einfach die **Systematisierung der herrschenden subjektiven Moralvorstellungen**. **1438**

Möchte man als Ethiker im Sinne einer **»Zweckhaftigkeitslehre«**[28] darüber hinaus mit seiner Wissenschaft doch Weiteres noch bewirken, das Herausarbeiten der Normen nämlich auf eine bestimmte Zielerreichung hinführen, mag es dafür gute Gründe geben. Denn Ethik ohne richtunggebende Leitvorstellung wäre nicht nur für eine systematische Befassung vielleicht reizlos und ohne rechten Sinn, sondern würde auch ihren Gefolgsmann als Gemeinschaftswesen, das er nun einmal ist, womöglich ausschließen und disqualifizieren. Aber Ethik ist dann in der Hand derer, die sie fachlich formulieren, eben nicht mehr eine objektive Normenlehre, sondern ein subjektives Programm, denn das Ziel, auf das hingeführt werden soll, entspringt unvermeidlich ihrer eigenen Wertentscheidung. Und Wertentscheidungen kann man eben nicht wissenschaftlich begründen. Zu fordern ist deshalb mindestens, dass sich in der Diskussion ein entsprechender Protagonist erst einmal über seine subjektiv vorausgesetzten Ziele überhaupt klar wird und dann dieselben auch offenlegt. Daran mangelt es aber vielfach, und bestimmte individuelle Zielverfolgungen kommen unter dem Deckmantel angeblich wertfreier Ethik daher. **1439**

---

27 Ein kritischer Beobachter hat deshalb unlängst auch pointiert geurteilt: Ethik-Kommissionen – »die sind eher ein Alarmsignal als eine Hilfe« (*Weimer,* Gewissensbisse, Cicero 4/2007, 162).

28 Oben Rn. 1435 mit Fn 25.

B. Normativkraft

1440 **Ethische Gebote, Verbote oder Argumentationen** sind also **Anleitungen** (Normen), die den Menschen in seinem täglichen Leben lenken sollen. Weshalb er sie einhält (oder eben nicht), ist keine Frage drittgeschuldeter Pflicht, sondern nur die eigene, höchstpersönliche Maxime guter Lebensführung. Für diese Normgerechtheit muss der Einzelne mithin vor sich selber einstehen, es geht um elementare Selbstverantwortung. Irgendwelche obrigkeitlichen Sanktionen, womöglich autoritative Bestrafung jedenfalls sind nicht zu erwarten (darauf wurde schon hingewiesen). Außer sich »hundsgemein zu fühlen«, droht bei einem Verstoß normalerweise nichts. Im Außenverhältnis wäre allenfalls gesellschaftliche Isolierung oder Ächtung zu befürchten. Ansonsten bleibt es bei subjektiver Distanzierung durch die Mitmenschen, günstigenfalls vielleicht von Toleranz begleitet, aber auch eben bis zu tiefer interpersonaler Gegnerschaft reichend.

1441 Referenzebene bzw. Reaktionsmedium ist demnach für ethische Normen nicht ein allgemeinverbindliches Ordnungssystem wie das Recht, sondern allein das eigene Gewissen der normgebundenen Person. Dass dieses ein wirksames Eigenregulativ beim Menschen sein kann und sollte, lässt sich selbst in Zeiten möglicher Verkümmerung oder Geringachtung kaum leugnen.[29] Nicht umsonst wird die Gewissensfreiheit deshalb von der Verfassung auch als individuelles Grundrecht des Menschen garantiert,[30] dh als ein Gut, das dem Einzelnen als ureigener Besitz gewährleistet ist. **Ethische Normen** sind mithin das **Korrelat für das Gewissen**. Sie sind seine Basis. Und der Mensch braucht sie, um daran sein eigenes Verhalten kritisch zu reflektieren.

C. Differenz zum Recht

1442 Bei der **strukturellen Unterschiedlichkeit von Recht und Ethik** kann, ja, muss es zu Problemen kommen, wenn beide zusammen treffen. Das kommt bei zweierlei Konstellationen vor, nämlich einerseits, wenn das Recht etwas gebietet, die Ethik es der betroffenen Person aber verbietet (oder umgekehrt). Und andererseits, wenn – wie bei den gesundheitsrechtlichen Tatbeständen zB – in Rechtsvorschriften gezielt ethische Kontrollmechanismen aufgenommen werden.

1443 **Kollidieren Normbefehle von Recht und Ethik** miteinander, so ist der jeweilige Normadressat, zumeist der einzelne Mensch also, gewissermaßen »hin und her gerissen«. Welcher Anweisung soll er denn folgen? Erster (und angebrachter) Impuls ist sicherlich, dem Recht zu gehorchen. Hier sind die Vorschreibungen unmittelbar eingängig, und in der Regel stößt die Befolgung auch nicht gleich auf ethische Bedenken. Wo eine Rechtsnorm einem jedoch etwas abfordert, was ethisch zu verurteilen wäre (oder umgekehrt etwas verbietet, was die Ethik von einem verlangt), wird es kritisch. Um mit sich selbst im Reinen zu sein, muss der handelnde (oder eben bewusst untätig bleibende) Mensch hier letztlich seinem ethischen Drang folgen

29 Hierzu eindringlich *Schröder*, Und es existiert doch, Frankfurter Allgemeine Sonntagszeitung v. 27. 9. 2009, 11.

30 Art. 4 I GG. Und folgerichtig gewährleistet dann Art. 12 a II 1 GG auch die Kriegsdienstverweigerung »aus Gewissensgründen« oder manifestiert Art. 38 I 2 GG das Gewissen als die letzte und einzige Bindung des Parlamentsabgeordneten. Zur Begrenztheit juristischer Erfassung freilich: *Grochtmann*, Justiziabilität der Gewissensfreiheit, 2009.

und sich gegen das Recht stellen.[31] Er wird dann freilich auch die rechtlichen Konsequenzen seines Ungehorsams zu tragen haben. Die Literatur ist voller Beispiele für solche ausweglosen, tragischen Situationen. Auch das Recht bleibt jedoch dem beschriebenen Dilemma gegenüber nicht blind. Das Strafrecht zumal reagiert mit der Figur des »entschuldigenden Notstands«,[32] wonach – uU sogar übergesetzlich – dem tatbestandsmäßig und rechtswidrig Handelnden in ausweglosen Gewissensnotlagen kein Missbilligungsvorwurf mehr gemacht werden kann. Auch das Bundesverfassungsgericht hat unlängst auf diesen »ethischen Ausweg« Bezug genommen.[33] Dass das Gewissen jedenfalls für den Einzelnen (um seiner selbst willen) zuletzt immer die Oberhand behalten muss, ist danach offenkundig[34] und wird noch besonders deutlich, wenn der Konflikt mit dem Gesetz (womöglich zusätzlich) noch religiös begründet ist.

Versucht andererseits **ein Gesetz, ethische Kontrollmechanismen für sein Programm nutzbar** zu machen, liegt die Bedenklichkeit eher im Methodischen. Das genau ist bei den vielen **gesundheitsrechtlichen Vorschriften** der Fall, **die für bestimmte Vorhaben noch eine (zusätzliche) ethische Abklärung durch eine dafür berufene Einrichtung (meist »Ethikkommissionen«) vorschreiben**. Da nicht nur, was Ethik genau ist, sondern auch die dann gefällten ethische Einzelbewertungen in den essentiellen Teilen unwägbar bleiben, weil Werturteile im Letzten nun einmal nicht wissenschaftlich zu begründen sind, stößt die juristische Kontrolle hier an Grenzen. Legislativ bleibt das **Tatbestandsmerkmal »Ethik«** stets ein **unbestimmter Gesetzesbegriff**, und bei ihrer **Anwendung** kommt den Ethikkommissionen ein **breiter Beurteilungsspielraum** zu. Die Entscheidungen von Ethikbeauftragten, Ethikräten etc. lassen sich daher juristisch immer nur auf Verfahrensfehler und Logikbrüche überprüfen. 1444

Grundrechtlich fragwürdig kann aber bereits die gesetzliche Rezeption als solche werden, nämlich dann, **wenn die ethische Bewertung** durch eine besondere Einrichtung nicht nur (mit)beratend, dh konsultativ, sondern **(mit)entscheidend, konstitutiv, angelegt ist**. In staatlichen oder jedenfalls öffentlich-rechtlich organisierten Kranken-, Untersuchungs- oder Forschungseinrichtungen mag das noch hingehen, weil dort die Aufgabenerfüllung allemal unter hoheitlichen Entscheidungsvorbehalt steht. Wo aber für privat oder privatrechtlich projektierte Absichten eine dritte Ethikbewertung als konstitutiv für die Zulassung (und nicht als bloß zusätzlich gutachterliche Hilfe für den verantwortlichen Handelnden) vorgeschrieben wird, entsteht ein grundrechtliches Problem, das hier nur mit Fragen gekennzeichnet werden soll. Ist es angängig, ein vom Akteur aus gesehen drittes, fremdes Werturteil über die eigene Wertentscheidung zu stellen (bzw. als Voraussetzung zu statuieren), mit der jener selbst seine Handlungsfreiheit verantwortlich einsetzt? Darf der Gesetzgeber über- 1445

31 Weil solche Situationen immer ganz speziell, höchstpersönlich und ebenso wenig abstrahierbar wie generalisierbar sind, würde jeder Versuch einer gesetzlichen Konditionierung (und damit Verstetigung) zu unverträglichen Auswirkungen führen; s. dazu *Schmidt-Jortzig*, FS Ress, 2005, 1569, und *ders.* ZEE 2002, 20.

32 Zu den Abmessungen zuletzt ausführlich: *Hörnle* JuS 2009, 873.

33 BVerfGE 115, 118 (157) – Luftsicherheitsgesetz - :Ein vom Einzelnen in seiner Gewissensnot trotz rechtlichen Verbots »vorgenommener (Gesetzesverstoß) und eine auf ihn bezogene Anordnung (müsse) strafrechtlich« womöglich differenziert beurteilt werden.

34 Deshalb ist *Höffe* (o. Fn. 24) auch insoweit zuzustimmen, dass die Gebote der Ethik, Moral und Sittlichkeit letztlich die »höchste Stufe des Normativen« seien.

haupt ein Grundrecht zugunsten einer anderen *privaten* Rechtsposition einschränken, und wenn ja, unter welchen Bedingungen? Und führt dann die begrenzte Nachprüfbarkeit jener dritten Ethikentscheidung nicht zu einem veritablen Konflikt mit der Rechtsschutzgarantie in Art. 19 IV GG?

1446 Es zeigt sich jedenfalls, dass die **Einbringung ethischer Prüfungsvorbehalte in Rechtsvorschriften nicht völlig unproblematisch** ist und der Rechtswissenschaft noch etlichen **Klärungsbedarf** aufgibt.

Stichwortverzeichnis